2023 FUYANG YEARBOOK

# 富阳年鉴

杭州市富阳区地方志编纂委员会 编

（总第28卷）

方志出版社
Publishing House of Local Records

**图书在版编目（CIP）数据**

富阳年鉴．2023 / 杭州市富阳区地方志编纂委员会编．—北京：方志出版社，2023.11
ISBN 978-7-5144-5863-3

Ⅰ．①富… Ⅱ．①杭… Ⅲ．①富阳—2023—年鉴
Ⅳ．①Z525.54

中国国家版本馆CIP数据核字（2023）第217630号

责任编辑：刘方圆
责任校对：张玉霞
责任印制：梅中英
出 版 者：方志出版社
地　　址：北京市朝阳区潘家园东里9号（国家方志馆4层）
邮　　编：100021
网　　址：http://www.zgfzcb.cn
发　　行：方志出版社图书营销中心（010-67110500）
印　　刷：杭州富阳正大彩印有限公司
开　　本：889毫米×1194毫米　1/16
印　　张：21.5
字　　数：879千字
版　　次：2023年11月第1版
印　　次：2023年11月第1次印刷
定　　价：380.00元

# 编 辑 说 明

一、《富阳年鉴》记载富阳区政治、经济、文化及社会发展的主要情况，为广大读者了解富阳提供年度信息资料。自 1996 年开始编纂至今，已连续公开出版 28 卷。

二、《富阳年鉴（2023）》以马克思列宁主义、毛泽东思想、邓小平理论、“三个代表”重要思想、科学发展观、习近平新时代中国特色社会主义思想为指导，坚持辩证唯物主义和历史唯物主义的立场、观点和方法，紧紧围绕中国共产党的路线、方针、政策，全面、客观地反映富阳区人民在 2022 年勇于开拓创新，在政治、经济、文化、社会、生态文明和党的建设中取得的新成就、新经验，以及在前进道路上遇到的新情况、新问题。

三、《富阳年鉴（2023）》采用分类编纂法，以类目、分目、条目 3 个层次为框架结构。卷首设特载、年度聚焦、大事记、区情综览。百科部分设中国共产党杭州市富阳区委员会、杭州市富阳区人民代表大会、杭州市富阳区人民政府、中国人民政治协商会议杭州市富阳区委员会、纪律检查·监察、民主党派、群众团体、法治、军事、农业·新农村、经济管理、农业·新农村、工业、商贸流通、金融、交通运输、邮政通信、旅游业、富阳经济技术开发区、杭州富春湾新城、投融资平台、城乡建设与管理、环境保护、科学技术、教育、文化·传媒、医疗卫生、体育、社会生活、乡镇·街道。卷尾设名录、附录、索引。类目之首一般设综述，分目之首一般设概况，以集中记述各行各业的综合情况。

四、《富阳年鉴（2023）》的文稿大部分由富阳区各部门和各乡镇、街道提供，部分由区委党史研究室（区地方志办公室）和有关人员撰写。文稿由各单位领导审核，文后作者署名。凡涉及全区性国民经济和社会发展的数据，均以富阳区统计局当年《统计年鉴》为准；《统计年鉴》未收录的数据，采用各专业部门提供的数据。个别数据由于来源不同，统计口径不一，以该行业主管部门提供的为准。各业所涉及的产值均指当年价。

五、先进名录由各部门单独提供，收录标准为国家级、省部级及杭州市委、杭州市政府以上颁奖或命名的先进集体和先进个人。

六、附录的收录范围为新任区领导简历、重要文件目录。

七、全书所涉浙江省委、市委、区委如无特殊说明，一般指中国共产党浙江省委、杭州市委、富阳区委。

2022年1月28日，省委书记、省新型冠状病毒肺炎疫情防控工作领导小组第一组长袁家军到富阳检查指导疫情防控工作　　（包　健　供稿）

2022年7月6日，省委常委、市委书记刘捷（中）到富阳调研并宣讲省第十五次党代会精神　　（包　健　供稿）

2023 年 1 月 3 日，中共杭州市富阳区委二届三次全体（扩大）会议召开

（包　健　供稿）

2023 年 1 月 30 日，杭州市富阳区第十七届人民代表大会第二次会议召开

（包　健　供稿）

2023年1月29日，中国人民政治协商会议第十届杭州市富阳区委员会第二次会议召开

（骆晓飞　供稿）

2022年1月25日，富阳召开全区党史学习教育总结会议

（包　健　供稿）

2022 年 3 月 17 日，富阳经济技术开发区与杭州航天电子技术有限公司、浙江一亿中流富星科技有限公司举行项目签约仪式，两个 10 亿元以上产业项目正式落地 （包　健　供稿）

2022 年 4 月 24 日，北支江沉浸式夜游项目通过验收

（朱啸尘　供稿）

2022 年 4 月 30 日，北支江（亚运）旅游集散中心建设项目——东洲旅游码头完工

（朱啸尘　供稿）

2022 年 5 月 12 日，电视连续剧《富春山居》在场口镇东梓关村开机

（包　健　供稿）

2022 年 5 月 20 日，由中国国际茶文化研究会、中国茶叶学会、杭州市政府和富阳区政府主办的喜迎“国际茶日”暨 2022 杭州全民饮茶活动在富阳黄公望纪念馆拉开帷幕　　　　（包　健　供稿）

2022 年 5 月 21 日，富阳举办首届“爷爷的水稻田”音乐节特别节目暨“我在富春山居图里等你”公益活动，以音乐形式纪念袁隆平逝世一周年　　　　（朱啸尘　供稿）

2022 年 6 月 16 日，以“开展水生生物增殖放流，推进渔业绿色健康发展”为主题的省级水产种质资源保护区增殖放流活动在富阳举行 （朱啸尘 供稿）

2022 年 6 月 16 日，富阳银湖体育中心正式对外开放

（王永康 供稿）

2022 年 6 月 23 日，富阳水上运动中心正式开放

（包　健　供稿）

2022 年 7 月 8 日，全省建设新时代美丽浙江推进大会暨生物多样性保护大会召开，会上富阳区获得浙江省“五水共治”工作最高荣誉“大禹鼎”，这是富阳开展“五水共治”工作以来第二次捧回“大禹鼎”

（包　健　供稿）

2022年8月5日，富阳举行2022年"一府两院"工作报告会

（朱啸尘　供稿）

2022年9月7日，全区招商引资重大产业项目签约活动在富阳水上运动中心举行

（朱啸尘　供稿）

2022年9月19日，富阳区委举行“杭州这十年·富阳”主题新闻发布会

（朱啸尘　供稿）

2022年9月22日，富阳举行重大交通项目集中启用仪式，湖杭高铁富阳西站、大盘山隧道、富春湾大道工程启用，灵桥互通改建工程主体完工

（包　健　供稿）

2022 年 9 月 22 日，富春湾大道开通

（杨平儿　供稿）

2022 年 10 月 1 日，“富春山居”号游轮运行

（富春山居集团　供稿）

2022年10月25日，杭州市富阳区人民政府与西湖大学光电研究院项目正式签约

（包 健 供稿）

2022年11月3日，中国共产党富阳历史馆正式开馆。区委书记吴玉凤（左），区委常委、组织部部长万重丰（右）为党史馆揭牌

（包 健 供稿）

2022 年 11 月 8 日，“百年非遗 苍生大医”——张绍富先生百年诞辰纪念大会举行
（区卫健局　供稿）

2022 年 11 月 8 日，富阳区人民政府与吉利控股集团战略项目签约仪式举行，该集团旗下的路特斯能源总部项目正式落户富阳经济技术开发区
（包　健　供稿）

2022年11月17日，杭州高新区（滨江）富阳特别合作区合作深化暨链主企业产业链协同创新发展签约活动举行　（包　健　供稿）

2022年12月31日，西湖大学光电研究院项目在杭州富春湾新城开工奠基　（包　健　供稿）

# 富阳荣誉（2022）

富阳荣誉
智慧健康养老示范基地
工业和信息化部

富阳荣誉
教育部第四批学校落实“双减”典型案例
教育部

富阳荣誉
健康浙江建设（2018—2020年）先进集体
中共浙江省委
浙江省人民政府

富阳荣誉
2021年度法治浙江（法治政府）建设优秀单位
中共浙江省委全面依法治省委员会

富阳荣誉
2021年度浙江省“五水共治”工作“大禹鼎”
中共浙江省委
浙江省人民政府

富阳荣誉
2021年度美丽浙江建设（生态文明示范创建行动计划）工作考核优秀区
中共浙江省委
浙江省人民政府

富阳荣誉
全省首批“清源杯”
浙江省美丽浙江建设领导小组

富阳荣誉
2021年度全省高质量发展建设共同富裕示范区工作考核优秀等次
浙江省高质量发展建设共同富裕示范区领导小组

富阳荣誉
全市区（县、市）综合考评优秀等次
中共杭州市委
杭州市人民政府

富阳荣誉
重要经济指标攻坚单项奖
中共杭州市委
杭州市人民政府

富阳荣誉
改革攻坚工作单项奖
中共杭州市委
杭州市人民政府

富阳荣誉
拥江发展工作单项奖
中共杭州市委
杭州市人民政府

# 数字富阳（2022）

区域面积 1821.08 平方千米

年平均气温 18.3℃

年降水量 1177 毫米

年日照时数 1733.5 小时

市区空气质量优良天数 340 天，空气优良率 93.2%

森林覆盖率 65.94%

国家级生态乡镇（街道）18 个，省级生态乡镇（街道）2 个、杭州市级生态乡镇（街道）4 个

常住人口 85.1 万人

户籍人口 69.79 万人

登记在册流动人口 32.63 万人

人口自然增长率 1.14‰

地区生产总值 917.4 亿元，增长 2.1%

三次产业结构 5.7 ：44.0 ：50.3

人均生产总值（按户籍）131734 元

财政总收入 153.2 亿元

一般公共预算收入 91.7 亿元

一般公共预算支出 135.7 亿元

农林牧渔业总产值 73.1 亿元

农业增加值 53.3 亿元

规模以上工业企业数 725 家

规模以上工业实现营业收入 1981.0 亿元

规模以上工业增加值 247.4 亿元

数字经济核心产业增加值（剔重）105.8 亿元

高新技术产业增加值 169.8 亿元

战略性新兴产业增加值 89.2 亿元

装备制造业增加值 120.1 亿元

工业总产值超亿元企业 206 家（按独立法人计算）

建筑业增加值 60.3 亿元

固定资产投资增长率 17.0%

批发和零售业增加值 76.3 亿元

社会消费品零售总额 438.2 亿元

接待国内旅游者 422 万人，实现国内旅游收入 81 亿元

接待入境旅游者 2729 人 / 天，创旅游外汇收入 49 万美元

实现乡村旅游收入 9.7 亿元

完成货物进出口总额 455.9 亿元

服务贸易出口总额 5.57 亿美元

实际利用外资 35169 万美元

公路通车里程 2001.6 千米，其中境内高速公路里程 85.6 千米

全社会公路运输 2040 万吨

公路旅客运输量 22.7 万人次

快递业务收入 15168 万元，快递业务量 3285 万件

固定电话用户 7.0 万户，移动电话用户 109 万户

（固定）互联网宽带接入用户 36.4 万户，移动互联网用户 99.8 万户。

新引进高校毕业生 1.8 万人

引进硕士研究生等高层次人才 1813 人

新增省级以上研发机构 10 家、国高企 134 家、省级科技型企业 253 家

众创空间 7 家，入驻创业团队 360 个

科技企业孵化器 8 家，入驻企业 291 家

区图书馆藏书 73.8 千册（件），书刊外借 90 万册次

县级以上文物保护单位 101 处（群），其中省级以上 8 处（群）

非物质文化保护项目 133 个，其中省级以上 15 个

体育场馆 28 个，健身苑（点）602 个

全体居民人均可支配收入 62399 元

城镇居民人均可支配收入 71742 元

城镇居民人均消费支出 44218 元

农村居民人均可支配收入 44661 元

农村居民人均消费支出 31784 元

私人汽车保有量 197067 辆

每百户家庭拥有私人汽车 74 辆

各类医疗卫生机构 558 个，医疗床位 4939 张

各类专业卫生技术人员 6982 人

完成无偿献血 13788 人次，献血总量 317.1 万毫升

基本养老保险参保人数 328261 人

基本医疗保险参保人数 716035 人

工伤、失业、生育保险参保人数分别为 255659 人、252080 人、316456 人

最低生活保障人数 10954 人

城乡居民最低生活保障标准 1216 元

居家养老照料中心 326 家，养老床位 3064 张

五保供养服务中心 12 所，供养老人 324 人

福利院 1 所，床位 166 张，收养婴幼儿童 10 人，老人 21 人

区慈善总会募集捐款 3666.2 万元，支出各项救助金 3379.7 万元

# 目　录

Contents

## 1 特　载

Special Reports



## 2 年度聚焦

Highlights of the Year



## 3 大事记

Chronicle of Major Events



## 4 区情综览

Profile

## 5 中国共产党杭州市富阳区委员会

Hangzhou Fuyang District Committee of the Communist Party of China

## 9 纪律检查·监察
Discipline Inspection and Supervision



## 10 民主党派
Other Political Parties



## 11 群众团体
Mass Organizations

## 12 法　治
Rule of Law

## 13 军 事

Military Affairs



## 14 经济管理

Economic Management

## 15 农业·新农村
Agriculture and New Countryside

## 16 工　业
Industry

## 17 商贸流通
Commerce and Circulation

## 18 金 融

Finance



## 19 交通运输

Transportation



## 20 邮政通信

Postal Communication

## 25 城乡建设与管理

## Urban-Rural Development and Management



## 26 环境保护

## Environmental Protection

## 27 科学技术

Science and Technology



## 28 教 育

Education

## 29 文化·传媒
Culture and Media



## 30 医疗卫生
Health

## 31 体　育
Sports



## 32 社会生活
Social Life

## 33 乡镇·街道

Township and Streets

## 34 名　录

Directory of Officers



## 35 附　录

Appendices



## 36 索　引

Indices

# 以党的二十大精神为指引 加快现代产业 现代城市 现代治理立起来 高水平描绘现代版富春山居图践行中国式现代化

## ——在区委二届三次全体（扩大）会议上的报告

（2023 年 1 月 3 日）

中共杭州市富阳区委书记　吴玉凤

这次全会的主要任务是：以习近平新时代中国特色社会主义思想为指导，深入学习贯彻党的二十大、省委十五届二次全会和市委十三届三次全会精神，回顾总结 2022 年工作，研究确定新一阶段发展思路，部署 2023 年重点任务，推动全区上下更加深刻领悟“两个确立”的决定性意义，坚定不移沿着习近平总书记指引的道路奋勇前进，全面加快现代产业、现代城市、现代治理立起来，高水平描绘现代版富春山居图，践行好中国式现代化发展道路。

下面，我代表区委常委会向全会报告工作。

### 一、关于区委二届一次全会以来的主要工作

2022 年的金秋十月，举世瞩目、举国关注的党的二十大胜利召开。这一年，区委始终坚持以习近平新时代中国特色社会主义思想为指导，把服务二十大、贯彻二十大作为主线，第一时间掀起热潮，扎实开展“六学六进六争先”活动，全方位深学细学、全覆盖宣传宣讲、全领域落实落地，引导全区党员干部群众完整、准确、全面领会党的二十大精神，推动每个支部、每个党员深刻领悟“两个确立”的决定性意义，从中汲取力量，坚定实施产业强区主战略，全力打好八大攻坚硬仗，落实“疫情要防住、经济要稳住、发展要安全”要求，区第二次党代会各项决策部署全面落地。预计，全年实现地区生产总值 900 亿元，同比增长 1.8%，主要经济指标保持合理区间。

一年来，我们知重负重、知难而进，稳进提质、转型升级两手抓两手硬。开年伊始，我们提前部署复工复产系列举措，连夺全省全市投资赛马激励，顺利实现“开门红”“半年红”；围绕全国稳住经济大盘部署，全力开展“五抢五倍增”行动，提前超额兑现“一揽子”政策资金14.52亿元、降本减负53亿元。创新“产业智服”应用、首推歇业“1+3+n”一站式登记省级试点、推广“富阳好房东”模式，以超常规举措应对超预期挑战，固定资产投资、制造业投资始终领跑全省全市。纵观全年，我们坚持转型不停步，大力支持企业升级，全年支出产业扶持资金26亿元，同比增长50%，高技术制造业增加值增长11%，累计培育国家级“小巨人”企业21家、认定省“专精特新”中小企业44家，新增上市企业2家。实施新一轮制造业“腾笼换鸟、凤凰涅槃”攻坚行动，腾出工业用地4182亩、盘活低效工业用地1307亩。创新驱动持续增强，西湖大学首个校外研究院落地富阳、开工建设，杭州光机所成为全市首批概念验证中心，新认定国家高新技术企业134家、省级科技型中小企业253家，市级以上企业研发中心25家。

一年来，我们守土负责、守土尽责，疫情防控、除险保安两手抓两手硬。面对持续反复不确定的疫情，我们始终以确定性的指挥体系、运转机制、战术打法、工作状态，慎终如始抓好疫情防控，全体党员干部夜以继日、众志成城，连续奋战在无疫单元创建、大中小门防守、重点人员管控、城市运转保障、疾病患者救治一线，统筹抓好畅链稳工，最短时间、最小范围打赢“1·26”“8·25”“10·7”阻击战，战疫经验全省推广。面对护航二十大的艰巨任务，我们深入推进除险保安行动，开展风险隐患大排查大起底大整治，抓实安全隐患整治、涉众风险防范、网络舆情管控、风险楼盘处置、欠薪纠纷化解等工作；强化党建统领、网格智治，推进社区规模和网格优化调整，深入实施“家和睦邻”工程，全市乡村社会治理工作现场会在富阳召开；国省级信访积案动态清零，刑事立案数、电诈发案数、公共治安报警数分别下降11.42%、49.19%、38.19%，重点涉稳事件销号率达到99%，有望实现平安“十八连冠”，为党的二十大胜利召开营造了良好的社会环境，群众安全感、满意感持续提升。

一年来，我们立起轴线、立出形象，都市一体、美丽建设两手抓两手硬。沿着十字金轴，湖杭高铁、大盘山隧道、富春湾大道集中通车，杭新景灵桥新互通顺利竣工，秦望过江隧道西线盾构实现贯通，环阳陂湖区块、秦望城市眼、洋浦江生态湿地、杭黄未来城等重要节点加快推进，桂花西路综合整治工程全线亮相，水上运动中心、银湖射击射箭两大亚运场馆正式启用，现代版富春山居图东洲样板段、新桐示范段华丽亮相，富春江被命名为浙江省大花园耀眼明珠，“美丽杭州迎亚运”城市环境品质提升卓有成效，北支江沉浸式夜景游、亚运山居景观带建设获全市赛马优胜。拥抱春江两岸，“宋韵文化传世工程”深入实施，富春山居入选全省首批文化标识创新培育项目，泗洲造纸遗址入选“宋韵杭州”十大遗迹，“五个一”基因解码工程成效显著，全国文明城市复牌迎检高分通过。公望富春特色产业城市风貌区、古东安县域风貌区创获省级样板，新登古城在千年古城复兴试点考核中位列全省第一，场口小城市建设持续掀起热潮。非粮化非农化整治扎实有效，获评全域“无废城市”三星级标准区、全省农村垃圾分类优胜区、“四好农村路”省级示范区，捧回全省首批“清源杯”，再夺“五水共治”大禹鼎，连续四年获评“美丽浙江”和“美丽杭州”优秀区。

一年来，我们先行先试、先人一步，共富示范、深化改革两手抓两手硬。坚持以人民为中心，深化共富省级试点，持续抓实“七优享”。大力建设老年友好型城市、儿童友好型城市，积极创建全国智慧健康养老示范基地、全国义务教育优质均衡发展区，努力打造全龄友好型社会，健康浙江考核位列全省第四；全域推进“家在富春山居”现代社区建设，创建4个省、市级未来社区，13个省、市级未来乡村，全省共同富裕现代化基本单元建设工作现场会、全市党建统领乡村振兴暨强村富民集成改革推进会在富阳举办；率先实施“15分钟公共服务圈”空间治理改革，二次供水、回迁安置、阳光厨房、危房整治、无障碍社区等民生实事扎实有力，群众“四感”监测综合评价居全省前列，连续3年入选中国最具幸福感城区。坚持数字化改革牵引，深入实施国家营商环境创新试点城市建设，扎实推进“大综合一体化”行政执法改革等20项牵一发动而全身的改革，医检互认升级为浙医互认、获李克强总理批示肯定，“商业预付卡”获评全省共富最佳实践，“富春风尚汇”“产业智服”“老旧房智治”“企业研发机构在线”等9项改革经验获省委改革办推广，“162”与“141”体系加快贯通，整体智治系统全面推进。

一年来，我们充满韧劲、充足干劲，党建统领、队伍作风两手抓两手硬。强化政治引领，持续深化习近平总书记“八小时外考官德”批示精神，做深做实干部政治素质考察。以“七张问题清单”为统领，深入实施“红色根脉强基工程”，健全线上“民呼必应”线下“昼访夜谈”联动体系，“村社智治”先进经验全省推广，入选2022全国社会治理创新案例。全过程人民民主实践深入推进，人大“三条路径、六大任务”成为全省样板，政协“6+24+X”三级“请你来协商”体系走深走实，民主监督的精准性、实效性持续提升。法治富阳、法治政府、法治社会一体推进，创获法治浙江建设优秀区。征兵工作高质量完成，大学生兵源比例全市领先。“亲清”政商关系富阳模式全国推广，成功打造“浙疆情”示范平台。强化基层基础，大力推动干部队伍变革重塑，持续开展系列周末进修班，常态化推进容错裁定和“反向激励”交流整转，推选省市“担当作为好干部”、市级“十佳公务员”7人。全面启动“双百争先·全域建强”行动，创建一批五星示范村社、争先晋位村社，有效夯实村社组织基底。驰而不息抓好正风肃纪，深化迭代清廉单元建设推进体系，严肃查处重点领域腐败问题，财政资金拨付等3个监督应用场景全省推广，“数智巡察”应用管理系统在全国巡视巡察推进会上推广演示，清廉富阳建设走在全省前列。

特别需要指出的是，过去一年，我们坚定不移实施产业强区主战略，锚定“一年突破、三年提升、五年倍增”路线图，坚持创新驱动、项目为王，在建链强链、平台建设、双招双引、企业培育、科技创新、营商环境等方面取得了显著成效。过去一年：

*我们坚定方向，思想行动更加统一。*先后召开全区产业强区大会、招商引资大会、民营经济“两个健康”发展示范区建设大会，特别是在区委二届二次全会上，我们全面谋划了“八区八突破”目标路径，制定了产业强区三年行动计划，完善产业强区黄金 20 条、制造业高质量发展 30 条、现代服务业发展 40 条，强化政策引导撬动，以真金白银、实际行动持续造浓氛围、提振信心。一年的实践，全区上下更加坚定了“富阳要立产业必须先立，富阳要兴产业必须先兴，富阳要强产业必须先强”的理念，大抓产业的紧迫感持续增强。

*我们找准路径，战略举措更加清晰。*区委一届十次全会提出要加快产业新动能立起来，并厘清了唱好银湖科技城和富春湾新城“双城记”、强化传统产业改造和新兴产业培育“双提升”、升级创新和人才“双驱动”的推进路径，两年来，平台能级大幅提升，开发区被省政府授予突出集体称号，富春湾新城列入省级高新技术产业园区创建单位；产业结构大幅优化，高新技术产业增加值占规上工业比重达 65%；人才引育大幅增加，全年引进高校毕业生 18157 人，同比增长 64.82%，引进研究生等高层次人才 1813 人，同比增长 18.96%。实践证明，唱好“双城记”、强化“双提升”、升级“双驱动”的路径完全符合富阳实际，要不断巩固深化、加以坚持。

*我们创新模式，战术打法更加精准。*一年来，我们突出智能装备、光电通信、数字安防、生物医药、集成电路五大主导产业链，全面深化产业链“链长制”，绘制产业图谱，优化服务机制，创新了集成电路“龙头企业 +”、光电激光“科研院所 +”、汽车零部件“链主项目 +”等产业链条培育模式，在省市产业圈层中找准了富阳细分赛道。实践证明，建立产业链条、打造产业群落、形成产业集群，是我们推进产业强区关键一招，必须持续探索和努力，走出一条具有富阳特色的产业发展之路。

*我们干出信心，产业基础更加扎实。*狭路相逢勇者胜，面对激烈的产业竞争，我们充分发挥空间、区位、交通、环境优势，敢与别人一争高下、虎口夺食，优化“拿地即开工、竣工即投产”机制，全年累计招引产业项目 123 个，其中 100 亿元以上 1 个、50 亿元以上 2 个、10 亿元以上 12 个、1 亿元以上 51 个，富芯半导体提前 24 个月通线投产，被省市委主要领导评价为“创造了杭州速度、浙江速度”，也让我们明白，产业强区绝不轻松，要把握发展机遇，用好有利条件，以“人一我十、人十我百”的付出，敢于突围，实现赶超。

事非经过不知难，成如容易却艰辛！刚刚过去的 2022 年，是令人难忘的一年，是坚韧不拔的一年。广大党员干部群众一道拼、一起干，取得了令人骄傲的成绩！在此，我代表区委常委会，向大家表示最诚挚的感谢和最崇高的敬意！

但是我们清醒地看到工作中还存在薄弱环节，经济稳进的压力持续增大，产业强区仍然任重道远，科技创新能力还有待大幅提升，招大引强还需持续加力；共富示范亟须加快破题，公共服务优质供给仍然不足，“三大差距”还需重点攻坚；基层治理基础仍然比较薄弱，全面从严管党治党还需要持续努力，对这些问题，今后必须加大工作力度。

## 二、关于新一阶段富阳的发展思路

党的二十大立足新时代新征程的历史方位，系统阐述新时代坚持和发展中国特色社会主义的重大理论和实践问题，全面部署未来 5 年乃至更长时期党和国家事业发展的目标任务和大政方针，是全面建设社会主义现代化国家、全面推进中华民族伟大复兴的纲领性文件和行动指南。全区各级各部门要以更强的政治自觉、理论自觉、思想自觉、行动自觉，深刻领悟“两个确立”的决定性意义，深刻领悟习近平新时代中国特色社会主义思想的世界观和方法论，深刻领悟以中国式现代化全面推进中华民族伟大复兴，深刻领悟全面建设社会主义现代化国家战略布局，深刻领悟以自我革命引领社会革命，深刻领悟发扬斗争精神、增强斗争本领、坚持团结奋斗，努力将党的二十大精神学习成效转化为发展成效，全面开创富阳发展新局面。

党的二十大擘画了全面建设社会主义现代化国家、全面推进中华民族伟大复兴的宏伟蓝图，明确提出了中国式现代化的中国特色、本质要求、重大原则、战略布局。于富阳而言，“打造各具特色的现代版富春山居图”是做好各项工作的根本遵循。我们认为，“现代化”和“现代版”两者之间内在逻辑一脉相承、目标指向高度契合、实践要求完全一致，必须将其统一起来，全方位抓好结合贯通、深化落实。特别是现阶段，富阳仍然处于加快“立起来”的关键时期，产业偏低端、城市偏粗放、治理偏传统，这些问题仍然存在，需要以更高的目标定位引领发展，“现代”应该成为我们的取向。对此，我们要继续坚持高水平描绘现代版富春山居图总目标不动摇，继续坚持“立起来”的路径不动摇，将立的内容聚焦到“现代的产业、现代的城市、现代的治理”上来，努力在县域层面探索中国式现代化的发展模式。

基于以上认识，区委提出，今后一个时期富阳发展的指导思想是：高举习近平新时代中国特色社会主义思想伟大旗帜，深入贯彻党的二十大精神，深入践行“八八战略”，围绕打造“重要窗口”、推进“两个先行”，统筹发展与安全，坚定不移实施产业强区主战略，全面加快现代产业、现代城市、现代治理立起来，全力打造创新活力、都市田园、山水人文、幸福宜居“四大图景”，高水平描绘现代版富春山居图，践行好中国式现代化发展道路。

*加快现代产业立起来*，就是要立足富阳产业特色，坚持创新、智能、绿色导向，坚定不移发展先进制造、高端制造，推动数字经济和实体经济融合发展，构建起具有富阳辨识度、市场主导性、全国影响力的标志性产业链，成为全省先进制造示范区、硬科技示范区、创新创业新高地。

*加快现代城市立起来*，就是要立足富阳山水特色，坚持田园城市、城市田园，坚持融杭发展、拥江发展，全面打造格局大气、轴线挺拔、界面精致、功能完善、底色美丽的城市形态，全面彰显“五十里春江花月夜、

百里富春山居图”独特魅力。

加快现代治理立起来，就是要立足富阳人文特色，坚持共建共治共享，强化系统治理、依法治理、综合治理，加快构建起网格化管理、精细化服务、信息化支撑、人文化内核的基层管理服务体系，公共服务普惠、优质、共享，城市运行更安全、人民生活更幸福、基层治理更高效。

围绕这个思路目标，我们要坚定战略自信、保持战略定力，着重把握四个导向，确保各项工作全面统筹、有的放矢。

一是产业强区，就是要充分认识到产业和创新仍然是我们最大的短板所在，也是潜力所在。要坚定不移、持之以恒大抓产业、大抓项目、大抓创新、大抓服务，以更系统的思维、更专业的能力、更有力的举措，扎实推进“一年突破、三年提升、五年倍增”计划，再造一个产业富阳。

二是融入都市，就是要充分认识到都市和开放仍然是我们最大的机遇所在，也是重点所在。要跳出富阳看富阳、跳出富阳发展富阳，主动站在都市的大格局下思考问题、推进工作，争取更多都市优质资源落地富阳，争取更多富阳的工作进入省市战略，更好实现富阳高质量发展。

三是人民至上，就是要充分认识到民生和共富仍然是我们最大的努力所在，也是使命所在。要始终坚持人民城市人民建、人民城市为人民，在发展中保障和改善民生，尽力而为、量力而行，努力提供更普惠、更可及、更优质的公共服务，让人民更有幸福感、获得感。

四是团结实干，就是要充分认识到干部和队伍仍然是我们最大的力量所在，也是基础所在。要全面激发党员干部的积极性、主动性、创造性，全区上下一盘棋、一股绳，一件事情一件事情落实、一个目标一个目标完成，唯实惟先、善作善成。

## 三、关于 2023 年主要工作

2023 年任务十分繁重，面对二十大开局的新机遇、后疫情时代的新风口、家门口亚运会的新流量、创新驱动发展的新端点、城市治理的新挑战，迫切需要我们统筹稳增长、促改革、惠民生、防风险、保平安等各项工作，综合分析，2023 年经济社会发展的主要预期目标是：地区生产总值增长 6% 左右，规模工业增加值增长 7%，城镇和农村居民人均可支配收入分别增长 6% 和 7%，城镇调查失业率控制在 5% 以内。总体上，今年重点打好五大攻坚战、实现五个高质量。

### （一）打好经济稳进攻坚战，实现产业发展高质量

这是今年的首要任务。重点是抓好中央、省市关于稳增长、稳经济系列部署，用好政策工具箱，以更大力度、更实举措，确保经济运行的“稳”。同时，要坚持危中见机、快中求变，推动干部敢为、基层敢闯、企业敢干、群众敢首创，持续抓好转型升级，支持企业加快突围，实现产业发展的“进”。

1. 全力稳生产、稳增长、稳经济。要坚持稳字当头、稳中求进，坚持“两个毫不动摇”，全力推动经济运行整体好转。要打好政策落地组合拳。坚持把更多的财政资金用在帮扶企业、发展产业、改善民生、保障重大项目建设上，充分研究、争取中央省市政策，用足用好“8+4”政策体系和产业基金，加力减负降本、产业强区系列政策，优化政策兑现流程，探索实施“政策找企业”，确保政策和资金精准高效、直达快享，全力保障企业健康运营。要打好消费出口组合拳。把激活恢复消费摆在优先位置，推动住宿、餐饮、零售、旅游等生活性服务业迅速回暖，进一步促进新能源汽车、智能家居等大宗商品消费，培育运动休闲、健康养生、养老托幼等消费热点，满足居民多样化、高品质消费需求。深入实施拓市场抢订单引外资行动，鼓励企业“走出去”参加重点展会、境外招商促进活动，加大外资招引力度，千方百计推动外资外贸平稳较快增长。要打好扩大投资组合拳。实施扩大有效投资竞赛年活动，适度超前、接续有力，积极向上争取一批重大基础设施项目，千方百计推动更多富阳项目进入国家省市盘子，掀起新一轮重大制造业项目落地建设高潮，力争全年完成制造业投资 110 亿元，不断增强发展后劲。要打好优化环境组合拳，把提振市场信心放在首位，大力开展营商环境“一号改革”工程，深化“减证便民”行动，加强和改善财政金融服务，深入实施融资畅通工程，打造“最讲信用城市”，推行涉企柔性执法，以政府的有为进一步推动市场的有效，让市场主体预期更稳、信心更足、活力更强。

2. 全力强链条、强企业、强创新。要做大主导产业。围绕“1+5+X”，打造现代产业体系，依托富通、富芯、富冶、大华智联、海正药业等链主企业，推进芯海半导体、路特斯能源、星帅尔、业聚医疗等重大项目，加快打造智能物联、高端装备、新材料 500 亿级和生物医药、绿色能源 200 亿级产业生态圈。推进数字经济“一号工程”升级版，发展壮大数字内容、高端软件、数字新零售产业，推进“未来工厂”建设，加快制造业数字化、智能化转型。要壮大新兴企业。围绕人工智能、新能源、新材料等新蓝海，完善“雄鹰”“鲲鹏”“凤凰”“冠军”“雏鹰”企业梯队建设，推动金固、鹏成、中控等一批企业迈上百亿五十亿台阶。高度重视“专精特新”企业培育，全年新培育省级以上“专精特新”企业 30 家，“品字标”浙江制造认定企业 10 家，新增上市企业 2 家，力争单项冠军企业有突破。要强化科技创新。全面实施“科技成果转化首选区”五年行动计划，提高创新平台能级，做强做大杭州光机所，加快建设西湖大学光电研究院、罗素先进光波科学中心、浙工大国际创新中心、浙江中医药大学富阳研究院等平台，争取省级（重点）实验室“零突破”。加强企业自主创新能力，全年新增国家高新技术企业 100 家、省级科技型企业 150 家、省市级企业研发中心 25 家以上，R&D 经费投入增长 10% 以上，占 GDP 比重达到 3.1%。争取吸引更多概念验证中心到富集聚，促进科技成果转化为现实生产力。建立具有富阳辨识度的科技大市场升级版，全年完成技术交易额 12 亿元以上。争创知识产权强国试点区，力争全年新增授权发明专利 200 件，进一步提升富阳知识产权治理能力和治理水平。

要提升人才队伍。围绕打造人才创新创业优选区目标，持续推进“双招双引”，着力加强政策、项目、市场等多元引才力度，深度激发人才新政、“5110”计划等政策红利，深化完善企业人才授权自主认定、人才容缺认定机制，发挥市场引才力量，全方位优化人才服务保障体系，打造青年发展型城市，吸引更多青年才俊来富发展。力争新引进领军型人才35人以上，大学生2.4万人以上，研究生等高层次人才2200人以上。

3.全力抓招引、抓项目、抓平台。谋项目就是谋未来，当前富阳尤其需要大项目好项目。要强化招商引资“一把手工程”，围绕重点产业强链补链，紧盯国内重点区域、杭州核心城区、优秀产业基金、高端科研院所等招商重点，建立与头部企业、研发机构“一对一”联系服务机制，实施新一轮“富商回归、乡贤回家”计划，深化链式思维、绘制招商图谱、创新招商机制、强化招商队伍，力争全年招引产业项目120个，其中标志性产业链项目100个，占比80%以上，10亿元以上项目15个、50亿元以上项目2个；完成产业基金投资30亿元，撬动社会资本150亿元以上。要全生命周期闭环推进“1231”工程，坚持要素跟着项目走、服务围绕企业转，全面开展“地等项目”专项行动，加大“标准地”履约监管，着力提升土地建设转化率、存量土地利用率、要素靶向供应率，推动项目招引、落地、建设、达产闭环。要开展平台能级提升工程，按照“一园一主业”，持续唱好“双城记”，银湖科技城要深化与城西科创大走廊的特别合作，着力推动银湖总部楼宇经济、高尔夫路高端装备智造、新登新材料、场口新制造、金桥鹿山新能源汽车、药谷小镇、硅谷小镇等特色产业板块，努力打造城西科创大走廊项目出廊“第一站”；富春湾新城要深化滨富合作区2.0版，加快与里山渔山一体发展，围绕“做强地块招商、培育园区招商、创新楼宇招商”，充分激发一二三产活力，加快推进科产城人融合，打响光电激光集成电路产业品牌，积极创建全省高新技术园区，擦亮新发展阶段的“浙江光谷”招牌。深化亩均论英雄，推进“腾笼换鸟、凤凰涅槃”攻坚，持续开展东洲、金桥、鹿山园区有机更新，有效腾出新的发展空间。

（二）打好亚运城市攻坚战，实现都市建设高质量

这是今年的关键之战。重点是按照“办好一个会、提升一座城”，持续释放亚运效应，加快推进城市轴线从拉框架、立轮廓向建精品、出形象转变，不断提升富阳城市的品质和魅力。

1.办好家门口的亚运会。一体推进城市侧、赛事侧、组织侧，全力做好亚运筹办各项工作，将杭州亚运、富阳赛事办成“五精（经）”标志性工程。要全年办亚运，高标准组织好全国射击冠军赛、全国赛艇春季冠军赛等测试赛、锦标赛，壮大赛事产业，谋划赛后经济，实现赛事效益最大化。要全域办亚运，以“富春山居”为核心，精心设计一批城市、产业、山水、文化的休闲体验线路，策划推出一批展示富阳、了解富阳、解读富阳的主题宣传活动，充分展示富阳最美一面。要全民办亚运，充分发扬“最美精神”，广泛发动各类志愿和文明提升行动，促进群众体育和竞技体育均衡发展，形成全民参与亚运、服务亚运的生动局面。

2.提升城市黄金十字轴。做优规划。扎实推进规划编制攻坚年行动，以划定的“三区三线”为基础，深化国土空间总体规划，开展市政基础设施、公共配套、城市色彩、水系等专项规划，做优大城北环阳陂湖、富春老城核心区、富春湾新城“城市心”等重点区域城市设计，推进全域34个单元详规覆盖，强化法定规划刚性执行，以一流的规划引领城市高质量发展。点亮轴线。围绕地铁黄金轴，银湖地铁站点TOD开发有序推进，秦望“城市眼”地下综合体实现封顶，秦望水街启动招商，航天主题科技馆完成结顶，中沙岛文化体育馆群动工建设，杭黄“未来城”初具雏形；高品质打造富春江碧玉带，以富春江两岸城市设计暨景观风貌控制导则为依托，以“诗路文化·三江两岸”水上黄金旅游线建设为契机，全流域打造“富春山居卷首段、现代都市卷中段、烟雨桐洲卷尾段”。畅联交通。实施新一轮重大交通项目建设，推动杭州中环北段、钱塘江三级航道整治工程，完成杭淳开高速、320国道大青互通至鹿山互通改建工程前期，谋划亚太路快速路西延、东望路延伸、305省道新登渌渚段外移、地铁6号线过江等项目，持续开展“四好农村路”建设，全面提升道路养护水平。

3.破解城市管理痛难点。坚持问题导向，从老百姓反响强烈的地方入手，以“绣花功夫”破解一批城市管理运营中的难点，于细微处见品质、在管理中见水平。破解停车管理难，编制城区整体停车规划，推进小区公共停车秩序整治，优化公共交通线路，增加夜间泊位、限时泊位供给。破解工地管理难，严格执行“工完场清”，强化验收和执法刚性，倒逼施工单位提高管理标准。完善市政项目建成移交机制，杜绝养护职责边界不清问题。破解物业管理难，探索开放式小区和安置房物业管理新模式，按照“质价相符”原则，推动老旧小区管理逐步走向市场化运作轨道。用好城市“金角银边”，新建、改建一批嵌入式公共配套、健身场所，进一步细化秩序管理。破解治污管理难，谋划富阳第二污水厂建设方案，加快启动江北片区管网改造、汽贸城雨污水改造和鹿山新城地下管网整治项目，消除一批城市排污“毛细血管”堵点。破解智慧管理难，深化“数字孪生城市”建设，推进智慧安居、智慧工地、城市基础设施“一张网”应用，保障危房动态清零，让城市更安全。

（三）打好全域美丽攻坚战，实现山水人文高质量

这是今年的基础工作。主要任务是围绕国家“两山”理念实践基地创建成功目标，坚持美丽城乡、美丽经济、美丽人文“新三美”联动，深化农文旅融合发展，着力建设一批经典小镇、未来社区、未来乡村，使山水人文成为富阳最动人的色彩。

1.全域建设美丽样板。要持续推出城乡风貌样板，以整体大美、各具特色为导向，深入推进富春山居标杆点建设，打造3个城市（县域）风貌样板区，积极争创“新时代富春山居样板图”、美丽城镇样板乡镇、未来社区、未来乡村等省级样板系列，打响“富春山居·画在浙里”品牌。要强化设计改变乡村，严格落实“带方案审批”，加强村庄风貌引导和农房管控。要持续推进“最清洁”

乡村，进一步优化城乡环境卫生保洁标准和机制，深入开展美丽庭院、清洁家园“擂台比武”活动，积极推进省级“除四害村”建设，不断营造环境整治浓厚氛围，着力推动乡村从一时清洁向长效清洁转变，实现从集中整治向常态化保持转变。要持续推动污染防治攻坚，紧盯治水、治气、治废、治土等领域，严执法、强整治，高标准抓好中央环保督察反馈问题整改，有力做好亚运环境质量保障工程，探索 EOD 开发模式强化污染地块整治利用，进一步提升大气环境质量，实现主要流域地表水环境达标率 100%，再夺“大禹鼎”，实现“美丽浙江”“美丽杭州”建设五连优。

2. 全域发展美丽经济。要做好特色农业发展，实施新一轮农业产业扶持政策，围绕茶叶、香榧、水果、水产等产业，打造优势特色农业产业链，高质量实施一批现代农业产业项目，支持创建一批国省市级农业龙头企业，打造一批全国“一村一品”示范村（镇），争创省级特色产业农业高质量发展先行区。稳定“菜篮子”供给，扎实推进“非粮化”清理，粮食年产量稳定在 10 万吨以上。要推动农旅融合发展，强化组团联动，持续提升洞桥营地、湖源乐水、杏福万市、恬漫永昌等系列经典小镇，引育植入更多研学旅行、营地 + 等新业态，持续涌现龙鳞坝、天空之镜等网红爆款。要积极创建富春 • 山居图景国家 5A 级景区，推进北支江综合体、西岩温泉、龙门古镇、新登古城等重点文旅板块建设，提升黄公望隐居地、东梓关、富春桃源等一批传统景区，培育发展高端赛事、赛会服务业态，重塑“中国运动休闲之城”品牌。深入实施文旅融合“五百五千”工程，打造一批沉浸式、多元化的标志性文旅融合产品，集聚人气、消费引流。要推进强村富民改革。深化“富春红链”乡村产业“1+8+N”党建联建体系，持续完善“共富工坊”模式，推动美丽资源有效链接市场经营主体，培育一批村庄经营公司，探索“环境入股”“飞地抱团”新型经营模式，有效盘活闲置资源，壮大村级集体经济。

3. 全域提升美丽人文。要打造富春宋韵文化传世工程，加大富春江诗路文化挖掘利用，持续办好公望文化周、郁达夫小说奖、龙门风情节、家在富春江上、“富春山居读书节”全民阅读等活动，围绕“富春山居”文化标识，实施文化基因解码工程，做深公望文化、达夫文化、东吴文化，生动讲好“五个一”城市品牌故事。要建设富春山居文化重要地标，启动泗洲造纸考古遗址公园及中国造纸博物馆、中国绘画大系特藏馆等项目，加快新登古城墙联合申遗，持续推进龙门古镇复兴。筹办现代版富春山居图理论研讨会，打造一批标志性理论成果。要创建全国文明典范城市，持续发挥“最美现象”发源地效应，深化“浙江有礼 • 富春风尚”区域文明新实践，打造“最美风尚”新高地。持续拓展新时代文明实践中心建设，全力构建“15 分钟文明实践服务圈”。

（四）打好共富示范攻坚战，实现民生福祉高质量

这是今年的试点任务。作为全国共同富裕首批观察点，围绕人民对美好生活的向往，高标准实施公共服务优质共享省级试点三年行动计划，在“七优享”上持续发力，让最具幸福感城区更可感可及。

1. 持续发力优医优教。坚持学有优教，围绕全省一流综合教育强区目标，进一步优化城乡教育资源布局，动工建设省中医药大学总部，加快杭二中富春学校、东吴九年一贯制学校等教育项目建设，推动新时代城乡义务教育共同体建设，办好杭师大富阳基础教育研究院，打造全国义务教育优质均衡发展区。深化“名师名校名校长”工程，抓好全国人工智能助推教师队伍建设试点工作，擦亮全国新劳动教育实验区品牌，努力办好学生成长、家长认可、社会满意的美好教育。坚持病有良医，持续做好疫情防控工作，进一步提升医疗救治能力，有序引导群众加强个人健康管理，实现从“防传染”向“保健康、防重症”转变。加快推进省人民医院富阳院区、省中医院新院区建设，完成区三院、区妇保院门急诊大楼、富春社卫中心搬迁；深化县域医共体建设，推动“名医名科名院”工程，实施富春乡贤名医“师带徒”等医卫人才培养行动；迭代升级“富医互认”等重大应用，探索慢病“2+3”全周期管理，推进健康电子档案开放共享；争创杭州市中医药综合改革先行区。

2. 持续发力一老一小。坚持老有颐养，着力打造“15 分钟居家养老服务圈”，通过建立“社区 + 物业 + 养老”特色服务队伍，推动长期护理保险试点全区域覆盖，新增一批认知障碍照护专区床位。改造和建设一批社区食堂、社区助餐服务点。推进全国基层老年协会能力提升首批试点，深化“空巢老人安全守护”应用场景。坚持幼有善育，实施儿童友好社会化服务项目，推进儿童友好医院、学校、社区、商圈、街区、乡镇等试点。抓好公办幼儿园和普惠幼儿园建设，扩大优质学前教育学位供给，打造幸福幼教。提升婴幼儿照护服务机构建设和服务能力，探索产业园区和企事业单位嵌入式办托模式，努力实现公办幼儿园托幼一体化全覆盖，积极构建育儿友好型社会。

3. 持续发力扩中提低。坚持劳有所得，把稳就业工作摆到更加突出位置，深入实施大学生就业促进计划，加大就业帮扶、职业技能培训力度，新增城镇就业 25000 人以上，确保零就业家庭动态清零。坚持弱有众扶，开展社会救助综合改革，推进分层分类社会救助体系建设，兜住兜准兜好困难群体保障底线；健全多层次医疗保障体系，完善医保防贫减贫长效机制，确保困难群众医疗费用个人负担率控制在 15% 以内、合理医疗费用负担不超过 5 万元，高额医疗费用动态清零化解率达到 100%。坚持住有安居，开展“回迁提速”攻坚行动，全年完成 4000 户安置回迁。因城施策促进房地产业健康发展，优化住房供给结构，更好满足刚需及改善性住房需求。加快推进人才专项租赁公寓建设，探索公租房、人才房、共有产权房有条件转换，切实保障低保低边、特岗特困住房困难家庭，实现新市民、青年人的安居梦。

（五）打好治理提升攻坚战，实现整体智治高质量

这是今年的改革硬仗。主要任务是以数字化改革为牵引，创新基层治理模式，提升基层治理效能，推动基层治理从“数治”向“智治”升级，加快实现区域治理现代化。

1. 抓实基层治理基底。围绕高效协同、平战一体，

完善“141”运行体系，提升基层智治大脑建设水平，深化“大综合一体化”行政执法改革，推进“县乡一体、条抓块统”。建强最小治理单元。持续完善“党建统领村社智治”体系，建强综合执法、矛盾化解、社工网格三支队伍，优化村社网格设置，摸清基底数据，持续提升单元预警指挥、应急处置能力，确保“小单元”发挥“大作用”。补齐基层治理短板。重点关注城郊接合部村社和融合型大社区大单元，有序推进环境综合整治和村社“开转封”，着力提升人员车辆感知、日常安全监测、重点人群管理等智能化、实时化水平。深化多元共治机制。以新时代“枫桥经验”60周年为契机，深入推进“家和睦邻”工程，深化“四治融合”，着力健全完善矛盾纠纷多元调解体系；强化两新党组织建设，有效发挥房东店主、快递小哥、小商小贩等多元主体作用，做强“小队会”“工棚会”等全过程人民民主品牌，打造基层治理富阳样板。

2. 抓好重点领域治理。围绕政治安全、社会安定、人民安宁，强化底线思维，全面提升风险防范和化解的能力，以新安全格局保障高质量发展，力夺“二星平安金鼎”。要强化风险闭环管控，运用数字化手段，动态发现、消除、防范化解重大涉稳风险，完善大安全大应急大减灾体系，健全应急救援联调联战运行机制，推进公共安全治理模式向事前预防转型，推动安全发展理念贯穿各领域、全过程。要突出重点领域整治，开展“十大领域”信访突出问题集中治理专项行动，依法维护信访秩序；全面抓实安全生产领域“四大行动”，遏较大、降一般、减总量；健全管行业也要管欠薪机制，有效开展根治欠薪行动；推进常态化扫黑除恶专项斗争，严打黄赌毒，坚决打击食药环、盗抢骗等违法犯罪行为，争创全省食品安全示范区。要做好舆情风险处置，完善舆情风险联合研判、网络舆情闭环管控、有害信息快速处置等工作机制，着力提升党员干部舆情应对意识与能力，全面强化网络阵地建设和网络安全管理，营造清朗的网络空间。要提升依法治区能力，构建法治护航“五位一体”建设保障机制，加快形成覆盖城乡、便捷高效、均等普惠的现代公共法律服务体系，争创法治中国示范区（县）市。全面推进乡镇（街道）法治化综合改革，持续深化“三级述法”机制，不断提升基层干部群众的法治意识。

3. 抓深改革集成赋能。聚焦发展所需，健全经济高质量发展监测预警调度机制，深化预算绩效管理、项目全过程服务、工业用地全周期管理、要素市场化配置、楼宇招商一键通等试点改革，迭代升级“数智通关”“产业智服”“企业研发在线”改革应用。聚焦职能转变，平战结合运行基层智治系统平台，贯通落地一批省市重大应用，推行农村建房、征迁补偿安置等集成改革，推进浙里“一网通办”应用向基层延伸，全面提升风险化解、突发应急等领域治理能力；纵深推进国有企业改革，夯实资产质量，加快市场化转型，提升国有资本投资绩效，推动区属国有资本和国有企业做强做优做大。聚焦民生所盼，持续迭代“富春预付卡”“富春风尚汇”“富春智诈”等应用，探索智慧停车、医保防贫等新机制，持续提升“人生一件事”改革实效。

## 四、全面加强从严治党

办好富阳的事，关键在党，关键在人。我们要全面落实新时代党的建设总要求，纵深推进全面从严治党，打造新时代党建高地和清廉建设高地区域样板，为高水平描绘现代版富春山居图提供坚强政治保障。

第一，强化政治建设。把学习宣传贯彻党的二十大精神作为当前和今后一个时期的首要政治任务，紧密结合党中央即将在全党开展的主题教育，在全面学习、全面把握、全面落实上下功夫，常学常新、常学常悟、常学常干，全面抓好习近平总书记重要指示批示和党中央重大决策部署闭环落实机制，推动各级党员干部坚决拥护“两个确立”、做到“两个维护”。要坚持和加强党的集中统一领导，着力提高党把方向、谋大局、定政策、促改革的能力，压紧压实意识形态工作责任制，持续巩固统一战线，支持人大、政府、政协和监委、法院、检察院依法履职，深化“全过程人民民主实践行动”，完善“请你来协商”机制，进一步形成党委领导下各司其职、团结奋进的工作格局。持续推进政治素质考察走深走实，坚持近距离、多角度、系统性了解干部“八小时内外”政治表现，打造具有富阳辨识度的政治素质考察样板。

第二，强化能力建设。坚持党管干部原则，以“四个坚持、八个不”树导向、增动能，鲜明选用忠诚干净担当干部。注重在基层一线、招商引资、急难险重中磨砺干部、培养干部，全面提升干部的斗争精神和专业素养，不断强化干部推动高质量发展、服务群众、防范化解风险的能力水平。健全完善领导班子和领导干部统筹考核机制，突出口碑和实绩评价，坚持常态化分析研判。持续推进干部能上能下，紧盯机关“中梗阻”等难题，积极开展“反向激励”交流整转，有效打通干部“下”的渠道。严格落实“三个区分开来”，常态化做好容错裁定、澄清正名，旗帜鲜明给想干事、能干事、干成事的干部撑腰鼓劲，持续深化“两个担当”良性互动机制，让干部敢为。

第三，强化基层建设。树牢大抓基层鲜明导向，深入实施红色根脉强基工程，深化“三方协同”“擂台比武”等机制，全域推动村社争星晋位，持续锻造坚强战斗堡垒。推进现代社区建设十大“倍增”工程，完善村干部、专职社工、网格员“六个一体”管理机制，打响“家在富春山居”品牌。迭代“双线联动”为民服务机制，打造“调查研究—发现问题—研判解决—群众评价”的双线落实机制。系统实施机关国企“红领富春”、两新党建“一链双融”、党员管理“先锋堡垒”等载体项目，推动基层党建工作全面提质增效。

第四，强化清廉建设。深刻把握完善党的自我革命制度规范体系的重大任务，突出对“一把手”和班子成员的监督，深化“一把手”约谈、问题抄告、责任倒查机制，推动全面从严治党责任层层落实。坚持严的基调正风肃纪反腐，锲而不舍落实中央八项规定精神，持之以恒纠治“四风”，深挖隐形变异、严防反弹回潮。聚焦权力集中、资金密集、资源富集领域，坚决整治群众身边的腐败，迭代升级公权力大数据监督，一体推进“三不腐”。统筹推进区委巡察、村（社）巡察、专项巡察、国企子公司巡察，迭代优化“数智巡察”，充分发挥政治巡察利剑作用。规范党员领导干部廉洁从政从业，引导企业“同心同廉”，持续构建亲清政商关系。扩面深化“7+N”清廉单元建设，强化廉洁文化浸润作用，擦亮“清朗·富春山居”廉洁文化品牌，打造清廉建设理论制度成果，形成全域推进、全线共进良好态势。

同志们，让我们更加紧密团结在以习近平同志为核心的党中央周围，高举习近平新时代中国特色社会主义思想伟大旗帜，干在实处、走在前列、勇立潮头，全面谱写现代版富春山居图新篇章，奋力推进中国式现代化在富春大地的生动实践！

# 杭州市富阳区人民代表大会常务委员会、工作报告

## 在杭州市富阳区第十七届人民代表大会第二次会议上

（2023年1月31日）

杭州市富阳区人大常委会主任 徐林亮

各位代表：

我受区人大常委会委托，向大会报告工作，请予审议。

## 一、过去一年的主要工作

2022年是党的二十大胜利召开之年，是富阳实施产业强区主战略的突破之年，也是本届人大常委会依法履职的开局之年。一年来，在区委的坚强领导下，区人大常委会以习近平新时代中国特色社会主义思想为指导，坚持党的领导、人民当家作主、依法治国有机统一，围绕全区工作大局，认真履行宪法和法律赋予的职责，全年共举行常委会会议8次、主任会议14次，听取审议“一府一委两院”专项工作报告17个，对3部法律法规开展执法检查，发出审议意见7份，作出决议、决定15项，任免国家机关工作人员82人次，在高水平描绘现代版富春山居图的新征程中积极发挥人大作用。

### （一）坚持党的领导，保证人大工作正确政治方向

1. 自觉坚持用科学理论武装头脑。严格执行“第一议题”学习制度，把学习贯彻党的二十大精神、深入学习习近平总书记重要讲话和重要指示批示精神作为党组会议的“第一议题”、理论学习中心组学习的“核心议题”。一年来，共组织常委会党组会议传达学习12次、党组理论学习中心组专题学习会12次，安排学习内容25项，学习交流50余人次。把学习贯彻习近平法治思想、习近平总书记关于坚持和完善人民代表大会制度的重要思想作为必修课、基本功，健全完善常委会会前学法制度，组织常委会组成人员、政府工作部门主要负责人、人大代表系统学习宪法和组织法、监督法、立法法等重要法律，专题学习乡村振兴“一法一条例”、人大常委会组织制度和议事规定等内容，更加深刻理解把握人民代表大会制度的性质、地位和作用。

2. 自觉坚持党对人大工作的领导。常委会党组严格执行请示报告制度，坚决做到重大问题、重大事项、重大活动及时向区委请示报告。一年来，先后向区委请示报告召开重要会议、开展重要监督工作等事项12件，区委常委会专题听取人大工作2次，区委主要领导对人大

工作作出批示6件。坚持党管干部原则与人大依法行使任免权有机统一，严格落实法律知识考试、颁发任命书、任后表态发言等机制，修改完善《杭州市富阳区组织实施宪法宣誓制度办法》，推进人事任免工作规范化制度化。一年来，共依法决定任命2名区级领导、28名政府部门主要负责人，依法任命4名监察委员会委员、6名常委会工作委员会组成人员、15名司法工作人员，组织宪法宣誓4次。

3. 自觉坚持以实干创新推进工作。区委高度重视人大工作和人大作用发挥，将阳陂湖项目建设、新登中学改扩建、银湖射击射箭馆运行、药谷小镇建设、西岩温泉项目建设、重大疫情处理等重要工作交由人大联系推进，支持人大在践行全过程人民民主、打造基层议事特色品牌、数字化改革等工作上探索创新。一年来，常委会认真贯彻落实中央人大工作会议精神，协助区委抓好会议精神及相关文件落实工作，以实干创新精神谋新篇、开新局。全面开展“全过程人民民主实践行动”，在全省各级人大常委会主任学习会上作典型发言，经验材料获省十三届人大常委会党组书记、副主任梁黎明和市人大常委会党组书记、主任李火林批示肯定。春江街道、东洲街道、新登镇等工作案例获《人民日报》、全国人大官网、《法治日报》、

《浙江日报》等主流媒体宣传报道，生动展现了基层人大践行全过程人民民主的累累硕果。承办杭州人大财经综合监督系统应用推广会并作典型发言，系统本地化改造的经验做法获省、市人大常委会认可，得到区委主要领导批示肯定。

**（二）坚持围绕中心，推动重大决策部署贯彻落实**

围绕中心、服务大局是做好人大工作的重要原则。常委会立足人大职责，发挥职能作用，确保人大工作与区委决策同频共振、同向发力。

1. 积极助推产业强区。聚焦经济稳进提质，以推动产业强区主战略实施为目标，全力督办区十七届人大一次会议1号议案，从产业政策、重点指标、平台发展、招商引资等七个方面提出意见建议，推动政府在产业精准施策、优化服务、转型升级、科技创新等方面持续发力，助力实现产业动能新跃升。主任会议成员聚焦工业企业培育生态体系建设、农业产业化发展等内容开展课题调研，通过实地视察、座谈交流、数据分析等方式，查找问题短板，提出意见建议，为区委区政府科学决策提供参考。主任会议成员带队开展“助企纾困”专项行动，累计走访企业58家，牵头协调解决问题34个，全力推动助企惠企政策落地见效。组织开展全区各级人大代表助力八大攻坚行动，发动代表倾听市场主体呼声诉求，为推动经济加快企稳回升向好贡献代表力量。

2. 积极助推亚运攻坚。紧盯亚运场馆建设运行、城市环境品质提升、城市运行保障、城市安全文明提升等重点工作，部署开展人大助力亚运攻坚专项行动。持续对迎展行动“九大工程”开展专项监督，9个监督工作组240余名代表累计开展集中监督活动16次、小组监督活动40次，提出意见建议82条，助力“九大工程”跑出“加速度”。以督办区十七届人大一次会议2号议案为重要抓手，督促政府将议案内容细化为15个方面工作任务，强化阶段性监督，全面助力亚运城市环境品质大提升。主任会议成员带队，聚焦亚运志愿服务、医疗救助、道路交通综合治理、城市精细化管理等工作开展专题调研，为亚运筹备献计出力。

3. 积极助推共富示范。开展共同富裕示范区建设——公共服务优质共享工作专题询问，围绕15分钟公共服务圈、幼有善育、住有所居等11个方面工作现场询问政府工作部门负责人，督促政府回应群众期盼、落实承诺举措。高质量督办区十七届人大一次会议3号议案，开展乡村振兴“一法一条例”执法检查，实地视察未来乡村建设和新时代美丽乡村标杆点建设情况，从形成乡村振兴强大合力、推动乡村产业高质量发展、强化乡村振兴人才支撑、营造乡村振兴良好发展环境等4个方面提出意见建议。开展公共文化服务保障“一法一条例”执法检查审议意见落实情况“回头看”，紧扣贯彻执行中出现的新情况新问题，提出具有针对性的意见建议，助力提升政府公共文化服务能力。

**（三）坚持精准监督，全力助推经济社会高质量发展**

人大监督是党和国家监督体系的重要组成部分。常委会始终把用好监督权作为人大履职的重中之重，精选监督议题、创新监督方法，不断增强监督的刚性和实效。

1. 加强财政经济领域监督。紧扣经济社会发展目标任务，听取审议计划、预算、决算、审计、重大投资项目计划调整、政府债务限额调整等报告。聘请10位计划和预算审查监督评审专家，组建由57名代表组成的人大财经审查小组，有效夯实财经监督工作专业力量。深化预算草案“三审”制，线下组织28名代表对6个重点单位的预算草案进行预审，线上首次实现全区所有预算单位草案、全体区人大代表审查“双覆盖”。听取审议我区国有资产管理情况综合报告、行政事业性国有资产管理情况专项报告，推动政府及相关职能部门切实加强对国有资产的管理，实现人大国资监督工作首轮全覆盖。首次会同区委审计委员会对审计查出问题整改情况开展监督，对2019—2020年度未整改到位的37个问题进行“回头看”，充分发挥审计“治已病、防未病”的作用。开展指定监督工作，指定区财政局对2个政府专项、9个单位整体预算开展绩效评价，指定区审计局对3个重大项目开展稽查，对部分产业政策落实情况开展专项审计调查，有效破解财政资金使用管理问题。督促区政府开展村级项目第三方资金监管清理工作，促使存量资金有效盘活、有序流转。

2. 加强法治建设领域监督。首次听取审议区监委关于整治群众身边不正之风和腐败问题工作情况报告，提出4个方面意见建议，推动提升监察工作规范化法治化水平。听取审议区公检法关于打击治理电信网络诈骗违法犯罪工作情况报告，对2名法官开展履职监督，推动提升我区反诈防骗工作合力。在常态化听取审议法治政府建设情况综合报告的基础上，同步审议23个工作部门法治政府建设情况报告，实现法治政府建设专项监督迭代升级。深化“三级述法”机制，扩大村（社）述法覆盖面，在335个村（社）开展常态化述法，在全市范围内率先实现村（社）述法全覆盖。加强规范性文件备案审查工作，首次听取审议备案审查工作情况报告，对区政府10件规范性文件进行合法性审查，确保文件于法有据。配合省、市人大常委会开展《浙江省综合行政执法条例》执法检查，推动解决行政执法改革实践中的突出问题。高质量完成省、市人大交办的8个条例规定意见征求工作，有效传递基层立法心声。

3. 加强社会民生领域监督。持续开展区政府民生实事项目专项监督，按照“五个一”工作法，10个监督工作组集中视察26次，32个监督小组实地视察290余次，提出意见建议162条，10件民生实事项目按时高质量完成。开展环境保护法执法检查，组织常委会组成人员、部分区人大代表实地视察危废智治平台、洋浦江水环境治理等工作，针对贯彻执行法律中存在的4个方面15项问题，提出具有针对性的意见建议。聚焦“三区三线”划定、医疗保险基金运营、“未来社区”建设、现代职业教育高质量发展、耕地非粮化整治、农村低收入群体增收等工作开展专题调研，紧紧围绕群众关心的突出问题加强监督，保障人民群众共享发展成果。配合省、市人大常委会开展就业促进法执法检查，大力促进就业工作，助力提升就业质量。

（四）坚持人民作主，全面开展全过程人民民主实践行动

人民代表大会制度是实现全过程人民民主的重要制度载体。常委会创新开展“全过程人民民主实践行动”，探索“三条路径”，做实“六大任务”。一年来，培育了一批全过程人民民主实践行动优秀工作案例，形成了4个指导意见和2个专项成果，有力打造了全过程人民民主“富阳样板”。

1. 探索人民民主往前端走。大胆探索人民民主前端意见征集、民意表达机制。通过基层实践，出台关于推行乡镇民生实事项目人大决策工作的指导意见，突出乡镇人大在项目征集、提出阶段的主导作用，明确民生实事“两征集、两会商、两提交”的工作规范，支持乡镇设立“民生微实事”专项储备金，重塑民生实事项目前端征集、会商、提交等方面的主体责任和工作流程。出台关于全面推行新时代“小队会”基层议事制工作的指导意见，在全区范围内推广升级版的“小队会”基层议事制，突出乡镇（街道）人大在主题确定、活动组织、流程把控、问题督办等环节的主导作用，切实保障人民群众的知情权、参与权、表达权、监督权。支持乡镇（街道）深化和创新具有属地特色的议事品牌，扩大完善民意表达机制。一年来，24个乡镇（街道）人大共组织基层议事特色活动150余场，1800余人次代表参与其中，总结提炼了一系列可推广、可复制的经验做法，基层议事从“盆景”变为“风景”。

2. 探索人民民主往日常走。全面推动由重视开会代表作用发挥向激活闭会代表高质量履职转变。在打造全过程人民民主基层单元中，出台关于规范国家机关工作人员和人大代表“进站会商一件事”指导意见，制定党政领导、区人大常委会组成人员、“一委两院”、政府部门、人大代表进站会商“五张清单”，全面规范工作规则，推动人大和“一府一委两院”核心业务全面下沉，让代表联络站真正用起来、活起来、实起来。出台关于规范区人大代表高质量日常履职指导意见，系统梳理代表在能力建设、吸纳民意、汇聚民智、依法监督、服务保障等方面高质量履职内容，激励代表争做行权履职“优等生”。

3. 探索人民民主往空白处走。着力推动人大工作向重大平台、重大项目、重大活动全覆盖和人大工作方法向“线上+线下”全覆盖。先后在富阳经济技术开发区和杭州富春湾新城设立人大工作机构，配齐配强工作力量，探索建立议事工作机制，高质量建设两大平台代表联络站，成立首届居民议事会，实现了重大平台领域人大工作全覆盖。高标准做好人大财经综合监督系统本地化改造，优化重要模块，增添闭环管理功能，在全市率先上线并推广运用。系统上线以来，区人大代表共登录访问7627次，提出意见建议567条，点对点推送职能部门471条，反馈率达100%，实现了传统财经监督领域数智应用人大工作全覆盖。

（五）坚持代表主体，全面优化提升代表履职环境

人大代表是人民代表大会的主体。常委会牢固树立尊重代表权利就是尊重人民权利、保障代表依法履职就是保证人民当家作主理念，用心用情服务保障代表依法履职。

1. 不断优化代表履职服务。开展区十七届人大代表初任培训和履职培训，专题辅导人大制度、人大组织形式、代表履职实践等知识内容。开展全过程人民民主基层单元、人大财经综合监督系统、代表履职云等应用场景培训，全面提升代表“数智履职”能力。完善区人大常委会、区政府领导联系走访代表机制，通过上门走访、进站接待、座谈交流等形式，增加与代表面对面交流频次，近距离倾听代表心声。修改完善区人大代表履职积分办法，对代表履职情况进行量化管理。支持乡镇（街道）人大有效提升代表履职服务保障工作，为代表高质量日常履职积极创造条件。比如，渌渚镇开发“议渌同行”履职小程序、永昌镇建立履职经费补贴制度、场口镇设立闭会期间代表建议办理备用金、湖源乡强化代表履职积分管理等，这些举措为代表积极投身履职实践提供优质保障、营造良好环境。

2. 不断丰富代表履职活动。以“为人民而问，向人民报告”为主题，召开“一府两院”工作报告会。会前，多层面、多渠道听取代表和群众对“一府两院”工作的意见建议；会中，邀请80余名代表参会，9名代表在“代表问政”环节现场提问；会后，针对会前收集的38条代表建议和“代表问政”的9个问题，召开反馈协调会，督促相关部门落实并答复。邀请代表参加区委区政府组织的各类重要会议、重大活动，开展“服务亚运当先锋、人大代表在行动”“代表助力共同富裕示范区建设”等主题活动，组织代表参加调研、视察、执法检查等活动640余人次。支持各乡镇（街道）人大丰富代表履职活动，充分激发代表履职活力。比如，富春街道创新推出“代表讲堂”、银湖街道组织代表评议基层站所、常安镇推进“三进四访”活动等，这些举措为代表知情知政搭建平台、拓展空间，让代表履职更接地气。

3. 不断深化代表建议督办。制定区人民代表大会代表议案处理办法，修订区人民代表大会代表建议、批评和意见处理办法，推动代表建议办理工作程序化、规范化、制度化。完善大会议案督办机制，首次采用指标量化法，清单式监督议案办理。健全常委会领导重点督办、各委办对口监督、代表满意度测评等工作机制，通过“联民桥”拓宽代表建议征集面，完善闭会期间代表建议办理流程，全面提升代表建议解决率。经过人大、政府共同努力，251件代表建议已经解决或基本解决183件，解决率为72.9%，已作出评价的245件代表建议，满意率为95.9%。

（六）坚持笃学实干，不断增强人大工作整体实效

自身建设是人大更好发挥“四个机关”作用的重要保证。常委会主动适应新时代人大工作新要求，加快变革重塑，加速能力提升，不断提高两级人大干部能力水平。

1. 着力强化党建引领。常委会党组严格落实全面从严治党主体责任，专题研究机关党建工作，全面提升人大常委会机关党员干部在理论学习、服务大局、为民服务等方面能力水平。认真落实社区“大党委”制、乡镇（街道）捆绑组团工作任务，积极开展昼访夜谈活动，协助

春江街道、后亭子社区做好“无疫单元”创建，支援东洲街道华墅社区做好“8・25”“10・7”疫情防控工作。一年来，累计走访农户130余户，走访企业70余家，参与社区志愿服务760余人次，有力提升人大常委会机关党员干部服务基层的能力水平。

2. 着力激发工作动能。建立亮晒激励机制，以全省全过程人民民主基层单元亮晒为主抓手，成立建设专班，细化数据标准和考核指标，制作数据规范一览表，对乡镇（街道）重要指标实行每周亮晒、每月通报，全面提升富阳人大亮晒质量。建立工作案例评选激励机制，开展乡镇（街道）人大特色创新工作、全过程人民民主基层单元优秀案例评选，形成比学赶超、创先争优的浓厚氛围。建立考察学习激励机制，分组赴温州、宁波、台州等地学习代表联络站建设、代表高质量履职、监督方式方法创新等经验做法，进一步拓展履职视野、提高履职能力。

3. 着力提升工作合力。完善常委会领导联系乡镇（街道）人大工作制度，通过加强日常指导、上下联动监督、组织经验交流等形式，进一步夯实基层人大工作基础。健全乡镇（街道）人大考核机制，在考核常规工作的基础上，增设“主题工作”考核，细化考核指标、规范考核内容，以考核系统化促进履职精细化。建立核心业务中心化制度，将常委会各工委单线监督工作、单项重点活动分解至所有工委，通过小组调研、分组讨论、集中研究等形式，提升工作凝聚力、战斗力、执行力。完善人大宣传助力制度，全面启用富阳人大信息报送系统，指导乡镇（街道）人大做好信息采编、内容更新、对外宣传等工作。一年来，“富阳人大”微信公众号累计发稿250余期，被省、市人大录用稿件92篇，在中央和省市级媒体刊登报道150余篇，发出了富阳人大坚持和完善人民代表大会制度“最强音”。

各位代表，过去一年常委会所取得的成绩，是区委正确领导的结果，是常委会组成人员和全体人大代表共同努力的结果，是区政府、区监委、区法院、区检察院密切配合、团结协作的结果，也是全区人民充分信任、上级人大关心指导和社会各界大力支持的结果。在此，我代表区人大常委会表示衷心的感谢！

回顾过去一年的工作，我们也清醒地认识到，常委会工作中还存在一些问题和短板，主要表现在：讨论决定重大事项的工作机制有待进一步完善；监督工作的精准度有待进一步提高；与代表和人民群众的联系有待进一步加强；常委会及机关的创新能力有待进一步强化；人大工作规范化、实效化、精细化程度有待进一步提升等。对于这些问题，我们将采取有力措施，切实加以改进。

## 二、2023年的主要任务

2023 年是全面贯彻落实党的二十大精神的开局之年，也是全区加快现代产业、现代城市、现代治理立起来的拼搏之年。今年区人大常委会工作的总体要求是：高举习近平新时代中国特色社会主义思想伟大旗帜，全面贯彻党的二十大精神，深入学习贯彻习近平法治思想、关于坚持和完善人民代表大会制度的重要思想，坚持党的全面领导、人民当家作主、依法治国有机统一，按照区委二届三次全体（扩大）会议决策部署，聚焦现代产业、现代城市、现代治理立起来，守正创新、求实行实、担当作为，为高水平描绘现代版富春山居图，践行好中国式现代化发展道路贡献人大智慧和力量。

根据这一总体要求，2023年常委会工作的主要任务是：

### （一）高站位把牢工作方向，矢志不渝坚定人民代表大会制度自信

人民代表大会制度是我们党探索建立、治理国家的根本政治制度，是以中国式现代化全面推进中华民族伟大复兴的重要制度保障。区人大常委会将以“三个正确”为导向，坚定制度自信，扛起使命担当，充分发挥人民代表大会制度优势和功效。坚持党的领导的政治正确。全面学习、全面把握、全面落实党的二十大精神，以习近平新时代中国特色社会主义思想统领和指导人大工作，持续学懂弄通习近平法治思想、习近平总书记关于坚持和完善人民代表大会制度的重要思想。深入贯彻中央人大工作会议、市委人大工作会议精神，协助开好区委人大工作会议，逐条逐项抓好重点任务的落实。坚定围绕中心的服务正确。自觉做到从政治上考量、在大局下行动，严格执行重大事项、重点工作、重要活动向区委请示报告制度。高水平联系推进区委交办的重点工作，聚焦“五大攻坚战、实现五个高质量”谋划部署人大各项工作，让人民代表大会制度优势更好地转化为全区发展优势、治理效能。坚守履职行权的法定正确。坚持党管干部原则与人大依法行使选举任免权相统一，“敢用”“善用”重大事项决定权，确保区委的主张通过法定程序转化为全区人民的共同意志。坚持依法监督、正确监督、有效监督，推动中央和省市区委重大决策部署贯彻落实，推动宪法法律有效实施，推动“一府一委两院”依法行使职权。

### （二）全链条聚焦工作重点，一以贯之推动人大工作高质量发展

强化监督工作、践行全过程人民民主是人大服务中心、惠泽民生的重要方式。区人大常委会将以“三个推进”为导向，用好用活宪法法律赋予的监督权，不断提高全过程人民民主制度化、规范化、程序化水平。推进工作规范化落实。牢记规范履职是推动人大工作高质量发展的基石，健全完善常委会系列工作制度，有效落实议案、代表建议处理相关办法，指导督促乡镇（街道）人大落实关于推行乡镇民生实事项目人大决策工作、全面推行基层议事制、“进站会商一件事”、规范区人大代表高质量日常履职等4个指导性意见，确保人大各项工作在规范化轨道上运行。推进工作精细化落实。秉持“致广大而尽精微”的监督理念，紧扣未来所向、发展所需、群众所盼确定年度重点监督议题，做精做优生态环境报告制、预算草案“三审”制、村级述法一件事等特色工作。积极探索运用人大监督新形式，拓展专题询问、满意度测评的广度、深度、精准度，尝试运用工作评议、定向“云监督”、工委联合监督等方式，延伸人大监督触角。推进工作实效化落实。推动人大工作从重程序到

“程序+实体”相统一转变，注重提升审议意见内容质量，条目式反映审议成果，重要审议意见连同具体问题进行交办，督促审议意见有效落实。听取区政府关于审议意见办理情况的报告，并进行满意度测评，着力提升人大监督的权威性、系统性和实效性。探索建立专业特色人大代表联络站，提高主题性工作意见征集的质量和效率，让代表联络站功能发挥更具体更精准。

**（三）多维度擦亮工作底色，持之以恒加强人大自身建设**

做好人大工作，自身建设是关键。区人大常委会将以“三个全面”为导向，认真贯彻落实市委、区委人大工作会议精神，对标对表“四个机关”定位提升人大工作质量和水平。全面提升党建能力。严格落实新时代党的建设总要求，坚持“第一议题”学习制度，健全党建责任体系和工作链条，不断夯实人大履职根基。深化党建品牌建设，探索党建工作与业务工作深度融合新模式，以品牌创建促业务融合、促履职提升。全面提升数智活力。以“管用实用”为目标，充分考虑人大业务下沉需要、代表履职需求，深入推进应用场景本地化改造。以“会用想用”为导向，加强人大代表数字化技能培训，健全代表和群众意见收集分析、分类处理、跟踪落实、反馈评价的闭环工作机制，以数字赋能激发代表履职热情。全面提升工作合力。强化人大理论研究委员会和各工作委员会队伍建设，组织委员开展人大制度理论研究、重点课题调研、专项工作视察等活动，发挥好委员专业化力量优势。加强与乡镇人大、人大开发区（富春湾新城）工委、人大街道工委的工作协同，重点在贯彻党委决策部署、加强人大干部培训、推动人大工作创新实践上密切联系、同向发力，及时总结推广基层人大好经验、好做法，不断提升两级人大工作的推动力、创造力、影响力。

各位代表，新时代绘制新蓝图，新征程吹响新号角！让我们紧密团结在以习近平同志为核心的党中央周围，在中共杭州市富阳区委的坚强领导下，依法履职，砥砺奋进，为高水平描绘现代版富春山居图，践行好中国式现代化发展道路贡献人大力量、展现人大担当！

# 杭州市富阳区人民政府工作报告

## 在杭州市富阳区第十七届人民代表大会第二次会议上

（2023 年 1 月 31 日）

区委副书记、区长　谢浙升

各位代表：

现在，我代表区人民政府向大会报告工作，请予审议，并请区政协委员和其他列席人员提出意见。

## 2022 年工作回顾

2022 年，我们坚持以习近平新时代中国特色社会主义思想为指导，深入贯彻党的二十大精神，认真落实“疫情要防住、经济要稳住、发展要安全”的总要求，按照区第二次党代会和区十七届人大一次会议确定的目标任务，克难攻坚、加速奔跑，经受住了超预期冲击和挑战，各项工作取得新成绩。初步核算，地区生产总值突破 900 亿元，同比增长 2.1%；城镇和农村居民人均可支配收入达 71742 元和 44661 元，分别增长 3.5% 和 6.2%。综合实力在全国百强区排名第 49 位，投资潜力排名第 55 位，连续 3 年获评中国最具幸福感城区。

一、“防”“控”并重，抗击疫情坚决果断。始终坚持人民至上、生命至上，不折不扣执行“七大机制”“五快循环”“五个一小时”等要求，以最短时间、最小范围、最低代价打赢了“1•26”“8•25”“10•7”等疫情防控遭遇战、阻击战、歼灭战，有力处置周边地区多轮次疫情冲击，战疫经验全省推广。疫情防控转段后，有效贯彻“二十条”“新十条”等优化防控措施，快速提升医疗救治和应急能力，全面完成定点医院、亚定点医院和重症床位设置，千方百计加强药品储备，不遗余力做好保健康、防重症等各项工作，为 60 岁以上老人免费发放防疫包，疫苗接种率全市前列。

二、“稳”“进”同步，经济大盘持续巩固。连续 3 个月在全市“开门红”“开门稳”赛马激励中领先，在全省稳进提质行动中率先作典型交流。产业结构不断优化。实施数字经济“一号工程”，推进新一轮“腾笼换鸟、凤凰涅槃”行动，盘活低效工业用地 1307 亩，高新技术产业增加值占比达 66.7%。服务业加快恢复，分类施策做好纾困工作，发放各类消费券 7000 余万元、购车补贴 2000 余万元，服务业增加值增长 2.6%。农业“双强”有力推进，粮食种植面积稳定在 23.01 万亩、总产量 2 亿斤，创获全省产粮大区。招大引强有力突破。招引产业项目 123 个、总投资超 500 亿元，超 10 亿元项目 15 个，其中超 50 亿元 2 个、超 100 亿元 1 个。宝冶、中铁等 3 家央企子公司落户富阳。项目建设加快推进。实施项目全过程提速行动，省市重点项目投资完成率达 200% 和 170%，分别为全市第 1 和第 2，带动固定资产投资增长 17%、制造业投资增长 36.7%，获全市唯一的省政府投资赛马激励。产业平台能级提升。开发区实施兵团化作战行动，引进高新产业项目 51 个、总投资 170 亿元。富春湾新城积极创建省级高新技术产业园，引进主导产业项目 49 个、总投资 235 亿元。深化滨富合作，富芯一期提前试运营。药谷小镇创获省级特色小镇。企业培育成果丰硕。新增上市企业 2 家、国高企 134 家、省级科技型中小企业 253 家，累计认定国家专精特新“小巨人”企业 21 家、省专精特新中小企业 44 家、省级“隐形冠军”企业 6 家。创新动能集聚成势。迭代升级人才政策，招引大学生 1.8 万人、研究生等高层次人才 1813 人，分别增长 65% 和 19%，新增市级以上领军型人才 25 人、技能人才 5538 人。西湖大学首个校外研究院落户富阳，杭州光机所成为市首批概念验证中心，新增省级以上研发机构 10 家，R&D 经费支出占 GDP 比重达 2.96%。

三、“扶”“服”共举，发展环境不断优化。减税降费直达快享。第一时间、全面顶格落实税费支持政策，为企业减负53亿元，惠及企业80万家次。产业扶持精准有力。出台产业强区“黄金20条”、稳经济55条等一揽子政策，兑现产业扶持资金26亿元、增长50%。实施重点投资项目预兑现机制，拨付时间提前2个月。小微企业贷款、制造业中长期贷款分别增长22.2%和59.4%，企业贷款加权平均利率4.52%，为历史低点。营商环境持续向好。开展省级“歇业一站式”试点，努力帮助企业恢复经营，市场主体累计达11.9万家。深化公民企业“一件事一次办”，“放管服”考核全省第一。营商环境改革案例获全国工商联肯定。政务服务“一网通办”率达97%，获全市最佳创新争先奖。企业服务暖心暖情。建立重点企业专班化、全流程服务机制，深化“区领导定点帮扶”“万名干部助万企”等行动，走访服务企业6169家次，解决各类问题591个。

*四、“内”“外”兼修，品质城区展现新姿。*亚运攻坚高效有序。“迎展行动”411个项目完成节点任务，银湖体育中心和北支江水上运动中心正式启用，东洲样板段、新桐示范段精彩亮相。北支江沉浸式夜景游、亚运山居景观带获全市赛马优胜。规划编制有力开展。完成“三区三线”划定，新增建设用地空间3.83万亩。23个重点区块控规、专项规划、城市设计有序推进。立体交通加快呈现。湖杭高铁、大盘山隧道、富春湾大道、灵桥新互通建成投用，汽砭线、新中线、环金线整治二期完成建设。新改建农村公路18.1公里、道路大中修75.8公里，启动万牧线、徐西线建设，获评“四好农村路”省级示范区。重点板块亮点纷呈。秦望“城市眼”全面实现地下向地上转段，过江隧道西线顺利贯通，地下综合体有序推进，科技馆启动建设。富春湾新城中轴城市心、杭黄未来城、洋浦江生态修复等工程加快推进，龙湖天街签约落地。银湖科技城新注册企业3500家，新增产业人口超8000人。新登、场口获全省小城市培育试点优秀等次。成功创建2个省级未来社区。城市管理精益求精。实施“大综合一体化”行政执法改革，建成区级指挥中心，执法力量下沉率达2/3，实现“一支队伍管执法”全覆盖。深化“美丽杭州”建设，建成省级垃圾分类示范片区1个、示范小区16个，新增市级“美好家园”小区9个。完成渣土消纳681万方，整治内涝积水点26个，消除燃气领域安全隐患3191个。改造城市小公园4个，新建绿道52公里，完成4个老旧小区改造、5个区块有机更新，既有住宅加装电梯80台。工程质量不断提升，获评国家优质工程1个、钱江杯6个、西湖杯5个。

*五、“美”“富”联动，乡村振兴蹄疾步稳。*生态底色持续擦亮。完成137件中央生态环保督察问题整改。富春江干流水质稳定保持Ⅱ类，空气优良率达93.2%，PM2.5平均浓度30.6微克/立方米，捧回“清源杯”，勇夺“大禹鼎”，连续4年获评“美丽浙江”优秀区，建成全市唯一全域“无废城市”。乡村建设日新月异。全省率先实现新时代美丽乡村全覆盖，15个标杆点精彩亮相，创建省市级未来乡村13个、省级美丽宜居示范村2个、省市级美丽城镇样板9个、省AAA级景区村庄11个。古东安、公望富春分别创获省、市级县域风貌样板。美丽经济多点开花。成立研学产业联盟，培育露营、研学基地75家，阳陂湖、万市银杏古村落入选全国乡村旅游精品路线，拔山村成为全国“一村一品”示范村，渔山稻香节成为全国丰收节庆特色活动。开展28个村庄经营试点，银湖“乡村美丽大厦”、富春湾“飞地”抱团项目有序实施，97%的村集体经济经营性收入超50万元。

*六、“量”“质”齐抓，共同富裕先行先试。*社会保障扩面提质。新增城镇就业3万人，城镇调查失业率稳控在5%以内，零就业家庭动态清零。发放创业贷款4099万元，新资助大学生项目156个。发放各类救助金超2亿元，惠及困难群众1.5万人，低保标准提高10%。西湖益联保参保率达53.4%，全市第2。新开工6个公租房项目，完成3个公租房和9个安置房区块建设，回迁安置2356户，137户农村困难家庭得到建房救助。发放新富阳人住房补贴，惠及3万余人。构建一站式优抚服务体系，荣获全省烈士褒奖工作成绩突出单位。公共服务优质共享。建成5个共富基本单元“一老一小”服务场景，落地全省首家幼儿托育机构，入选全国智慧健康养老示范基地。平稳完成民办义务教育学校规范工作，试点推进9所小学集团化办学，杭师大富阳基础教育研究院落地揭牌，区域中高职一体化五年制改革开班。12所中小学（幼儿园）建成投用，新增学位4500余个，杭二中富春学校开工建设。劳动教育入选教育部“双减”典型案例，教育满意度测评全市第2。省人民医院富阳院区和省中医院新院区等项目有序实施，浙江中医药大学总部来富加快推进。完成重点人群脑卒中筛查1.8万人、结直肠癌筛查超4万人。培育本地名医47人，开设乡贤名医工作室14个，家庭医生续签率全市第1，创获全省首批医疗保障服务示范窗口，健康浙江考核全省第4。文化强区魅力彰显。深入实施“宋韵文化传世工程”，建成区非遗馆，“富春山居”“新登千年古城”列入全省首批文化标识培育项目，富春江被命名为全省大花园人文耀眼明珠，成功创建钱塘江诗路文化传承生态保护区，荣获全省农村文化礼堂建设示范区。“公望两岸圆缘园”开放运营，湖源“村播学院”获评首届全省最美乡村文化空间。启动图书馆提升改造，编纂出版“富春山居文化丛书”，开展文体惠民活动2743场，建成“15分钟品质文化生活圈”90个，建设嵌入式体育场地6.7万平方米。全国文明城市复牌迎检高分通过。社会治理精细精准。持续加强除险保安，安全生产事故起数、死亡人数分别下降9.3%和6.8%。健全常态化预防和化解社会矛盾机制，省级以上信访积案动态清零。村社智治入选全国社会治理创新案例。有效做好防汛、防台、抗旱等工作。常态化推进扫黑除恶，有力处置金融风险，全面落实“保交楼”，圆满完成党的二十大等重要时段安保任务，平安建设获“十七连冠”。协作共富扎实用心。持续做好东西部协作、对口支援、山海协作和区县协作，捐助援建资金6100万元，缙云“消薄飞地”投入使用。

*七、“忠”“实”双优，政府建设全面加强。*政治建设纵深推进。深入学习贯彻落实党的二十大精神，坚持用习近平新时代中国特色社会主义思想武装头脑、指导实践，以实际行动坚决拥护“两个确立”、坚决做到“两

个维护”。全面深化宣讲活动，把党的二十大精神落实到支部、传达到党员、飞入寻常百姓家。高标准做好“七张问题清单”整改，问题管控力评价全省第2。法治政府稳步推进。主动接受人大和政协监督，强化监察、司法、审计、统计、舆论和社会监督，办理人大建议251件、政协提案229件。深化“两高一低”整治，全市率先推进诉前引调，化解率达58.8%。全省率先出台区级重大行政决策事项标准，三级述法、行政执法专项巡察获全省最佳实践，群众法治满意度实现全市“三连冠”，成功创获法治浙江优秀区。数字政府迭代升级。“162”与“141”体系加快贯通，医检互认升级为浙医互认并获李克强总理批示肯定，“商业预付卡”获评全省共富最佳实践，“富春风尚汇”成为全省优秀应用，老旧房智治应用扩面提质，低效工业用地数字化监管成效明显，9项改革经验全省推广。作风建设从严从实。深入推进党风廉政建设，持之以恒纠“四风”、树新风，严肃整治作风漂浮、政策执行机械、“三不”等突出问题，加大房产开发、工程建设、国有企业等重点领域治理，全年给予党纪政务处分333人。坚持厉行节约，压减非急需非刚性支出14.3亿元，公用经费下降25%。

同时，工会、共青团、妇女、儿童、红十字、慈善、老龄、残疾人等事业全面发展，老干部、档案、气象、科普、社科、文艺等工作成效明显，外事、对台、民宗、人防、退役军人、关心下一代等工作不断加强。

各位代表，看似寻常最奇崛，成如容易却艰辛。这一年，全区干部群众都过得非常不容易，但我们顶住压力，砥砺前行，用辛勤的汗水，集聚了产业之势，催生了城市之变，浇灌了生活之美。最令人欣慰的是，在疫情防控中，全区一盘棋，上下一条心，赢得了战略主动，最大程度保护了人民生命安全和身体健康。最令人激动的是，交通网络体系日趋完善，富阳人民期盼了十多年的大盘山隧道建成通车，富春湾大道精彩亮相，富阳正式进入了“三铁”时代。最令人自豪的是，招引的项目多而实，10亿元以上破纪录，超100亿元项目再落地，把一个个“不可能”变成了“一定能”。这片充满希望的富春大地上，处处洋溢着生机与活力，正迸发出强劲的发展势头。

这些成绩的取得，是区委正确领导的结果，是区人大、区政协监督支持的结果，更是全区广大干部群众团结奋斗的结果。在此，我谨代表区人民政府，向全区人民，向人大代表、政协委员和离退休老干部，向各民主党派、工商联、人民团体和社会各界人士，向坚守在一线的广大医务工作者、基层工作者，向各驻富单位，向关心、支持富阳发展的各位乡贤和朋友，表示崇高的敬意和衷心的感谢！

各位代表，思危才能居安，知忧才能克难。我们清醒地看到，富阳的发展仍面临着不少问题和挑战，受宏观形势影响和疫情冲击，部分经济指标没有完成年初预期目标。同时，对标高标杆，各地竞争态势更加激烈，“不进是退，慢进也是退”的忧患意识亟待增强。对标高质量，产业结构有待优化升级，龙头型企业还不够多，科技创新力、要素集聚力和产业竞争力迫切需要提升，不少市场主体存在较大的经营困难。对标高能级，城市特色还不够鲜明，精细化管理水平还有待提升，乡村产业发展仍存在较大短板。对标高品质，教育、医疗、养老、托幼、文化、体育等公共服务还未达到群众期盼，社会治理、安全生产等领域风险隐患仍未根治，突发事件应急处置能力还需进一步加强。对标高效能，部分干部推动高质量发展的专业化水平亟待提升，干事创业热情还需深度激发。对这些问题，我们已经采取了系列有效措施，并认真加以解决，今后将进一步加大工作力度。

## 2023年指导思想和总体任务

今年是全面贯彻落实党的二十大精神的开局之年，也是亚运举办之年，更是富阳进一步立起来的关键之年。党的二十大提出党的中心任务就是以中国式现代化全面推进中华民族伟大复兴。省委十五届二次全会提出要以“两个先行”实干实效谱写中国式现代化新篇章。市委十三届三次全会提出要努力成为中国式现代化的城市范例。前不久闭幕的区委二届三次全会，提出了要“打好五大攻坚战、实现五个高质量”，加快现代产业、现代城市、现代治理立起来，为我们做好今年工作指明了方向。我们要按照中央、省、市和区委的决策部署，牢牢把握富阳当前所处的历史方位，稳字当头、稳中求进，保持清醒、精准发力，以更加昂扬的姿态走好赶考路、奋进新征程。

今年全区工作的指导思想是：高举习近平新时代中国特色社会主义思想伟大旗帜，深入贯彻党的二十大精神，深入践行“八八战略”，围绕打造“重要窗口”、推进“两个先行”，统筹发展与安全，坚定不移实施产业强区主战略，全面加快现代产业、现代城市、现代治理立起来，全力打造创新活力、都市田园、山水人文、幸福宜居“四大图景”，高水平描绘现代版富春山居图，践行好中国式现代化发展道路。

建议2023年全区发展主要预期目标是：地区生产总值增长6%左右；城镇和农村居民人均可支配收入分别增长6%和7%；万元GDP综合能耗、主要污染物排放等约束性指标完成上级下达的目标任务。

根据指导思想和奋斗目标，在具体工作中，我们将围绕“打好五大攻坚战、实现五个高质量”，着重坚持和把握以下五个方面：

——*必须始终把创新作为高质量发展的第一动力。*要做大总量，企业是创新主体，把稳企业、稳增长、稳发展摆在更加突出位置，用好政策组合拳，努力让企业卸下包袱、轻装上阵、快步前行。要做强增量，进一步优化营商环境，持续加大五大产业生态圈项目招引力度，尽心竭力引进符合富阳产业需求的专业人才，更大力度推动科技成果孵化转化，推动发展从“夯基垒台”向“立柱架梁”转变。要做优存量，加速推进先进制造业与现代服务业“两轮”驱动，加快传统产业转型升级，加大研发投入，增强企业发展信心，提升经济发展质量，更好推动老树发新枝、新芽成大树。

——*必须始终把品质作为高质量发展的核心抓手。*要全面融入大都市，坚持交通先行，放大亚运效应，建好十字轴，唱好双城记，统筹推进未来社区、未来乡村、城乡风貌建设，加快成为都市核心新区。要全面提升建设质量，强化城市设计，融合美学理念，用匠心品质打造城市名片，不断增强城市的产业承载力、文化感染力和消费吸引力。要全面提升管理水平，对标杭州主城区，实施城市气质塑造工程，推动城市从“大刀阔斧”建设向“精雕细琢”管理转变，实现环境更优美、更整洁、更有序，促进城市更宜居、更宜业、更宜游。

——必须始终把美丽作为高质量发展的鲜明底色。要放大自然生态之美，积极践行习近平生态文明思想，继续打好治水、治气、治土、治废组合拳，发展绿色产业，建设绿色家园，还富春山居以本色，让山温水暖、鸟语花香成为常态。要点亮人文底蕴之美，深入实施文化强区战略，认真践行社会主义核心价值观，深度挖掘本土文化气质，讲好“五个一”故事，推动传统文化与现代文明交相辉映、城市品格与人文精神相得益彰。要提升“两山”转化之美，加快农文旅融合，因地制宜发展特色农业，将秀美山水转化为发展优势，实现美丽城乡、美丽人文、美丽经济各美其美、美美与共。

——必须始终把幸福作为高质量发展的根本目的。要坚持人民至上，聚焦老弱病残幼，推进“七优享”，用心、用情、用力解决好群众的操心事、烦心事、揪心事，着力办好就业、教育、医疗、养老、社保等关键小事，真正把群众所盼变成我们所为，把我们所为变成群众所得。要推进精神富有，着力缩小“三大差距”，加快推进“扩中”“提低”，更好满足群众多层次需求，持续擦亮“全国最具幸福感城区”金名片。要强化底线思维，增强“一叶知秋”的敏锐性和鉴别力，以工作确定性应对风险不确定性，切实守护万家灯火，不断提高老百姓的幸福感、获得感、安全感。

——必须始终把共治作为高质量发展的有力支撑。要夯实治理基底，坚持和发展新时代“枫桥经验”，完善“小脑+手脚”工作体系，加快建设人人有责、人人尽责、人人享有的社会治理共同体。要抓住关键环节，聚焦政治安全、社会安定、人民安宁，健全完善风险闭环管控机制，进一步提升防范和化解风险能力。要强化改革赋能，围绕经济发展所需、政府职能转变、人民群众所盼，通过党建引领、改革撬动、整体智治，实现有为政府与有效市场相辅相成，数字赋能与治理效能齐头并进。

## 2023 年工作安排

2023 年，我们将坚定不移实施“产业强区”主战略，大抓经济、大抓产业、大抓项目、大抓招商，推进各项工作提标、提档、提速、提效，加快推动“三个现代”立起来，重点做好以下六个方面：

### 一、紧扣稳进提质，提高经济发展竞争力

1. 强化招商硬核支撑。聚焦更高目标，全年招引产业项目 120 个、总投资 300 亿元以上，其中 10 亿元以上 15 个，含 50 亿元以上 2 个，力争 100 亿元以上再突破，加快实现主导产业串珠成链、集链成圈。聚焦更广渠道，完善招商机制，强化招商力量，深化专业招商，探索“基金+基地+招商”模式，实现从“守株待兔”向“猛虎扑食”转变。聚焦更强保障，完成产业基金投资 30 亿元、撬动社会资本 150 亿元，力争工业用地出让 2000 亩以上，平台内新建标准厂房 60 万立方米以上，确保项目招得进、落得下。聚焦更优服务，建立健全“招、落、投、服”一条链，优化项目评价体系，加强合同履约监管，进一步提升服务质量。

2. 保持经济稳定增长。把稳预期作为稳增长重要前提，全面落实“8+4”政策体系和“2+X”集成政策，精准完善区级产业政策，推动“抢先机、拼经济”38 条政策落地见效，引导市场主体立足当前、着眼长远、提振信心，确保主要经济指标实现“开门红”“半年红”“全年红”。充分发挥投资对稳增长的关键作用，积极对接落实全省“千项万亿”工程，切实抓好 500 个项目建设，力争固定资产投资增长 6% 以上，其中制造业投资 140 亿元、增长 40% 以上。认真谋划一批交通、水利、城建等领域补短板、优结构项目，推动更多项目纳入国家和省市盘子，积极争取更多地方政府专项债券和政策性开发性金融工具。深化项目全过程提速“1231”工程，省市重大项目前三季度开工率分别达到 30%、60% 和 85%。充分发挥消费的基础作用，更好满足刚性和改善性住房需求，鼓励新能源汽车、家居家电等大宗消费，推动餐饮、住宿、旅游、零售等生活性服务业快速回暖，培育医疗健康、养老托幼等新热点，社零增长 6% 以上。充分发挥外贸的支撑作用，紧扣“地瓜经济”提能升级“一号开放工程”相关工作要求，积极参与全市“双百双千拓市场”行动，打造“商通全球馨通道”，鼓励企业走出去、参展会、抢订单，确保出口增幅高于全国。

3. 促进产业提质增效。做大做强先进制造业，聚力打造智能物联、高端装备、生物医药等产业生态圈，积极培育新材料、人工智能、新能源等新兴产业，规模工业增加值增长 7%。推进制造业高端化、智能化、绿色化改造，盘活低效工业用地 1500 亩，完成存量工业用地厂房改扩建 20 万方以上，整治高耗低效企业 100 家以上，争创市级以上绿色工厂 9 家以上。深入推进数字经济创新提质“一号发展工程”，抢占新赛道、主赛道，培育“链主”企业 10 家以上，新增智能工厂 10 家以上，数字经济核心产业增加值增长 12% 以上。发展壮大现代服务业，大力培育数字服务、研发设计、金融服务等生产性服务业，加快发展楼宇经济、总部经济，服务业增加值增长 6.5% 以上。推动现代农业与先进制造业、现代服务业深度融合，加快培育农业龙头企业，做优做强茶叶、香榧、水果等特色品牌，推进竹产业物理分解点建设，打造 3 条以上优势特色富民产业链，农业总产值力争增长 3.2%；实施农业项目 100 个以上，带动社会资本投入 10 亿元以上；稳定“米袋子”“菜篮子”供给，扎实推进“非粮化”清理，粮食年产量稳定在 2 亿斤以上。

4. 推进平台做优做强。开发区加速打造大走廊“金南翼”，全力招引重大产业项目，引进 10 亿元以上项目 7 个、总投资 140 亿元以上。银湖科技城谋划建立金南翼合作园，实现项目和人才同城同待遇，打通走廊项目落富通道；做深做透“文创+”“数字+”等特色产业文

章，加大楼宇招商，导入产业人口8000人以上。金桥园区以路特斯等吉利系项目为抓手，着力打造杭州新能源车核心部件重要战略基地。东洲新区谋划和推进有机更新，积极推动与云栖小镇联动发展。鹿山园区加快推进转型升级。新登、场口园区重点招大引强，做足增量文章，支持葛洪丹谷、循环经济产业园等特色小镇和产业园区发展。富春湾新城围绕建设全省高新技术产业园，深化“链条+资本+地域”招商路径，引进10亿元以上项目7个、总投资130亿元以上，竣工产业建筑体量70万立方米，着力打造高新区、科技城、新湾区。继续深化滨富特别合作区2.0版，加快富芯二期、芯海等项目建设，着力打造集成电路产业链。实质推动里山、渔山与富春湾新城一体化发展，实现资源共享、配套共建、产业共招。

**二、紧扣创新制胜，锻造动能转换强引擎**

1.培育一流创新主体。坚持企业创新主体地位，努力将创新的“关键变量”转化为高质量发展的“最大增量”。壮大骨干企业梯队，深入推进“雏鹰”“凤凰”“鲲鹏”等系列行动，新设市场主体1.5万家，完成企业上市2家，新增国高企100家、省级科技型中小企业150家、省级以上“专精特新”企业20家以上，产值超10亿元企业达到28家、超50亿元达到4家。鼓励企业加大研发，新增省级企业研发中心5家、市级以上企业研发机构20家，实现“两清零一提升”，R&D经费支出占GDP比重达到3.1%以上。突出企业质量、品牌和标准建设，浙江制造标准10个、品字标浙江制造认证企业8家，争创知识产权强国试点区。

2.打造一流创新载体。主动参与杭州国家综合性科学中心建设，加快推进西湖大学光电研究院、杭州光机所、罗素先进光波科学中心、浙工大国际创新中心等建设，力争实现省级重点实验室零的突破。积极融入城西科创大走廊，加强与浙江大学、之江实验室等平台深度合作，探索建立科创“飞地”，积极争取吸引更多概念验证中心到富集聚。深入推进产学研融合，进一步完善“众创空间—孵化器—加速器”链条，建立具有富阳辨识度的科技大市场升级版，着力打造科技成果转化首选区，新增市级以上众创空间、科技孵化器2家，实施产学研项目15个。

3.集聚一流创新人才。坚持人才是第一资源，实施“人才聚富”工程，全力打造创新创业优选区。加强人才政策整合，新增市级以上领军型人才35人以上，引进大学生2.4万人、研究生等高层次人才2200人。加强产业人才培育，深化产教融合、校企合作，新增富阳工匠10人、技能人才6000人、企业经营管理人才2500人。加强企业家队伍建设，更加关注新生代、创二代成长，鼓励企业家聚焦实业、做精主业，勇于创新、勇争一流。

4.构建一流创新生态。完善“杭帮彩”人才闭环服务体系，结合人才需求，提升商业配套，打造人才服务综合体，推动青年发展型城区创建，交付高品质人才房1200套以上，让人才愿意来、留得住、干得好。深入开展“大走访大调研大服务大解题”等活动，个性问题因企施策，共性问题政策化解，限时办结企业难题。深化“减证便民”行动，推进电子营业执照和电子证照互通共享应用，实现企业年报多报合一。实施营商环境优化提升“一号改革工程”，推行涉企包容审慎监管执法，促进“两个健康”发展，积极构建亲清政商关系，让企业在富阳创业有信心、投资能放心、发展更安心。

**三、紧扣亚运行动，提升品质城乡魅力值**

1.办好亚运盛会。按照“办好一次会，提升一座城”理念，以精致和极致标准，全面展示现代版富春山居图风采，提升富阳国际化水平。高标准做好亚运重要赛事筹办，全面加强安保维稳、志愿者组建、应急保障、智慧亚运、医疗防疫、亚运宣传等工作，形成“全赛事、全过程、全人员”服务体系，有序办好全国射击冠军赛、赛艇春季冠军赛等测试赛，确保亚运会、亚残运会圆满成功。高水平放大亚运效应，打响“银湖射击射箭、北支江水上运动”等赛事品牌，推动赛艇、皮划艇、精品球拍等产业壮大，借势借力发展群众体育，加强城区嵌入式体育设施布局，启动中沙岛文体馆群建设，积极谋划富春山居卷首AAAAA级景区创建，重塑中国运动休闲之城品牌。

2.建设现代城区。坚持规划引领，深化国土空间总体规划，科学编制基础设施、公共配套等专项规划，做好环阳陂湖、富春老城等重点区域城市设计，推进全域34个单元控规编制全覆盖。突出交通带动，启动杭州中环富阳北段、秦望路西延等项目建设，配合推进钱塘江航道“四改三”工程，科学谋划地铁6号线过江、内环快速路网、杭淳开、东望路延伸、亚太路延伸等项目，实现融杭通道更多更密、城区道路互联互畅。丰满十字金轴，地铁沿线银湖“桥头堡”谋划建设特色街区、会务中心等高品质配套设施，实施4个站点TOD开发；秦望“城市眼”过江隧道完成建设，地下综合体全部封顶，地标塔楼全面推进；杭黄“未来城”重点推进中央CBD区、金湖水系，力争早出形象。富春江沿线以景观风貌控制导则为依托，全流域打造“富春山居卷首段、现代都市卷中段、烟雨桐洲卷尾段”。建设共富单元，全域推进未来社区，争创省市未来社区4个以上；持续提升城乡风貌，放大“富春山居·画在浙里”品牌效应，打造3个样板区。进一步推进新登、场口小城市培育试点。

3.赋能乡村振兴。夯实农村基础，激发内生动力，持续提升乡村实力、魅力和活力。建设未来乡村，有机结合标杆点和数字乡村建设，加强产业配套，实现美丽乡村整体跃迁，创建省市未来乡村5个、市级共富带1条以上。突出产业兴旺，因地制宜发展特色产业，力争所有村社集体经济经营性收入超50万元。深化组团联动，加快提升洞桥营地、恬漫永昌、湖源乐水、春建茶艺等系列经典小镇，持续打响区域特色品牌。聚焦能人带动，引育更多优质经营公司，培育农创客300名、职业经理人10人以上，低收入农户年收入增长10%以上。打造美丽城镇，启动“古洋涨”“大龙门”集群建设，争创2个省级样板。

4.强化精细管理。建立健全问题发现和解决长效机制，提升城市管理水平。系统整治停车难、停车乱，有序推进机关企事业单位停车场对外开放，新增各类夜间泊位、限时泊位300个以上。优化地铁沿线、入城口、骨干道路等重要区域第一界面，加强路面、立面、绿化等管控，整体提升城市整洁度、美观度、品质感。持续推进垃圾分类、文明交通、志愿服务等工作，着力破解各类“飞线”、乱丢烟蒂、乱穿马路等城市顽疾。有序实施老旧小区改造、老旧电梯更新、二次供水等工作，加快污水厂五期建设，启动鹿山新区雨污水管网改造工程，完成城区污水管网新建和改造15公里。高标准推进全国文明典范城市创建，继续深化“文明一立方”活动，持续擦亮“最美现象”发源地金字招牌。

5. 守护绿水青山。深入践行“绿水青山就是金山银山”理念，推进山水林田湖一体化保护，打造更美生态。深化“蓝天”行动，加强扬尘、工业废气等重点整治，实现空气质量优良率93%以上、PM2.5平均浓度低于30微克/立方米。深化“碧水”行动，加强劣Ⅴ类水体动态清零和城区河道污染防治，持续开展农村生活污水治理，饮用水水源地水质达标率保持100%，再夺大禹鼎。深化“净土”行动，探索EOD开发模式，确保重点建设用地安全利用率保持100%。深化“清废”行动，推进省级“无废城市”创建，启动欢坞岭填埋场生态治理，工业固体废物处置利用率保持100%。压实“林长制”，严厉打击违法占用林地、破坏森林资源行为。

## 四、紧扣共同富裕，绘就幸福生活新画卷

1. 深入推进扩中提低。实施居民收入和中等收入群体“双倍增”行动，多渠道增加城乡居民财产性收入。推进高质量充分就业，登记失业人员再就业4000人以上，确保零就业家庭动态清零。强化创业创新导向，提供创业担保贷款5000万元以上，带动就业500人以上。完善新型慈善体系，实现低保对象应保尽保，最低生活保障年标准达到1.4万元以上。推进社保扩面提质，基本养老保险参保率达到99%以上。完善医保防贫减贫长效机制，建立暖心无忧基金，确保困难群众医疗费用个人负担率控制在15%以内、年度合理医疗费用负担最高不超过5万元。

2. 统筹保障一老一小。完善居家养老服务设施，新增家庭养老床位375张。开展养老护理员赋能行动，每万名老年人拥有持证养老护理员达到26人，为750名困难失能老人提供上门服务。优化生育“一件事”改革，全面落实三孩配套政策，探索社会力量兴办托育。加强儿童友好阵地建设，新增区级一星级妇女儿童驿站25家以上。深化“明眸皓齿”工程，儿童青少年近视率再下降1%，青少年口腔窝沟封闭完好率达到85%以上。

3. 做优做精教育卫生。坚持教育优先发展战略，深化立德树人，着力打造全国义务教育优质均衡发展区。推进杭二中富春学校、东吴九年一贯制学校等项目建设，动工建设浙江中医药大学总部。强化“名师名校名校长”工程，推进名校集团化办学扩面提质，进一步擦亮新劳动教育品牌，持续提升教育教学质量。加强“健康富阳”建设，健全健康服务体系，深入开展爱国卫生运动，实现从“以治病为中心”向“以健康为中心”转变。加快推进省中医院新院区、省人民医院富阳院区建设，完成区妇保院门急诊楼、区三院整体搬迁。深化“富春乡贤名医师带徒”等行动，做好182名骨干医生培育。探索建立家庭医生签约工作室，重点人群家庭医生签约率达到90%，“数智家医”实现全覆盖。持续擦亮“中医骨伤金名片”，新建中医阁9个，争创全国基层中医药工作示范区。

4. 大力推进文旅融合。坚持以文塑旅、以旅彰文，着力打造文化强区和旅游胜地。坚持大项目带动，专班推进泗洲造纸考古遗址公园和中国造纸博物馆、西岩温泉、天钟山、小叠空、永安山等项目建设，积极推动新登古城墙联合申遗和“富春·山居图景”国家AAAAA级景区创建。聚焦产品提质，打造“诗路文化·三江两岸”水上黄金旅游线，打响“富春山居·休闲富阳”品牌；实施“文艺星火赋美”工程，结合“东吴系、书画系、作家系”和“竹纸、艺术、影视”等载体，引进一批精品文创文人项目。突出消费体验感，抢抓后疫情时代机遇，推进“五百五千”建设，大力发展民宿经济和农家乐，找准研学、营地等细分赛道，准确把握消费需求，精心设置消费项目，一季度国有A级景区实行首道门票免费，全年旅游人数和旅游收入均增长8%以上。

各位代表，办好民生实事是推进共同富裕的重要内容。我们将继续按照“群众提、大家定、政府办”的方式，由大家在候选的12个项目中，投票选定今年实施的10件民生实事。一是百姓安居工程。竣工交付安置房项目10个，实现回迁安置3000户。新开工公租房5万立方米，筹措保障性租赁住房4500套（间）。二是暖心改造工程。完成二次供水改造项目30个。新建、改造城市小公园5处。完成老旧小区综合改造提升项目3个。既有住宅加装电梯50台。5个农村开通管道煤气。三是交通畅行工程。完成交通堵点治理10个。新改建农村公路15公里，完成道路大中修50公里。新增公共停车泊位1000个。四是温情相伴工程。新增认知障碍症照护专区床位120张。安装空巢独居老人安居守护系统500套。新增托育机构1家，新增托位300个，组织婴幼儿家长养育技能提升专业课堂60场，新建婴幼儿成长驿站5家。实施儿童康复救助200人。五是就业创业工程。新增城镇就业2.5万人。新增市级高质量就业村社5个。新增大学生创业项目150个以上。完成职业技能培训1.6万人次。培训高素质农民及农村实用人才2000人次。六是健康富阳工程。完成重点人群结直肠癌筛查2万人次，免费为70岁以上老年人接种流感疫苗2.5万人次。新改扩建规范化社区卫生服务站2家。惠民保投保人数达到35万人，参保率达50%以上。七是美好教育工程。竣工投用小学（幼儿园）12所，新增班级200个以上、学位8000个以上，幼儿园公办率提升3%。成人高中“双证制”学历完成1200人。八是农村安澜工程。完成病险水库加固3座、病险山塘整治6座。提升改造机埠泵站、堰坝水闸30座，水文测站18座。完成地质灾害风险隐患监测预警建设20处。新建高标准农田、粮食功能区、农地提标改造等农田水利基础设施9000亩，建成高标准农田示范区1个。九是文体惠民工程。新增“15分钟品质文化生活圈”50个。提升改造乡村博物馆3处。新增群众身边体育场地设施30处，组织文化体育活动500场。十是法律援助工程。公证“最多跑一次”服务率达到60%，刑事案件律

师辩护覆盖率100%。全区律师万人比达到3.0。法治文化阵地实现村社全覆盖，每个行政村有3名以上骨干“法律明白人”。十一是平安护航工程。新增养老机构阳光厨房25家。新增民生药事服务站2家。新增电动自行车智能充电口800个。完成5个高层住宅小区消防设施整改。十二是“救在身边”工程。完成应急救护持证培训8000人、普及培训5万人次。新增应急救护实操体验点5个。对代表票选确定的项目，我们将切实增强责任意识、实干意识、品质意识，全力以赴办实办好。

**五、紧扣除险保安，加快社会治理现代化**

1. 持续抓好疫情防控。认真落实新阶段“乙类乙管”疫情防控各项举措，主动加强医疗服务能力建设，最大限度保护人民生命健康安全。优先做好“防重症、遏病亡”，强化高风险人群防护，进一步提高老年人疫苗接种率，突出做好养老院、福利院、中小学以及重点人群管理，实现延峰削峰、平稳渡峰。强化政策宣传，引导群众做好个人防护，及时回应群众关切，确保疫情防控平稳转段和社会秩序稳定。

2. 持续强化安全保障。树立大安全观，加强事前预防，全年事故起数和死亡人数均下降5%以上，实现平安富阳“十八连冠”。实施安全生产重点行业风险隐患排查管控等专项行动，持续加强消防、燃气、危化品、自建房、建设施工、道路安全、烟花爆竹等重点领域监管和治理，从严从重查处违法行为。深化食药安全放心工程，争创全省食品安全示范区。进一步完善灾害防治体系，健全应急物资储备机制，提高突发预警响应、应急救援能力，切实做好防汛防台防旱等工作。有效处置金融领域风险。扎实推进国防动员和后备力量建设，加强人民武装和国防教育，深化双拥共建，推动军民融合。

3. 持续推进基层治理。坚持和发展新时代“枫桥经验”，进一步优化“家和睦邻”体系建设，实现矛盾化解在基层，推动信访总量持续下降。持续开展扫黑除恶，构建防欠薪长效机制，坚决打击电信网络、养老诈骗等各类违法活动，有效防范化解房地产等重点领域风险。深化基层智治大脑建设，推进警源、访源、诉源治理，加快构建立体化、智能化、法治化社会治安防控体系。加强社区治理水平，培育和壮大社会组织，用好社工、网格员等基层力量，推动业委会组织健全、履职能力提升，激发市民主人翁意识，打响“家在富春山居”现代社区品牌，形成共建共治共享新格局。着力推进自治、法治、德治和智治融合，完善乡村治理体系，持续提高治理水平。

**六、紧扣自我革命，实现自身建设大提升**

1. 始终把对党忠诚作为首要品格。深刻领悟“两个确立”的决定性意义，切实增强“四个意识”、坚定“四个自信”、做到“两个维护”，不断提高政治判断力、政治领悟力、政治执行力。严守政治纪律和政治规矩，不折不扣落实中央、省、市和区委决策部署，自觉在区委领导下开展工作，以实际行动推动各项工作落地生根、开花结果。持续抓好“七张问题清单”整改，着力解决一批历史遗留、多跨疑难、重大共性问题。

2. 始终把为民服务作为首要使命。将“店小二”的服务理念融入政府治理和服务全过程，把群众“表情包”变为工作“风向标”，用我们的“日夜兼程”来换取富阳人民的“岁月静好”。始终站稳人民立场，与群众想在一起、站在一起、干在一起，让民生答卷更有力度、温度和厚度。坚持把群众小事当作政府大事，把群众“急难愁盼”作为“工作重心”。继续实行区长领办人大代表建议和政协委员提案制度，确保每个建议和提案都得到及时、高效办理。

3. 始终把改革创新作为首要路径。围绕公民企业办事全生命周期，推进农村建房、征迁补偿、扶残助困等“一件事”改革，实现政务服务“一件事一次办”，全面推进“一网通办”向基层及公共网点延伸。积极探索群众天天有感的“微改革”，迭代升级富春预付卡、富春风尚汇、智慧停车、富春智诈等应用场景。深化国企改革，夯实资产质量，加快市场化转型，国有企业利润增长10%以上。深化“大综合一体化”行政执法改革，上线运行基层智治统一平台，推动政府治理全方面、重塑性变革。

4. 始终把依法行政作为首要准则。深入学习贯彻习近平法治思想，自觉运用法治思维和法治方式履行政府职责。坚持政府常务会议学法制度，严格落实“三重一大”决策机制，提升政务公开制度化、标准化、信息化水平。加快推进乡镇（街道）法治化综合改革，深入实施“八五”普法，持续加强“两高一低”整治。自觉接受区人大和政协监督，更好接受监察、司法、审计、统计、舆论和社会监督。

5. 始终把作风建设作为首要保障。坚定不移贯彻落实全面从严治党要求，坚决整治群众身边腐败问题和不正之风，系统治理招投标、工程建设、国资国企等重点领域问题，一体推进“三不腐”。全面推进清廉单元建设，推动廉洁文化浸润人心。厉行勤俭节约，保持艰苦奋斗，提高资金绩效，公用经费、公务接待费用均下降25%以上。狠抓政府执行力工程建设，确保事不过夜、案无积案。牢固树立“不在上游、就是下游，不争第一、就是落后”的理念，时刻保持“干就干得最好、做就做到极致”的拼劲，努力干出新时代“第一等的工作”。

各位代表，团结就是力量，奋斗创造未来。昨天的富阳，是每一位富阳人、每一代富阳人，一步一个脚印、一年一级台阶，脚踏实地干出来的。今天的富阳，已经吹响了新号角，开启了新征程，必将全面奏响新时代实干最强音。让我们更加紧密地团结在以习近平同志为核心的党中央周围，在省市党委政府和区委的坚强领导下，凝聚起83万富阳人团结奋斗的磅礴力量，众志成城、勇毅前行，全面谱写现代版富春山居图新篇章，奋力推进中国式现代化在富春大地的生动实践！

**附件：**

## 名词解释

七大机制：精密智控指挥决策机制，“三责”联动快响激活机制，预防早期发现机制，“三区”最小单元管控机制，“五快”循环落实机制，分阶段清零机制，“三情”联动机制。

*五快循环*：快检测、快流调、快编组、快转运、快隔离。

*五个一小时*：流调、采样、送样、检测、转运隔离全部都在1小时内完成。

*农业“双强”*：科技强农、机械强农，提升农业生产效率和产业竞争力。

*一网通办*：依托浙江省一体化在线政务服务平台，将全省业务系统和数据整合为一个规范标准、高效协同的有机整体，实现统一表单、统一共享、统一收件、统一对接、统一评价、统一体验、统一运维，为群众企业提供“网上一站办、大厅就近办、全省统一办”的办事服务。

*三区三线*：“三区”即生态、农业、城镇三类空间；“三线”即根据生态空间、农业空间、城镇空间划定的生态保护红线、永久基本农田和城镇开发边界三条控制线。

*四好农村路*：习近平总书记于2014年3月4日提出的“把农村公路建好、管好、护好、运营好”。

*清源杯*：我省全域“无废城市”建设纪念杯。“清源”既体现生态文明建设“正本清源、绿色发展”的内涵，又突出“无废城市”建设“清除污源、清净自然”的使命。

*大禹鼎*：我省治水工作的最高荣誉。

*两个确立*：确立习近平同志党中央的核心、全党的核心地位，确立习近平新时代中国特色社会主义思想的指导地位。

*两个维护*：坚决维护习近平总书记党中央的核心、全党的核心地位，坚决维护党中央权威和集中统一领导。

*七张问题清单*：基于巡视、审计、督查、生态环保、安全生产、网络舆情、群众信访等方面问题，围绕问题发现、生成、整改、评估、预防全周期，运用数字化改革赋能全流程精密智控、全要素综合分析、全方位党建统领的多跨场景应用，是省委落实党建统领整体智治的突破性抓手。

*两高一低*：行政争议发案量高、纠错率高、负责人出庭应诉率低。

*三级述法*：区、乡镇（街道）、村社三个层面的法治建设主要责任人进行述法。

*三不*：不担当、不作为、不落实。

*两个先行*：省第十五次党代会提出的“在高质量发展中奋力推进中国特色社会主义共同富裕先行和省域现代化先行”。

*“小脑+手脚”工作体系*：乡镇（街道）层面重塑以综合信息指挥室为“小脑”，以综合管理执法力量、矛盾纠纷调解力量、村（社）网格力量等为“手脚”的基层治理工作体系，全面承接落实各项基层治理工作。

*项目全过程提速“1231”工程*：“上招委会项目1个月内即签约”“签约项目2个月内即供地”“拿地项目3个月内即开工”“竣工项目1个月内即投产”。

*两清零一提升*：《杭州市推进规上工业企业研发活动提升实施方案》中提到的“1亿元以上制造业企业无研发活动清零、5亿元以上制造业企业无研发机构清零，提升企业自主创新能力”。

*“8+4”政策体系*：省政府工作报告提出要重新梳理现有政策，整合形成“扩投资、科技创新、先进制造业、综合交通、现代服务业、稳外资稳外贸促消费、乡村振兴和区域城乡协调发展、民生保障”等“8大政策包”和“财政、自然资源、金融、能源”等4张要素清单。

*“2+X”集成政策*：“2”为市政府出台的“稳增长30条+稳岗留工10条”，“X”为平台经济、总部经济、新电商等若干个专项政策包。

*两个健康*：非公有制经济健康发展和非公有制经济人士健康成长，是非公有制经济领域统战工作的重要指导思想。

*文明一立方*：每个人周围1立方米的空间，是自己最容易把控的空间，也是最容易与人产生互动的空间。在这方小小的空间里，按照《杭州市文明行为促进条例》的要求，时刻做好自己事，引导好身边人。

*扩中提低*：扩大中等收入群体规模，提高低收入群体收入，是推动共同富裕改革中最具标志性，也是群众最关注的问题。

*五百五千*：百县千碗、百县千宿、百县千礼、百县千艺、百县千集。

# 中国人民政治协商会议第十届
# 杭州市富阳区委员会常务委员会工作报告

## 在政协第十届杭州市富阳区委员会第二次会议上

（2023 年 1 月 29 日）

杭州市富阳区政协主席　张　霖

各位委员：

我代表政协第十届杭州市富阳区委员会常务委员会，向大会报告工作，请予审议，并请列席同志提出意见。

## 一、2022 年工作回顾

2022 年，是党的二十大胜利召开之年，是新一届党委政府的开局之年，也是富阳新时代人民政协事业承前启后的重要一年。

一年来，富阳政协工作得到了区委的坚强领导和区人大、区政府的大力支持，区委常委会 5 次专题研究政协工作，区委、区政府与区政协联合制定年度协商监督计划，有关领导带头领办 11 件政协重点提案，区委、区人大、区政府领导出席政协重要会议和活动 29 人次，对政协履职成果批示 90 件次，确保了政协在全局工作中有作为、有分量、有声音。

壮阔征程看开局，中流击水看起势。一年来，政协常委会以全新的精神面貌和履职状态，坚持以习近平新时代中国特色社会主义思想为指导，认真学习宣传贯彻党的二十大精神，深入贯彻落实习近平总书记关于加强和改进人民政协工作的重要思想，立足新方位、把握新使命、打造新载体，以区第二次党代会精神为方向，以开展“委员在身边、履职展风采”主题活动为抓手，用务实的履职成绩为高水平描绘现代版富春山居图，交出了政协答卷，展现了政协担当，作出了政协贡献。一年来，共立案办结提案 229 件，形成重要履职成果 61 件，向区委、区政府提交各类建议 581 项，在省市政协平台作典型交流发言 5 次，入选省市政协精品案例 12 件，实现了开局出彩、全年精彩。

一年来，政协常委会认真履行各项职能，主要做了以下工作。

### （一）始终坚持旗帜鲜明讲政治，党对政协工作领导更加全面

1. 理论武装凝心聚魂。把迎接党的二十大胜利召开作为贯穿全年的重大政治任务，第一时间组织发动全区政协组织和全体委员认真学习宣传贯彻党的二十大精神，

不断丰富党建引领的学习体系，一以贯之落实“第一议题”制度，深学笃行习近平新时代中国特色社会主义思想。全年，共举行区政协党组会议 14 次、理论学习中心组学习 12 次，常委会会议 4 次，主席会议 11 次，开展各类学习活动 210 余次，推动理论学习与协商议政双向融合，不断增强坚定拥护“两个确立”、坚决做到“两个维护”的政治自觉、思想自觉、行动自觉。

2. 党建引领凝心聚能。以政治建设为统领大力推进人民政协党的建设，严格落实重大事项请示报告制度，梳理重塑政协系统党的组织架构，顺利完成各级党组织调整换届，压实压紧党建工作、意识形态、党风廉政建设和反腐败责任制。全年，共开展各类党建活动 160 余次，切实以高质量党建引领高水平履职。其中文史委党员委员临时履职党支部党建案例，入选市政协首批党建精品案例，在全市政协系统党建工作经验交流会作典型发言。

3. 广泛联系凝心聚力。出台习近平新时代中国特色社会主义思想学习座谈会制度，认真落实政协党组成员、党员委员各项联系制度，支持各民主党派、工商联、有关人民团体在政协平台履职议政，积极开展走访社会贤达、送服务进少数民族聚居村、调研优化宗教活动场所布局等活动，不断加强与在富省市委员联系交往，着力做好协调关系、汇聚力量、议政建言、服务大局的各项工作，不断夯实团结奋斗的共同思想政治基础。

**（二）始终坚持担当有为，推动政协履职尽责更加务实**

1. 倾力锻造履职品牌。开展“委员在身边、履职展风采”主题活动，打造十届区政协视觉识别系统，通过一枚徽章、一幅墙贴、一方桌签、一张委员证、一个工作牌、一盒联系卡、一本民情记录本“七个一”举措，发动和支持全体委员在精主业、促转型、谋共富、惠民生、迎亚运等方面敢担当、做表率，在助力党委政府中心工作、助推乡镇（街道）重点工作、助解基层群众民生小事等方面履好职、展风采，全面提升富阳政协工作的鲜明标识度与委员在基层的广泛影响力。

2. 倾力助推发展大局。高质高效推动区委、区政府交办各项工作，其中秦望“城市眼”全面实现“地下向地上”转段，过江隧道右线实现贯通，泗洲造纸遗址综保复兴项目顺利启动，亚运水上运动中心场馆正式启用，光电激光和集成电路产业稳步上升，壶源溪绿道建设及文化展陈、新登古城修复与建设等项目持续深化，一大批重点教育建设工程建成投用，里山溪、壶源溪等4条“河长制”河道水质稳定保持优质水平，为全区打赢疫情防控遭遇战、阻击战贡献政协力量。

3. 倾力服务温暖基层。积极参与全区“昼访夜谈”调查研究年活动和“助企纾困”专项行动，顺利承办“迎亚运、促共富”市区两级政协“六送”服务基层和群众活动启动仪式，组织委员开展送各类服务下乡28次，引导委员开展“公益活动室”“助学奖学金”“小候鸟班”等特色履职工作，打造“困境儿童帮扶”委员助解“民生小事”政协公益品牌，结对帮扶全区216名困境儿童，为基层群众办实事、办好事、解难事。

**（三）始终坚持多元协商，全过程人民民主实践更加丰富**

1. 高能级建设履职平台。持续完善“请你来协商”平台体系，有序推进民生议事堂与委员工作室、社情民意联系点“三位一体”建设镇街全覆盖、协商驿站村社全覆盖，试点探索“协商驿站进企业”，成功创建省政协委员会客厅1个、市政协委员富阳区联络组委员工作室1个、界别小组委员工作室20个，创新组建“文旅行业委员互助联盟”，不断健全具有政协特色的凝聚共识体系。其中富阳“民生议事堂”建设成效在全市政协系统推进会作典型发言。

2. 高标准抓好重点协商。推进全会协商和常委会专题协商充分开展，围绕“一府两院”等报告提出协商建议39项，得到党委政府重视和采纳。推动“请你来协商”提质增效，围绕民生提案现场办，王洲文农旅深度融合发展，加强绿道建设管护、提升绿道综合效能，“四治融合”促进乡村治理，优化小学课后托管服务，完善住宅小区电梯安全保障体系6项区级协商议题，形成协商建议141项，充分彰显了“参政参到要点上、议政议到关键处”的担当作为。其中“打造王洲农文商旅深度融合示范点”在市政协“请你来协商”专题协商会作典型发言。

3. 高质量推进基层协商。指导乡镇（街道）政协委员履职小组，推动48个镇街议题和96个村社议题科学规范协商，有效促进协商成果落地落实。其中新登镇案例入选省政协“民生议事堂共富月”典型案例，10件案例入选市政协100件优秀案例，2件案例入选市政协20佳案例。创新探索政协“共享法庭”，推动政协协商和法治服务的合力向基层“最后一公里”延伸，相关做法得到省政协党组副书记、副主席王昌荣批示肯定。

**（四）始终坚持双向发力，助推高质量发展更加主动**

1. 做实做深资政建言。按照省市出题、党委政府点题、政协选题，组织开展数字化改革、美丽杭州迎亚运、产业群落建设等专项集体民主监督，城市环境品质提升、“大综合一体化”行政执法改革等常委会会议视察，秦望“城市眼”推进、医养结合养老服务发展等主席会议视察，形成对策建议83项，有力助推党委政府决策落地落实。其中迎亚运城市品质提升相关建议得到市政协党组副书记、副主席许明批示肯定。依托履职载体，拓展民意渠道，集聚贤才智慧，全年编发参政建言22篇、社情民意信息30篇，形成对策建议283项，其中获区委、区政府主要领导批示肯定33篇次，一大批协商建议转化为党政部门推进工作的具体措施。

2. 做优提案共商共办。认真落实提案线索征集、撰写培训、预交预审、办理走访、督办协商等机制，推动“三办”协商承办、区政府专题交办、区领导重点领办、常委会会议民主评议，形成合力抓提案促落实的良好氛围。区政协十届一次会议以来，共立案交办提案229件，协商确定《关于进一步发挥产业基金作用助力招商引资的建议》等11件重点提案，所有提案均按时完成答复，委员评价满意率达97.0%，提案整体质量获区委、区政府主要领导肯定，4件提案得到省政协《联谊报》专题报道。

3. 做精文史兴盛文化。持续发挥政协书画院、茶文化研究会等社团作用，成功举办“杭州亚运风、富春水墨情”政协书画院“迎亚运、展风采”书画展，联合西泠印社举办“苏东坡和他的朋友们——两宋文人书迹拓本展”，指导新登古城楹联匾额制作和文旅产业发展、鹳山景区景观改造和文化陈设等工作，挖掘竹纸文化、征集纸基因库，牵头编撰《富春渚》等文史书籍，以优秀历史文化铸魂，用艺术作品成风化人。

**（五）始终坚持固本强基，干事创业内功更加深厚**

1. 着力推进“两个维度”履职。修订界别小组和委员履职考核办法，举办新任委员培训班、线上线下学习等活动，全力提升政协组织和政协委员整体履职能力，支持引导委员密切联系界别群众。加强专门委员会和乡镇（街道）政协委员履职小组建设，创新建立委员属地履职机制，让群众能够经常听到政协“声音”，看到政协“身影”，感受到政协“作为”。其中渌渚镇、上官乡政协委员履职小组工作得到市政协党组成员、副主席陈国妹批示肯定。

2. 着力破解“两个薄弱”问题。严格按照“红领富春·双建争先”工程要求，着力推进党建统领的学习型、服务型、创新型、智慧型、清廉型“五型机关”建设，不断推动政协机关建设在“讲政治、守纪律、负责任、有效率”上取得整体跃升。创新增设政协事业发展中心，核定新增事业编制4个，选任中层干部4名，选调工作人员1名，不断夯实政协机关组织体系、充实政协机关工作力量。

3. 着力推动“两个升级”业务。紧扣政协性质定位和核心业务，迭代升级“富阳数智政协”系统，着力实现一屏展示、业务监管、数据分析、决策支持等功能。紧扣全省政协统一平台建设，迭代升级三级政协协同推进模式，组织委员参与省市政协“委员读书月”“学习贯彻党的二十大”等主题议政、网络议政、委员读书活动，发言3257条，委员参与率达90.8%，增强了政协工作开放度活跃度融合度。

各位委员、同志们，过去一年，十届富阳区政协工作取得了可喜成绩，这是习近平新时代中国特色社会主义思想科学指引的结果，是省市政协关心指导和区委正确领导的结果，是区人大、区政府和社会各界大力支持的结果，是历届老领导、老委员关怀帮助的结果，是区政协各参加单位、全体委员和各级政协组织共同奋斗的结果。在此，我代表十届区政协常委会表示崇高的敬意和衷心的感谢！

在肯定成绩的同时，我们也清醒地看到，面对党的二十大提出的新目标、新任务、新要求，我们的工作还有需要加强和改进的方面，主要有：协商议政的广度和深度还需进一步拓展，提案工作和意见建议的质量还需进一步提升，履职的成果转化和跟踪反馈还需进一步落实，等等。这些问题和挑战，都需要我们在今后的工作中高度重视、认真研究、切实改进。

## 二、在全面贯彻落实党的二十大精神中奋进新征程、建功新时代

党的二十大为新时代新征程党和国家事业发展、实现第二个百年奋斗目标指明了前进方向、确立了行动指南，党的二十大报告从发展全过程人民民主、保障人民当家作主的战略高度，对新时代人民政协工作提出新要求、作出新部署。在新时代新征程上，我们要把全面贯彻落实党的二十大精神作为首要政治任务，深刻把握人民政协的新使命新任务，在区委的坚强领导下，积极履职、扎实工作，奋进新征程、建功新时代。

**（一）深刻把握“两个确立”这一决定性意义，进一步坚定党对人民政协工作全面领导的根本政治原则**

新时代新征程上，我们必须坚持旗帜鲜明讲政治，充分发挥好政协党组把方向、管大局、保落实的重要作用，坚持用习近平新时代中国特色社会主义思想统揽政协一切工作，切实把党的二十大精神不折不扣地贯彻到政协履职实践中，把“两个确立”坚定自觉地落实到政协履职行动上。

**（二）深刻把握“坚持党的领导、统一战线和协商民主有机结合”这一重要论述，进一步彰显政协凝聚共识的特殊优势**

新时代新征程上，我们必须坚持和完善中国新型政党制度，切实发挥党领导的统一战线组织平台作用，围绕党委政府所想所盼、人民群众所求所需，树牢“全区一盘棋、政协一家人”思想，在协商中促进广泛团结、推进多党合作、实践人民民主，汇聚起同心共绘现代版富春山居图的强大合力。

**（三）深刻把握“加强制度化、规范化、程序化等功能建设，提高深度协商互动、意见充分表达、广泛凝聚共识水平”这一重要部署，进一步增强政协专门协商机构的制度效能**

新时代新征程上，我们必须坚持发扬民主和增进团结相互贯通、建言资政和凝聚共识双向发力，坚持调研、协商、监督一体推进，积极开展“有意义、有价值、有效率”的政协履职活动，努力确保建言资政更有用、凝聚共识更有效、增进团结更有力，纵深推进专门协商机构建设系统发展。

**（四）深刻把握“完善人民政协民主监督和委员联系界别群众制度机制”这一重要要求，进一步拓展政协有效履职的实践路径**

新时代新征程上，我们必须坚持加强以党建统领的政协履职制度建设，丰富“委员在身边、履职展风采”主题活动外延内涵，拓展民主监督形式、完善民主监督程序、创新民主监督机制，搭建更多委员联系界别群众、服务属地群众的有效载体，更好把新时代委员的作用发挥出来、形象展示出来、风采展现出来。

## 三、2023年工作思路

翻篇归零再出发，踔厉奋发启新程。2023年是全面贯彻落实党的二十大精神开局之年，是“八八战略”实施20周年，也是杭州亚运会举办之年，做好人民政协工作意义重大。全区人民政协工作的总体要求是：高举习近平新时代中国特色社会主义思想伟大旗帜，全面贯彻落实党的二十大精神，深入学习贯彻习近平总书记关于加强和改进人民政协工作的重要思想，深入实施“八八战略”，围绕打造“重要窗口”、推进“两个先行”，认真落实区委、区政府各项决策部署，牢牢把握团结和民主两大主题，坚持建言资政和凝聚共识双向发力，充分发挥专门协商机构作用，积极践行全过程人民民主，以拼经济、拼发展为履职重点，不断推动“委员在身边、履职展风采”主题活动持续走深走实，全力助推现代产业、现代城市、现代治理立起来，为富阳高水平描绘现代版富春山居图、践行好中国式现代化发展道路集聚众智、汇聚众力。

**（一）突出政治引领，打造政协党建新高地**

始终坚持党对人民政协工作的全面领导，健全政协党的组织体系、领导体制、工作机制，推动党的建设、理论研究、政协履职融合互促，全面落实习近平新时代中国特色社会主义思想学习座谈会制度，谋划打造“同心共富、连心向阳”富阳政协系统党建工作品牌，探索建立政协组织和政协活动临时党支部工作办法，切实把党中央以及上级党组织的决策部署，转化为全区政协组织和全体委员的广泛共识和自觉行动，坚定不移做“两个确立”忠诚拥护者、“两个维护”示范引领者。

**（二）突出服务中心，打造委员履职新品牌**

始终坚持中心工作推进到哪里，政协履职就跟进到

哪里，全力抓好区委、区政府交办各项重点任务，持续深化“委员在身边、履职展风采”主题活动，组织全体委员开展“参加一次党的二十大精神轮训、助力一项属地重点工作、联系一个基层村社、领办一件民生实事、参与一次‘请你来协商’、撰写一篇社情民意信息、帮扶一名困境儿童、开展一次跨组交流”的“八个一”活动，形成一批管用、实用、好用的履职成果，广泛助力党政中心大事、基层发展要事、民生关键小事，使其成为贯穿十届富阳区政协的履职品牌，打造具有富阳辨识度的政协履职标志性成果。

**（三）突出主责主业，打造协商议政新格局**

始终坚持发展全过程人民民主，聚焦打好经济稳进、亚运城市、全域美丽、共富示范、治理提升五大攻坚战，甄选民生提案现场办、旅住融合提挡民宿经济、加快城区嵌入式体育健身场地建设、推进社会组织参与社会服务和社会治理、推动富阳竹纸制作技艺传承和发展等内容开展“请你来协商”重点协商，聚焦政协基层协商与委员履职平台建设、家政服务业发展、“未来社区”建设、泗洲遗址综保复兴等内容开展民主监督，围绕项目全过程管理、城西科创大走廊科研成果转化孵化、支持引导慈善公益事业健康发展、提升农村小规模学校办学水平、委员工作室全面提质增效等内容开展专题调研，集聚智慧、集聚资源、集聚力量，更好把人民政协制度优势转化为治理效能。

**（四）突出人民至上，打造服务民生新渠道**

始终坚持人民至上的价值理念，发挥人民政协联系服务群众的桥梁纽带作用，有效探索委员联系界别群众机制，纵深推进委员属地履职规范化、常态化，积极开展委员送教育、科技、文化、体育、卫生、法制、规划等各类服务下乡，持续擦亮“困境儿童帮扶”政协公益品牌，组织开展便携式体外除颤仪使用普及、加强小作坊土烧酒行业服务管理、公交站场建设、新就业劳动者关心关爱、深化“小候鸟”班办学、地铁站点周边交通环境优化等委员助力“民生小事”活动，沉到一线察民情，广泛凝聚汇民意，尽心竭力惠民生，倾情服务暖民心，充分体现出人民政协的人民性。

**（五）突出团结联合，打造凝聚共识新载体**

始终坚持发挥统一战线组织功能和专门委员会基础性优势，更大力度支持各民主党派、工商联、无党派人士在政协履职发挥作用，畅通党外知识分子、非公有制经济人士、少数民族人士、宗教界人士诉求表达渠道，加强与港澳台同胞、海外侨胞的联系交往，推动政协工作向新的社会阶层人士、互联网用户、基层群众等延伸，坚持和完善政协走亲、走访联谊、谈心交流等制度机制，形成从党内到党外、从委员到界别群众的凝心聚力工作格局。积极发挥政协文史作用，深入挖掘富有地域特色的传统文化，编纂《富阳白板纸产业发展“三亲史料”》等文史书籍，接续讲好富阳故事、传播富阳声音、展现富阳形象。

**（六）突出守正创新，打造“两支队伍”新气象**

始终坚持数字化改革牵引制度系统重塑，努力打造一支新时代高素质专业化的政协委员和政协机关干部队伍。加强衔接全省数字政协体系构架，优化“富阳数智政协”建设。加强民主监督组织领导、权益保障、知情反馈、沟通协调机制探索，推动民主监督与其他监督形式贯通协调。加强集体提案、过程督办、成果转化，促进提案工作由“重数量、重答复”向“重质量、重落实”转变。加强省市区三级委员联动，推动民生议事堂与委员工作室、社情民意联系点“三位一体”建设。加强委员履职能力建设，系统谋划“书香政协”学习体系，持续开展党建统领的学习型、服务型、创新型、智慧型、清廉型“五型机关”建设，以一流标准、一流业绩、一流作风，着力展现出新时代富阳政协人的新气象。

各位委员、同志们，新时代开启新征程，新使命要求新作为。让我们高举习近平新时代中国特色社会主义思想伟大旗帜，更加紧密团结在以习近平同志为核心的党中央周围，在区委的坚强领导下，勇担新使命、展现新作为，奋进新征程、建功新时代，以奋斗者的姿态为富阳高水平描绘现代版富春山居图做出新的更大贡献！

# 2 年度聚焦
Highlights of the Year

● 打造现代版富春山居图

## ·学习宣传贯彻党的二十大精神·

【党的二十大氛围营造】 营造党的二十大召开的舆论氛围，全媒体围绕“奋进新征程 建功新时代”主题主线，聚焦富阳区各行业各领域十年来的发展成果，举行“杭州这十年·富阳”主题新闻发布会。富阳融媒体中心播出《富阳这十年》系列深度报道10条，摄制专题视频2个，《富阳日报》刊发《喜迎二十大·我在“这里”看变化》系列报道10篇、《喜迎二十大·“十字金轴”新故事》系列报道6篇、《喜迎二十大·图说新故事》系列视觉版面5个，“富阳发布”微信公众号头条推送《解题富阳这十年》专题文章4篇。

【党的二十大精神学习】 新媒体各端口及时转载中央和省级主要媒体重点报道700多条，刊发富阳区四套班子、社会各界收看二十大开幕会、热议报告、贯彻落实二十大精神等动态消息40多条。摄制系列短视频《学习二十大报告·我来晒笔记》8个、《幸福的颜色》7个、《在习近平总书记走过的地方传递好声音》4个，累计点击量超10万次。

【党的二十大精神宣传贯彻】 深入宣传贯彻党的二十大精神，将党的二十大报告宣传摆在首要位置，推出“新征程再出发·未来富阳城”系列报道7篇，策划制作“思想百姓说”系列理论宣讲纪录片6集，在广播电视新闻及新媒体平台（短视频）上推出“新征程再出发”52名一把手访谈系列节目。24个乡镇街道微融媒体中心通过重走习近平总书记考察地、邀请二十大代表徐川子上党课、开展二十大精神宣讲直播等方式，切实打通理论宣传的“最后一公里”。

2022年11月4日，富阳区委理论学习中心组举行“学习贯彻党的二十大精神”专题学习会，会上党的二十大代表、富阳籍全国劳动模范徐川子（左一）交流发言

（区委宣传部 供稿）

## ·产业强区·

【富阳光机电高新技术产业园区创建获批】 3月7日，经省政府同意，省科技厅、省发改委联合发文，同意创建富阳光机电高新技术产业园区，实行现行的省级高新技术产业园区政策。富阳光机电高新技术产业园区位于杭州富春湾新城，是富阳区第一个批准创建的省级高新园区。园区总面积10.25平方千米，其中核心区面积6.81平方千米，具体范围为东至董家桥路、南至亭山路、西至赤亭纸路、北至富春湾大道；联动区面积3.44平方千米，具体范围为东南至亭山路、西至规划道路、北至富春湾大道。园区整体按照“核心区+联动区”的模式，打造“一心三区五园”空间发展格局。其中，“一心”即科创中心；“三区”是指高技术制造片区、滨富高端智造

2022年11月8日，吉利控股集团旗下路特斯能源总部项目落户富阳。图为路特斯能源总部项目效果图　　（富阳经济技术开发区　供稿）

片区、中央商务配套区；“五园”是指光电特色产业园、高端机电产业园、医疗器械产业园、环保产业园、生命科技产业园等五大专业园。富阳光机电高新技术产业园区将深入贯彻产业强区主战略，以科技创新引领加速推进产业新动能立起来，以提升产业质量为核心目标，重点发展光电、机电和智能专用设备三大主导产业，力争通过3—5年努力，将园区建设成为产业特色鲜明、高端要素集聚、城市功能完善的科技产业新城。

**【吉利控股集团旗下路特斯能源总部项目落户富阳】** 11月8日，富阳区人民政府与浙江吉利控股集团战略项目签约活动在东洲街道富阳水上运动中心举行，该集团旗下路特斯能源总部项目落户富阳经济技术开发区。省委常委、杭州市委书记刘捷，市委常委、秘书长朱华，省经信厅副厅长叶健松，吉利控股集团董事长李书福，CEO李东辉，副总裁、路特斯集团CEO冯擎峰，副总裁杨学良，区领导吴玉凤、马利阳、徐林亮、张霖、邵伟斌等参加。路特斯是吉利控股集团旗下高端汽车品牌，主要以顶级跑车车型为主。作为此次签约的代表性合作项目，路特斯能源总部项目将在富阳经济技术开发区落地能源总部运营项目、场站运营项目以及产业化项目三个子项目，融合设备研制、解决方案、场站运营等商业模式，探索新能源补能体系的全场景布局。项目落地后，将打造成为集研发、制造、建设、运维、运营等于一体的科技型企业。项目满产后，年工业产值将达到约80亿元，年服务业营收约40亿元，年税收贡献5亿—8亿元。预计2023年到2032年累计实现营收约700亿元，累计纳税约60亿元。

**【西湖大学光电研究院项目开工奠基】** 12月31日，西湖大学光电研究院项目在杭州富春湾新城开工奠基，西湖大学校长施一公讲话，区委书记吴玉凤宣布项目开工。西湖大学光电研究院是西湖大学和富阳区人民政府共建的校政企合作项目，用地面积约3.89公顷，主要建有光电技术中心、微纳光电智造厂房及生产线，建设工期24个月。作为西湖大学第一家独立科研派出机构，光电研究院将充分发挥西湖大学一流的人才优势，重点聚焦光电集成领域开展基础与应用研究，着力打造面向长三角、辐射全中国的光电技术研究中试及产业化基地，全面打通从基础研究、技术开发到成果应用和产业转化的生态链。10月25日，富阳区与西湖大学完成共建协议签约，随后围绕“年内开工和研究院挂牌”的阶段性目标，双方分别成立以主要负责人任组长的领导小组，共同建立项目推进联合专班。该项目从签署协议到开工建设，仅用66天。

## ·亚运会亚残运会筹备·

**【亚运会筹备工作】** 5月6日，亚奥理事会执委会宣布原定于2022年9月10日至25日在中国杭州举办的第19届亚洲运动会将延期举行。富阳区按照“工作不停、力度不减、标准不降、组织不散、机制不乱”原则，统一思想行动、合理调整计划、防范化解风险，有序推进延期后各项筹办工作。优化指挥体系，建立由区主要领导亲自挂帅、相关区领导分条线牵头抓总的区级和场馆两个层面的指挥体系，合力推进赛事筹办和城市运行保障各项工作；建立例会制度，建立指挥部例会、联席会议和各办组工作例会，全年召开指挥部例会6次、联席会议25次、办公室例会46次；调整总任务书和亚运专项预算方案，根据亚运延期前后不同要求，形成《杭州亚运会（亚残运会）富阳区任务书》1.0版和2.0版，其中2.0版任务书涵盖4个重要节点、11个任务板块、101项子任务，提出财政预算调整方案；打造标志性成果，召开标志性成果专题研讨会，研讨和磋商打造具有富阳特色的标志性成果，梳理“智能亚运”等标志性成果暨特色亮点培育项目29个，其中：“危废智治”样板案例列入区级“绿色亚运”标志性成果并上报市运保指挥部；“富春山居城市礼品”项目列入《杭州市打造亚运“城市体验”标志性成果及特色亮点项目工作方案》；全面梳理亚运保障政府采购合同，梳理亚运保障政府采购合同128项，其中已完成的采购项目71项，正常履约32项，签订补充协议18项，终止或暂停项目4项，存在异议需进一步对接的3项；完善亚运督查考核，根据杭州亚运专项考核工作细则，完善富阳区亚运专项及“兜底”考核工作方案。

**【亚运场馆升级】** 打造专业竞赛团队，根据亚运场馆实际需求，分三个时间段抽调P类人员288名，预录用赛会志愿者1284名；根据亚运延期前后不同的要求，完成场馆运行计划2.0版和3.0版、运行设计2.0版和3.0版、人员计划2.0版和3.0版、物资计划2.0版和3.0版的编制；按照《体育场馆惠民十条》等文件要求，富阳区通过预约健身场地、举办全民赛事活动、开展特色培训班等，全面推进场馆惠民开放工作，其中，2个亚运竞赛场馆、1个亚运备用场馆、3个社会场馆接入浙里办亚运场馆在线模块；与笃行体育、山羊体育合作开展少儿篮球、乒乓球、轮滑培训班，与区射击射箭协会合作开展为期40天的“亚运之旅、箭在弦上”青少年射箭夏令营活动等，接待团队600余批，人流量18万余人，订单总数9738单，营收超过10万元。5月，水上运动中心举办“韵味杭州”2022浙江省水上大比武赛艇邀请赛，全省9个地区76名赛艇运动员参赛；11月22日至12月2日，银湖体育中心举办全国射击锦标赛（飞碟项目），来自全国多个省市（自治区）的18支代表队264人参赛。

**【迎亚运展风采】** 打造精品项目，创成西湖杯5个、钱江杯6个，市级双标化工地8个，金桥南北路综合提升工程通过杭州市“杯水不溢”验收，北支江沉浸式夜游项目、亚运山居景观带建设工程获全市“赛马”优秀项目。建造立体交通，基本成形“三铁”“三高”“三快速”，改造完成金桥南北路、桂花西路景观大道、恩波大道。

围绕数字科技赋能，通过“乐游富阳”整合区内文旅类线上小程序，做好亚运相关跳转与宣传推广区优质文旅资源；完成银湖体育中心智慧场馆数字驾驶舱日常与赛时模式功能建设等工作；完成水上运动中心场馆智慧化运维等工作；完成“智慧安保”平台对接部分云上数据等工作。推动亚运场馆红线内、外支付服务能力提升和建设，制定富阳区的数字人民币试点方案，明确富阳“1+2+N”的创建体系，完成“六个全省第一”（首笔数字人民币缴纳电费、首个使用数字人民币发放农业农村专项补贴、首笔使用数字人民币投保农业保险、首个公立医院全覆盖应用数字人民币、首个数字人民币应用示范村、首个在单用途预付卡监管领域应用数字人民币）。改造全区197个亚运重点区域既有无障碍问题，在19个路口安装新型过街音响，4条公交线路完成部分助乘系统安装。新增室内定位导航蓝牙标签30个、无障碍卫生间语音提示器12个。

依托“文明一立方 新风迎亚运”载体，开展“护航亚运”等主题活动近8300余场次，线上推送“亚运小课堂”等公益宣传58期，线下开展各类文明礼仪培训70余期；依托新时代文明实践各基层所站，招募亚运城市志愿者11万余人，开展“志愿服务嘉年华”等亚运城市志愿活动2200余场次。结合亚运通勤线路，悬挂道旗6800余面，设置亚运标语2.3万余条、海报2万余张；开通5条亚运公交专线，设置亚运元素公交车身16辆、拉手贴片4200块，480个候车亭和62辆出租车，张贴亚运海报13000余张；推动富阳亚运视觉广告亮相杭州地铁2、4号线站和创意半内包车厢，展现富阳《富春山居图》原创地、实景地独特魅力。

2022年11月24日，全国射击锦标赛（飞碟项目）在富阳银湖体育中心鸣枪
（区亚保办 供稿）

## ·数字化改革·

**【数字化改革成果】** 2022年上半年、8月、10月数字化改革工作双月综合评价均为5星，承担省市牵一发动而全身的重大改革任务相关子场景或试点15个。“富医互认”获浙江省委书记袁家军在全省数改推进会上高度评价，认为“富阳的实践说明，县域改革也可以破解全国共性的改革难题”；富春预付码获浙江省委书记袁家军批示肯定，入选“公共服务优质共享先行示范”领域最佳实践案例；“数智巡察”应用管理在全国巡视巡察信息化建设指导意见推进会上作典型演示；亲清政商“富阳模式”获得全国工商联改革情况刊发推介。“数智通关”“产业智服”“富春风尚汇”“老旧房智治”等在省委改革办《数字化改革》系列刊物刊发推广，“无障碍一张图”“政务服务助企纾困”在省委改革办《竞跑者》刊发推广。

**【富阳数字化改革国家层面肯定推广】** 富阳区医检互认做法被中央《政府职能转变和“放管服”改革简报》专刊第7期刊登，并获国务院总理李克强重要批示；富阳区《增强改革系统性整体性协同性 推动医学检查检验结果互认共享落地见效》做法获国家发改委办公厅办公要讯政务信息专刊（第20期）刊登，并获国务院副总理孙春兰重要批示，在中共中央政策研究室《学习与研究》上刊发；4月，富阳区“富春

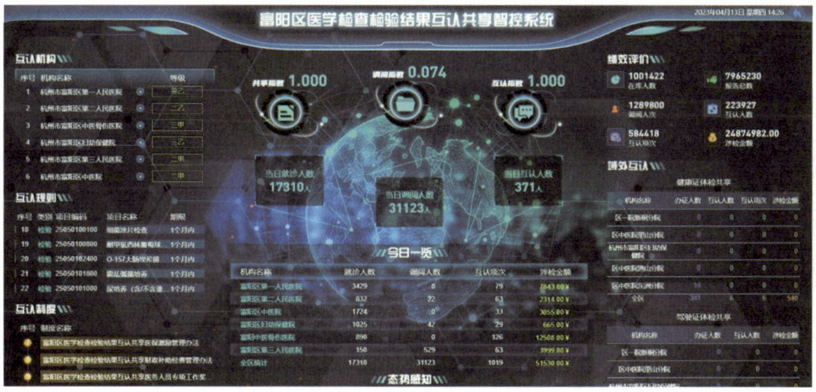

2022年，富阳区医学检查检验结果互认共享智控系统

（区卫生和健康局 供稿）

风尚汇”应用在中国社会科学院国家高端智库国情调研报告第14期刊发，并呈送国家部委和各省市、自治区主要负责人；6月15日，富阳区“共享法庭”应用在最高院《中国审判》2022年第11期刊发；7月21日，富阳区《创新亲清政商关系“富阳模式”以一流营商环境打造开放发展“新高地”》在全国工商联《工商联改革情况》刊发，向各地发文推介，并报送中央深改办，这是国家部委首次发文肯定的亲清政商关系改革性工作案例；8月15日，富阳区“融破智联”应用在最高院《中国审判》2022年第15期刊发；8月24日，富阳区“数智巡察”应用管理系统在全国巡视巡察信息化建设指导意见推进会上作典型演示（作为浙江省唯一一个区县在全国巡视信息化建设推进会上作典型演示）；9月8日，富阳区“干部政治素质考察”应用在中组部《组工信息》刊发；9月19日，商务部到富阳专题调研单用途商业预付卡全周期治理工作。调研组认为，2021年以来，富阳坚持问题导向，突破堵点难点，创新体制机制，着力构建政策有力、管理有序、监管有效、社会有感的单用途商业预付卡全周期治理新格局，体现了制度化、数字化、系统化等特点，改革富有成效，值得充分肯定。

## ·富阳重大交通项目·

**【富阳重大交通项目集中启用】** 9月22日，富阳举行重大交通项目集中启用仪式，合杭高铁富阳西站、大盘山隧道、富春湾大道工程启用，灵桥互通改建工程主体完工。区委书记吴玉凤宣布“富阳区重大交通项目集中启用”，区委副书记、区长马利阳主持。区领导徐林亮、张霖、钟永明、喻乃群、许玉钧及上海宝冶集团党委副书记、总经理陈刚参加活动。这些项目的启用，有效完善城市路网布局，为富阳城市框架延伸、区域组团高速发展提供有力支撑，对整体城市发展具有极大的带动作用，将进一步加快富阳城市新轴线立起来。

**【杭富城际铁路附属配套工程（彩虹快速路西延）】** 1月15日，杭富城际铁路附属配套工程（彩虹快速路西延）全面通车。该项目总投资44.1亿元，2017年11月开工建设，全长16.96千米，自麦岭沙互通以西开始沿320国道至新老320互通交叉口以南200—300米处。富阳段长8.01千米（其中地面形式1.76千米，隧道结合地面辅路6.25千米），与320国道、地铁6号线320国道段共线。采用一级公路标准兼顾城市道路功能，主路设计速度80千米/小时，辅路60千米/小时，均为双向六车道。

**【富阳320国道至富阳大桥连接线鹿山（大盘山）隧道工程】** 9月22日，富阳320国道至富阳大桥连接线鹿山（大盘山）隧道工程建成通车，项目总投资24.4亿元，起点位于西环北路与公望街交叉口，路线沿西环北路往南布设至大盘山后分左右线设隧道穿越大盘山，出洞后沿鹿山5号路布线，最终与已建成的富阳大桥北侧桥头相接。路线全长6.35千米，其中隧道长2.32千米，一级公路兼顾城市道路标准设计，双向六车道，设计速度80千米/小时。

**【湖州至杭州西至杭黄铁路连接线工程（富阳段）】** 9月22日，湖州至杭州西至杭黄铁路连接线工程（富阳段）建成通车运营。项目自湖州站引出，经吴兴区、德清县、余杭区、西湖区、富阳区，最后并行杭黄铁路引入桐庐站，线路全长

2022年9月22日，富阳举行重大交通项目集中启用仪式，图为高铁富阳西站

（朱啸尘 供稿）

2022年9月22日，富春湾大道建成通车

（杭州富春湾新城　供稿）

137.6千米，其中富阳段约38千米。富阳段总投资58.95亿元，穿越银湖街道、富春街道、鹿山街道、渌渚镇。在富春街道西邮区块设富阳西站，为富阳境内第二个火车站，为线侧下式中型站房，总建筑面积约3.8万平方米，其中站房主体约2万平方米，架空层车库约1.88万平方米。富阳西站车场规模2台6线，建成后可以同时容纳约800人，项目总投资3.6亿元，建设业主为湖杭铁路有限公司。

【富春湾大道】 9月22日，富春湾大道建成通车，该项目位于富阳区富春湾新城范围内，起点位于富阳大桥连接线，终点至灵桥镇杭新景高速桥，与新建春永线衔接，项目分两期实施，项目总投资为142.53亿元。线路总长约10.3千米，含隧道2段和地面道路3段，其中地下快速路总长5.91千米。该项目按城市主干路标准设计，道路标准段路宽55米，最宽段67.4米，设计速度地面道路60千米/小时、隧道80千米/小时。

（区委党史研究室整理）

# 3 大事记

## Chronicle of Major Events

### 1月

**1月2日** 区委书记吴玉凤专题督查亚运场馆建设及周边环境整治工作。区领导南晓清、赵骊中参加。

**1月12日** 富阳举行320国道至富阳大桥连接线鹿山（大盘山）隧道工程右线贯通仪式。

**1月15日** 富阳举行“迎亚运、展风采，全面打造现代版富春山居图”行动2021年第四季度大比武。

**1月19日** “迎亚运·展风采”（富阳)孝善品牌建设成果展示暨“富春风尚汇”全域启用仪式在富春山馆报告厅举行。

**1月25日** 富阳召开全区党史学习教育总结会议。

**1月28日** 省委书记、省新型冠状病毒肺炎疫情防控工作领导小组第一组长袁家军到富阳检查指导疫情防控工作。

**1月31日** 省委常委、市委书记刘捷到富阳指挥调度疫情防控工作。

**是月** 富阳区首批制造业“冠军”企业名单出炉，全区上榜制造业企业32家。

**是月** “中国改革2021年度案例”名单发布，《浙江省杭州市富阳区：医检结果互认共享创造医改“富阳经验”》入选“中国改革2021年度地方全面深化改革典型案例”。

**是月** 杭州市首批“未来工厂”评定企业名单公布，瀚晖制药有限公司入围“智能工厂”，杭州广安汽车电器有限公司入围“数字化车间”。

### 2月

**2月2日** 省委书记、省新冠肺炎疫情防控工作领导小组第一组长袁家军到富阳检查指导疫情防控工作，看望慰问防疫一线干部群众。

**2月4日** 省委副书记、省长、省新冠肺炎疫情防控工作领导小组组长王浩到富阳检查指导疫情工作。

**2月6日** 杭州市新冠肺炎疫情防控工作领导小组办公室发布《关于解除对富阳区交通管制的通告》，于2月6日16时解除对富阳区行政区域范围内高速公路、国省道、县乡村道的交通管制措施；于2月7日6时解除对轨道交通、水路运输的交通管制措施，有序恢复公共交通。

**2月7日** 富阳召开区四套班子会议，研究部署全区疫情防控和有序开工等重点工作。

**2月11—13日** 富阳举行中国人民政治协商会议第十届杭州市富阳区委员会第一次会议。

**2月12—14日** 富阳举行杭州市富阳区第十七届人民代表大会第一次会议。

**2月16日** 区委副书记、区长马利阳主持召开新一届区政府第1次常务会议。会议讨论研究《杭州市富阳区人民政府工作规则》（送审稿），审议《杭州市富阳区人民政府关于进一步加快农业产业高质量发展的实施意见》（送审稿）。

**2月18日** 富阳召开区纪委二届二次全会。

**2月24日** 富阳面向全区发放汽车消费补贴2000万元。

**是月** 富阳发布《关于进一步加强技能人才队伍建设的实施意见》。

### 3月

**3月1日至6月30日** 富春江富阳段（东起东洲街道五丰村，西至渌渚镇新港村港东自然村）、渌渚江、葛溪、壶源江（壶源溪）、大源溪4条支流进入禁渔期，禁渔期间，禁止除娱乐性游钓以外的所有作业方式。

**3月2日** 副省长高兴夫到富阳调研亚运环境整治提升工作。

**3月5日** 由杭州市台办、富阳区政府共同主办的“公望两岸 相约春天”——“浙”里共绘“现代版富春山居图”活动在富阳举行。

**3月11日下午** 富阳召开全区产业强区大会。

**3月16日** 省亚运工作领导小组副组长、综合办公室主任杨戌标带队到富阳调研亚运城市建设和环境品质提升工作。

**3月17日** 富阳经济技术开发区与杭州航天电子技术有限公司、浙江一亿中流富星科技有限公司举行项目签约仪式，落地10亿元以上产业项目2个。

**3月29日** 富阳推出促进服务业领域困难行业恢复发展政策36条。

**是月** 2021年度杭州市精神文明建设十件大事公布，“富阳区打造新劳动教育全国样板地”入围。

**是月** 浙江省委全面依法治省委员会印发《关于表扬2021年度法治浙江（法治政府）建设优秀单位的通报》，富阳区以全省排名第二、全市排名第一的成绩，获评2021年度法治浙江（法治政府）建设优秀单位。

**是月** 富阳入围2021年度全省新一轮制造业“腾笼换鸟、凤凰涅槃”攻坚行动考核激励名单。

**是月** 省政府办公厅印发《关于2021年四季度全省投资“赛马”激励地区的通报》，富阳入围。

**是月** 省美丽城镇办公布2022年美丽城镇集群化典型案例培育名单，富阳区富春山居美丽城镇集群入围。

## 4月

**4月2日** 全省建设平安浙江工作会议在杭州召开，富阳获平安建设“十七连冠”。

**4月12日** 春建乡春建村上高自然村引进富阳首台无人驾驶拖拉机。

**4月13日** 省长王浩到富阳区调研企业生产并召开中小企业助企纾困座谈会。

**4月24日** 北支江沉浸式夜游项目通过验收。

**4月28日** 中共江南县工委史料陈列馆开馆。

**4月30日** 北支江（亚运）旅游集散中心建设项目——东洲旅游码头完工。

**4月** 杭州市乡村振兴工作领导小组公布全市第一批共富村、共富带、共富联合体名单，富阳区春江街道八一村、永昌镇唐昌村、大源镇蒋家村、银湖街道梓树村、富春街道拔山村、新登镇潘堰村、场口镇场口村、鹿山街道汤家埠村、渔山乡渔山村、东洲街道黄公望村入选。

**是月** 2021年全省高质量发展建设共同富裕示范区工作考核评价结果公布，富阳获考核优秀等次。

**是月** 全省第二批大花园“耀眼明珠”名单公布，富春江入围人文水脉“耀眼明珠”。

**是月** 省委社建委印发《2021年度浙江省高质量发展共同富裕示范区民众获得感幸福感安全感认同感监测评价报告》，富阳区综合评价得分位居全市第一。

## 5月

**5月4—6日** “韵味杭州”2022浙江省水上大比武赛艇邀请赛在富阳水上运动中心举办，这是该中心建成后举办的首场比赛。

**5月6日** 市人大常委会主任李火林到富阳调研人大代表联络站建设、乡村振兴、“米袋子”“菜篮子”保供和农民“钱袋子”增收情况。

**5月10日** 副省长高兴夫到东洲街道黄公望村调研未来乡村创建工作。

**5月11日** 杭州市政协在富阳区龙门镇启动“迎亚运、促共富”市区两级政协“六送”服务基层和群众活动，市政协主席马卫光出席并讲话。

**5月12日** 电视剧《富春山居》在东梓关开机。

**5月13日** 富阳区领导干部“学全会精神、提履职能力”专题培训班在区委党校开班。

**5月13日** 2022“杭州青年说”宣讲大赛决赛暨“亚运有我　共富青春”巡回宣讲启动仪式在富阳富春山馆举行。

**5月18日** 市考评办专家组到富阳反馈2021年度富阳区综合考评情况。富阳年度综合考评得分全市排名第二，创历史新高，连续三年获优秀等次，获重要经济指标攻坚、改革攻坚工作、拥江发展工作和打造国际一流营商环境工作四个单项奖。

**5月19日** 《人民日报》头版以《浙江扎实推进共同富裕示范区建设》为题，聚焦浙江省探索共同富裕一年间取得的部分阶段成果和典型经验做法，其中以富阳区东洲街道黄公望村文化礼堂为例，反映全省公共文化服务体系建设成果。

**5月19日** 《中国古镇（四）》特种邮票首发式暨喜迎二十大集邮展活动在龙门古镇举行。

**5月20日** 富阳举办喜迎“国际茶日”暨2022杭州全民饮茶活动。

**5月21日** 富阳举办首届“爷爷的水稻田”音乐节特别节目暨“我在富春山居图里等你”公益活动。

**5月27日** 全省共同富裕现代化基本单元建设工作推进会公布浙江省首批共同富裕现代化基本单元名单。富阳区公望富春特色产业风貌样板区成功创建首批省级城市风貌样板区，黄公望未来乡村成功创建首批省级未来乡村。

**5月31日** 在全市制造业高质量发展大会上，浙江锐影医疗设备有限公司与富阳区政府签约，计划投资建设磁共振成像设备研制生产项目。

**是月** 富阳启动“助企纾困”专项行动。

**是月** 省发展改革委下达《2022年省重点建设和预安排项目计划》，富阳列入省重点计划项目共10个（实施类9个、预备类1个），总投资518.3亿元，年度计划投资67亿元。

**是月** 工业和信息化部发布《关于第三批第一年建议支持的国家级专精特新“小巨人”企业名单》，杭州广安汽车电器有限公司入围，成为富阳首家国家级专精特新重点“小巨人”企业。

## 6月

**6月1日** 富阳举办“公望富春”文化周暨“公望两岸圆缘园”开园活动。

**6月1日** 富阳举行2022年“全国放鱼日”暨钱塘江重要指示物种资源修复专项活动。

**6月2日** 浙江省“葛洪丹谷”杯药膳烹饪邀请赛暨第二届香囊设计制作大赛颁奖典礼在富阳药谷小镇举行。

**6月3日** 富阳发放电子消费券，发放金额3000万元。

**6月7日** 省委常委、组织部部长王成到富阳调研党建统领未来乡村建设、村社网格智治，深入企业了解“万名干部助万企”情况，市委常委、组织部部长马小秋陪同。

**6月8日** 富阳区委常委会召开第19次会议，专题研究城北组团联动发展工作。

**6月9日** 富阳区政府与杭州

银行、财通证券举行三方战略合作签约仪式。

**6月10日** 富阳召开全区经济稳进提质攻坚行动工作推进会暨民营经济发展大会。

**6月14日** 省委常委、市委书记刘捷到富阳督查防汛防台工作。

**6月15日** 省委常委、市委书记刘捷到富阳开展“企业大走访”活动。

**6月16日** 富阳银湖体育中心对外开放。

**6月16日** 首届体外诊断产业发展峰会在富阳区银湖科技城中国智谷国际会议中心举行。

**6月23日** 富阳水上运动中心对外开放。

**6月27日** 市人大常委会主任李火林到新登镇人大代表联络站开展调研活动。

**6月30日** 富阳秦望通道工程盾构始发仪式在秦望通道工程江南工作井项目建设现场举行。

**是月** 北京大学新农村发展研究院联合阿里研究院举办《县域数字乡村指数报告》发布会，富阳列报告数字乡村百强县榜单第83位。

## 7月

**7月6日** 省委常委、市委书记刘捷到富阳区调研并宣讲省第十五次党代会精神。

**7月7—12日** 区委副书记、区长马利阳到四川省甘孜州德格县对接对口支援工作。

**7月8日** 全省建设新时代美丽浙江推进大会暨生物多样性保护大会在杭州召开，富阳区获省“五水共治”工作最高荣誉“大禹鼎”，获美丽浙江建设考核优秀和全省首批“清源杯”。

**7月12日** 区气象台发布2022年首个高温红色预警信号。

**7月14日** 缙云县委书记王正飞到富阳对接山海协作工作。

**7月14日** 富阳日供水量达到41.46万吨，创历史新高。

**7月17日** 富阳经济技术开发区与海正生物制药有限公司举行项目签约仪式，海正生物拟投资10亿元新上抗体药物生产线项目。

**7月19日** 市人大常委会党组书记、主任李火林到富阳督查中央人大工作会议和有关文件精神落实情况。

**7月21日** 富阳召开省第十五次党代会精神市委宣讲团报告会。

**7月27日** 龙湖天街富春湾项目签约。

**是月** 富阳发布《杭州市富阳区关于实施产业强区主战略加快制造业高质量发展的若干政策》。

## 8月

**8月2日** 富阳召开全区除险保安“百日攻坚行动”和“大综合一体化”行政执法改革工作推进会。

**8月3日** 富阳举行区委二届二次全体（扩大）会议。

**8月5日** 富阳举行2022年“一府两院”工作报告会。

**8月5日** 杭州文澜阁《四库全书》抗战西迁首站研学中心开放仪式在渔山乡五岭村举行。

**8月9日** 副省长高兴夫到富阳调研建筑业稳进提质工作。

**8月10日** 富阳经济技术开发区与新加坡洛捷有限公司战略合作签约。

**8月16日** 区委书记吴玉凤率领富阳党政代表团到余杭区考察学习。

**8月19日** 富阳举行庆祝第五个中国医师节表彰活动。

**8月19日** 浙江省第三次全国土壤普查试点外业调查采样工作启动仪式暨现场培训会在富春街道春华村青云畈举行。

**8月24日** 市人大常委会主任李火林到富阳调研。

**8月25日** 东洲街道启动疫情应急响应机制，开展区域封控、流调排查、转运隔离、核酸检测等工作。

**8月31日** 富阳召开基层智治系统建设工作推进会。

**是月** 省经信厅公布2022年度第一批浙江省“专精特新”中小企业名单，富阳8家企业入围。

## 9月

**9月1日** 富阳发布《富阳出台“聚力人才招引 助力产业强区”的若干意见》。

**9月1日** 区委书记吴玉凤会见省工商联主席、省商会会长、富通集团董事局主席王建沂一行。

**9月2日** 杭州天铭科技股份有限公司在北京证券交易所挂牌上市。

**9月7日** 富阳举行全区招商引资重大产业项目签约，集中签约重点产业项目26个，总投资169.1亿元。

**9月16日** 富阳举行平安护航党的二十大誓师大会。

**9月16日** 桐庐县委书记夏积亮到富阳考察新登千年古城复兴试点工作。

**9月19日** 中共杭州市富阳区委举行“杭州这十年·富阳”主题新闻发布会。

**9月19日** 商务部调研组到富阳调研单用途商业预付卡全周期治理工作。

**9月20日** 富阳召开森林资源保护管理大会暨2022年区总林长会议。

**9月21日** 省城乡风貌验收组到富阳考核验收古东安县域风貌样板区创建工作。

**9月22日** 富阳举行重大交通项目集中启用仪式，合杭高铁富阳西站、大盘山隧道、富春湾大道工程启用，灵桥互通改建工程主体完工。

**9月23日** 区委书记吴玉凤到高新区（滨江），学习产业发展经验、洽谈滨富合作事宜。

**9月27日** 由中央广播电视总台联合中央党史和文献研究院共同创作的大型纪录片《征程》，在央视综合频道首播，第二集《沸腾的乡村》以黄公望村村民朱梅娟创业故事为主线，讲述富阳这些年的美丽蝶变和美好生活。

**是月** 中央巡视办召开贯彻落实巡视巡察信息化建设指导意见推进会，现场演示推广富阳“数智巡察”应用管理系统。

**是月** 富阳全国首创“骑手工作证”。

**是月** 省建设厅、省美丽宜居办公布2021年度全省185个美丽宜居示范村创建、116个传统村落风貌保护提升验收结果，富阳大源镇稠溪村和永昌镇青何村入围优秀村庄。

## 10 月

**国庆期间** “富春山居号”游船开启试运营。

**10 月 17 日** 润歌互动有限公司在香港联合交易所主板挂牌上市，为富阳首家港股上市企业。

**10 月 19 日** 富阳区委书记吴玉凤走访正泰集团股份有限公司，全国工商联副主席、正泰集团董事长南存辉，正泰新能源董事长、总裁陆川参加。

**10 月 20 日** 杭州市社会建设咨询委员会成立仪式暨社会建设研讨会在富阳举行。10 月 21 日，富阳召开智能物联产业生态圈企业家座谈会。

**10 月 24—28 日** 《跟着书本去旅行》——《富春山水》系列 5 期节目在中央广播电视总台央视社教中心科教频道播出。

**10 月 25 日** 省委常委、市委书记刘捷赴富阳区宣讲党的二十大精神。

**10 月 25 日** 富阳区与西湖大学光电研究院项目正式签约，省委常委、市委书记刘捷，市委常委、秘书长朱华，副市长孙旭东，西湖大学校长施一公、党委书记董清源、副校长仇旻等参加仪式。

**10 月 27 日** 国家发展和改革委员会就业司司长应雄到富阳调研共同富裕推进工作。

**是月** 国家知识产权局公示 2022 年度国家知识产权示范企业和优势企业，浙江金固股份有限公司入选国家知识产权示范企业，为富阳区首家。

**是月** 经全国博士后管理委员会批准，富阳区海正生物制药有限公司设立国家级博士后科研工作站，为富阳第 5 家获批设立的国家级博士后科研工作站。

## 11 月

**11 月 4 日** 富阳区委理论学习中心组举行“学习贯彻党的二十大精神”专题学习会，与党的二十大代表、富阳籍全国劳动模范、国网杭州供电公司劳模融合创新中心常务副主任徐川子交流参加二十大的感受和体会。

**11 月 8 日** 富阳区人民政府与浙江吉利控股集团战略项目签约活动举行，该集团旗下的路特斯能源总部项目正式落户富阳经济技术开发区。省委常委、杭州市委书记刘捷，市委常委、秘书长朱华，省经信厅副厅长叶健松，吉利控股集团董事长李书福，CEO 李东辉，副总裁、路特斯集团 CEO 冯擎峰，副总裁杨学良，区领导吴玉凤、马利阳、徐林亮、张霖、邵伟斌等参加。

**11 月 9 日** 省委副书记黄建发专题调研“三江两岸”水上黄金旅游线建设情况。11 月 12 日，抗日战争胜利浙江受降纪念馆中国民主同盟传统教育基地揭牌仪式举行。全国人大常委会副委员长、民盟中央主席丁仲礼，副省长、民盟省委会主委成岳冲，省委统战部副部长王利月，杭州市委常委、统战部部长朱建明，杭州市政协副主席、民盟省委会副主委、民盟杭州市委会主委宦金元，民盟省委会专职副主委毛伟民，区委书记吴玉凤等出席仪式。

**11 月 16 日** 富阳召开高端装备产业（节能与新能源汽车及零部件）企业家座谈会。

**11 月 17 日** 杭州高新区（滨江）富阳特别合作区合作深化暨省特别重大项目通线仪式活动举行。

**11 月 18 日** 富阳区政府与杭州师范大学合作共建杭州师范大学富阳基础教育研究院签约揭牌。

**11 月 22 日** 富阳召开见义勇为先进人物记功奖励暨见义勇为工作会议。

**11 月 24 日** 2022 年全国射击锦标赛（飞碟项目）在富阳银湖体育中心开赛。

**11 月 24—26 日** 四川省甘孜州德格县委书记昌呷次称到富阳对接对口支援工作。

**11 月 25 日** 富阳区委书记吴玉凤到缙云县对接山海协作工作。

**11 月 25 日** “富春山居文化丛书”在杭州图书馆首发。

**11 月 29 日** 学习贯彻党的二十大精神杭州市委宣讲团报告会在富阳举行。

**11 月 29 日** 浙江开放大学富阳学院揭牌，浙江广播电视大学富阳学院更名为浙江开放大学富阳学院。

## 12 月

**12 月 2 日** “十年雷锋角 志愿正青春”雷锋角十周年暨“12•5”国际志愿者日活动在富阳区青少年宫举行。

**12 月 3 日** 杭州市市长姚高员到富阳调研安置房回迁、老旧小区改造等情况并召开座谈会，富阳区领导吴玉凤、马利阳、喻乃群参加。

**12 月 6 日** 江泽民同志追悼大会在北京人民大会堂举行。习近平总书记致悼词。吴玉凤、马利阳、徐林亮、张霖、邵伟斌等区四套班子领导在区政府会议中心集中收听收看。

**12 月 7 日** 富阳召开全区“家在富春山居”现代社区建设推进会。

**12 月 14 日** 湖州市委常委、安吉县委书记杨卫东到富阳考察。

**12 月 15 日** 富阳举行区领导夜学活动暨区委理论学习中心组（扩大）学习会，专题学习习近平法治思想。

**12 月 31 日** 西湖大学光电研究院项目在杭州富春湾新城开工奠基。

**12 月 31 日** 富阳东吴九年一贯制学校及东吴幼儿园新建工程项目开工。

**是月** 富阳区首宗以工业为主导的“工业 + 商业商务”混合产业用地发布土地出让公告。

**是月** 浙江省水利厅、省美丽浙江建设领导小组河长制办公室公布 2022 年美丽河湖名单，富阳区北支江入围。

## 自然状况

【概况】 富阳区位于浙江省西北部，富春江下游，属杭州市所辖。地理坐标为北纬 29°44′—30°12′、东经 119°25′—120°09′，东接杭州市萧山区，南连诸暨市，西倚桐庐县，北与杭州市临安区、杭州市余杭区接壤，东北与杭州市西湖区毗邻。最东端位于东洲街道五丰村境内，北纬 30°06′、东经 120°09′；最西端位于万市镇何务村境内，北纬 30°06′、东经 119°25′；最南端位于湖源乡石龙村境内，北纬 29°44′、东经 119°55′；最北端位于万市镇东叙村境内，北纬 30°12′、东经 119°34′。区域东西长 69.70 千米（东起东洲街道五丰村，西至万市镇何务村），南北宽 49.70 千米（南起湖源乡石龙村，北至银湖街道杜墓村），总面积 1821.08 平方千米。富春江自西向东斜贯中部，320 国道由北向南穿越全境。区政府驻地富春街道桂花路 25 号，距杭州市政府所在地 31.50 千米（径距），水陆交通便利。

全区整体地貌以"两山夹江"为最大特征。天目山余脉绵亘西北，仙霞岭余脉蜿蜒东南，富春江西入东出，斜贯区境中部。地势由东南、西北向中部倾斜。依其地表水陆形态分，山地、丘陵面积 1439.60 平方千米，占区境总面积的 78.61%；平原、盆地面积 299.63 平方千米，占区境总面积的 16.36%；水域面积 91.98 平方千米，占区境总面积的 5.02%，故有"八山半水分半田"之称。

西北天目山余脉分布区以高丘为主，其特点是丘体零乱，丘顶浑圆，丘坡平缓，脉络模糊，多数呈馒头形。坡度组合 15°—25°，山丘间岗地众多，土层深厚，有利于发展粮、林和各种经济特产，为境内茶叶、蚕桑、板栗、银杏等主要产区。

东南仙霞岭余脉分布区以低山为主，其特点是山势挺拔，脉络清晰，重峦叠嶂，山重水复，海拔均在 500 米以上。主峰杏梅尖，海拔 1065.80 米，为全境最高峰。由于山体高大，气候、土壤适宜竹木生长，是境内木材、毛竹主要产区。境内富春江流长 52 千米，江宽 700—1000 米，平均水深 7 米。两岸风光秀丽，1982 年，经国务院批准，富春江—新安江—千岛湖"两江一湖"被列为国家级风景名胜区。

## 建置沿革

【概况】 富阳历史悠久，秦王政二十六年（前 221）置县，县治即今富阳区区政府所在地。初置县时幅员辽阔，辖境含今桐庐、建德等地。三国吴黄武四年（225），析富春部分县地置建德、新昌（后改寿昌）、桐庐 3 县。次年（226），又析富春部分县地置新城（后改新登）县。富阳、新登两县建置以此而始。

富阳秦汉称富春。新莽始建国元年（9），改名诛岁。东汉建武元年（25），复名富春。东晋太元十九年（394），为避简文帝生母宣太后郑阿春讳，更名富阳，富阳之名始于此。五代后梁开平二年（908）复改名富春，北宋太平兴国三年（978）又改为富阳县，此后富阳之名沿袭至今。新登初名新城，五代梁开平元年（907），太祖朱温为避其父朱诚讳，改名新登，新登之名始于此。

富春之地，春秋属吴越。战国时，楚国屡败越国，夺取浙江以西土地。周显王三十六年（前 333），越亡，富阳归属楚国。秦汉以后，隶属多变。隋、唐直至宋、元、明、清，均归杭州府（临安府、杭州路）所辖。民国时期，初属钱塘道，民国 16 年（1927），废道直属于省。民国 27 年（1938）改属第一行政区，后又多次变更，至民国 37 年（1948），改隶第四行政区。中华人民共和国成立后，初属临安专署，1952 年改为省直辖。1955 年划归建德专署。1958 年 12 月，改属杭州市至今。

富阳历史上曾两度撤并。隋开皇九年（589）并入钱唐（后改钱塘）县，大业三年（607）复置。中华人民共和国成立后，1960 年 8 月并入桐庐县，1961 年 12 月复置。新登历史上曾 5 次撤并。三国吴黄武五年（226）析富春部分县地置新城县，治所即今富阳区西南新登镇。黄武七年（228）并入桐庐县，西晋太康十年（289）复置；旋又废入富春县，东晋咸和九年（334）复置；隋开皇九年（589）并入钱塘县，大业十四年（618）复置；

唐武德七年（624）并入富阳县，永淳元年（682）复置；五代后梁开平元年（907）吴越改名新登县。北宋太平兴国四年（979）复为新城县。民国3年（1914），改名新登县。中华人民共和国成立后，1958年10月撤销，并入桐庐县；1961年12月又从桐庐县析出，划归富阳县。

1994年1月18日，经中华人民共和国国务院批准，撤销富阳县，设立富阳市，行政区域不变，隶属关系依旧。2月4日，浙江省人民政府发出《关于撤销富阳县设立富阳市的通知》。3月28日，富阳市举行撤县设市庆典活动。

2014年12月13日，国务院批复同意浙江省调整杭州市部分行政区划。具体为：撤销县级富阳市，设立杭州市富阳区，以原富阳市的行政区域为富阳区的行政区域，富阳区人民政府驻富春街道桂花路25号。

## 行政区划

【概况】 2022年，富阳区设乡、镇、街道24个，其中乡6个、镇13个、街道5个。截至年底，全区有行政村276个、村民小组4499个、社区74个。

2022年富阳区乡镇街道情况表

表1

| 乡镇（街道） | 面积（平方千米） | 行政村（个） | 村民小组（个） | 居民区（个） | 社区（个） |
|---|---|---|---|---|---|
| 富春街道 | 105.45 | 12 | 186 | 42 | 37 |
| 春江街道 | 41.47 | 9 | 141 | 1 | 1 |
| 东洲街道 | 69.89 | 15 | 216 | 5 | 4 |
| 鹿山街道 | 63.31 | 9 | 110 | 2 | 2 |
| 银湖街道 | 158.24 | 22 | 429 | 12 | 8 |
| 春建乡 | 45.19 | 6 | 107 | — | — |
| 新桐乡 | 49.82 | 7 | 83 | — | — |
| 新登镇 | 179.37 | 28 | 590 | 7 | 5 |
| 胥口镇 | 68.82 | 13 | 217 | — | — |
| 渌渚镇 | 79.24 | 13 | 181 | — | — |
| 永昌镇 | 49.59 | 5 | 115 | — | — |
| 万市镇 | 155.37 | 15 | 293 | 1 | — |
| 洞桥镇 | 143.29 | 11 | 251 | — | — |
| 大源镇 | 105.23 | 15 | 199 | 2 | 1 |
| 灵桥镇 | 54.84 | 13 | 151 | — | — |
| 常绿镇 | 49.08 | 8 | 128 | — | — |
| 里山镇 | 25.46 | 5 | 71 | — | — |
| 渔山乡 | 36.76 | 4 | 80 | — | — |
| 上官乡 | 27.06 | 5 | 72 | — | — |
| 场口镇 | 58.05 | 24 | 323 | 2 | 1 |
| 常安镇 | 63.84 | 16 | 264 | — | — |
| 环山乡 | 38.52 | 7 | 113 | — | — |
| 龙门镇 | 27.30 | 4 | 72 | — | — |
| 湖源乡 | 125.87 | 10 | 107 | — | — |
| 总计 | 1821.08 | 276 | 4499 | 74 | 59 |

## 人口变迁

【概况】 2022年底，全区总户数224191户，户籍总人口697888人，平均每户3.11人，总人口比上年增加2975人。在总人口中，男性349202人，占总人口的50.04%；女性348686人，占总人口的49.96%。男女性别比为100.16。全区乡村人口339493人，占总人口的48.65%；城镇人口358395人，占总人口的51.35%。

全区全年出生4712人（含2022年前出生而在本年申报户口的），比上年少495人；出生率6.77‰，比上年下降0.72‰；死亡3915人，比上年少246人，死亡率5.62‰，比上年下降0.37‰；自然增长797人，自然增长率1.14‰。

全区全年迁入6237人，其中市内迁入3812人、省内迁入543人、省外迁入1882人；全年迁出4072人，其中迁往市内3519人、迁往省内263人、迁往省外290人。全区人口机械增长2165人。

（区委党史研究室）

## 国民经济和社会发展

【综合】 2022年，全区实现生产总值917.4亿元，按可比价格计算，比上年（下同）增长2.1%。其中，第一产业增加值52.8亿元，增长2.7%，第二产业增加值415.7亿元，增长1.4%，第三产业增加值448.9亿元，增长2.6%。三次产业增加值结构为5.8∶45.3∶48.9。按户籍人口计算，人均生产总值131734元。经最终核实，2021年富阳GDP修订为878.2亿元，比上年增长7.7%，三次产业增加值结构为5.7∶44.0∶50.3。全区实现数字经济核心产业增加值105.8亿元，增长3.0%，占GDP的11.5%。其中，电子信息制造产业增加值81.5亿元，增长4.1%；物联网产业增加值30.0亿元，增长10.5%。

全年实现财政总收入153.2亿元，下降12.3%，扣除留抵退税因素后增长2.2%。其中，一般公共预算收入91.7亿元，下降12.6%，扣除留抵退税因素后下降0.4%。全年一般公共预算支出135.7亿元，增长15.0%，其中民生支出102.3亿元，占一般公共预算支出的75.4%。

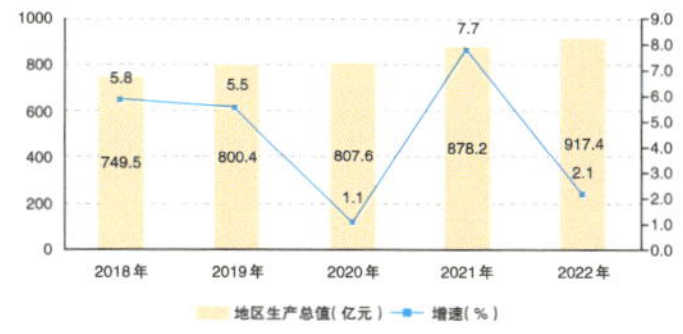


图1　2018—2022年地区生产总值及增速示意图

注：2018年—2021年地区生产总值为最终核实数，2022年为初步核算数。

图2　2018—2022年三次产业增加值占GDP比重示意图

注：2018—2021年地区生产总值为最终核实数，2022年为初步核算数。

图3　2018—2022年全区一般公共预算收入及增速示意图

【农业】　全年实现农林牧渔业总产值73.1亿元，同比增长3.4%；农业增加值53.3亿元，同比增长2.7%。猪牛羊禽肉产量16514吨，禽蛋产量2917吨。拥有农业龙头企业147家，其中杭州市级以上63家；各类农民专业合作社493家。涉农产业园4个，市级“菜篮子”基地11个。投入水利建设资金12.7亿元。年末全区拥有农业机械总动力23.9万千瓦。全区各类水库150座，本年除险加固病险水库5座、山塘14座。

【美丽乡村建设】　在全省范围内率先实现新时代美丽乡村全覆盖。成功创建2个省级美丽乡村示范乡镇、4个省级美丽乡村特色精品村。年末全区共有民宿示范村3个，现代民宿示范点82个，民宿登记经营户699户，民宿床位7568张。97%的村集体经济经营性收入超50万元。培育高素质农民和实用人才2251人。

【工业】　全年规模以上工业增加值247.4亿元，增长0.3%。其中，高新技术产业增加值169.8亿元，增长2.6%；战略性新兴产业增加值89.2亿元，增长1.5%；装备制造业增加值120.1亿元，下降0.3%。年末全区工业总产值超亿元企业206家（按独立法人计算），其中超100亿元企业1家，50亿元以上100亿元以下1家，20亿元以上50亿元以下8家，10亿元以上20亿元以下15家。全区725家规模以上工业企业全年实现营业收入1981.0亿元，增长4.1%；实现利税138.9亿元，下降4.6%；实现利润80.4亿元，下降11.5%。

【建筑业】　全年实现建筑业增加值60.3亿元，同比增长5.4%。全区有总承包和专业承包资格的建筑企业185家。建筑企业房屋施工面积2014万平方米，同比增长0.5%；房屋建筑竣工面积589.6万平方米，同比增长34.1%。

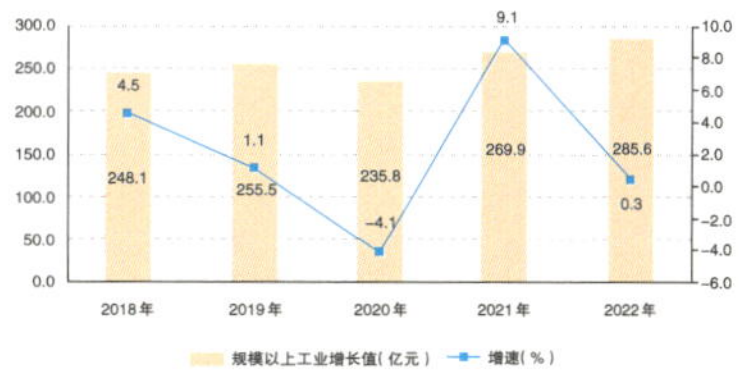


图4　2018—2022年全区规上工业增加值及增速示意图

注：2018年—2022年规上工业增加值为快报数。

图5　2018—2022年建筑业增加值及增速示意图

注：2018年—2021年建筑业增加值为最终核实数，2022年为初步核算数。

【固定资产投资】　全年固定资产投资同比增长17.0%。从投资结构看，工业投资同比增长26.6%，交通投资同比下降8.9%，民间投资（不含房地产项目）同比增长19.6%，生态环保、城市更新和水利设施投资同比增长31.3%，高新技术产业投资同比增长39.6%。

【房地产业】　全年房地产开发投资同比增长5.9%。房地产住宅施工面积625.1万平方米，同比下降9.0%；商品房销售面积61.4万平方米，同比下降64.6%，其中住宅销售56.7万平方米，同比下降65.0%；实现销售额141.2亿元，同比下降63.9%。

【商贸】　全年批发和零售业增加值76.3亿元，同比增长8.8%。社会消费品零售总额438.2亿元，同比增长5.0%。限上批零住餐企业销售额1561.9亿元，同比增长23.7%。

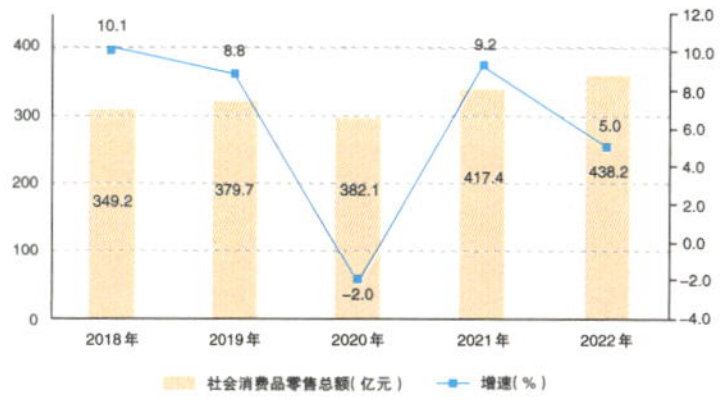


图6　2018—2022年社会消费品零售总额及增速示意图

【旅游业】　全区有旅行社33家；星级饭店6家，其中五星级2家。全年共接待国内旅游者422万人次，实现国内旅游收入81亿元。接待入境旅游者2779人次，创旅游外汇收入49万美元。

【对外经济】　全年新引进外商投资项目33个，其中总投资3000万美元以上项目10个，1亿美元以上项目2个。实际利用外资35169万美元，同比增长3.8%，其中第二产业实际利用外资4414万美元，第三产业实际利用外资30755万美元。全年完成进出口总额455.9亿元，同比增长12.5%。其中，出口总额205.9亿元，同比增长19.3%；进口总额250.0亿元，同比增长7.5%。全年完成服务贸易出口总额5.57亿美元，同比增长8.2%。

【交通】 湖杭高铁、大盘山隧道、富春湾大道、灵桥新互通建成投用，汽矸线、新中线、环金线整治二期完成建设。年末全区公路通车里程2001.6千米，其中境内高速公路里程85.6千米。全年公路货运量2040万吨，公路货物周转量94638万吨千米。全年公路旅客运输量22.7万人次，公路旅客周转量2261万人千米。新增和优化公交线路19条。年末社会机动车保有量262425辆，非营运汽车保有量211426辆，其中私人汽车保有量197067辆。

【邮电通信】 全年实现快递业务收入15168万元；完成快递业务量3285万件。年末全区固定电话用户7.0万户，移动电话用户109万户。全区（固定）互联网宽带接入用户36.4万户。

【金融】 全年金融业增加值84亿元，同比增长15.9%。年末全区金融机构本外币存款余额2143.22亿元，同比增长23.1%；本外币贷款余额2729.38亿元，同比增长21.7%。人民币贷款中，短期贷款余额608.82亿元，同比增长7.8%；中长期贷款余额2019.98亿元，同比增长25.0%，其中住户中长期贷款余额767.14亿元，同比增长7.2%。年末上市公司8家，境内上市公司7家，其中主板上市公司4家，创业板上市公司2家，北交所上市公司1家；全年新增上市公司2家。

【教育】 12所中小学（幼儿园）建成投用，新增学位4500余个，杭二中富春学校开工建设。全区学龄儿童入学率100.0%，初中入学率100.0%，初中升高中学段比例99.9%，高等教育毛入学率72.3%。全区共有幼儿园73所，在园幼儿27189人；小学46所，在校学生47401人；普通中学26所，在校学生35819人。职业中学（机构）2所，在校学生7534人。民办学校在校学生9953人。全年普通中小学新增校舍10.56万平方米。年末拥有中小学专任教师5934人，中小学校师生比为1：14.02。

【科技创新】 西湖大学首个校外研究院落户富阳，杭州光机所成为市首批概念验证中心。新增省级以上研发机构10家、国高企134家、省级科技型企业253家。年末全区拥有众创空间7家，其中国家级2家，省级3家，入驻创业团队360个；科技企业孵化器8家，其中国家级1家，省级1家，入驻企业291家。全年组织实施各类科技计划项目622项。专利授权5589项，其中发明专利705项。财政一般公共预算支出中科技支出7.5亿元，占一般公共预算支出的5.5%。招引大学生1.8万人、研究生等高层次人才1813人，分别同比增长65%和19%，新增市级以上领军型人才25人、技能人才5538人。

【文化】 全年文化产业增加值60.2亿元，同比增长1.7%。全年越剧团国内演出50场次，观众2万人次。区广播电台每日播音17小时，区电视台每日播出18小时。数字电视用户18.7万户。区图书馆藏书7.38万册（件），书刊外借90万册次。全区县级以上文物保护单位101处（群），其中省级以上8处（群）。非物质文化保护项目133个，其中省级以上15个。年末馆藏全宗档案195个，案卷（件）档案223555卷。开放馆藏全宗档案84个，案卷（件）档案20236卷。

【卫生】 省人民医院富阳院区和省中医院新院区等项目有序实施，推进浙江中医药大学总部建设。年末全区有各类医疗卫生机构558个，医疗床位4939张，其中医院25个，医院床位3935张。拥有各类卫生技术人员6982人，其中执业医师3002人，执业助理医师429人，注册护士3551人。全年完成无偿献血13788人次，其中流动献血4256人次，献血总量317.1万毫升。

【体育】 全民健身活动广泛开展，全年举办各类群众性体育比赛1950场，参赛运动员10万人次。全区共有体育场馆28个，健身苑（点）602个。全年新建健身苑（点）10个、篮球场55个、乒乓球室24个。全年全区共获得杭州市级以上各类奖牌117枚，其中金牌34枚、银牌44枚、铜牌39枚。

【人口】 全区常住人口85.1万人。全区户籍总人口697888人，增长4.3‰；出生人口4712人，出生率6.77‰；死亡人口3915人，死亡率5.62‰，自然增长率1.14‰。登记在册的流动人口数326284人。

【居民生活】 全体居民人均可支配收入62399元，同比增长4.6%；城镇常住居民人均可支配收入71742元，增长3.5%；农村常住居民人均可支配收入44661元，同比增长6.2%。全区每百户家庭拥有私人汽车74辆。

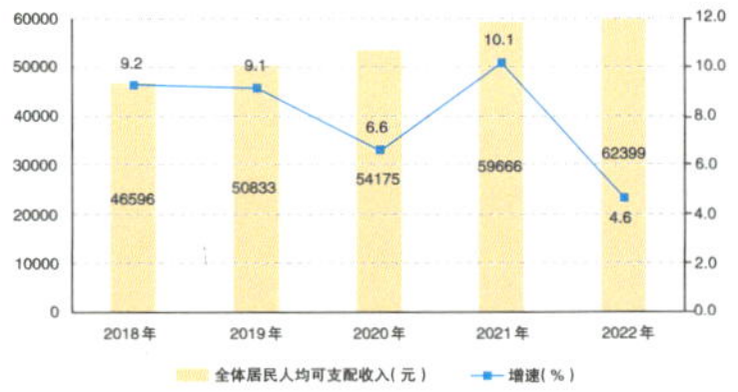

图7 2018—2022年全区全体居民人均可支配收入及增速示意图

【就业】 全年新增城镇就业30926人；帮扶9671名城镇失业人员实现再就业，帮扶2519名就业困难人员实现再就业。年末全区城镇登记失业人数7856人。

【社会保障】 全区基本养老保险参保人数328261人，其中城镇职工基本养老保险参保人数314481人，城乡居民社会养老保险参保人数13780人。基本养老保险待遇享受人数227768人。基本医疗保险参保人数716035人，其中职工基本医疗保险参保人数431269人，城乡居民基本医疗保险参保人数284766人，城乡居民基本医疗保险参保率99.83%。年末全区住房公积金缴存登记单位7004个，年末建缴职工97533人。全年公积金归集总额232032.4万元，发放公积金个人住房贷款3858户，贷款总额216856万元，支持职工购房面积41.76万平方米。

【救济福利】 全区最低生活保障

人数10954人，其中城镇421人，农村10533人。城乡居民最低生活保障标准为1216元。年末全区拥有居家养老照料中心326家，养老床位3064张。年末全区有五保供养服务中心12所，供养老人324人。福利院1所，床位166张，收养婴幼儿童10人，老人21人。共有特困人员664人，集中供养266人。全年区慈善总会募集捐款3666.2万元，支出各项救助金3379.7万元。

【城市建设】　城市建成区面积33.77平方千米，市区道路长度308.58千米。全年全社会用电量73.1亿千瓦时，同比增长2.3%，其中城乡居民生活用电13.9亿千瓦时，增长24.3%。全年城区供水总量4478万立方米，其中城区生活用水2359万立方米。年末实有公园24个。年末建成区绿化覆盖面积1511.93公顷，绿化覆盖率44.76%。建成区绿地面积1484.05公顷。建成区公园绿地面积734.94公顷，人均公园绿地15.13平方米。

【资源灾害】　全区总供用水量30080万立方米，其中工业供用水量4421万立方米。完成造林面积455.3公顷，全区森林覆盖率65.94%。全区农作物受灾面积1075.3公顷，各类自然灾害造成直接经济损失5284万元。

【环境保护】　空气优良天数340天，空气优良率达93.2%，PM2.5年均浓度30.6微克/立方米。二氧化氮年均浓度28.1微克/立方米，二氧化硫年均浓度5.6微克/立方米。主要水系监测断面三类以上比例为100%。年末拥有国家级生态乡镇（街道）18个，省级生态乡镇（街道）2个，杭州市级生态乡镇（街道）4个。森林覆盖率65.94%。

【安全生产】　全区发生各类生产安全事故10起，死亡9人，直接经济损失818万元，其中交通事故6起，死亡6人。

（区统计局）

## 气　象

【概况】　年平均气温明显偏高，降水量偏少，雨（雪）日略偏少，日照时数正常；3月、8月和11月的月平均气温比常年平均偏高3℃以上，夏季高温天数历史最多；梅雨期不典型。四季气候特点为冬季（2021年12月至2022年2月）气温正常、降水略偏多、日照正常；春季（2022年3月至5月）气温明显偏高、降水正常、日照正常；夏季（2022年6月至8月）气温明显偏高、降水明显偏少、日照偏多；秋季（2022年9月至11月）气温明显偏高、降水偏少、日照正常。综合各种气象因素，2022年气候属中等偏差年景。

【气温】　年平均气温18.3℃，比常年平均气温高1.1℃。全年有10个月平均气温在常年平均气温之上，偏高1℃或以上的月份有1月、3月、

2022年富阳区气象要素与常年平均数对照一览表

表2

| 月份 | 平均气温(℃) | | 降水量(毫米) | | 降水日数(日) | | 日照时数(小时) | |
|---|---|---|---|---|---|---|---|---|
| | 2022年 | 常年平均 | 2022年 | 常年平均 | 2022年 | 常年平均 | 2022年 | 常年平均 |
| 1 | 6.30 | 4.70 | 121.70 | 88.80 | 14 | 13 | 51.70 | 96.70 |
| 2 | 4.90 | 6.90 | 133.70 | 92.40 | 15 | 13 | 59.20 | 98.30 |
| 3 | 14.60 | 11.10 | 206.80 | 139.70 | 16 | 15 | 141.80 | 122.50 |
| 4 | 18.00 | 16.90 | 83.80 | 128.40 | 13 | 14 | 153.60 | 144.30 |
| 5 | 20.60 | 21.90 | 93.10 | 141.00 | 15 | 14 | 140.80 | 158.20 |
| 6 | 26.60 | 25.00 | 127.30 | 263.70 | 14 | 16 | 145.60 | 127.00 |
| 7 | 31.20 | 29.10 | 101.40 | 181.80 | 12 | 12 | 264.40 | 210.90 |
| 8 | 31.90 | 28.50 | 70.80 | 165.80 | 8 | 14 | 266.30 | 195.20 |
| 9 | 24.60 | 24.20 | 67.40 | 120.20 | 7 | 12 | 159.90 | 141.10 |
| 10 | 18.70 | 18.70 | 41.10 | 63.50 | 8 | 9 | 157.80 | 142.80 |
| 11 | 16.20 | 12.80 | 71.60 | 73.10 | 12 | 11 | 79.20 | 117.80 |
| 12 | 5.40 | 6.90 | 58.30 | 64.30 | 14 | 10 | 113.20 | 112.90 |
| 合计/平均 | 18.30 | 17.20 | 1177.00 | 1522.70 | 148 | 153 | 1733.50 | 1667.70 |

说明：数据记录地点位于城区鹳子山的富阳区气象站，常年平均数据采用1991—2020年30年统计数据平均值

4月、6月、7月、8月和11月，其中，3月为富阳本站有记录以来同期最高气温，6月为富阳本站有记录以来同期第3高，7月为富阳本站有记录以来同期第3高，8月为富阳本站有记录以来同期最高，11月为富阳本站有记录以来同期最高；2月、5月和12月平均气温在常年平均气温之下；10月平均气温与常年平均气温持平。

全年日最高气温≥35℃的高温天数为60天，为富阳本站有记录以来最多的一年，比常年平均多26天，其中，6月出现6天、7月出现26天、8月出现25天、10月出现3天。日最高气温≥37℃的高温天数出现45天，为富阳本站有记录以来最多的一年。日最高气温≥40℃的高温天数出现10天。年极端最低气温-3.80℃，出现在12月18日；年极端最高气温41.30℃，出现在8月14日。

入春：日平均气温稳定≥10℃的初日出现在2月26日，比常年平均早12天（常年为3月10日）。

入夏：日平均气温稳定≥22℃的初日出现在5月22日，比常年平均晚2天（常年为5月20日）。

入秋：日平均气温稳定<22℃的初日出现在10月5日，比常年平均晚6天（常年为9月29日）。

入冬：日平均气温稳定<10℃的初日出现在11月30日，比常年平均早2天（常年为12月2日）。

终霜日为2月25日，比常年平均早2天（常年为2月27日）；初霜日为12月13日，比常年平均晚16天（常年为11月27日）；全年无霜期为290天。

【降水】 年降水量1177.00毫米，比常年平均少345.70毫米，少22.70%；月降水量除了1月、2月和3月比常年平均偏多外，其余月份均比常年平均偏少。全年共出现暴雨1次，出现在3月21日。年降水日数148天，比常年平均少5天。

【光照】 年日照时数1733.5小时，比常年平均多65.8小时，多3.95%；全年日照比常年平均偏多的月份有3月、4月、6月、7月、8月、9月和10月；全年日照比常年平均偏少的月份有1月、2月、5月和11月。

2022年5月，大源镇雨量观测场

（区农业农村局　供稿）

【灾害性天气】 全年灾害性天气主要为：夏季高温创纪录、冬末阴雨寡照、梅汛不典型、强对流天气频发、1次寒潮和3次大风。

夏季高温创纪录：夏季，富阳高温综合强度为1954年有气象记录以来最强，共出现三轮（7月10日至16日、7月20日至28日、8月4日至23日）大范围、持续性的罕见高温热浪过程。高温酷热极端性显著，35℃以上高温日数60天，38℃以上高温日数35天，分别比常年偏多26天和29天，均创历史同期最多纪录；40℃以上高温日数10天，仅次于2013年的14天。

冬末阴雨寡照：1月22日至2月23日，富阳出现连阴雨（雪）天气5次，其中，1月29日至30日、2月2日至3日，2月7日至8日，2月17日至18日，2月23日。累计降水量241.40毫米，为历史同期最多；降水日数24天，比历史同期偏多10天；累计日照时数16.80小时，为历史同期最少。

梅汛：富阳6月10日入梅，6月26日出梅，梅雨期16天。6月9日20时至7月4日20时，全区面降雨量56.30毫米，100毫米以上站点1个，70毫米以上站点20个，最大降雨量在新桐乡新桐村为106.10毫米，其次是常绿镇长佳村98.30毫米，富阳本站降雨量为40.90毫米。本年梅雨特点：一是梅雨期不典型，梅雨量为常年平均梅雨量（337.60毫米）的12.1%。二是入梅时间与常年相同，出梅时间较常年平均（7月6日）明显偏早，偏早10天，梅雨期16天，较常年平均（26天）明显偏短，偏短10天。三是降雨分布不均匀，南部乡镇大，中北部乡镇小，北部乡镇的降雨量只有南部乡镇的3成。

强对流天气频发：全年出现冰雹大风2次，强对流冰雹1次，短时暴雨2次，强对流3次。

冰雹大风：3月14日下午，受雷雨云团影响，洞桥镇出现短时暴雨；洞桥镇、新登镇、富春街道、银湖街道、东洲街道、里山镇和渔山乡出现局地冰雹和大风，冰雹最大直径2厘米，出现8级以上大风气象站6个；7月28日下午，受雷雨云团影响，胥口镇、洞桥镇、永昌镇和新登镇出现局地冰雹和大风，冰雹最大直径2厘米，出现8级以上大风气象站8个，最大风力出现在永昌镇永昌村为11级。

强对流冰雹：7月27日傍晚到

前半夜，受雷雨云团影响，大源镇、灵桥镇、里山镇、渔山乡和东洲街道出现短时暴雨和大风，降水量50毫米以上气象站3个，最大降雨量在大源镇东前村为61.30毫米，最大1小时雨强为大源镇东前村55.6毫米（7月27日19时至20时），出现8级以上大风气象站8个，最大风力出现在里山镇里山村为11级。富春街道、银湖街道、东洲街道、灵桥镇、大源镇、里山镇出现局地冰雹，冰雹最大直径1厘米。

短时暴雨：6月30日傍晚到前半夜，受雷雨云团影响，新登镇、渌渚镇、新桐乡、鹿山街道、富春街道、湖源乡和渔山乡出现短时暴雨，降水量在70毫米以上的气象站4个，最大在新登镇五里桥村为102.30毫米，最大1小时雨强为新登镇五里桥村59.60毫米（6月30日13时至14时）；8月23日夜，受雷雨云团影响，大源镇、灵桥镇、常绿镇、环山乡、场口镇和新桐乡出现短时暴雨，降雨量70毫米以上的气象站有4个，最大值在大源镇三岭村为86.80毫米，最大1小时雨强为常绿镇大章村60.80毫米（8月23日23时至24日0时）。

强对流：7月25日傍晚，受雷雨云团影响，场口镇、常安镇、湖源乡、龙门镇、环山乡、上官乡和新桐乡出现短时暴雨和大风，降水量在50毫米以上的气象站有5个，最大值在常安镇沧州村73.30毫米，最大1小时雨强为常安镇大田村59.90毫米（7月25日17时至18时），出现8级以上大风气象站2个，最大风力出现在上官乡剡溪村为10级、小桐洲村10级；8月17日傍晚，受雷雨云团影响，湖源、常安、上官、春江街道、鹿山街道和富春街道出现短时暴雨和大风，降水量在50毫米以上气象站5个，最大值在湖源乡上臧村为95.8毫米，最大1小时雨强为湖源乡上臧村77.40毫米（8月17日16时至17时），有出现8级以上大风气象站为9个，最大风力出现在富春街道春华村9级，富阳本站9级，鹿山街道出现局地冰雹，冰雹最大直径1厘米；8月25日下午到傍晚，受雷雨云团影响，降水量在50毫米以上的气象站8个，最大值在新登镇湘溪村为73.30毫米，最大1小时雨强为洞桥镇里仁村49.20毫米（8月25日18时至19时），有7个气象站出现8级以

2022年7月13日，二要素自动站安装

（区气象局　供稿）

2022年富阳区月平均降水量和降水日数一览表

表3

| 月份 | 1 | 2 | 3 | 4 | 5 | 6 | 7 | 8 | 9 | 10 | 11 | 12 | 全年合计 |
|---|---|---|---|---|---|---|---|---|---|---|---|---|---|
| 降水量（毫米） | 123.1 | 132.4 | 224.5 | 106.5 | 124.2 | 142.6 | 81.4 | 102.9 | 69.8 | 44.7 | 85.9 | 65.3 | 1303.2 |
| 降水日数（日） | 15 | 17 | 16 | 10 | 16 | 14 | 8 | 9 | 5 | 8 | 10 | 13 | 141 |

2022年富阳区基本雨量站降水量和降水日数一览表

表4

| 序号 | 站　名 | 梅雨期降水量（毫米） | 汛期降水量（毫米） | 全年降水量（毫米） | 全年降水日数（日） |
|---|---|---|---|---|---|
| 1 | 盛　村 | 87.5 | 848.0 | 1581.5 | 143 |
| 2 | 古　城 | 62.5 | 805.5 | 1499.5 | 145 |
| 3 | 小樟村 | 67.5 | 843.5 | 1443.5 | 137 |
| 4 | 大　源 | 50.0 | 705.5 | 1373.0 | 134 |
| 5 | 千家村 | 37.0 | 600.0 | 1312.0 | 146 |
| 6 | 场　口 | 58.0 | 659.7 | 1304.2 | 136 |

续表4

| 序号 | 站名 | 梅雨期降水量(毫米) | 汛期降水量(毫米) | 全年降水量(毫米) | 全年降水日数(日) |
|---|---|---|---|---|---|
| 7 | 窄溪 | 63.0 | 617.5 | 1273.5 | 141 |
| 8 | 岩石岭水库 | 45.5 | 561.0 | 1273.5 | 136 |
| 9 | 新登 | 55.5 | 601.0 | 1262.0 | 138 |
| 10 | 永昌 | 45.5 | 587.0 | 1257.0 | 137 |
| 11 | 徐畈 | 34.5 | 539.0 | 1231.9 | 144 |
| 12 | 方里 | 40.5 | 522.0 | 1230.5 | 147 |
| 13 | 富阳 | 44.0 | 573.0 | 1229.5 | 132 |
| 14 | 杉树湾 | 50.5 | 506.5 | 1228.5 | 148 |
| 15 | 东坞 | 42.5 | 471.0 | 1198.5 | 145 |
| 16 | 何务 | 41.5 | 450.0 | 1152.0 | 146 |
| | 平均值 | 51.6 | 618.1 | 1303.2 | 141 |

2021 年徐畈站和窄溪站水面蒸发量一览表

表5　　单位：毫米

| | 1 | 2 | 3 | 4 | 5 | 6 | 7 | 8 | 9 | 10 | 11 | 12 | 全年合计 |
|---|---|---|---|---|---|---|---|---|---|---|---|---|---|
| 徐畈站 | 26.9 | 19.4 | 46.6 | 67.7 | 72.1 | 80.6 | 142.9 | 138.6 | 96.7 | 72.5 | 40.5 | 32.9 | 837.4 |
| 窄溪站 | 23.5 | 19.1 | 50.9 | 75.5 | 85.7 | 92.5 | 172.2 | 182.1 | 107.4 | 87.4 | 45.2 | 34.8 | 976.3 |

2021 年富春江富阳站和窄溪站水位一览表

表6　　单位：米(85基面)

| | | 1 | 2 | 3 | 4 | 5 | 6 | 7 | 8 | 9 | 10 | 11 | 12 | 全年 |
|---|---|---|---|---|---|---|---|---|---|---|---|---|---|---|
| 富阳站 | 最高 | 5.26 | 5.68 | 6.81 | 5.75 | 6.48 | 8.01 | 5.34 | 5.21 | 5.88 | 5.18 | 5.13 | 4.52 | 8.01 |
| | 最低 | 2.89 | 3.57 | 3.37 | 3.51 | 3.55 | 3.11 | 2.67 | 2.73 | 2.69 | 2.61 | 2.69 | 3.07 | 2.61 |
| | 平均 | 3.91 | 4.53 | 4.71 | 4.55 | 4.63 | 5.18 | 3.75 | 3.82 | 4.07 | 3.94 | 3.87 | 3.76 | 4.23 |
| 窄溪站 | 最高 | 5.48 | 5.88 | 7.06 | 5.95 | 6.77 | 8.87 | 5.42 | 5.24 | 6.24 | 5.34 | 5.26 | 4.64 | 8.87 |
| | 最低 | 2.87 | 3.57 | 3.37 | 3.52 | 3.51 | 3.05 | 2.63 | 2.70 | 2.68 | 2.59 | 2.67 | 3.03 | 2.59 |

上大风，最大风力出现在永昌镇永昌村为9级。

台风“梅花”：9月12日20时至15日20时，区面降雨量55.00毫米，100毫米以上站点有4个，70毫米以上站点24个，最大值在渔山乡五岭村112.60毫米，其次值是灵桥镇新华村110.90毫米，富阳本站53.20毫米，最大1小时雨强为新登镇上山村的15.90毫米（9月13日13时至14时），出现8级以上大风站点1个。

寒潮：11月28日至30日寒潮，受强冷空气影响，富阳本站11月28日至30日48小时日平均气温降温幅度达14.10℃，30日早晨最低气温0.40℃，达寒潮标准。

大风：全年出现3次大风，分别出现在7月24日8级(18.80米/秒)、8月17日9级(23.80米/秒)、11月30日8级(17.30米/秒)。

大雾：全年出现大雾24天，比常年平均（29天）少5天。

霾：全年出现霾6天，比常年平均（48天）少42天。

（张日佳）

## 水　文

【降水情况】　2022年，全区平均降水量1303.2毫米，为常年降水量的87%；平均降水日数141日。单站年降水量最大为盛村站1581.5毫米。总体特点是年初降水偏多、梅雨期偏短且梅雨量偏少、出梅后持续高温且降水少、汛期降水偏少、台风影响小。汛期平均降水量618.1毫米，为常年同期的62%。单站汛期降水量最大为盛村站848.0

毫米。6月10日入梅，6月26日出梅，梅雨期16天，平均梅雨量51.6毫米，为常年梅雨量的20%，单站梅雨量最大为盛村站87.5毫米。受台风影响雨量少，第11号台风“轩岚诺”和第12号台风“梅花”全区平均过程雨量分别为23.2毫米和46.7毫米。

**【蒸发情况】** 徐畈站年蒸发量837.4毫米，其中，7月蒸发量142.9毫米，为全年最大月蒸发量；7月13日蒸发量6.5毫米，为全年最大日蒸发量。窄溪站年蒸发量976.3毫米，其中，8月蒸发量182.1毫米，为全年最大月蒸发量；8月6日蒸发量7.7毫米，为全年最大日蒸发量。

**【水位情况】** 富春江富阳站：年最高水位8.01米(6月21日11:55)，年最低水位2.61米(10月21日16:50)，年平均水位4.23米。富春江窄溪站：年最高水位8.87米(6月21日13:50)，年最低水位2.59米(10月22日1:25)。壶源江湖源站：年最高水位29.73米(6月1日)，最低水位26.59米(11月16日)，平均水位26.90米，年最大流量578立方米每秒，最小流量0.336立方米每秒，平均流量12.5立方米每秒。南安溪徐畈站(测站基面)：年最高水位4.23米(3月21日)，最低水位2.92米(10月26日)，平均水位3.22米，年最大流量56.9立方米每秒(3月21日)，最小流量0.008立方米每秒(10月13日)，平均流量0.99立方米每秒。皇天畈内河水位未超危险水位(6.45米)。岩石岭水库(中型水库)最高水位53.35米(3月22日3:00)，最低水位48.53米(10月28日5:00)，全年溢洪2次。

(沈　黎)

**【编辑　刘　亮】**

# 5 中国共产党杭州市富阳区委员会

Hangzhou Fuyang District Committee of the Communist Party of China

## 区委重要会议

【全区扩大有效投资动员部署会】 1月14日，富阳召开2022年全区扩大有效投资动员部署会。区委书记吴玉凤在会上强调，扩大有效投资是“立起来”的重要支撑，也是实现高质量发展的“压舱石”，全区上下要高度重视、集中精力，不遗余力做好扩大投资增量、优化投资结构、提高投资效益三篇文章，确保实现全年投资工作“一个基本同步、四个快干、一个持平”的总目标，即固定资产投资总量完成600亿元，增速6%以上，与经济增长基本同步；制造业投资、民间项目投资、高新技术产业投资、生态、城市和水利投资增长快于面上投资增长；交通投资与2021年持平。区委副书记、代区长马利阳主持。区领导张霖、何献忠、喻乃群、许玉钧、赵骊中参加。

【全区党史学习教育总结会议】 1月25日，富阳召开全区党史学习教育总结会议。区委书记吴玉凤在会上强调，要深入学习贯彻习近平总书记关于党史学习教育的重要论述，落实中央和全省、全市党史学习教育总结会议精神，弘扬伟大建党精神，忠诚守护红色根脉，加快高水平描绘现代版富春山居图。区委副书记、代区长马利阳主持会议。区领导汤金华、徐林亮、邵伟斌、万重丰、张鹏等参加。

【区四套班子会议】 2月7日，富阳召开区四套班子会议，研究部署全区疫情防控和有序开工等重点工作。区委书记吴玉凤在会上强调，要弘扬伟大抗疫精神，一鼓作气夺取本轮疫情防控遭遇战、阻击战、歼灭战的全面胜利，奋力实现经济社会发展“开门红”。区委副书记、代区长马利阳主持。区委副书记邵伟斌部署疫情防控有关工作。区四套班子领导汤金华、陆洪勤、徐林亮、张霖等参加。

【全区公安工作会议】 2月15日，富阳召开全区公安工作会议。区委书记吴玉凤强调，要深入贯彻习近平总书记对政法工作重要指示精神，努力锻造党委放心、群众满意的富阳公安铁军，为高水平描绘现代版富春山居图保驾护航。区领导邵伟斌、沈尧参加。

【全区党委（党组）书记抓基层党建和人才工作述职评议会】 3月8日，区委书记吴玉凤主持召开全区党委（党组）书记抓基层党建和人才工作述职评议会，强调要深入学习贯彻习近平总书记关于党的建设和人才工作的重要论述，认真落实中央、省委、市委要求，紧紧围绕区委各项决策部署，以“七张问题清单”为牵引，深化党建统领整体智治，不断开创富阳基层党建和人才工作新局面。区领导马利阳、徐林亮、张霖、邵伟斌等参加。

【区委巡察工作动员部署会】 3月9日，富阳召开2022年区委巡察工作动员部署会。区委书记吴玉凤在会上强调，要深入贯彻习近平总书记关于巡视工作重要论述，落实中央、省委、市委相关会议精神，高举巡察利剑，保持严字当头，为现代版富春山居图描绘清廉底色。区领导沈阳红、万重丰参加。

【全区产业强区大会】 3月11日，富阳召开全区产业强区大会。区委书记吴玉凤强调，要深入贯彻中央、省市委经济工作会议及有关会议精神，坚定不移实施产业强区主战略，加快产业新动能立起来，围绕“一年突破、三年攻坚、五年倍增”计划，举全区之力大抓产业、抓大产业，再造一个产业富阳。区四套班子领导马利阳、徐林亮、张霖、邵伟斌等参加。

【全区党建工作、作风建设会议】 3月14日，富阳召开全区党建工作、作风建设会议。区委书记吴玉凤强调，要深入学习贯彻习近平总书记关于党的建设、作风建设系列重要论述，全面落实新时代党的建设总要求，持续弘扬伟大建党精神，扎实推进党建，锤炼严实作风，全力描绘红色现代版富春山居图，以优异成绩迎接党的二十大胜利召开。区委副书记、区长马利阳主持，区四套班子领导邵伟斌等参加。

【区委农村工作会议】 3月18日，

富阳召开区委农村工作会议。区委书记吴玉凤在会上强调，要全面贯彻落实习近平总书记重要讲话和中央、省委农村工作会议精神，聚焦重点真抓实干，全面推进乡村振兴，高水平描绘现代版富春山居图最美田园卷。区委副书记、区长马利阳主持。区领导徐林亮、张霖、邵伟斌、万重丰、张鹏、俞小康参加。

【区委政法信访工作会议】 3月18日，区委政法信访工作会议召开。区委书记吴玉凤强调，要坚持以习近平法治思想为指引，全面落实中央和省市政法信访工作会议精神，奋力推动富阳区新时代法治建设和政法平安信访工作高质量发展。区委副书记、区长马利阳主持。区领导邵伟斌、钟永明、胡志明、沈尧、孙晓明、余文玲、桑涛参加。

【区委全面依法治区委员会第四次会议】 4月18日，区委全面依法治区委员会召开第四次会议。区委书记、区委全面依法治区委员会主任吴玉凤主持会议并讲话。强调要深入贯彻落实习近平法治思想，全力争创全国法治政府建设示范区、全国普法依法治理先进区，推动法治富阳建设再上新台阶，为描绘现代版富春山居图提供坚强法治保障。区领导马利阳、邵伟斌、万重丰、王继刚、沈尧、余文玲、桑涛参加。

【一季度经济形势分析会、乡镇（街道）党（工）委书记工作交流会】 4月22日下午，富阳召开一季度经济形势分析暨乡镇（街道）党（工）委书记工作交流会。区委书记吴玉凤强调，要深入贯彻习近平总书记系列重要讲话精神，认真落实中央和省市各项决策部署，答好疫情防控、亚运攻坚、产业强区、共富示范、平安稳定五大考题，奋力夺取疫情防控和经济社会发展“双胜利”。区委副书记、区长马利阳主持。区领导徐林亮、张霖、邵伟斌等参加。

【全区稳定经济运行工作专题会议】 5月28日下午，富阳召开稳定经济运行工作专题会议，区委书记吴玉凤主持。深入学习贯彻全国稳住经济大盘电视电话会议及省市相关会议精神，分析当前经济形势，部署富阳区稳经济工作。区领导马利阳、何献忠、喻乃群、许玉钧、南晓清、赵骊中参加。

【全区经济稳进提质攻坚行动工作推进会暨民营经济发展大会】 6月10日下午，富阳召开全区经济稳进提质攻坚行动工作推进会暨民营经济发展大会。区委书记吴玉凤强调，要深入学习习近平总书记关于当前经济工作的重要论述，坚决贯彻上级关于稳住经济大盘的系列决策部署，按照“疫情要防住、经济要稳住、发展要安全”要求，把握形势、稳中求进、转危为机，坚决打赢稳进提质攻坚战，为产业强区奠定扎实基础，为省市大局作出富阳贡献。区委副书记、区长马利阳主持。区领导徐林亮、张霖等参加。

【区工商联十一届二次执委会暨民营经济“两个健康”发展示范区工作推进大会】 6月28日下午，富阳召开富阳区工商联十一届二次执委会暨民营经济“两个健康”发展示范区工作推进大会。区委书记吴玉凤强调，要深入贯彻习近平总书记系列重要论述，迅速落实省党代会和省市相关会议精神，在促进民营经济“两个健康”上领跑示范，在推进“两个先行”中谱写富阳民营经济发展新篇章。区领导马利阳、祝燕青、桑涛参加。

【全区基层党建工作会议暨“双百争先、全域建强”行动推进会】 6月29日，富阳召开全区基层党建工作会议暨“双百争先、全域建强”行动推进会。区委书记吴玉凤强调，要深入贯彻习近平总书记关于基层党建的重要论述，认真落实省第十五次党代会和省市相关会议精神，深入实施“红色根脉强基工程”，高质量推进“双百争先、全域建强”行动，全面提升党建统领基层治理能力水平，为高水平描绘现代版富春山居图筑牢基层堡垒。区委副书记、区长马利阳主持，区领导徐林亮、张霖、邵伟斌等参加。

【区委网络安全和信息化委员会第四次全体会议】 7月7日，富阳召开区委网络安全和信息化委员会第四次全体会议，深入学习贯彻习近平总书记关于网络强国的重要思想，贯彻落实上级有关会议精神，总结2021年全区网信工作，研究部署2022年重点任务。区委书记、区委网络安全和信息化委员会主任吴玉凤主持会议并讲话。区领导王继刚、张鹏、沈尧参加。

2022年9月16日，富阳召开区现代社区建设领导小组第二次会议暨“双百争先、全域建强”行动推进会

（区委组织部 供稿）

**【2022 年第二次会议暨区数字化改革工作推进会议】** 7 月 15 日，区委全面深化改革委员会召开 2022 年第二次会议暨区数字化改革工作推进会议。区委书记吴玉凤强调，要深入学习贯彻习近平总书记关于全面深化改革特别是数字化改革的重要论述精神，贯彻落实省第十五次党代会精神，以数字化改革撬动全方位各领域深层次变革。区领导马利阳、邵伟斌、何献忠、张鹏、沈尧、南晓清参加。

**【全区安全生产工作会议】** 7 月 20 日，富阳召开全区安全生产工作会议。区委书记吴玉凤强调，要贯彻习近平总书记关于“疫情要防住、经济要稳住、发展要安全”重要指示精神，落实国家、省市安全生产会议精神，强化“看不到风险就是最大风险”的危机意识，以“时时放心不下”的责任感守牢安全生产底线。区委副书记、区长马利阳主持。区领导沈阳红、钟永明、喻乃群、许玉钧、沈尧、詹艳青、俞小康参加。

**【半年度经济形势分析会暨稳进提质例会】** 8 月 1 日，富阳召开半年度经济形势分析会暨稳进提质例会。区委书记吴玉凤强调，要统筹贯彻中央政治局会议、省第十五次党代会和市十三届二次全会及相关会议精神，坚持稳中求进总基调，攻坚三季度、奋战全年红，坚决打赢经济稳进提质攻坚战，以优异成绩迎接党的二十大召开。区领导马利阳、钟永明、何献忠、喻乃群、南晓清、詹艳青、俞小康、赵骊中参加。

**【全区除险保安“百日攻坚行动”和“大综合一体化”行政执法改革工作推进会】** 8 月 2 日，富阳召开全区除险保安“百日攻坚行动”和“大综合一体化”行政执法改革工作推进会。区委书记吴玉凤强调，要学深悟透习近平总书记关于统筹发展和安全的重要论述，坚决贯彻省市会议精神，以“时时放心不下”的责任感推进除险保安“百日攻坚行动”，以“事不过夜”的作风纵深推进“大综合一体化”行政执法改革，不断夯实“稳”的基础、激发“进”的动能，为党的二十大召开创造良好环境。区领导马利阳、邵伟斌、钟永明、张鹏、祝燕青、许玉钧、沈尧、南晓清、詹艳青、余文玲参加。

**【全区深化除险保安百日攻坚行动推进会】** 9 月 20 日，富阳召开全区深化除险保安“百日攻坚行动”推进会。区委书记吴玉凤强调，要坚持稳字当头、强化担当作为，以“时时放心不下”的紧迫感，全力筑牢除险保安铜墙铁壁、全面展现富阳铁军独特风采，以党员干部的辛苦指数换取人民群众的平安指数，以最佳姿态迎接党的二十大胜利召开。区领导邵伟斌、张鹏、许玉钧、沈尧、桑涛出席会议。

**【经济稳进提质攻坚行动工作例会】** 9 月 24 日，富阳召开经济稳进提质攻坚行动工作例会。区委书记吴玉凤强调，要深入贯彻“疫情要防住、经济要稳住、发展要安全”的总要求，全面落实省市决策部署，坚持事不过夜、深谋细落、统筹推进，奋力打赢经济稳进提质攻坚战，以实际行动迎接党的二十大胜利召开。区委常委、常务副区长钟永明主持，区领导何献忠、喻乃群、许玉钧、詹艳青、俞小康、赵骊中参加。

**【三季度经济形势分析会、稳进提质和除险保安例会暨乡镇（街道）党（工）委书记工作交流会】** 10 月 31 日，富阳召开三季度经济形势分析会、稳进提质和除险保安例会暨乡镇（街道）党（工）委书记工作交流会。区委书记吴玉凤强调，要深入学习贯彻党的二十大精神，举旗帜、增信心、促发展，以昂扬奋进姿态掀起决战四季度热潮。区委副书记、区长马利阳主持，区领导徐林亮、张霖、邵伟斌等参加。

## 重要活动

**【杭州富春湾新城与浙江特富清洁能源装备制造有限公司智能制造项目签约仪式】** 1 月 7 日，杭州富春湾新城与浙江特富清洁能源装备制造有限公司智能制造项目签约，这也是富阳 2022 年首个签约 10 亿元以上的产业项目。浙江特富发展股份有限公司董事长、总裁王红峻，法定代表人、总经理卫小华，区领导吴玉凤、陆洪勤、何献忠、喻乃群参加签约仪式。

**【区政府与浙江工业大学战略合作协议签约仪式】** 1 月 14 日，举行富阳区政府与浙江工业大学全面战略合作签约仪式。双方从浙工大银湖创新研究院单点合作提升至全面战略合作关系，为富阳加快构建现代产业体系、“再造一个产业富阳”增添动力。浙江工业大学校长李小年、副校长郑华均，富阳区领导吴玉凤、马利阳、张霖、万重丰、何献忠、赵骊中参加。

**【全区“迎亚运 展风采 全面打造现代版富春山居图”2021 年第四季度大比武活动】** 1 月 15 日，富阳举行“迎亚运、展风采，全面打造现代版富春山居图”行动 2021 年第四季度大比武。上午，部分人大代表、政协委员分两组实地考察，下午在区委党校举行汇报展示。10 个参赛单位以“报表举起来”为主题逐个展示 10 张报表，经现场实名测评，医学检查检验结果互认共享改革试点、秦望区块搬迁安置房工程、杭州鹏成新能源科技有限公司非道路车辆动力电池 PACK 项目、灵桥互通改建工程、光电通信产业链谋划与打造等项目获一等奖，北支江（亚运）旅游集散中心、深化“数智巡察”提升监督质效、季比武机制、营地群落经济培育、电力管线迁改等项目获二等奖。区领导为完成 2021 年“12·31”攻坚任务的 7 个单位颁发“奔跑奖”，为担负新一轮任务的 6 个单位授攻坚旗。区委书记吴玉凤强调，要保持“赶考”状态，强化“答卷”意识，高标准办好亚运盛会，高水平描绘现代版富春山居图，以优异成绩迎接党的二十大胜利召开。区四套班子领导马利阳、徐林亮、邵伟斌等参加。

**【全区第 22 次“春风行动”暨“慈善一日捐”启动仪式】** 1 月 22 日，

富阳举行第22次“春风行动”暨“慈善一日捐”启动仪式，新一年“春风行动”拉开温暖大幕。区四套班子领导吴玉凤、马利阳、汤金华、陆洪勤、徐林亮、张霖、邵伟斌及法检两长等带头捐献爱心，现场捐款5.85万元。

**【区政府与中国科学院上海光机所共同举办菲利普·罗素项目团队签约仪式】** 1月25日，富阳区政府与中国科学院上海光机所共同举办菲利普·罗素项目团队签约仪式。双方合作引入菲利普·罗素教授领衔的国际著名科学家团队，在杭州光机所新建罗素光波科学中心。杭州罗素光波科学中心将基于光子晶体光纤和微结构光纤高度通用技术，聚焦先进光波科学基础研究，逐步建成国际一流光波科学研究中心，力争产出多项光纤和激光领域的重大基础前沿和关键技术成果。上海光机所所长陈卫标，副所长、杭州分所所长张龙，富阳区领导吴玉凤、陆洪勤、万重丰、何献忠、喻乃群参加。

**【“公望两岸相约春天”——邻里共绘“现代版富春山居图”活动】** 3月4日、5日，杭州市台办、富阳区政府共同主办的“公望两岸 相约春天”——“浙”里共绘“现代版富春山居图”活动在富阳举行。台湾新党创始人郁慕明，知名鉴定家、艺术史学界泰斗傅申，知名策展人陆蓉之，省台办副主任何永明，市政协副主席叶鉴铭，市民革主委林革，市台办主任陆献德，富阳区领导吴玉凤、马利阳、邵伟斌、张鹏、祝燕青、南晓清等与两岸台商、台青和艺术家代表参加活动。

**【喜迎“国际茶日”暨2022杭州全民饮茶活动启动仪式】** 5月20日，喜迎“国际茶日”暨2022杭州全民饮茶活动在黄公望隐居地举行，茶友们同享茶香茶韵，共赴一场山水之约、人文之约、发展之约。中国国际茶文化研究会常务副会长王建满、副会长丁世明，杭州市副市长刘嫔珺，杭州市茶文化研究会会长何关新，富阳区领导吴玉凤、张霖、张鹏、俞小康，区茶文化研究会会长王小丁参加。

**【首届“爷爷的水稻田”音乐特别节目暨“我在富春山居图里等你”系列活动】** 5月21日，富阳举办首届“爷爷的水稻田”音乐节特别节目暨“我在富春山居图里等你”公益活动，以音乐形式纪念袁隆平院士逝世一周年。联合国粮农组织驻华代表处代表文康农等嘉宾以视频连线方式参加活动。杭州市副市长刘嫔珺，市台办主任陆献德，中国水稻研究所副所长李国荣；湖南杂交水稻研究中心研究员辛业芸，中国作物学会特用作物专业委员会会长曾松亭，区领导吴玉凤、马利阳、钟永明、张鹏、祝燕青、俞小康现场参加活动。

**【富阳区政府与杭州银行、财通证券战略合作签约仪式】** 6月9日，富阳区政府与杭州银行、财通证券举行三方战略合作签约仪式。杭州银行董事长陈震山、副行长王立雄，财通证券党委书记章启诚、董事会秘书官勇华，富阳区领导吴玉凤、马利阳、钟永明、何献忠、喻乃群以及相关企业代表参加。

**【庆祝第五个“中国医师节”活动】** 8月19日，富阳举行庆祝第五个“中国医师节”表彰活动。会议表彰2021年度区卫健系统“三十佳”和“扎根基层30年先进医卫工作者”，区领导为获奖者颁奖，获奖代表孙凌刚、翁增强作交流发言。区委书记吴玉凤强调，要坚持人民至上、共富先行、平战结合、尊医重卫，扎实推动富阳卫生健康事业高质量发展，并寄语广大医务工作者，要不忘初心，以大爱无疆践行医者仁心；要恪守医德，以敬业奉献彰显高尚医风；要精进医术，以刻苦钻研守护全民健康，不断厚植现代版富春山居图的健康底色。区领导张鹏、王龙华、詹艳青、孙晓明参加。

**【庆祝第38个教师节活动】** 9月8日，富阳召开第38个教师节庆祝表彰大会。会前，区领导吴玉凤、马利阳带队，分两路走访鹿山中心幼儿园、东吴小学、场口中学和富阳中学、富阳学院、富春三中，向一线教师送去节日祝福。会上，区领导为第十三批省特级教师、2022年度省“春蚕奖”和“绿叶奖”获得者、市区“四优一突出”教师代表、区“最美教师”和区“绿叶奖”获得者颁奖，获奖代表作交流发言。区委书记吴玉凤寄语全区教师，要学深悟透习近平总书记关于教育的重要论述，胸怀“国之大者”，坚持为党育人、为国育才，在推进“两个先行”中实现教育高质量发展，让富阳教育“金名片”成色更足。区领导马利阳、邵伟斌、万重丰、张鹏、孙洁、詹艳青、邱云参加。

**【润歌互动有限公司上市仪式】** 10月17日，润歌互动有限公司在创享酒店三楼国际会议中心举行云敲钟上市仪式。润歌互动有限公司成功登陆港交所，成为富阳“第一家”港股上市公司，标志着富阳企业在四大证券交易所的全面登陆，证明富阳是一方创新创业的热土，为富阳增添发展信心。区领导吴玉凤、马利阳、徐林亮、张霖、何献忠、赵骊中参加上市仪式。

**【富阳区与西湖大学光电研究院项目签约活动】** 10月25日，富阳区与西湖大学光电研究院项目正式签约。西湖大学光电研究院是西湖大学独立科研派出机构，将聚焦光电集成领域开展基础与应用研究，一期（5年）规划用地3.33公顷。浙江省委常委、杭州市委书记刘捷，市委常委、秘书长朱华，副市长孙旭东，西湖大学校长施一公，党委书记董清源，副校长仇旻，富阳区领导吴玉凤、马利阳、徐林亮、张霖、邵伟斌等参加。

**【富阳区与浙江吉利控股集团战略项目签约活动】** 11月8日，举行富阳区政府与浙江吉利控股集团战略项目签约活动。浙江吉利控股集团旗下的路特斯能源总部项目正式落户富阳经济技术开发区。路特斯能源总部项目将落地能源总部运营项目、场站运营项目以及产业化项目3个子项目，融合设备研制、解决方案、场站运营等商业模式，探索新能源补能体系的全场景布局，项目落地后将打造成为集研发、制造、建设、运维、运营等于一体的科技型企业。浙江省委常委、杭州市委书记刘捷，市委常委、秘书长朱华，省经信厅副厅长叶健松，吉利控股集团董事长李书福，CEO李东辉，副总裁、路特斯集团CEO冯擎峰，副总裁杨学良，富阳区领导吴玉凤、马利阳、徐林亮、张霖、邵伟斌等参加。

## 上级领导到富阳调研

**【浙江省委书记袁家军到富阳检查指导疫情防控工作】** 2月4日（农历正月初四）下午，中共浙江省委书记、省新型冠状病毒肺炎疫情防控工作领导小组第一组长袁家军深入富阳区封控小区、集中隔离点等重点场所检查指导疫情防控工作。强调要认真学习贯彻习近平总书记关于新冠肺炎疫情防控工作重要讲话重要指示精神，把疫情防控作为“国之大者”，围绕“控总量、防外溢、早清零”目标，全面激活完善“源头查控＋快响激活＋硬核隔离＋精密智控”机制，全力弥补短板弱项查找漏洞，及时调整优化精准防控措施，进一步强化态势研判和不确定性管控，以最快速度阻断病毒传播，不留死角构筑群防群治抗疫严密防线，努力以最小代价最快速度打赢这场疫情防控遭遇战、阻击战、歼灭战。富阳区领导吴玉凤、马利阳参加。

**【浙江省省长王浩到富阳检查指导疫情防控工作】** 2月4日（农历正月初四）下午，中共浙江省委副书记、省长、省新型冠状病毒肺炎疫情防控工作领导小组组长王浩到富阳检查指导疫情防控工作，代表省委、省政府向奋战在防疫一线同志表示慰问和感谢，希望大家以更加扎实有力的行动，落实好习近平总书记有关重要指示精神，按照国务院联防联控机制综合组浙江工作组和省委的部署要求，抓住当前疫情防控整体形势持续向好的有利战机，咬紧牙关、再接再厉，一鼓作气推进隔离点清零，夺取这轮疫情防控的全面胜利。中共杭州市委副书记、市长刘忻，富阳区领导吴玉凤，马利阳参加。

**【浙江省省长王浩到富阳调研】** 4月13日，中共浙江省委副书记、省长王浩到富阳调研。一路上，进企业、看项目、问生产，召开中小企业助企纾困座谈会，深入了解企业发展中遇到的困难和问题，与有关部门共同商讨对策。强调要深入贯彻习近平总书记重要指示精神，全面落实党中央国务院和省委省政府决策部署，正视和果断应对新挑战，更好统筹疫情防控和经济社会发展，坚持稳字当头、稳中求进，扎实做好“六稳”“六保”工作，加快推进“5+4”稳进提质政策体系落地见效，千方百计把各类市场主体保护好发展好，特别是让中小企业发展动能更加充沛、活力更加迸发，更大力度推动全省经济平稳健康发展。中共杭州市委副书记、市长刘忻，富阳区领导吴玉凤、马利阳、何献忠、喻乃群参加。

**【浙江省副省长成岳冲到富阳调研】** 4月15日，浙江省副省长成岳冲到富阳调研。指出省政府专门出台《支持浙江中医药大学建设一流中医药大学的若干意见》，是深入贯彻落实习近平总书记关于浙江中医药大学建设发展重要指示精神的重要举措。要加快富阳院区建设，争创国家中医医学中心，着力打造中医医学高峰，契合一流附院打造工程的实施。杭州市领导陈瑾，富阳区领导吴玉凤、詹艳青参加。

**【浙江省副省长高兴夫到富阳调研】** 5月10日，浙江省副省长高兴夫到富阳调研未来乡村创建工作。强调要坚持人本化、生态化、数字化建设方向，描绘富春山居田园图景，建设共同富裕基本单元。杭州市领导丁狄刚，富阳区领导吴玉凤、许玉钧参加。

**【杭州市委书记刘捷到阳富调研】** 6月14日，中共浙江省委常委、杭州市委书记刘捷到富阳督查防汛防台、调研美丽乡村并开展“企业大走访”。强调要深入学习贯彻习近平总书记关于防汛防台工作的重要指示精神，以对人民生命高度负责的态度，始终保持“时时放心不下”的责任感，扛起担当，查漏补缺，抓细抓实防汛防台各项准备措施，全面提高灾害防御能力，切实保障人民群众生命财产安全。杭州市领导朱华、刘嫔珺，富阳区领导吴玉凤、钟永明、何献忠、俞小康参加。

**【杭州市委书记刘捷到富阳调研并宣讲省第十五次党代会精神】** 7月6日，中共浙江省委常委、杭州市委书记刘捷到富阳调研并宣讲省第十五次党代会精神。强调要深入学习贯彻省第十五次党代会精神，忠实践行“八八战略”，坚决做到“两个维护”，找准自身发展定位，勇于担当，自我加压，加快推动创新活力、都市田园、山水人文、幸福宜居，相得益彰，奋力推进“两个先行”，绘好现代版富春山居图。杭州市领导朱华，富阳区领导吴玉凤、喻乃群参加。

**【杭州市委书记刘捷到富阳宣讲党的二十大精神并出席富阳区与西湖大学光电研究院项目签约活动】** 10月25日，中共浙江省委常委、杭州市委书记刘捷到富阳宣讲党的二十大精神并出席富阳区与西湖大学光电研究院项目签约活动。强调要把学习贯彻党的二十大精神作为当前和今后一个时期的首要政治任务，听宣讲、学原文、悟原理。原原本本学、联系实际学、创新载体学，深刻把握党的二十大重要思想、重要观点、重大战略、重大举措，增进听党话、跟党走和忠诚核心、拥护核心、跟随核心、捍卫核心的政治自觉，不断激发奋力推进“两个先行”杭州实践的强大动力，扎实推动党的二十大精神在杭州落地生根、开花结果。杭州市领导朱华、孙旭东，富阳区领导吴玉凤、马利阳、徐林亮、张霖、邵伟斌、钟永明、万重丰、何献忠、喻乃群、赵骊中、陆洪勤参加。

【杭州市委书记刘捷到富阳调研并出席富阳区与吉利控股集团战略项目签约活动】 11月8日，中共浙江省委常委、杭州市委书记刘捷到富阳调研并出席富阳区与吉利控股集团战略项目签约活动。强调要深入贯彻党的二十大精神，坚持稳中求进工作总基调，坚持把发展经济的着力点放在实体经济上，牢固树立“项目为王”的理念，全力以赴大抓项目、抓大项目，推进招商引资攻坚战，加强重大项目全生命周期管理服务，为全市经济稳进提质提供坚实支撑。杭州市领导柯吉欣、朱华，富阳区领导吴玉凤、马利阳、徐林亮、张霖、邵伟斌、钟永明、何献忠、喻乃群、赵骊中参加。

【浙江省委副书记黄建发到富阳调研】 11月9日，中共浙江省委副书记黄建发到富阳调研“三江两岸”水上黄金旅游线建设。强调要深入学习贯彻党的二十大精神，充分发挥文化旅游在推进共同富裕中的重要作用，加快建设“诗路文化·三江两岸”水上黄金旅游线，绘好升级版“富春山居图”，走好新时代共同富裕路，让文化走出去，让群众富起来，书写“诗路江南、活力浙江”靓丽篇章。杭州市领导金志、富阳区领导吴玉凤参加。

【杭州市市长姚高员到富阳调研】 12月3日，杭州市市长姚高员到富阳调研安置房回迁、老旧小区改造等情况并召开座谈会。富阳区领导吴玉凤、马利阳、喻乃群参加。

## 常规性工作

【政策研究】 围绕区委决策部署和工作重点，着力把握当前经济社会发展阶段性特点，开展重点课题调研，完成“腾笼换鸟”“区域组团联动发展”等课题调研，其中配合省委办公厅调研处完成调研报告《城市社区治理工作》，获得省委主要领导批示肯定。统筹做好区领导主持课题工作，梳理区领导2021年度领衔课题报告和2022年度课题选题，其中获2021年度杭州市党政系统调研成果优秀奖1篇。办好区委刊物，全年刊发《美丽富阳》6期。做好上级党刊投稿，被省委政策研究室党刊《政策瞭望》录用1篇，被市委党刊《杭州》杂志录用10篇。全年高质量完成全区性重要会议、重要活动、重大工作的讲话材料、汇报材料等330余篇，其中区委全会报告2个，区委常委会纪要39期。

【督查工作】 围绕产业强区主战略、高水平描绘现代版富春山居图的要求，以“1+X”内容为督查重点（其中“1”是指紧盯亚运保障，涉及场馆建设、赛前检测、环境整治、安全保障和智慧亚运等；“X”是围绕区委、区政府部署的重要工作开展专项督查，重点围绕产业强区、共同富裕、数字化改革等），切实发挥督查利剑作用。全年组织开展“五抢五倍增”“除险保安”“五水共治”“非粮化”清理整治、“全国文明典范城市创建”等各类专项督查140余次，向区委、区政府主要领导上报督查专报100余件，制（编）发全区性文件4件、通报16期，确保各项目标任务和决策部署落实落地。以“七张问题清单”工作为统领，在问题发现、整改销号、举一反三、建章立制上下功夫，发现问题308个，销号252个，整改中56个，销号率为81.82%。整改时限为2022年底的问题均销号完毕，年度问题管控力指数得分94.37分，排名全省第二，星级评价为五星级。牵头落实媒体监督工作，对各级曝光案件开展整改反馈和抽查核验，累计完成销号省级《今日聚焦》1期、市级《今日关注》6期、区级《聚焦一线》21期。高质量做好市、区两级领导批示交办件，落实闭环式管理，强化二次跟踪，全年办理反馈上级党委领导批示交办件10件；转办区委主要领导批示件1883件、督办件325件，夯实督查“后半篇”，以闭环管理推动各项工作全面落地见效。

【考评工作】 不负实干担当，全力答好市级综合考评。坚持省市考核重点专项跟踪考、创新创优日常考、评价工作攻坚考，强化责任落实、分析研判、沟通宣传，牢固树立全区综合考评“一盘棋”思想，以“月分析、季通报”形式盯紧盯牢指标完成进度，进一步营造全区干部比学赶超、争先创优、引领示范的干事创业氛围，连续4年获得“优秀”等次。坚持创新优化，全力做好区级综合考评。富阳区综合考评秉持六个“坚持”，坚持上下贯通、重点导向、争先引领、合作共进、基层减负、奖优罚劣，进一步优化完善综合考评体系，考评内容重点突出三比三争，充分运用国内影响月度积分晒榜、乡镇（街道）核心指标“五张报表”季度晾晒等载体，切实发挥考核“指挥棒”“风向标”“助推器”作用。重视群众评价，助推社情民意回应整改。扎实推进“公述民评”问题整改，建立场外听政团，梳理“电视问政”问题清单50条，问题库实时跟踪，强化闭环管理，推动问题整改落实。积极与市级社会评价意见整改业务系统对接，2022年富阳区市区两级社会评价意见整改业务系统被列为全市试点，实现流程全贯通、数据全共享，打造意见整改线上管理闭环，助推各类意见精准交办、高效整改、及时反馈，完成各类意见整改634条。

【保密工作】 2022年，富阳区国家保密局履职尽责，切实做好新形势下保密工作。强化保密队伍建设。调整全区保密人员名单，线上线下结合开展全区重点单位人员保密培训。推动保密规范落实。编制《数据资源平台保密自查表》，运用于全区重点行业领域的数字资源平台保密自查；开展全区高校存放试卷保密室及“两考”有关场所保密工作检查；检查全区部分重点单位要害部门、要害部位的保密管理工作。稳步推进党政专用新型语音普网项目，完成区政府10余家单位固话替换工作，制订三年工作方案，确保2025年实现区级机关单位、乡镇（街道）白机全覆盖。

【富阳、台湾两地交流】 3月5日，开展“浙”里共绘“现代版富春山居图”活动，邀请台湾新党创始人郁慕明，知名鉴定家、艺术史学界泰斗傅申，知名艺术家陆蓉之、林俊廷等重量级嘉宾参与，两岸企业家、青年、艺术家相约春天，共叙情谊、共绘新图。5月8日、21日，举办“爷爷的水稻田”音乐特别节目，邀请袁隆平农业科技奖励基金会、联合国粮农组织驻华代表处、中国水稻研究所、中国作物协会特用作物专业委员会等共同参与，在杭州的台湾学生和当地小学生在“爷爷的水稻田”东洲基地插种水稻、认领水稻田、成立守护水稻一生志愿团。6月1日，举办杭州市年度唯一国台办对台交流重点项目——“公望文化周”暨“公望两岸圆缘园”开园活动。中国国民党前主席、中华青雁和平教育基金会董事长洪秀柱发来贺信，表示“《富春山居图》不仅代表着两岸不可分割的文化纽带，更体现了中华儿女对山水合璧、两岸团圆的深切期盼”。9月9日，举办“傅申中国书画鉴定论著全编”之《黄公望研究》《书画鉴定研究》新书发布会，傅申及其夫人陆蓉之、浙江大学艺术与考古学院院长白谦慎、杭州台商协会、杭州台青委等30余位嘉宾出席，美术史家、中央美术学院教授薛永年远程视频寄语祝贺。发布会后举办“同迎中秋·共盼团圆”中秋音乐联谊会，南投市市长宋怀琳等台胞纷纷发来祝福视频，两岸青年欢聚一堂，共庆中秋佳节。2022年，中共富阳区委获评中央台办对台宣传工作先进单位和浙台经济社会融合发展突出贡献单位。

【信息工作】 2022年，高质量发展建设共同富裕示范区，坚定不移实施产业强区主战略，加快产业新动能、城市新轴线、发展新环境立起来，梳理、刊发各单位的特色创新工作，全年编发《富阳信息通报》（专报、转报）37期，获得区领导批示39个。全年上报舆情信息519篇，被中共中央办公厅单篇、综合录用4篇；被中共浙江省委办公厅录用51篇（单篇20篇、综合31篇），其中正面亮点信息15篇；被中共杭州市委办公厅录用26篇（单篇21篇、综合5篇），其中专报1篇。全年累计获得省市领导批示12篇。

## 全面深化改革工作

【全面深化改革】 召开区委改革委会议2次，数字化改革工作推进会议3次，扩大区级数字化改革推进工作领导小组成员范围，将乡镇（街道）、区属国资平台等纳入成员单位，制定并印发《中共杭州市富阳区委全面深化改革委员会2022年工作要点》《全面深化改革（数字化改革）“1612+N”体系架构图》等文件，统筹推进区领导牵一发而动全身重大改革项目20项、系统推进项目118项，全区重点改革项目落实落细。省级考评实现五年连续优秀，数字化改革获省政府督查激励。全年新增国家级试点4个、省级试点38个。其中“党建统领村社智治”入选全国社会治理创新案例；“干部政治素质考察”在中组部《组工信息》刊发推介；亲清政商关系“富阳模式”在全国工商联《工商联改革情况》刊发推介；单用途商业预付卡全周期治理改革入选全省“共富”最佳实践案例；“富春风尚汇”“产业智服”“浙里公共服务在线”“15分钟公共服务圈”“融破智联”“违法建筑查处一件事闭环治理”等一批数字化改革项目获省级系统“最佳（优秀）应用”称号。

【医学检查检验结果互认共享改革】 医学检查检验结果互认突破“不能认、不好认、不愿认”难题，构建互认智控系统、互认标准体系、互认保障制度体系，破解患者跨医院重复检查检验顽疾，撬动分级诊疗、医保支付、薪酬制度等更深层次的医疗改革，获得李克强、孙春兰等国家领导人批示肯定，获2022年度省改革突破奖银奖。

【数智巡察】 数智巡察突破以往巡察问题渠道不够多、易受“熟人社会”干扰等问题，建立智能化监督模型，实现“问题一键收集、报告一点生成、整改一网监督、信息一览无余”，在全国巡视巡察信息化建设指导意见推进会上作典型演示。

（高良波）

## 组织工作

【党组织和党员基本情况】 全区设党工委9个、党组44个、党委226个，党总支部253个，基层党支部2698个。党员53811名，其中女党员16932名，少数民族党员

2022年6月1日，公望两岸圆缘园一期开园

（区委统战部　供稿）

146 名。流动党员 863 名，其中外出流动党员 436 名，接收流动党员 427 名。

**【干部“政治画像”刻画】** 持续贯彻习近平总书记“8 小时外考官德”重要批示精神，制定出台《富阳区领导班子和领导干部政治素质考察办法（试行）》，聚焦考准考实政治忠诚、政治定力、政治能力、政治生态、政治纪律五个方面，细化制定正负面清单 54 项，完成全区 90 个区级机关、乡镇（街道）领导班子和 722 名领导干部首轮全覆盖的政治素质考察。完成政治素质电子档案改版，实现“一班子一档、一人一档、动态监管”。

**【干部教育培训】** 加强党的创新理论武装，重点开展学习党的二十大精神轮训，举办区管正职专题研讨班、区管副职专题进修班等班次，在中青班、墩苗班中开展“学工、学农、学军”系列活动，坚持不懈用习近平新时代中国特色社会主义思想凝心铸魂。抓好专业能力提升，常态开展“三家”（省市业务部门行家、知名企业家、高校及科研院所科学家）大讲堂，牵头办好产业培育、招商引资等 12 个专题部门班次，推动领导干部“在岗”“在行”“在状态”。创新培训模式，举办线上培训 6 期，推动区管干部 6000 余人参与学习。

**【干部储备】** 深化“助跑行动”，动态储备优秀年轻干部 200 名、高校选调生 25 名，创建万市镇年轻公务员培养成长市级联系点。突出培养干部和推进工作“两手硬”，新抽调干部 540 名到亚运场馆、区经济运行专班、区服务企业办公室、区疫情防控指挥部等重点平台挂职锻炼。选派区管干部 416 名担任助企服务专员，深入推进“万名干部助万企”活动，帮助企业解决问题 1575 个。

**【干部监督管理】** 围绕打造“让干部敢为”的工作环境，常态推进容错裁定后半篇文章，总结梳理容错裁定“范例事项”，编印《杭州市富阳区容错裁定案例汇编》，相关经验在中共浙江省委组织部《组工情况》刊发。健全完善干部日常监督管理机制，制定印发《区管领导干部个人重大事项日常报告要点》，2 名干部因未如实填报个人事项受到组织处理。首次开展干部有关亲属从业及从事经营活动情况报告，组织 330 名干部作出书面承诺。扎实推进档案智汇管理应用省市县三级贯通，做好区管领导干部档案数据向上归集。

**【“双线联动”为民服务机制构建】** 深刻领会习近平总书记在浙江工作期间调研富阳时关于调查研究的系统论述，全面构建线上线下“双线联动”为民服务解难机制。线下，做实“昼访夜谈”调查研究，推出城乡双访等载体，动员全区在职党员 8400 余名走访调研居民（企业）近 1.48 万余次，解决难题 1200 余个。线上，依托“民呼必应”应用场景，数字化牵引政府、市场、社会等各类主体协同参与基层治理，全年办理诉求 14.7 万余个，实现党的领导力、组织力、管控力整体跃升，相关做法得到浙江省常务副省长陈金彪等领导批示肯定，入选《全国社会治理创新案例（2022）》，在浙江省重大改革（重大应用）实战实效评估中，综合测评排名全省第一。

**【现代社区建设推进】** 成立富阳区现代社区建设领导小组，牵头组建“一办五组”专班，配强“1+3+N”网格治理力量，整合力量推进城郊接合部“一村两方案”专项整治、融合型大社区大单元整治攻坚等，相关做法获浙江省委常委、杭州市委书记刘捷等领导批示肯定。谋划部署“双百争先·全域建强”行动，创建五星级村社 100 个、四星级村社 66 个，整转后进村 17 个。开展乡村“逐片检视、比武争先”各类比武活动 12 轮次。创新构建“富春红链”乡村产业“1+8+N”党建联建体系，承办全市党建统领助跑共富暨强村富民集成改革推进会。

**【党员队伍建设】** 开展“千场党课下基层”活动，实现“三级宣讲会”所有镇街、村社、网格全覆盖。扎实做好排查整顿农村发展党员违规违纪问题，集中审查档案 6651 份，妥善处置四大类问题党员 208 人，相关做法在全市基层党建重点任务推进会上作经验介绍。开展清查整治突出问题规范党务工作，发现并整改问题 65 个。深化党员电教远教工作，《深化领导干部政治素质考察 持续推进干部队伍政治建设》《梦寐以球》分别获全市党员教育电视片观摩交流二等奖、三等奖。

**【党建工作模范标杆打造】** 纵深推进“清廉机关、模范机关”创建，开展“五赛竞比·全域建强”“一单位一品牌”创建等工作，相关经验做法获省、市机关工委主要领导批示肯定 4 次，在全市工作会议上作经验介绍；围绕共同富裕、干部政治素质考察、机关党的建设等相关调研文章多次获省市机关党建课题奖项。

**【“骑手畅行”计划】** 推进党建引领多元主体优质服务、共建共享，有效助力以外卖骑手为代表的新业态新就业群体深度融入城市基层党建大格局。率先尝试在 11 个封闭式小区试行“骑手证”认证工作，打通送单“最后 100 米”，有效提升外卖骑手获得感。依托“党建统领·村社智治”应用场景，建立来源身份确认、文明规范从业、劳动权益保障的“监管网”，确保骑手接单、送单、结单全程受到监管，有效提升消费者的安全感和满意度。

**【人才引育】** 优化新增区级 F4 类人才评价目录，制定出台区 D-F 类人才授权认定实施办法，授权 58 家企业市级人才自主认定，在 53 家企业开展技能人才自主评定试点。加大海内外高层次人才、领军型创新创业团队等引才力度，全年新增市级以上高层次人才 25 人，较去年大幅翻番。累计开展线上线下招聘活动 130 余场，全年引进大学生 18157 人，同比增长 64.8%，引进研究生等高层次人才 1813 人，同比增长 12%。统筹推进教育卫健、经营管理、农村实用、技能人才等各支人才队伍建设，全年评选“富春特聘专家”“富春特支人才”“高级经营管理人才”等各类人才70余人，引育培训3万余人次。

【人才双创平台打造】 建立全区重点人才工作例会制度，全年召开各类人才工作会议12次，协调解决问题33个，制定出台人才新政25条及细则、“5110”新政、技能人才队伍建设等系列政策文件，进一步提升全区人才工作合力。深化打造光电激光产业协同创新创业中心，做好菲利普·罗素团队落地和罗素先进光波科学中心建设的服务保障工作，配合引进西湖大学光电研究院、浙工大军民两用技术转化中心及先进传感与智能装备实验室、浙江中医药科技创新中心等平台，推动人才链创新链产业链资金链“四链”融合，相关做法在省级现场会交流。全年开展“5110”项目评选2期，评选项目26个，资助资金7400万元。

【人才留富服务】 升级区人才创新创业全周期“一件事”智慧管理平台，初步建成集人才信息、人才管理、人才服务、人才项目跟进等一体的人才工作驾驶舱，推动构建人才服务全周期闭环，全年兑现各类人才资金1.4亿元。全面落实“杭帮彩”人才联系服务区级工作机制，全年累计走访服务人才企业4321家，解决88名高层次人才子女入学需求，向2150名高层次人才发放购（租）房补贴5540余万元。强化“人才富聚”氛围，高质量开展“9·28”人才日、杭州国际人才交流大会、首届体外诊断产业发展峰会、智能工厂·未来工厂新技术研讨会等系列人才活动，邀请600余名人才到富阳参会，进一步提升全区影响力。

（汪　瑾）

## 宣传思想工作

【创新理论武装】 深入推进“六学六做六争先”学习实践活动，落实党委（党组）理论学习中心组重大决策前专题学习制度和巡听旁听制度，区委理论学习中心组带头开展“周四夜学”，专题学习21次。打造“富有理响·一路向阳”青年学习品牌，用好“学习强国”等网络平台，学员总数超25万人，录用稿件500余条。围绕学习宣传贯彻中共二十大、省市区党代会和全会精神等主题，推出“千场党课下基层”等特色宣讲载体10余个，开展宣讲活动超2500场，覆盖群众超20万人。承办“杭州青年说”宣讲大赛决赛暨“亚运有我”巡回宣讲活动。打造“百姓思想说”“富春窗·青年说”“青年富商说”等短视频微宣讲品牌20余个，推送精品视频130余个，点击量超300万人次。深化习近平总书记在浙江工作期间4次视察调研富阳重要指示批示精神溯源研究，汇编形成学习读本。开展《习近平新时代中国特色社会主义思想在富阳的生动实践》等课题研究，创新推出《富春窗》理论研究专栏，形成理论文章30余篇。《深化泗洲造纸作坊遗址保护与活化利用打造宋韵文化标志性工程的对策建议》课题，得到中共浙江省委书记袁家军等6位省市领导批示肯定。富阳区社科联获评2022年度全省社科联优秀单位。富阳区社科联举办首期省之江青年社科学者读书会。

【对外宣传】 统筹区级媒体，开设《奋进新征程、建功新时代》《开好党代会、喜迎二十大》等专题专栏10余个，推出《富阳这十年》《新征程、再出发》等主题栏目20余个，利用电视、广播、纸媒、网站及各类新媒体平台，累计推出报道3520篇，累计点击量超3000万人次。举办“杭州这十年·富阳”主题新闻发布会，展现富阳十年高质量发展成就。建立“一办五组”亚运新闻宣传组织架构，推进亚运新闻宣传六大行动，邀请中央省市级媒体走进亚运场馆，开展“迎亚运、展风采”系列宣传，形成一批有辨识度影响力的宣传交流传播产品，“富春山居亚运景观带”获杭州市赛马优秀项目。挖掘富阳喜迎二十大、产业强区、共同富裕、文化强区、数字化改革等特色亮点工作，加强与中央省市级媒体全面合作，推出重点稿件300余篇，富阳亮相央视、《人民日报》、新华社、浙江卫视等成为常态，出镜率创历年新高。拍摄《征程》《经典咏流传》《山水间的家》《跟着书本去旅行》《还有诗和远方》等专题片，富阳元素登上“奋进新时代”主题成就展浙江展区、省党代会宣传片，“公望女管家#红烧肉英语怎么说#”话题热搜全国第三、传播量超1.3亿人次，城市知名度美誉度持续提升。连续三年获中国最具幸福感城区称号，联动新华社《瞭望周刊》，实施中国最具幸福感城市治理论坛等宣传推介。健全“1+24+N”融媒体传播体系和快速传播系统，形成高效协调、资源整合、全媒生产传播运行机制，建强用好富阳发布、《富阳日报》、爱尚富阳、微信、抖音等阵地，媒体融合指数全市第三位、全省第27位，政务平台影响力全市第一位。统筹做好常态化疫情防控和转段时期宣传，“1·26”“战时疫情防控”宣传引导工作获中共杭州市委常委宣传部部长批示肯定，全年累计发布公告40余个，获得10万+推文23篇。乡镇街道微融媒体中心原创日发稿量50余篇，粉丝总数超25万人次，创新“融媒助农共富”新模式，开设农特产品直播580余场，成交额1300余万元。

【精神文明建设】 成立富阳区创建全国文明典范城市工作领导小组，扎实开展国家、省、市三级文明指数测评迎检，高分通过全国文明城市复牌迎检，获评杭州市创建“文明城市”突出贡献集体。坚持“最清洁、最有序、最美丽、最人文”标准，完善月评晾晒、通报约谈等机制，开展“全民清洁日”“文明交通劝导”等文明城市创建志愿服务，发动市民群众12万人次，动员文明单位成立“创城”小分队11支。在区级媒体主要版面、重点时段常态化开展公益宣传，推送“文明礼仪我先行”亚运小课堂40期，“小骆带你看文明”21期，营造全民共建共享文明氛围。成立志愿服务工作协调小组，完善志愿服务工作统筹协调机制，发挥区级13支特色志愿服务队作用，打造“救在身边”等一批文明实践精品项目和创新品牌，深入推进“1+24+334”新时代文明实践中心（所、站）体系建设，构建“15分钟文明实践服务圈”。开展“文明一立方、新风迎亚运”主题实践活动，依托“志愿浙江·杭州文明帮帮码”，招募亚运城市志愿者14.7万人，组织开展各类志愿服务活动1.3万场，全域全员推进“最文明”素养提升。创新打造“浙江有礼·最美杭州·富春风尚”品牌，“富春风尚汇”应用用户总数突破13.8万户，纳入“最美浙江人”省级试点，获全省数字文化系统优秀应用和杭州市宣传思想文化工作创新奖，相关改革经验被中国社科院《内参要报》、省委改革办《数字化改革（工作动态）》刊发推广，依托“富春风尚汇”应用，统筹开展富阳区道德模范（平民英雄）、最美退役军人、最美教师、富阳工匠、新时代周雄等选树活动50余类，选树各类“最美人物”500余人。向上推荐并获“最美浙江人·浙江骄傲”提名奖1人、浙江好人称号2人、杭州市道德模范称号1人、最美杭州人称号1人，杭州好人称号2人、杭州市“美德少年”称号2人。区级媒体推送“富阳好人”12批次、宣传身边好人75名个人及团体，开展“最美”系列精神宣讲、事迹展示等活动100余场次，持续放大“最美现象”发源地引领效应，“人人争当最美，处处尊崇最美”氛围日渐浓厚。

**【文化传承弘扬】** 高规格召开区委文化工作会议，制定印发《关于高质量建设新时代文化强区高水平描绘现代版富春山居图的实施意见》《关于推进新时代文化强区若干实施办法》等政策文件，实施“1610工程”。紧扣“五个一”实施文化基因解码工程，富春山居文化标识列入浙江省首批文化标识创新项目名录，富春山居被列为浙江省第二批示范级文旅IP，富春江成为浙江省大花园耀眼明珠，编撰《富春山居》文化丛书。启动建设泗洲造纸考古遗址公园及中国纸文化博物馆，开展新登古城墙考古和中国明清城墙联合申遗工作，富春湾中沙岛综合场馆群完成功能和设计论证。围绕“喜迎党的二十大”主题，联合浙江省美术家协会、浙江展览馆，举办“百年追梦”浙江美术创作精品工程巡回展，得到中共浙江省委常委、杭州市委书记刘捷的充分肯定。实施“宋韵文化传世工程”，举办“苏东坡和他的朋友们”两宋文人书迹拓片展、“宋纸新韵”纸文化展、“宋韵迹忆”主题展、阳陂湖草地音乐节、省群众戏曲小戏大赛。打响“家在富春江上”品牌，活跃城市文化广场、农村文化礼堂等阵地，举办“书香富阳”“全民阅读”“文化下乡”“文化走亲”等惠民活动3000余场次，获评浙江省文化礼堂建设示范区和体制机制改革创新项目，农村文化礼堂使用效能全市第一。新闻出版政务服务好评率100%，“扫黄打非”工作评价列全省前茅、全市第二，区“扫黄打非”办获评浙江省、杭州市“扫黄打非工作先进集体”。

（王倩倩）

2022年4月14日，富阳区“文明一立方 新风迎亚运”主题活动在富阳水上运动中心启动

（区委宣传部 供稿）

## 统战工作

**【概况】** 全区统一战线深入学习贯彻党的二十大、中央、省委、市委统战工作会议精神及习近平总书记关于加强和改进统战工作的重要讲话精神，为高水平描绘现代版富春山居图贡献统一战线的积极力量。统战工作综合考评获全市第二名，参与承建的党外代表人士“全链条”应用入选全省数字化改革最佳应用，“双走访”子场景应用在全省数字统战会议进行演示，富阳侨家大院获评浙江省五星级示范侨胞之家，获市委常委、统战部部长朱建明批示肯定2次，中央统战部等央级媒体报道35篇。

**【党派团体规范化】** 围绕“同心引领”工程，加强党外代表人士队伍建设。出台党外代表人士队伍建设五年规划，强化党外干部培养选拔工作，构建党外干部梯队培养模式，获市委常委、统战部部长朱建明批示肯定。全国人大常委会副委员长、民盟中央主席丁仲礼出席抗日战争胜利浙江受降纪念馆成功创建中国民主同盟传统教育基地揭牌仪式。

**【亲清政商关系清廉民企建设】** 围绕“同心发展”工程，强化亲清政商关系建设。基本构建以“3+3+3”的亲清政商关系富阳模式，结合“助企纾困”办理企业提出的各类问题120余件，相关经验被全国工商联专刊发文肯定。出台“清廉民企”建设地方标准，“清廉民企”建设覆盖到所有非公企业党组织，全市“清廉民企”建设现场会在富阳召开。继续实施新生代企业家“青蓝接力”工程，定向选送12名企业家到浙江大学管理学院深造。

【新的社会阶层人士统战】 围绕“同心示范”工程，巩固新阶层工作实效。相继成立新联会永昌、春建、灵桥、上官分会，进一步提升新的社会阶层人士统战工作的覆盖面和影响力。全年举办对口帮扶、“西部助学”等公益活动10余场。通过乡村振兴直播实训基地，推动农产品销售，完成专场直播沙龙和家乡好物推荐活动8场。

【民族宗教】 围绕“同心和美”工程，不断凝聚民族宗教工作认同感。深挖“疆浙情”品牌内涵，以杭州日月电器股份有限公司新疆籍员工管理服务为重点，与新疆维吾尔自治区杭州疗养院开展党建共建，相关工作获省民宗委专报肯定。协助新登镇双江村打好畲族美寨致富牌，全年为集体增收超100万元。深入挖掘渌渚周雄“孝善”文化，形成从民间信仰向社会治理转换的全省实践。

【归国青年创新创业服务】 围绕“同心兴业”工程，做好归国青年创新创业服务。与北美浙大校友会、浙江省博士后联谊会等6家社团签订合作协议或设立海外人才联络站。在侨家大院定期开展留学生“青芒计划”，联合银湖街道在科技城设立归国留学人员“双创”服务基地，通过提供菜单式、点对点的服务，鼓励和带动归国留学人员安心就业、勇于创业。

（刘建峰）

## 巡察工作

【概况】 区委巡察机构以翻篇归零的心态，系统部署二届区委巡察工作，全力以赴打好新一届区委巡察“开篇之战”。2022年，巡察区级机关和乡镇（街道）党组织24个、村（社）党组织80个，延伸巡察国企子公司15家。按照杭州市委巡察办统一部署，开展“亚运攻坚”专项巡察，对区民政局开展归口联动巡察。共发现问题2234个，移交问题线索137件，推动立案5件，党纪政务处分4人，组织处理16人，提醒谈话831人次，建立完善制度256项。

2022年3月9日，富阳召开2022年区委巡察工作动员部署会

（区委巡察办　供稿）

【推动落实主体责任】 学习新精神新要求。5月16日，中共富阳区委常委会专题学习全国巡视工作会议暨十九届中央第九轮巡视动员部署会精神，区委理论学习中心组专题学习中共中央《关于加强巡视整改和成果运用的意见》和中共浙江省委《关于进一步加强巡视整改和成果运用的实施意见》。

召开动员部署会。3月9日，召开2022年区委巡察工作动员部署会，总结一届区委巡察工作，部署2022年区委巡察工作，中共富阳区委书记吴玉凤出席会议并提出工作要求。

书记约谈压实责任。2022年，书记专题会议听取巡察情况汇报2次，作出重要批示11次，对团区委、区信访局领导班子开展集体谈话，进一步压实整改责任。

督促整改落实。出台《区领导督办巡察整改工作实施办法（试行）》。区领导加强督查和指导分管（联系）单位巡察整改落实情况，听取巡察整改责任落实情况汇报8次、参加巡察整改专题民主生活会4次、约谈被巡察单位领导班子29人次。

【谋划二届区委巡察】 5月16日，区委常委会审议通过《二届区委巡察工作规划》试行。细化完善办组联席会议、巡中会商等机制，进一步提升办组融合度。扩宽贯通领域，在原有17家协作单位基础上，与区应急管理局建立协作配合机制，将履行安全生产责任情况纳入巡察范畴。持续“一周一通报”形式，督促被巡察党组织落实整改责任。配合区纪委、区委组织部结合换届“回头看”，约谈常绿镇、常安镇班子成员。在国企子公司延伸巡察中发现“资产管理不够规范”问题较为突出，由区财政局牵头开展国企平台房产出租（出借）专项检查。推行“阳光巡察”，《富阳日报》公示“问题反馈”和“问题整改”情况6次；《富阳日报》“书记谈巡察”专栏发表受邀被巡察单位“一把手”体会文章16篇；向全区机关单位和乡镇（街道）发放《富阳数智巡察“1+4”》系列书籍。

【推进“重大巡视问题清单”】 建立“重大巡视问题清单”工作专班，制定“任务分解表”和“闭环流程图”，进一步规范流程、明确任务。向省市推送重大巡察问题6个，报送示范案例3个，其中1个案例被省级清单录用。纳入区级清单的问题，督促责任单位每周上报整改进展，按时保质完成销号。

【巡察信息化建设】 4月12日，区委编委会下发《关于同意增加区委巡察办行政编制的批复》，区委巡察办新增行政编制1名，负责信息化建设工作。全面运用中央“统建系统”，规范运用巡察了解阶段巡视（巡察）单机系统，结合巡察工作，实时录入每轮巡察信息数据。巡察组运用单机系统录入问题2251条、个别访谈数据1917人次。以“每周一小时”形式开展系统操作培训48人次，帮助干部做到会用善用。迭代升级“数智巡察”应用管理系统2.0版。在1.0版基础上，建设“单位三色图”“政治生态谱”“智能人才库”“动态考核榜”等4个重要场景，细化其他功能应用35项。结合“数智巡察”应用管理系统，构建流程体系、制度体系、责任体系、考核体系。2022年1月13日，“数智巡察”应用管理系统在全省“‘市级巡察机构在上下联动中更好发挥作用’全国试点总结推进会”上展示并全省推广；8月24日，在全国“贯彻落实巡视巡察信息化建设指导意见推进会”上演示；10月14日，在省委改革办10月拟上会应用视频演示专题会上参与演示评选。

【巡察队伍建设】 4月，中共富阳区委调整区委巡察办副主任2名，巡察组副组长调入巡察办任副主任和综合科科长提拔为副主任。9月，调整巡察办主任，优化班子整体年龄结构。按照《富阳区委巡察机构干部选调实施办法》要求，从区级机关和乡镇街道选调8名优秀年轻干部到区委巡察机构帮助工作，补充工作力量。“年度集中培训”“季度加油站”“月月充电桩”“每周一小时”等形式，分类分层开展教育培训18次，9名巡察干部参加杭州纪检监察培训中心组织的巡察业务培训，1名干部上挂省委巡视办“以干代训”。开展党史学习教育，组织全体党员干部赴龙门镇廉政文化教育基地、常绿镇两渡馆开展现场研学活动。开展“昼访夜谈”，帮助解决龙门七村老年活动中心被占用问题。组织开展三八妇女节、五四青年节、工会疗休养等群团活动，增强队伍凝聚力。

（方　菲）

## 机构编制工作

【基层治理体系建设】 聚焦共富示范区建设、教育“双减”、基层治理现代化等，加大重点领域体制改革力度，完成中共富阳区委教育工作委员会设置，迭代升级社会治理中心，理顺宅基地管理、医疗监管与服务、邮政安全监管等体制机制，梳理明确画室、动物园等一批疑难边界问题。出台《杭州市富阳区深化基层管理体制改革实施方案》，调整优化乡镇（街道）管理体制和机构设置，出台“区属乡用共管”管理办法，健全“属地管理”事项责任清单，把改革形成的制度优势转化为基层治理现代化的现实优势。

【“大综合一体化”行政执法改革】 将档案、发改、教育等9个部门涉及的587项执法事项划转至富阳区综合执法局，编制形成全区5352项行政执法事项清单、1738项综合执法事项清单和3614项专业执法清单的“三张执法清单”，构建权责统一的行政执法职责体系。108项行政处罚权赋权乡镇（街道），下阶段将根据乡镇执法能力、执法情况、吹哨频率等情况动态调整，形成差异化的赋权清单。优化行政执法队伍机构设置，撤销民政、能源、劳动监察等3支执法队，区级层面形成“1+8”执法队伍体系，即综合执法+市场监管、交通运输、农业、生态环境、文化、规划和自然资源、应急管理、卫生健康执法队。结合事项划转比例、监管执法实际工作量等因素，优化调整区综合执法大队机构设置、编制配置，推动“1+8”执法队伍力量下沉。全区下沉镇街执法人员456人，占比66.6%。规范专业执法队伍人员下沉方式和管理模式，“金字塔”形行政执法格局初步构建。

【教育领域编制保障】 持续做好公办幼儿园改革的后续机构编制保障，重新核定现有幼儿园阶段教职工编制，及时核编新增幼儿园班级的教职工编制，保障学前教育编制需求。科学盘整义务教育阶段编制资源，严格按照师生比核定中小学教职工编制总数，优化教职工二次调配方案，利用周转编制保障新建学校、新扩班所需编制，重新核定中小学领导职数，义务教育阶段编制资源更加规范、合理。

【城乡医疗服务均等化】 实地走访区级医院4家、社区卫生服务中心和疾控中心7家，及时解决疾控编制保障问题，重新核定社区卫生服务中心编制，采取牵头医院和分院（社卫中心）分类核定、统筹使用的模式完善医共体机制建设，努力构建城乡一体化优质均衡的医疗卫生服务体系。

【机构编制监督检查】 利用数字化监管平台，开展全区机构编制“体

2022年7月26日，富阳召开法人账户变更一件事改革基层座谈会

（区委编办　供稿）

检”，督促部门及时维护整改核销预警信息200余条；开展机构编制评估工作，出台富阳区机构编制执行情况和使用效益评估办法，对常绿镇、常安镇、洞桥镇、胥口镇和富阳区交通运输局开展机构编制评估，及时跟进问题整改，评估情况获得中共富阳区委主要领导批示肯定。开展编外人员兼职行为专项清理，进一步加强编外人员管理。

（姜伟锋）

## 信访工作

【群众信访渠道畅通】 全年受理群众信访347797件，较上年同期250108件同比上升39.06%。其中，网上信访9425件，较上年同期5464件同比上升72.49%；群众来电334630件，较上年同期240033件同比上升39.41%。其中，交办67096件，答复267534件；国家、省、市、区四级走访2106批3380人次，批次同比下降17.64%，人次同比下降16.05%；群众来信362件，较上年同期585件同比下降38.12%。

【信访积案攻坚破难】 开展“积案化解专项行动”，通过专人领衔包办、专月集中会办、专班督查督办、专案会商研办、专业力量助办的“五专五办”机制，全力攻坚积案化解工作。全区国家级信访积案125件、省级信访积案154件均动态清零，市级信访积案5件得到100%化解。富阳区连续五年被浙江省信访工作领导小组评为浙江省“无信访积案”县（市、区）。省级2件、市级7件重大信访问题清单均提前办结销号。富阳区预付式消费清单被评为杭州市市级清单示范榜。

【信访工作联席会议机制落实】 富阳区信访工作联席会议统筹协调，结合实际，完善构架，调整对应成员。区信访工作联席会议、专项工作组召开处置金融类、房产类等信访专题会议17次，化解突出问题，联动处置疫情、舆情、社情“三情”问题162个。同时，加强对下指导，24个乡镇（街道）联席会议机制实现100%全覆盖并实体化运作。妥善处置银湖街道房屋征迁、土地征用、富春湾安置房分配等系列疑难问题。

【“晾晒+问责”落实单位责任】 公开晾晒强化过程性监管。出台《富阳区乡镇（街道）信访问题“五色图”晾晒活动方案》，设置责任落实、访源治理、积案化解、工作质效四大类指标，明确晾晒规则。实行“月度排名、季度预警、年底运用”。下发月度通报12期，约谈单位领导8人次。开展挂牌警示，根据“五色图”指标，形成警示榜，全面构建问题生成、分解下达、进展报送、整改办结的闭环管理。

2022年5月28日，区信访局走进区青少年宫开展《信访工作条例》宣传

（区信访局　供稿）

【“双查三建议”推进】 富阳区被省、市选为信访“双查三建议”工作试点单位，区信访局召开班子会专题研究5次、座谈会8次，成立信访“双查三建议”试点工作领导小组，下发《杭州市富阳区信访“双查三建议”试点工作方案》，邀请区司法局、区委编办、法律顾问、信访工作专家库成员参加案件审核甄别。梳理两批问题清单35件，复盘5件，会同区纪委监委、区委组织部、区委巡察办联合会商5次，问责干部5人，要求改进工作3项，提出完善政策建议1项，均闭环办理。通过省市验收，均为优秀。

【统一平台运转】 持续开展“四督一退办”，通过发函督办、现场督办、跟踪督办、电话督办等方式进行督查督办。2022年，发函督办106件，现场督办142件，跟踪督办1223件，电话督办1627件次。发挥热线高效特点，24小时全天候做好疫情防控群众来电联动处置和咨询解答，全年共处理82381件。

【业务能力提升】 开展《信访工作条例》集中宣传月活动，向广大群众发《信访工作条例》知识短信10万余条，发放宣传资料1万余份；组织全区信访干部3262人参加《信访工作条例》应知应会知识竞赛；向区“两代表一委员”邮寄信件800余封，介绍《信访工作条例》出台的重要意义；组织参加杭州市微视频主题征文活动，获二等奖1个、三等奖2个和最佳组织奖。在区委党校举办160余人参加的全区信访干部培训班，对各乡镇（街道）和信访工作重点机关单位的分管领导、业务科室负责人、重点村（社）书记集中培训，提升全区信访工作水平。

【访源治理攻坚】 开展乡镇（街道）访源治理攻坚专项竞赛，量化分解乡镇（街道）越级访指标，实行月度通报、季度预警、年度排名。突出问题实行“一事双交”，同责管理。推行重点镇街挂牌（案）管理，红橙黄三色预警。实行每月晾晒，每月通报推诿扯皮、办理不到位等典型案例，全年曝光典型案例19个。

【省信访先进】 2022年11月，区信访局办公室主任楼烨华获中共浙江省委省人民政府信访局、浙江省人力资源和社会保障厅授予的“全省信访系统先进工作者”称号，2023年1月30日，参加在省人民大会堂召开的全省信访工作会议，受到省委书记、省长等省领导的接见并合影。

（楼烨华）

## 党校教育

【党的二十大精神学习】 2022年，中共富阳区委党校坚持先学一步，深学一层，校务委员会带头领学党的二十大精神，组织全体教师参加线上线下各类培训30余次，推进全区党的二十大精神轮训，做到党有号召，党校有行动，掀起学习党的二十大精神热潮。

【首批标杆引领类党校筹备申报】 建立健全校委周工作例会、中层干部月工作例会和全校季度工作研判等制度，绘制核心指标攻坚作战图，鼓励教职工主动揭榜挂帅，领办堵点难题，激励干部主动作为。标杆引领前置否决性指标——绿色学校创建获省市最优，中共富阳区委党校获“三星级绿色学校”称号，总分位居全省前列、杭州第一。富阳党校经验做法由中共浙江省委党校上报中共中央党校交流推广。

【巡察整改】 中共富阳区委巡察组进驻期间，党校上下以高度的政治站位自觉接受“体检”，积极配合、如实报告、直面问题。巡察意见反馈，把巡察整改作为最大政治任务，多次召开专题会议研究部署，制定整改方案，建立党校巡察整改问题台账，将反馈的4个方面14个问题以及自查自纠2个问题，全面整改到位。在巡察整改中，建立完善制度27项，教育提醒12人次。

【红色学府打造】 推动“模范机关、清廉机关”创建工作，创新搭建“4+3+N”党建统领组织体系，探索机关党建对组织体系、行政后勤、业务工作的全盘统领，支部战斗堡垒和党员先锋模范作用显著增强。做实做深“昼访夜谈”工作，通过“一亮三组三领办”工作法构建党校“红色领办员”机制，形成“主动领题、合力解题、聚智破题”工作闭环。“富春山居红色学府”获全省党校系统机关党建优秀培育项目，为全省十一个获奖项目之一，杭州市唯一。

【人才培养】 开展“红色铁军青蓝行动”师徒结对工程，为青年教师快速成长拓展通道。制定干部培养方案，实施分层分类培训机制，开展红色学府圆桌会和年轻教师沙龙等活动，增加锻炼交流平台；深化“一中心四团队”（“一中心”指习近平新时代中国特色社会主义思想富阳教学科研中心，“四团队”指党建政治团队、产业经济团队、社会治理团队和生态文化团队）工作机制，破除教科研壁垒；打破职称“天花板”，增设正高岗位，组织参评市级E类人才和区“135”人才。实施“月评年考”机制，重塑队伍“精气神”。

【“分层次、分类型”教育培训新体系构建】 围绕区委区政府“一图三立四景”发展的中心工作，举办富春名家大讲堂暨“三家”大讲堂（线上线下相结合）、区管干部两期“稳经济”、新时代基层干部推动共同富裕、富阳—缙云（山海协作）农村工作指导员等专题班次；中青年班、年轻干部墩苗班开展“学工、学农、学军”系列活动。出台《富阳区干部教育培训现场教学点规范化建设实施办法（试行）》等制度，现场教学接待近50场次，超过2500余人，发挥宣传富阳的窗口作用。2022年，举办各类班次67期，培训9662人次。其中，主体班次30期，培训7325人次；社会班次37期，培训2337人次。

【办学体制改革】 中共富阳区委党校坚持“用学术讲政治”，贯彻新课“三级审核”制度规范，制定《关于加强富阳区委党校核心课程体系建设的实施方案》，构建“现代版富春山居图”教学课程体系。组织4个学科团队充实完善“习近平新时代中国特色社会主义思想”总论课、分论课8节；组织4个学科团队开发意识形态课程。面向全区发放《富阳区委党校2022年可授课程清单》，外宣91场次，受众5819人次。开展“一人一精品”精品培育系列活动，评出校级精品课8堂，获省级精品课1堂、市级精品课3堂。五年累计市级精品课4堂。

【科研咨政】 严格落实咨政三级联审机制，制定完善《区委党校教师科研咨政成果报送审批单》。报送9期均获富阳区委区政府领导肯定性批示。咨政课题《杭州加快落实集成电路产业政策需做好三方面

2022年5月，富阳举办富春名家大讲堂暨“三家”大讲堂——创新活力专题讲座　（区委党校　供稿）

工作》获中共浙江省委常委、杭州市委书记刘捷批示，为首次突破。课题研究探索揭榜挂帅制度，全校立项课题39项，结题10项，其中6项课题获省委党校社科联课题立项。公开发表理论文章38篇，其中《共同富裕现代化基本单元与美好生活的社区形态》在核心期刊发表，为首次突破，《富阳日报》发表9篇，其中2篇获区委常委、宣传部部长肯定性批示。全省党校系统“两个先行”理论研讨会上，提交16篇，获奖15篇，其中一等奖6篇、二等奖5篇、三等奖3篇、入围1篇。一等奖项数、二等奖项数、获奖总数、获奖率、参评率等5个指标均位居全省区县党校第一。全市党校系统案例研讨会征文评比中，获一等奖2篇、二等奖2篇、入选案例2篇，获奖总数、一等奖数、二等奖数全市第一。

（张琦迪）

## 党史和地方志工作

**【中国共产党富阳历史馆开馆】** 11月3日，中国共产党富阳历史馆正式开馆，区委书记吴玉凤，区委常委、组织部部长万重丰为党史馆揭牌。该馆由原鹳山景区山水人文馆改建而成，5月完成招投标，7月完成设计，9月底完成布展，10月试运行。中国共产党富阳历史馆以时间为主线，以富阳发展历程为脉络，分设序厅、新民主主义革命时期、社会主义革命和建设时期、改革开放和社会主义现代化建设时期、中国特色社会主义新时代五大展区，全景式、立体化再现富阳近百年党史的壮丽画卷，讴歌了中国共产党领导富阳人民英勇奋斗、艰苦创业的光辉历史，为全区党员干部提供了一个全新党史、党性学习教育平台。

**【地方党史编研】** 根据上级党史部门要求，《中国共产党富阳历史第三卷（1978—2002）》下限延长至2012年，针对新要求，及时调整编写计划，收集整理相关专题资料，调整编写人员，修订纲目，为正式编写打下基础。

2022年11月3日，中国共产党富阳历史馆正式开馆

（区委党史研究室 供稿）

**【富阳党史成果目录整理】** 汇总梳理富阳1980—2021年党史书籍9本，刊物文章25篇，专题文章1篇，人物文章2篇，论文8篇，影视作品4部，完成富阳近四十年党史编研成果整理工作，为浙江省委党史和文献研究室编印《浙江省党史和文献部门科研成果目录集（1980—2021）》提供相关资料。

**【“杭州红色资源”小程序富阳场馆相关资料征集整理】** 完成整理、报送抗日战争胜利浙江受降纪念馆、新四军两渡富春江红色研学中心、中央调查组在富阳史料陈列室、郁达夫故居、双烈园、金萧支队纪念馆、孙晓梅烈士纪念馆、新登战役纪念馆等富阳多个红色场馆的小程序资料。内容包括各场馆“红色地标”“红色朋友圈”“红色学堂”“红色征途”“红色志愿者”“活动专区”等栏目共1.4G数字资源。为深化富阳红色资源利用，完善“杭州红色资源”小程序内容，建设掌上红色阵地奠定基础。

**【党史宣传教育】** 以“富阳史志”公众号为平台，结合相关时间节点，推出《九十二年前的“五一”暴动》等文章宣传富阳党史；坚持《富阳史话》高质量常态化刊出，推出《蔡九华：富阳为党捐躯第一人》《花坞劫狱》等系列文章；开展党史“六进”活动，进一步做好线下党史宣教工作，推动党史进农村、企业、机关、学校、社区、军营；建设完善富阳史志资源编研共享平台，开展好富阳党史三卷的协调编纂及《富阳党史要览》等党史编研成果的开放利用；联合团区委开展“百年风华辉煌十年·浙YOUNG说”短视频征集活动，教育引导广大青年增强“四个意识”、坚定“四个自信”、做到“两个维护”。

**【《富阳年鉴（2022）》出版发行】** 12月，《富阳年鉴（2022）》由方志出版社正式出版发行。《富阳年鉴（2022）》采用分类编纂法，以类目、分目、条目3个层次为框架结构。卷首设特载、年度聚焦、大事记、区情综览，全书共设35个类目，222个分目，1707个条目，共90.4万字。全面、客观地反映富阳区人民在2022年勇于开拓创新，在政治、经济、文化、社会、生态文明和党的建设中取得的新成就、新经验，以及在前进道路上遇到的新情况、新问题。《富阳年鉴（2022）》是富阳历史上第27部综合年鉴。

**【《二十五史中的富阳》出版发行】** 2月，由区委党史研究室（区地方志办公室）编纂的《二十五史中的富阳》一书由杭州出版社正式出版。全书共收录《史记》至《清史稿》中国历代二十五部纪传体史书中关于富阳的相关历史资料近20

万字。该书根据富阳的历史沿革，分为富春、富阳、新城、新登等四大部分，辑录内容包括二十五史中的富阳人及客居富阳者之事迹，富阳之行政区划沿革，富阳历代战争、祥瑞、灾异等。书中以可靠而翔实的资料再现了富阳置县两千多年间积淀的深厚历史文化及独特魅力。

（吕克　刘亮）

## 档案工作

【“人生档案一件事”场景建设】　探索民生档案多渠道利用、多部门共享机制，开展收集从出生、就学、婚姻、置业、就业、退养等人生全生命周期及对应的各类民生档案，并归档，方便群众查档，提升政务服务效能。完成主体架构的开发和浙政钉、浙里办两端查档应用的上架工作，“线上＋线下”归集民生档案及数据总量60余万条。该场景列入全省“浙里数字档案”重大应用场景试点。该项工作获中共富阳区委主要领导批示，在杭州市档案工作数字化改革推进会上作典型介绍。依托该项目牵头申报的省级科技课题《政府数字化改革中民生档案管理创新应用的研究》正式立项。

【全省档案技术保护试点】　富阳区档案馆馆藏最早档案可追溯至清同治二年（1863），藏有民国档案9221卷和各种不同载体形式珍贵档案。因保存时间久远，纸张质量参差不齐，档案不同程度存在老化破损、字迹洇化、遭受虫蛀、滋生霉菌等问题。区档案馆贯彻落实《“十四五”国家重点档案保护与开发工程实施方案》，一方面加大资金投入力度，完善档案保护的设施设备，改善档案保管条件；另一方面加大档案数字化工作力度，减少档案原件利用的频率。同时，民国档案修复被列入“2022年度全省档案技术保护试点工作”中的“珍贵档案抢救保护”试点项目，组织力量实施馆藏民国破损档案修复项目，完成揭表及修复5000余页。2022年11月，通过省级试点验收。

【全省档案工作数字化转型先行区创建试点】　富阳区档案部门贯彻落实《关于新时代全面推进档案工作数字化转型的意见》，档案治理能力、资源体系、服务水平和安全建设等档案工作的整体水平不断提升。一方面深化档案工作数字化改革，实现区域内各类档案应用的综合集成，与全省档案工作智能监管应用和省档案数据共享中心、基层智治系统等有效实现任务贯通、指标贯通和业务协同；另一方面推进数字档案系统迭代升级，加快数字档案系统的流程重构、技术融合和平台整合，提升数字档案馆（室）建设效能。2022年10月，富阳区被浙江省档案局确定为“浙江省档案工作数字化转型先行区创建试点”地区。

【“喜迎二十大，档案颂辉煌”主题竞赛活动】　在中共二十大召开之际，富阳区档案馆和区档案局、区教育局联合举办“喜迎党的二十大，弘扬时代新家风“最美家庭”档案、“档案珍藏梦想，见证百年荣光”时光档案、“喜迎党的二十大·见证富阳共富裕”等主题竞赛活动，以档案见证党的百年辉煌，用档案讲好故事，开创富阳区档案工作新局面，进一步提升档案工作的知名度和影响力。10月15日举行“喜迎二十大，档案颂辉煌”主题竞赛颁奖典礼暨时光档案封存仪式。

【档案利用服务】　2022年，富阳区档案馆接待档案利用者6324人次，利用档案395746卷（件）次，累计复制档案19585页。深化“异地查档　跨馆服务”，预约查档150件，通过浙江省档案服务网受理网上查档1438件，实现市民查档“跑零次”。

【档案接收】　富阳区档案馆接收进馆原高桥镇、团区委、区住建局、区退役军人事务局、区民政局、区农业农村局等16家单位的实体档案94875卷、65368件；电子目录102.97万多条、电子影像243.57万多页，容量946.62GB；疫情防控、脱贫攻坚等专题档案35卷、850件；退役军人档案17985卷；婚姻登记档案24504件；山林定权档案824卷；地名普查档案7606卷；土地确权档案65876卷；污染源普查档案18494件；以及区人力社保局、新登镇等单位作废图章308枚，还接收《俞氏宗谱》等家谱5函24册进馆。

【档案馆基础业务】　加强库房档案规范化管理，整理馆内报纸、期刊17种289本和图书62册，修改馆藏档案目录234848件，编写38个馆藏档案全宗卷、大事记、组织沿革、全宗介绍等。制定档案开放审核工作实施方案，审核35万件档案开放。提高馆藏档案数字化成果的质量，全面启动新一轮目录数据和影像数据的质检工作，校对修改

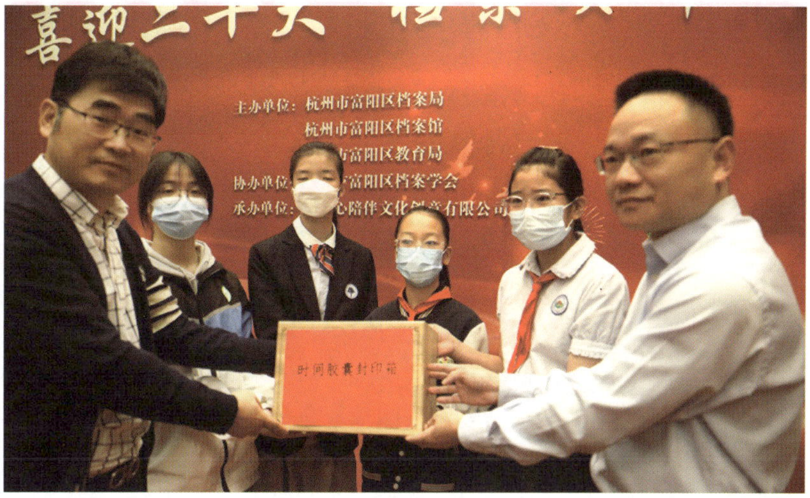


2022年10月15日，富阳举行“喜迎二十大，档案颂辉煌”主题竞赛颁奖典礼暨时光档案封存仪式

（区档案馆　供稿）

婚姻档案数字化成果以及质检整改实体案卷3748卷、核对目录137601件、影像935727页。完成2021年度15.4T档案数据的在线和离线备份工作，推进档案安全。

【档案文化建设】 以“古今富春——富阳区档案史料展”为依托，打造“如果档案会说话”第二课堂项目品牌，组织中小学生500余名到胥口峭山等地开展红色与非遗研学活动18次；开展“红色印记——口述历史”采访抗美援朝老战士实践活动6次；开展“童心映初心，富阳故事我来讲”——小小讲解员实践活动，打造教育基地文化品牌，突显档案工作育人的作用。“6•9”国际档案日开展“构建新发展格局”专题讲座、区档案馆开放日开展系列宣传活动。围绕“喜迎二十大”，举办红色档案巡回展，参观人数累计1100余人，受到参观人员的一致好评；推出“二十大报告学习”图片展，营造档案系统独特的“聚焦二十大”浓厚氛围。区档案馆和浙大城市学院传媒与人文学院协议合作设立浙大城市学院传媒与人文学院实践教学基地，挖掘本土文化。服务建设“葛洪丹谷”，拍摄短视频《跟着档案去旅行——走进葛洪丹谷》。编纂《富阳档案》3期。

【档案编研】 编纂《不能忘却的历史——在档案中重温富阳支援抗美援朝战争的过程》《富阳悬疑》《档案中的富阳文化元素》（续集）等专刊；编纂专辑《富阳体育往事》和特辑《百年富春》画册；编辑出版的《浙江新登土地产权研究》获浙江省档案研究成果二等奖；修改完善《项墨庄日记》；编撰《档案中的富阳文化小册子》系列丛书的档案整理等前期工作；整理编辑《金守淦生平及手迹解读》。

（陈 明）

## 老干部工作

【概况】 2022年底，全区离休干部58人，含副县职以上离休干部1人，杭州市属代管1人，易地安置离休干部9人。退休干部8714人，其中机关单位退休干部3117人，事业单位退休干部5597人。中共离退休干部党组织139个，党员3331人，党支部书记116人。

【学习宣传贯彻党的二十大精神】 坚决守好“红色根脉”，按照“六学六进六争先”要求，以“支书讲堂”“小板凳上微宣讲”“老台门里话发展”等多种形式，把离退休干部思想和行动统一到党中央决策部署上来。举办“学习贯彻二十大精神”理论读书会、离退休干部党组织书记培训班、中共二十大精神集中轮训等，组织红色讲师团开展专题宣讲70余场，向离退休干部征集学习心得体会200余篇、金点子50余个、书画摄影作品180余幅，编写“建言二十大”“我看中国特色社会主义新时代”等调研报告3篇，全面掀起学习宣传热潮。组织离退休干部、老干部工作者参加全省“学习二十大 奋进新征程”理论知识竞赛，获“优秀组织奖”。

【离退休干部党支部规范化建设】 贯彻落实中办《关于加强新时代离退休干部党的建设工作的意见》及省委实施意见，持续推进离退休干部党支部规范化建设。建立“一支部一档案”，完成全区115个离退休干部党支部的分类评星定级和110个支部的规范化建设，选培省级“三强六好”示范党支部7个。加强业务指导，推行“2+N”（2项规定动作+N项自选动作）离退休干部党支部主题党日提示单制度，获市级特色主题党日案例2例。持续开展“争做最美老干部、人人增添正能量”主题活动，评选年度富阳区最美离退休干部党支部、最美老干部团队20个，最美老干部支部书记、最美老干部60人。

【离退休干部“金秋驿站”建设】 持续推进离退休干部党建融入城市基层党建，启动“金秋驿站”五年选培计划，选树培育市级“金秋驿站”1家、区级“金秋驿站”15家。指导富春街道城西社区“金秋驿站”以总分第一名的成绩通过市级金秋驿站“银领”项目评比。

【“银耀富春·助力共富”专项行动】 贯彻落实《浙江省“银耀助力共同富裕示范区建设”十条举措》，实施“银耀富春·助力共富”四大专项行动、八个助力项目。摸排挖掘理论宣讲、社会治理、乡村振兴、文明教育、生态文明和关心下一代等6类银色人才263名，建立“银色人才库”。依托市委老干部局等市直单位资源和力量，组织杭州市农业农村局、市农业科学研究院、市商贸旅游集团老干部与东洲街道新沙村、陆家浦村、黄公望村“支部结对”，上城区5所中小学名校与东洲街道5所学校“支部结对”，组建“共富联盟”，帮助新沙岛成功引进0.33公顷小香薯试种项目，

2022年6月22日，富阳召开杭州市“共富示范 银耀助力”专项行动推进会
（区委老干部局 供稿）

亩产1000千克，协调落实2023年农田基础设施改造项目1个，组织农户开展甜食玉米、蔬菜种植技术培训、农家乐餐饮提升培训等，深受农户欢迎。6月22日，承办杭州市“共富示范·银耀助力”专项行动推进会，会上富阳作经验交流。《构筑银雁返乡“共富巢”助力乡村振兴》获评2022年度全省老干部工作优秀创新案例。

【离退休干部服务保障】 投入约16万元，实施第三期27户离休干部家庭的居家养老适老化改造，配置居家安全守护智慧养老设备约150项，老干部满意率100%；与区财政局、区民政局对接，2023年始，离休干部居家养老第三方服务纳入民政“重阳分”管理。做优“一人一策”精准服务，开展“情暖夕阳·幸福颐养”大走访活动，累计走访慰问离退休干部380余人次，慰问离休干部遗属150余人，解决离休干部个性化问题50余个。截至年底，为全区约230名困难离退休干部、离休干部遗属等发放慰问金约26万元。

【学习活动阵地建设】 聚焦省委老干部局提出的“四大校园”“五大中心”建设要求，培优建强老干部教育活动阵地。指导老年大学新登分校成功创建“省级优质老年大学”分校；建设启用“华数云课堂”，首批录制共享老年大学网络课程9门100余课时；2022年秋季启用“智慧校园”App，实现学员线上签到、校园论坛、在线课堂等信息化教学管理，招收学员1193人，比2021年增加约270人，班级由原来的45个扩增到60个，新增朗诵、瑜伽两门课程，新聘任专业教师7名。组织书画协会会员参加“翰墨丹青绘伟业·同心喜迎二十大”全省老干部书画大赛，2人获“最佳人气奖”和“优秀作品奖”；组织老年大学艺术团参加全国排舞大赛、全省第九届长者情“戏曲、歌舞”大赛，分别获特等奖、最佳组织奖。选树省级“银尚达人”2名、“银尚之家”1户、“乐活驿站”1家。

【干部队伍自身建设】 结合清廉机关模范机关建设，组织全局机关干部职工开展“做‘四有’先锋，争‘双建’先进”专项行动，助力“1·26”疫情防控，常态化开展“无疫单元”创建、“走亲连心三服务”。开展季度“岗位练兵·比赛赶超”大比武，全年评选富阳区季度实干标兵、服务标兵、宣传标兵16人，年度先锋6人。多措并举打造“红领银耀心向党”机关党建品牌，11月24日，获评全区机关党建“一单位一品牌”创建大比武“优秀机关党建品牌”。

【巡察整改工作】 4月24日至5月30日，中共富阳区委第一巡察组巡察区委老干部局，8月16日，向区委老干部局反馈巡察意见14条。区委老干部局以高度的思想自觉和行动自觉正视反馈问题、查摆问题根源，坚持边巡边改、立行立改，落实落细巡察“后半篇文章”。整改过程中，谈话教育提醒33人，建立完善内部管理制度32项。至11月15日，14个巡察反馈问题及2个自查自纠问题全部整改完毕，其中需长期坚持、继续巩固提升的问题2个。

（何　杨）

## 关心下一代工作

【自身建设】 学习贯彻中共中央办公厅、国务院办公厅《关于加强新时代关心下一代工作委员会工作的意见》，制定《2022年至2025年杭州市富阳区关工委工作发展规划》《富阳区关工委2022年工作要点》；修改完善区关工委成员单位联席会议制度及议事规则；调整新一届富阳区关心下一代工作委员会成员和主任会议制度，落实领导班子中应有3名以上老干部的要求；制定《杭州市富阳区区级机关基层关工委组织设置规范》，设立离退休干部党组织的50个区级机关部门全部建立基层关工委，全区建立各级关工委组织435个；制定“五好”关工委具体标准和评分细则，开展“五好”关工委创建活动；举办全区“五老”讲师团骨干学习宣讲中共浙江省第十五次代表大会精神培训班，组织“五老”专题学习中共二十大精神暨现场研学活动。

【青少年主题教育】 组织20位五老骨干撰写《红船精神 代代相传》《觉醒》《抗美援朝五兄妹》等宣讲作品25篇，汇编《育苗》第三期，发放500册，供乡镇街道、村（社）关工委及中、小学关工委讲师宣讲借鉴，教育青少年1.6万余人次。组织五老进中小学校、关心下一代教育基地、“假日爱心学校”、“四点半课堂”等阵地，常态化开展青少年党史学习教育、社会主义核心价值观教育、法治教育等，开展“传承红色基因，争做时代新人”“党史少年说”“喜迎二十大·同心筑亚运”“‘五老’弘扬好家风好家教暨‘孝老敬贤月’”等系列主题教育，全区参与主题教育“五老”286人，宣讲300余场，受教育青少年3万余人次。

【学校“大关工”试点】 召开全区关心下一代工作会议暨学校“大关工”试点工作动员部署会、试点学校（富春七小、郁达夫中学文豪校区、东吴小学）学期联席会议、试点工作推进会，制定《学校“大关工”试点方案》，探索实践学校“大关工”机制，开展劳模进校园、农技专家劳动教育课、托管时段“五老”才艺传授和红色宣讲等活动53场次，试点成效明显。7月，浙江省关工委主任徐宏俊对专报材料《富阳区以学校“大关工”为依托，夯实新时代关工委工作高质量发展基础》作出批示：“杭州市富阳区关工委积极贯彻中办、国办关于加强新时代关心下一代工作委员会工作的意见，以学校‘大关工’为依托夯实新时代关工委工作高质量发展基础为工作平台，认真探索‘区域统筹、条块协同、上下联动、共建共享’的做法，切合实际、协调各方，为关心下一代事业主动作为，值得全省各地学习、借鉴、推广，希望富阳区关工委不断总结，争取最佳成果。”

【假日爱心学校】 在做好疫情防控措施基础上，以学校、村（社区）为主体，村校、校企结合，坚持“加

2022年4月21日，富阳召开全区关心下一代工作会议暨学校“大关工”试点工作动员部署会议（区委老干部局　供稿）

强学生思想教育，丰富学生假期生活，保障学生假日安全，促进青少年健康成长”指导思想，结合实际，多方协作，创新模式，开设思想道德、红色教育、科技知识、法治宣讲、安全教育、技艺传授、心理健康辅导和暑假作业辅导等教学课程，7月1日至8月31日，全区创办假日爱心学校47所，开设班级63个，开课469场次，“五老”及志愿者参与假日爱心学校活动756人，招收学生2334名。

【教育基地建设】 深化基地建设，命名郁达夫中学文豪校区青春馆、二董纪念馆、张小泉刀剪科教基地、杭州峬山小叠空研学基地、兴华红色历史展览馆等10家为第三批富阳区关心下一代教育基地，涵盖青春健康教育、家风家训传承、非遗传统文化、新劳动教育、红色教育等方面。10月，富阳区红色报刊史料研学中心被列入第四批“杭州市关心下一代教育基地”，至年底，全区创建1个省级、4个市级、30个区级教育基地。推进“五老宣讲团”和“红领巾宣讲团”进基地，开展研学活动330余场次，受教育2万余人次。

【宣传报道】 2022年，向“中国火炬”官网、杂志、微信公众号，新星网、“五老情”微信公众号及各大报刊、杂志、网站、数智群团平台等各类媒体和省市关工委投稿，报道富阳区关工委重点、特色亮点和创新工作，被录用稿件1018篇次。其中五老何荣发老师摄影事迹在《中国火炬》杂志刊登；新登镇黄景来老同志捐资80万元关心下一代事迹被《杭州日报》纸媒头版刊登，并入选第一届杭州市关工委系统好新闻；五老盛志军老师先进事迹被《富阳日报》纸媒大版面刊登。

2022年，富阳区关工委获《中国火炬》宣传工作标兵单位，周左步被评为全国青少年普法教育优秀辅导员，蒋留青家庭获评浙江省“银尚之家”，盛志军被选树为杭州市银色人才领军人物，区关工委、区教育局关工委、东洲街道关工委、大源镇关工委、富春街道三联村关工委、杭州富春江水电设备有限公司关工委等6家单位被评为杭州市关心下一代工作先进集体，14名“五老”人员被评为杭州市关心下一代工作先进个人，20名“五老”人员、10名学生分别被评为富阳区优秀五老宣讲员和优秀红领巾宣讲员。

（骆叶青）

【编辑　沈绍坤】

# 6 杭州市富阳区人民代表大会

Hangzhou Fuyang District People's Congress

## 重要会议

【区十七届人大一次会议】 2月11—14日，举行富阳区十七届人大一次会议，出席会议代表277人。会议审查和批准区人民政府工作报告、区人大常委会工作报告、区人民法院工作报告、区人民检察院工作报告，审查和批准富阳区2021年国民经济和社会发展计划执行情况的报告及2022年国民经济和社会发展计划，审查和批准富阳区2021年财政预算执行情况报告和2022年财政预算。会议投票表决2022年政府民生实事项目，依法选举区人大常委会主任1人、副主任6人，区人大法制内务司法委员会主任委员1人、副主任委员1人，区人大财政经济委员会主任委员1人、副主任委员1人，区第十七届人民代表大会常务委员会委员35人，区人民政府区长1人、副区长7人，区监察委员会主任1人，区人民法院院长1人，区人民检察院检察长1人和杭州市第十四届人民代表大会代表42人。

2月11日下午，召开预备会议，选举产生由55名成员组成的大会主席团，选举赵玉龙任大会秘书长，通过大会议程。会议期间，举行全体会议3次，主席团会议5次。

大会收到议案和建议240件，建议立案237件，不予立案3件。立案的237件议案和建议涉及城乡基础设施建设93件、社会事业发展54件、资源管理22件、民生保障16件、工业经济16件、农业经济15件、现代服务业7件、其他14件。确定由156件代表建议组成的“关于主战略，聚焦招大引强，优化创新创业生态，推动产业转型升级”“关于紧抓亚运机遇，进一步提升城市品质和城市治理水平”“关于深入实施新一轮新时代美丽乡村建设，发展美丽经济，助力共同富裕”为大会议案。

【区十七届人大常委会会议】 全年举行区十七届人大常委会会议6次，听取和审议专项工作报告18个，发出审议意见书7份，作出决议、决定17项。

3月22日，召开区十七届人大常委会第一次会议。主要议题：听取和审议人大理论研究委员会和各工作委员会委员名单；听取和审议杭州市富阳区组织实施宪法宣誓制度办法（草案）；听取和审议杭州市富阳区人大常委会2022年工作要点；审议并表决人事任免工作有关事项，免去胡惠民杭州市富阳区监察委员会副主任职务，任命曹晨英为杭州市富阳区监察委员会副主任；任命李丰为杭州市富阳区人民政府办公室主任、金占辉为杭州市富阳区发展和改革局局长、丁建军为杭州市富阳区经济和信息化局局长、费国民为杭州市富阳区教育局局长、钱东升为杭州市富阳区科学技术局局长、沈尧为杭州市公安局富阳区分局局长、谢黎明为杭州市富阳区民政局局长、郎永强为杭州市富阳区司法局局长、李向明为杭州市富阳区财政局局长、丁中苏为杭州市富阳区人力资源和社会保障局局长、金志国为杭州市富阳区住房和城乡建设局局长、唐瑞华为杭州市富阳区交通运输局局长、钱江涛为杭州市富阳区农业农村局局长、申屠晨光为杭州市富阳区商务局局长、蒋建军为杭州市富阳区文化和广电旅游体育局局长、蒋庆元为杭州市富阳区卫生健康局局长、丁一为杭州市富阳区退役军人事务局局长、张拥军为杭州市富阳区应急管理局局长、章永南为杭州市富阳区审计局局长、刘海军为杭州市富阳区市场监督管理局局长、何君明为杭州市富阳区人民政府金融工作办公室主任、蒋雪彪为杭州市富阳区统计局局长、陆建荣为杭州市富阳区综合行政执法局局长、葛华锋为杭州市富阳区数据资源管理局局长

5月27日，召开区十七届人大常委会第二次会议。主要议题：听取和审议公安机关提请要求区人大常委会许可采取行政拘留的有关事宜；听取和审议区政府贯彻执行《中华人民共和国环境保护法》情况报告；听取和审议区政府贯彻执行乡村振兴“一法一条例”情况报告；听取和审议区政府公共文化服务保障“一法一条例”执法检查审议意见落实情况报告；听取和审议区人大常委会关于设立开发区工作委员会和富春湾新城工作委员会的决定；审议并表决人事任免工作有关事项，

任命陆立荣、华君为杭州市富阳区监察委员会委员；免去吴建峰杭州市富阳区人民法院副院长职务，免去俞金大、施幼平杭州市富阳区人民法院审判员职务；免去盛洪良杭州市富阳区人民检察院检察委员会委员职务、沈欢芝杭州市富阳区人民检察院检察委员会委员和检察员职务、郑金金杭州市富阳区人民检察院检察员职务，任命何艳波、盛超为杭州市富阳区人民检察院检察委员会委员。

7 月 28 日，召开区十七届人大常委会第三次会议。主要议题：听取和审议区政府关于杭州市富阳区 2022 年上半年国民经济和社会发展计划执行情况报告；听取和审议区政府关于杭州市富阳区 2022 年政府投资项目计划上半年执行情况和投资项目计划调整情况报告；听取和审议区政府关于杭州市富阳区 2021 年财政决算和 2022 年上半年预算执行情况报告；审议区政府关于 2020 年度富阳区财政预算执行情况和其他财政收支审计反映问题整改情况报告；听取和审议区政府关于 2021 年度富阳区预算执行情况和其他财政收支情况的审计工作报告；听取区政府关于 2022 年政府民生实事项目进展情况报告；听取和审议区人大常委会关于设立代表资格审查委员会的决定（草案）；审议并表决人事任免有关事项，决定免去吴建峰杭州市富阳区人民法院审判委员会委员、审判员职务，任命张晓青为杭州市富阳区人民法院审判员；决定接受钟怡媛辞去杭州市富阳区第十七届人民代表大会常务委员会委员职务，报杭州市富阳区人民代表大会备案。

9 月 30 日，召开区十七届人大常委会第四次会议。主要议题：听取和审议公安机关提请要求区人大常委会许可采取强制措施的有关事宜；听取和审议关于富阳区行政事业性国有资产管理情况的专项报告，审议关于富阳区国有资产管理情况的综合报告；审议并表决人事任免工作有关事项，决定同意刘晓锋、张卫辞去杭州市富阳区第十七届人民代表大会常务委员会委员职务，报杭州市富阳区人民代表大会备案；免去刘晓锋杭州市富阳区人大常委会办公室主任职务、戴爱良杭州市富阳区人大常委会城建环保工作委员会主任职务、金慧军杭州市富阳区人大常委会春江街道工作委员会主任职务、曹振宇杭州市富阳区人大常委会鹿山街道工作委员会主任职务；任命陈悦为杭州市富阳区人大常委会办公室主任、徐春龙为杭州市富阳区人大常委会城建环保工委主任、叶菁为杭州市富阳区人大常委会春江街道工作委员会主任、钱志龙为杭州市富阳区人大常委会鹿山街道工作委员会主任；任命戴爱良为杭州市富阳区人大常委会富阳经济技术开发区工作委员会主任、叶菁为杭州市富阳区人大常委会杭州富春湾新城工作委员会主任；决定免去丁中苏杭州市富阳区人力社保局局长职务、章永南杭州市富阳区审计局局长职务、谢黎明杭州市富阳区民政局局长职务、张拥军杭州市富阳区应急管理局局长职务；决定任命章永南为杭州市富阳区人力社保局局长、刘晓锋为杭州市富阳区审计局局长、汪森火为杭州市富阳区民政局局长、倪国春为杭州市富阳区应急管理局局长；免去王吾木杭州市富阳区监察委员会副主任职务，任命江荣为杭州市富阳区监察委员会副主任；免去周庶明杭州市富阳区人民法院副院长职务，任命杨洪富为杭州市富阳区人民法院副院长；免去周庶明杭州市富阳区人民法院审判委员会委员、审判员职务，免去何樟林、张荣华杭州市富阳区人民法院人民陪审员职务，任命杨洪富为杭州市富阳区人民法院审判委员会委员、审判员职务；免去杨洪富杭州市富阳区人民检察院副检察长职务，任命周庶民为杭州市富阳区人民检察院副检察长；免去杨洪富杭州市富阳区人民检察院检察委员会委员、检察员职务长，任命周庶民为杭州市富阳区人民检察院检察委员会委员、检察员。

11 月 29 日，召开区十七届人大常委会第五次会议。主要议题：听取区政府关于共同富裕示范区建设——公共服务优质共享工作情况的报告，并围绕富阳区共同富裕示范区建设——公共服务优质共享工作开展询问；听取区政府关于 2022 年政府民生实事项目完成情况的报告；听取和审议区监察委员会整治群众身边不正之风和腐败问题工作情况报告；听取和审议市公安局富阳分局关于全区打击治理电信网络诈骗违法犯罪工作情况报告，审议区法院、区检察院打击治理电信网络诈骗违法犯罪工作情况报告（书面），审议区法院法官董月霞、朱恺法个人履职情况的报告（书面）；审议区人大常委会备案审查工作情况报告（书面）；听取和审议杭州市富阳区人民代表大会代表议案处理办法（修订稿），杭州市富阳区人民代表大会代表建议、批评和意见处理办法（修订稿）；听取和审议代表工作相关事项；听取和审议人大理论研究委员会和各工作委员会委员名单；审议并表决人事任免工作有关事项，免去李晶杭州市富阳区人民法院龙羊人民法庭庭长职务，任命吴献平为杭州市富阳区人民法院副院长、刘颖清为杭州市富阳区人民法院龙羊人民法庭庭长；免去杜强杭州市富阳区人民法院审判委员会委员职务，免去刘颖清杭州市富阳区人民法院审判委员会委员、刑事审判庭庭长职务，任命吴献平为杭州市富阳区人民法院审判委员会委员、审判员，任命李晶为杭州市富阳区人民法院审判委员会委员，任命柴建水、干也特、施玥玥、余希萌、周锋为杭州市富阳区人民法院审判员。

12 月 16 日，召开区十七届人大常委会第六次会议。主要议题：听取和审议区政府关于区十七届人大一次会议代表议案建议办理情况报告；审议并表决人事任免有关事项，决定任命黄泽为杭州市富阳区人民政府副区长；免去何艳波杭州市富阳区人民检察院委员会委员、检察员职务，免去王宏达杭州市富阳区人民检察院检察员职务，任命李伊宏为杭州市富阳区人民检察院检察员；听取和审议区政府关于 2022 年财政预算调整的报告；听取和审议区人大常委会富阳经济技术开发区工作委员会、杭州富春湾新城工作委员会、各街道工作委员会工作报告；听取和审议关于召开区十七届人大二次会议决定（草案）；听取和审议区十七届人大二次会议议程、日期、日程草案。

## 常委会监督工作

【法律监督】 5月，开展《中华人民共和国环境保护法》执法检查。针对存在环境保护意识有待增强、基础设施比较薄弱、管理机制不够健全、环境保护形势依然严峻等问题，提出：一要加大宣传力度，提高公民环境保护意识。区政府及其相关部门要采取更加灵活多样的形式，加强《中华人民共和国环境保护法》及相关法律法规的宣传教育，增强全社会的环境保护意识；倡导低碳、节俭生活方式，引导公众参与环境保护和监督；充分发挥新闻舆论的宣传监督作用，努力营造保护环境的强大氛围。二要完善工作机制，落实环境保护监管责任。进一步落实环境保护第一责任人制度，明确政府及有关部门的环境保护工作职责，形成各司其职、各负其责、相互配合、通力协作的工作局面；创新更为有效的环境保护监管工作社会管理新机制，完善农村生活污水、污水零直排等管理运行机制，巩固污染防治成效；进一步完善生态保护补偿机制和乡镇生态环境报告制度，加大对乡镇街道环境保护考核力度。三要突出工作重点，切实做好环境保护工作。深入实施“蓝天、碧水、净土”工程，着力做好大气污染防治、生态保护与修复、节能减排、土壤污染治理等工作，不断提高环境保护工作的有效性；持续优化产业结构，大力推进清洁生产，发展循环经济，加快淘汰落后产能，消除环境污染隐患；落实饮用水源保护的各项措施，加大固废治理、土壤污染防治和安全利用的力度，确保公众健康；切实加强对道路施工、建筑工地的扬尘治理，减少扬尘污染，持续改善富阳区大气环境质量。

5月，开展乡村振兴“一法一条例”执法检查。针对乡村产业发展的质量和效益不高，要素保障不力，基础设施和公共服务薄弱，人才缺乏等问题，提出：一要坚定“常、长”理念，切实增强乡村振兴的责任感和使命感。区政府及相关职能部门要深入贯彻习近平总书记关于乡村振兴的重要论述，充分认清实施乡村振兴战略的重大意义。要提高政治站位，坚持统筹谋划、常抓不懈，常态长效推进富阳区乡村振兴战略实施。要从机构设置、人员配备上加强乡村振兴组织建设，落实各级责任，加强协调配合，形成乡村振兴工作的强大合力。要加大“一法一条例”的宣传力度，加强对乡村干部的工作培训，进一步增强各级干部做好乡村振兴的使命感和责任感，提高各级干部做好乡村振兴工作的能力。二要坚持“保、育”并举，牢牢把握乡村振兴的方向路径。区政府各职能部门要坚决守住“保障农产品供给和粮食安全、保护生态环境、传承发展中华优秀传统文化”三条底线，全力推动乡村实现产业、人才、文化、生态、组织各领域系统提升，奋力开创乡村振兴新格局。要大力招引现代农业龙头企业，培育一批现代农业园区、特色产业基地，全面推进高效农业发展。深入实施农业“双强”行动，进一步加大品牌农业建设力度。要推动三产融合发展，促进农业与加工、流通、休闲、旅游、电子商务等深度融合，积极引进导入性强的文旅产品，打响富阳区乡村文旅品牌。发展乡村特色产业，促进村民就业。积极探索发展壮大村级集体经济的新机制、新路子，全力指导好村庄经营公司和职业经理人试点。三要突出“景、人”共生，真正激发乡村振兴的活力密码。区政府相关职能部门应当按照未来乡村“五化十场景”总体要求，扎实做好“建场景、聚人气”两篇文章。要进一步加大乡村基础设施建设力度，推进乡村道路、供水、供电、通信网络等重大基础设施全覆盖。着力补齐乡村公共服务短板，坚持把农村教育、卫生医疗保障作为改善民生的重点，提升乡村学校的教学质量和办学水平，引导优质医疗资源下沉乡村。深入推进数字乡村、未来乡村建设，深化场景应用，以数字赋能助力乡村振兴。要科学制定乡村人才标准及政策，鼓励各类人才投身乡村振兴，激活乡村的创新活力。制定出台激励措施，畅通返乡创业渠道，鼓励各类社会人才服务乡村振兴事业。加大对乡村实用人才的培训力度，不断充实乡村教育、医疗、农技等专业人才队伍。四要注重“学、用”相长，有效推动乡村振兴的促进保障。区政府及各职能部门应当认真研读相关法律法规，学深悟透，融会贯通，充分发挥“一法一条例”在乡村振兴中的引领保障作用。要建立完善涉农资金统筹整合长效机制，提高财政资金使用效益。建立健全多层次、全覆盖、可持续的农村金融服务体系，鼓励金融机构将更多资源配置到乡村振兴的重点领域和薄弱环节。完善农业保险政策，支持新型经营主体的发展需要。引导工商资本下乡进村，深度参与乡村振兴发展。要推进节约集约用地，提高土地使用效率，依法采取措施盘活农村存量建设用地，激活农村土地资源。完善农村新增建设用地保障机制，满足乡村产业、公共服务设施和农民住宅用地合理需求。积极探索灵活多样的供地新方式，切实打破用地瓶颈。

配合省、市人大常委会开展《浙江省综合行政执法条例》执法检查，推动解决行政执法改革实践中的突出问题。高质量完成省、市人大交办的8个条例规定意见征求工作，有效传递基层立法心声。

【工作监督】 加强财政经济领域监督。紧扣经济社会发展目标任务，听取审议计划、预算、决算、审计、重大投资项目计划调整、政府债务限额调整等报告。聘请计划和预算审查监督评审专家10人，组建57名代表组成的人大财经审查小组，夯实财经监督工作专业力量。深化预算草案“三审”制，线下组织28名代表预审6个重点单位的预算草案，线上首次实现全区所有预算单位草案、全体区人大代表审查“双覆盖”。听取审议富阳区国有资产管理情况综合报告、行政事业性国有资产管理情况专项报告，推动政府及相关职能部门切实加强对国有资产的管理，实现人大国资监督工作首轮全覆盖。首次会同区委审计委员会对审计查出问题整改情况开展监督，对2019—2020年度未整改到位的37个问题进行“回头看”，充分发挥审计“治已病、防未病”的作用。开展指定监督工作，指定区财政局对2个政府专项、9个单位整体预算开展绩效评价，指定区审计局对3个重大项目开展稽查，对部分产业政策落实情况开展专项审计调查，有效破解财政资金使用管理问题。督促区政府开展村级项目第三方资金监管清理工作，促使存量资金有效盘活、有序流转。

加强法治建设领域监督。常委会首次听取审议区监委关于整治群众身边不正之风和腐败问题工作情况报告，提出四方面意见建议，推动提升监察工作规范化法治化水平。听取审议区公检法关于打击治理电信网络诈骗违法犯罪工作情况报告，对2名法官开展履职监督，推动提升富阳区反诈防骗工作合力。在常态化听取审议法治政府建设情况综合报告基础上，同步审议23个工作部门法治政府建设情况报告，实现法治政府建设专项监督迭代升级。深化“三级述法”机制，扩大村（社）述法覆盖面，在335个村（社）开展常态化述法，全市范围内率先实现村（社）述法全覆盖。加强规范性文件备案审查工作，首次听取审议备案审查工作情况报告，对区政府10件规范性文件进行合法性审查，确保文件于法有据。配合省、市人大常委会开展《浙江省综合行政执法条例》执法检查，推动解决行政执法改革实践中的突出问题。高质量完成省、市人大交办的8个条例规定意见征求工作，有效传递基层立法心声。

加强社会民生领域监督。持续开展区政府民生实事项目专项监督，按照“五个一”工作法，10个监督工作组集中视察26次，32个监督小组实地视察290余次，提出意见建议162条，10件民生实事项目按时高质量完成。开展环境保护法执法检查，组织常委会组成人员、部分区人大代表实地视察危废智治平台、洋浦江水环境治理等工作，针对贯彻执行法律中存在的4个方面15项问题，提出具有针对性的意见建议。聚焦“三区三线”划定、医疗保险基金运营、“未来社区”建设、现代职业教育高质量发展、耕地非粮化整治、农村低收入群体增收等工作开展专题调研，紧紧围绕群众关心的突出问题加强监督，保障人民群众共享发展成果。配合省、市人大常委会开展就业促进法执法检查，促进就业工作，助力提升就业质量。

2022年5月12日，区人大常委会开展环境保护法执法检查活动
（区人大办　供稿）

## 重大事项决定

【常委会决定】　5月，杭州市富阳区第十七届人民代表大会常务委员会第二次会议决定：设立杭州市富阳区人大常委会富阳经济技术开发区工作委员会和杭州市富阳区人大常委会杭州富春湾新城工作委员会。

7月，杭州市富阳区第十七届人大常委会第三次会议听取和审议区财政局局长李向明受区人民政府委托提交《关于杭州市富阳区2022年债务限额调整的报告》。会议批准《关于杭州市富阳区2022年债务限额调整的报告》，同意2022年地方政府债务限额调整为279.24亿元。

12月，杭州市富阳区第十七届人大常委会第六次会议听取区财政局李向明受区人民政府委托所作《关于杭州市富阳区2022年财政收支预算调整的报告》，并审查2022年财政收支预算调整方案。会议批准区人民政府《关于杭州市富阳区2022年财政收支预算调整的报告》和2022年财政收支预算调整方案。

## 任免干部

【任免干部】　区人大常委会坚持党管干部原则和人大依法任免干部相统一的原则，全年依法任免国家机关工作人员87人，其中接受辞职3人。3月22日，区第十七届人大常委会第一次会议表决通过，任免26人；5月27日，区第十七届人大常委会第二次会议表决通过，任免10人；7月28日，区第十七届人大常委会第三次会议表决通过，任免2人，接受辞职1人；9月30日，区第十七届人大常委会第四次会议表决通过，任免30人，接受辞职2人；11月29日，区第十七届人大常委会第五次会议表决通过，任免12人；12月16日，区十七届人大常委会第六次会议表决通过，任免4人。

## 代表工作

【代表履职服务】　开展区十七届人大代表初任培训和履职培训，专题辅导人大制度、人大组织形式、代表履职实践等知识内容。开展全过程人民民主基层单元、人大财经综合监督系统、代表履职云等应用场景培训，全面提升代表“数智履职”能力。完善区人大常委会、区政府领导联系走访代表机制，通过上门走访、进站接待、座谈交流等形式，增加与代表面对面交流频次，近距

2022年8月5日，富阳举行2022年度"一府两院"工作报告会

（区人大办　供稿）

离倾听代表心声。修改完善区人大代表履职积分办法，对代表履职情况进行量化管理。支持乡镇（街道）人大有效提升代表履职服务保障工作，为代表高质量日常履职积极创造条件。

【代表履职活动】　以"为人民而问，向人民报告"为主题，召开"一府两院"工作报告会。会前，多层面、多渠道听取代表和群众对"一府两院"工作的意见建议；会中，邀请80余名代表参会，9名代表在"代表问政"环节现场提问；会后，针对会前收集的38条代表建议和"代表问政"的9个问题，召开反馈协调会，督促相关部门落实并答复。邀请代表参加区委区政府组织的各类重要会议、重大活动，开展"服务亚运当先锋、人大代表在行动""代表助力共同富裕示范区建设"等主题活动，组织代表参加调研、视察、执法检查等活动640余人次。支持各乡镇（街道）人大丰富代表履职活动，充分激发代表履职活力。

【代表建议督办】　制定区人民代表大会代表议案处理办法，修订区人民代表大会代表建议、批评和意见处理办法，推动代表建议办理工作程序化、规范化、制度化。完善大会议案督办机制，首次采用指标量化法，清单式监督议案办理。健全常委会领导重点督办、各委办对口监督、代表满意度测评等工作机制，通过"联民桥"拓宽代表建议征集面，完善闭会期间代表建议办理流程，全面提升代表建议解决率。经过人大、政府共同努力，共有代表建议251件，已解决或基本解决183件，解决率72.9%，作出评价的代表建议245件，满意率95.9%。

## 议案建议

【议案建议办理】　2022年，区政府收到人大代表议案建议251件（含闭会期间收到的代表建议14件），确定大会议案3件。议案建议均已办结，其中已经解决或基本解决183件，占比72.9%；意见被采纳并已列入计划逐步解决42件，占比16.7%；当前条件所限暂时难以解决或留作参考23件，占比9.2%；与法律法规、政策不符3件，占比1.2%。代表对办理答复和办理态度"双满意"建议242件，占比96.4%。

【大会议案】　3件大会议案，由区政府主要领导领办，分别由区政府工业经济线、城建线、农业线牵头，召集区经信局、区综合执法局、区农业农村局等部门多次专题研究，会商办理意见，修改完善意见建议，形成办理报告。

一号议案《关于落实"产业强区"主战略，聚焦招大引强，优化创新生态，推动产业转型升级的议案》：一是进一步完善产业政策体系；二是进一步推进招大引强工程；三是进一步打造高能级产业平台；四是进一步引导企业提质增效。

二号议案《关于紧抓亚运机遇，进一步提升城市品质和城市治理水平的议案》：一是严守城市安全；二是强化运行保障；三是健全管理体系；四是提升城市风貌；五是拉伸城市框架。

三号议案《关于深入实施新一轮新时代美丽乡村建设，发展美丽经济，助力共同富裕的议案》：一是聚焦新时代，乡村迭代升级；二是紧跟新发展，强化产业支撑；三是锚定新目标，助力共同富裕。

（孙朝辉）

【编辑　沈绍坤】

# 7 杭州市富阳区人民政府

Hangzhou Fuyang District People's Government

## 重要会议

【区政府常务会议】 全年召开区政府常务会议13次，讨论研究全区经济和社会事业发展的重大问题和重要事项。

1月11日下午，区政府召开常务会议。会议审议《杭州市富阳区"大综合一体化"行政执法改革实施方案》《2022年政府工作报告》《关于2022年富阳区投资项目计划编制情况的汇报》《杭州市富阳区2021年国民经济和社会发展计划执行情况与2022年国民经济和社会发展计划草案的报告》《杭州市富阳区2021年生态环境质量状况和生态环境保护目标完成情况的报告》《杭州市富阳区2021年预算执行及2022年财政预算草案的事项》。

2月16日上午，区政府召开常务会议。会议讨论研究《杭州市富阳区人民政府工作规则》，审议《杭州市富阳区人民政府关于进一步加快农业产业高质量发展的实施意见》。

3月31日上午，区政府召开常务会议。会议通报《2022年杭州市富阳区重点工作任务分解表》，审议《杭州市富阳区村股份经济合作社村庄经营改革工作方案（试行）》《2022年度杭州市富阳区政府重大行政决策事项目录》。

5月25日上午，区政府召开常务会议。会议审议《杭州市富阳区人民政府关于公布行政规划性文件清理结果的通知》《杭州市富阳区重大行政决策事项标准的规定（试行）》《杭州市富阳区政府产业引导基金管理实施意见》，听取关于金融小镇运营管理优化方案的汇报，里山镇、渔山乡与杭州富春湾新城一体化发展的情况汇报。

6月17日下午，区政府召开常务会议。会议审议《富阳区重构行政事业单位财会管理新格局实施方案》《杭州市富阳区政府性投资项目无价材料、设备区级信息库和询价管理办法》《杭州市富阳区水利工程建设管理办法》和《关于实施产业强区主战略加快制造业高质量发展的若干政策》。

7月6日下午，区政府召开常务会议。会议举行专题学法讲座，与会人员集体学习新《中华人民共和国反有组织犯罪法》《中华人民共和国行政处罚法》有关内容。会议还听取杭州市富阳区2022年上半年法治政府建设工作的报告。

7月26日上午，区政府召开常务会议。会议审议《杭州市富阳区2022年投资项目调整计划》《杭州市富阳区2021年财政决算的报告》《杭州市富阳区2022年上半年预算执行及全年收支预测情况的报告》《杭州市富阳区2022年债务限额调整的报告》。

8月12日下午，区政府召开常务会议。会议审议《2022年部分镇街社区规模调整和设置方案》《关于大力实施引进海内外高层次创新创业人才新一轮"5110"计划的意见》《关于进一步加强和改进新时代人才工作不断强化"产业强区"战略支撑的若干意见》。

8月18日上午，区政府召开常务会议。会议审议《杭州高新开发区（滨江）杭州市富阳区合作深化协议》。

9月28日下午，区政府召开常务会议。会议审议《富阳区"无废城市"建设专项资金使用方案》《全面推行"田长制"落实最严格的耕地保护制度的实施方案》，听取全区安全生产、疫情防控以及公安工作情况的汇报。会前学法环节，与会人员集中学习《地方党政领导干部食品安全责任制规定》《公平竞争审查制度实施细则》有关内容。

10月20日下午，区政府召开常务会议。会议审议《关于加强富阳区投资项目工程总承包管理的通知》《杭州市富阳区关于推进新时代文化强区若干实施办法（试行）》，听取全区"五水共治"工作有关情况汇报。

11月15日下午，区政府召开常务会议。会议审议《关于打造数字经济"一号工程"升级版的行动计划（2022—2027年）》。会前学法环节，与会人员集体学习《浙江省公共数据条例》有关内容。

12月13日下午，区政府召开常务会议。会议审议《关于进一步推进富阳区小微企业园高质量发展的实施意见（试行）》《杭州市富阳区促进建筑业高质量创新发展的实施意见》和《杭州市富阳区"富

裕阳光 暖心无忧”医保防贫共富实施方案》。

【区政府其他会议】 全年召开区长办公会议12次，会议内容一般为回顾总结上月政府工作，研究部署当月政府工作重点；召开区政府专题会议50余次，主要研究和讨论全区经济和社会各项事业发展的专项问题；主持召开其他重要会议4次，分别为：2022年全区扩大有效投资动员部署会、争当高质量发展建设共同富裕示范区实践高地领导小组会议、“百年非遗 苍生大医”——张绍富先生百年诞辰纪念大会暨全国中医骨伤流派学术会议、推进企业上市工作暨企业上市发展促进会成立大会。

## 政务工作

【外事工作】 强化涉外疫情防控隔离点管控，承接好杭州萧山国际机场的航班分流隔离工作。高质量提供涉外事项服务，做好涉外用工企业排查和问题梳理，审核上报外国人入境“快捷通道”企业12家、外籍人员34名。保障赴阿联酋任教富阳籍小学教师3名。

【督办工作】 强化区政府主要领导指示批示督查督办，下发批示672件、工作交办单42件，建立重点关注事项周报制度，完善批示交办的闭环管理机制。全力抓好“七张问题清单”中“重大督查问题清单”的运行管理，全年扎实整改市级问题40个，清单指数排名稳定在全省前十。通过“线上+线下”的协同实施和立体督办，全面完成省市区三级民生实事子项128个。

【“两会”议案建议和提案办理】 按时办结区人大建议251件、人大代表和选民群众意见建议47条，区政协提案229件。其中，代表建议满意率95.9%，委员提案满意率96.5%。

【政务信息】 按照第一时间、最快速度、应报尽报要求报送政务信息，全年完成上级约稿275篇，围绕中心及两点创新工作上报专报116篇，其中获省、市领导批示肯定40篇，在全省、全市推广5篇。

【公文处理】 公文处理，严控执行发文立项、前置审核相关程序，坚持发文有依据、发文程序合规、发文主体规范的标准，确保三类文件发文数量控制在配额以内。全年政府下发三类文件19个，其中规范性文件11个，同比减少20%；政府各部门下发三类文件49个，占全年可发文总数55%。政府全年发文168个，同比减少21%。

（李高建）

## 行政服务

【“一件事”集成改革】 2022年，围绕公民个人全生命周期9个阶段，聚焦事关群众切身利益的“关键小事”242个，通过事项梳理、表单整合、流程再造，实现“一表申请、一网运行、一站办理”。全年推出多跨协同“人生一件事”42个，累计办理137.7万余件。《深化“关键小事”智能速办》入选富阳区共同富裕第一批典型案例。深入推进企业经营性开业“一件事”集成改革，在省定17个企业一件事基础上，自主创新推出12个经营性开业一件事，全年推出多跨协同“企业一件事”29个，累计办理7.4万余件。《杭州市富阳区“最优政务服务”跑出助企纾困加速度》在浙里改（中共浙江省委全面深化改革委员会办公室）《竞跑者》刊登，歇业“1+3+N”一站式改革被浙江省市场监管局列为省级试点。

【政府职能转变】 2022年，紧盯企业群众端和“一网通办”窗口收件端，提交优化建议工单74条，被采纳21条，其中优化取水许可（申请）工单被浙江省大数据局评为优秀工单，临时占道、挖掘城市道路审批一件事联办5个“一网通办”一件事在全省推广，并在杭州市一体化智能化公共数据平台例会上作典型交流发言。至年底，政务服务“一网通办”全渠道收件率97.72%，窗口端收件率96.61%。试点“一网通办”基层延伸。通过增设机构、制定方案、专班运作，梳理形成“三张清单”，按需下放事项423项，强化“四端协同”应用，构建上下联动的政务服务新体系，至年底，全区开通基层“一网通办”工作台455个，实现基层网点全覆盖。富阳区“一网通办”基层延伸获杭州市最佳创新争先奖。整合4个牵头部门及19个关联单位，创新成立“四室一窗”，着力解决重大项目、复杂环节和专业领域难题。至年底，“四室一窗”疑难问题协商成果104件，主动解答企业群众咨询13.5万件次，在册市场主体同比增长7.74%。创新“四室一窗”服务载体被央广网宣传推广，获杭州市副市长刘嫔珺批

2022年，富阳区打造一网通办窗口

（区审管办 供稿）

示肯定。

【一流交易平台打造】 2022年，所有交易项目实行全流程电子化，以电子保函形式代替现金保证金，让市场主体“零跑腿”，减少企业资金占用成本，提升公共资源交易服务效率。至年底，电子保函使用率98.9%，节约企业资金成本67.76亿元。全面运用在线实时监控系统及专家手写板电子签名、CA电子签章功能，实现建设工程、政府采购项目远程异地评标，全市评标专家资源互联共享。至年底，完成远程异地评标项目56个。利用政采云平台资源，设立“富春山居品牌馆”精品馆，拓展农副产品销售渠道。至年底，265家机关单位采购792万元，意向订单超千万元。对网上超市商品价格和质量进行试点管理，打造一批价格优势明显、商品质量高的网超供应商。与杭州市交易中心、钱塘分中心联合探索政府采购跨区域代理集中采购项目。

【小额公共资源交易规范】 2022年，完成“七张问题清单”重大审计问题小额公共资源交易管理不够规范问题的销号。全面整合平台。应用“招必得”平台，原有多个账号多个子系统优化整合为一个交易系统，交易各方凭一个账号交易、监管。勘察、设计、村级采购等项目报名方式由线下转为线上匿名报名，加大信息保密力度；取消项目资料费，降低企业投标成本。用技术手段主动防范，自动筛查存在电子投标文件MAC码一致等异常行为的电子投标文件，对相关企业处以停止参与富阳区小额公共资源交易招投标活动的处理，相关线索移交至权责部门，进一步打击围串标行为。至年底，被处理企业74家次。出台《富阳区小额公共资源交易市场主体诚信管理规定（试行）》，落实招标人主体监管职责，规范市场主体注册、交易、履约等行为，营造公平竞争、诚实守信的市场环境。

（方连群）

## 住房公积金管理

【住房公积金缴存】 2022年，富阳区机关事业单位和企业住房公积金缴存比例，单位和个人分别按工资总额5%—12%缴存，缴存基数最低为2280元，最高为36675元。全区新开户单位1089家，净增1062家；共有建缴职工97533人，全年新开户职工26484人，净增3036人；全年缴存金额23.20亿元，同比增长6.44%；历年累计缴存金额177.60亿元，现缴存余额48.19亿元。

【住房公积金提取】 2022年，富阳公积金提取金额17.50亿元，同比增长5.88%，历年累计提取金额129.42亿元。从提取用途来看，主要是偿还住房贷款本息提取，占比约77%；其次是离退休提取，占比约10%；再次是租赁住房提取，占比约7%，其他占比约6%。

2022年，富阳区公积金业务综合受理窗口

（区公积金中心 供稿）

【住房公积金贷款】 2022年，发放个人贷款3858户，同比减少19.02%；支持职工购房面积41.76万平方米，同比减少16.80%；个人贷款发放额21.69亿元，完成年度计划的94.29%，同比减少17.19%；年末个人住房贷款余额105.65亿元。至年底，全区个人住房公积金贷款率219.6%，贷款逾期率0.0015‰。加强对贷款楼盘和准入项目的考察管理，通过实地走访实时掌握楼盘结顶情况。走访房产公司6家，现场踏勘项目工地10个。

【住房公积金资金管理】 2022年，富阳分中心加强业务稽核，对公积金缴存、提取、贷款等业务进行风险疑点排查和规范性检查，重点抓好公积金业务审批、资金分配使用、公款存放等关键环节的风险防控，确保资金安全。严格实施存款竞争性存放，全年组织实施竞争性存放招标2期，合计金额约3.61亿元（第二期纳入大财政管理体系，统一由富阳区财政局负责开展存放招标工作，资金使用和管理的主体不变，利息收入等收益归属也保持不变），有效加强资金管理风险防控，杜绝违纪违规行为发生。全年实现住房公积金业务收入为3.07亿元，同比增长27.62%，业务支出为2.82亿元，同比增长40.06%，实现增值收益0.25亿元。提取贷款风险准备金0.25亿元，历年累计提取贷款风险准备金3.74亿元，历年累计上缴城市廉租房建设补充资金1.77亿元。

【住房公积金数字化建设】 2022年，富阳分中心以数智为引领，充分利用互联网和大数据资源，打破“时间、空间、技术、数据”壁垒，以让群众“少跑腿、少排队、少等候”为目标，提升公积金业务服务水平。公积金全部29个业务事项都可以实现网上办理。推出7×24小时不打烊“随时办”服务，目前29项业务实现24小时全天候实时办理；推出跨省通办和全省通办业务，实现异地办理，全年办理跨省通办60件；在亲清在线平台新增15个服务功能，共有27个业务功能。不断优化纯公积金贷款抵押注销一件事、建造翻建自住住房提取公积金一件事、公积金贷款抵押客户办理“预转现”等业务手续，做到让客户省心、省力、更省钱。强化部门配合，推动企业开办一件事、事业单位法人账号变更一件事以及居民服务“一卡通”等工作。

（刘　青）

## 人才人事

【人才招聘】 2022年，开展“乐业富阳·职等你来”系列招聘活动，组织“直播云招聘”“云聘会”“夏季大型招聘会”“招聘夜市”等形式招聘活动63场，服务企业1657家次，为高校毕业生提供就业机会29616人次。创新开展“乐业富阳·引才直通车”系列招聘活动，依托人力资源机构直通高校，在154所高校发布富阳区内57家企业859个岗位需求。

【优秀高校毕业生引进】 出台《关于印发〈关于进一步加强和改进新时代人才工作不断强化“产业强区”战略支撑的若干意见〉配套细则的通知》，进一步集聚和激励各类优秀人才到富创新创业。全年招引大学生18157人，引育研究生等高层次人才1813人，为7576名人才发放补贴4674.57万元。

【引才引智】 征集研究生团队创业项目8个，其中3个入选资助名单，引进硕士以上学历创业人才19名。继续开展研究生联合培养三方合作，为杭州巨峰科技有限公司、浙江国自智能装备有限公司、杭州力为科技有限公司等多家区内重点企业联合招录研究生60名。邀请浙江工业大学、河南科技大学等国内7所高校就业指导中心老师到富开展校企座谈会3场，为30家次区内重点企业搭建引才桥梁。

【人才培养开发】 认定杭州市高层次人才628人，其中入选浙江省突出贡献青年专家1人、市“西湖明珠”工程人才计划5人、杭州市政府特殊津贴专家4人。新增国家级博士后工作站2家、省级博士后工作站4家，进站博士后15名。选拔“135”优秀中青年专业技术人才252名，评定“富春特支人才”59人。

【大学生创业扶持】 全年资助69个大学生创业无偿资助项目611万元，资助第七届中国国际“互联网+”大学生创新创业大赛金奖项目1个、大学生创业扶优资助项目3个。杭州市大学生创业园（富阳）通过省级创业孵化示范基地复评。推荐入选杭州市大学生创业杰出人才2人，杭州市大学生创业之星1人。

2022年，富阳区人才综合服务专窗
（区人力社保局　供稿）

【人才服务和档案管理】 全年办理浙江省引进人才居住证1214张，新落人才集体户284人，办理普通高校毕业生就业协议1568人，接收应届高校毕业生档案3823份。为企事业单位和个人办理档案管理6430人次，新增存放档案4516份。

【事业单位管理】 组织公开招聘事业单位工作人员100名，指导教育卫健系统公开招录教育卫生人才319名，监督指导教育系统招用公办幼儿园劳动合同制教师126名。推进事业单位岗位设置和聘任管理工作，开展乡镇（街道）事业单位管理岗位职员等级晋升工作，首次确认七、八、九级职员等级358人，办理岗位聘任2475人次。严格做好中层干部选拔任免审核工作，全年审核中层干部任免160批次716人。年度考核优秀2121人，公开选调18人，交流调动188人，转正定级97人，新招录事业人员岗前培训131名。省人事工资平台办件1866件，“一件事”平台办件1952件。

（杨　广）

## 应急管理

【基层应急管理体系和能力建设】 出台《关于明确安全生产监督和管理工作关系的通知》，将安全生产监督和管理部门分为综合监管、行业监管、专项监管、行业管理、其他执法等五类，明确安全生产监督和管理部门“各司其责、相互协同、相互配合、齐抓共管”的工作关系和工作清单，解决部门之间安全监管漏洞，为发挥专委会统筹协调作用和构建全覆盖安全生产责任体系建设打下基础。按照《关于富阳区贯彻落实杭州市基层应急消防管理体系和能力建设工作重点任务实施意见的通知》《关于印发〈杭州市基层应急消防管理站建设规范（试行）〉的通知》和《富阳区社区应急体系建设攻坚行动实施细则》精神，银湖街道、大源镇先行完成应急消防管理精品建设，其他22个乡镇（街道）基本完成应急消防管理建设；335个村（社区）建立完善应急消防管理体系建设。完成应急消防管理组织架构、应急突击队组建、应急手册制定、应急演练、应急物资储备、避灾安置场所规范化、防汛防台在线平台应用贯通、减灾示范社区创建等8项任务清单。

【落实清单管理】 抓实抓细安全生产风险管控和隐患排查整治2张清单，全区24个乡镇（街道）和16个专委会开展安全风险辨识和摸排4次，明确管控措施4690条，发现并整改问题26216处。推进落实“七张问题清单”。抓实重大安全生产问题清单，修改完善重大安全生产问题清单工作机制，制定考核细则，2022年落实区级以上问题清单33个，全省排名27名。突出道路交通、危化、建设施工、消防、城市运行、自然灾害等10个重点领域，强化隐患排查整治和监管执法，特别在临平发生火灾事故后，全区集中性开展安全生产（消防安全）排查整治，检查企业（项目）47791家次，发现并整改隐患44934处，立案（移送）300件，责令停产停业27家。按照“八张风险清单”管控要求，在区防汛抗旱指挥部办公室牵头统筹下，汛前多轮开展风险隐患排查，确保风险底数清晰、隐患整改到位，检查出动3560人次，检查各类工程3438处，主要涉及小流域山洪229处、地质灾害风险防范区728处、老旧房32处、城市易涝严重积水点8处等重要风险，全部落实“一点一方案”；涉及小流域山洪高风险区和地质灾害风险防范区受影响人员7319人，“一户一策”落实。同时，组织开展防汛防台隐患整改、人员转移准备、队伍备勤、物资储备等督查督办，下发督查通报6份、隐患督办件6份、提示交办单40份，视频曝光度汛隐患7个。汛期内发现较大度汛隐患73处全部落实整改或落实应急度汛措施，省、市暗访督办度汛问题27处全部整改到位。

【防灾减灾】 2022年，完成避灾场所规范化建设47个，其中列入杭州市民生实事项目避灾场所规范化建设43个，包括新建区级避灾中心2个、乡镇街道级避灾中心3个，提升乡镇街道级避灾中心2个、村社级避灾场所36个，通过省、市及第三方验收，整体完成率100%。全区防汛防台类应急物资实行区、镇、村分级分类储备。区级（含部门）储备麻袋23万只、草包16万只、编织袋31万只、铁锹5700把、应急排水泵584台、应急发电机组306台、应急灯5033个、应急生活包6900个、卫星电话213台，统筹调度应急排水泵、排涝车、挖掘机、无人机、冲锋舟等装备器械。各乡镇（街道）、村（社区）应急抢险物资全部按省防汛防台抗旱指挥部要求储备到位。易灾多灾乡镇（街道）、行政村（社区）防汛“三大件”卫星电话、发电机、排水泵配置全覆盖。

【应急救援】 编制修订富阳区突发事件总体应急预案。发布《关于下达2022年亚运会各类预案方案编制及演练计划的通知》，督促指导部门完成富阳区地震应急预案等专项预案43个。下发《关于进一步明确局内部科室应急预案编制及演练工作的通知》，明确应急管理局内部科室预案修订及演练职责分工，包括富阳区防汛防台抗旱应急预案、富阳区森林火灾应急预案等8个预案。出台《杭州市富阳区自然灾害突发事件救援力量调度方案》，明确力量调度原则、调度程序和条件、现场指挥部及组成、抢险救援分工和各类力量调度。通过政府购买服务方式，区应急管理局与保安公司签订采购劳务合同，组建一支23人的区综合应急救援队。制定救援队配套队伍管理制度，列装100余万元的水域、山地、无人机等救援装备，相继在人武、消防、狼群等资深队伍开展封闭训练，提升救援技能和连续作战能力。发挥区级有关部门专业优势，指导有关部门和单位组建涉及危化救援、矿山救援、燃气救援、电梯救援、水利工程抢险、地质灾害、森林防火、城市内涝、电力、通信、医疗急救等专业应急救援队61支，其中富阳区金鑫矿山应急救援队为省级专业救援队，富阳区海正危化应急救援队为杭州市级专业救援队。建立乡镇（街道）综合应急和消防救援队24支，制定《富阳区乡镇（街道）综合应急和消防救援队考核办法》，明确队伍、装备建设标准。同时，建立村（社区）应急突击队335支，每支30人以上，队员总数10260人，做到救

2022年7月14日，北支江观赛群众溺水演练，图为用无人机投送救生圈
（区应急管理局　供稿）

援人员到位、装备配备到位、多案合一预案到位。制定《杭州市富阳区突发事故灾难和自然灾害常态化应急演练方案》，明确演练任务，夯实演练责任，常态开展演练，不断提升各级各部门、各乡镇（街道）和各应急救援队伍应急救援能力。6月10日，组织防汛防台指挥部进行实战演练，指挥部中心现场模拟指挥、下达指令，鹿山街道、常绿镇、湖源乡、大源镇分会场按指令执行命令，开展人员转移、地质灾害抢险、堤防抢险、内涝抢排等演练科目，200余人参加。8月29日，下发《关于要求组织开展危险区域人员转移常态化拉练工作的通知》，镇村两级转移责任人摸排、全覆盖分析转移人员，包村领导随机抽查3户8—10人以上，摸排分析16217人，拉练574户1561人，出具《关于全区开展人员转移拉练工作评估分析报告》。通过拉练，促使人员底数更清、工作责任更落实、工作流程更清晰。

【防汛抗台】 汛期气象发布暴雨黄色预警28次，橙色预警3次，红色预警1次，启动防汛防台应急响应5次，其中Ⅱ级应急响应1次、Ⅲ级应急响应2次、Ⅳ级应急响应2次。2022年，汛期总体较为平稳，对11号台风“轩岚诺”、12号台风“梅花”分别启动Ⅲ级、Ⅱ级应急响应，但富阳区受影响相对较小，未发生明显洪涝台灾情。“轩岚诺”台风影响期间，全区转移人员188人；“梅花”台风影响期间，全区转移（撤离）人员43725人，包括转移涉险人员2441人及临时撤离工地人员41284人，未造成较大直接经济损失。

【宣传培训】 全年对安全生产重点人员开展线上线下安全生产知识培训20571人，完成市局下达任务的140.9%。其中，一般生产经营单位主要负责人631人、安全员863人、危化品安全员24人、电工816人、焊工1103人。以乡镇（街道）为单位，组织企业主要负责人安全生产培训24场。组织专题宣传活动。6月全区范围内开展以“遵守安全生产法、当好第一责任人”为主题的“安全生产月”活动，会同区总工会、区卫健局组织“安康杯”安全生产知识竞赛，发动参加全国“安全生产月”安全知识网络有奖答题。在“5•12”全国防灾减灾日和“10•13”国际减灾日，开展“防灾减灾”汉字画创意作品征集大赛、剪纸课堂、地震科普宣传片、公益宣传短视频、知识竞赛等宣传活动，提升全民防灾减灾意识，夯实防灾减灾的人民防线。加大安全生产违法行为曝光力度，与《富阳日报》合作，专版曝光非事故行政处罚案件197件，制作安全生产检查曝光专题栏目12期，公开曝光安全生产违法行为，发挥社会监督作用。

【安全生产执法】 2022年，区应急管理局通过全员执法、委托执法等形式，全年办结非事故处罚案件220件，罚款493.8万元。

【生产安全事故】 2022年，全区发生生产安全事故10起死亡9人，其中亡人事故9起死亡9人、伤人事故1起，交通事故6起死亡6人，水上交通事故1起死亡1人，工矿商贸领域生产安全亡人事故2起死亡2人，伤人事故1起。生产安全事故数、死亡数均比2021年下降。

（李华锋）

【消防安全】 全区接警855起，其中火灾扑救384起，成灾火灾163起，出动车辆1646辆次，出动人员9544人次，抢救被困人员64人，疏散被困人员10人，抢救财产价值26.34万元。全年消防监督检查单位2920家，发现火灾隐患1973处，整改火灾隐患1900处，下发责令改正通知书1064份、行政处罚决定书246份，责令“三停”43家，罚款187.86万元，拘留134人，处理群众火灾隐患举报528件。全年完成排查整治高层建筑1308幢，加强306家消防安全重点单位的监督管理，指导、督促6家重大火灾隐患单位完成隐患整改，推动各镇街整合建立区域微型消防站28个，由“119”指挥中心统一派警情调度。

（黄　翔）

## 数据资源管理

【数字化改革推进】 2022年，富阳区数据资源管理局围绕贯彻落实党的二十大和省、市、区党代会精神，高质量发展建设共同富裕示范区、高水平描绘现代版富春山居图决策部署，按照“1612”体系要求，全力推进一体化智能化公共数据平台建设，有效支撑党建统领整体智治等六大领域改革，积极建设特色应用场景，迭代升级“浙里办”“浙政钉”两端，阶段性成效明显。

【公共数据归集】 至年底，富阳区一体化智能化公共数据平台编制省市回流和区级数据资源目录924条，包含数据项25223个、数据量

2022年5月16日，富阳区开展网络安全攻防演练

（区数据资源局　供稿）

17.12亿条；对接区级部门30余个，共享批量数据3亿条，提供共享接口450个，接口累计调用量4.6亿次，有力支撑全区的数字化改革工作。

**【数字资源统筹】** 至年底，全区累计在省一体化数字资源系统（IRS）注册应用117个，部门新建应用遵照查重准入机制，有效避免重复建设；组件共建共享，区数据资源局指导部门在IRS上架组件6个，协助39个应用申请并调用了IRS组件超市中的26个组件，累计调用27万余次，节约应用重复功能开发建设成本；云资源高效利用，通过IRS应用与云资源关联梳理，将云资源的申请、释放和升降配迁移至IRS，通过IRS申请云资源实例27个，释放云资源实例5个，显著降低资源成本。

**【数智赋能疫情防控工作】** 做好区级应用维护，持续发挥应用能效。按照杭州市疫情防控指挥部要求统一启用"入杭报备"，针对"入杭报备"试运行期间存在问题，主动完成"舒心返"与"入杭报备"的系统对接，3月，开发上线"防疫管控措施查询"小程序，通过"重点行业从业人员管理平台"，协助行业主管部门实现实时管理。继续加强培训指导，不断提高战疫能力。分级分层分角色开展不同形式的培训工作，组织培训人员核查、精密智控平台操作、健康码申诉、舒心返（入杭报备）、重点人员协同处置机制等方面。总结经验优化流程，升级完善工作机制。结合疫情防控中对短时大批量的重点人员协同核查、健康码赋码和转码数据梳理操作和健康码申诉处置等工作的实战经验，针对快速有效赋码、准确高效核查、有序处理申述、及时变更政策等方面进行总结提升。

（魏清远）

**【编辑　沈绍坤】**

# 8 中国人民政治协商会议杭州市富阳区委员会

Hangzhou Fuyang District Committee of the Chinese People's Political Consultative Confrtence

## 重要会议

**【政协十届一次会议】** 2月10—13日，富阳区政协十届一次会议在富春街道举行。全区22个界别275名政协委员参加会议。会议听取并审议通过区政协主席陆洪勤代表区政协第九届常务委员会所作的工作报告、副主席孙晓华受区政协第九届常务委员会委托所作的提案工作报告，表彰2021年度先进界别小组、优秀提案和九届优秀区政协委员。与会人员列席区第十七届人大第一次会议，听取并讨论政府工作报告和会议的其他报告。会议审议、通过政协第十届杭州市富阳区委员会第一次会议决议。会议期间，收到全区各民主党派、工商联、无党派人士、有关人民团体和政协委员以提案形式提出的意见建议298件。

**【政协常委会会议】** 1月10日，区政协召开九届常委会第二十二次会议，协商有关人事事项。

1月14日，区政协召开九届常委会第二十三次会议，协商有关人事事项，听取区委常委钟永明关于区政协九届五次会议以来提案办理情况报告，协商2022年政府工作报告以及计划、财政、环境、法治政府建设和法、检两院工作等报告征求意见稿；协商通过区政协十届一次全体会议大会议程和日程、大会主席团、秘书长、副秘书长建议名单、十届区政协常委候选人预备人选名单，大会执行主席分组建议名单，选举办法（草案）及总监票人、监票人建议名单、区政协九届常委会工作报告、提案工作报告等有关筹备事项。

2月13日，区政协召开十届常委会第一次会议，讨论通过区政协提案委员会、经济科技委员会、城建和人口资源环境委员会、社会法制和港澳台侨委员会、文史和教文卫体委员会、政协委员工作委员会主任、副主任、委员人选，协商大会提案收集和初审情况报告。

8月30日，区政协召开十届常委会第二次会议，听取区综合执法局汇报并协商“亚运场馆周边环境整治提升”工作，协商有关政协委员调整事项，听取区委常委、常务副区长钟永明关于区政协十届一次会议以来提案办理情况的通报，协商上半年政府工作报告、上半年全区计划及财政执行情况报告、上半年生态环保报告和区法院、区检察院上半年工作情况报告，协商《区政协十届一次会议以来提案审查报告》《区政协2022年上半年工作总结和下半年工作思路》。

11月23日，区政协召开十届常委会第三次会议，专题视察“大综合一体化”行政执法改革推进情况，协商有关人事事项，民主评议区政协十届一次会议重点提案，通过集中展示重点提案办理成效、评议人员现场点评、承办部门回应、数字化评议、当场公布评议结果，提升提案办理绩效。

12月23日，区政协召开十届常委会第四次会议，听取区委常委、常务副区长钟永明通报区政府关于区政协十届一次会议以来提案办理情况，协商政府工作报告、年度全区计划与2023年计划（草案）报告、年度财政执行和2023年预算（草案）报告、年度全区生态环保报告和区法院、区检察院全年工作情况报告，协商区政协十届二次会议有关事项、协商区政协十届常委会工作报告和区政协十届一次会议以来提案工作报告、协商区政协十届二次会议大会建议案、协商区政协2023年重点履职工作安排。

## 政治协商

**【请你来协商】** 8—12月，开展民生提案办理、王洲文农旅融合发展、促进乡村治理、优化小学课后托管服务、完善小区电梯安全保障体系、加强绿道建设管护等区级“请你来协商”专题活动6场，均获区委、区政府领导肯定批示，其中“王洲文农旅深度融合发展”请你来协商专题活动在市政协“农文商旅融合赋能乡村发展，助推共同富裕”请你来协商会议上作专题发言。6场区级“请你来协商”专题活动形成协商建议141项，彰显“参政参到要点上、议政议到关键处”的担当作为。

**【基层协商】** 根据省、市政协要求，实现全区24个乡镇（街道）“民

2022年12月1日，区政协开展“加强绿道建设管护、提升绿道综合效能”请你来协商活动 （区政协办 供稿）

生议事堂”“社情民意联系点”“委员工作室”三位一体建设全覆盖，实现335个村（社）“协商驿站”全覆盖。全年指导24个乡镇（街道）开展“民生议事堂”活动48次，协商驿站活动96次，提出意见建议351条，解决255条。其中，“大源镇推进红色文化传承”等10件协商案例入选杭州市政协100件优秀案例，“银湖街道推进西岩山温泉旅游度假区建设”“胥口镇加快中药产业发展”入选杭州市政协20佳案例，“新登镇推动乡村旅游提质增效，绘就共同富裕美好蓝图”入选省政协“民生议事堂共富月”案例。在开展民生议事堂活动的基础上，组建十届政协基层协商质效评估团，对乡镇（街道）基层协商活动开展规范化指导与质效评估。

## 民主监督

【专项集体民主监督】 围绕《杭州市富阳区“迎亚运、展风采，全面打造现代版富春山居图”行动方案》的八大“标志性强的产业群落项目”，开展2022年“迎亚运、展风采，全面打造现代版富春山居图”专项民主监督，助力全区“迎亚运、展风采”专项行动落地见效和产业转型升级。开展市、区两级政协“推进城市环境品质提升行动，实现‘美丽杭州迎亚运’”专项集体民主监督，提出工程进度、资金保障、后期运维等问题的相关建议。开展数字化改革专项集体民主监督，提出改革破题、基层创新、跑道融合等问题的相关建议。开展常委会会议视察迎亚运城市环境品质提升、“大综合一体化”行政执法改革推进情况，提出改进建议。开展主席会议视察秦望“城市眼”项目建设、医养结合健康养老服务推进等工作，提出改进建议。

【对口监督】 以各专委会主导，通过对口调研、视察、交流等形式，对口监督宗教场所数字化改革“规划一张图”，城市无障碍设施建设、使用和维护情况，企业培育工程，新登千年古城复兴工程推进情况等项目，向有关部门提出意见建议并获落实。

【社情民意信息】 畅通民意反映渠道，将人民群众和社会各界人士的意见、呼声及时反映至区委、区政府及相关部门，督促办理落实。全年收到社情民意信息326篇，编发《富阳政协·普刊》1期、《富阳政协·参政建言》22期、《富阳政协·社情民意》12期30篇，形成对策建议283项，其中获区委、区政府主要领导批示肯定33篇。

## 参政议政

【提案工作】 区政协十届一次会议始，区政协收到以提案形式的意见建议313件，立案229件，立案率73.2%，至年底均办复，其中解决落实提案147件。立案提案经协商由76家单位承办，其中主席会议协商确定《关于进一步发挥产业基金作用助力招商引资的建议》等提案11件为重点提案，由区委、区政府有关领导领办，区政协领导督办，4件提案在省政协《联谊报》专题报道。开展新政协委员提案撰写培训，指导“数字提案系统”推广应用，引导新老委员科学选题、认真调研、规范撰写。开展“民生提案现场办·请你来协商”，选取农产销售、交通安全、民生改造、养老保障、老龄社群等5件热点民生提案，邀请区委副书记、区长马利阳参加协商，实现建议当年落实。起草《杭州市富阳区政协提案工作规程（征求意见稿）》，完善工作机制，服务保障激发新动能。评选2022年度区政协优秀提案23件。

【专题调研】 选取完善安置小区物业管理和公共服务、加强城市地下污水管网建设与管理，培养壮大“专精特新”企业，加快产业园建设、以优质空间引育俊鸟，推动富阳区竹产业高质量发展，加强项目全过程管理、提升工程建设品质，以泗洲中国古代造纸遗址综保复兴为契机助推城北区块产城融合发展，优化网格员管理机制、助力基层治理，加大技师培养力度、培育“富春名城工匠”，新就业群体就业状况改善和职业发展，加强基层文化建设、促进“精神共富”，推动中医药事业传承创新和高质量发展，增收壮大村级集体经济等课题开展系统调研，全年提交调研报告13篇，获区委、区政府采纳并交由相关部门落实，助力打造创新活力、都市田园、山水人文、幸福宜居“四大图景”。

【助解民生小事】 以委员主导、媒体联动、群众参与、部门互动形式，围绕完善城市盲道建设与管理、中埠大桥与汤马线交叉口交通优化、城区交通堵点治理、持续开展困境儿童帮扶、办好“小候鸟”班推动“教育共富”、住宅电梯安全运维等6件事关百姓生活感受的“身边事”，组织界别小组开展助解“民生小事”履职活动，构建“委员建议、部门回应、市民互动、媒体跟踪”的履职闭环。

## 经常性工作

【党的建设】 织密既有政协特点又能有效覆盖的政协系统党建组织体系，梳理重塑政协系统党的组织架构，将十届区政协委员中109名党员全部编入6个专委会党员委员临时履职党支部，设置界别党小组17个，完成各级党组织调整换届。全年开展各类党建活动160余次，切实以高质量党建引领高水平履职。其中文史委党员委员临时履职党支部党建案例，入选市政协首批党建精品案例，在全市政协系统党建工作经验交流会作典型发言。

【品牌打造】 开展“委员在身边、履职展风采”主题活动，将286名委员全部编入24个乡镇（街道），发动和支持全体政协委员在助力区委区政府中心工作、助推乡镇（街道）急难险重的重点工作、助解群众急难愁盼的民生小事等方面履好职、展风采。完成十届政协标识系统设计，通过“七个一”举措，提升政协委员在基层的辨识度与影响力；发挥政协优势，引导委员聚焦中心工作，在精主业、促转型、谋共富、迎亚运中发挥表率作用，多名委员被授予相应荣誉称号；发挥委员自身优势，引导委员立足基层做贡献，结合委员属地履职，对216名困境儿童实施长效结对帮扶，发挥政协委员电商直播优势，帮助农户解决农产品滞销问题等。

2022年8月4日，区政协举行“委员在身边、履职展风采”主题活动启动仪式

（区政协办　供稿）

【中心任务】 高质高效推动秦望“城市眼”工程推进、泗洲中国古代造纸遗址综保复兴、壶源溪流域联动发展、新冠肺炎疫情防控指挥、亚运水上运动中心场馆运行、杭州富春湾新城产业指导、重点教育卫生项目建设等区委、区政府交办的中心工作任务。

【理论研究】 明确全年理论研究任务，围绕当前人民政协民主监督过程中存在的问题和原因，以研究和探索新时期人民政协民主监督机制如何更好地发挥作用为导向，完成理论研究工作学术文章《进一步完善人民政协民主监督的理论研究和探索》。

【学习培训】 举办政协讲坛1期。8月4日，邀请中共浙江省委党校董明作《我国新型政党制度与人民政协履职——习近平总书记关于人民政协重要论述若干解读》专题讲座。

【文史工作】 结合“精品文史”工程打造，解码富春文化基因，围绕富春文脉的轴线富春江，编撰出版《富春渚》，打造具有鲜明富阳辨识度的城市文化名片；以泗洲造纸遗址考古成果为基础，策划《故纸图新——富春宋纸的古物与新艺》，展现出中国手工造纸的独特魅力及新时代文化价值；举办“苏东坡和他的朋友们——两宋文人书迹拓本展”，贴近宋代文人墨客的思想和情感，感受最真实的宋韵魅力；围绕喜迎亚运主题，举办“杭州亚运风·富春水墨情”迎亚运展风采书画展，展现现代版富春山居图的独特韵味。

【团结联谊】 全年支持各民主党派提交集体提案3件，建立健全具有政协特色的凝聚共识体系，为民主党派、工商联和无党派人士履职建言搭建平台、创造条件，完善政协走亲、走访联谊、委员谈心谈话等制度机制，邀请各民主党派、工商联、有关团体参加政协重要会议、重点调研、重点协商、重要交流活动90余次，为富阳发展画好最大同心圆、汇聚最大正能量。参加各民主党派、工青妇、宗教、侨台等文化联谊活动，依托政协联谊会等社团开展对外交流，讲好富阳故事。

【服务基层】 参与全区“昼访夜谈”调查研究年活动和“助企纾困”专项行动，承办“迎亚运、促共富”市区两级政协“六送”服务基层和群众活动启动仪式，组织委员开展各类送服务下乡28次，引导委员开展“公益活动室”“助学奖学金”“小候鸟班”等特色履职工作，打造“困境儿童帮扶”委员助解“民生小事”政协公益品牌，结对帮扶全区困境儿童216名，为基层群众办实事、办好事、解难事。

## 重点提案

【关于进一步发挥产业基金作用助力招商引资的建议】 区政协财金组和区政协委员申屠晨光提出，富阳区现有产业基金政策存在项目招引力度不大、项目决策层级偏多、专业管理人才匮乏等问题，建议新设区级招商基金，优化运作模式，引入市场化基金管理人，精准服务招商工作；做好风险防控，加强项目评估及资金监管，维稳分散投资；深化多元合作，协同市场化机构，探索合理让利机制，完善基金规模框架。区政府第4次常务会议审议通过《杭州市富阳区政府产业引导基金管理实施意见》。区财政局会同各主管部门制定实施细则5项，由区招商委员会新设区级招商基金、区金融办公室新设资本合作基金，计划5年总规模100亿元，结合富阳区产业发展规划，优化决策程序，促进多方合作，重点服务优质项目招引。全年产业基金实际出资22.28亿元，投资项目25个，其中子基金项目13个，直投项目12个，撬动产业规模113.65亿元，基金招引落地企业122户，其中入驻金融小镇93户，发挥政府产业基金引导支持招商引资。

**【关于加快打通“黄金轴线最后一公里”的建议】** 区政协交通旅游组反映，目前富阳区“黄金轴线”道路基础设施日趋成形，但仍有部分路段、部分节点可能会成为“黄金轴线”的盲点、堵点，建议围绕秦望“城市眼”完善区域交通路网体系，从秦望路南延、西接，西堤路南北拓宽与沿线区块有机更新，文教路改造提升三方面入手，打通“黄金轴线最后一公里”。2022年以来，区发改局牵头相关部门，聚焦秦望“城市眼”项目建设及周边配套提升，实地调研并制定提案办理计划，与委员充分协商。年初，“秦望路南延、西接”，秦望南路作为新建实施类项目被纳入《2022年富阳区投资项目计划》，总投资11.8亿元；“沿线区块整体有机更新”，系统谋划，同步编制相关方案，围绕轴线核心节点逐个推进；“文教路改造”，通过微改造、加强交通组织及学校错时放学等多元施策，缓解交通压力。

**【关于加强职业技能培训，助推高素质产业工人队伍建设的建议】** 区政协工会组提出，对照区委产业强区战略要求，富阳区产业工人队伍建设尚存一定差距，亟须加强培训，提升素质，建议激发培训主体积极性，优化职业学校专业设置，创新培训教育模式，支持企业建立职工自主培训体系，加大宣传激励引领。2022年以来，区人力社保局围绕“产业强区”主战略，大力实施《关于进一步加强技能人才培育的实施意见》，不断提升产业工人素质。全年培育重点产业技能人才，聚焦高新技术、社区服务等紧缺职业；打造高水平技能平台，新认定区级大师工作室10家、市级大师工作室2家，入选浙江工匠5人，西湖明珠工程2人，推选浙江青年工匠16人；持续深化产教融合，建立校政企合作平台，推进企业职业技能等级认定试点工作；广泛开展技能培训，依托校企自主培训，新增技能人才8538人；打通高技能人才与工程技术人才职业发展通道，引导高级工183名申报助理工程师。

**【关于促进全装修新建商品住房管理的有关建议】** 民盟富阳区基层委员会调研发现，2021年，富阳区涉全装修商品住房信访投诉占比房地产行业近四成，政府职能部门保护消费者权益仍有不足，对企业行为约束力度不够，建议多管齐下护航质量，装标分类体现合理，阳光信访破除怪圈。2022年以来，区住建局会同相关部门充分吸收委员意见建议，提高办理精准度。编制《富阳区全装修住宅工程质量监督要点手册》，增加抽验范围，加强重点环节执法检查；完善信用机制，建立企业黑白名单，多方面过滤风险房企；细化装修标准，加强销售前备案及交付前房屋抽样比对；梳理“房地产管理一件事”，厘清全过程链条，形成规范管理体系。下一步，由区住建局牵头，拟鼓励开发商引入精装修保险机制，闭环精装修管理链路。

**【关于培育新登古城文旅新业态，激发新登古城新活力的建议】** 区政协提案组反映，近年来富阳区加快推进新登古城复兴，但离做好“传承古城韵味、彰显现代活力、深化文旅融合、延续新登文脉”尚有距离，建议促进文旅融合品牌项目形成，建立专业运维团队并优化管理体制，加大配套优化布局力度。2022年以来，新登镇牵头各承办单位按照“一年破题、三年见效、五年变样”时间表，紧密结合提案内容，制定办理计划，汇聚合力推进新登古城复兴工作，努力打造“专家可考、旅客可游、群众可居”的古城复兴新样板。相关落实情况：加强组织领导，成立申遗工作小组及复兴工程专班，全面统筹古城规划、招商等工作；统筹规划编制，高质量完成《新登千年古城复兴综合规划》等相关编制工作；实施征地搬迁，达成区块城市有机更新，腾出空间73.33公顷，展现城墙原貌；打造重要节点，修复城墙1.9千米，贯通城河2.4千米，开放配套公园及场馆；推进考古申遗工作，其中城门考古成功入选2021年浙江省十大考古重要发现；加大招商引流，多平台合作，招引特色街区商户69家，周人流量5000人次以上。

**【关于高质量推进未来社区（乡村）建设着力打造共同富裕美好家园的建议】** 区政协环境资源组就未来社区（乡村）建设规划建设、协同推进等问题，建议提高站位，统筹谋划；突出重点，分类推进；引育产业，长效运营；党建引领，和睦共治。区住建局、区农业农村局等承办单位扎实推进全区未来社区（乡村）创建工作，强化规划引领，编织专项规划及未来社区建设行动计划，深化“一江两翼六区”共富布局；完善体制机制，成立领导小组，统筹专项资金，出台相关评价考核办法；提升数字化水平，迭代升级一体化数智平台，联动“基层智治系统”；探索可持续运营模式，努力达成“自我造血、自我运转”的运营路径；坚持党建统领，明确党建统领工作要求，引导居民共同管理村社事务。

**【关于加快提升全区公路管养水平的建议】** 区政协城建组认为，富阳区在公路长效管养方面尚存一定问题，建议加大综合执法力度，统筹倒排施工时序，合理增加经费支持，提高日常管养力度。2022年以来，区交通运输局等承办部门在综合执法、公路建设、养护考核等方面持续努力，不断提升公路管理水平。针对“加大综合执法力度”，形成交通“1+X”执法管控体系，全环节覆盖，完成各类环境问题整改26895个；针对“统筹倒排施工时序”，多部门联合预审，加强数字化监管，明确责任主体；针对“合理增加经费支持”，重新核定测算，拟将全区国省县道日常养护经费提标至每年6200万元；针对“提高日常管养水平”，出台相关细则及方案，通过置新设备、创新管养模式，多举措提高公路路域环境总体水平。

**【关于加强部门协同合力推进教育共富的建议】** 民盟富阳区基层委员会调研发现，富阳区推动城乡义务教育一体化发展过程中，遇到双向互动、师资不平衡现象，建议完善政策体系，多部门协同；增设专项经费，灵活奖励机制；加强教师培养，探索多元模式。区教育局等承办单位认真落实提案办理要求，先后4次与委员面商，并及时向领办领导副区长詹艳青和督办领导副主席邱云汇报办理进度。相关工作：健全政策体系，协调疑难问题，制定“1+3”系列政策，增设专项奖励经费；优化教师培养模式，成立区级名师乡村工作室67个，培养乡村教师学员，探索“一师多校”模式，实施校级干部梯队培养计划；关注务工子女教育需求，改善相关教学点办学条件，持续增加学位供给。

**【关于提升互联网诊疗服务，加快推进“舒心就医”优质服务共享的建议】** 农工党富阳区基层委员调研发现，受限于医保政策支持等问题，富阳区互联网诊疗服务的作用发挥仍然不足，发展中的壁垒还没有完全去除，建议持续推进“互联网+”医疗服务建设，加强“互联网+”医疗服务监管，完善“互联网+”医保支付政策，开通“互联网+”药品配送服务。2022年以来，区卫生健康局会同市医疗保障局富阳分局、区市场监管局等部门，认真研究提案内容、积极沟通协商、扎实抓好办理，做到全面覆盖，动态监管，实现“互联网+”医疗健康服务全覆盖；创新模式，高效便捷，探索“互联网+医保”“家庭医生移动服务平台”等运行模式；药品配送，护航健康，推出“手机续方、不进医院”，实现用药各环节一体化；领办领导副区长詹艳青专题听取汇报。

**【加强政府法律顾问绩效管理助推高水平法治富阳建设】** 区政协城建组认为，富阳区基层依法治理存在法律顾问服务水平有待提高、工作机制有待完善等问题，建议促进法律顾问从“有形覆盖”向“有效覆盖”转变；“严管+厚爱”，提升法律顾问能力水平；“统建+自建”，强化法律顾问经费保障；“协同+突破”，健全法律顾问服务和管理机制。区司法局等承办单位紧扣提案内容制订办理计划，多次听取委员意见建议并向常务副区长钟永明、副主席孙晓明专题汇报提案办理情况，出台《关于加强政府法律顾问管理的实施方案》《政府法律顾问考核评价办法》等一系列机制措施，聘任区委区政府第二届法律顾问，法律顾问参与率较2019年提升24个百分点，行政败诉率从29%降为5.32%，法律顾问绩效管理水平显著提升。

**【关于建设“人生海海理想谷”打响文化名家IP的建议】** 区政协文体新闻组就“人生海海理想谷”文学交流培训基地的打造提出建议：组建工作小组，负责项目统筹协调推进；强化与麦家团队沟通对接，确定项目规划方案、运营模式等。2022年以来，大源镇汇聚承办单位、委员、乡贤等多方力量，组建工作专班，合力推进项目建设，加强各方对接，一线办公，多次调研沟通；调整空间规划，为远期发展预留开发建设空间；落实用地计划，确保建设用地指标；深化方案设计，充分论证选址；逐步落实基础配套，道路交通、电网设施等纳入规划，提案办理取得实效。

（何凯南）

**【编辑　沈绍坤】**

# 9 纪律检查·监察

Discipline Inspection and Supervision

## 重要会议

【区纪委二届二次全会】 2月18日，中共富阳区纪委二届二次全体（扩大）会议召开，回顾总结2021年纪检监察工作，部署2022年任务，审议通过沈阳红代表区纪委常委会所作的《奋进新时代 护航新征程，赓续纪检监察工作高质量发展新篇章》工作报告。中共富阳区委书记吴玉凤出席全会并讲话。

【漠视侵害群众利益问题专项治理工作部署会】 4月22日，全省漠视侵害群众利益问题专项治理工作部署会召开，富阳设分会场。会议坚持人民至上，以深入整治民生领域的“微腐败”、妨碍惠民富民政策落实的“绊脚石”，督促助推高质量发展建设共同富裕示范区，促进社会公平正义、保障群众合法权益为宗旨，围绕新能源汽车充电难问题专项治理、教育乱收费专项治理、电信网络诈骗专项治理等十大老百姓“急难愁盼”问题开展专项治理，并建立健全问题发现、督查督办、整改联动机制。会后，富阳区纪委监委会同区教育局、公安富阳分局等9家单位，确定了中小学校食堂采购问题、电信网络诈骗等11项专项治理任务，对部分治理项目开展情况进行联合督查，通过情况报告、工作会商、督导检查等形式，动态跟踪治理进度和整改落实情况，督促找准问题，监督整改落实，推动专项治理工作取得实效。

## 监察体制改革

【党内监督体系建设】 贯彻中央和省市关于一体推进纪检监察“三项改革”精神，全面加强开发区派出机构建设，提升派出富阳经济技术开发区纪检监察工作委员会监督实效。推动“大综合一体化”行政执法监督改革，逐步构建“区纪委提级监督、派驻机构延伸监督、镇街纪委属地监督”的协同监督机制，推动富阳纪检监察工作高质量发展。

【党内监督高质量发展】 聚焦高质量发展，实施日常监督、审查调查、信访化解等纪检监察创新工作“金点子”工程，以制度机制创新促监督质效提升。创新专项监督模式，“借力专项巡察创新行政执法监督模式”被评为浙江省县乡法治政府建设最佳实践。提升案件监督管理，拓宽线索来源、强化案件查办等案管工作实践做法在省案管调研工作会上交流发言。以“主题年”形式推进办案规范化建设，相关经验做法在全市纪检监察系统审理业务工作会议上交流发言。深入推进基层纪检监察工作规范化建设“510”工程，培育规范化建设示范样板镇街5个、样板村社10个，示范带动镇村两级纪检监察组织规范化建设。

2022年2月18日，中共富阳区纪委二届二次全体（扩大）会议召开

（区纪委 供稿）

## 执纪审查和监察调查

【信访举报工作】 开展“无检举控告村社、镇街”创建工作，立足于在基层解决纪检监察信访矛盾，做到“小事不出村、大事不出镇”，进一步提升“源头治理”能力。通过初信初访源头治理、重复检举控

告“清零”、信访办理规范高效等三大行动，推动信访量保持稳中有降良好态势。2022年，全年受理群众纪检监察信访举报192件，同比下降27%，信访总量和检控类数量实现六连降。开展重复检举控告“清零”行动，推动重复举报治理工作，全年化解重复检举控告“清零”件10件。常态化开展澄清正名和打击诬告陷害工作，全年为6名党员干部澄清正名，打击诬告陷害1人。

【审查处置】 全年处置问题线索1150条，立案351起，给予党纪政务处分333人，其中查处群众身边腐败问题14起14人；移送司法机关6人，其中区管干部1人。问题线索数、立案数和党纪政务处分人数均居全市前列，重点查处区财政局原调研员杨（某）华、区住建局消防管理科原工作人员羊（某）海、富春街道区域发展办原主任谢声等严重违纪违法案件，推动解决一批企业拆迁、房地产开发和土地规划审批等领域历史遗留问题。

## 作风建设

【纠治“四风”问题】 查处违反中央八项规定精神问题64起81人，给予党纪政务处分36人。统筹开展漠视侵害群众利益问题、交通运输领域突出问题等专项整治35项，发现问题228个，问题线索48条，问责50人，其中党纪政务处分12人。严查干部履职履责中不担当、不作为、不落实“三不”问题66起93人。发布违反中央八项规定精神典型问题《通报》4期，点人点事通报问题13起19人。

【澄清正名和打击诬告陷害】 常态化开展澄清正名和打击诬告陷害工作，全年澄清正名党员干部6人，打击诬告陷害1人，相关案例被评为全省澄清正名和打击诬告陷害典型案例，富阳区成为全省唯一同时入选澄清正名案例和打击诬告陷害案例区（县）。发挥“富春廉政”公众号等区级作风建设曝光台震慑作用。推进常治长效，联合市场监管、卫健、公安等部门，建立对酒店会所、商场超市等重点场所，以及酒驾背后“四风”等重点问题的常态化督查机制。

## 党风廉政建设

【围绕中心服务大局】 推动完成中央巡视反馈问题整改“六大能力提升行动”和省委巡视反馈问题年度整改任务，并开展回头看行动。注重各环节全流程闭环监督，抓紧抓实纪检监察系统迎接二十大除险保安工作。统筹监督力量护航“无疫单元”创建、社会面管控等疫情防控工作，编发防疫《督查通报》247期，发现并督促整改问题4934个。紧盯“关键少数”，加强对“一把手”和班子成员监督，细化落实“五张责任清单”，完善区级清单122条，协助区委书记约谈“一把手”和班子成员9人次。拧紧责任传导链条，严肃查处违纪违法背后领导干部“一岗双责”履职不力问题，追究责任17人。

【四责协同】 完善履职履责评价机制，推进“四责协同”督导评价向国企平台和部分区级机关延伸，印发评价通报4期，通报问题152个，进一步夯实区、镇、村三级管党治党责任共同体。

【项目化监督】 围绕区委中心，聚焦重点领域开展项目化监督，发现问题368个，移送问题线索38条，向区委主要领导报送专报10篇。

【数字化改革】 聚焦数智赋能，承接全省纪检监察系统公权力大数据监督应用试点任务6项，构建各类预警模型76个，医保执法、医疗医保审批和财政资金拨付等3个应用实现全省推广，5个预警模型被评为省级最佳模型。收集红色预警4936条，查实率93%。通过数字预警，推动开展全区医保定点机构专项治理，督促职能部门办理行政案件14起，移送司法程序2起，追回医保基金381.43万元。坚持数智赋能助力基层治理，实行基层政治生态定期督导评价、分档着色，实现“一图读懂”。迭代升级“数智巡察”应用系统，8月，在全国“贯彻落实巡视巡察信息化建设指导意见推进会”演示推广。

【清廉单元建设】 构建“7+7”清廉单元建设新格局，推动清廉单元建设向城管、住建、公安、财政、医保、市场监管、社会组织等重点领域拓展延伸，区审管办等10家单位入选清廉杭州建设优秀实践案例，富春中学获评全省清廉建设成绩突

2022年，富阳打造“根脉传承”“青清同行”“清廉富阳”红廉精品专线。图为“清朗·富春山居”廉洁文化之旅路线图
（区纪委 供稿）

2022年7月，富阳组织各单位开展廉政警示教育
（区纪委　供稿）

出单位、首批浙江省清廉学校建设示范校。承办全市清廉民企建设现场会，并作为区县级代表在全市清廉建设推进会上作典型发言。全力打造“清朗·富春山居”廉洁文化品牌，建设以区廉政警示教育馆为主阵地，机关、乡镇、村社等众多廉洁文化阵地组成的“1+N”廉洁文化矩阵。推出“根脉传承”“青清同行”“清廉富阳”线路，绘制《“清朗·富春山居”廉洁文化之旅路线图》。围绕构建新型政商关系，推动政府侧、企业侧同向发力，与区工商联“一体两侧”协同打造亲清政商关系做法被评为全国工商联改革优秀案例。

【警示教育】　强化廉洁教育，创新建立“廉洁体检中心”，编制“廉政体验剧本”，开辟红廉观影院，打造年轻干部“沉浸式”廉洁教育新模式。协助区委深入开展周江勇案警示教育活动，推动全区党员干部对照检查。深挖用好违纪违法典型案例，开设“阳阳说纪”栏目，拍摄警示教育片5部，组织重大案件庭审旁听600余人次，区廉政警示教育馆现场接受警示教育164批7000余人次。

## 派驻（出）机构和队伍管理

【纪检监察队伍建设】　聚焦忠诚、创新、为民、律己，推动纪检监察干部政治素养、履职能力、宗旨意识和铁军形象再提升。严格常委会议事规则，实行党的政治理论学习“第一议题”制度。巩固拓展党史学习教育成果，深入学习和宣传贯彻中共二十大精神。围绕“四聚焦、四提升”实施清风练兵行动，分层分类开展全员培训，依托“夜学沙龙”“师徒结对”“项目领办”等活动助力青年干部成长。开展纪检监察系统作风建设和集中警示教育活动，严格落实“九条禁令”，实施负面清单报告、政治生态评估工作，规范纪检监察干部政商亲清交往行为。全体纪检监察干部忠诚履责、担当作为，被评为全省纪检监察系统先进个人1名，获市级表扬6名，展现纪检监察干部良好形象。

【机关党建】　坚持党建统领、清廉筑堤，以讲政治、浓氛围、强队伍为主抓，全力打造“清朗·富春山居”党建品牌，引领全区党员弘扬“红色为根、清廉为尚”的理念，共同描绘全区“清朗·富春山居”政治生态之图。机关党建“清朗·富春山居”品牌获“全区十佳机关党建品牌”。利用富阳丰富的红廉文化资源，打造“根脉传承”“青清同行”“清廉富阳”红廉精品专线3条。组织开展省市区党建共筑活动7次，大章村红廉文化“沉浸式”体验基地自7月运营以来已接待党员干部800余人次，龙门古镇红廉文化阵地累计接待省内外党员干部和游客超100万人次。

【深入基层】　探索建立“五大机制”，进一步发挥大党委制单位合力攻坚作用，全年组织参与志愿活动20余次，派出300余人次参与疫情防控，公办共推事项11件。建立“四共”机制，一体推进大龙门组团联动发展，推动完成组团迎展重点项目3个，完善组团联动机制3个，完成产业招引5个。深入开展“大走访大调研大服务大解题”，做实“昼访夜谈”“走亲连心三服务”“百日解百难”等服务群众活动，全年开展民情调研16次，征求民生意见29件，帮助解决问题39个。

（张凌云）

【编辑　沈绍坤】

# 10 民主党派
Other Politicad Parties

## 中国民主同盟杭州市富阳区基层委员会

【概况】 中国民主同盟杭州市富阳区基层委员会（以下简称民盟富阳）全年发展新盟员7人，共有盟员86名，下设文化、教育、科技、综合4个支部，其中有杭州市政协委员1名，富阳区政协委员13名，杭州市人大代表1名，富阳区人大代表1名。全年组织活动38次，其中：学习讨论活动18次，组织参政调研活动5次，监督协商活动3次，各类社会服务活动12次。连续第五年被中国民主同盟杭州市委员会评为“先进基层组织”，第二次获评“示范性基层组织”；被中国民主同盟杭州市委员会评为2022年调研工作先进集体、2022年社情民意信息工作先进集体。

【思想建设】 全年开展专题课程10次，通过“盟员云讲坛”系列讲课，学习亚运知识、急救知识、盟史、民盟先贤、社情民意培训。1月，召开民盟富阳班子民主生活会；5月29日，赴杭州师范大学开展交流学习，参观杭州市盟员传统教育基地沈钧儒纪念馆、杭州师范大学盟员之家；6月14日，开展“喜迎二十大，携手奔共富”——民盟富阳盟员文化艺术展活动，展出7位盟员30多幅文化艺术作品以及100多幅由盟员指导创作的学生作品；7月，组织开展学习贯彻省第十五次党代会精神；8月12日，召开“矢志不渝跟党走，携手奋进新时代”政治交接主题教育专题宣讲会；11月，召开中国共产党二十大精神专题学习会；11月12日，全国人大常委会副委员长、中国民主同盟中央主席丁仲礼赴富阳受降纪念馆进行中国民主同盟传统教育基地揭牌仪式；11月，召开“星级”支部创建工作推进会。

2022年11月12日，全国人大常委会副委员长、中国民主同盟中央主席丁仲礼在富阳受降纪念馆为中国民主同盟传统教育基地揭牌，图为成员合影
（民盟富阳区基层委员会　供稿）

【参政议政】 全年撰写社情民意94篇，其中中国民主同盟中央录用1篇，中国民主同盟省委会录用16篇。撰写宣传稿件60篇，其中民盟中央录用4篇，民盟省委会录用18篇。做好政协提案，获评第九届区政协优秀委员盟员4人，提交提案14件（集体提案4件、个人提案10件），其中：集体提案《关于完善0—3岁婴幼托育服务工作体系的建议》《关于打造国家级文化强区的建议》，卢立平个人提案《进一步优化政府投资项目流程与绩效的建议》获评区政协优秀提案。开展专题调研，3月6日，赴富春湾新城杭黄未来社区体验馆开展“庆节日，迎亚运，话发展”主题活动，交流探讨富春湾新城发展情况、学校设置、安置小区、中科院上海光机所杭州分所科研孵化及光电产业基地等；10月23日，赴富春街道宵井村开展专题调研考察和社会服务前期对接，了解宵井村美丽乡村建设优秀做法，提升盟员参政议政履职能力。

【监督协商】 11月17日，开展“高质量发展建设共同富裕示范区”专项民主监督活动，针对“富阳区‘双减’政策的落地见效”课题，探讨存在问题以及下一步如何优化课后托管、教师减负、规范校外培训、提升家长意识等。

【社会服务】 1—2月，组建民盟抗疫突击队和预备队，动员医生盟员、志愿者盟员、教师盟员、企业家盟员等以多种形式参与抗疫斗争；2—3月，组织盟员帮助企业复工复产，如：亚运交通基础设施复工复产保障、政府投资项目工地复工复产推进、行政审批保障、开发区园区项目复工复产指导等；7—8月，派出盟员名师团队，在富春街道三联村暑期假日爱心学校开展送教系列活动，课程涵盖民法典普法教育、垃圾分类、趣味数学、音乐欣赏、美术绘画、数独思维等。

（赵涵文）

## 中国民主建国会富阳区支部

【概况】 2022年，中国民主建国会富阳区支部（以下简称支部）发展新会员4人，现有会员54人，获评2022年中国民主建国会杭州市先进支部，支部主委孙丙华当选浙江省出席中国民主建国会第十二次全国代表大会代表。孙丙华、王卫琴、王波、洪英、陈振纲、程美玲、羊明坤、曾想8名会员获评区优秀政协委员；孙丙华撰写的《关于推动我区乡镇工业园区提升转型的若干建议》获评区政协十届一次会议优秀提案；沈晓亮代表支部以《政策聚焦、建链建圈、数智引领，打造国企智能装备产业高地》为题在区政协十届二次会议上发言。

【参政议政】 全年提交集体提案4件，提交各类社情民意信息77条，其中张琳撰写的《私募基金监管存在五方面问题亟待引起重视和强化行业风险管控》、王卫琴撰写的《基层反映液压升降平台安全存在诸多问题亟待重视和解决》获全国政协录用；单旭艇、徐步云、汪尧联合撰写的《当前金融纾困政策落实面临诸多问题亟待重视》等4篇信息被中国民主建国会中央录用；张琳、单旭艇、徐步云联合撰写的《基层建议积极推进金融领域数字化改革推动农村普惠金融发展 服务促进乡村振兴发展》等1篇信息被省委统战部录用；单旭艇撰写的《关于推进浙江蔬菜种苗行业高质量发展的建议》和周振洪撰写的《建立统一规范高效的诉讼财产保全工作体系》等9篇信息被省委会录用，录用量位列全市前列。

【组织建设】 全年组织各类活动21次。1月24日，召开支部领导班子民主生活会；4月24日，召开“同心同行迎亚运·凝心聚力再启航”2022年度支部大会，开展“会员助力 亚运有我”系列主题活动，市政协副秘书长、中国民主建国会杭州市委会专职副主委兼秘书长张琳，中国民主建国会杭州市委常委、副区长詹艳青出席活动；5月15日，召开2022年度先进小组考核办法培训会，学习中国民主建国会杭州市委会考核文件精神，部署2022年度支部小组考核工作；5月27日，中国民主建国会临安总支到富阳开展支部联谊交流活动；5月30日，举行“疫情冲击下民营企业的困境、对策和希望”为主题的浙江中国民主建国会青年企业家论坛，浙江省政协副主席、中国民主建国会浙江省委会主委陈小平出席活动并讲话；7月29日，召开2022年半年度工作会议暨议政日活动，市政协副秘书长、中国民主建国会杭州市委会专职副主委兼秘书长张琳出席。

【学习生活】 全年开展学习生活5次。1月2日，召开支部班子（扩大）会议，学习区第二次中共党代会精神；3月5日，召开支部班子（扩大）会议，学习杭州市第十三次中共党代会精神；7月2日，支部专题读书班在宁波开班，中国民主建国会杭州市委会专职副主委兼秘书长张琳参加；8月19日，开展支部主题学习会，传达学习中央统战工作会议及中共区委二届二次全会精神；10月21日，召开支部班子（扩大）会议，学习贯彻中国共产党第二十次全国代表大会精神，中国民主建国会杭州市委会副主委、杭州科技职业技术学院院长温正胞，市政协副秘书长、中国民主建国会杭州市委会专职副主委兼秘书长张琳，中国民主建国会杭州市委常委、副区长詹艳青参加会议。

【社会服务】 全年开展社会服务5次。5月30日，民建富阳区支部联合浙江民建青年企业家和兄弟支部，在春江街道开展同在蓝天下“民建

2022年7月2日，中国民主建国会富阳区支部举办专题读书班。图为学员合影
（民建富阳区支部　供稿）

思源”新春江人助学基金暨第十一期向日葵爱心助学活动，市政协副秘书长、民建杭州市委会专职副主委兼秘书长张琳出席活动。7 月 15 日，民建富阳区支部开展“夏送清凉·致敬城市英雄”高温慰问活动，为奋战在“城市眼”项目一线的工人们送去清凉解暑用品。11 月 25 日，开展以“共富石榴红，助力浪山畲族村”为主题的认购临安畲族浪山村民建共富大米活动。11 月 29 日，富阳民建·春江街道全过程人民民主实践基地正式揭牌，市政协副秘书长、民建杭州市委会专职副主委兼秘书长张琳，中共区委常委、区委统战部部长祝燕青参加揭牌仪式。

（王卫琴）

## 中国农工民主党杭州市富阳区基层委员会

【概况】 中国农工民主党杭州市富阳区基层委员会（以下简称基层委）下辖支部 5 个，分别是人民医院支部、医卫综合支部、联合支部、教育支部、新登支部，有党员 119 人，其中，浙江省政协委员、杭州市人大代表、富阳区人大代表各 1 人，富阳区政协副主席 1 人，区政协常委 3 人，区政协委员 11 人。基层委获评农工党浙江省“先进社会服务集体”，汪春良获评农工党浙江省委会“社会服务工作先进个人”，许金华、何静布分别获评农工党杭州市委会“社会服务工作先进个人”“宣传工作先进个人”。

【宣传思想】 全年举办各类专题学习会、理论学习中心组学习会、读书培训班 14 次，开展支部活动 10 余次。5 月，与农工党拱墅区基层委第五支部开展交流工作；6 月，配合开展农工党杭州市委会 2022 年“环境与健康宣传周”服务基层和群众活动，单妍、盛振瑜、张波代表农工党富阳区基层委参加统一战线“庆七一·话统战”知识竞赛，获一等奖（第一名）；7 月，协助农工党市委会组织召开 2022 年暑期读书会；11 月，组织班子成员参加区委统战组织的党外代表人士培训班。全年在前进论坛、富阳电视台以及团结网、澎湃新闻、浙江农工党、杭州统一战线、杭州农工党、富阳统战等网站和微信公众平台发布宣传报道、党员文章 50 余篇次。

【组织建设】 发展张波、盛振瑜、陈珊珊、单妍、陈飞、张柳青、何静布等 7 名培养教育期人员。召开新党员及培养教育期党员座谈会 4 期。推选优秀年轻骨干党员及发展教育期人员参加农工党省、市委会、区委统战部举办的各类培训班；做好后备干部培养使用，将骨干党员录入数字统战数据平台。组织退休党员活动 1 次，支部间交流活动 2 次，慰问党员 20 人次。

【参政议政】 基层委按照下属各支部行业优势组建参政履职小队，设立支部课题调研小组、民主监督工作小组、社情民意任务小组。通过各支部上报调研课题项目，下达目标任务，责任到人。全年提交社情民意信息 18 篇，课题报告 4 篇，专项民主监督 1 篇。区“两会”期间，提交提案和建议 19 件，以农工党集体名义领衔提案 1 件，集体联名提案 2 件，以代表、委员个人名义领衔建议、提案 16 件。在党派集体提案中，《关于充分发挥互联网诊疗服务在疫情防控中的作用的建议》和《加强政府法律顾问绩效管理 助推高水平法治富阳建设》分别被评为 2022 年度区政协重点提案和优秀提案。

12 月，与同心公益组建民主专项监督工作小组，对口联系区卫健局，出台《以名医“师带徒”促进“病有良医”》专项民主监督报告，通过实地走访调研和座谈讨论，完善“师带徒”带教模式、强化乡贤名医柔性引进、优化人才培育招引等工作建言献策，有效推动医疗卫生健康发展。

【社会服务】 着力打造市委会助力共同服务社会服务基地·富阳区基层委医疗健康服务站项目品牌，组织基层委班子成员、人医支部全体党员、联合支部部分党员前往场口社区卫生服务站开展社会服务活动 2 次。推动专家技术力量下沉，成立急诊科、消化内科、肛肠科、泌尿外科、医学影像科诊疗团队，服务站完成各类门诊诊疗 1600 余人次，完成手术 33 例、胃肠镜检查近 900 次、超声检查 1500 余次，筛查发现早期肿瘤 15 例，收到群众锦旗 3 面、表扬信 1 封。基层委依托富春街道金秋社区同心共建基地、人民医院同心共建急救培训服务基地及下属 5 个支部的“一支部一品牌”项目，开展社会服务活动 5 次，收益群众超千余人次。

（何静布）

2022年6月6日，富阳举办农工党杭州市2022年“环境与健康宣传周”服务基层和群众活动 （农工党富阳区基层委员会 供稿）

## 中国致公党杭州市富阳区支部

【概况】 2022 年，中国致公党杭州市富阳区支部（以下简称支部）发展新党员 3 名，现有党员 22 名，获评中国致公党杭州市委会 2022 年度社会服务工作先进集体，海外联谊工作先进集体。张昕然、刘宇涛、杨静获评中国致公党杭州市委会 2022 年度宣传思想工作、参政议政工作、海外联谊工作先进个人；倪斌、张昕然获评 2022 年度富阳区

2022年6月，致公党富阳支部在富阳区侨家大院揭牌设立“明志·悦读”读书角 （致公党富阳支部 供稿）

政协优秀委员；许青获评2022年度区人大代表履职积极分子；张昕然获评中国致公党省委会参政议政优秀个人。

【参政议政】 支部党员申屠晨光等6人参加中国人民政治协商会杭州市富阳区第十届委员会第一次会议和杭州市富阳区第十七届人民代表大会第一次会议，倪斌、张昕然、申屠晨光当选区政协常委。提交个人和集体提案共8篇，其中集体提案3篇，个人提案5篇。集体提案《关于以西岩温泉为引爆点，打造西岩山文旅度假区的建议》被评为区政协九届五次会议以来的优秀提案。支部咨政建言《关于主动应对波罗的海部分国家退出“中国—中东欧国家合作”机制的几点建议》被致公党中央录用，课题《浙江与斯洛文尼亚开展冰雪经济合作的对策研究》相关研究成果被浙江省商务厅采纳。开展“同心同行·共富有我”主题“议政日”活动，完成《大力发展“科创飞地”加快融入城西科创大走廊联动发展》调研报告。支部党员蒋向群撰写《健全绿道养护机制、加强绿道运维管理》课题，并在区政协请你来协商座谈会上发言。开展“高质量发展建设共同富裕示范区”专项民主监督和课题调研活动，形成调研报告《从“建链—延链”到“强链”视角探讨富阳区产业链招商工作》并向区主要领导汇报。支部党员张昕然被聘为特约检察员。

【自身建设】 开展支部班子召开理论学习中心组学习4次，学习贯彻中共二十大、中共浙江省第十五次党代会、致公党浙江省第七次代表大会等会议精神。参加区委统战部信息员培训活动，组队参加富阳区统一战线“庆七一·话统战”知识竞赛暨“同心论见”学习活动，并获三等奖。支部主委申屠晨光参加中共杭州市委党校中青一班学习。支部召开领导班子民主生活会1次，收集意见建议15条，检视剖析4个方面自身问题。

【社会服务】 参与疫情防控，开展捐款捐物、疫情卡口值勤等工作，支部和金家桥社区同心共建“无疫单位”，送上防护服、口罩、手套等防疫物资，党员排班参加社区防控卡点测温亮码、核酸检测点秩序维护等工作。党员张昕然牵头组织“活力亚运，精彩富阳，志愿先行”主题系列公益培训。党员倪斌组织“富春江水上救援队”开展富春江巡逻，共计巡逻300多天2500多人次，成功援救溺水者20多人。党员杨静组织“浙江省海豹救援队富阳支队”开展水域打捞、24小时急寻、水上联合演习及志愿服务。

（蒋向群）

【编辑 刘 亮】

# 11 群众团体
Mass Organizations

## 富阳区总工会

【概况】 2022年，区总工会智慧平台实名制注册基层工会1975家，其中非公企业工会1323家，实名制注册会员18.8万名。建立协同化工会组建和会员发展工作机制，联动部门和行业协会协同建会，新建货运物流、护理护工、房产中介等行业联合工会39家，覆盖企业508家、新吸收会员9295名。建立属地“党建带工建、工建服务党建”联合建会，新建企业工会属地建，24个乡镇（街道）新建单建工会64家、联合工会14家，覆盖企业160家、吸收会员7894名。推广应用数智群团网上建会入会模式，实现一键建会、扫码入会，方便快递小哥、外卖送餐员、网约车司机等灵活就业人员加入工会组织、享受工会福利，网上新建新就业形态劳动者工会130家，吸收会员7256名。

【富阳庆祝五一国际劳动节表彰大会】 4月29日，富阳召开劳动创造美好生活——庆祝五一国际劳动节暨“岗位建新功·盛会展风采”表彰大会，表彰2021年富阳区劳动模范和模范集体、百名优秀新富阳人、职工突出贡献奖、AAAAA级基层工会。区领导吴玉凤、邵伟斌、裘富水、南晓清、孙晓明参加，并为受表彰的劳动者和工会组织颁奖。

2022年4月29日，富阳召开劳动创造美好生活——庆祝五一国际劳动节暨“岗位建新功·盛会展风采”表彰大会 （区总工会 供稿）

【职工队伍思想教育】 开展劳模工匠进企业、校园、社区宣讲的基础上结合企业班前会这一载体，在全区54家规模企业试点开展“守好红色根脉·班前十分钟活动”，以“短小精”的宣讲、观摩、交流等形式，把职工思想政治教育与企业生产经营活动有机结合，推动职工思想政治教育活动在企业班组落实，教育引导广大职工围绕产业强区主战略同心同德、建功立业。试点企业59个班组共开展活动1142场次、参与33360人次。

【职工职业技能提升】 全区有初中高级技能人才达15.8万人，比上一年增长13.5%。推进新时代产业工人队伍建设改革，在统筹协调产改工作政治引领、政策引导、试点引航的基础上，全区工会以不断提升产业工人队伍整体技能素质为重点，推动“百场技能培训”“百场技能比武”“百位名师带高徒”“百万合理化建议行动”“百名高技能人才奖励”等技能提升“五百项目”进企业，举办各类培训68场次，参训企业62家、职工3440名；区、镇街、企业三级工会共举办各类技能竞赛活动120场，参赛企业513家、职工5830人次，通过竞赛授予技术能手30名、晋升职业技能等级职工89名；聘任劳模、工匠和高技能人才94名，带教高徒205名，晋升一级以上技能等级高徒52名，技术技能创新获表彰奖励13名；评选五小创新成果20项，产生经济效益

1517.85万元；评选表彰劳模40名、突出贡献者16名，奖励高级工以上技能人才1680名、发放奖金84.3万元，形成培训、竞赛、帮带、晋级、激励"五位一体"工作体系。

【构建劳动关系和谐稳定】 促进劳动关系和谐稳定，助力除险保安攻坚行动。将职工来信来访接待、争议调处、法律援助等工作前移，建立健全劳动争议排查预警、应急处置快速反应、闭环调处维稳联动机制，实现劳动关系领域矛盾纠纷早发现、早报告、早介入、早处置。全年完善劳动争议调解组织45家，扩充调解员（信息员）队伍60余名，风险隐患专项排查用人单位5100家、帮助1800余名农民工追发工资4800余万元，走访企业500余家、督办化解风险隐患45个、调处劳资纠纷63件。

【"容大杯"职工篮球赛】 7月，区总工会、区文广旅体局联合举办首届"容大杯"全区职工篮球比赛，共有机关、企事业代表队24支参赛。区总工会党组书记、副主席夏朝明参加开球仪式并致辞。富春江通信集团篮球队获冠军，杭州市公安局富阳区分局篮球队获亚军，富阳区教育局篮球队季军，富阳开发区联队篮球队、富阳区供电公司篮球队、杭州中策清泉实业有限公司篮球队获体育道德风尚奖。

【职工服务】 推动职工服务普惠化发展，为职工提供困难救助、医疗互助、法律援助、健康佑助等服务。按照有组织可依靠、有窗口可办事、有场地可活动的"会站家"一体化建设标准，新创建省市区级职工之家17家，累计115家。开展"冬送温暖""夏送清凉"两季慰问一线职工55000余人次、发放慰问物资折合人民币360万元，救助困难职工64人次、发放救助款23.83万元，在职职工医疗互助达16.54万人、发放补助金295万元。向"新富阳人"群体推送团圆大礼包800份、快递包裹单1000份、过年红包1万份、返乡返岗交通补贴1.8万名共260余万元，免费体检3000人次、免费医疗互助300人、户外劳动者"爱心驿站"14家向新业态劳动者覆盖。11月，区职工服务中心获评赋能增效打造职工综合体省级试点单位。

【工会数字化改革】 牵头开展数智群团推广应用，围绕工会主责主业，推动工会数字化应用场景建设。建成并通过浙里办终审的"技能码"应用场景，以推动职工技能提升工作质量、效率、动力变革为目标，以技能提升一件事码上集成为载体，结合工会技能提升"五百项目进企业"活动，一码集成信息发布、组织实施、结果认定、奖励激励技能提升全要素，一码管理"赋码、编码、亮码、转码、惠码"技能提升全流程，一码贯通培训、竞赛、帮带、晋升、激励技能提升全周期。12月，"技能码"入围浙江工会数字化改革省市区联建项目。"5A建家"应用场景获评浙江工会数字化改革地方特色创新项目。

【经费管理】 全年税务代征工会经费4535.04万元，拨付24个乡镇（街道）工会工作经费1075.01万元，完成上交杭州市工会经费2230.42万元，返还小微企业工会经费514.34万元，缓减企业上缴工会经费4720.34万元。

（盛泉军）

## 团区委

【概况】 2022年，富阳有各类团组织1538个，建团率100%，其中基层团组织1538个，团委87个，团工委12个，团总支52个，团支部1166个。全区14—35周岁青年22.4万人，其中团员2.78万人，团青比例12.41%，全年发展新团员1470人。

【中青协第五届常务理事会第四次（扩大）会议上交流发言】 1月19日，中国青年志愿者协会第五届常务理事会第四次（扩大）会议（视频）召开，团中央书记处书记、直属机关党委书记、协会会长徐晓，协会常务理事，协会监事，各省级团委志愿者工作机构负责人，协会秘书处相关人参加。富阳区志愿者协会作为中国青年志愿者协会单位会员参加会议。共青团富阳区委副书记朱哲敏代表区（县）级协会作题为《用活县级协会机制，助力基层社会治理》的交流发言。

【共青团服务中心工作】 助力疫情防控，发挥"青春塔群""大团委制""团青社联盟"等组织体制优势，有效动员基层团干、团员青年、返乡大学生、青年志愿者等群体参与疫情防控，组建核酸检测、后勤保障等各类青年突击队，相关经验做法被《中国青年报》《中国共青团》杂志、《浙江青年工作信息》等报道；服务亚运筹备工作，在富阳水上运动中心和银湖体育中心分别建立"小水滴"青年突击队和"小红心"青年突击队；助力教育"双减"，发挥区青少年宫校外教育培训主阵地作用，常态化做好校外培训，推出"双进"校园活动，利用教师休息时间和周三至周五下午4点后在城区6所学校开展托管服务，共推出艺体类课程13门、活动课程15个、派出教师20人、服务学生17000余人次。重点打造社区"微少年宫""百场流动少年宫"品牌公益项目，将课后托管服务不断向乡镇街道、社区延伸，提升地区青少年综合素质。

【富阳区学习习近平总书记在庆祝中国共产主义青年团成立100周年大会上重要讲话精神座谈会】 5月23日，富阳召开"喜迎二十大 奋进新征程 共绘新图景"学习习近平总书记在庆祝中国共产主义青年团成立100周年大会上重要讲话精神座谈会。会上，区委书记吴玉凤寄语广大青少年，要认真学习贯彻习近平总书记重要讲话精神，继承和发扬伟大五四精神，坚定信仰、坚持学习、艰苦奋斗、立德修身，让青春与富阳共未来，高水平描绘现代版富春山居图共富画卷。区委副书记邵伟斌主持，区领导万重丰、裘富水、南晓清、孙晓明参加。

【富阳区青少年主题教育展馆启用】 6月10日，杭州市富阳区青少年主题教育展馆揭牌启用，该馆遵循高效实用、形式服务内容的设计原则，占地面积1000多平方米，分固定展厅（红领巾学院）、多功能厅（青年之家）以及临展厅功能区域。临展馆的首展主题为《喜迎二十大 奋进新征程——富阳共青团史主题展》，展览整体分为《青春之歌——初心与起航》《青春之歌——曲折与探索》《青春之歌——时代与奋斗》三个篇章，系统介绍富阳共青团走过的光辉征途。

**【“青年学子看家乡”主题实践活动暨“青潮学子工作站”应用场景首发】** 7月29日，富阳区2022年“青年学子看家乡”主题实践活动暨“青潮学子工作站”应用场景首发仪式在银江科技集团智行客厅举行，在富创业就业优秀青年代表及来自北京大学、复旦大学、上海交通大学等高校的50余名富阳籍学子参加。此次活动旨在宣传富阳近年发展成果，引导青年学生回富阳创新创业。

**【中非青年人才文化交流会】** 8月25日，中非青年人才文化交流会在新登镇党群服务中心召开，会议由共青团富阳区委、新登镇人民政府主办，旨在通过加强中非青年合作与交流，构建非洲青年与富阳青年的沟通对话机制，推动“青年发展型城市”建设。共青团富阳区委副书记朱哲敏，新登镇党委委员杨小华，北京大学非洲学生联谊会主席、博士研究生门杜，留下带路APL公益服务平台创始人、浙江大学硕士研究生米莱，中非青年联合会周烨凡、付悦娥及富阳区各领域优秀青年代表参加交流活动。会上，中非青年联合会与富阳青年联合会签订《友好合作框架协议》，共青团富阳区委聘任门杜、米莱为“富阳区青年文化交流大使”。

**【富阳区青年人才“幸福有你·品质生活”计划启动仪式暨夜游富春山居联谊交友活动】** 9月28日，2022年富阳区青年人才“幸福有你•品质生活”计划启动仪式暨夜游富春山居联谊交友活动在“富春山居号”游船上举行。此次活动由浙江省青少年事务所、共青团杭州市委指导，区委人才办、共青团富阳区委、富春山居集团、东洲街道办事处共同主办。省青少年事务所所长周朝博向“富春山居号”游船授予省级亲青恋活动基地称号。共青团浙江省委婚恋交友事业部执行主任王军、共青团富阳区委书记赵海锋、杭州富春山居集团有限公司党委委员、纪委书记黄鹤鸣共同签署三方合作协议。共同启动富阳区青年人才“幸福有你•品质生活”计划。

**【杭州市富阳区青年创业者协会成立】** 11月8日，杭州市富阳区青年创业者协会成立大会暨第一次会员代表大会在永昌镇蓝田湾露营基地举办。此次活动由区委组织部（人才办）、区委统战部指导，共青团富阳区委、永昌镇人民政府共同主办，来自全区各个行业的40余名青年创业者参加。大会审议通过相关章程，选举产生第一届领导班子。共青团富阳区委书记赵海锋为青创协会班子成员颁发聘书，区委统战部部务会议成员、侨办主任、侨联主席陈水英为青创协会导师颁发聘任证书。赵海锋、张启杭为青创协会永昌分站及青创协会实践基地揭牌。

**【富阳区雷锋角十周年暨“12·5”国际志愿者日活动】** 12月2日，由共青团富阳区委主办、区志愿者工作指导中心、富春街道团工委联合承办的“十年雷锋角 志愿正青春”富阳区雷锋角十周年暨“12•5”国际志愿者日活动在富阳区青少年宫举办，区委副书记、区长马利阳，共青团杭州市委副书记许江晨，区委常委、宣传部部长张鹏，区政府办党组书记、主任李丰，区民政局、富春街道、共青团富阳区委等相关负责人出席，雷锋角志愿者、公益组织负责人、骨干志愿者代表等参加。活动表彰奖励参与雷锋角的志愿者和公益组织，举行新老志愿者帮带传递、献花仪式。

**【共青团杭州市富阳区第二十二次代表大会】** 12月12日，共青团富阳区第二十二次代表大会召开。区委副书记邵伟斌主持，区委书记吴玉凤、团市委书记汪杰，区领导万重丰、王龙华、俞小康、孙晓明参加。共青团区委书记赵海锋代表共青团杭州市富阳区第二十一届委员会向大会作报告，汪杰向大会召开表示热烈祝贺并讲话，吴玉凤充分肯定广大富阳青年和全区各级团组织五年来工作，并指出未来五年是富阳高质量发展的关键期，全区各级团组织和广大团员青年要把学习贯彻党的二十大精神与助推富阳发展紧密融合，围绕“一图三立四景”，为高水平描绘现代版富春山居图贡献青春力量。会议选举产生共青团杭州市富阳区第二十二届委员会常委和正副书记名单，审议通过大会工作报告的决议。

（陈若冰）

2022年12月12日，共青团富阳区第二十二次代表大会召开

（团区委　供稿）

## 区妇女联合会

【概况】 全区有基层妇女组织661个，其中，乡镇（街道）妇联24个、机关和事业单位妇女委员会（妇女工作委员会）36个；村（社）妇联331个，新领域、新业态、新阶层、新群体“四新”领域妇联组织270个。妇女团体会员32个，其中：区女企业家知识分子联谊会1个、区工会女职委1个、乡镇（街道）农家女能手协会24个。区妇联下属事业单位区妇女活动中心1个。全区有专职妇联干部34名，其中：区妇联10名，乡镇（街道）妇联24名。

【组织建设】 完成区第十六届妇女代表换届选举，执委队伍吸纳女创客、女律师、优秀家庭教育指导师等，代表平均年龄41.8岁，其中35岁以下占比22.3%，大学以上文化程度占比65.2%，较上届提升7.7%。扩大“四新”领域组织覆盖面，新建女律师、女科技工作者、电商等“四新”领域妇联组织18家。

【妇女活动】 成立富阳女性融媒体联盟，构建宣传新矩阵，成员单位58家。围绕“富春巾帼红”主题，推出“我们的样子”主题节目，开展“六讲六做”大宣讲10期，推出“巾帼心向党 金句我来读”云接力活动6期，开展学习贯彻党的二十大精神、省第十五次党代会等“巾帼心向党”线上线下宣讲共170余场次，受众人数1.5万余人。“巾帼头雁”文艺健身推广站开展活动450余场，1.3万余人次参与，8件展演作品在杭州市女性艺术节主题活动中获奖。

【疫情防控】 牵头负责区疫情防控关心关爱专班，落实隔离点关心关爱、转运等工作，动态跟踪解决区外隔离点提交的问题，解决学生特殊需求，有效解决就医、考试等问题。

【两规实施】 完成区“十四五”妇女儿童发展规划和家庭教育规划编制，新增“妇女与家庭建设”“儿童与家庭”“儿童与安全”领域，明确重点指标目标22个和重点实事项目10个。“十三五”妇儿规划工作在全市妇儿工委会议上作交流发言。

【“美丽庭院”创建】 深化美丽庭院创建，以“月月美、季季红、年年胜”等比武机制，通过积分兑换、红黑榜、网格PK等比武方式促进比武提升，全区“美丽庭院”合格户比率96.2%，示范户比率51.3%，成功创建“美丽街巷”12条，“巾帼示范带”2条。

【巾帼建功】 举办产业强区政银行企业对接会，搭建银行企业战略合作平台，为女企业授信100亿元，新增融资贷款1.5亿余元，相关工作获区委书记吴玉凤肯定批示。加强来料加工经纪人队伍建设，加大来料加工低收入人群政策扶持，落实专项资金23.8万元，带动229名低收入人群及2000余名农村闲散妇女家门口就业，实现低收入人群人均月增收1059元。授牌巾帼文明岗68家，推荐市级三八红旗手5人、三八红旗集体3个，获评全国巾帼文明岗1个、全国巾帼建功标兵1个。

【儿童友好建设】 高水平编制儿童友好三年行动计划，召开区级工作动员部署会议，打造“童创未来·共富同行”品牌。发布儿童友好体验线路5条，获评市级儿童友好实践基地4个，洞桥镇入选杭州首批儿童友好建设成果。

【家庭教育与文明建设】 编制《富阳区家庭教育工作“十四五”规划》，深化家庭学校社会协同育人机制，聘请家庭教育指导师107名，推出精品课程108个，以“乡村妈妈成长课堂”为依托，构建多元合作路径；开展“百场家庭教育进家庭”活动80余场，线上线下服务家长8万余人次。开展首届区“十佳最美家政人”评选，寻找“最美家庭”65户，获评省“最美家庭”1户、省“绿色家庭”18户，市“最美家庭”4户。开展“百万家庭共成长——送法进万家”“做新时代好家长”等征文活动，评选优秀案例70件。

【妇女维权】 全年依托“家和智联”数字化平台、“孝善姐”等家事调解员队伍，化解婚姻家庭矛盾纠纷3331户；处置110（家暴）联动警情1092条，同比下降23.58%。推动基层镇、村“富春娘家人”工作室全覆盖，接待群众来访102件，婚调委调处25件。加强婚姻家庭纠纷调解委员会规范化、专业化、制度化建设，完成首批区、镇、村三级规范化婚调室（站）6个。创建三星妇儿驿站1家，二星5家。富春家事“共享法庭”获评“浙江省首批示范共享法庭”，率先完成家事子场景省级试点工作，并获全省推广。省妇联反家暴主题系列宣传活动启动仪式在富阳举行，富阳作富春家庭共享法庭工作经验交流。

【关心关爱行动】 牵头开展区四

2022年9月2日，富阳召开产业强区政银企对接会

（区妇联 供稿）

套班子领导"六一"慰问活动，走访慰问小学、幼儿园10所；走访慰问困难妇女105名，发放慰问金9万元；发放低收入"两癌"妇女中央专项救助金9万元；落实执委"四必访"制度，区镇村3642名执委结对妇女和家庭7016户，联系走访妇女群众4万余人次，解决问题370个。开展结对帮扶，区女企业家知识分子联谊会为四川省德格县女性发放爱心礼包，价值10万余元。

（陈　澄）

## 杭州市富阳区科学技术协会

**【概况】** 2022年，杭州市富阳区科学技术协会有区级学（协）会19个、民办非企业3个、企业科协11个、院士工作站3家（其中省级1个，市级2个）、专家工作站3家、博士创新站7家，乡镇、街道科协24个，社区科协分会49个，下属事业单位1个。杭州市富阳区科学技术协会获评中国科协办公厅2022年科普中国信息员队伍建设区县级科协优秀组织单位，杭州市科学技术协会2022年度"科普中国"落地应用优秀组织单位。

**【富阳区科学技术协会第十一届四次全委（扩大）会议】** 11月25日，富阳区科学技术协会十一届三次全委会议召开，会议回顾2021年工作，研究部署下一阶段重点任务，听取审议富阳区科学技术协会十一届三次全委（扩大）会议工作报告。

**【民生问题调研报告】** 针对热点民生问题组织会员开展调查研究，撰写调研文章4篇并获区委区政府主要领导批示肯定，分别为《政府与国企项目有效投控分析与建议》《关于对"加拿大一枝黄花"加大清理力度的建议》《关于富阳区青少年科普研学点（基地）助力"双减"工作现状的调研报告》《卫生健康领域数字化改革再创新亮点——富阳率先构建区域医共体信息一体化平台》。

**【基层科协队伍建设】** 4月，完成全区乡镇（街道）科协换届选举，吸纳"三长"（基层医院院长、学校校长、农技站站长或农业服务中心主任、经济服务中心主任、社会服务中心主任、农技协联合会会长）进入乡镇（街道）科协领导机构，促进"三长带三会"（以农技协、农技站、农业服务中心等服务农村生产一线的农技人员为依托，推进生产服务类科普协会建设；以中小学教师队伍为依托，推进生态服务类科普协会建设；以基层医院医务工作者为依托，推进生活健康类科普协会建设）建设。通过换届选举，健全科协领导班子，壮大科协基层组织队伍，推进科协组织建设规范化，为更好地履行科协职能创造条件。6月15—17日，举办富阳区科协2022年科普工作培训班，提升基层科协工作者工作能力和业务水平。4月，以新桐乡为试点乡镇，开展"三长带三会"建设。建立以农业、医技人员、教育系统科技工作者、企业科技工作者为主要力量的科技志愿者队伍。

**【科普活动】** 开展"科普五进"活动，全年发放科普宣传折页45万余份，内容包括弘扬"科学家精神"宣传、自然科学、社会科学、疫情防控、安全生产、防灾减灾、五水共治、电信防诈骗、疾病预防、养生保健、家庭教育和防溺水等；6月3—6日，开展"关注近视防控，共筑睛彩人生"2022年富阳区青少年近视防控科普知识竞赛活动；6月5日，举办"富阳区第十四届青少年模型锦标赛"；9月10日至11月30日，委托杭州富阳时尚影艺文化发展有限公司，在610个村（社区）和30所中小校播放科普电影810场，内容涉及食品安全常识、防灾减灾、防电信诈骗、健康卫生青少年防溺水、校园安全及事故应对办法、火海逃生等。9月17日，启动以"喜迎二十大，科普向未来"为主题的"2022年全国科普日暨杭州市富阳区第35届科普宣传周"活动，全国科普日期间，全区共举办"科普惠农进村、科普消防、银龄跨越数字鸿沟、科普讲座进校园"等大型科普活动29场次，受益群众达5000余人次，发放各类科普宣传资料11.5万份，实现乡镇（街道）科普宣传全覆盖。

**【科普大讲堂活动】** 全年围绕"节约能源资源、保护生态环境、保障安全健康、促进创新创造"和"迎亚运科协在行动"主题，开展节能环保（"双碳"）、健康卫生、实用技术、安全常识等科普知识讲座、专题报告、技术培训和学术交流185场，受训人员8937人次。9月14—16日，邀请中国科学院老科学家演讲团成员刘定生、王文利分别为富春第三中学、春建乡中心小学师生开展科普讲座。

**【科普信息化传播】** 通过"公众科普"微信平台推进"科普中国"宣传，推送图文信息1112篇，总阅读量13.7万余人次，最高峰值关注人数5.03万人，杭州地区占比91.6%。富阳科协官网发送通知、文件及科普文章149篇，新增注册"科普中国"信息员1.05万人，累计注册5.7万人，注册人数全市第二，分享科普文章19.6万篇，传播量全市第一。

**【青少年科普教育基地】** 5月，省科协、省委宣传部、省教育厅、省科技厅认定杭州富春江水电博物馆为第八批浙江省科普教育基地。至年底，全区共有中国水稻研究所、富阳气象科普公园、杭州野生动物世界、杭州富春江水电博物馆等浙江省科普教育基地4家。8月8日，命名杭州市富阳区气象局、杭州富阳大竹元竹纸有限公司等31家单位为杭州市富阳区科普研学基地。

**【科普资源助推"双减"专项行动】** 3月16日，出台《富阳区开展科普资源助推"双减"专项行动的实施方案》，成立科普助推"双减"研究生讲师团，整合并利用全区青少年科普教育基地、科普科技展馆等科普教育资源；9月，编撰《富阳青少年科普研学旅行手册》，将全区31个科普研学基地的功能、内容、课程亮点汇编成册，推出"精品科普"研学线路，为全区中小学生提供点单式服务；9月，与杭州

2022年9月，富阳举行防范邪教宣传月活动
（区科协 供稿）

低碳科技馆合作开展馆校共建“一馆多点”工作模式并在春江街道中心小学试点。

【富阳“银龄跨越数字鸿沟”科普专项行动】 3—11月，富阳发布富阳区“银龄跨越数字鸿沟”三年行动（2021—2023年），活动主题为“跨越数字鸿沟 共享智慧生活”，通过中国建设银行富阳支行和中国联通富阳分公司，组建骨干队伍，编印教材视频，开设培训网点，开展老年人智能手机运用能力培训。至年底，“银龄跨越数字鸿沟”科普专项行动272场次，参加培训老年人13787人次。

【富阳科技馆展陈设计】 根据秦望“城市眼”总体布局规划建设，推进区科技馆布展工作。经外出考察、调查研究、座谈论证，确立富阳区科技馆主题为航天。完成科技馆展陈工程概念设计方案招投标，中标单位为北京清尚建筑装饰工程有限公司，组织参与建筑、景观、幕墙、布展设计方案协调对接会20余次。

【科技学(协)会活动】 5月30日，开展“创新争先、自立自强”为主题的第六个“全国科技工作者日”系列活动；开展优秀科技论文评选活动，征集优秀科技论文158篇；开展2022年度重点学术活动项目申报，收到申报项目14个，其中经过初审予以立项项目11个，并择优资助，全力引导科技成果落地应用。

【反邪宣传警示教育】 9月23日，启动“反邪同行 共筑平安”2022杭州富阳防范邪教宣传月活动；6—8月，组织2022年富阳区青少年警示教育征文漫画大赛，汇编漫画征文467篇、开展优秀漫画展板进校园活动6场。

## 富阳区工商业联合会

【概况】 2022年，富阳区工商业联合会（以下简称区工商联）新增会员62家，共有会员1718家。组建富春街道商会联合党委、万市镇商会党支部；指导富春街道、鹿山街道、里山镇、胡源乡等6家商会完成换届选举。全区所属商（协）会28家，其中，乡镇（街道）商会24家；行业商（协）会1家，即杭州市富阳区电动车行业协会；其他2家，即杭州市富阳区企业家协会、杭州市富阳区民营企业联谊会；富阳异地商会1家，即富阳莲都商会。异地富阳商会6家，即广东省浙江富阳商会、深圳市富阳商会、北京富阳企业商会、上海宝山富春经济促进发展中心、乌鲁木齐去富阳商会、杭州上城富春企业家俱乐部。

1月，获省工商联授予的2022年度全省工商联系统服务“两个健康”工作成绩突出集体称号；8月，获省工商联和人社厅授予“全省工商联系统先进集体”称号（2017—2022）；7月和10月，《创新亲清政商关系“富阳模式”打造一流营商环境》获全国工商联专刊发文肯定；12月，区工商联获全国工商联授予的2021年度全国工商联民营企业调查点工作先进基层工商联称号。

【“富商永远跟党走”主题活动】 开展“富商永远跟党走”主题活动。迭代升级“富商学习会”活动机制，固化“四统一”工作模式，构建“1+12+X”学习体系。全区所属商会和异地商会开展“富商学习会”专题学习活动100余场次，组织企业家代表开展“谈体会、谈发展、谈共富和提建议”活动，获区委主要领导批示肯定。承办“杭商大讲堂”二十大精神宣传贯彻首场直播活动。开辟“听见·富商”富阳日报专栏14期，弘扬新时代企业家精神和富商精神。推进“富商青蓝接力工程”，组建区青年企业家委员会并举行授牌和宣誓仪式。推出“六学六进六争先”——“宣贯二十大·青年富商说”栏目，共有“80后”年轻民营经济代表人士6人参加。成立新时代富商宣讲团，设立“品质富商”大讲堂，举办法律风险防范、传承创新、二十大报告精神解读等专题讲座5场次，参与人数500余人。

【助企服务】 成立全省首家县级工商联“数字经济工作委员会”“以企引企工作委员会”“区上市企业发展促进会”等组织，开展“数字沙龙”“数字行”等活动2次，走访相关企业20余家，助推传统企业加快数字化改造和产业数字化。新引进高新项目3个，被授予“区招商引资先进单位”称号。制订《富阳区民营经济领域稳进提质行动方案》并召开全区大会部署推动，开展稳进提质6大专项行动。助企纾困走访企业178家，会同中国建设银行富阳分行启动“商会金通”专项服务行动，召开银企对接座谈会3次，投放贷款12笔，共2.4亿元。

联合涉企职能部门开展“亲清直通车·政企恳谈会”活动8场，有效解决问题25个。围绕高质量发展主题创新实施企业家副主席（副会长）“3+4”每月轮值制度，加大企业互访力度，推动大中小企业协同发展，促成企业间一批项目合作和产业链深度合作。

【亲清政商关系】 持续推动“3+3+3”亲清政商关系工作体系。修订完善“三套清单”，不断提升三类五个政府侧实体化示范点建设实效，发挥好示范辐射作用。《创新亲清政商关系“富阳模式”以一流营商环境打造开放发展“新高地”》亲清政商关系富阳模式分别获全国工商联、省委办公厅发文肯定。推进清廉民企建设，编印《富阳区清廉民企建设指导手册》，启动“百舸引航”315专项行动计划，成立“新时代富商清廉宣讲团”“百舸引航·民企廉盟”，持续擦亮富阳区“清廉民企建设”金名片。富春江通信集团清廉民企建设入选清廉杭州建设实践范例。联合涉法部门成立驻工商联“营商环境富春检企驿站”，上线“云商法官”志愿服务平台，开设“检企大讲堂”1场，举办“检企恳谈会”2次，开展“法律进民企”“千所联千会”行动，启动涉案企业合规建设第三方监督评估工作机制，办理3起。

【民企助力共同富裕】 制定实施《全区民营经济领域促进共富示范行动方案》。结对帮扶四川德格县行政村15个，组织10家环山商会和民企援助物资物品70余万元；组织考察团赴德格县对接产业帮扶工作，推动年产5万吨高分子新材料项目签约落地；执委企业海陆医药集团、博观国际旅行社赴德格筹备设立机构，探索助推当地产业发展新路径。实施“助力乡村共富专项行动”。3—6月，先后启动共富“里山站”“湖源站”等系列行动，与里山镇、湖源乡签订《“党建引领带共富 民企力量助振兴”战略合作框架协议》，共同探索联乡共建助富之路。开展助力26县跨越式发展专项行动，开展互访对接活动2次。区工商联《三把“金钥匙”解锁乡村“共富密码”》获评全省工商联服务“两个健康”最佳实践案例。

【基层商会】 5月，新登、灵桥商会先后召开“亲清直通车”，打通“亲清直通车”机制基层落地“最后一公里”；6月，上官商会《强商会作用 助共富之路》获全省工商联服务“两个健康”最佳实践案例；7月，新登商会探索成立“新企红色联盟”；11月，富春商会成立商会联合党委，探索赋能商会自身建设和民企党建职能；持续深化上官商会的“商会共享法庭”、新登商会的“解纷联盟”，推动“商人纠纷商会解”，建立健全涉企矛盾纠纷多元化解机制；5月，杭州富阳商会设立富春山居农产品品牌（杭州）馆，助推“富商销富货”；洞桥商会围绕营地产业打造“营地+集体”共富工坊，上官商会围绕球拍产业打造“合心合拍”共富工坊，环山商会结合铜产业转型打造“铜心同合”共富工坊等；东洲商会成立“用工联盟”，推出“共享用工”机制，场口商会依托“亲清数智平台”，建立“用工招聘”模块，即时发布辖区企业招工信息，搭建就业共富平台。富春、环山商会被杭州市工商联评为杭州市“四好”商会。

【企业调研】 3月，调研2021年产值超5亿元的民营企业30家，汇总上报营业收入总额、税后净利等指标。开展《推动我区专精特新企业高质量发展》专项课题调研活动，助推富阳专精特新企业加快发展。全年开展民营经济运行情况专题调研、万家民企评营商环境、民企500强等各项专题调研活动17次，发动企业1900余家次参与，完成数量和成效在全省工商联系统名列前茅。12月，被全国工商联获评“全国工商联民营企业调查点工作示范单位”，陈跃兵获评全国工商联调研先进个人。

【参政议政】 2月，区第十一届工商联主席、浙江金固股份有限公司董事长孙锋峰提交《关于支持本地企业“留心留根”的建议》，区工商联执委、浙江欣立电器科技有限公司董事长杨开生提交《关于加大民营企业扶持和培育力度的建议》等提案，区工商联副主席、浙江丽鑫商务管理有限公司董事长胡永明提交《关于进一步推进留心留根企业发展的建议》，区工商联（总商会）副会长、杭州富阳中荷电子有限公司总经理许青提交《关于要求在场口新区实施人才公寓建设的建议》，区工商联常委、杭州多宝电子有限公司总经理陈深海提交《关于加快环金线三期建设构建城乡一体化交通圈的建议》等提案、议案，全年撰写提交提案、议案30多件。社情民意《基层企业反映进口物防管控升级引发中小外贸企业“三盼”》《加强企业内部管理 防止企业内部腐败

2022年3月29日，富阳区工商联“党建引航 助力乡村共富专项行动·里山行”暨安顶云雾茶共富渠道预售启动（区工商联 供稿）

滋生》《迎峰度冬能源保供面临三大困境》被全国工商联录用。

（朱欢英）

## 富阳区文学艺术界联合会

【概况】 2022年，区文联所属协（学）会13个，会员1807名，其中国家级会员80名，省级会员251名，地（市）级会员472名。全年出刊《富春江》正刊4期。

【党的二十大精神学习】 结合固定主题党日、机关干部会议、线上自学等形式，参观清风堂廉政教育基地，观看红色歌剧《红船》，学深悟透党的二十大精神，全年开展集中学习10次，党组书记上专题党课2次。举办专题培训，邀请区委党校老师授课，召开贯彻落实党的二十大精神和区委文化工作会议精神座谈会，在领会党的二十大精神中增强文化自信。开展“三集中三上门”活动，组织理论中心组、党员干部、机关年轻干部集中学习，向所属协（学）会、两新文艺组织和老艺术家宣讲；启动“学习贯彻党的二十大精神”2023年迎新春送福送春联仪式，推动党的二十大精神深入人心。

【“文联社会·艺心向党”主题文艺实践活动】 举办“百年追梦”浙江美术创作精品工程巡回展、郁达夫史料展、“诗画江南·活力浙江”浙江画院作品展、“宋韵迹忆”第三届影像西湖艺术现场作品展和“山水同心”浙闽水彩画作品展等主题鲜明的展览展示，组织书画家创作作品11件，参加“奋进新时代　建设新天堂”杭州市喜迎二十大书画篆刻作品展。

【“艺术乡建”专题调研】 6月15日，杭州市文联党组成员、副主席唐龙尧专题调研“艺术乡建”工作。16—17日，区文联党组成员、副主席潘向阳到萧山、淳安实地察看“文艺两新组织”“艺术乡建”“文艺之家”建设情况并进行交流。7月6—7日，杭州市文联工作交流会暨文艺助力“两个先行”工作现场会在富阳召开，号召区（县市）文联学习贯彻省第十五次党代会精神，发挥文联“两个优势”，深化全域“艺术乡建”，推动文艺文联工作践行“八八战略”、投身“两个先行”。

【富春四子书画印联展】 5月14日，“有期相约”——富春四子书画印联展开幕，展出由施涌潮、王健林、黄成钢、陶桂生4位富阳本土艺术工作者创作的作品170余件。此次联展“不仅是一个美术作品展，也是一堂生动、翔实的艺术课，以作品自身述说水墨的无穷魔力、水彩的光影迷离、汉字的天成之美及其表现方式之丰富乃至笔墨、刀功自身的意趣，都在这里尽情展现。”

【“百年追梦”浙江美术创作精品工程巡回展】 6月，“百年追梦”浙江美术创作精品工程巡回展在公望美术馆展出。此次展览以代表性历史事件和伟大工程为支点，选取涵盖中国画、油画、版画、水彩画、雕塑等多个艺术门类的艺术精品30余件（组），以绘画形式大力弘扬“红船精神”“浙江精神”“中国精神”，以红色画卷回望百年辉煌，生动展现中国共产党历经百年奋斗，筚路蓝缕，奠基立业，领导中国人民实现从站起来、富起来到强起来的历史性飞跃。

【“宋韵迹忆”第三届影像西湖艺术现场】 8月27日，“宋韵迹忆”第三届影像西湖艺术现场在公望美术馆开展。展览首次从“西湖”移师“富春”，是浙江摄影界深入实施宋韵文化传世工程，持续实施开展的“宋韵迹忆”全省影像主题创作工程成果展示，探寻宋理之学为摄影者提供的观看之道和山水创作的新方法、新观念、新视界，以此激活富春山居的人文基因和精神密码，诠释美美与共的中国山水文化自然美学。

【公望美术馆展览】 举办“黄土·富春情”中国画作品展、“迎亚运·展风采”富阳区全民书法大会作品展、“有期相约”富春四子书画印联展、“百年追梦”浙江美术创作精品巡展、郁达夫史料展、“诗画江南·活力浙江”浙江画院作品展、“宋韵迹忆”第三届影像西湖艺术现场、“现代版富春山居图”杭州市富阳区第三届美术作品展、“山水同心”浙闽水彩画家作品展。

【文艺志愿服务】 2月，举办“印证共富”新春篆刻书画诗词网络展及抗疫主题作品展，展出作品数百件。11月16日，在洞桥镇举办“弘扬抗疫精神　一起向未来”何勇雕塑作品展。开展艺术家进校园活动，全年组织60余位艺术家，在全区40所小学、12所中学，开设美术、书法、篆刻、剪纸、竹马、扎染等课程，共计1500余场次。组织送福送春联、讲座等文艺志愿服务27场，

2022年11月8日，杭州市富阳区第三届美术作品展举办

（区文联　供稿）

送出春联福字、书画、布艺、剪纸作品5000余件。公望美术馆开展公教活动32次，吸引6.3余万人次，其中“百年追梦”浙江美术精品工程巡回展，组织志愿讲解166场，志愿服务近130个小时，获得区委吴书记批示：“很有意义。以文化人，把文艺的教育功能充分发挥好。”

【区文联所属文艺家协（学）会活动】 区作家协会围绕“防疫”及“亚运”宣传，创作作品30余件。美术家协会开展“喜迎二十大·谱写新富春”写生采风活动，举办“未来已来——中国水墨艺术的现代性”学术讲座、“松涛听山”骆松涛中国画作品展。书法家协会举办“对话富春江”2022年富阳区书法创作骨干研修班，观摩中国书法第七届兰亭奖作品展、“艺”心向党·浙江书法篆刻刻字700家主题创作大展。区摄影家协会组织会员参观“最忆杭州”——杭州新风景摄影大展暨杭州市第四届摄影艺术展。区音乐舞蹈家协会围绕“喜迎二十大”和“展亚运风采”主题，创作排练大型舞蹈《富春纸韵》。区戏剧曲艺家协会参加杭州国际小戏艺术节开幕式文艺晚会。区电影电视艺术家协会为亚运场馆试运转和测试赛的举行提供保障。区民间文艺家协会举办“富春杯”浙江省青年故事会作品加工会。郁达夫研究学会举办首届郁达夫研究国际学术论坛和《郁达夫年谱》发布会。《三国演义》学会在渔山墅溪村举办《三国传统文化》讲座，刊发会刊《三国与富春》。富春印社举办“印说富春江”全国篆刻云展、区第六届书法篆刻大展篆刻作品赛前看稿会和篆刻讲座11次。黄公望研究会协助浙江卫视《还有诗和远方》节目的嘉宾，寻找《富春山居图》中第九人。董邦达董诰研究会举办《董邦达董诰百图赏析》分享会。

【乡镇（街道）文艺】 富春街道举办“杭州市第六届小故事大王比赛富阳赛区选拔赛”；春江街道举办大型腰鼓比赛；东洲街道举办富阳区“亚运有我·廉洁护航”艺术作品云展；鹿山街道与东洲街道开展“迎新春送万福”文艺联动；银湖街道在千家村举办“我们的村晚”；春建乡开展“宋韵茶事·春建雅集”2022富阳茶文化主题系列活动；新桐乡开展“烟雨桐洲”阅读品牌活动；新登镇举办上山荷塘音乐节，荣获“越剧小镇”称号；渌渚镇举办“多彩浙江·民间民俗”周雄孝文化节和“渌渚周雄”杯浙江省少儿故事会；胥口镇举办省第二届葛洪丹谷杯香囊设计制作大赛，入选首批“浙江省摄影之乡”名单；春建乡、永昌镇联合举办“竹韵茶香 喜庆新春 共迎亚运”2022“云”村晚；大源镇举办“富春宋纸·宋韵传世”文化雅集暨省第十五次党代会精神宣传活动；灵桥镇举办第八届“孙过庭杯”书法大赛，被授予杭州市作协乡村文学创作服务基地；里山镇举办2022富阳安顶云雾茶文化节；渔山乡举办“富春卷首·稻乡渔镇”渔山乡摄影大赛；上官乡举办迎亚运、展风采“垃圾分类我先行、美丽杭州我参与”主题征文赛；常绿镇举办“喜迎二十大·军休风雅颂”杭州市军休系统庆祝建军95周年系列书画交流活动——走进富阳；场口镇举办2022富春江开渔节暨第五届江鲜大会推介展演活动；常安镇举办“古城李氏与宋韵文化”文化沙龙活动；龙门镇联合杭师大美院开展少儿美育培育活动；环山乡举行“庆祝中国共产党成立101周年 喜迎二十大永远跟党走”文艺会演，胡震纪念馆被命名为中国印学博物馆创作基地；湖源乡举办“翰墨丹青润初心，两山理论在湖源”富阳书法大赛，窈口成功创建为“浙江省书法村”；万市镇开展“邂逅传统·感悟文化”主题活动；洞桥镇举办“弘扬抗疫精神 一起向未来”何勇雕塑作品展。

【创作成果】 积极争取政策保障，将文艺精品创作扶持奖励纳入《杭州市富阳区关于推进新时代文化强区若干实施办法（试行）》。确立“对话富春江”文艺活动13个，涵盖文学、美术、书法、摄影、篆刻等艺术门类，优秀文艺作品扶持项目5个。开展第十九届郁达夫文艺奖评选，表彰作品126件。举办培训、看稿、讲座、研讨等活动近20次，涉及美术、书法、篆刻、摄影等门类。文艺创作成果丰硕，省、地（市）级刊物和展赛发表、获奖、入展作品386件，其中民啸、陈春儿和方格子的作品在《收获》《西湖》《青年文学》等文学刊物发表。叶萍的小说《春江花月夜》获冰心儿童文学佳作奖，盛忠民的散文集《芒花祭》获2021年度中国散文年会奖“十佳散文集奖”，故事《做扇骨的老周》获“吴文昶”杯（桐庐）全国故事征文大赛获一等奖，朗诵诗《红色灵桥，赤水潇潇》获“浙江省优秀版权作品”奖。叶萍的访谈录《走出尘埃》、柴惠琴的散文集《图山溪山图》、赵玉龙的《鸟兽为邻》、蒋金乐的《合璧·富春山居》《未解·富春山居》公开出版。巴克的小说集《小娟》入选杭州作家丛书。郁峻峰的《郁达夫早年史料一束》发表在核心期刊《新文学史料》。羊晓君作品入展中国文联、中国书法家协会主办的“征程：迎接庆祝党的二十大胜利召开书法大展”。徐建华《富阳手工造纸》获PSA China、浙江省摄影家协会主办的第四届中国浙江（宋韵文化）国际摄影大赛铜奖。郑慧英、王军作品分别获得省电教片一等奖、全省“百年风华筑伟业”专题片十佳作品奖。陶桂生篆刻作品获第七届海峡两岸中青年篆刻作品展银奖。

【文艺人才】 叶萍、施涌潮分别加入中国作家协会和中国美术家协会，2022年有国家级文艺家协会会员80名。王海平、钱旭群加入浙江作家协会，乔鑫加入浙江省美术家协会，胡狄华、何胜龙、赵炼炼、邬陈映竹、徐王润东加入浙江省书法家协会，项红梅、何利利加入浙江省摄影家协会，许文培、郎苏华、吕介和、邵艳云、高波加入浙江省民间文艺家协会。何荣发获省摄影家协会表彰的“优秀志愿者”称号。唐一峰、邢幼幼入选杭州市文联第12批青年文艺人才。

（来绮婕）

【编辑 刘 亮】

# 12 法 治

Rule of Law

## 政法委及综治

【概况】 2022年，富阳区围绕“平安护航党的二十大”，落实工作任务，防范化解突出风险，实现“平安富阳”创建十八连冠。常态化开展政法队伍教育整顿，打造忠诚干净担当的政法铁军队伍。研究制定《富阳区政法系统政治轮训实施细则》，开展政法队伍教育整顿“回头看”活动，加大对酒驾、醉驾等警示教育力度；出台《中共杭州市富阳区委政法委员会政治督察工作制度（试行）》《杭州市富阳区政法系统纪律作风督查巡查工作制度（试行）》，对区司法局进行政治督查。成立富阳区政法干警依法履职保护委员会，建立相应专家库，出台《富阳区政法单位意识形态工作责任制考核办法》。区委政法委获全省政法舆论宣传工作成绩突出先进集体、全市平安创建成绩突出集体称号及党的二十大维稳安保工作突出贡献集体三等功、区内综合考评一等奖。

【法治保障】 常态化开展扫黑除恶，依申请组织召开案件研判会议16次，组织《中华人民共和国反有组织犯罪法》宣传，持续开展教育、医疗、金融放贷、市场流通行业整治，核查线索40余条，侦办恶势力犯罪集团1个，打击涉网恶势力犯罪黑恶犯罪团伙8个；建成并运行区级刑事诉讼和行政执法涉案财物管理中心，出台《富阳区刑事诉讼和行政执法涉案财物管理工作办法（试行）》，对全区11个执法部门的涉案财物进行统一管理考核，中心创新建设项目入围2022年全省政法工作现代化创新引导项目，相关经验做法获《浙江政法》刊发。

【疫情防控】 通过组建指挥网、织密社会面管控网、建强群防群治网，打赢“1·26”“8·25”“10·7”疫情阻击战。指导村社巡查场所、巡察企业275家次；针对基层治理难点，制订“5+1”“开转封”实施方案，探索村民自治强化基层社会治理，建成村社微治理中心（指挥所），建立“全民参与、协调联动、打防结合、共建共享”的一体化群防群治工作机制。

【平安创建】 建成全方位责任分工体系，实行部门季度、乡镇（街道）月度、村社双月分色晾晒和平

2022年，富阳区获二星平安金鼎

（区政法委 供稿）

安责任倒查机制；建立专题研判制度，每月开展安全指标全量研判分析，动态预警监测；检查企业（单位）45143家，发现整改问题隐患42411处，立案查处298家，停产停业整顿26家；健全“消安联管平安联创”机制，检查出租房4.4万户；治理各类交通隐患2646处，开展老年人交通宣传教育25.24万次、电动自行车主宣传教育13.71万次；以“忠诚铸平安、护航二十大”为主题，开展专题和常态化宣传，动员平安巡防力量39059人次。

【综合治理】 创新矛盾纠纷化解“三道防线”，构建“区镇村网格微网格（楼道）”5级指挥架构，采集实有人口信息83万人，打造新时代枫桥经验“富阳实践样板”；组织“党建统领·网格智治擂台比武”1次，根据党建统领网格智治要求，将网格从809个调整至1038个，下设微网格9344个，网格队伍巡查场所1.2万余场次，发现并解决问题860余个；开展17个城郊接合村社专项整治，采用属地为主、部门协同等方式，结合美丽乡村、现代社区、基层智治体系、“小脑+手脚”警网协同建设等，全面推进专项整治工作。

【维稳安保】 完成护航党的二十大专项行动，整改问题隐患2771个，排查上报风险隐患281件；风险楼盘处置到位，解决流动资金73亿元；推进“忠诚”“护点”系列行动，破获各类刑事、行政案件659起，刑事立案数、电诈发案数分别下降11.42%、49.19%；排查重点行业领域及建筑工地、燃气、自建房、老旧小区、人员密集场所等安全隐患，检查企业（单位）23351家次，整改隐患18264处。

【数字法治】 获市级以上试点应用13个，其中整体转承国家级试点1个、省级试点10个、市级试点2个，在《中国社会科学报》《人民日报》《人民法院报》等省级以上媒体、刊物发表相关内容理论文章7篇；成立基层智治系统建设专班，迭代升级基层智治应用系统，推动10个省级重大应用在镇街层面贯通落地；“融破智联”作为“企业破产一件事”应用子场景之一获全省推广，并获“2022年度全省数字化改革最佳应用”；“违法建筑查处闭环管控应用”获评“省数字司法好应用”。

（骆志军）

## 公 安

【概况】 2022年，富阳区“110”总警情及刑事、治安、交通等主要警情数分别同比下降0.17%、35.17%、38.66%、3.92%，社会面持续平稳。侦破常安镇小剡村23年前命案积案；8月16日，在全省禁毒工作电视电话会议上作禁毒整治创优做法交流发言；电信网络诈骗案件发案749起，同比下降57.27%，位列全市第一；打赢“1·26”疫情防控阻击战，创造战疫“富阳速度”，受国务院督查组及省市区各级领导肯定。杭州市公安局富阳区分局获评浙江省委、省政府“平安护航建党100周年成绩突出集体”，杭州市委、市政府“党的二十大维稳安保工作”先进集体；城东派出所获评全省优秀公安基层单位；获评全国公安机关疫情防控工作突出个人1人，获评全省优秀人民警察1人，荣立二等功1人，获集体三等功2个31人，获集体嘉奖6个85人。全年对外发布宣传报道1247篇次。

【上级领导调研】 3月15日，省公安厅治安总队副总队长刘骏到亚运场馆富阳银湖体育中心调研枪弹库建设工作；5月17日，省公安厅副厅长、杭州市人民政府副市长、市公安局局长罗杰到富阳调研黄公望森林公园管理保护、基层所队建设等工作；6月17日，省禁毒委副主任、公安厅副厅长刘静到富阳调研禁毒工作；6月21日，省公安厅党委委员、副厅长杨保华到富阳调研个别务工人员服务管理工作；6月21日，省公安厅监管总队政委江永志到富阳调研指导监管工作；9月7日，省公安厅警务保障部主任王海航到富阳调研警务保障工作；9月19日，省公安厅反邪教总队总队长李孟带领台州、金华等地相关领导到富阳调研反邪教专项工作；10月27日，省公安厅法制总队总队长王晖到富阳调研法制工作。

【执法办案管理中心】 以执法办案管理中心3.0建设为牵引，在安全、规范、高效基础上，强化资源整合，全面提升保障服务职能。优化资料调取、律师接待、文书邮寄等执法服务，出台远程提审、远程会见规范。严格执行刑事案件办理“五统一”要求，落实派出所办理刑事案件负面清单制度，切实减轻基层派出所办案负担。全年各执法部门在执法办案管理中心办理刑事案件1090起、起诉1266人，中心办理率达100%，派出所刑事案件办理占比31.83%，基层警力进一步回归安全防范、治安管理、服务群众等基础工作。深化《行政执法操作工作规范》运行，开展交警中队“勤法融合”勤务机制改革试点工作；组织开展“行政执法规范化建设比武竞赛”，行政执法质量明显改善。打造全国公安机关建设应用成效突出执法办案管理中心，成为“全国标杆”。

【重大安保活动】 全年审批大型活动2起，制订各类安保工作方案40余个，完成各类活动安保、警卫工作60余次。牵头完成党的二十大安保、亚运安保筹备等多项重要工作。结合“夏季治安打击整治百日行动”“除险保安百日攻坚行动”“城郊接合部专项整治”等专项工作，实现“五升五降”（刑事类案件打击上升、发案下降；电诈类案件打击上升、发案下降；治安类案件打击上升、发案下降；交通违法处置上升、交通事故下降；公安归口信访积案实体化解上升、涉法涉诉下降）工作目标。

【联勤机制建设】 根据“情指行”一体化实战化建设要求，牵头完成富阳合成作战中心建设，配套建立“135”运营方案和规范。全年完成重大敏感案事件应急指挥调度149次，启动“情指行”一体化合成作战85次，成功开展封控拦截任务71次。建立健全“110”接处警民

2022年6月29日，富阳区举行“2022忠诚5号”暨夏季攻势启动仪式
（市公安局富阳分局　供稿）

意感知岗，确定专人负责分局“110”接处警满意率每日回访，倒逼接处警全流程规范化。至年底，有效警情重复报警占比4.64%，纠纷警情重复报警占比11.57%，提前完成省厅、市局年度考核目标任务；通过“110”社会联动平台流转各类信息11205条，其中联动处置纠纷警情4899起。

【执法管理标准化体系建设】　参与省公安厅第一批公安大脑核心应用项目揭榜挂帅和开发建设，初步完成任务中心及执法办案管理中心大屏等模块开发；开发信用修复模块，完成系统上线试运行；上线“行政执法全过程信息管理系统”，依托执法记录仪，运用人工智能技术，实现行政执法闭环管理。

【专业案审建设】　完善案件移交接收规范，强化案件初评，依托案件退查、下发整改单、督导单等措施，形成闭环管理。对每起案件评查打分，问题拍照留痕、梳理总结。建立常态化执法管理监督通报机制、季度执法监督通报机制，依托市公安局富阳区分局主页、执法监督管理委员会季度会议进行通报，对存在的问题分级分类抄送派出所、法制大队、督察大队，追究相关责任人责任，严格过错认定。

【警网协同】　定期开展警情分析，警网协同纳入基层智治系统平安法制“跑道”，开展非警务警情分流及处置。指导乡镇街道开展“小脑+手脚”勤务机制建设，出台《深化派出所“一室两队”（小脑+手脚）勤务机制改革十项工作标准》，规范派出所人员、硬件、机制等勤务运作。分批次组织派出所综合指挥室到基础管控中心跟班实训，开展现场实操、社区警务理论知识和网上作战比武。万市镇成为全市第一批示范点。排查并化解矛盾纠纷7616起，在全市率先应用“派综2.0”向“四个平台”流转2017件，督促属地乡镇街道化解1303起，通过区矛调中心挂牌督办69起，成功化解42起，避免“民转刑”案事件发生。

【流动人口管理】　完成“好房东”App由微信端向“浙里办”整体搬迁，流动人口自主申报率同比增长14%。提升房东主动履责能力，开展“不能履责房东清退”行动，清退70周岁以上房东3552人；开展“出租房屋群租问题整治”行动，拘留拒不落实消防安全管理措施房东134人，相关经验做法2次获省公安厅副厅长、杭州市人民政府副市长、市公安局局长罗杰肯定批示。指导城西、城南、银湖派出所开展流动人口管理试点，相关经验获省厅、市局简报刊发，并在分局会商会上进行经验交流。

【基层基础信息】　举行半年度基础工作会议，召开警种和派出所月度会商10次，完成派出所社区警务工作经验总结和交流11项。建设分局和派出所基础管控中心（岗），健全联勤警务站3个和社区、特色警务室24个，完善派出所基础工作勤务体系。建立社区民辅警两级培训体系，统筹政保、出入境、治安、经侦、法制、禁毒、消防等警种开展专题培训和入所指导，组织派出所到基础管控中心蹲点实训，开展基层基础业务能力大比武，提升基础工作综合能力。

【群防群治】　管好用好保安员5031人，建成各类义警队伍261支，入驻义警员71520人，组织义警活动71569次，搜集各类线索1461条，

2022年6月24日，富阳区禁毒宣教中心揭牌启用
（市公安局富阳分局　供稿）

2022年1月14日，杭州市电信网络诈骗犯罪宣防治理工作现场会在富阳分局召开，与会人员观摩分局“富春智呼”96110中心

（市公安局富阳分局　供稿）

建立“永昌丈母娘”“公望女管家”等义警品牌，义警队员13人获市级治保先进和治安荣誉奖章。东洲派出所“警保联盟”群防群治机制，在构建辖区平安共同体方面成效明显；新登派出所将义警队作为“第三警队”建设的做法获《浙江平安时报》报道，“野狼救援队”山林救援事迹获中央电视台报道；发动专业救援队伍12支纳入“110社会联动”体系，城西派出所辖区“公狼应急救援队”获评市优秀平安社会组织。以大源镇、东洲街道为试点，推进企业、镇街村社“守小门”制度，制定企业、村社守小门运作机制，建立工作专班，按月分解推进任务，定期召开推进会，通报工作进度，协调推进中产生的问题，动态调整攻坚方向。至年底，大源镇参与“守小门”行动规上企业27家，其中华达新型材料有限公司以及坚盾门窗科技有限公司建立系统的内部安全管理机制，东洲街道建华村、紫铜村、学校沙村等村社建立相对完善的村社“守小门”机制。

【禁毒管理】　3月，富阳区禁毒委员会办公室下发《“无毒村（社）”创建实施方案》，实现禁毒宣传角全区各村（社）全覆盖，孵化重点村（社）30个，建成28个。6月，试运行富春智（治）毒侦防平台，6月24日，富阳区禁毒宣教中心开馆，至年底，接待单位、团体100余个，参观群众2万余人，成为区社科普及基地、市普法教育基地。

【交通管理】　开展“平安大道”创建提升年行动，统筹推进“交通违法联管联治、安全隐患快排快治、安全防线共筑共建”主题行动。推广“空天地”一体化勤务2.0模式，完善空地互动、交治联勤等运作机制，实现道路交通动态巡管及交通警情快速反应，交通类警情同比下降4.15%，主城区核心区域早晚高峰道路拥堵指数下降至1.64，同比下降9.42%，全天道路拥堵指数下降至1.44，同比下降3.58%。全年，开展大兵团整治行动46场次，凤凰山联合整治48场次；治理各类交通安全隐患8595处；宣教全区交通参与者135万余人次，红黄码人员降色4792人，完成率90.76%。完善交警执法管理中心管理，探索“勤法融合”警务模式，落实刚性执法监督，强化过程督导，确保执法办案全过程、全要素、全覆盖管理。

【出入境管理】　3月，制定《全区外国人管理工作协调机制》《涉外安保险保安“百日行动”工作方案》《出入境情报工作方案》《涉外案事件应急处置工作意见》，开展清查涉外安全风险“清底除患”专项行动，排查涉外重点单位和场所77家，核销住宿登记信息75条，排查境外人员信息219人次，开展签证回访69人。开展“三非”（非法入境、非法居留、非法就业）专项整治，查处“三非”外国人案件13起。牵头侦办偷越国边境案件6起。优化出入境服务，开展畅通绿色通道、开启网上预约、设立商务专窗、重点涉业纳入“白名单”制度，营造助企氛围。开通出入境涉外专窗和移民事务服务站，推动外国人来富“一件事”办理。全年为便利企业外出开展商务和劳务办理护照70本，提供服务咨询300余次，上门走访企业30家，解决企业实际困难10个。

【重大案件侦破】　全年现发命案、强奸等五类案件均在24小时内

2022年11月1日，富阳启动“反诈风景线”系列直播

（市公安局富阳分局　供稿）

侦破。四类传统侵财采取强制措施264人，新型侵财犯罪采取刑事强制措施177人，破获案件158起；移诉四类侵财人员231人，破获案件325起。

【电信网络诈骗打击治理】 3月，制定《进一步加强反诈防骗工作的十条意见》，依托全民全警，围绕线上线下，通过"全方位反诈、全时空阻诈、全社会防诈"维度开展电诈案件控案降损工作。创新推行"反诈后备厢宣防""所长说反诈""反诈日记"等活动，培育"永昌丈母娘""警银联合宣防队"等群众反诈宣防队伍，开通"反诈群蓝星"视频号；推出"赏富春山水，筑反诈防线"反诈风景线系列直播间活动。全年电信网络诈骗案件发案749起，同比下降57.27%，下降幅度位列全市第一；案损6932.69万元，同比下降42.85%，下降幅度位列全市第三；打处电信网络诈骗犯罪嫌疑人245人，移送起诉190人，破获电信诈骗案件240起。1月、10月，全市电信网络诈骗犯罪宣防治理工作现场会在富阳召开；5月，省公安厅副厅长、杭州市人民政府副市长、市公安局局长罗杰专门批示肯定富阳反诈防骗工作。6月，富春智（治）诈项目被省公安厅确定为公安大脑核心应用项目打击跑道之"建立健全区县层级反诈工作体系"子场景项目中榜单位。牵头富春智（治）诈场景应用建设，参与省公安厅"公安大脑"揭榜挂帅项目并纳入"一本账S2""反电诈"涉网信息犯罪预防应用子项目；10月，该项目获区共同富裕展评一等奖。

【涉黄涉赌案件打击】 建立所队双层打击架构和重大案件合作联打工作机制，全年采取刑事强制措施208人，黄赌行政处罚1422人，移送起诉148人，列入全省治安部门夏季治安打击整治"百日行动"黄赌督办案件2起；跨境赌博案件5起，申报省级122机制督办案件1起。9月，开展易涉黄场所排查整治专项行动，查处涉黄场所35家，采取刑事强制措施11人，行政处罚267人。

【食药环知（森）联合执法】 以支部联建为载体分别与市场监管局、生态环境局、烟草局等执法支部开展红色基地研学、文体竞赛、固定主题党日活动，包括真假食品鉴别学习、专业理论交流、联合执法等，全方位提升民辅警专业知识和执法能力。整合各执法部门上报线索、案情分析、联合执法等力量，获取各类有效线索17条，侦破妨害药品管理（肉毒素案）、销售假冒注册商标商品（假冒富阳贝斯特气体、美孚机油案等）、污染环境案等案件10余起，惩处各类犯罪嫌疑人19人，保障富阳民生和营商环境。

【惠民服务】 全面梳理"关键小事"智能速办正面清单，深化"一窗通办""一网通办""跨省通办"，打造公安政务服务网办中心省级试点。全年公安政务服务事项"一网通办"率达99.93%，20个高频事项2.0收件比达88.1%；深化"外国人管理一件事""占道施工审批一件事""道路交通事故救助基金抢救费用垫付一件事"等建设；探索创新日常流动人口管理办法和工地管理手段，加强出租房屋安全监管力度；加大流浪人员救济帮扶力度，做好首批长期流浪滞留富阳人员15人落户安置；完成大源派出所等3个派出所窗口OSM管理标准化设置；推进区乡村三级便民服务体系建设，推动户政、治安、车驾管等高频业务向乡镇便民中心、社区服务站、邮政网点下沉，打造公安综合窗口便民服务圈；深化"一网同心"建设，用好"一网同心"帮办队伍，对老年人、残障人士、偏远地区人员实行上门帮办，全年帮办1200余件，制作和发布导办视频39个，推出"摩托车领证一件事""车驾管业务网上办零跑腿""一路有你"微信群等便民举措，提升群众满意度和获得感，至年底，云申领机动车2.23万辆，非机动车1537辆，办理驾驶证类业务5.34万笔；偏远山区群众182人取得驾驶证；建立"一路有你"工作群38个，解决各类问题1600余件。坚持打击与帮扶并重，优化营商环境。侦办张小泉股份有限公司等企业被职务侵占案等涉企案件11起，移送起诉14人，挽回损失2254万元，追赃率95%。开发"金融风险防控多跨协同数字化应场景"系统，建立协同高效、数据共享的线上金融防控处置平台。创新涉企案件工作法，走访企业155家，提出意见建议27条，帮助实体企业5家走"合规"道路，提升企业"合规"意识。制定《涉企刑事案件办理流程规范》，规范涉民营企业案件办理，提升服务保障民营企业能力水平。组织"网格员"培训会18次，提升"网格员"发现风险企业能力。

【公安队伍业务能力建设】 建立健全专案办案模式，由专人先行研判案件，按专案收网要求准备材料进行集中收网，实现短期内完成调查取证。组建资金分析团队2个，带案至上级业务部门培训、参加上级部门情报导侦比武等，培养涉众、涉税等领域专长民警，通过"市级资金分析师"资格民警2名。紧盯实战需求，"分层次、分类别、分专业、分主题"搭建实战大练兵体系，完成训练角建设，依托智慧训练平台落实每周练、季度考机制，全年组织开展全警抽测6次，省公安厅、市公安局抽测全数达标通过；组建"专业蓝军"队伍，开展"红蓝对抗"比武20余场，情指、政保、刑侦、经侦等15项工作获全市表彰；围绕青年民警能力培养，完善职业培训、岗位轮训、能力培育等全周期培育机制，开办"青蓝"夜学班，组织青年说、学、谈等活动，提升青年民警综合素养；将辅警党员组织关系转入分局各党支部统一管理，推进辅警优化提升和新辅警招录工作，推动辅警队伍能力整体跃升，转入辅警党员210人，两批次招录辅警373人，完成第二警队优化提升338人，优化率（93.6%）名列全市前茅。

【公安队伍政治建设】 加强督察工作，开展现场督察26轮次，网上视频巡查1877011次，语音巡查92643次，下发交办单1202件，发布督察通报49期；深入基层所队、安保工作、疫情防控一线，开展队伍专项管理、重大政治安保、重点工作推进、新冠疫情防控、行业单位管理等专项13个跟踪督察；探索“机关查基层、基层查机关”的双向交叉督查模式，组织政工干部开展双向交叉检查2轮次，“一巡六查三清单”公安内部政治巡检6轮次，涉及单位22个。推进“清廉公安”建设，开展廉政教育活动，抓好典型表扬和案例通报警示，试点打造基层所队清廉示范单位4个，大源派出所清廉公安建设获评“清廉杭州”优秀实践案例；完善实施“三重点”滚动式排摸、闭环式销号“动态清零”机制。全年，执行政府招标现场监督32次，开展民警离任、岗位调整审计108人次，领导经济责任审计2人次，配合杭州市公安局审计支队审计工作3次。完善爱警暖警制度，完成干部选拔任用和调整2轮，职级晋升工作2轮，优化干部梯次和队伍结构；制订实施《战时保障激励工作方案》，完善护心热线、紧急就医、统筹入学系列措施，新增子女托管班、应急服务帮帮团，统筹发挥工会、关爱警察基金会和互助协会作用，慰问帮扶360余人次。

（焦 丽）

## 检 察

【概况】 2022年，区检察院全力维护社会安全稳定，依法办理周某某等27人敲诈勒索、诈骗、非法吸收公众存款、虚假诉讼系列“套路贷”犯罪集团案件，办理审查逮捕案件198件274人，审查起诉案件957件1185人，提起公诉后判处十年有期徒刑以上刑罚19件20人，提前介入调查并起诉职务犯罪案件4件4人。获区级以上记功表彰和荣誉称号71项，其中省级以上20项；创新亮点工作被区委、上级检察机关主要领导批示肯定8次。

【营商环境护航】 出台区检察院《服务保障富阳产业强区主战略十条意见》《关于高质量服务保障最优营商环境建设的实施意见》。全年办理涉企案件36件56人，推进涉案企业合规改革，对3家涉案企业开展合规考察，1起案件入选省检察院、省公安厅“护航2022”助企惠企提升企业风险防范能力专项行动典型案例。联合区工商联设立“富春检企驿站”服务营商环境检察官办公室，成立营商环境投诉监督中心，举办以防范企业法律风险为主题的检企课堂5场，覆盖千余人次，为护航民营企业高质量发展提供最优检察服务。

【数字检察建设】 深化多跨协同，研发应用“数智护水”“数智治渣”“数智纠违”等数字化监督场景。“数智护水”监督场景生成涉水类案线索900余条，被纳入2022年浙江数字检察“一本账S2”、浙江省数字法治“一本账S3”，并作为“全域数字法治监督体系”子项目之一在全市推广。落实省、市检察院部署行政检察领域数字化办案专项监督，督促行政机关查处空壳公司8家，跨部门融合办案3件。搭建建筑企业施工项目负责人依法履职数字监督模型，向住建部门移交安全生产领域监督线索20条。

【矛盾化解】 发挥院领导包案“头雁效应”，院领导共计接待信访人24次。办理的“家门口的听证绘就富春山居的共富图景”刑事申诉案经验被最高检转发推广。办理司法救助案件29件29人，发放司法救助金50余万元。检察阶段帮助追赃挽损2000余万元。联合公安、法院深化轻微刑事案件赔偿保证金制度，获省检察院检察长批示肯定。在“12309”检察服务中心开辟律师“绿色通道”，成立专案组加快办理律师控告阻碍执业权利案件。

【社会治理服务】 创新“微检察•大治理”工作机制，基层检察室与“两所一庭”、乡镇平安综治部门联动开展基层治理。与新登镇政府共同制定《关于加强“大综合一体化”行政执法与检察监督协作配合工作的意见》。依法办理生态环境资源类刑事案件53件67人。针对办案中发现的山区野生动物保护和特色农业发展之间的矛盾，向区委、区政府报送专题报告并获区政府主要领导批示。

【未成年人成长环境保护】 全省首创罪错未成年人分级处遇机制，开展帮教考察涉罪未成年人23人，针对未成年人家长“监管缺失”现象制发督促监护令22份，提供家庭教育指导13次。开展涉罪未成年人民事支持起诉，拓展未成年人公益诉讼监督范围，办理的督促保护未成年人个人信息权益行政公益诉讼案入选最高检典型案事例。

【刑事检察】 在全市率先挂牌成立侦查监督与协作配合办公室，员额检察官常驻现场办公。监督刑事立案17件27人，其中被判处十年有期徒刑以上刑罚的2件2人，监督撤案13件24人；发出纠正违法通知书8份，回复采纳率达100%。会同公安机关出台刑事案件不批捕和不起诉工作指引，报捕率和诉前羁押率同比分别下降27%和22%，不起诉率同比上升25%，得到省检察院推广。处理好捕诉关系，纠正“不捕就会不诉”的认识偏差，办理曾某帮助信息网络犯罪活动案获评最高检典型案例。强化行刑衔接，对110名被不起诉人向相关主管部门提出行政处罚意见并跟踪落实情况。在全省率先出台《强化“四大检察”融合协同系统重塑检察侦查调查工作实施意见（试行）》，获得省、市两级检察院检察长和区委主要负责人的批示肯定。

【民事行政检察】 办理虚假诉讼案件13件，发出再审检察建议5份。向区法院发送民事执行检察建议30份，发送类案检察建议7份，均被采纳。办理老旧小区房屋加装电梯建设工程合同纠纷支持起诉案。助推法治政府建设，化解行政生效裁判监督2件，参与化解行政争议8件，办理行政违法行为法律监督案件2件，发出检察建议2份。

【公益诉讼检察】 办理行政公益诉讼案件26件，其中督促整治富春江流域水环境行政公益诉讼系列案被最高检刊发交流。推动开展河道与水设施执法、养殖尾水规范处置等专项整治行动7次，排查整治抗抑菌制剂药问题产品9种。办理民事公益诉讼案件20件，收缴公益损害赔偿金50余万元。联合相关职能部门，深化纪委监委与公益诉讼协同联通，提升土地执法效率、强化劳动者权益保护、守护富春江流域水环境安全、创建“无废城市”。

【特色品牌建设】 打造兼具检察亮点和富阳特色的“富春”系列检察品牌，《富春山居·只此青绿——“公望益站”办案团队》获全省检察文化品牌建设优秀品牌金奖。新媒体平台影响力在全省检察机关位居前列，连续9年获评全国检察宣传先进单位。

【检察干部建设】 持续深入学习贯彻党的二十大精神，开展“清廉机关、模范机关”创建，打造“检心向党·法安富春”党建品牌。严格落实意识形态工作责任制，以清单式推进、项目化管理、联动式履责确保意识形态领域绝对安全。常态化开展检务督察工作，实现谈心谈话全覆盖。聘任民主党派成员和无党派人士担任特约检察员，邀请行政机关专业人士担任特邀检察官助理。与市检察院联合举办“杭检实案实训·富检专家讲坛”，邀请公、检、法、律师、卫健、关工委等同堂培训。组织骨干申报省、市级课题30余项，完成专著2本，相关成果在《人民检察》《检察工作》等知名期刊发表，并入选中国法学会研究会2022年全国年会暨数字法治大会。

（沈　玲）

## 法　院

【概况】 2022年，富阳区法院受理各类案件11247件（不含旧存），办结11775件，同比分别下降17.05%、13.05%，同期结案率104.69%。一线法官年人均结案217件，同比减少101件。结案率、自动履行率、当庭宣判率、民事可调撤率、法定审限内实际执结率等10项核心指标位居全市法院前三。获评市级以上先进集体和个人11个，其中个人二等功1人、个人三等功3人，刑事审判庭获市级“巾帼文明岗”荣誉称号。

2022年9月，“富春山居·只此青绿——‘公望益站’办案团队”获全省检察文化品牌建设优秀品牌金奖。图为宣传海报　（区检察院　供稿）

【服务大局】 聚焦企业“急难愁盼”，出台“助企纾困18条”，依法采取审慎灵活保全措施，持续做好“六稳”“六保”工作，聚力打造一流营商环境。营商环境测评中涉法院指标综合排名连续三年保持杭州第一。持续深化行政争议实质性化解，健全府院联席会议机制，聚力保障银湖体育中心、水上运动中心等亚运场馆配套基建项目，平稳处置秦望区块安置房分配等潜在行政争议200余件。创新“3+2”环境资源审判模式，协同探索多元生态修复方式。破产案件中优先处置危险废物消除环境污染隐患的做法获省高院领导批示肯定，相关案例入选最高院碳达峰碳中和典型案例。

【平安建设】 发挥刑事审判职能，开展整治电信诈骗、养老诈骗专项行动，判决“恒隆地产”电信网络诈骗系列案。坚决打击“黄赌毒”犯罪，依法惩治“扑克王”跨境赌博犯罪系列案。依法打击“车邦贷”专案10件23人，全力帮助500余名被害人追赃挽损349万元。配合“保交楼、保民生、保稳定”，以示范判决推动批量调处涉房纠纷600余件。获评“平安杭州”创建先进集体。

【匡扶正义】 推动司法公正，创建“为群众办实事示范法院”。开展“法治进校园”活动60余次，满足未成年人保护司法需求。加强劳动争议仲裁与诉讼衔接，审结劳动报酬、工伤赔偿等案件360余件。强化善意文明执行理念，强化执行惩戒措施，对7200余人次采取失信限高措施，罚款63万元，司法拘留决定9人次。严厉打击拒执犯罪，移送涉嫌拒执犯罪21件23人，追究刑事责任12件12人。严厉打击虚假诉讼，查处87件，移送犯罪线索31件，立案侦查19件，对38人罚款14.55万元。

【基层治理】 健全工作机制，构建源头预防、非诉化解、诉讼断后的全链条闭环机制，一审民商事收案6629件，下降2.46%。高标准建设“枫桥式人民法庭”，高质量推进共享法庭建设，与“141”基层

2022年7月14日，富阳开展数字化电力“共享法庭”揭牌暨“党建＋营商环境”党组织联建活动

（区法院 供稿）

治理体系贯通，布局建成共享法庭594家，实现镇街村社全覆盖。富春家事共享法庭入选全省首批示范，运行机制在全省反家暴主题宣传活动上介绍推广；金融、滨富合作区2家共享法庭获评首批市级示范法庭，其中滨富合作区共享法庭经验做法获省高院调研肯定。

【数字法院建设】 以科技赋能提升审判质效，实现办案办公平台化、无纸化、智能化。自主研发的3项应用纳入省高院“浙江全域数字法院”重大改革项目及“育苗造林”清单，并纳入全省数字法治系统一本账。“融破智联”入选市数字法治系统标志性应用成果，并与“特定主体执行一件事”共同获评区第二批共同富裕典型案例。深度参与各项数字化改革试点，入选最高院“金融全链条要素式审判”试点法院，揭榜挂帅“共享法庭2.0”家事纠纷、普法宣传子场景建设，推广“凤凰智审”系列应用。

【阳光司法】 开展“清廉法院”建设，建设全市法院首家“清廉驿站”廉政教育基地，开展廉政教育105场次1000余人次。开展以案释法，打造“佳佳普法小课堂”“花花说立案”等品牌。开展“昼访夜谈”活动，接受社会舆论监督，组织开展“公众开放日”活动5次，新闻发布会5场，发布微信公众号推文251篇，区法院官方微信公众号获评全国法院“十佳百优”新媒体账号，区法院获评最高院媒体融合先进集体。

（周伶俐）

## 司法行政

【概况】 2022年，富阳区司法行政系统梳理重点、亮点、试点工作70项，以党员干部示范、项目领办、月度比武、挂图作战等方式，全力做好司法行政工作。开展习近平法治思想学习宣传，健全领导干部学习贯彻宣传制度，建立领导干部日常学法、集中考法、年终述法机制，落实习近平法治思想学习“八进”活动，将习近平法治思想“十一个坚持”核心要义融入全区法治阵地。获杭州市司法行政系统综合督导考评全市第一；法治杭州负面清单考核满分，并列第一；法治浙江建设群众满意度测评保持全省第一方阵。

【第一责任人法治职责履行】 严格执行区委理论学习中心组、区政府常务会议会前学法制度，全年开展区委理论学习中心组学法5次、常务会议会前学法4次，内容涉及《习近平法治思想学习纲要》《中华人民共和国行政处罚法》《中华人民共和国反有组织犯罪法》等。开展2021年度党政主要负责人履行推进法治建设第一责任人职责述法，全区90个单位118位党政负责人作书面述法报告。落实乡镇（街道）行政主要负责人向人代会（议事会）作法治建设第一责任人履职报告。

【依法决策建设】 在全省范围内率先出台《区政府重大行政决策事项标准》，开发重大行政决策“闭环式一体化”管理应用。公布区级重大行政决策事项7项，连续第四年实现重大行政决策目录区、镇两级全覆盖，承办全省政府法务暨“最佳实践”培育试点工作交流会。全区行政决策管理工作经验在《法治浙江简报》刊发，获省司法厅党委委员、副厅长方腾高批示肯定；重大行政决策管理数字化、标准化、规范化的探索实践被列入浙江省行政合法性审查最佳实践案例。合法性审查范围延伸至土地搬迁方案、行政裁决书、重大历史遗留问题处置方案等领域，固化决策事项合法性审查作为区政府集体讨论前置条件，全市率先明确列入《富阳区人民政府工作规则》。全年出具常务会议合法性审查意见131份，提供有效意见1035条；其中合法性审查重大行政合同24份，提出法律意见267条。对区政府200个行政规范性文件进行全面清理，保留继续有效文件115件，废止与共同富裕、“两个先行”等政策不相符的文件36件，宣布失效21件，拟修改6件，清理结果公布前已废止21件，决定修改1件。出台《关于加强政府法律顾问管理的实施方案》，首创分类付费机制；升级法律顾问考核评价办法，破解政府法律顾问“顾而不问”“用而不精”等难题，获区委副书记、区长马利阳批示肯定；政府法律顾问重点政协提案获区政协十届三次会议重点提案满意等次。制定出台《关于扶持律师行业发展的实施意见》，加强律师人才队伍建设。

【“败诉率发案量高调撤率低”专项整治】 依托“区行政争议调解中心”平台，深化高败诉风险案件“五化协同”双专班化解机制，严控行政诉讼败诉率。全年全区行政复议纠错率8.77%，行政诉讼败诉率6.61%，行政复议调解成功率60%（位列杭州第二），行政诉讼案件调撤率36.36%，负责人出庭率100%。复议发案量和诉讼发案量比1.95 ∶ 1。通过法院立案前引调、司法引复、行政争议调解中心引调，构建多元解纷“共同体”。深化府院联动与部门协作，有效推进行政争议诉源治理和实质化解。行政复议案件诉前引调化解率 58.8%，诉源治理成效显著。违法建筑查处“一件事”闭环治理应用，获评省数字司法好应用；违法建筑查处法治风险“一件事”治理、“智慧听证管理”等项目列入全省数改“一本账 S3”清单。

**【重点领域法治改革】** 推动“大综合一体化”行政执法改革，将档案、发改、民政等 24 个部门管理领域 1531 项的行政处罚事项划转至综合执法，撤销发改、民政、人社等 3 支执法队，区级层面形成“1+8”（1 支综合执法队伍和市监、交运、农业、文化、生态、规资、卫健、应急 8 支专业执法队伍）的行政执法格局。细化梳理形成“1+3”全覆盖的执法事项体系，全区行政执法事项总数 5406 项，其中综合执法事项 1933 项、专业执法事项 3473 项，综合执法事项占比 35.76%，超出省定 20% 的目标要求。建成集“监管执法大综合、执法活动大协调、执法主体大指挥、全过程审查大法治、执法行为大督查、执法人员大保障”功能为一体的区行政执法统一协调指挥中心并实体化运作，协调开展涉林违法图斑问题查处集中攻坚行动。制定“乡镇吹哨、部门报到”“综合查一次”“三级合法性审查多审联审制度”等配套制度，提高区、镇街两级行政执法协作效能，获副省长高兴夫肯定。聚焦赋权增能，下沉执法人员 464 名，组建乡镇（街道）执法队伍 24 支。按照“客观需求、有效承接”原则，首批 108 项“三高两易”（高频率、高综合、高需求，易发现、易处置）事项全域赋权到位。推广使用“大综合一体化”执法监管数字应用，执法效能指数位居全市前列。全年开展执法业务培训 8 次，实施 53 个“监管一件事”主题场景应用落地，开展执法检查 5027 次，办理赋权案件 1196 起。司法改革工作获省人大常委会副主任姒建敏、省执法办主任储厚冰、杭州市副市长丁狄刚调研肯定。

**【行政执法规范】** 推行分层分类队伍管理，落实行政执法人员资格管理制度，动态清理全区行政执法主体与执法证件，部署全区 274 名下沉执法人员完成双执法主体执法证件换发。开展法治富阳（法治政府）建设业务骨干培训，加大法治建设工作分管领导、法治业务科室负责人等对习近平法治思想、“大综合一体化”行政执法改革等重点内容学习。181 人通过 2022 年度行政执法人员综合法律知识考试取得执法资格，比上年增加 60 人。综合分析近年来行政执法案卷评查存在的问题，全市范围内率先出台《行政处罚规范化文书指引》《行政处罚案卷评分标准》《行政执法法制审核指导办法》，统一全区执法部门及乡镇街道的处罚文书样式，明确制作标准，为基层执法人员和法治人员提供标准化指引。全省首创“违建查处 +X”标准化指引体系，获杭州市委常委、常务副市长柯吉欣批示肯定，被司法部和省政府专刊录用。深化“1+2+4”行政执法监督，强化执法监督向区两会报告法治政府建设情况，“借力专项巡察创新行政执法监督模式”获评 2021 年度全省县乡法治政府建设“最佳实践”项目。组织开展涉亚运行政执法、乡镇（街道）执法、“公述民评”等专项监督活动，开展年度执法案卷评查工作，利用数字化行政执法监督数字应用开展线上执法监督，全年对 9 个执法部门发出整改建议 12 份、《行政执法监督通知书》1 份，并督促整改完成。

**【社区矫正和安置帮教】** 实现全区 50 名高风险重点人员走访全覆盖，形成教育帮扶合力，消除潜在风险因素。组织开展“突发快响”社区矫正应急处置预案演练，承办全市社区矫正突发事件应急处置现场会，获省厅、市局领导肯定。建立“网格微管理、数据微循环、小组微帮教”闭环管控机制，推广使用“富春微矫正”并高分通过项目终审，完成验收工作。全区在册社区矫正对象 426 人，主动打击 2 人（新登所、万市所），全年无脱漏管情况发生，实现零重新犯罪目标。社区矫正工作获省司法厅党委委员、副厅长劳泓肯定批示 2 次。排查出涉稳重点人员 80 人（14 名涉黑涉恶），建立重点人员帮教方案，做好重点归正人员预防重新犯罪工作。全面排查重点归正人员 73 名，安置帮教失联对象 2 名。开展“除险保安”专项督察，闭环整改发现问题 14 个。

**【基层调解】** 聚焦组织、队伍、能力、机制、阵地，实施调解质效提升工程，完善“多元调解”工作格局。万市“家和睦邻”试点工作获市委副书记、政法委书记金志批示。完成调委会换届、增建行专调解组织，指导成立杭州地区首家区级装饰装修纠纷人民调解委员会，增配镇（街）专职人民调解员 30 名。落实分层分级培训制度，开展线上培训 9 次，提升全区人民调解员的业务水平和化解纠纷的能力。全年调解纠纷 9435 件，调处成功率 99.8%。场口镇人身损害赔偿纠纷调解、龙门镇交通事故纠纷调解案例入选市司法局人民调解典型案例汇编。

**【“八五”普法】** 升级“述—评—提—改—用”五流程闭环机制，“村级述法制度”获评浙江省 2021 年度县乡法治政府“最佳实践”项目、杭州市首届十大法治实践，并入选富阳区共同富裕典型案例。东洲街道黄公望村民主法治建设工作获司法部领导调研肯定；银湖街道梓树村负责人作为基层代表向司法部调研组汇报依法治村经验做法。建成全省首个村级室内民法典主题馆，召开“富春江法治精品文化带成果发布会暨黄公望村民法典馆开馆仪式”，获司法部、省厅领导及区委书记现场调研肯定。建立富春江法治绿道，打造富春法治公交文化。全区有国家级民主法治示范村 3 个，省级民主法治村 47 个，村级普法实体总面积超 13 万平方米，数量和质量均处全市前列。以开展领导干部、青少年等重点群众学法为重点，召开全区公民法治素养提升工程推进会，区委常委、宣传部部长、守法普法协调小组组长张鹏部署公民法治素养提升工程工作。拍

2022年6月，全省首个村级室内民法典馆——富阳东洲街道黄公望村民法典主题馆开馆
（区司法局 供稿）

摄的《少年英雄梦》法治宣传MV，线上点击率超过200万人次，荣获平安浙江三微大赛三等奖。郁达夫中学学生获省、市"学宪法讲宪法"演讲比赛一等奖。率先制发社会普法公益组织"十个有"工作规则，成功培育"抱朴行远""五勤君达"等7个公益普法工作室以及区教育局等向特定人群普法的公益组织6个。

【公共法律服务】 全市率先出台《村（社）公共法律服务示范点创建标准》，完善"一窗审批、多点受理"三级公共法律服务网络。建立"富阳区法律援助资源库"，出台《区法律援助中心案件指派规则》，实现法律援助全区通办优办。设立首个场口法援分中心，激发基层站点服务功能。推行智能化法律服务模式，公共法律服务智能终端设备实现24个镇街全覆盖，村（社）设置率达20%以上。成立学区电脑派位、安置分房服务专班，制定个性化方案，细化办证流程，确保公证质量，提升政府公信力。至年底，参与区教育局学区电脑派位4次；参与春江街道春南安置房摇号选房、新登安置房、常安横槎村杭派民居及富春街道方家井村安置房等分房活动，开展上门集中办证服务5次，涉及安置户2938户，选出房源7457套，安置户1万余人。提炼推广法律顾问"十个一"工作法，开展服务企业"大走访""大体检"，为全区2000余家企业提供线上线下法治体检服务，提供法律咨询2300余次，法治讲座45场，为企业解决问题或困难100余个，持续推进市场主体法律顾问网格化全覆盖。派驻党建指导员指导监督律所党支部党建工作，打造优秀律师行业党建品牌。出台律师行业扶持政策，成立杭州市律协富阳区律工委。全区共有239名律师，其中专职律师183名，公职律师55名，援助律师1名，超额完成律师万人比2.8的共富指标。

【富阳区云上普法嘉年华活动】 12月2日，富阳区2022年宪法宣传周暨富阳区云上普法嘉年华活动启动仪式在法治文化公园（恩波公园）举行，杭州市司法局党委委员、二级巡视员、市普法办主任王正航，普法与依法治理处处长王海华，区领导邵伟斌、郎卫国、孙晓明及非人大任命区管干部代表、镇（街）分管负责人和部分区级机关代表等120余人参加。这是富阳首次以"云发布"的形式举行的"线上普法嘉年华"系列活动。

（陈少红）

【编辑 刘 亮】

# 13 军 事
Military Affairs

## 人民武装

【富阳区委武装工作暨国动委国教委全体会议】 6月8日，富阳召开区委武装工作会议暨区国防动员委员会、国防教育委员会第20次会议，区委书记、区人武部党委第一书记吴玉凤强调，要深入贯彻落实习近平新时代强军思想，提高政治站位，狠抓责任落实，奋力开创富阳武装工作高质量发展新局面。会上宣读富阳区《关于表彰2021年度武装工作先进单位、先进个人的通报》。区委常委、区人武部政委王继刚作2021年度武装工作报告。新登镇、大源镇、环山乡作党管武装工作述职。

【富阳区常委议军会议】 12月22日，富阳区委常委会召开议军会，传达学习《浙江省深化国防动员体制改革实施方案》，听取全区年度武装工作情况汇报，讨论研究专武干部队伍建设、退役（大学生）士兵就业优惠政策。会议明确，要坚持党管武装、要树立斗争意识、要全面强化练兵、要弘扬双拥共建。

【队伍建设】 按照党管党员、党管干部要求，加强干部队伍建设，落实干部半年讲评、专武干部阶段性工作讲评，组织专武干部参加省军区、警备区两级专武干部训练比武。坚持交班制度、24小时值班制度、职工绩效考核制度，抓实首长机关“月训三天、季考一次”训练制度，全年完成首长机关训练480小时，现役干部和文职人员参训率合格率均达100%。

【民兵集训】 4月18—22日，组织全区部分专武干部、民兵应急连排长以上骨干参加杭州市专武干部暨重点民兵分队干部骨干网上集练，区民兵训练基地设分会场；4月23—29日，组织全区专武干部、民兵连长、民兵教练员在区民兵训练基地集中训练，集训以《军事训练监察条例》《民兵军事训练大纲》为依据，采取自学自训与集中组织的方法，有效提升全区民兵连长队伍的履职能力和民兵教练员专业素质；5月26日到6月1日、6月14—16日，分别组织区属民兵应急连全连、医疗救护连、特种救援排、无人机支援保障排、医疗救护排、消防灭火排、公路护路连等完成民兵共同基础训练。

【民兵组织整顿】 5月20—27日，区人武部对全区24个乡镇街道进行民兵组织整顿集中点验，到点率达到95%以上，点到率达到100%。全区基干民兵队伍建设基本达到“力量精编、编组科学、布局合理”的要求，组建面达到100%。

【国防教育活动】 8月1日，举办区四套班子军事日活动，邀请国防大学李银祥教授进行国防形势教育授课辅导，区四套班子领导、区国防教育委员会成员单位主要负责人参加。

【学生军训】 完成富阳区江南中学、黄公望中学等10所高中学校的军训任务，动用教官164人次，完成7948名学生军训任务。

（潘 娇）

## 人民防空

【人防宣传演练】 结合“3·1”国际民防日、“5·12”防灾减灾日、九一八事变纪念日等活动，发放防空防灾宣传手册2.5万余册，组织在校学生、社区居民、企业员工、商场员工开展人员应急疏散演练11场次2.4万余人，有效提升民众防空防灾知识和技能。组织开展“5·12”“9·18”“12·6”警报试鸣，并通过广播、电视及手机平台告知广大市民。人防工作信息及相关文章获《国家人防》杂志录用1篇，杭州人防网站及公众号录用11篇，富阳住建公众号录用23篇，学习强国客户端录用1篇，浙江新闻客户端录用1篇，《杭州日报》录用1篇，《富阳日报》录用7篇，富阳发布及富阳新闻网录用3篇。

【人防指挥通信工程建设及岗位联训】 全年组织参加日常短波电台训练46次和视频联通训练24次、卫星通信训练6次、指挥车机动演练3次和其他演习训练任务，并组织了防空防灾应急疏散综合演练活动。完成在疫情期间、梅雨汛期、

2023年5月12日，富阳开展人员疏散逃生演习

（区住建局　供稿）

台风灾害天气等时期人防应急指挥保障，做好警报应急准备，充分发挥设备优势，应急通信指挥车及时保障抢险一线指挥。

【人防工程管理】　全年区人防办组织相关单位进行人防工程管理员培训，有256人取得工程管理证书；同时，区人防办加大对人防工程和设施的巡查力度，落实日常维护管理责任。全年随机巡察单位221个，下发整改通知单18张。

（何国勇）

## 优抚安置

【烈士褒扬】　金家山革命烈士纪念碑在清明节和“9·30”烈士纪念日进行两次集中祭扫，全年接待祭扫市民和学生1600多人次。安排22万元资金完成4个乡镇7个零散烈士墓的维修，安排9.9万元资金用于零散烈士纪念设施日常管护。对牺牲在一江山岛战役的李全烈士原籍信息完成更正。开展烈士遗属关爱工作，八一建军节、春节、清明等重要节日走访慰问烈属131人次。继续开展“你为国尽忠，我为你尽孝”上门为烈士父母烧一餐饭活动。烈士纪念日，邀请5位烈属代表参加纪念活动。成立由26位功臣代表组成的老兵红色宣讲团，通过进机关、进社区、进企业、进学校开展英烈宣讲30余场次，听众2000余人。启动富阳烈士陵园项目建设选址工作。

【拥军优属】　在每个乡镇街道至少建设一处醒目且可以长久保持的双拥宣传栏，已设立50多块（处）。围绕“富阳艇”纪念馆、杭州市青少年活动基地等推进国防教育公园建设，全年接待参观人员2万多人次。指导建设沈家坞部队营区进出道路。协调区教育局和富春街道，根据部队意见和军人家庭实际愿望，分别落实军人子女入托富春第三幼儿园2名、三桥幼儿园12名，落实军人子女中考加分优惠政策3名。开展走访慰问困难退役军人、重点优抚对象及驻地部队，慰问各类困难优抚对象，发放慰问经费。春节、八一建军节期间，走访慰问部队单位，发放慰问品，为全区重点优抚对象发放八一建军节和春节慰问金。安排社会化优抚专项经费，为全区“三属”、老复员军人和现役军人家属等开展专项服务。在八一建军节和春节期间，对边海防现役军人家庭开展走访慰问。开展关爱功臣活动，组织重点优抚对象参加短期疗养，同时为全区义务兵父母提供免费健康检查。联合区慈善总会对困难退役军人开展“我飞拥军”项目帮扶。区关爱退役军人协会先后走访慰问困难退役军人和参战立功人员，发放救助资金。拥军优属工作获《解放军报》、《中国国防报》、新华社、中央电视台、退役军人事务部官网等国家级媒体宣传报道。

【优待优抚】　全面落实优抚对象优待金与杭州主城区同城待遇，全年接收审批伤残和带病回乡等各类身份人员，发放在乡老复员军人、带病回乡退伍军人、参战参试退役人员等优抚对象生活补助，伤残、三属抚恤金，伤残、三属死亡抚恤，60周岁以上农村籍退役士兵老年生

2022年9月30日，富阳区四套班子领导和社会各界代表在金家山革命烈士纪念碑前举行敬献花篮仪式

（区退役军人事务局　供稿）

活补助费，病故军人一次性抚恤金。对重点优抚对象落实医疗保障经费。向义务兵父母发放义务兵家庭年优待金。摸排调查困难退役军人，受理审核帮扶困难退役军人，发放帮扶资金。走访慰问特困、低保低边，重病重残、孤寡独居或突发变故的困难退役军人，发放慰问金。

**【接收安置】** 完成2022年秋冬季退役士兵接收安置及审核工作，接收退役士兵。完成军转干部、转业士官接收报到、档案考核与理论考试等工作，安置军转干部、转业士官，其中包括行政岗位、参公岗位、事业岗位和国企岗位。组织退役士兵参加成人学历教育培训、职业技能培训。举办退役士兵专场就业招聘会2次。

**【服务站体系建设】** 制定出台《关于进一步推进富阳区退役军人服务保障体系建设的意见》（富委退役军人组办〔2022〕6号），明确每个村（社区）服务站每年1万元的标准由区财政给予保障工作经费。全年共计完成退役军人服务站规范化建设(示范型)76个，成功创建"全省枫桥式"服务站34个。截至年底，全区共计建设退役军人服务中心（站）360个。圆满完成全区退役军人和其他优抚对象建档立卡、优待证发放"存量清零"工作。开展业务培训29批，基层服务站服务水平得到有效提升。出动退役军人，在社区治理、平安巡防、环境整治、抢险救灾、抗疫防疫等工作中发挥主力军作用。悬挂（更换）光荣牌210块。走访慰问二等功以上、最美退役军人、见义勇为、捐献骨髓等优秀退役军人，为三属办理乘车卡。全区共上线"崇军惠军单位"520家，评选出2022年度"崇军模范单位"和"崇军先锋单位"各5家，并开展表彰活动。为现役军人家庭送立功受奖喜报、发放奖励金。

**【军休服务】** 坚持军休干部"政治生活待遇"双落实，组织好军休干部的文化体育和社会公益活动，开展八一建军节、春节等特殊节日走访慰问，全年接收安置军休干部。

（李彩云）

【编辑　刘　亮】

# 14 经济管理

Economic Management

## 综合经济管理

【概况】 富阳区完成《2022年杭州市富阳区大计划》，明确年度投资项目计划、投资节点计划、社会发展指标分解计划和专项计划。完成2022年国民经济和社会发展计划报告，明确年度经济社会发展目标。牵头推进市对区“14+3”重要经济指标、高质量发展和共同富裕示范区建设指标考核，制定全区乡镇（街道）高质量考核细则。

【政府投资项目】 全区全年安排政府投资项目295个，总投资1339.4亿元，年度计划投资283.2亿元。年中大计划调整时新增项目26个，计划总投资增加57.5亿元，年度计划投资增加4.65亿元。全年计划开工政府投资项目126个，实际开工项目106个，开工率84.1%。全年完成固定资产投资656.9亿元，增长17.0%。9个省重点项目全年完成投资146.04亿元，完成年度任务的218.0%，完成率位列全市第一；43个市重点项目全年完成投资216.8亿元，完成年度任务的178.7%，完成率位列全市第二。浙江东翼时代新材料智能制造及研发中心项目、富春湾医械健康产业制造基地项目、浙江特富清洁能源装备智能制造项目、杭州航天智能制造产业基地项目等4个152项目全部开工，落地率实现100%。

【要素资金争取】 紧盯专项债、金融工具和中央预算内投资等六张向上争取要素保障清单，实行一清单一专班，抢抓国家政策红利，争取各类金融工具。全年发行地方政府专项债券32.8亿元，获中央预算内投资1.2亿元和设备购置更新改造贴息贷款额度13亿元；连续3个月在全市“开门红”“开门稳”赛马激励中领先；获2022年度全省投资“赛马”激励，是杭州市唯一上榜的县（市、区），获省市投资“赛马”激励资金3000万元、土地指标15.33公顷。

【产业发展推动】 科学编制2022年度区重点工业和服务业投资项目计划，全年安排重点工业项目122个，重点服务业项目43个，年度计划投资95亿元。推动企业上规。按照“筛选一批、培育一批、纳统一批”小升规培育推进模式，优化存量，紧盯增量，加强对新注册、新开业、有潜力“小升规”企业的动态跟踪，及时做到早发现、早准备、早入库，全年新增规（限）上服务业“小升规”企业197家。全年实现服务业增加值448.9亿元，同比增长2.6%，增幅位列全市第三。全力助企纾困，督促企业做好疫情防控的同时，尽可能降低疫情防控对企业正常生产经营的影响，积极帮助企业解决实际困难。深入宣传解读稳经济一揽子政策55条及接续政策、总部经济楼宇经济、现代服务业高质量发展的若干意见等政策，积极开展精准送政策、送服务活动，鼓励企业对照政策提升动能。全年兑现产业扶持资金26亿元，同比增长50%。

【信用高地打造】 强化政府用信，引导区级部门在行政许可、行政确认、行政给付、行政奖励、审核转报等领域查询使用公共信用平台信用记录，并将部门用信情况纳入法治政府考核。以公共信用平台为依托，构建金融评价体系，较好缓解小微企业融资难融资贵问题，全年发放信用贷款户数16719户、信用贷款额度102亿元（含企业和个人）。持续推进“信用＋社会治理”试点建设，东洲街道作为“信用＋社会治理”基层试点，在全省信用大会上作典型发言。

【“双碳”及节能工作】 开展生态系统生态总值（GEP）核算工作。以GDP+GEP双轮驱动的发展理念，积极推动形成政府主导、企业和社会各界参与、市场化运作、可持续的生态产品价值实现路径，加快打造经济社会与生态环境协调可持续发展的标志性美好城区。持续深化用能体系建设，争取能源指标，严格落实用能政策。全年预计实现GDP能耗同比下降2.3%，下降率位列全市第一。关停富阳南方水泥和胥口南方水泥两家公司，腾出用能空间30万吨标准煤以上，超额完成市级腾出8万吨标准煤的任务。严格控制引进高碳低效的项目，全年审批能源消费总量28万吨标煤，为

2022年10月31日，富阳召开三季度经济形势分析会、稳进提质和除险保安例会暨乡镇（街道）党（工）委书记工作交流会 （区发改局 供稿）

富春湾智能安防制造项目等12个省重大产业项目提供能源要素保障。大力推进新能源产业，分布式光伏并网6.9万千瓦。

**【经济形势分析和监测】** 做好全区经济运行分析和企业监测工作，按季度对全区工业企业和服务业企业进行监测，并形成监测报告及热点话题专题报告。加强宏观环境和经济形势判断，重点围绕经济稳进提质攻坚行动，每季度召开全区经济形势分析会议，分析全区经济结构、产业结构、投资结构的问题，提出针对性的政策建议。

**【投资项目“全过程”管理】** 推进投资项目“全过程”服务。拓展“智慧招商”“智慧电力”“资金管家”等功能模块，深化监管功能，优化“招引—建设—竣工验收（审计）—投产”闭环式服务链条，探索“大脑”建设，提升监测、评价、分析能力。深入推进项目审批改革。全面推行“拿地即开工”改革，实行事前主动上门服务、事中全程代办、事后跟踪到底的服务机制，协调解决项目审批推进过程中的堵点痛点。全年，新出让工业用地6个月内开工实现率100%，一般企业投资项目从赋码到竣工验收审批“最多80天”、开工前审批“最多50天”实现率均达100%。依托投资项目“全过程”管理系统“线上+线下”模式，破解项目“推进慢”难题，全年，累计交办各类问题361个，召开项目协调会153次，破解和办结问题286个。

**【小城市培育试点和特色小镇建设】** 牵头新登镇和场口镇两个小城市培育工作，两个小城市均获评2021年度省级小城市培育试点优秀单位。新登镇获2021年度浙江省千年古城年度评估优秀，是杭州市唯一的优秀单位。高起点规划、高标准打造、高效率建设特色小镇，依托硅谷小镇、药谷小镇培育发展数字经济、数文消费、生命健康等新兴产业，加快建设创新之城、品牌之城、健康之城。药谷小镇正式命名为省级特色小镇。

**【一流营商环境建设】** 牵头做好优化营商环境工作，对标北京上海等地的先进做法，按照杭州作为国家营商环境创新试点的工作要求，牵头各指标责任部门，全面梳理排查全区营商环境各项工作，争创一流营商环境。“创新亲清政商关系‘富阳模式’以一流营商环境打造开放发展新高地”获全国工商联发布推广。全区营商环境考核位列全市第三。

**【数字社会改革推进】** 加强部门之间的协调对接，重点在应用试点、制度创新、门户建设等方面发力，成功争取国家级试点3个、省级试点10个。全年全区数字社会系统建设综合评价一直稳定在五星评价，为杭州市唯一。

**【共富样板打造】** 编制出台区共同富裕系统架构图（1.0版）。细化制定经济高质量发展、收入分配制度改革等七大行动方案和共同富裕重大改革任务清单，明确34项指标、72项重点工作、44项改革任务。建立宣传推广机制，《浙江富阳精心描绘现代化“富春山居图”》书法被国家《支持浙江高质量发展建设共同富裕示范区工作简报》第17期刊登。《浙里共富》《杭向共富》共计刊发富阳区做法5篇。在《人民日报》《浙江日报》等中央及省级媒体报道共计140余篇。建立案例申报、评选、推广机制，开展区级共富典型案例评选活动2轮，选出共富典型案例35个、共富故事15个。全区获全省高质量发展建设共同富裕示范区绩效考核优秀等次。

（钟雷刚）

## 国有资产监督管理

**【概况】** 区国有资产监督管理委员会直接监管区属国有企业6个，分别为城建集团、交通集团、山居集团、开发区集团、富春湾集团和杭州富阳投资发展有限公司。全年，区属企业实现营业收入185.94亿元，同比增长31.17%；利润总额30.46亿元，同比增长3.39%；国有净利润28.82亿元，同比增长0.48%；上缴税费8.34亿元。区属企业资产总额3817.16亿元，同比增长20.59%；所有者权益1507.10亿元，同比增长20.02%。区政府资产1852.52亿元，其中，行政事业单位资产345.42亿元，国有及国有控股企业资产1507.10亿元。

**【国有资本运营】** 盘活闲置资金，规范开展短期闲置资金的投资理财业务，全年实现理财收益10.5亿元。提升投融资水平，提高区属企业信用等级，新增国内评级AA+企业1家，增强企业融资能力。向上争取新增政府专项债券32.8亿元，发行规模位列杭州区县市第二，隐性债务化解率92.73%。

【国企管理监管】 完善分级监管、制度管控、督查严管、信息强管、联合协管的“五管联动”监管机制，开展二级国企运营情况专项检查，促进国企规范化管理。上线国有资产网络竞价交易云平台，完善国有资产网上拍租平台，国有资产实现数字管理，全年网上资产公开拍卖成交298起，总成交金额2.62亿元，溢价率57.56%，网上资产拍租成交596起，总成交金额3943.17万元，溢价率10.88%。

【国有企业党建】 区属国有企业有一级党委5个，二级党委1个，党支部59个，党员885人。建立《领导班子成员基层党建工作联系点制度》，完善党建及党风廉政工作考核体系。首次全面完成区城建、交通、富春山居、开发区、富春湾等5个集团“两委”换届；确立4月为区属国有企业党风廉政教育月，共组织召开动员大会、领导干部上廉洁党课42次、谈心谈话781次、走访家庭113户，签订助廉承诺452份，举办助廉活动6次，推荐廉洁典型26人。组织开展“双争双创双培育”评选，产生最强党支部5个、最强领头雁5个、最强示范党支部10个、党员示范岗50个、廉洁工地10个、特色品牌10个。

（钟镇阳）

## 财 政

【概况】 全年实现地区生产总值917.40亿元，按可比价格计算，同比增长2.1%。其中，第一产业增加值52.83亿元，同比增长2.7%，第二产业增加值415.69亿元，同比增长1.4%，第三产业增加值448.87亿元，同比增长2.6%。三次产业结构比为5.8∶45.3∶48.9。按户籍人口计算，人均生产总值131734元，同比增长4.0%。全区实现财政总收入153.19亿元，同比下降12.3%，一般公共预算收入91.74亿元，同比下降12.6%，一般公共预算支出135.69亿元，同比增长15.0%。全年财政收支平衡。

【组织财政收入】 完善财税联席会议机制，深化财税协作及部门联动，做好收入监控、分析、预测工作，增强收入的稳定性和可持续性。全年一般公共预算收入占财政总收入的59.9%，占GDP的10.0%；税收收入75.60亿元，占一般公共预算收入的82.4%。组织非税收入。全年征收非税收入185.20亿元，同比下降12.5%，其中土地出让收入156.10亿元，同比下降12.0%；纳入一般公共预算收入管理的非税收入16.14亿元，同比增长149.7%。

【经济发展支持】 促进产业发展。完善产业基金政策体系和运行机制，构建区级政府产业基金“1+8+N”管理架构。建立区级产业基金项目库，带动产业发展和转型升级。产业基金全年投资22.28亿元，投资项目25个，其中子基金项目13个，直投项目12个，撬动产业投资规模114亿元。实施助企纾困行动，实施房屋减免政策扩面提标，减免国有房屋租金7501.57亿元，惠及企业2121家。落实减税降费政策，办理留抵退税40.38亿元，惠及企业80万家次，小微企业户数占比92.1%。

【民生支出保障】 全年民生支出102.3亿元，同比增长13.4%，占一般公共预算支出的75.4%。全年卫生健康支出16.15亿元，增长14.8%，优化医疗资源供给结构，提升医疗卫生服务水平，安排疫情防控资金6亿元，保障医疗物资、医疗救治、卫生防疫、一线医护人员补贴等支出。全年教育支出25亿元，增长4%。安排2.2亿元用于学校校舍整治，新建和改扩建中小学、幼儿园12所，安排教育现代化专项资金9900万元，加强校园信息化建设，支持创建全省教育基本现代化区，持续落实“双减”政策，安排课后服务经费2000万元。全年社会保障和就业支出19.98亿元，同比增长31.3%，城乡居民养老保险标准提高至330元/月•人，社保参保率99.6%，医保参保率99.8%，城镇新增就业3万人。支持乡村振兴。全年农林水支出9.17亿元，同比增长2.7%。安排资金3.48亿元，创建省市未来乡村9个，形成现代版富春山居图的未来乡村模式。安排资金3.32亿元，支持维修等交通基础设施建设，获评浙江省“四好农村路”省级示范县。

【财政改革】 出台《关于调整乡镇（街道）财政体制进一步加强财权事权管理的实施意见》，理顺区与乡镇（街道）的财权事权分配，提高乡镇（街道）财政保障能力。争取浙里基财智控、浙里报、电子非税收入缴款书等5个省级数字化改革创新试点项目。自主开发“产业发展扶持平台”应用场景，汇集17个主管部门、271项惠企政策、2795家注册企业，全年兑付政策资金7.36亿元，被列入杭州市“亲清在线”平台富阳分平台。优化预算绩效管理，出台《富阳区推进部门整体预算绩效管理改革方案》等文件，完善制度体系、压实主体责任、优化指标标准，强化区级层面对财政资金统筹，构建区级集中财力办大事政策体系。推进政府采购改革，在政采云平台搭建“富春山居农产品”品牌馆，打通农副产品乡村和城区销售链，上架商品643种，全年累计实现销售额1000万元。“农副产品政府采购‘云时代’助推乡村共同富裕”获评全省财政系统高质量发展建设共同富裕示范区“小切口”改革优秀实践案例。建立投资、运营、维护、租赁四大结算机制，厘清政府和企业职责边界。围绕提升经营效益意识、深化经营专业整合等六大领域，开展国企经营能力提升三年专项行动。

【财政监管】 预算支出管理。预算编制源头管理，围绕重点支出领域和主要共性项目，构建概预算标准化、公务支出标准化体系，提高支出精准度。严控债务风险，严格执行“三个不得立项”要求，完善债务风险监测机制、项目立项前审查机制，规范立项内容、平衡资金来源，防范政策性和流动性风险。严控“三保”支出风险，完善“三保”常态化监测机制，确保财政资金优先用于保障性领域支出。强化财政监督，完成各类检查19项，参与“巡财联动”2次，修订内控制度9个，

富阳区 2022 年财政收入执行情况表

表7

| 项　　目 | 年度预算（万元） | 12月收入情况 | | | 累计收入情况 | | | |
|---|---|---|---|---|---|---|---|---|
| | | 12月实绩（万元） | 上年同期（万元） | 比上年（%） | 累计收入（万元） | 上年同期（万元） | 比上年（%） | 比预算（%） |
| 财政总收入 | 1500000 | 61416 | 97026 | 63.3 | 1531904 | 1746007 | 87.7 | 102.1 |
| 一、一般公共预算收入 | 900000 | 24049 | 23518 | 102.3 | 917363 | 1050187 | 87.4 | 101.9 |
| （一）税收收入 | 737400 | 21404 | 89574 | 23.9 | 755985 | 985571 | 76.7 | 102.5 |
| 1. 增值税（50%） | 278300 | 25805 | 47339 | 54.5 | 287857 | 350063 | 82.2 | 103.4 |
| 2. 企业所得税（40%） | 171800 | 2137 | 14551 | 14.7 | 172297 | 186703 | 92.3 | 100.3 |
| 3. 个人所得税（40%） | 42000 | 5535 | 2850 | 194.2 | 44866 | 43222 | 103.8 | 106.8 |
| 4. 城市维护建设税 | 44200 | 2594 | 3814 | 68.0 | 43643 | 51791 | 84.3 | 98.7 |
| 5. 契税和耕地占用税 | 93100 | 6019 | 18591 | 32.4 | 96592 | 173730 | 55.6 | 103.8 |
| 6. 其他地方各税 | 108000 | -20686 | 2429 | -851.6 | 110730 | 180062 | 61.5 | 102.5 |
| （二）非税收入 | 141000 | 5645 | 3144 | 179.5 | 139778 | 143816 | 97.2 | 99.1 |
| 1. 教附、地方教附 | 33000 | 1774 | 2723 | 65.1 | 30457 | 36640 | 83.1 | 92.3 |
| 2. 残保金 | 7500 | -36 | -21 | 171.4 | 7912 | 3964 | 199.6 | 105.5 |
| 3. 其他专项收入 | 2400 | 129 | | | 2520 | 2037 | 123.7 | 105.0 |
| 4. 行政性收费收入 | 41200 | 436 | 236 | 184.7 | 41720 | 15707 | 265.6 | 101.3 |
| 5. 罚没收入 | 38100 | — | — | — | 38197 | 22839 | 167.2 | 100.3 |
| 6. 其他收入 | 18800 | 3342 | 206 | 1622.3 | 18972 | 62629 | 30.3 | 100.9 |
| （三）国有企业计划亏损补贴 | 21600 | -3000 | -69200 | 4.3 | 21600 | -79200 | -27.3 | 100.0 |
| 二、上划中央收入 | 600000 | 37367 | 73508 | 50.8 | 614541 | 695820 | 88.3 | 102.4 |
| 1. 增值税（50%） | 278300 | 25805 | 47339 | 54.5 | 287857 | 350063 | 82.2 | 103.4 |
| 2. 消费税（100%） | 1000 | 54 | 67 | 80.6 | 939 | 869 | 108.1 | 93.9 |
| 3. 企业所得税（60%） | 257700 | 3206 | 21827 | 14.7 | 258446 | 280055 | 92.3 | 100.3 |
| 4. 个人所得税（60%） | 63000 | 8302 | 4275 | 194.2 | 67299 | 64833 | 103.8 | 106.8 |

富阳区 2022 年财政支出执行情况表

表8

| 项　　目 | 年度预算（万元） | 12月支出情况 | | | 累计支出情况 | | | |
|---|---|---|---|---|---|---|---|---|
| | | 12月实绩（万元） | 上年同期（万元） | 为上年（%） | 累计支出（万元） | 上年同期（万元） | 比上年（%） | 比预算（%） |
| 一般公共预算支出 | 1350000 | 112164 | 205215 | 54.7 | 1356922 | 1179980 | 115.0 | 100.5 |
| 一、一般公共服务 | 141000 | 22008 | 16527 | 133.2 | 149929 | 115795 | 129.5 | 106.3 |
| 二、公共安全 | 69000 | 6511 | 7754 | 84.0 | 73525 | 65068 | 113.0 | 106.6 |
| 三、教育 | 242000 | 25911 | 25512 | 101.6 | 249926 | 239644 | 104.3 | 103.3 |
| 四、科学技术 | 75000 | -3605 | 7328 | -49.2 | 74800 | 65020 | 115.0 | 99.7 |
| 五、文化旅游体育与传媒 | 20000 | 3333 | 5821 | 57.3 | 22103 | 23366 | 94.6 | 110.5 |
| 六、社会保障和就业 | 201000 | 11345 | 19516 | 58.1 | 199803 | 152213 | 131.3 | 99.4 |
| 七、卫生健康 | 155000 | 38518 | 5809 | 663.1 | 161527 | 140661 | 114.8 | 104.2 |
| 八、节能环保 | 26000 | 5535 | 3858 | 143.5 | 28686 | 22595 | 127.0 | 110.3 |
| 九、城乡社区 | 78000 | -5743 | 23194 | -24.8 | 67642 | 53561 | 126.3 | 86.7 |
| 十、农林水 | 91000 | 2045 | 29746 | 6.9 | 91740 | 89348 | 102.7 | 100.8 |
| 十一、交通运输 | 59000 | 3044 | 13336 | 22.8 | 57256 | 65434 | 87.5 | 97.0 |
| 十二、资源勘探工业信息等 | 70000 | -10408 | 29004 | -35.9 | 53711 | 32478 | 165.4 | 76.7 |
| 十三、商业服务业等 | 8500 | 940 | 2255 | 41.7 | 9220 | 7614 | 121.1 | 108.5 |
| 十四、金融支出 | 8000 | 391 | 63 | 620.6 | 6492 | 547 | 1186.8 | 81.2 |
| 十五、援助其他地区 | 3000 | — | — | — | 2807 | 2847 | 98.6 | 93.6 |
| 十六、自然资源海洋气象等 | 13000 | 821 | 4645 | 17.7 | 12535 | 12177 | 102.9 | 96.4 |
| 十七、住房保障支出 | 50000 | 4622 | 8468 | 54.6 | 53213 | 50660 | 105.0 | 106.4 |
| 十八、粮油物资储备 | 1500 | 897 | 1964 | 45.7 | 937 | 2004 | 46.8 | 62.5 |
| 十九、灾害防治及应急管理支出 | 9000 | 1113 | 217 | 512.9 | 9600 | 7984 | 120.2 | 106.7 |
| 二十、预备费其他支出 | — | 2047 | — | — | 2147 | — | — | — |
| 二十一、债务还本付息支出 | 30000 | 2839 | 198 | 1433.8 | 29323 | 30964 | 94.7 | 97.7 |

2022年10月20日，富阳区2023年预算编制工作会议召开
（区财政局 供稿）

构建立体监督体系。

（钟镇阳）

## 税 务

【概述】 全年全区退税规模居于全市前列，获省级以上荣誉5项、市级荣誉40项次、区县级荣誉28项次，在全国纳税人缴费人满意度调查中，富阳区税务局以90.56分的高分荣获杭州市第一名、全国第六名。

【减税降费落实】 实施新的组合式税费支持政策，用好“筛、送、辅、研、改”税费优惠直达快享五步法，打通“缓、抵、退、免、减”全流程各环节，运用征纳互动平台开展“税企直连”，将政策变化、退税流程等内容快速推送，帮助市场主体正确理解、准确适用政策，充分激发市场主体活力。全年全区办理新增减税降费及退税缓税缓费66.3亿元，其中办理增值税留抵退税40.9亿元、新增减税降费11.2亿元、缓税缓费14.2亿元。143户企业享受高新技术企业减免所得税3.3亿元，8883户企业享受小微企业减免所得税5.1亿元。办理出口退（免）税16.4亿元。

【税费收入】 全区组织各项收入366.4亿元，同比增长48.8%。其中，税收收入133.9亿元（含免抵调库18.2亿元），社保基金收入66.5亿元，非税收入166亿元（含土地出让金收入159.3亿元）。实现地方级税收收入（不含省财政返还）84.2亿元，税收占地方一般公共预算收入的93.6%。深入分析收入增减原因及全区经济税源发展变化趋势，针对“组合式税费支持政策实施效果”“造纸企业回归意向”等主题开展调研，针对出口企业、税收亿元以上企业、露营经济等主题开展专题分析。

【税收征管改革】 做好《关于进一步深化税收征管改革的意见》和《关于进一步深化税收征管改革的意见实施方案》贯彻落实，不断推进税收现代化建设。参与改革新试点，开展总局“网上报销系统”扩围试点，提出合理化意见建议七大类12项，推进“揭榜挂帅”项目，成为“构建签约企业量化积分式后续监管体系”联合揭榜单位，积极承接“内控调查”模块建设，承接“非强制性执法”“税务领域行政执法人员尽职免责制度”等项目试点。探索管服新格局，在第二税务所探索实施大企业“全职能、实体化”集中管理新模式，对税收收入占全区40%左右的千户集团、房地产行业等重点税源进行集中管理。在税收风险管理局实施“任务本级集中应对”，为企业提供“全税种体检服务”，29户企业补缴税款（含滞纳金）1810.3万元，调增企业所得税应纳税所得额1808万元。开展数电发票受票试点辅导工作，共对6300余户纳税人开展专项服务，进一步降低纳税人的办税成本。

【税费监管】 在拆迁企业所得税风险管理方面，拆迁企业申报户数达76.4%，总入库税款6.7亿元。在规范村级经济和村级留用地开发项目税收管理方面，摸清全区288个村级经济收支数据，2021年全区各类村级集体经济组织申报房租收入2.4亿元，同比增长71.6%。在增值税发票风险管理方面，对灵活用工平台、招商引资企业、劳务公司、废旧物资收购和成品油企业等五类

2022年4月，税务干部为曾给神舟五号设计研发零部件的大国工匠送去研发费用加计扣除等最新政策
（区税务局 供稿）

## 2021年、2022年组织收入情况表

表9

| 项　　目 | 2022年（万元） | 2021年（万元） | 同比增减（万元） | 增长（%） |
|---|---|---|---|---|
| 一、税收收入合计 | 1338855 | 1661175 | -322320 | -19.40 |
| 1. 增值税 | 531843 | 660886 | -129043 | -19.53 |
| 2. 消费税 | 939 | 869 | 70 | 8.06 |
| 3. 企业所得税 | 412864 | 449022 | -36158 | -8.05 |
| 4. 个人所得税 | 113925 | 109456 | 4469 | 4.08 |
| 5. 资源税 | 10314 | 9690 | 624 | 6.44 |
| 6. 城市维护建设税 | 43645 | 51792 | -8147 | -15.73 |
| 7. 房产税 | 25977 | 19223 | 6754 | 35.13 |
| 8. 印花税 | 18987 | 17565 | 1422 | 8.10 |
| 9. 城镇土地使用税 | 14021 | 11588 | 2433 | 21.00 |
| 10. 土地增值税 | 34679 | 115532 | -80853 | -69.98 |
| 11. 车船税 | 6513 | 6045 | 468 | 7.74 |
| 12. 车辆购置税 | 28151 | 35065 | -6914 | -19.72 |
| 13. 耕地占用税 | 18060 | 8294 | 9766 | 117.75 |
| 14. 契税 | 78532 | 165436 | -86904 | -52.53 |
| 15. 环境保护税 | 349 | 631 | -282 | -44.69 |
| 16. 其他税收 | 56 | 81 | -25 | -30.86 |
| 二、出口退税合计 | -298738 | -133515 | -165223 | 123.75 |
| 三、社会保险基金收入合计 | 638732 | 594401 | 44331 | 7.46 |
| 1. 企业职工基本养老保险基金收入 | 338950 | 288833 | 50117 | 17.35 |
| 2. 失业保险基金收入 | 14705 | 12941 | 1764 | 13.63 |
| 3. 职工基本医疗保险基金收入 | 206802 | 223323 | -16521 | -7.40 |
| 4. 工伤保险基金收入 | 7343 | 6058 | 1285 | 21.21 |
| 5. 城乡居民基本养老保险基金收入 | 3523 | 2994 | 529 | 17.67 |
| 6. 机关事业单位基本养老保险基金收入 | 53594 | 45919 | 7675 | 16.71 |
| 7. 城乡居民基本医疗保险基金收入 | 13814 | 14333 | -519 | -3.62 |
| 8. 其他社会保险基金收入 | 1 | 1 | 0 | 0.00 |
| 四、非税收入合计 | 1660441 | 183221 | 1477220 | 806.25 |
| 1. 教育费附加收入 | 20303 | 24425 | -4122 | -16.88 |
| 2. 地方教育费附加 | 13538 | 16286 | -2748 | -16.87 |
| 3. 文化事业建设费收入 | 191 | 0 | 191 | |
| 4. 税务部门罚没收入 | 211 | 229 | -18 | -7.86 |
| 5. 残疾人就业保障金收入 | 9308 | 4664 | 4644 | 99.57 |
| 6. 废弃电器电子产品处理基金收入 | 86 | 149 | -63 | -42.28 |
| 7. 国家重大水利工程建设基金收入 | 89 | 99 | -10 | -10.10 |
| 8. 可再生能源发展基金 | 410 | 459 | -49 | -10.68 |
| 9. 地方水利建设基金（防洪工程维护费） | 1 | 13 | -12 | -92.31 |
| 10. 其他 | 1616304 | 136896 | 1479408 | 1080.68 |
| 五、其他收入合计 | 26303 | 26859 | -556 | -2.07 |
| 1. 工会经费收入 | 4190 | 4154 | 36 | 0.87 |
| 2. 职业年金 | 22113 | 22705 | -592 | -2.61 |

企业，全面查找发票管理风险点并落实管控举措。对常亏企业、艺术类培训机构、耕地占用税的税收征管情况开展调研。全面核实欠税基础数据，全年成功压缩陈欠8245.1万元，压缩房地产企业欠税3.1亿元。积极开展国际反避税调查，全年入库相关税收6696.4万元。完成股权交易、平台经济、招商引资、外埠建安企业等“四项税源管理”的情况摸底。编写各类风险指标70项、操作指引3份，累计对3405户次企业开展留抵退税风险应对，累计调减留抵税额、缴回和查补入库1.7亿元。全面深化土地增值税管理，将“应清未清，久拖未清”的46个项目纳入清算计划，同时启动安置房项目清算工作，引入造价顾问机制，通过集中攻坚专项行动，完成清算任务46个、计划外项目8个、安置房项目35个，涉及退税4.3亿元、补税7.9亿元。规范建立外埠建安企业“一二三”动态管理体系，“一键式”全流程监管后入库相关税收1亿元。高质量完成企业所得税年度汇算清缴，企业准期申报率为99.7%，盈利面达32.7%。推进个人所得税两项所得汇算清缴，自然人综合所得汇算申报率为96%。

【依法治税】 开展税收执法合规性合法性日常巡检自查，对“程序不规范、文书制作不标准、‘首违不罚’和行政处罚裁量适用不准确”三大类问题309条疑点数据开展核查整改。创建“枫桥式”税务分局（所），新登税务所作为全市5个代表分局（所）入围现场展评，并正积极争创浙江省首批挂牌“枫桥式”税务分局（所）。巩固与完善税院协作机制，与法院、市场监管、规资等多部门通力协作，依托“破产智审”融破智联平台打造破产涉税审核闭环，共接收51户破产企业信息，累计办理债权申报445.67万元。加强税检合作，建立与区检察院常态化协作机制，1人受聘为区检察院特邀检察官助理。参与“税务领域行政执法人员尽职免责制度”试点，参与制定《国家税务总局杭州市税务局税收执法尽职免责实施办法（试行）》。新制定区局信访件处理办法，构建以“领导挂帅、闭环管理、挂钩绩效、定期分析”为基础的“大信访”工作格局，全年办理信访数量达244件。

【营商环境优化】 进一步优化办税缴费方式，以行政中心“四室一窗”建设为契机，打造“小章工作室助企服务站”，聚焦特殊群体打造“关怀办税厅”，扩容云户电话线路，推行“预约预办”服务，开发运用4个RPA智能机器人项目，“解锁”数字人民币缴纳税费新场景，开展多轮次走访问需，全年全区电子税务局网上综合办税率达98%。将纳税服务科、第一税务所（办税服务厅）由合署办公调整为独立办公，由纳税服务科管理二级集中处理中心，中心累计办理网上业务近5万笔，大厅平均等候时间同比缩减30%。“银税互动”专项活动共放贷351户次，金额达3.3亿元。加强税收政策宣传，依托征纳沟通平台打造“富春说税”云课堂，全年累计制作高频事项操作指南、科普动画视频等27期，开展直播培训17期，专题电台12期，税宣作品获得市局一等奖。

【纪检监察管理】 召开全面从严治党工作会议，制发《2022年度全面从严治党工作要点》《落实全面从严治党“两个责任”工作清单》和《谈心谈话工作指引》。以全面深化纪检监察体制改革为契机，开展“队伍管理提升年”行动，建立“家税互动·助廉兴税”机制和税企廉政共建机制，制定干部“八小时外”行为规范，开展“家书说廉”“家访讲廉”“家属议廉”等家庭助廉系列活动，在税源管理单位同一岗位10年以上的22名干部已全员跨部门轮岗，5年以上的干部在部门内部轮岗。全局开展廉政体检4次、全局性警示教育活动8次，签订“八小时外”自律承诺书306份，编写《纪检监察提醒》12期，发送廉政短信提醒9834条。

【干部队伍建设】 区税务局有在职干部职工295人，其中公务员273人、事业人员13人、工人9人。认真落实“带好队伍”机制制度体系，发挥绩效管理抓单位、数字人事管干部的积极作用，全面提升干部队伍整体素质和活力。以“职务职级晋升”优化队伍结构，全年晋升四级高级主办、一级主办、二级主办、三级主办、四级主办等37人次。启用政治素质好、业务能力强的优秀青年，全年选拔公务员正科级领导干部2名、副科级领导干部7名、事业单位副科级领导干部1名，完成12名事业单位人员首聘工作和5名专技岗位人员的竞聘工作。培养人才梯队，持续推进青年干部“周学、月练、季考”制度和业务骨干进事务所实战锻炼制度，实施《税源管理单位业务主办管理办法》和《中层干部“九率”考核办法》，打造“人事相宜、人岗相适”的业务中坚团队。全年组织干部外出集中培训4批次208名，组建“专精特新”业务团队6支。

（汪寒汀）

## 土地资源管理

【概况】 全区规划和自然资源工作以高质量发展建设共同富裕示范区、高水平描绘现代版富春山居图、打造产业强区为目标，开展“强底气、提灵气、树朝气”深化作风建设年行动，谋实招、务实功、求实效，重点做好规划引领、要素保障、土地盘活、土地出让、矿山整治、执法监察、审批登记、拥江发展等工作。

2022年，市规划资源局富阳分局获得杭州市规划资源系统考评优秀等次；获评杭州市全域土地综合整治和自然资源要素保障工作成绩突出集体；局团委“打响青字号品牌，绽放青春光彩”获得富阳区共青团“青春品牌”项目2022年度优胜奖；两个退休党支部均被推荐为省级“三强六好”党支部。

工作成果方面，低效工业用地全生命周期数字化监管服务获得2022年度全省自然资源系统改革创新优秀案例，并获得副省长卢山批示肯定；科学精准做好“三区三线”划定工作得到区委书记吴玉凤批示肯定；被选为全省自然资源系统违法用地建设查处“一件事”场景化应用试点；“智慧矿山”政企协同管理应用被选为全市废弃矿山修复治理区级生态修复应用子场景试点；年度1∶500地形修测及地名地址采集Ⅰ、Ⅴ度标段项目荣获2022年度杭州市测绘与地理信息优秀成果认定金奖；耕地智保、地灾避险应用场景获得市规划资源局“空间智治”数字化改革第三轮第二名、第四轮第一名。

【数字赋能提服务】 在全省率先探索“低效认定—日常监管—改造升级、合作招商、转让出租和政府收储”的低效用地“一定一管四路径”盘活新模式，利用数字化手段助力政企共赢，在不新增土地规模的前提下产值提升5倍、税收提升6倍；积极开展“耕地智保”场景建设，用“人防+技防”的方式提升实时监管水平，安装高空探头632个，监控范围覆盖全区66.5%的国土范围，粮食功能区监控覆盖率达93.7%，稳定耕地监控覆盖率达85.6%，实现“目标区域覆盖面积最大化、存量铁塔利用绩效最优化、监控盲区最小化”；推行企业大宗地不动产登记“全程网办”，办理企业大宗地抵押注销登记、纯土地抵押登记网办、房地一体抵押登记网办110余件，涉及抵押金额近40亿元；推行“交房云办证”，实现交房拿证无缝衔接，办证效率提高80%；贯通应用地灾智治数字平台、“地灾智防”App和移动单兵设备，新增建设全天候多参数的地质灾害自动化监测点9处，相关工作获全市规划资源系统“空间智治”第四轮比武第一。

【擦亮“富春执画人”党建品牌】 打造“思想聚力、先锋聚劲、文化聚心、先锋聚气”四大工程，开展多层次的政治理论学习，在全局上下掀起学习二十大精神的高潮；开展“惜沃土 守红线 喜迎二十大”活动进一步提升党建统领作用；成立9支党员先锋队进行表态发言，激发党员干部的担当精神和奉献意识；通过“昼访夜谈”“民呼必应”活动锤炼干部服务意识和克难内功，共解决渌渚镇农居点用地审批，大华玻璃、天鹰食品等多家单位项目审批提速等问题，帮助解决浙江立方建设有限公司开竣工延期和项目道路出行问题。

【强化规划资源法律宣传】 围绕“4•22”世界地球日、“6•25”全国土地日、“8•29”全国测绘日等主题节日，通过知识竞赛、现场宣讲、进村解读政策等活动形式，将地灾防治、耕地保护、国家版图等相关专业知识送到群众身边；向上级部门、主流媒体报送各类信息，各级媒体录用信息150余篇。

【有序做好人事工作】 2022年度共招录参公人员4人，事业人员8人，高专1人，组织本单位编外招录1次，招录8人。商调调入2人，调出6人，辞职2人，提拔调出3人，退休9人，完成事业中层干部及副高职称人员档案共计35册，完成机构编制年检，实现科学合理制定年度用编计划，确保人员有序进出，全局人员匀速更新；协调落实大综合执法体制改革人员下沉等工作。

【加强队伍建设】 在富阳区委组织部提出的“红色领杭 奉献亚运”大考大赛中，市规划资源局富阳分局积极谋划、统筹落实，从组织设置、人员配备等多方面向筹办亚运、疫情防控等重点工作倾斜。上半年抽调1名年轻干部到银湖体育中心进行挂职锻炼；连续5个月不间断协助环山乡“守好大门”，做好龙门高速路口流调工作，派员超过600人次。

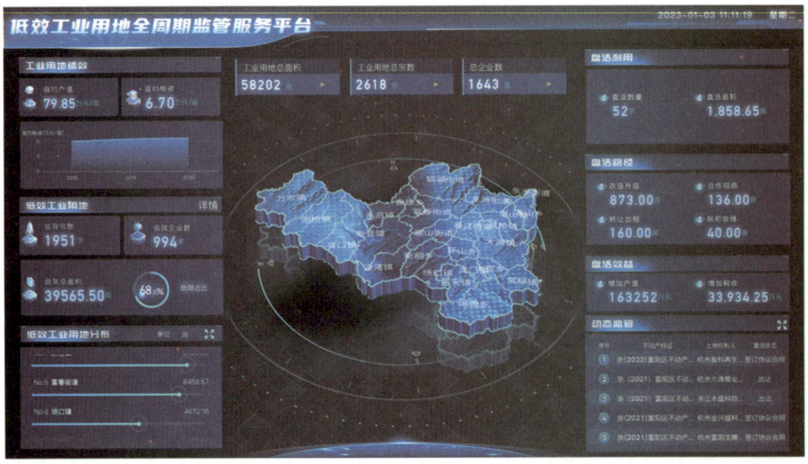


2022年，富阳“低效工业用地全周期管理数字化改革”获评省级优秀案例

（市规划资源局富阳分局 供稿）

## 土地管理

【保障发展用地】 有力保障“富阳320国道至富阳大桥连接线鹿山（大盘山）隧道工程”、大华三期、杭二中等重点项目的落地推进，新增建设用地指标181.13公顷（包含农民建房和大盘山项目指标）；全年盘活批而未供土地251.87公顷，供而未用139.07公顷，低效用地盘活88.93公顷，已供应存量建设用地约218.67公顷，消化村级留用地约13.33公顷。

【经营性用地供应出让】 全年完成经营性用地收储21宗64.4公顷，工业用地收储45宗97.73公顷。出让（含正在公告）经营性用地17宗，出让面积53.07公顷，出让金总额约66亿元。全域实行新增工业项目标准地出让，面积约100公顷，任务完成率100%。标准地实现率100%，工业用地占比66.7%。

【土地综合整治和生态修复】 全年开展垦造（水田）项目41个，面积108公顷，完成项目验收10个，面积29公顷。深入开展全域土地整治。完成省级项目立项2个，列入计划1个，完成整体验收2个。完成新桐乡程浦村砂岩矿等3家综合治理矿山生态修复工作；板壁山脱硫用石灰岩矿、杭州山亚南方水泥有限公司大同石灰岩矿列入全省第二批智能化绿色矿山试点建设，并完成验收；完成中央环保督察整改工作（废弃矿山治理），5个废弃矿山治理项目均通过区、市两级交工验收。

【强化执法监察】 立案查处各类违法案件23起，其中违法占地类19件，盗采盗挖等违反矿产资源管理类案件4件；完成“大棚房”“违建别墅”问题“回头看”工作，459宗“大棚房”问题、6宗“违建别墅”问题均排查到位，未发现新增及反弹。

（胡晓蒙）

## 地矿管理

【矿山专项整治】 根据富阳区矿山专项整治方案要求，进一步优化矿山布局结构，按照“控点、做大、做强”的思路，积极整合区内资源，推动矿业规模化、集约化、园区化发展，三家综合治理矿山合计投入社会资金1.12余亿元，治理边坡面积70余公顷，平整可利用宕底面积29.33余公顷，实现了良好的社会效益、生态效益和经济效益。全区共有有效期内持证矿山13家，其中普通建筑石料矿山5家，石灰石矿山5家，铅锌、银等金属矿山3家。露天矿山（普通建筑石料、石灰石）大型矿山比例达到100%，形成了以石灰岩、普通建筑石料为主兼顾银铅锌的矿产开发格局。

2022年11月29日，富阳区蒋大线山体生态修复项目通过交工验收，图为该工程治理后照片 （市规划资源局富阳分局 供稿）

【工程采矿管理】 出台《杭州市富阳区工程采矿及涉矿资源处置管理办法（试行）》，进一步明确了工程采矿的范围，涉矿资源的处置主体、处置方式和处置收益的缴纳及管理等，对后续全区涉矿工程矿产资源管理具有指导性作用。

【山体生态修复】 紧扣“迎亚运、展风采，全面打造现代版富春山居图”主题，开展“迎亚运”山体生态修复景观提升专项行动。在杭州市明确的172个整治项目的基础上，通过全面排查，新增区级项目90个，截至年底，262个项目已全部完成治理，完成率100%。杭州市“迎亚运”山体生态修复景观提升专项行动推进现场会在富阳召开，杭州市副市长缪承潮对富阳区专项行动工作表示充分肯定。按照《浙江省自然资源厅关于加快推进第二轮中央生态环境保护督察废弃矿山治理修复问题整改工作的通知》（浙自然资厅函〔2021〕193号）文件要求，积极践行“绿水青山就是金山银山”的理念，尽心尽力做好山体生态修复整治工作，努力打造“现代版的富春山居图”，于11月完成5个中央环保督察废弃矿山整改的验收和销号工作。

2022年12月28日，富阳区创建全省首家民营智能化绿色矿山，图为富阳板壁山脱硫用石灰岩矿验收现场 （市规划资源局富阳分局 供稿）

【智能化绿色矿山建设】 为打造省绿色矿山升级版，以数字赋能推动矿业高质量发展，富阳板壁山脱硫用石灰岩矿、杭州山亚南方水泥有限公司大同石灰岩矿被列入全省第二批智能化绿色矿山建设试点任务并顺利通过省自然资源厅专家组验收，这是全省15家第二批智能化绿色矿山试点项目中率先完成建设的项目，其中板壁山脱硫用石灰岩矿是全省首家通过验收的民营矿山。矿山企业通过构建“1+6+4”体系（1

个模型、6个系统、4大平台），实现企业生产要素数字化、应用场景可视化、管理决策智控化、机器设备无人化。

**【开展“立体式”矿政管理】** 规划资源、生态环境、应急管理、公安、农业农村等部门联合开展矿山专项整治检查活动，在此基础上，采取由基层规划资源所定期巡查、矿产资源所不定期检查、聘请矿政管理技术支撑单位协助参与矿产资源开发利用的监督管理、矿山储量动态监测、综合行政执法队及时查处等手段，形成全面打击非法开采的氛围，盗采盗挖势头得到有效控制。

**【地质灾害防治】** 组织开展“4•22”地球日活动和地质灾害知识宣传，发布全区地质灾害防治方案，对全区各级巡察人员进行地质灾害防治工作培训10余次，组织地质灾害预报预警实战演练1次。组织开展地质灾害风险隐患大排查大整治，会同区地质灾害应急技术服务中心出动处置地质灾害险情和隐患排查共计170起，对其中的49处确实有地质灾害风险隐患的进行立项整治。加大地质灾害工程治理力度，全年完成地质灾害治理45处（含往年立项）。全力做好梅汛期、台汛期地质灾害防范，无人员伤亡。加强地质灾害群测群防，强化日常防灾工作，贯通应用地灾智治数字平台、“地灾智防”App和移动单兵设备。全面完成地质灾害防治能力提升三年行动（2020—2022年），完成地质灾害风险普查和10个重点乡镇调查，新增建设全天候多参数的地质灾害自动化监测点9处，更新完成21个乡镇级“一镇一预案”“一村一手册”“一户一卡片”编制等。完成地质灾害双控试点工作任务，出台政策文件2份，并编制完成《富阳区地质灾害新增隐患点“即查即治”工作手册》，进一步完善制度体系，为推进治理工程提供政策保障。

（蒋终利）

## 市场监督管理

**【概况】** 全区有各类市场主体119062户，同比增长10.16%，其中，内资各类市场主体118696户，同比增长10.46%，外资企业366家，与上一年持平。新增各类市场主体18379户，同比增长8.03%；其中内资各类市场主体户18346户，同比增长8.16%（其中内资企业4964家、农民专业合作社3家、个体工商户13379户）；外资企业42家。全区累计内资企业43903家，较上年同期分别增长5.29%。全区新设外商投资企业42户。

全区有食品生产企业157家、流通企业12140家、小作坊429家，餐饮单位共7405家，含大型及以上餐饮企业79家，中型餐饮企业629家，小型餐饮企业2513家，小微餐饮企业420家，集体用餐单位5家，小餐饮企业3191家；学校食堂93家，幼儿园食堂115家，养老机构食堂29家，其他单位食堂331家。

全区有涉药械化单位共1936家，其中药品生产企业12家（其中注射剂类高风险企业4家、中成药企业1家、医用氧2家、中药饮片生产企业2家、原料药企业1家，药品上市许可持有人（B证）企业2家），药品批发企业15家，药品零售连锁企业3家，零售药店290家（单体药店189家，连锁门店101家，乙类非处方药店15家），医疗机构560家（6家区级医疗机构），医疗器械生产企业44家（其中在产二、三类15家，在产一类8家，停产21家），医疗器械经营企业994家（其中三类经营企业211家，二类备案企业783家）。化妆品生产企业3家，化妆品备案企业15家。

全区在用特种设备有19736台，涉及各类使用单位3105家。其中锅炉192台、压力容器3660台（移动式压力容器80台）、起重设备4037台、场（厂）内专用机动车辆2225台、大型游乐设施16台、电梯9606台。另外登记在用各类车用气瓶1400只、工业气瓶11万只、民用液化气瓶18万只，各类压力管道近575千米。

**【双五竞赛】** 通过专班推进、挂图作战、责任包干，“一周一汇报”“一旬一研判”“一月一总结”“过程全监督”工作机制，打造出“五星区局”金字招牌。全年勇获“双五”竞赛综合五星8次，2022年度全省市场监管系统“双五”竞赛综合排名第三。

**【正负面清单规范】** 出台市场监管局亲清政商关系“正面清单”和“负面清单”，正面清单提供市场监管部门可以为企业主动服务的事项，为服务企业营造“亲”的氛围；负面清单明确市场监管部门干部与企业交往中不能有的行为，画出“清”的底线，通过正负面清单构建政商关系新格局。

**【全国首创骑手工作证】** 富阳全国首创的“骑手工作证”，印有骑手照片、姓名、联系电话和平台监督电话，兼具“身份证、规范证、保障证”三大功能，让平台配送企业切实扛起企业主体责任，有效破解“骑手进封闭小区难”，提升消费者满意度，从根本上解决骑手来源身份确认、文明规范从业、劳动权益保障难题，夯实骑手群体融入党建统领村社智治体系基础，打通外卖送单“最后100米”，赋能新业态新就业群体新发展。

**【青年党员突击队组建】** 组建青年党员突击队，把“双五”竞赛、“揭榜挂帅”创新等克难攻坚任务作为培养锻炼青年干部练兵场，建立任务管理和积分细则，打破科、室、所壁垒，合力攻坚。全年出动突击队8次、127人次，有效激发年轻干部相互展示、相互比拼精神风貌。

**【开办企业“分钟制”服务优化】** 持续巩固开办企业“一网通办”“一日办结”要求，提升全流程网办服务水平，进一步压实“分钟制”办理。全区平均营业执照办理用时、企业开办平均用时、设立登记网上审批一次通过率均位于杭州地区前列。全区实有各类市场主体119062户，同比增长10.16%。享受企业开办服务企业5126家，节约成本61.5万元。

**【准入准营“一件事”改革】** 高标准推进省市场监督管理局实施的

9个“一件事”，推动高频行业注册登记与许可审批集成联办。将富阳特色的经营性开办一件事，逐步向省级“一件事”迭代靠拢，打造“一次采集、一网申请、联合踏勘、并联审批”的准入准营集成办理的富阳模式。已有1253家企业与个体工商户受惠于准入准营一件事，完成了证照的集成办理。

【市场主体“退出”通道畅通】 进一步扩大简易注销适用范围，采用可二次公告的救济途径，让大部分企业实现简易注销。全年全区注销企业3137家，其中简易注销比例达81.52%。实现食品经营企业许可证与营业执照同步注销，完成许可事项的全流程闭环，累计办理462件。依托企业注销“一网服务”平台，实现市场监管、税务、人力社保、商务、海关业务同步注销，注销公告与执照遗失公告均可采用网上公告，提升企业办事体验，降低注销成本，提高市场主体活跃度，实现市场主体量和质的双驱提升。

【歇业制度改革探索】 率先出台全省首个《杭州市富阳区市场主体歇业“1+3+N”一站式改革实施方案》和《富阳区市场主体歇业备案管理办法》。建立歇业“1+3+N”体系服务平台，实现与歇业相关的市场监管、社保、医保、公积金及部分许可证事项可线下一窗，线上一网，一次提交、信息共享、并行办理、限时办结。此制度获富阳区委书记吴玉凤、杭州市市场监督管理局局长范建军批示肯定。全区办理歇业备案77家，其中有23家已经终止歇业，恢复经营。

【数字化转型】 深化应用“亲清在线”商事登记“一网通”系统，以“证照联办”“证照并销”方式联动“全生命周期一件事”改革，实现企业设立、变更、注销全生命周期“准入准营”一件事办理。至年底，一件事牵头联办17430件，就近办465件，同城通办27件。利用“视频核验”“企业承诺”的方式实现“云核验”“云踏勘”，全区全流程零见面办件量27889件，其中企业全流程新设4823件，占新设比例96.14%，企业变更全流程7094件，占变更比例的65.09%。全面推广电子证照、电子印章应用，实现发放电子营业执照和电子食品经营许可证、食品生产许可证、特种设备登记证、工业产品生产许可证。下载电子营业执照11341家，其中新设企业下载率达97%以上。按照省市统一部署，依托省行政执法监管平台，开展掌上执法，推进“双随机、一公开”工作。依托省行政执法监管平台，累计实施检查11421次，其中掌上执法11421户次，掌上执法率达到100%；开展双随机抽查4755户次，信用规则率为98.73%。累计实施检查24919户次，其中掌上执法24919户次，掌上执法率达到100%。开展双随机抽查8469户次，应用信用规则率为95.91%，跨部门监管率23.21%。

【食品安全包保制落实】 修订下发领导干部责任清单、食药安委工作规则，明确职责；制定出台区食品药品工作要点，充分运用平安考核、食安委考核两大抓手加强对部门、镇街考核；以食品安全“两个责任”工作为牵引，对全区2万余家单位全面摸排，完成风险分级，建立风险清单，落实包保干部2422名，全部签订承诺书，区镇村三级开展督导15000余户次。

【食品行业“守查保”专项行动】 开展“阶段性全面普查、不定期督查、周期性巡查、第三方抽查”四合一的隐患闭环管控。立足“抽检研处”一体化改革，牵头成立食品安全风险综合治理中心，出台运行制度，制定专项抽检计划7个，开展风险会商研判11次，全年每季度一主题开展线上点检活动，每月一行动开展专项抽检、你送我检、你拍我检等活动。派员参加全市抽检比武，获得三等奖。聚焦GM2D物品编码治理改革，协调成立局工作专班，牵头制定运行规则，明确各方责任。严格贯彻“早部署”“早落实”“早出彩”的工作目标，联合食品生产流通科先后在商超、地产特色食品领域完成改革突破，形成先进经验并获得各级媒体报道和区主要领导批示肯定。

【冷链物防常态化管控】 推进无疫单元创建，通过“浙冷链”“浙食链”推进进口冷链水果人、物、环境“全受控、无遗漏”。启动进口冷链水果行业全域全行业“无疫单元”建设工作，从严、从细、从快落实各项建设工作，筑牢防疫壁垒。所有动态管理的进口冷链水果全部创建成功。建立并推进进口物防包保责任制。从4月1日开始150余名机关干部职工对主城区147家的进口冷库、进口冷链水果包干到科室、包干到人实施精准管控服务。共巡察1200余家次，闭环处置问题350余个，下发责令改正通知书30份，立案查处32起，结案26起，罚没款5.6余万元，其中移送公安2起。落实冷链物防群防群控。强化与公安部门的协作配合，强化信息通报，严厉打击非法行为。督促市场举办方落实对场内经营户的管控责任，其中移送公安案件2起。

【食品安全问题整治】 全链条推进牛蛙专项整治，举办集体行政3场，约谈商户共60余家，指导36家水产商户进行“浙食链”数据流转。联动区农业农村局和属地乡镇（街道）对富阳4个牛蛙养殖基地（面积12.53公顷）落实“浙农码”赋码及数据流转，建立快检数据报备机制。专班推进食品网络直播营销治理。成立工作专班，建立区网信办等四部门联席会议机制，排查发现食品领域违法线索12条，立案查处11起，结案10起，罚没款264036元。开展常规化专项整治。持续推进校园周边整治、制订小蔬菜门店三年行动计划、开展农村假冒伪劣食品专项整治行动，共结案83起，罚没款36.69万元。

【食品安全数智监管】 推进农贸市场重点品类产品应用“浙食链”赋码上链。所有在册市场7日活跃度大于950%，场内猪肉、蛙类水产经营户全部实现无纸化交易。加快GM2D落地运用，实现浙产食品销售转码结算。5家大型商超“浙食链”

赋码覆盖率超过 70%，世纪联华 5 家门店和“左邻右舍”9 家门店实现二维码日常结算，引导以裕达食品公司建立产销全链条应用 GM2D 新模式，该公司下辖 56 家门店对本公司配送的食品实现二维码扫码结算全覆盖。推动连锁商超实现二维码扫码。集中开展辖区水果连锁门店、美宜佳连锁门店、老婆大人门店、泓鑫团购等门店行政约谈，倒逼食品供应商软件供应商加快改造结算系统，实现全链条信息互联互通、溯源数据。

【“阳光餐饮”街区创建】 结合外卖餐饮阳光厨房建设，持续跟踪督促、指导，富阳万达广场顺利通过阳光街区创建。街区内 45 家餐饮单位，其中包含网络餐饮 31 家，阳光厨房建设率达 100%。

【网络餐饮活跃商户“阳光厨房”全覆盖】 根据外卖平台数据，进行线上线下比对、现场核查，厘清底数，对接网络运营商，通过新闻媒体宣传，发放告知书、一封信等 2000 多份，持续开展攻坚推进行动，累计接入“浙江外卖在线”网络餐饮阳光厨房 1706 家，覆盖率达 89.41%。

【食品安全监督抽检】 根据抽检分离改革，突出重点单位、重点品种，累计完成餐饮抽检 1052 批次，合格率 87.74%，其中食品及原料 695 批次，餐饮具 357 批次，对不合格产品依法进行核查处置，做到闭环处理，共计实施警告 64 起，罚款 16 起，罚款额 4.1 万元，没收违法所得 9703.86 元。

【食品安全保障】 推进亚运食品安全保障，督促指导 3 家指定接待餐饮单位应用众食安“亚运版本”规范管理信息，完善智能阳光厨房，提升软、硬件水平。开展病媒生物防治督查，督促落实周边暗访检查问题整改 93 个。围绕“护航亚运”开展食品安全知识培训。推进校园食品安全守护，以春秋季开学为重点，组织开展专项检查，督促主体责任落实，共出动检查人员 1162 人次，检查各类学校、幼儿及周边餐饮单位共计 753 家次，发现并整改问题 34 家，培训户数 498 家，受训人数 916 人次，抽检食材原料 73 批次，均为合格。推进重要节假日食品安全保障，突出五一、中秋、国庆等重要节假日，以网络餐饮、旅游景点周边等单位为重点，结合文明餐桌行动，出动检查人员 950 多人次，检查餐饮单位 1900 多家次，责令整改 273 家次，查处违法行为 30 起，发放食品安全、文明餐桌等宣传资料 1840 多份。推进隔离点食品安全监督保障，落实“1+1+N”保障责任体系，通过线上、线下相结合，持续强化日常监管，从年初疫情发生时 20 家供餐单位，直至全部撤离。隔离点食品安全保障工作获得省局和区委主要领导肯定批示。

2022年7月7日，富阳开展“阳光行动 E 路行”启动

（区市场监管局　供稿）

【零售药店疫情防控】 督促全区零售药店严格落实疫情防控要求，暗访督查零售药店。严格执行新冠疫苗接种点周巡查。充分发挥零售药店哨点作用。动员优质零售药店设置核酸检测点。落实全区零售药店开展“无疫单元”创建并通过验收，覆盖率 100%。开展防疫药械保供，全面掌握药品批发企业、零售连锁总部、零售药店进货渠道和配送销售等情况，集中采购并紧急配发布洛芬、对乙酰氨基酚等急缺药品、新冠抗原检测试剂，分别网上预约发售。

【药品生产企业“黑匣子”建设】 完成 2 家药品生产企业“黑匣子”建设的基础上，实现应用迭代升级 2.0 版本药品企业 3 家，接入专网专云企业 3 家，新增中药饮片厂完成“黑匣子”建设 1 家。自主开发集防疫、进销存、监管与服务于一体的“药舒心”智控系统，打通药品经营企业进销存系统，并把数据成功接入省市场监督管理局“黑匣子”。

【合同监管服务】 全年新指导推荐评定 AAA 级守重企业单位 60 家，AA 级 36 家，A 级 32 家。开展以教育培训、房产中介、汽车销售为重点内容的合同格式条款专项整治，清理不合理格式条款 200 多条次，查办格式合同违法案件 26 起，罚没款 2.362 万元；完成格式条款备案 1315 份，应备尽备率达到 100%。

【网络直播营销违法行为专项治理】 通过“四聚焦”“四张网”举措，运用行业行政指导会、重点对象约谈会、制定行为规范制度、发布治理信息报道、编发微信公众号推文、曝光违法典型案件等方式方法，加强全区网络直播营销违法监管执法，受理办结举报件 5 起、投诉件 18 起，立案查处网络直播营销违法案件 30 起，结案 27 件，罚没款 34.26 万元。

【广告监管监测】　组织开展各类违法广告专项整治工作，强化广告“双随机”抽查和广告监测，紧盯广告类投诉举报件，检查经营主体206家，排查广告数量179条，组织广告监测25条次，行政指导广告经营单位15家，查处各类违法广告案件66起，罚没款218.89万元。

【商品市场安全监管和提升发展】　多轮次组织各基层所开展市场消防、燃气安全隐患大排查大整治工作，闭环处置发现安全隐患问题100余个。推动出台农贸市场专项扶持政策条款，发放市场提升改造补助费用130多万元。开展品牌创建工作督促指导，创建省放心市场6家，提升星级市场15家。

2022年8月23日，区市场监管局调研生物医药产业

（区市场监管局　供稿）

【平台企业行政指导】　结合电商平台监管要求和2022年度网络市场监管专项行动要求，对照平台116条整改事项和相关法律法规，行政指导“朵拉试衣间”、富春联盟等富阳本地平台，督促平台企业落实主体责任，督促“朵拉试衣间”整改落实存在的问题，解决相关纠纷矛盾。

【知识产权市场建设】　全年全区有效发明专利拥有量为3860件，同比增长23.32%，新增授权发明专利705件完成区政府报告提出任务数的352%。高价值发明专利拥有量为1427件，与上年相比增长86.29%，增幅居杭州地区各区县市第一位。新增国家知识产权示范企业1家，实现富阳企业国家示范零的突破，新增国家知识产权优势企业3家。新建1家“浙江杭州市富阳区金鑫国际品牌指导服务站”。以富阳“数智监管”改革创新为主要模式成功完成“建立专利非正常申请快速处置联动机制”“开展专利巡回评审和远程评审”“执行专利代理机构监管职能”“深化对专利代理领域的信用综合治理”国家营商环境创新试点改革项目。

【质押融资企业管理】　全年专利质押惠及企业196家（同比增长4倍），质押发明专利633件（同比增长15倍），质押融资达到31.36亿元（同比增长248%），完成市局任务的352%；有效注册量27728件，商标质押惠及企业36家，融资金额5.28亿，完成市局任务211%。

【知识产权运用】　首次实现区块链公共存证，23个张公共存证为15家企业转化为数字资产，有效解决企业长期知识产权运营保护中融资难、举证难、成本高、周期长等问题。首次实现专利快速预审，为4家企业4件专利申请快速预审通道，缩短专利申请授权周期近19个月。首次实现大专院校专利免费开放许可：联合杭州科技职业技术学院向富阳企业免费提供专利开放许可64次，唤醒富阳大专院校“沉睡专利”的技术成果向富阳企业有效转化应用。实现历史首单“安顶云雾”地理标志中国人保“被侵权损失保险保单”，首次实现保险公司先行赔付并代位追偿的保障机制。查获冬奥会、亚运会特殊标志案件9件，其中杭州众安银晟置业公司亚运会会徽侵权案被中国新闻网全程报道，烘焙店卖“冰墩墩”蛋糕案被人民日报客户端、《杭州新闻联播》、《杭州日报》等11家主流媒体集中播报。富阳亚运会知识产权保护工作在杭州会议作典型发言。

【地理标志富农成效】　成功申报“永昌臭豆腐”国家地理标志证明商标，全区累计获得证明商标注册的地理标志总数4件，分别为“安顶云雾”“富阳芦笋”“富阳葡萄”“洞桥大米”。出台政策激励地理标志富农，对注册地理标志证明商标，且许可使用地理标志专用标志的奖励20万元。完成21家地理标志被许可单位追溯体系建设（完成率175%）。新增21家单位规范使用GI（红标）地理标志专用标志（完成率260%）。

【电动车提前淘汰置换】　全年通过“浙江e行在线”注册门店339家，申请注册淘汰置换点的经销商268家，扫码车架入库数77491辆，电池入库数199355个，登记发放“码牌合一”“合体登记”的数字化车牌34000余个。通过“铅蛋”平台完成车架交易31970辆，蓄电池34328组。专班上报的《富阳区立足“三动三合力”高效推进电动自行车综合治理集成改革成效明显》获杭州市副市长胡伟、富阳区区长马利阳批示肯定，“双五”竞赛全省综合排名全省前三。推动废旧车架、蓄电池通过“浙江e行在线”和“铅蛋”两个数字化系统实现全流程闭环回收，获《人民日报》关注，并于2月刊登报道。“浙江e行在线”基层治理贯通高效，专班上报的《富阳“六维度”高效贯通“浙江e行在线”

基层治理应》获省市场监管局党委书记、局长章根明和富阳区委书记吴玉凤、区长马利阳批示肯定。

**【重点产品质量安全监管】** 全区流通领域产品质量监督抽查抽检167批次，合格142批次，合格率为85%；不合格25批次，不合格发现率为15%，均闭环处置，立案查处32起，罚没款15万元。规范工业产品生产许可证后监督，防范化解产品质量安全风险，督促危化品生产企业自查，压实危化品生产企业质量安全主体责任，督促企业主动报告并积极化解重大质量安全风险。加强重点许可企业的证后监管，完成年度30%的双随机检查任务，实现危化品及容器许可企业证后技术审查和监督检查全覆盖，发现问题隐患16处，均责令企业限期落实整改。

**【富阳区阀门产业质量基础设施“一站式”服务平台】** 开展阀门产业标准计量、认证认可、质量管理、知识产权等一系列服务，11月通过示范点创建考核验收。开展阀门行业质量管理体系提升专题培训3场次，30余家企业建立质量、环境、职业健康体系，主导制定并发布实施各类标准20余项，新增“浙江制造”标准6项。开展“品字标”质量品牌创建，获证企业12家。开展阀门产品质量监督抽查，消除产品质量安全隐患，落实企业产品质量安全主体责任，促进产业提质增效。

**【检测机构检查】** 全区有各类检测机构27家，新增建工类、车检类机构、综合类检验机构各1家。以“双随机、一公开”为载体，邀请技术专家组成检查组，重点检查检验检测机构是否按要求完成2021年度统计、年度报告和2021自查工作，是否在资质认定证书规定的能力范围内出具检测报告，是否依据相关标准或技术规范规定的程序和要求出具检测报告等。结合“车检机构优化一件事”，联合公安、环保等部门重点对辖区内5家车检机构开展了双随机监督检查，并督促机构限时整改检查中发现的问题，提升机构服务能力，优化服务环境。

**【CCC产品专项检查】** 全区有CCC产品生产企业67家，证书787张。开展电线电缆、玩具、玻璃等CCC认证重点产品专项监督检查，检查企业34家次，重点检查主要原材料管理、产品检测、标签标志使用和管理。检查发现多数工厂能够按照认证要求组织生产，但也发现部分企业管理意识淡薄，台账资料、标识、标签等管理混乱。

**【自愿性认证获证组织专项监督检查】** 重点检查通过测量管理体系企业15家。全面推进企业“三同”工作，实现企业发展内外贸一体化，引导企业通过自我声明方式，扩大“三同”产品供给，全区汽车零部件生产企业、游艇、电器开关生产企业等4家企业的5个产品同步上线平台。

**【标准化统计监测】** 全区600家规上制造企业和178家服务业企业完成标准化统计监测工作，除为全省企业标准化现状提供调研数据外，也反映富阳区企业开展各项标准化活动提供相应数据支撑。

**【质量提升行动】** 助推制造业高质量发展，百个特色产业百个重点标准完成生产验证和标准送审工作，富阳区智能家居产业图南电子公司的《应急广播智能音柱》浙江制造标准完成发布。全年新增浙江制造标准6项，处于报批阶段4项。全面开展企业对标达标活动，鼓励企业将产品与国际标准及国外先进标准作比对、找差距，不断改进和提升产品质量和服务，全年新增完成对标达标企业47家。

**【小微企业质量管理】** 选择机械及通用设备制造为主的小微企业共160家企业导入质量管理提升培育库，提前完成全年培育计划库的建立。通过导入ISO 9001标准等具体工作，把小微企业质量提升工作落到实处。依托质量基础一站式服务平台，通过线上线下相结合的方式，针对质量管理体系、测量管理体系、标准制定等企业质量基础工作进行授课，旨在提升企业管理人员质量基础知识，共有200余家次企业参加培训。

**【杭州市地方标准编制】** 参与杭州市地方标准《新型冠状病毒肺炎疫情防控 集中隔离医学观察场所餐饮管理规范 第2部分：供餐配送》（DB3301/T0359.2—2022）的编制，使得集中隔离点供餐配送有标可依。结合应用“党建统领、村社智治”系统，为持证骑手赋“富春小哥码”，让外卖骑手“一码享服务”“一码帮治理”“一码融党建”，智能化、便捷化实现骑手进小区送单、准时核酸检测、参与数据采集、融入基层党建“一码通管”，制定《外卖商家、配送企业运营和骑手管理规范》。

**【充电桩国家级改革试点】** 完成改造站点6个，其中通过验收站点4个，下发补助14400万元。

**【特种设备安全“除险保安”】** 根据省市区各级对“除险保安”工作要求，专题制定《特种设备领域安全生产大检查大整治工作方案》《特种设备领域安全生产除险保安百日攻坚行动实施方案》等。重点落实特种设备隐患排查治理，开展超期未检专项整治等专项大排查大整治工作；落实节假日、重大活动安全保障，开展旅游景区大型游乐设施、非公路用旅游观光车辆等特种设备安全隐患排查治理；落实城镇燃气安全整治专项行动，对燃气压力管道使用单位和气瓶充装单位开展全覆盖检查，完善气瓶信息追溯系统的建设。围绕“浙江特种设备在线”，紧盯高风险隐患，组织开展专项监督检查，确保高风险隐患及时处置。发挥特种设备专委办的职能，组织专委会相关部门开展重点行业的联合检查，按计划对乡镇街道定期开展督查暗访，及时梳理隐患共性问题，强化考核机制，督促乡镇街道落实属地监管职责。处置安全隐患380条，及时督促和指导使用单位落实好维修保养等整改措施，切实提高特种设备本质安全水平。立案查处使用超期特种设备、不规范维保电梯等行为18起，罚款49万元。

【特种设备专项整治三年行动计划】 根据《特种设备安全专项整治三年行动实施方案》，开展特种设备安全专项整治工作，35项行动任务全部按时完成。完善大监管工作体系、查找重点风险、深化隐患治理、打击违法行为、推进智慧监管创新，提升特种设备安全水平。充分运用全省特种设备在线系统，用好预警信息化管理，推行扫码作业，强化安全工作横向对接和纵向督查，有力调动行业、属地和基层所监管的责任落实。三年中，建设并应用“数治瓶安”“智慧电梯”等数字化场景系统，实现特种设备数字化的有效应用，强化液化石油气气瓶安全追溯、电梯全生命周期管理等工作。

【特种设备安全宣传教育】 拓展社会面宣传渠道，加大社会面宣传，聚焦特种设备领域，在《富阳日报》开展典型案件曝光；开展安全宣传“五进”活动10余次，切实从服务的角度做好安全知识的普及工作；组织电梯应急救援演习2次，加大市民的参与度；严格落实特种设备安全管理和作业人员的培训，累计发证2124人次。

【执法办案】 全年办理案件1208件，罚没款1020万元，大要案件196件，分别比上年同期增长24.15%、5.3%和26.45%。加强行刑对接，移送公安机关追究刑事责任案件10件。执法队所在支部被富阳区委评为清廉富阳建设优秀实践单位，执法工作经验在全省系统工作会议上作大会交流。发挥执法工作“最强大脑”作用，统筹做好全局疑难杂症案件指导。把执法中队、业务科室、基层所作为执法工作“手脚”，实行平战一体化运作，全面增强执法的合力、战斗力、公信力。创新考核模式，提出“科所队融合、统筹推进、捆绑考核”，完成全年目标任务，入选全省执法人才库干部2人。全年开展专项执法20余项，重点保护创新，查处知识产权案件53件，移送公安3件，有效保护“楼外楼”等品牌。指导创建“商业秘密保护示范”站点，辖区有省市级商业秘密保护示范基地30家。入选省市局典型案例9个，其中“天依蜂”涉老传销案入选全省打击网络传销典型案例，在蛋糕上非法使用“冰墩墩”形象侵权案，获《人民日报》、浙江电视台等媒体集中报道。

【投诉举报信访落实】 区市场监管局全年接收信访事项（含投诉举报）9568件，同比增长46.8%。其中，投诉6284件，同比增长52.85%；举报3260件，同比增长36.6%。其中，民呼我为平台流转交办3363件，占总量的34.8%，来访170余人次，来电310余件，来信149件，所有信访事项均按照相关规定依法登记，进行办理。投诉按时初查率、按时办结率、举报按时核查率达到99.95%、99.98%、99.69%，投诉调解成功率60.16%。开展约谈重点ODR企业杭州京东惠景贸易有限公司，督促企业切实落实主体责任。

【平安建设】 推进“除险保安”专项行动，围绕“防风险、保平安、护稳定”，严格落实八大领域33项“除险保安”重点任务，确保富阳市场监管领域安全稳定。日常隐患排查整改到位，借力省平安督查数字化系统，发现并上传隐患信息812条，隐患问题全部完成整改；检查176家经营单位，整改隐患问题205处；对照平安创建专项督查通报，对29家单位的73处隐患问题进行整改，对存在的违法行为依法查处，立案2起。

【放心消费创建】 通过培育建成放心消费单位3106家，其中无理由退货承诺单位1363家，放心工厂431家，放心消费商圈（街区）10个，放心消费乡村4个，放心消费年度建设工作全面完成。对杭州万达广场、黄公望村等14个商圈（乡村）开展提升指导工作。开展自查或交叉检查，对不符合放心消费单位建设标准的及时进行整改，联合农商银行对培育中放心消费单位进行服务。印发“消费宝”折页、易拉宝和海报，发放个体工商户防疫消杀消费券等，激活“消费宝”用户26484个，营造商圈放心消费氛围。

【基层维权站点建设】 制定《富阳区消费维权服务（联络）站创建标准》和《富阳区消费维权服务（联络）站星级管理办法》，量化评定五星级、四星级、三星级消费维权服务站点，指导建设基层消费维权站点32个，强化消费维权站服务水平，提高纠纷和解率，加强商圈消费投诉自行和解能力。

【食品安全检测】 全年完成食品检测1694批次，其中“临危受命”的监督任务达340批次，计量检测完成3.6万台件，均超额完成年度目标任务，行政任务完全及时响应。完善检测体系，多参监护仪、耳温枪、电子体温计等3项填补全区空白的民生强检项目获得授权，配镜项目设备采购已到位，膜式燃气表、出租车计价器、燃气加油机等7个项目通过复查考核。有序推进法定检测机构权重最高的授权资质换证，如期完成计量换证，准备质检换证。

【专业技术人才建设】 获省级“技术能手”光荣称号1人，新增区级“135”优秀中青年5人。加快数字化实验室建设，完成食品安全智慧检验体系建设，高质量完成“双五竞赛”任务。提前完成省“浙里检”平台与中心业务系统全链接入，实现“出入端”全链便民高效。深化技术赋能服务双创，检测人员下沉一线30余人次，提供保质期确定、工艺改进、贮存技术优化等研发指导和试验验证。开放实验室270人次，无偿培养实验员16人。

【“3·15”消费维权系列活动】 结合“3·15国际消费者权益日”活动，开展诚信经营，放心消费等宣传活动。组织“放心消费大声说”直播活动。3月14日，通过富春蓝直播平台以“农副产品抽检及相关食品安全知识宣传”为主题，关注与观看直播活动网友7万余人。开展消费年主题宣传，制作、发布《共促消费公平，迈向共同富裕》主题动漫和“放心消费迎亚运”公益广告。通过《富阳日报》纸质媒体与新媒体发布典型案例4篇，涉及汽车、电动自行车、医美等消费内容。组织“新消费”业态热点行业约谈，针对辖区新兴消费投诉重点企业，消保委与指挥中心对可当网络、博鸟绘本、京东惠景等网购消费、共享经济企业开展消费维权走访指导。全年受理消费投诉与咨询678件，共调解501件，调解成功486件，成功率达97%，为消费者挽回经济损失96.86万余元。

**【档案整理入库与查询】** 全年，区市场监管局在行政中心、个体中心档案查询窗口接待人数19531人，移交、整理、上架企业档案18492件，入库外包档案13120件，完成企业迁档455家。应用线上平台办理。指导查档者应用亲清在线平台，通过线上办理，在线受理，满足不同层次、不同地域查档者的需求。

（刘芝琪）

## 统　计

**【统计基础建设】** 依托全省基层统计网格智治平台，根据辖区内统计调查对象数量、行业分布、区域分布、业务关联性等因素，将全区1700余家规上企业划分为93个网格，建立24个网格驿站。组织人员学习基层统计网格智治应用的功能操作，形成区局统筹、乡镇（街道）参与的良好氛围，广泛发动乡镇（街道）辖区“四上”企业，督促落实网格企业做好法人及统计员的注册、激活工作，全面提升基层统计网格智治应用的使用率，全区规上企业“基层统计网格智治”覆盖率达到100%。加大对企业网格长的激励，促使网格活动持续开展，充分发挥统计网格在统计经验交流、专题业务培训、开展统计调查、提升数据质量等方面的积极作用，不断夯实统计基层基础，提升企业统计的业务素质。

**【统计法治建设】** 7月20日，区委常委会专题学习习近平总书记关于统计工作重要讲话指示批示精神和《关于更加有效发挥统计监督职能作用的意见》及相关意见办法规定，并听取统计违纪违法案件通报。加大执法检查力度，采取专项检查和“双随机”抽查方式开展执法检查，重点关注迟报、数据异常、不配合的企业，坚决杜绝统计造假、弄虚作假现象。全年，已对66家单位进行统计执法检查，其中“双随机”检查54家。

**【提升队伍能力素质】** 选拔7名1988年以后出生的干部充实到中层干部队伍，其中5名担任中层正职，中层队伍平均年龄为34岁。推行乡镇（街道）新任统计员到统计局业务科室“柔性挂职”活动，全年已有4名新任统计员在我局业务科室挂职，不断提高基层统计员的业务能力。开展“昼访夜谈”活动，走访农户、体察民情、收集民意，召开村各群体代表座谈会，切实解决群众急难愁盼的问题。开展“我当一天统计员”活动。根据专业属性不同，梳理代表性样本村2个、企业5家、投资项目2个，分别由两位专业人员深入结对企业，通过“换位体验”的方式，深度参与和感受企业统计日常工作。

（蒋琪琪）

## 审　计

**【概况】** 区审计局在杭州市审计局年度业务考核中排名前列，全年完成审计项目26个，通过审计，查出主要问题金额11.24亿元，核减工程造价4.84亿元，推动区委区政府及相关单位出台制度65项；向区纪委监委等相关部门移送案件线索29起，受到党纪、政纪处分13人。审计信息（专报）、审计报告等被区委区政府领导批示108篇（次），被上级审计机关采用89篇（次），通过富阳区政府门户网站主动公开信息68条。重大审计问题清单”指数排名列全省第四，全市第一。全年组织撰写科研论文9篇，其中省厅一般课题结项4篇，市局课题结项4篇，1篇论文获省厅三等奖。此外，上报的4个项目均被评为杭州市优秀审计项目。

**【预算执行审计】** 开展富阳区财政局具体组织的2021年度区本级财政预算执行和决算草案审计，围绕浙江省财政审计工作总体方案要求，聚焦财政财务收支真实合法效益的主责主业，关注楼堂馆所、单一来源采购管理、政府财务报告编制项目库管理和银行账户开设及公款竞争性存放管理等专题，推动区财政压缩公用经费6850万元，上缴闲置

2022年5月，市统计局赴富阳区银湖街道开展“企业大走访”活动
（区统计局　供稿）

资金3204万元，收回借款8750万元，通过银行账户专题审计，追回以前年度利息1925万元，经举一反三新增存款利息3000万元，移送案件线索14起，促进区财政局出台《关于进一步加强杭州市富阳区非全额拨款事业单位财政财务管理的实施意见》《杭州市富阳区区属国有企业银行账户管理办法》等多个政策文件。

【投资项目审计】 开展富阳区公共投资项目建设管理情况审计，查处违规金额4274万元，移送主管部门案件线索4起，推动区政府出台全区规范性制度2个。组织实施竣工结算审核项目3071个，其中，已经完成1845个（送审金额47.79亿元），核减工程造价4.84亿元，净核减率10.13%。组织实施竣工财务决算审核项目665个，其中，已完成337个（送审金额56.08亿元）。首次启用框架协议模式采购服务咨询单位，遴选出了30家技术力量强，服务质量优的造价咨询单位，并完成对这30家单位的业务培训工作，强化对中介机构的规范管理。

【经济责任审计】 对10个单位共计21名区管领导干部开展任期经济责任审计，同时，对安排经责审计的5个镇街开展自然资源资产责任审计，查出问题金额139万元，发现审计问题180个，提出审计意见建议155条。制订印发《富阳区领导干部经济责任审计工作2022—2026年规划》，构建领导干部经济责任审计工作全面覆盖新格局。出台《富阳区区管领导干部经济责任审计结果反馈实施办法（试行）》，规范经济责任审计结果反馈工作，增强经济责任审计监督效果，推进审计整改。

【专项审计调查】 对钱塘江流域水生态保护、教育政策、部分产业政策落实、民生实事推进情况等进行了专项审计调查。通过钱塘江流域水生态保护专项审计调查，规范了企业排污和取水，促进污水处理费清欠工作开展，促进出台富阳区取水管理办法等多个制度。通过教育政策专项审计调查，促使出台《杭州市富阳区跨区域教育共同体补助资金管理办法》《富阳区民办教育发展专项资金管理办法》等办法，规范教育各类专项资金的使用和管理，以点带面促进学校食堂规范经营和运行。通过部分产业政策落实情况专项审计调查，促进出台《富阳区实施产业强区主战略加快制造业高质量发展若干政策》等多个政策文件，从加大外资引进鼓励、推动低效工业用地有机更新和调整企业搬迁与拆迁政策等方面推动产业高质量发展，规范专项资金管理。促进出台《杭州市富阳区普惠性婴幼儿照护服务机构补助资金管理办法》《关于规范示范型居家养老服务中心运行管理的通知》等多个制度，进一步规范托育及养老服务，促进新增“残疾人之家”1个，缓解主城区残疾人需求；推动2个老旧小区的阻梯系统顺利推进。

【内部审计指导】 全年向市内审协会推荐上报参评内审项目3个、内审案例6个、内审论文6篇。联合区国资办，组织开展全区国有企业内审人员专题培训宣传新修订的《浙江省内部审计规定》；对10家机关事业单位开展专题培训。制定出台《杭州市富阳区2022年审计工作考核办法》《富阳区区级部门（单位）2022年内部审计工作考核评分细则》；积极推动重点部门、乡镇（街道）单独设立内审机构；出台《富阳区内部审计主要文书及记录参考格式》等3项内部审计作业制度，推动全区各内审单位规范开展内审工作。

（洪丹丹）

## 物价管理

【强化价格调控和监测分析预警】 密切跟踪分析价格总水平、重要商品和服务市场价格变化，强化对苗头性、倾向性、潜在性问题的研究，加强重要时段、关键节点的市场价格和供求情况监测，每月2次对部分民生商品价格进行公示，每月4次向区委区政府报送居民生活必需品价格监测周报，及时研判。根据省市要求，完成市场价格异常上涨事件应急预案的修订。

【做好重要民生商品保供稳价】 贯彻落实省、市、区关于新冠肺炎疫情防控工作的部署安排，落实重要民生商品保供稳价各项政策，及时做好政策研究、意见征求等工作。春节、五一假期前对定点监测的农贸市场和超市进行情况摸排，中秋节期间对部分超市酒店售卖的月饼

2022年3月30日，富阳区审计局现场踏勘浙江珍琦护理用品有限公司污水零直排雨水污水管网及防坠网情况 （区审计局 供稿）

价格进行监测上报。做好猪肉保供稳价工作，根据省、市发改委部署落实猪肉储备投放任务。

**【完善重要农产品价格政策】** 完善全区稻谷、小麦最低收购价政，开展茶叶、油菜籽、生猪等农产品成本调查工作，提升调查分析质量，服务价格改革调控。做好农本调查70周年宣传工作，全区相关农调户的事迹被搬上市发改委农本调查70周年宣传片荧屏。

**【做好降费减负工作】** 对受疫情影响无力足额缴纳水电气费的个体工商户，按照有关规定实行欠费不停供措施，缓缴期间免收欠费滞纳金，政策执行至2022年12月31日；根据《关于明确水土保持补偿费和水资源费收费标准的通知》，2022年1月1日至2023年12月31日，按现行标准的80%收取水资源费、水土保持补偿费；落实对个体工商业用电实施阶段性优惠，电压等级不满1千伏的个体工商户在2022年不分摊天然气发电容量电费等费用，低压接入容量扩展至200千瓦；配气价格实行阶段性优惠，2022年9月1日至2023年8月31日期间，全区非居民用管道天然气配气价格从0.68元降至0.60元，最高销售价格调整为4.69元；执行煤改气优惠政策，煤改气用户用气价格继续执行省门站价加价每立方米0.6元的政策，即每立方米4.59元；根据省市统一部署，先后组织开展了水电气领域涉企违规收费自查自纠、行政审批涉企违规收费自查自纠、涉企违规收费专项整治行动自查自纠等工作；根据省市公布的目录清单，对全区行政事业性收费目录清单和政府定价经营服务性收费目录清单进行了清理，进一步明确收费项目、收费标准及依据。

2022年12月，富阳区发改局走访市场，了解市场价格及供需情况

（区发改局　供稿）

**【推进重点价格政策落实】** 指导规范经济适用住房和人才公寓（人才限价房）上市交易管理工作，公布全区经济适用住房和人才公寓（人才限价房）市场评估价格，实施新一轮公租房租金标准制定工作。指导民办学校做好新学期学费标准备案工作；对杭州市上外附属外国语学校教育定价预测成本进行调查，核定学校学费及住宿费收费标准。对富阳华润燃气有限公司管道燃气2020年度、2021年度配气成本进行调查，核算供暖季居民用气差价情况，帮助落实天然气用气购销差价亏损补贴工作。

（徐　炎）

**【编辑　何开城】**

# 15 农业·新农村

## Agriculture and New Countryside

### 新时代美丽乡村

**【项目建设概况】** 全区全年美丽乡村创建总投资约6亿元。创建新时代美丽乡村40个、打造现代版富春山居图美丽乡村标杆点5个、建设精品线路3条，基本实现新时代美丽乡村建设全覆盖。完成4个省级未来乡村、1个省历史文化(传统)村落保护利用重点村及壶源溪山水文旅板块示范带省级新时代美丽乡村共同富裕示范带建设；创建市级未来乡村4个、市级特色村4个，启动“葛溪山乡”市级未来乡村共富引领带建设。申报认定省新时代美丽乡村达标村48个、省新时代美丽乡村精品村26个、省新时代美丽乡村特色精品村4个、省美丽乡村示范乡镇2个和省历史文化(传统)村落保护利用示范村1个，其中黄公望村获评全省首批命名未来乡村，并为全省共同富裕现代化基本单元现场会唯一的未来乡村现场考察点。

**【农村人居环境提升】** 深度结合新时代美丽乡村“十相联治、十不允许”正负面两张清单，构建“特色风貌总体管控+村庄设计+农房设计+节点设计”的规划设计四级体系，出台《杭州市富阳区美丽乡村风貌管控标准体系（试行）》。

### 美丽经济

**【农业产业】** 全年新晋升省级骨干农业龙头企业1家，市级9家，区级14家。有农业龙头企业147家，其中省级以上骨干农业龙头企业6家，市级66家，区级75家。开展美丽经济项目招商，建立全区农业农村招商资源库，指导开展美丽经济项目招商，在谈美丽经济项目36个，意向投资额50.42亿元。

**【民宿经济】** 全区有合法审批民宿781家，其中精品民宿示范点82家，获评省级“银宿”2家；三星级以上农家乐124家，四星级4家，区级民宿（农家乐）示范村3个。全区民宿有房间4705余个，床位7568张，直接从业人员超过2500人，接待游客33.5万余人次，经营收入4707万元。

**【农村电商】** 培育农产品加工销售、民宿（农家乐）、农创客、农夫乐园、农业产业园等新型农业经营主体，新培育农村电商57家。有农产品线上电商678家，电商专业村6个，农村电商销售额突破8.67亿元，同比增长8%。

**【“富春山居”区域品牌】** 全年依托“邮乐购”平台，搭建线上线下“富春山居”农产品销售网络助农促销，通过乡镇专场、抖音直播、销售比武等形式创新“直播带货”新模式，利用媒体、网络等渠道加强品牌营销和宣传。推进“富春山

2022年，春江街道八一村农业创客中心

（区农业农村局　供稿）

居”农产品区域公共品牌培育建设，打响杏福万市、营地之乡、稻香渔山等区域子品牌，推动本地农业特色优质产业规模化、标准化、品牌化发展。做好“富春山居品牌馆”入驻政采云工作。全年富春山居农产品品牌馆销售额800余万元，带动各地农户销售3000万元，同比增长16%；举办组团乡镇年货节7场，每场流量达20余万人次。组织农产品参加省、市农业博览会、交易会等20余次，获金奖2个，银奖7个。

【农事节庆活动】 发展公司+基地+合作社联合经营模式，继续打造以“坑西温泉”“富春小叠空”为代表的农文旅产业基地，推动农商文旅深度融合。围绕“中国农民丰收节”“味道山乡”，办好农事节庆活动，大力培育新型业态。“沿东坡古道·品四季瓜果”农趣游和“康养温泉·梦栖银湖”两条精品线路入选2022年浙江省100条休闲农业与乡村旅游精品线路。富春街道拔山村成功创建全国“一村一品”示范村（镇）和全国乡村特色产业超亿元村名单；新登镇半山村、里山镇安顶村成功入驻农业农村部“逛乡村”农旅展示平台；渔山稻香节被农业农村部列为全国100个丰收节庆特色活动名单。

## 农村经济管理

【精准帮扶】 全区低收入农户养殖生猪526头，培育来料加工经纪人150人，带动低收入人群从业人员300人次，低收入农户人均可支配收入25500元，同比增长14.4%。做好区县（市）协作，拨付桐庐县协作资金2000万元，和拱墅区、滨江区完成4亿元产业转移投资任务。做好四川省德格县帮扶，帮扶德格县建设乡村振兴村2个（绒叉村和措巴村）。强化“山海协作”和省级帮扶，做好缙云县东渡镇兆岸村、缙云县五云街道周村乡村振兴示范点建设，做好缙云县壶镇镇龙川村省级帮扶工作。做好淳安县汾口镇毛家村、汾口镇宋祁村、富文乡青田村乡村振兴示范点工作。黄公望村、八一村等10个共富村、锦绣江南等2条共富带和拔山茶叶1个共富体被认定为杭州市第一批共同富裕乡村范例。

2022年，渌渚镇杨袁村农村风景

（区农业农村局 供稿）

【集体经济发展】 全区288个村（社）集体经济总收入11.09亿元，经营性收入8.77亿元，总收入70万元以上的村（社）288个，占比达100%，经营性收入50万元以上的村（社）281个，占比近98%。全面推进村庄经营改革，培育村庄经营试点28家、职业经理人3个、承揽工程试点村3个。持续完善“飞地”抱团机制，7月完成银湖“乡村美丽大厦”主体工程，启动富春湾“飞地”项目（第二个区级飞地抱团项目）建设，投资额2.33亿元，共计159村，预计2024年投入使用。开展实施“国企助力、乡村共富”项目，103村与富投发等签订相关合作协议，投资额2.06亿元，年度分红近996万元，年收益回报超8%。

【“三资”发展】 提升“三资”规范化管理，全年重点审计村提升至58个，确保重点审计五年全覆盖。持续开展三资“大比武”检查、村股份经济合作社专项治理，组织开展自找自查、监督检查216次，参与人员430人次，发现问题83个，整改83个，为群众挽回经济损失56.4万元，健全完善行业领域有关制度3项。推进“浙农经管”系统应用，全年线上审批通过123330笔，涉及资金99.44亿元；成功支付78254笔，涉及金额18.21亿元；全年完成产权交易528宗，金额7.97亿元，溢价4600万元。打造清廉村居样本，银湖街道唐家坞村入选全省清廉村居建设示范村（居）；富春街道宵井村《规范用权“四部曲”谱写清廉新篇章》成功入选清廉杭州建设优秀实践案例；春江街道八一村等5个村成功被列入杭州市清廉村居特色样板名单，认定区级清廉村居78个，培育区级清廉村居特色样板25个。

【土地“三权分置”改革】 做好农村土地承包管理与服务平台的推广与应用，实现196个村11800公顷承包地数据化管理，增加3.33公顷农村土地规模流转经营数据，流转主体254个，流转面积0.52万公顷。开展土地确权“回头看”，完成土地承包权证变更1254本。做好农村土地经营权规模流转，全区土地流转率70.9%，新增5年以上农地规模流转项目36个，规模流转面积609.27公顷，整村流转4个，共计补助176.39万元。

## 种植养殖业

【概况】 全区粮食生产总面积15347公顷，总产量10万吨。完成粮食生产功能区“非粮化”整治优化3060公顷，新划定粮食功能区9480公顷，稳定粮食生产面积和产量。全区救灾种子储备63吨，其中小麦种子10吨、早稻6吨、晚稻32吨、杂交稻7吨、杂交玉米3吨、大豆5吨；发放21.58吨。全区茶园总面积4640公顷，采摘面积4200公顷，茶叶总产量2523.03吨，总产值62751.47万元；名优茶产量1951.15吨，同比增长1.2%，名优茶产值61466.27万元，同比增长1.6%。全区桑园面积78公顷，饲养蚕种500张，生产蚕茧25.43吨，蚕桑产值113.52万元。全区水果种植面积4515公顷，其中园林木本水果3404公顷，草莓、西甜瓜1111公顷；水果总产量73824吨，总产值46010万元，分别比上年增长2.0%和2.9%。中药材面积208.27公顷，总产量29.5吨，总产值2500万元。全区蔬菜面积11652公顷，产量43.38万吨，产值11.66亿元，食用菌产量1362吨，产值2493万元。全区生猪存栏8.7万头，同比增加41.69%，出栏16.12万头，同比增加15.56%。家禽存栏64.31万羽，同比下降12.88%，出栏113.47万羽，同比下降24.00%；禽肉产量1784吨，同比下降36.29%，禽蛋产量2917吨，同比增加3.92%。羊存栏1.21万只，出栏1.16万只；兔存栏4.21万只，出栏11.87万只。全区淡水养殖面积为1655公顷，面积缩减31%，稻田养鱼面积为146公顷。全年水产品总产量19515吨，同比增长0.43%，其中淡水养殖产量18330吨，同比减少0.42%；淡水捕捞产量1185吨，同比增长15.9%。全区渔业经济总产出52336万元，同比增长0.62%。竹材产量达1332万株，年产值1.0656亿元，同比增长3.94%；鲜笋产量15.47万吨，同比增长3.23%；竹产业一产产值8.7亿元；竹产业综合产值18.3亿元，同比增长1.3%。全区香榧总面积2860公顷，投产面积达1333公顷，干籽产量480吨，产值7800万元；山核桃总面积1500公顷，投产面积1000公顷，干籽产量280吨，产值2800万元，与上年相比基本持平；油茶总面积400公顷，干籽产量120吨，同比增长0.20%；新增“太秋”新品种甜柿20公顷，全区甜柿栽培面积153公顷，其中太秋甜柿亩产效益达2万元以上。花卉苗木面积、产值均有下降（非粮化整治等原因），花卉苗木实有面积1195.3公顷，面积同比减少36.8%；产值1.79亿元，较上年下降28.74%。

【洞桥香榧】 洞桥香榧是洞桥镇著名的特产干果，具有壳薄光亮、仁满松脆、香酥味美的特点，营养价值和药用价值较高。洞桥香榧种植历史已有2000余年，现有天然榧树1万余株，其中百年以上古榧树有1000余株，榧资源位列全国第三，主要分布在洞桥镇小坞村、杜坞村、玉印村、东山村、上林村和石羊村等。洞桥镇在区农业农村局等部门支持下，实施“万亩香榧、万担蚕茧、百万羽家禽、千万元花卉苗木产值”的农业开发“四万”工程，加大香榧良种选育和速生丰产栽培技术研究，不断提高香榧科研和推广水平。至年底，洞桥香榧主产地拥有香榧林666.66多公顷，香榧收入占乡镇农业总收入的60%。“洞桥牌”香榧在义乌国际森林产品博览会获金奖。洞桥镇连续5年承办全区香榧炒制大赛，培育出一支香榧炒制加工能手队伍。香榧产业由散户种植、非标准种植向合作种植、标准种植的转化，形成“基地+农户”“农户种植+合作社收购加工+电商直销”的全生产链，即榧农将自家生产的香榧青果销售给所在合作社，合作社经过统一的标准程序经后熟处理后委托本地的里仁炒货厂与小坞果品厂进行干果炒制，后进入实体店和电商进行销售与批发。既保证香榧品质，又保障销售渠道畅通。香榧专业合作社加强与诸暨冠军香榧加工企业合作，引进先进加工工艺，进一步提升洞桥香榧品质。香榧产业的发展带动洞桥的茶叶、白果、笋干、富硒大米、铁皮石斛等农产品的发展，在县、区、市有着较高的声誉。

## 林　业

【林长制工作】 获评全省2022年

2022年，新桐省级现代农业园区建设

（区农业农村局　供稿）

2022年，新登镇百亩荷塘建设

（区农业农村局　供稿）

度林长制工作考核优秀区。明确“林长＋警长＋护林员”区、乡镇、村三级管理体系，印发林长制专项考核制度和目标体系文件，建立健全常态长效机制。推进森林资源“一张图”与国土三调对接融合，开展林地保护等级确定工作、森林资源保护情况审计，从严落实森林图斑整改工作。积极落实省级林长制数字化平台应用工作，区林长办组织开展“林长智治”“护林巡查”管理系统业务培训2次，加大宣传新《中华人民共和国森林法》《中华人民共和国湿地保护法》等。

【森林质量提升】　构建高效稳定的森林和湿地生态系统，通过战略储备林、美丽生态廊道建设，采用卫生伐、割灌除草、抚育加补植、人工造林等措施，提升林分蓄积、碳汇能力，美化自然景观、增强生态安全，完成森林质量精准提升工程1024公顷，为计划任务的102%，完成对前两年的珍贵树种629公顷基地的抚育。

【林区基础设施提升】　开展全区林道通行安全隐患排查整治，排查全区在册1012条林道，闭环整治监管重点隐患林道70条；完成林区道路硬化提升14条12万平方米，登山道路修复提升10条30千米，有效改善林区基础设施和生产条件。

【林地发展】　全年承担中央、省及区林业科技推广项目8个，重点发展林特果业高效栽培、林业生态修复、林下种植循环及新品种引种、新技术示范应用等，努力建设一批亩产超万元的林下经济示范基地，不断提高林地综合利用率和产出率。完成省下达“一亩山万元钱”任务2000公顷，其中新建培育453公顷，辐射推广733公顷，巩固提升810公顷。实现产值2.37亿元，其中增加值0.72亿元。完成封山育林932.07公顷，抚育补植125公顷，杭州市珍贵彩色示范林2公顷。以“一村万树”五年行动为抓手全域提升乡村绿化美化水平，为推进美丽乡村和“大花园”建设提供有力的生态支撑。全年创建“一村万树”示范村2个。

【森林生态文化】　全区参加植树人数达44万人次，种植珍贵树种98万株。渔山乡墅溪村获评省级生态文化基地，灵桥镇江丰村、湖源乡新三村获评省级“一村万树”示范村，渔山乡墅溪村、里山镇安顶村获省级“森林氧吧”称号，胥口镇峬山小叠空梦想田园生态旅游区获评省级森林康养基地，湖源乡双喜村获省级“森林人家”称号。

【义乌国际森林产品博览会参会】　11月5—8日，第15届中国义乌国际森林产品博览会在义乌国际博览中心举办，富阳组织14家企业选送近百个优质林产品参展，有11个产品获得金奖。展品包含竹木家具、香榧、甜柿、种苗、盆景、炒货和根雕等近百个种类，其中获得金奖企业7家。

## 农业产业化

【概况】　全年创建完成省级美丽生态牧场2个。完成农业产业项目69个，其中省级3个、市级31个、区级35个。开展农林项目网上申报，通过“富阳区支农项目库”录入项目233个，其中产业发展项目67个，基础设施建设项目49个，生态项目19个，农林资源保护项目98个，杭州市指导性任务10个。完成5个粮食功能区改造提升项目建设，提升改造130公顷。开展中央农业支持保护补贴（耕地地力保护），对全区11539.72公顷耕地按每亩112.71元进行补助，惠及农户8.22万户，补助资金1951.11万元。场口镇场口村滕雁鸣种植的西瓜重达32.1千克，刷新浙江农业最重西瓜纪录。

【规模种粮（油）大户】　全区规模种粮（油）大户270个，大小麦种植面积1970.1公顷，早稻种植面积163.59公顷，单季稻种植面积4716.57公顷，连作晚稻种植面积207.43公顷，油菜种植面积859.63公顷，旱粮种植面积270.78公顷，拨付补助资金4241.78万元。

【粮食高产示范】　建设省级水稻绿色高产高效创建千亩示范片6个、市级水稻绿色高产高效创建百亩示范片2个、区级早稻绿色高产高效创建百亩示范片2个、区级晚稻绿色高产高效创建百亩示范片2个，拨付补助资金78万元。

【高标准农田建设】　全年投入资金5800余万元，完成高标准农田新建和改造提升850公顷，新建机耕道路16千米，沟渠45千米，机埠、小堰坝、下田道等630余处。

【垦造耕地后续管护】　完成新垦耕地商品有机肥配送项目135个，实施面积630.38公顷，增施商品有机肥13692吨，补助1420.52万元；实施东洲街道红旗村等9个杭州市新垦耕地后续管护示范项目，面积

66.67 公顷，投资 216.89 万元，补助资金 135.7 万元；完成 2021 年度 58 个补充耕地项目评价，面积 160.2 公顷。

【精品渔业基地建设】 建设市级“菜篮子”水产基地 5 个，其中新建 4 个，建设面积 17.73 公顷，续建 1 个，建设面积 7 公顷。建设市级稻鱼综合种养基地 12 个，实施面积 113.67 公顷。建立陆基帆布池圆桶和高位池养殖基地 4 个，养殖圆桶（池）80 个，高位池 132 个，主要养殖溪流性（光唇鱼、马口鱼）和花鲈等鱼类。

## 农业机械

【农业机械监督管理】 开展安全生产检查，提供免费实地检验服务，检查 250 余家次，免费实地检验农业机械 620 余台。开展外地牌照拖拉机清理工作，解体外地牌照拖拉机 12 台。发放农田新牌证 62 副，注销牌证 75 台，拖拉机驾驶员换证 32 本，注销驾驶证 706 本。开展拖拉机和联合收割机驾驶人考试2期，通过考核 57 名。举办农机安全生产教育培训，300 余人次参加。

【农机具推广】 全年引进各类补贴机具 2422 台（套），受益户数 1501 户，总补贴达 905.872 万元。开展农业“机器换人”示范工程，完成创建市级“平安农机”示范合作社 1 家，农机综合服务中心 2 个，农艺农机融合示范基地 2 个，农机创新试验基地 1 个。

## 农业生态环境与安全

【无规定马属动物疫病区建设】 对照农业农村部 96 项评审标准，制定年度监测、流调、免疫方案，完成 4166 份马属动物、易感动物及野生动物样品采样自检和送样检测，完成 35 匹马属动物日本脑炎和马流行性感冒强制免疫工作。不断完善动物卫生监督体系和动物疫病防控体系，落实马属动物疫情网格化管理和监督巡查制度，对 269 家次调运主体进行日常检查和执法检查，每月巡查生物安全通道，现场督查检查台账档案、物资疫苗、强制免疫等工作落实情况。提前介入亚运会现代五项项目比赛马匹管理，按期完成硬件改造，统筹净化场馆周边环境。发放应知应会、自编宣传海报等资料 500 余份，培训人员 200 余人次。1 月 4 日，通过国家评估验收（农业农村部公告第 510 号）。

【动物尸体无害化处理】 全区病死畜禽无害化处理收集暂存体系平稳运行，建有公共收集点 3 个、生猪保留场和屠宰企业病死畜禽无害化暂存库 24 个、畜禽无害化收集冷柜暂存点 17 个。全年养殖环节共处理病死猪 8226 头，其他病死畜禽 5.56 吨；屠宰环节共处理病死猪 504 头、肉牛 6 头、家禽 12410 羽，病害、不合格动物产品 45.7 吨。

【粮油病虫害防治】 全区农作物病虫害总体中等发生态势，其中草地贪夜蛾中等发生，水稻褐飞虱中等发生，稻纵卷叶螟大发生，纹枯病偏重发生，虫害重于病害，草害继续成为粮油作物稳产高产的主要障碍。全区粮油作物病虫草鼠害发生面积 92466.7 公顷次，其中虫害 44000 公顷次、病害 16133.3 公顷次、草害 18666.6 公顷次、鼠害 9333.3 公顷次，农田螺害 2333.3 公顷次。综合防治面积 110333.33 公顷次，其中虫害 74000 公顷次、病害 30000 公顷次、草害 24666.6 公顷次、鼠害 9333.3 公顷次，挽回粮食 1.73 万吨、油料 0.231 万吨，损失粮食 0.23 万吨、油料 0.034 万吨。

【省农作物病虫监测网富阳区域站建设】 省农作物病虫监测网富阳区域站正常运行，全年发布《病虫情报》13 期，情报准确率 95% 以上，防治信息通过“农民信箱”“富阳区病虫防治信息交流群”实时传送，辐射普及面均达到 100%，全年未出现技术性责任事故。

【化肥零增长】 继续开展测土配方施肥技术全域推广，测土配方施肥覆盖率达 90.9%；全年推广使用配方肥和按方施肥 10266.7 吨（其中主推配方肥 7698.4 吨），施用面积 17272 公顷，推广补贴商品有机肥 4700 吨，施用面积 495 公顷，建设省级水稻化肥减量增效、地力培肥示范区共 6 个 230 公顷。

【农药零增长】 建立省级绿色防示范区 2 个，全年完成农作物病虫害绿色防控应用面积 8150 公顷。扶持统防统治示范性服务组织 6 家，全年统防统治推广面积 8026 公顷。

【农药废弃包装物回收处置】 设立农药废弃包装物回收点 96 个，回收 60.3 吨，处置 61.7 吨，回收处置率均在 90% 以上。

【氮磷生态拦截沟渠建设】 完成东洲街道陆家浦村、鹿山街道天井畈 2 条生态拦截沟建设，总投资 60 万元，建设长度超过 2000 米。

【沼气安全生产】 开展沼气工程日常巡查，全年落实检查沼气设施 41 处，排除安全隐患 8 处。

【农作物秸秆禁烧和综合利用】 通过电视台、学习强国等媒体宣传，农民信箱发送禁烧短信提醒 20 余万条，分发秸秆利用和禁烧告知书 0.6 万份。开展秸秆焚烧巡察，移交问题 20 条。推广秸秆还田、稻草大田栽培食用菌、桑（果）枝条栽培食用菌等生产技术。开展秸秆生产生物质颗粒燃料、有机肥等资源化利用，扶持建设年均消纳农林废弃物 2000 吨以上的生物质颗粒燃料企业2家，有机肥生产加工企业2家，食用菌生产基地 1 家，年消纳农作物秸秆 1.53 万吨。

【农村灭鼠】 组织开展春季全区农村统一灭鼠工作，购置毒饵母液 200 千克，配置饵料 2 万千克，在 4 月 1 日至 4 月 20 日期间累计投放面积 1.73 万公顷。

【土壤肥料检测】 完成土壤及植物样化验 6842 项次，其中土壤容重 903 项次、土壤速效钾 451 项次、土壤阳离子 451 项次、土壤水溶性盐923项次、土壤有机质585项次、土壤有效磷569项次、土壤全氮559项次、土壤pH 579项次，植物全氮488项次、植物全磷667项次、植物全钾667项次、整理土壤样本5000个。

【耕地质量监测】 开展耕地质量监测，完成19个农田土壤污染常规（综合）监测点、9个长期地力监测点及32个环太湖流域监测点样品采集与分析，编制完成《杭州市富阳区耕地质量报告》。

【中轻度污染农田安全利用示范】 开展6个受污染耕地安全利用不同模式示范区建设，面积110公顷，完成新桐、环山2个生物质炭土壤修复长期试验站和常安土壤污染综合防控试验站相关试验。和中国科学院植物研究所合作，开展“镉低积累水稻品种表型—基因型双认定及安全种植模式研究”项目，在Science of the total environment发表High-precision early warning system for rice cadmiumaceta cumulation risk assessment和国家核心期刊论文各1篇，同时通过积累品种替代、土壤改良、淹水灌溉等技术，实现全区受污染耕地安全利用率93.79%。

【渔业生态保护】 持续探索渔业绿色高质量发展路径，重点把机械化、数字化应用于渔业生产中，不断提高水产养殖主体的核心竞争力，加快渔业转型升级和绿色发展，努力打造水产养殖绿色发展“富阳样板”。

【农产品质量安全检测】 全年共完成各级农产品定量检测1915批次（其中区本级966批次），合格率99.16%。指导乡镇开展定性快检26593批次，合格率99.94%；指导规模种养殖基地开展定性快检9182批次，合格率100%。

【“三品”基地建设】 全年新增绿色食品认证4个，无公害农产品1个；完成38家无公害农产品、5家绿色食品续展；全区拥有有效期内的无公害农产品125个、绿色食品39个、有机农产品7个。

【食用农产品承诺达标合格证】 鼓励农业生产主体进行自我承诺，食用农产品附带承诺达标合格证上市销售，全年生产主体开具二维码电子合格证1201820张。指导新桐乡、鹿山街道印制使用乡镇纸质特色合格证。

【农产品源头监管】 组织11家生产主体通过省级农产品标准化绩效评价。提升基层检测能力，完成17个乡镇农残检测室的检测设备更新换代。完成3家农药许可事后监督监管核查工作，发布农产品质量安全通报3期。组织基层检测人员参加市级农产品质量安全检测职业技能大赛并获个人二等奖1名。

【古树名木保护】 为全区古树名木保护单位提供技术指导，在病虫害防治、保护方案等方面开展技术指导40余次。完成59棵古树名木保护，投入资金60万元。

【省级重要湿地建设】 做好湿地保护管理各项工作，湿地面积、湿地保护率实现连续三年不下降，湿地生物多样性不减少。组织申报阳陂湖省级重要湿地并获省政府办公厅批准同意。编制《杭州市富阳区湿地保护“十四五”规划》。推进国际湿地城市创建工作，开展以“湿地修复”为主题的世界湿地日宣传活动，通过宣传片、公众号、电视广播等途径向广大群众宣传湿地的功能、湿地资源的现状、保护湿地的意义等，呼吁保护修复湿地，倡导加强生物多样性保护。

【森林资源保护管理】 强化森林资源保护，森林覆盖率、森林蓄积量稳步提升。与市规划资源局富阳分局联合成立林草湿调查监测工作专班，做好林草湿调查监测，持续完善林业数据基础。积极推进森林督查等涉林违法案件处置，确认上报涉林违法图斑157件，牵头开展图斑销号业务培训，违法图斑基本完成整改、查处。拨付公益林生态效益补偿资金和天然林停伐管护补助资金共3103.68万元，推进公益林和天然林管理场景建设试点应用工作，完成天然林管护基础数据调查上报工作。做好公益林年度调整，共调出重点公益林22.05公顷，杭州市级公益林1.03公顷，同步调入对应数量的林地为公益林。做好年度补充林地库建设，完成240公顷林地补入2022年度国土变更调查中，保障我区使用林地指标充足。做好涉林许可批后监管工作，累计检查使用林地和采伐项目230余件、野生动物经营利用60余件，下达责令停止违法行为通知书35件，责令限期整改通知书5件，移送执法队10余件涉嫌违法线索。做好上级重大督查督办事项和信访举报的办理，完成70余件环保督查件的梳理摸排，严格检查整改情况。规范林业基础服务设施审批管理，完成50个林道、林管房项目的立项审查和批复。

【自然保护地建设】 启动“两江一湖”总规修编工作，“两江一湖”景区孙权故里景区、鹳山景区详规通过国家林草局审查，完成“两江一湖”富阳段景区的进一步优化整合，为全区发展释放空间，编制《浙江富阳黄公望省级森林公园总体规划》并获省林业局批复。做好风景名胜区内建设活动选址审批工作，包括浙能富阳常安抽水蓄能水电站项目、秦望隧道、川气东送二线工程、杭州中环等重大项目和农民建房项目、生态公墓等基础民生项目。2022年度共收到上级下发图斑三个批次，全部按照要求自查、举证和上报，部分图斑涉及林地违法和风景名胜区违法，已移交相应主管部门进行查处。

【野生动植物保护管理】 依托爱鸟周、野生动植物保护宣传月等主题活动，通过电视台、报纸、微信公众号、现场活动等方式开展形式多样、内容丰富的宣教活动26次，发放各类宣传手册8000余份，受众20万人次。全年收容救护野生动物98只，其中国家重点保护动物25只。在全区范围内开展野生动物致害赔偿救助保险业务，处理报案34起，理赔金额20.802万元。

【渔业管理】 加强水生生物资源

养护工作，全年增殖放流各类水生生物1253余万尾，全省范围内首次放流钱塘江指示物种、国家二级保护动物松江鲈2万尾。开展水生野生动物保护宣传活动3次，发放相关资料200余份。做好省级水产种质资源保护区日常管理维护，启动为期1周年的渔业资源普查项目。退捕31艘渔船并发放相应补贴，落实政策性保险工作，维护渔民权益。开展禁渔期管理，3月1日零时起至6月30日24时在富春江富阳段（东起东洲街道五丰村，西至渌渚镇新港村港东自然村）、渌渚江、葛溪、壶源溪、大源溪4条支流实施为期4个月的禁渔期制度。

**【重大动物疫病防控】** 免疫生猪猪瘟、口蹄疫、高致病性蓝耳病、牛羊口蹄疫、羊小反刍兽疫、禽高致病性禽流感等动物疫苗446.07万头（羽）次，采集49家次畜禽养殖场和屠宰场点3490份（套）动物疫病样品，本级自检5680份次。

**【森林病虫害防治】** 完成松材线虫病除治面积3186.67公顷，清理疫木及枝丫2435吨，指导8个乡镇在集中除治期结束后开展即现即清工作，至少5个轻型疫点乡镇实现基本无疫情。做好山林食叶害虫疫情防控，完成舞毒蛾除治4533.33公顷。积极开展林业有害生物防控宣传，宣传发放资料近5000份，受众5万余人。

**【产地检疫与调运检疫】** 发放产地检疫合格证5份，其中油菜种子1份，3.6公顷，5300千克；水稻苗4份，53公顷，103250千克。发放调运检疫证39份，其中水稻种子27份，279171千克；草莓2份，520000株；大豆3份，1300千克；茶3份，130万株；玉米4份，417千克。签发森林植物检疫证书3317份，其中省内768份，省外2549份。

**【重大植物疫情防控】** 调整优化富阳区农业重大植物疫情监测点23个，落实专人定期、实时监测富阳亚洲梨火疫病、瓜类果斑病、水稻细菌性条斑病、黄瓜绿斑驳花叶病毒等10多种入侵与濒临威胁的检疫性有害生物。设立林业监测点8个，重点监测松褐天牛、美国白蛾等林业有害生物，保障全年无重大植物疫情发生；开展检疫监测80次，检查相关单位85家次，全区农业植物疫情和有害生物疫情普查率达到100%。

**【森林消防】** 建设22座森林消防蓄水池、清理改造防火林带69.6公顷。承办“筑牢防火墙忠诚保平安”杭州市暨富阳区森林火情早期处置实战演练，鹿山街道森林消防队伍、区指挥部直属一中队分获第一、第二名。

**【安全生产】** 制定或修订各类专项预案86个，组织开展防汛度汛、森林防火实战、消防安全逃生等演练21次。组织公安、消防、市场监管、应急、港航等成员单位召开专委会会议5次，开展部门专项联合执法检查17次，其中分管区领导带队检查8次。检查单位2763家次，下发整改通知书251张，落实整改450处，查处安全生产违法案件6起。

## 农业科技宣传

**【农业科技下乡】** 以“科技推动农业科技发展”为主题，开展“送政策、送信息、送服务、送科技、送农资”“五送”服务活动。指导乡镇农技人员推广示范三新技术，形成区、乡镇、基地三级联动。集中开展活动5次，发放资料100余种，服务农民800人以上，指导基地40余家。

**【农业科技】** 完成3家高品质绿色科技示范基地建设，区级科技项目29项。涵盖土肥、粮油、茶叶、水产、蔬菜、水果、畜牧、林业等方面试验与示范，其中品种引进试验示范项目9个，新技术应用试验示范项目14个，新模式应用试验示范项目4个，新机具应用试验示范项目2个。节水抗旱稻轻简化栽培技术试验示范、春优85、春江糯7号水稻新品种及引进高产栽培技术试验等一批项目应用试验效果显著、结果优良，为富阳区农业产业发展、粮食安全提供有力技术支撑。

**【农技推广体系建设】** 制定完善定向基层农技人员招录流程，完成5名定向基层农技人员招录。举办基层农技人员能力提升班4期，组织106名基层农技人员参加连续5天的脱产业务培训和异地实践考察，遴选30名农技推广骨干人才参加浙江大学组织的为期5天的脱产业务培训。建立科技示范基地186家。不断健全基层农技人员队伍建设，提升农技推广服务水平。

**【新品种、新技术推广】** 坚持以绿色优质、节本降耗、提质增效、生态环保和农产品质量安全为导向，遴选、发布农业主导品种186个，主推技术90项。

## 农业人才培训

**【农民素质提升】** 全区全年完成农村实用人才和高素质农民培训1596人，向杭州市申报农培项目3个，其中土专家培训项目1个、高素质农民培训项目1个、农创客培训项目1个。认定省级新农匠8人，市级新农匠22人，区级新农匠25人，选拔推荐丁云飞享受2022年杭州市政府特殊津贴。

**【农民学历教育】** 全年在读中专生有5个班176名。2020级2个班73人，其中，种植专业（果树）1个班38人、种植专业（花卉）1个班35人，2021级2个班71人，其中，种植专业（果树）1个班37人、种植专业（花卉）1个班34人，2022级种植专业（果树）1个班32人，上半年2020级学员修完教学计划规定全部课程，经考核鉴定成绩合格，70人顺利毕业。在读大专生3个班88人，其中2019级29人、2020级29人、2021级30人，新招农民大学生本科1个班30人，上半年2019级学员修完教学计划规定全部课程，经考核鉴定成绩合格，29人顺利毕业。

**【高素质农民培育】** 富阳区承担

高素质农民培育任务 200 人，开设培训班 10 期，实际培育技能型和服务型高素质农民 656 人，浙江省农民教育培训信息管理系统农民评价参与率 98% 以上。

【农技人员继续教育培训】 组织 6 人参加农业农村部网上“十百千冬训”培训；组织基层农技人员 106 人分 4 期参加知识更新培训，基层农技人员知识更新线上培训 7 期 361 人，浙农优品“1+1+1”培训 6 期 201 人。

【农业实用技术培训】 全年共举办农民普及性培训 9 期 1031 人。选拔 3 名土专家和 1 名涉农院校老师参加高素质农民促共富讲课大赛，市级比赛 2 人取得第二名、2 人取得第三名并入选省赛；在省赛中，1 人取得第一名、1 人获得优胜奖。认定杭州富阳富沈农业科技开发有限公司等区级农民教育培训实训基地 13 家。

## 防汛防台抗旱

【概况】 全年经历两次较大台风“轩岚诺”和“梅花”，及时启动二级和三级应急响应，未发生灾情。全区共出动人员 2853 人次，检查各类水利工程和涉水工程 2090 处(点)，共发现各类防御问题 116 项。3 月上旬，由局领导带队分 11 组对 24 乡镇（街道）、平台公司重点水利及涉水工程进行检查。检查后召开专题会对重点问题和隐患进行汇报分析，并印发《关于认真做好 2022 年度病险水利工程及涉水项目安全度汛工作的通知》。5 月中旬牵头组织开展隐患再排查再整治工作，原 116 项隐患点均已完成整改和落实度汛措施，且新增隐患点均已完成整改。9 月组织全局开展防汛大排查大整治工作保障安全度汛。

【预警监测】 做好水文监测站点和预警平台系统的维护管理，及时将预警信息推送到相关责任人，开展山洪灾害调查的复核及自然灾害风险普查。开展水库、水雨情遥测设施及其他水文设施建设，新建 6 座雨量站，改造 59 座水位站，新建 2 座流量站，新建 73 处小流域水位及视频监控站点，增强监测预警能力。

【防御体系建设】 编制《富阳区农业农村水旱灾害防御预案》《富阳区极端天气水旱灾害应对预案》和《富阳区亚运水安全保障方案》。岩石岭水库管理中心和河道水库管理中心成立 2 支共 100 人的水利工程抢险队伍，按照定额要求储备防汛物资、开展水利工程防汛防台演练。全区水利工程全面落实安全管理责任人，在富阳门户网站公布，接受社会监督。更新落实水文监测站点管理责任人。完成小型水库防汛三个责任人培训。

## 水利建设和管理

【概况】 根据“五水共治”省、杭州市水利投资考核任务，完成年度任务 12.72 亿元。全年实施常规水利项目 500 处，围绕提升城镇重点区域排涝能力、山塘水库综合防洪能力、城乡水环境面貌、农村饮水达标提标、农业综合生产能力等五大方面，总投资 2.42 亿元，财政补助 2.18 亿元。实施完成 4 座水库和 12 座塘坝的除险加固等。完成《富阳区万市镇水利综合规划》报批稿编制。

【富春江治理工程】 富春江治理工程是省重点水利项目，全年完成年度投资 1.25 亿元。建设完成华墅堤沿线民丰、白鹤、横山、株林 4 座排涝闸站工程；推进马山堤的前期政策处理和开工建设，进度 30%；启动新沙堤建设，完成堤线局部调整复核。

【北支江综合整治工程】 北支江综合整治工程是集拆坝建闸、清淤防洪、生态修复、滨水景观于为一体的综合性工程，旨在解决北支江水生态功能，提升富春江防洪能力，助推杭州亚运会水上运动赛事。该工程于 2018 年启动，至 2022 年底，完成北支江配水泵站、上游水闸船闸、上堵坝拆除及清淤一期、南岸堤防综合整治一期工程建设，加快推进下游水闸船闸、清淤二期、南岸堤防综合整治二期工程建设，2022 年完成年度投资 3.7 亿元。

【水利工程建设管理】 制定《杭州市富阳区水利工程建设管理办法》和《杭州市富阳区水利工程建设管理办法实施细则》，规范水利工程建设，健全水利工程质量与安全管理体系。开展在建水利工程行业监督检查，通报检查情况，及时要求整改闭环。组织北支江综合整治——上游水闸船闸工程和贤明湖公园（一期）——鳘江景观堰坝工程申报并获评“浙江省建筑施工安全生产标准化管理优良工地”和“杭州市水利工程安全文明标准化工地”。督促业主单位履行建设管理职责，严格查处施工、监理单位的不良行为。以“三服务”“支部建在项目，党旗飘在工地”和水利工程志愿服务队为载体，开展水利项目建设的组团指导和服务工作。“水利强监管改革试点县”创建通过省水利厅的验收考评。

【水资源管理】 落实最严格水资源管理制度，推进节水型社会建设。做好重要水源地保护、水资源费计量征收工作，全年征收水资源费 1558.03 万元；新批取水户 11 家，延续 1 家，注销 3 家。

【水土保持】 全年安排水土保持综合治理专项资金 600 万元，实施万市镇、新桐乡、上官乡等 3 个小流域水土保持综合治理工程项目，结合小流域整治，对茶园、山核林等各类经果林封禁封育治理，对基本农田改造、种植林草、坡面径流调控等水保措施进行治理，共治理 6.7 平方千米。开展水土保持法律法规宣传，开展专项检查 2 次、日常监督检查 280 余次。完成水利部生产建设项目遥感图斑复核 361 处，发出整改通知书 45 份，约谈业主 8 个，完成未批先建等项目整改 42 处。

【生态调水】 鹿山翻水站共配水 287 天，4903 小时，630 台次，配水总量 10595 万立方米。全力保障五号渠临时泵站运行，全年调水约

900 万立方米，有效改善秦望区块水质。为阳陂湖景观公园补充水源，保障蓄水需要。

【美丽河湖】 完成北支江美丽河湖省级创建，完成新桐乡市级水美乡镇创建。实施富春江富阳城区段河道保洁，共出动保洁船只 2252 航次保洁人员 7769 人次，共打捞漂浮物 518 吨。

【农村小水电管理】 落实农村小水电站主体责任，逐级签订责任状，将安全生产责任层层落实。开展农村水电站安全生产和安全度汛大检查 5 次，检查在运行小水电站 66 座（次），发现并整改安全隐患 8 处，完成岩石岭等 2 个电站的生态流量计改造。

【岩石岭水库运行管理】 全年发电量 300 万千瓦时，产值 166.9 万元。一级电站三台机累计运行时间 5026 小时，二级电站三台机累计运行时间 665 小时。葛溪流域配水天数 275 天，配水量 7007 万立方米。完成总干渠西牛山渡槽改造。启动库区清水养鱼项目。

【皇天畈排涝站运行管理】 皇天畈排涝站全年排涝 2 次，共计 7 台次，34.5 小时，排涝约 248 万立方米，运行正常无事故。汛期及时降低阳陂湖水位至 5.8 米，腾空湖区水量以减轻城区排涝压力。

【“3·22”世界水日宣传】 3 月 22 日是第三十届“世界水日”，3 月 22—28 日是第三十五届“中国水周”。在富春江开展以“推进地下水超采综合治理复苏河湖生态环境”为主题的巡河宣传活动，并组织水法下乡入企进社区活动。通过农民信箱等短信平台向广大群众、工作人员发送“中国水周”宣传公益短信，开展水法律法规政策咨询、主题宣传图板展示、分发水法规资料，赠送主题宣传纪念品等，现场发放各类水法律法规小册子、宣传彩页、主题海报等各类宣传资料 600 余份、纪念品 200 余份、展出宣传图板 30 块，深入涉水企业进行上门普法服务。

## 农业依法行政

【法治监督】 专题研究法治建设情况 4 次，围绕乡村振兴、数字乡村、农业产业发展等重点领域，主动公开政府信息 419 条，依申请公开 4 条。出台《杭州市富阳区人民政府关于进一步加快农业产业高质量发展的实施意见》（富政〔2022〕2 号）。聘请法律顾问对重大合同签订进行合法性审查，共审查来自 9 个科室的 16 份合同。进一步落实“大综合一体化”执法改革，全年共收到检察院及公安移送案件 30 起，向区综合行政执法局移送案件 18 起，划转复函乡镇（街道）及其他部门 4 件。监督落实依申请公开政府信息答复，确保答复率 100%。全年检查各类生产经营主体 590 家次，抽检种子、农业投入品 57 个样次。共评查行政处罚案卷 110 件（农业 42 件、林业 68 件），行政许可案卷 389 件（农业 32 件、林业 217 件、水利 140 件），无独立行政强制案卷。其中，《杭州富阳兴农种子经营部经营劣种子案》被浙江省农业农村厅评为农业行政执法优秀案卷，《杭州富阳开发区基础设施建设有限公司生产建设项目水土保持方案审批（报告书）》《凌国飞涉非法狩猎案》被杭州市林水局评为林业水利行政执法优秀案卷。编印水资源保护、野生动物保护、动物防疫、乡村振兴等普法宣传资料。利用“‘3·22’世界水日”“爱鸟周”、全年度农资监管会议、禁渔期护鱼组织培训会议等关键节点开展第八个五年法治宣传教育工作。开展乡村振兴“一法一条例”普法宣传教育活动 4 次，采取现场宣传、实物展示、印发宣传资料等方式开展送法下乡活动、普法惠农行动，入企业进工地 20 余家，发放宣传资料 4000 余份，群众累计参与 600 人次。开展“水利生产安全月”“浙江省行政综合执法条例”线上答题宣传活动，动员参与答题 700 余人次。

【行政执法能力建设】 规范执法程序、履行执法职责，严厉打击涉农涉林违法行为，办理行政处罚案件 92 起。其中，农业案件 50 起，罚款 6.4 万元，没收违法所得 2958 元，没收违法财物货值 5900 元。林业案件 42 起，罚款 79 万元，案件移交公安 1 起，移交城管 4 起，处理投诉举报 200 余件。

【农资市场监管】 组织召开全区农资监管工作会议暨浙农优品“1＋1＋1”农资从业人员培训会议，参加人员 120 余人，发放宣传资料 300 余份，签订农资质量安全承诺书 120 份。加强对全区农资市场的监管与执法，全年检查农资店 120 余家次，抽取农业投入品样品 57 个，对农资经营市场开展“双随机”执法检查以及监管事项全覆盖，维护农资市场的稳定健康发展。完成“肥药两制”改革农资店三年创建计划收尾工作，成功创建省级“改革农资店”7 家。

【行政审批】 深化数字赋能和审批事项标准化建设，审批事项政务 2.0 收件占比 100%，网上全流程申报办理，“最多跑一次”迭代升级至“一次都不跑”，加快现代产业、现代城市、现代治理立起来，深化“放管服”改革，优化营商环境，切实做到规范办事、高效审批、优质服务。共受理农药经营许可、林木采伐许可、占用林地许可、水土保持方案审批、涉河涉堤建设项目审批、畜牧相关许可和农机相关许可等各类许可备案事项 26394 件，办结 26394 件。共征收水土保持补偿费 373.74 万元，森林植被恢复费 2415.6 万元。

## 数字赋能

【富春江远程视频监控系统】 富春江场口防洪堤上 29 套江堤预警系统、30 套热成像、3 套船载移动热成像正常运转。监控室人员 24 小时不间断值班，对河道采砂、水域保洁、违章建筑、堤防安全实施实时监控扫描巡查。

【北斗定位系统实时监管渔船】 提升数字安全监管水平，停泊点水域监控与全区登记在册 113 艘渔船安装北斗定位系统相结合，保障停泊休渔和生产作业安全。汛期和险恶天气，通过农民信箱信息全覆盖，共4000余条。及时维护检修定位设备113个，实时掌控船舶动态，如发生机械、碰撞等安全事故，船员可通过渔船端设备紧急呼叫，第一时间引导相关部门前往处理，为救援打好基础。

**【水利建设项目“云”电子招投标和信息化监管】** 推进水利建设项目“云”电子招投标，开展“1+N远程异地评标”，实现评标资源共享、效率提高、监管便利、更加规范公正。贯彻实施浙江省水利厅发布的新版《招标文件范本》，全年完成15个规模以上水利项目施工、监理等相关的招标公告发布、招标文件审核和开评标监督。在建设管理过程中，充分用好透明工程、浙水管理平台、浙江省水利督查数字化应用及质监App等系统开展督查检查，更新填报问题反馈，实现智慧化和数字化监管。

**【农产品质量安全监管网格化管理】** 以市级农产品质量安全监管系统和“数智农安”智慧监管App为载体，制定网格化监管工作方案，建立从区、乡镇到村再到生产经营主体的管理网络，实现“区域定格、网格定人、人员定责”。全年全区开展农产品生产基地网格化巡查2007家次，巡查完成数量和覆盖度继续居杭州地区前列。409家入库规模主体实现农产品质量安全网格化管理公示上墙。

**【农业生产主体信用管理】** 建立农业生产主体信用档案，对409家规模生产主体实行信用评价动态管理，开展以信用管理为核心的信用联合惩戒分级分类监管。农产品生产主体信用评价系统已接入杭州城市大脑和数字政府，实现数据共享，督促主体重信用信。至年底，全区库内A级主体84家，B级主体281家，C级主体44家，无不良主体。

（于 璇）

**【永昌臭豆腐】** 清代末年，黄崇喜从江西迁徙到富阳永昌，带来一只盛放浸渍臭豆腐原汁卤味的小缸。在当地一家豆腐作坊打工，制作豆腐。民国十一年（1922）左右，买下作坊自主经营。臭豆腐制作技艺传给儿子黄炳元、黄炳根，又传到第三代黄小林、第四代黄永华。2006年，注册“永昌黄氏”商标。2012，黄小林扩展为杭州富阳黄氏豆制品厂。永昌臭豆腐独特的口感和味道，受到消费者青睐。杭州、上海等地宾馆、饭店慕名前来订购。著名越剧表演艺术家徐兰玉在上海，多次托人到永昌购买家乡臭豆腐，招待客人、馈赠亲友。同时，也有很多外地客商慕名前来参观学习永昌臭豆腐生产加工工艺。2009年，永昌臭豆腐制作技艺列入杭州市非物质文化遗产项目。2010年，永昌黄氏臭豆腐被命名为“浙江老字号”。2013年12月，永昌村黄小林为非物质文化遗产项目永昌黄氏臭豆腐制作技艺杭州市级代表性传承人。2018年，列为杭州市十大特色小吃。2021年4月，永昌黄氏臭豆腐获浙江省首届乡村美食技艺比赛“农家特色小吃”金奖。2022年，永昌镇有杭州富阳永昌黄氏豆制品厂、杭州富阳汪久康豆制品加工坊、杭州富阳如春豆制品有限公司等豆制品工厂和作坊10余家生产永昌臭豆腐，臭缸100余只，年加工大豆1000余吨，产量7000万块，产值3000万元。

（永昌镇）

**【编辑 何开城】**

# 16 工 业
Industry

## 综 述

【概况】 2022年，全区规上工业企业725家，规上工业总产值1499.8亿元，同比增长3.4%；规上工业增加值247.4亿元，增长0.3%，总量排名全市第六；数字经济核心产业增加值105.8亿元，增长3%，占GDP比重11.5%，增幅排名全市第四；制造业投资98.7亿元，增长36.7%，增幅列全市第三位（不含淳安）；战略性新兴产业增加值占规模以上工业增加值比重38.5%，排名全市第八，为历年最高。入围2021年度全省新一轮制造业“腾笼换鸟、凤凰涅槃”攻坚行动考核激励名单。

【高耗低效工业企业整治】 开展高耗低效工业企业整治提升行动，建立专项经费使用管理协调机制，全年完成高耗低效企业整治任务129家。改造提升水泥、铜冶炼等传统产业，顺利完成杭州富阳南方水泥有限公司“三合一”（杭州富阳南方水泥有限公司、杭州胥口南方水泥有限公司、浙江金华南方尖峰水泥有限公司三家企业产能合并）水泥熟料产能减量置换和浙江创兴智能电机有限公司等企业铸造产能减量置换，制定区级绿色低碳认定体系。新增富阳经济技术开发区为省级绿色低碳工业园区，新认定省级绿色低碳工厂2家、市级绿色低碳工厂11家、区级绿色低碳工厂11家。“腾笼换鸟、凤凰涅槃”理论溯源获省委常委、杭州市委书记刘捷批示肯定。

【产业空间布局】 编制平台外工业集中区布局专项规划，划定工业发展红线。出台小微企业园高质量发展实施意见，加快小微企业园建设和存量管理，累计认定小微企业园9家，建筑面积70.5万平方米。至年底，共有创建、在建产业园24个，建筑面积211万平方米，新开工产业园4个；鼓励企业利用存量工业用地和工业厂房提容增效，新增厂房改扩建60万平方米。

【重点项目推进】 落实项目走访服务联系制度，实现企业服务走访全覆盖，排定项目时间节点计划。加强机关、乡镇（街道）、平台联动，协调解决产业项目在招商引资、落地、准入前期审批、开工建设及生产经营等环节中的困难和问题，对投资进度过半的重点项目进行政策预兑现，全力推进239个在库工业项目建设，实现应开尽开。竣工投产项目63个，其中新建3个、续建24个、技改36个。

【梯度培育】 加快实施冠军企业等专项行动，建立链主企业、冠军企业培育名录库，完善区领导联系帮扶、分类指导、滚动培育、梯度推进等培育机制，初步形成“区级制造业‘冠军’企业—省‘专精特新’中小企业、省级‘隐形冠军’企业—国家级专精特新‘小巨人’—国家级‘单项冠军’企业”的企业梯队培育体系。累计认定区级“冠军”企业32家，新认定国家级专精特新“小巨人”企业18家，其中重点“小巨人”企业1家、省“隐形冠军”企业2家、省专精特新中小企业42家、省首台套装备产品3项、省企业技术中心企业1家。

【精准帮扶】 开展“助企开门红”企业大走访大服务、“助企纾困”专项行动、“万名干部助万企”等系列活动，走访服务企业6169家（次），收集企业问题602个，协调解决591个。上线“码上服务”应用场景，通过数字化手段重塑企业问题全过程闭环管理，办结企业问题316件，该项成果获副省长卢山批示肯定。召开专题协调会33场，突破重难点诉求40个。

【风险防控】 建立工业企业防疫数字管理系统、优化工业企业防疫机制，制订“一企一方案”的闭环生产方案，全年召开培训会12场、重点企业闭环演练156家次、创建典型示范无疫工厂20家，落实全产能及有限产能闭环生产模式企业212家。推进工业企业隐患大排查大整治，围绕《省委七张清单之安全生产问题清单》，重点针对小微企业园开展督导检查，共检查企业380家次、小微企业园16家次，发现并整改企业隐患650处、园区隐患240处。

【未来工厂建设】 深入推进制造业数字化改造，以“产业大脑+未来工厂”场景应用为切入口，加快建设“未来工厂”。邀请省物联网协会等行业专家分类指导企业数字化改造“一企一方案”。全年实施区级数字化改造项目44个，新增市级“未来工厂”培育企业34家、“数字化车间”8家。推进“一键上云”场景推广，从产业生态、新智造应用、共性技术等方面推进本地企业应用产业大脑。

【数字经济系统改革】 按照新建开发一批、迭代深化一批、建设落地一批重点攻坚数字经济系统综合应用场景，新建开发企业研发服务在线平台场景，迭代深化码上服务、产业智图、一键上云、一键入库、招商项目一体化管理平台、科技创新平台、金融风险防控、楼宇招商等8个场景，建设落地数字经济综合应用总门户、项目全周期服务、数智通关等3个场景，获得省市典型交流发言1次、省级及以上媒体报道9次、省级领导批示3项。

【信息基础设施建设】 完成亚运场馆周边地区、道路飞线整治任务。推进5G基础设施建设，累计完成5G基站1815个，其中2022年完成402个，完成计划数的154%。

【富阳项目入围省生产制造方式转型示范项目计划实施名单】 4月，省经信厅、省财政厅公布2022年度生产制造方式转型示范项目计划实施名单，富阳项目入围8个，为杭州宏华软件有限公司年产2000套工业数码喷印设备与耗材智能化工厂建设项目、杭州永特信息技术有限公司年产300万芯公里光纤拉丝生产线技改项目、杭州富生电器有限公司年产200万台变频电机生产线技术改造项目、海晟药业（杭州）有限公司胰岛素原料药生产改造项目、海正生物制药有限公司年产145万支单抗类药物制剂生产线二期技改项目、杭州中恒电气股份有限公司“新基建”产业智能化示范基地项目、浙江大华智联有限公司视频监控智能制造工厂项目、浙江中控流体技术有限公司智能控制阀工厂数字化改造迁扩建项目。

【富阳企业入围“2022浙商全国500强”】 6月16日，2022浙商全国500强峰会发布“2022浙商全国500强”名单，富阳入围企业5家。富通集团有限公司2021年营业收入601.8亿元，排第39位；浙江富春江通信集团有限公司2021年营业收入309.67亿元，排第79位；浙江华达新型材料股份有限公司2021年营业收入85.06亿元，排第188位；浙江金固股份有限公司2021年营业收入27.28亿元，排第346位；杭州中泰深冷技术股份有限公司2021年营业收入25.07亿元，排第379位。

【富阳企业入围省级以上专精特新企业】 8月，工信部发布第四批专精特新“小巨人”企业公示名单，杭州方圆塑机股份有限公司、杭州银湖电气设备有限公司、浙江华丰新材料股份有限公司等18家富阳企业入围；2022年7月、2023年1月省经信厅先后公布2022年度第一批和第二批浙江省“专精特新”中小企业名单，杭州鸿世电器股份有限公司、杭州方圆塑机股份有限公司、杭州银湖电气设备有限公司等42家富阳企业入围。

【富阳企业入围“2022中国企业500强”】 9月6日，中国企业家联合会发布“2022中国企业500强”，富阳入围企业2家。浙江富冶集团有限公司2021年营业收入793.7亿元，排第295位，比上一年上升47位；富通集团有限公司2021年营业收入601.8亿元，排第369位，比上一年上升27位。

【富阳企业入围“2022中国民营企业500强”】 9月7日，全国工商联举办2022中国民营企业500强峰会，现场发布“2022中国民营企业500强”“2022中国制造业民营企业500强”“2022中国服务业民营企业100强”。富阳3家企业同时入围“中国民营企业500强”和“2022中国制造业民营企业500强”。在“2022中国民营企业500强”中，浙江富冶集团有限公司排名第111位，富通集团有限公司排名第169位；浙江富春江通信集团有限公司排名386位；在“2022中国制造业民营企业500强”中，浙江富冶集团有限公司排135位，富通集团有限公司排181位，浙江富春江通信集团有限公司排342位。

【富阳企业入围“2022年浙江省民营企业100强”】 9月13日，省市场监管局、省工商业联合会联合公布“2022年浙江省民营企业100强”名单，富阳企业入围3家。其中：浙江富冶集团有限公司排名第16位，富通集团有限公司排名第25位、浙江富春江通信集团有限公司排第62位。

【富阳企业获评市级绿色低碳园区工厂】 11月，市经济和信息化局公布2022年市级绿色低碳工厂名单，富阳企业入围11家，为浙江利安特新型墙材有限公司、杭州富阳中恒电气有限公司、杭州富生电器有限公司、光大环境能源（杭州富阳）有限公司、杭州鹏成新能源科技有限公司、杭州环宇玩具有限公司、杭州东南吉通网络有限公司、杭州广安汽车电器有限公司、浙江九本环保技术有限公司、杭州金固环保设备科技有限公司、杭州图南电子股份有限公司。

## 有色金属冶炼和压延加工业

【概况】 2022年，富阳有色金属和压延加工业实现规上工业产值373.9亿元，同比增长13.6%，占规上工业比重的25.3%。现有规上工业企业11家，主要企业有浙江富冶集团有限公司、富通昭和线缆（杭州）有限公司，其中浙江富冶集团有限公司全年工业产值309.3亿元，占该行业工业产值的82.7%。

【浙江富冶集团有限公司慈善捐赠】 2月1日，浙江富冶集团有限公司向区慈善总会捐款200万元，用于全区疫情防控。

**【浙江富冶集团有限公司入围有色金属企业营业收入50强】** 7月29日，中国有色金属工业协会召开新闻发布会，发布“2021年有色金属企业营业收入50强”名单。浙江富冶集团有限公司列第21位，较上年上升3位。

**【浙江富冶集团有限公司获省工业大奖企业奖】** 10月26日，由省企业联合会、省企业家协会、省工业经济联合会联合主办的“2022浙江省企业领袖峰会暨企业家活动日”大会在杭州召开，会上表彰第五届浙江省工业大奖获奖企业，浙江富冶集团有限公司入围。浙江省工业大奖是浙江省工业领域最高奖项，获奖企业代表着浙江省工业发展最高水平。

**【浙江富冶集团有限公司获“杭州市民营企业发展标兵”】** 5月27日，杭州市民营经济发展大会发布杭州市民营经济发展优秀企业榜单，浙江富冶集团有限公司从2007年至2021年连续15年入围“中国民营企业500强”，受到大会表彰并被授予“杭州市民营企业发展标兵”荣誉称号。

## 电气机械和器材制造业

**【概况】** 2022年，富阳电气机械和器材制造业规上工业产值202.7亿元，同比增长0.3%，占规上工业比重13.7%。现有规上工业企业62家，主要企业有富通集团有限公司、浙江富春江通信集团有限公司、杭州鸿世电器股份有限公司、杭州富生电器有限公司、杭州鹏成新能源科技有限公司、杭州长命电池有限公司、杭州富阳中恒电气有限公司。

**【王浩调研富通集团嘉兴（嘉善）光通信全产业链集群】** 3月15日，省委副书记、省长王浩到嘉兴市嘉善县调研长三角一体化发展国家战略推进落实情况，调研位于长三角生态绿色一体化发展示范区的富通集团嘉兴（嘉善）光通信全产业链集群。勉励富通集团继续立足科技自立自强，不断拓展创新链、延长产业链、完善供应链、提升价值链，牢牢掌握发展主动权，融入“双循环”新发展格局，实现高质量发展，打造具有全球竞争力的先进制造产业集群，汇聚起推动新时代民营经济新飞跃的磅礴力量，为忠实践行“八八战略”，奋力打造“重要窗口”，争创“社会主义现代化先行省”和“高质量发展建设共同富裕示范区”作出应有贡献。

**【王浩调研光通信产业园】** 4月13日，省委副书记、省长王浩走访调研浙江富春江通信集团有限公司下属光通信产业园，高度肯定集团光通信产业发挥全产业链优势，自主实现科技创新和推动产业发展的做法，鼓励企业坚定信心、鼓足干劲，化危为机、迎难而上。

**【杭州富通通信技术股份有限公司入围省创造力百强企业】** 4月27日，浙江省发布第二届创造力百强企业名单，杭州富通通信技术股份有限公司入围，排第42位，为富阳唯一入围企业。杭州富通通信技术股份有限公司是中国最大的光通信系列产品研发、制造基地之一，其创造力综合指数为61.5，有效发明专利拥有量151件，高价值发明专利量45件，近三年授权发明专利量104件。

**【刘捷调研浙江富春江通信集团有限公司】** 6月14日，省委常委、市委书记刘捷调研浙江富春江通信集团有限公司，参观企业文化展厅。肯定企业坚持将党的领导、党的建设贯穿改革发展全过程的做法，希望企业坚守实业、聚焦主业，瞄准新能源、新材料等新赛道，加大技术研发和人才储备，不断增强自主创新能力和核心竞争力。

**【富春环保研究院获中国专利金奖】** 7月26日，国家知识产权局发布《关于第二十三届中国专利奖授奖的决定》（国知发运字〔2022〕31号），富春环保研究院核心发明专利《可调谐激光光谱结合飞行时间质谱在线监测二噁英的方法》（专利号：ZL200510023260.1）获第二十三届中国专利金奖。

**【王建沂当选省工商联主席】** 8月17—19日，省工商联第十二次代表大会在杭州举行，富通集团有限公司董事局主席王建沂当选省工商联主席、省商会会长。同时公布“浙江同心共富榜样企业”“2022浙江民营企业研发投入100强企业”名单。富通集团有限公司获评“浙江同心共富榜样企业”，并入围“2022浙江民营企业研发投入100强企业”。

**【浙江富春江通信集团有限公司获评全国“安康杯”竞赛活动优胜单位】** 8月，中华全国总工会、应急管理部、国家卫生健康委员会联合发布《关于表彰2020—2021年度全国“安康杯”竞赛活动先进集体和优秀个人的决定》，浙江富春江通信集团有限公司获2020—2021年度全国“安康杯”竞赛活动优胜单位称号。“安康杯”竞赛以职工安全健康教育培训、立足岗位查隐患、企业安全文化建设等为主要内容。

**【浙江富春江通信集团有限公司入围浙江省2022年“幸福共同体企业领头雁”】** 8月，省总工会、省委宣传部、省经济和信息化厅、省工商联合会等单位联合下发《关于公布浙江省2022年“幸福共同体企业领头雁行动”名单的通知》，浙江富春江通信集团有限公司入围。

**【富阳企业入围中国电子信息竞争力百强】** 9月2日，中国电子信息行业联合会权威发布2022年度中国电子信息竞争力百强企业名单，富阳2家企业入围。其中，富通集团有限公司列第21位，浙江富春江通信集团有限公司列第45位。

**【杭州电缆股份有限公司超薄铜箔项目】** 9月5日，浙江富春江通信集团有限公司旗下杭州电缆股份有限公司年产5万吨新能源汽车锂电池超薄铜箔项目开工仪式在江西省南昌市小蓝经开区潘家路地块举行。该项目是浙江富春江通信集团有限公司在南昌落地的第2个产业投资项目，全部建成达产后，预计可实现年产值约60亿元，标志着杭州电缆股份有限公司全面进入新能源锂电池配套材料产业。

**【浙江富春江通信集团有限公司获“全国和谐劳动关系创建示范企业”】** 9月16日，人力资源和社会保障部、中华全国总工会等机构联合发文《关于命名全国和谐劳动关系创建示范企业与工业园区的决定》，浙江富春江通信集团有限公司获“全国和谐劳动关系创建示范企业”称号，为富阳唯一上榜企业。

**【长命电池成为杭州亚运会官方供应商】** 9月16日，杭州2022年第19届亚运会赞助企业大会在杭州召开，杭州长命电池有限公司成为“杭州2022年第19届亚运会官方家用干电池供应商”。

**【富通集团有限公司获评省“高质量发展领军企业”】** 12月23日，第六届世界浙商大会发布“高质量发展领军企业”榜单，富通集团有限公司入围。富通集团有限公司是中国光通信行业头部企业和国家能源电力线缆传输骨干企业，以技术创新和技术领先为竞争优势，瞄准“高温超导、高压接头、传感光纤”等技术领域，推动企业高质量发展。

## 金属制品业

**【概况】** 2022年富阳金属制品业规上工业产值154.5亿元，同比下降1.9%，占规上工业比重的10.5%。现有规上工业企业78家，主要企业有浙江华达新型材料有限公司、杭州富源华彩钢有限公司、张小泉股份有限公司、浙锚科技股份有限公司等。

**【张小泉股份有限公司多款产品获奖】** 2022年，张小泉股份有限公司革新工艺，推出盛夏之光系列、不止青绿·复合砧板、铜雀台果蔬清洗机等产品，受到市场肯定。其中，盛夏之光系列、不止青绿·复合砧板、铜雀台果蔬清洗机获“造物者2022产品创新大奖”；神王之刃、熊熊办公剪获评2022年浙江省优秀工业产品。

## 通用设备制造业

**【概况】** 2022年，富阳通用设备制造业规上工业产值123.3亿元，同比增长3.6%，占规上工业比重8.3%。现有规上工业企业98家。主要企业有浙江江丰股份有限公司、浙江永盛科技股份有限公司、浙江中控流体技术有限公司、富阳通力机械制造有限公司、海斯特美科斯叉车（浙江）有限公司、杭州中泰深冷技术股份有限公司、浙江金火科技实业有限公司等。该行业最大企业为浙江江丰股份有限公司的电梯导轨生产企业（浙江保利电梯导轨有限公司和杭州保利电梯导轨有限公司）。

**【浙江永盛科技股份有限公司获“石油和化工用户可信赖控制阀品牌”】** 7月20—22日，第十三届中国石油化工重大工程仪表控制技术高峰论坛在广东省湛江市召开，浙江永盛科技股份有限公司获“石油和化工用户可信赖控制阀品牌”称号。该论坛因规模大、层次高、效果好、影响力大，被誉为石油化工自动化、数智化专业领域内领导型品牌活动。

**【浙江永盛科技股份有限公司入围中国石油天然气集团有限公司通用仪器仪表供应商名单】** 经过中国石油天然气集团有限公司考证评估与层层筛选，浙江永盛科技股份有限公司3个产品入围中国石油天然气集团有限公司通用仪器仪表供应商名单，分别为动薄膜笼式套调节阀、气动薄膜直通单座调节阀、气动O型切断球阀。

## 计算机通信和其他电子设备制造业

**【概况】** 2022年，富阳计算机通信和其他电子设备制造业规上工业产值113.9亿元，同比增长7.4%，占规上工业比重的7.7%。现有规上工业企业53家，主要企业有杭州富芯半导体有限公司、浙江大华智联有限公司、杭州巨峰科技有限公司、杭州奥克光电设备有限公司、浙江德宝通讯科技股份有限公司、杭州华宏通信设备有限公司、杭州星帅尔电器股份有限公司、杭州日月电器股份有限公司、杭州吉众机电股份有限公司等。

**【杭州富芯电子厂房首台设备搬入】** 5月，杭州富芯电子厂房项目举行首台工艺设备搬入仪式，该项目进入试生产、投产阶段。杭州富芯电子厂房项目建筑面积约26万平方米，是省内首条12英寸晶圆生产线，项目总投资达400亿元，主要产品为面向汽车电子、人工智能、移动数码、智能家电及工业驱动的高功率电源管理芯模拟芯片，打造模拟集成电路设计制造一体化模式，该项目为省“152”工程和市标志性

2022年，富芯半导体模拟芯片IDM项目建设

（经信局 供稿）

重大产业项目。

【杭州星帅尔电器有限公司高效光伏组件等项目签约】 9月7日，富阳区招商引资重大产业项目签约活动举行，杭州星帅尔电器股份有限公司的高效光伏组件等系列项目签约，项目总投资12亿元，用地面积8公顷，计划落地高效光伏组件、高精度温控器制造基地以及星帅尔研究院等项目，全部建成达产后，预计可实现年产值35亿元，年税收5000万元。

## 非金属矿物制品业

【概况】 2022年，富阳非金属矿物制品业规上工业产值90亿元，同比下降20.8%，占规上工业比重的6.1%。现有规上工业企业62家，属高能耗行业，占全区规上用能量的22%，为第一大高能耗行业。主要企业类型有水泥企业、管桩企业、水泥预制构建企业、混凝土企业、玻璃及玻璃纤维企业，主要企业有杭州山亚南方水泥有限公司、杭州富阳华冠混凝土有限公司、浙江利安特新型墙材有限公司、浙江交投富春新材料科技有限公司、杭州富阳巨润混凝土有限公司等，最大企业是杭州山亚南方水泥有限公司。

【杭州山亚南方水泥有限公司入围省第二批智能化绿色矿山建设试点名单】 5月17日，省自然资源厅下发《关于开展第二批智能化绿色矿山建设试点工作的通知》，杭州山亚南方水泥有限公司的大同石灰岩矿纳入试点范围，将为制定智能化绿色矿山建设浙江标准、打造浙江绿色矿山升级版提供经验。

## 橡胶和塑料制品业

【概况】 2022年，富阳橡胶和塑料制品业规上工业产值73.4亿元，同比增长13.1%，占规上工业比重的5%。有规上工业企业62家，主要企业类型有塑料板管型材制造、塑料包装及容器制造，再生橡胶制造、塑料薄膜制造、泡沫塑料制造、塑料零件及其他塑料制品制造等，其中塑料板管型材制造在全国占有领先地位。主要企业有浙江华丰新材料股份有限公司、杭州联通管业有限公司、杭州鑫璐实业有限公司。

2022年，杭州光学精密机械研究所建设

（区经信局 供稿）

【浙江华丰新材料股份有限公司入围市高成长性百强企业】 9月29日，市工业经济联合会、市企业联合会、市企业家协会召开2022年杭州市百强企业榜单发布会，浙江华丰新材料股份有限公司入围2022年杭州市高成长性百强企业榜。

【浙江华丰新材料股份有限公司获市级荣誉】 12月，杭州市中小企业协会公布第七届杭州市最具成长型中小企业和优秀中小企业家名单，浙江华丰新材料股份有限公司及其董事长叶志群入围名单。

## 医药制造业

【概况】 2022年，富阳医药制造业规上工业产值68.7亿元，同比增长8.8%，占规上工业比重的4.6%。现有规上工业企业15家，主要企业包括瀚晖制药有限公司、海正生物制药有限公司、海正药业（杭州）有限公司、浙江惠迪森药业有限公司、浙江中医大学中药饮片有限公司，其中最大的海正系［含瀚晖制药有限公司、海正生物制药有限公司、海正药业（杭州）有限公司］、浙江惠迪森药业有限公司，占该行业80%以上。

【瀚晖制药有限公司青霉素冻干制剂生产线投产】 2月，瀚晖制药有限公司青霉素冻干制剂生产线投产，该生产线主要生产冻干制剂，主营产品为注射用哌拉西林钠他唑巴坦钠（商品名：特治星），产线工艺涉及配液、灌装、冻干等多项自动化生产流程，配备全球顶尖注射剂灌装生产线，实现生产过程智能化、高精度、低耗能、全隔离效果。

【海正生物制药有限公司抗体药物生产线项目】 7月17日，富阳经济技术开发区与海正生物制药有限公司举行项目签约仪式。海正生物制药有限公司拟投资10亿元新上抗体药物生产线项目，用于现有研发创新型抗体药物的产业化以及未来可能开发项目的产业化，新生产线投用后预计至2030年海正生物制药有限公司总产值可达50亿元。

【浙江海正药业股份有限公司自主研发片剂入围国内十大新药】 8月3日，人民日报健康客户端、健康时报联合主办的第十四届健康中国年度论坛发布十大新药榜单（国内），浙江海正药业股份有限公司自主研发的片剂赛斯美®（海博麦布片）入围。赛斯美®为中国首个拥有国家自主知识产权胆固醇吸收抑制剂，上市一年来已成功落地全国医院1000多家，治疗血脂异常患者超10万名。

**【瀚晖制药有限公司入围“杭州市制造业百强企业”】** 9月29日，市工业经济联合会、市企业联合会、市企业家协会召开2022杭州市百强企业榜单发布会，瀚晖制药有限公司被授予“杭州市制造业百强企业”称号。

**【海正药业（杭州）有限公司入围省化工重点监控点名单】** 11月2日，省经济和信息化厅、省生态环境厅、省应急管理厅联合发布《关于公布2022年浙江省化工重点监控点的通知》（浙经信材料〔2022〕205号），公布被认定为化工重点监控点的企业名单，海正药业（杭州）有限公司为杭州市唯一获认定企业。获此认定，对处于省级化工园区外的海正药业（杭州）有限公司发展至关重要，为公司新上产品项目、延伸产业链条、丰富产品结构奠定基础。

**【瀚晖制药有限公司入围中国医药行业成长50强】** 12月，全国工商联医药业商会网络发布“2021年度中国医药行业最具影响力榜单”，瀚晖制药有限公司入围“2021年度中国医药行业成长50强”和“2021年度中国医药行业守法诚信企业”名单。

## 其他行业

**【概况】** 2022年，富阳废弃资源综合利用业规上工业产值37.2亿元，同比增长17.0%，占规上工业比重的2.5%，主要企业为杭州富阳申能固废环保再生有限公司；化学原料和化学制品制造业实现规上工业产值29亿元，同比增长3.4%，占规上工业比重的2%，主要企业为杭州中策清泉实业有限公司；汽车制造业行业实现规上工业产值2.4亿元，同比下降0.17%，现有规上企业17家，全部为汽车零部件及配件制造，主要企业有浙江金固股份有限公司、杭州润德车轮制造有限公司、杭州广安汽车电器有限公司、浙江欧星环美汽车部件有限公司等。

**【浙江航驱汽车科技有限公司首台智能电动转向系统总成下线】** 3月27日，浙江航驱汽车科技有限公司举办首台智能电动转向系统总成（DP-EPS）下线仪式。此次下线的双小齿轮齿条式无刷智能电动转向系统总成（DP-EPS）能够实现L2+级自动驾驶功能，获得国家发明专利3项、实用新型专利29项和国家版权局计算机软件著作权10项。作为汽车核心主动安全件，该产品主要为大华零跑的新能源汽车配套，并逐步打入合资品牌和自主高端品牌整车企业，为解决中国汽车电动化、智能化转型升级中的“卡脖子”技术作出贡献。

**【杭州广安汽车电器有限公司获国家级专精特新重点“小巨人”企业】** 5月16日，工业和信息化部发布《关于第三批第一年建议支持的国家级专精特新“小巨人”企业名单》，杭州广安汽车电器有限公司入围，为富阳首家国家级专精特新重点“小巨人”企业。广安汽车电器专业从事汽车空调控制器研发、制造，为通用、日产、福特、一汽、上汽等主流汽车厂商配套供货，市场保有量目前排名国内第一、世界前三。在汽车空调控制器方面拥有授权自主知识产权176项，其中发明专利17项，成为细分行业的领跑者。

**【浙江航驱汽车科技有限公司签订战略合作协议】** 5月20日，浙江航驱汽车科技有限公司与杭州核聚资产管理有限公司签订战略合作协议。根据合作协议，杭州核聚资产管理有限公司将在产业投资、股权优化、资源对接、人才推荐等方面与航驱汽车展开深度合作，帮助浙江航驱汽车科技有限公司全面提升市场竞争力，早日实现上市。

**【浙江金固股份有限公司合肥新建阿凡达低碳车轮生产线项目】** 6月17日，浙江金固股份有限公司新建阿凡达低碳车轮生产线项目在合肥市巢湖经济技术开发区举行开工仪式，项目拟投资5亿元，用于满足整车主机厂配套车轮需求，投产后预计可实现产值达7亿元。

**【天铭科技登陆北交所】** 9月2日，杭州天铭科技股份有限公司（股票简称：天铭科技）在北京证券交易所挂牌上市，为富阳第7家上市企业，同时也是北交所首支富阳股票。该公司位于富阳经济技术开发区东洲新区，是国内知名的汽车越野改装件生产企业，主要从事绞盘、电动踏板等汽车越野救援及改装件的设计、研发、生产和销售，产品主要应用于山地越野车、皮卡、军车、SUV等车型。

**【浙江航驱汽车科技有限公司汽车工程研究院揭牌】** 10月25日，浙江航驱汽车科技有限公司汽车工程研究院揭牌仪式举行。该汽车工程研究院的成立，代表浙江航驱汽车科技有限公司在推动科研创新发展、项目成果落地、优秀人才招引等方面有了新的发展。

**【浙江金固股份有限公司获国家知识产权示范企业】** 10月27日，国家知识产权局公示2022年度国家知识产权示范企业和优势企业，浙江金固股份有限公司入选国家知识产权示范企业，为富阳首家获此殊荣企业。近年来，该公司不断提升知识产权管理、知识产权产出和知识产权风险管控等，先后获评国家知识产权优势企业、浙江省知识产权示范企业，并通过三年培育，成为国家知识产权示范企业。

（陈潇潇）

## 供　电

**【概况】** 2022年，国网浙江杭州市富阳区供电有限公司完成固定资产投资2.89亿元，其中电网投资2.72亿元；实现售电量55.18亿千瓦时，同比增长2.78%。公司成功完成抗疫保电、迎峰度夏、助力稳进提质等工作，其中，国务院副总理韩正批示肯定护航农村光伏发展工作；省委书记袁家军现场慰问肯定抗疫保电工作；区委书记吴玉凤，时任区委副书记、区长马利阳累计调研公司4次、批示肯定3次。

【电网规划】 衔接富阳城市发展规划，启动富阳电网“十五五”发展规划研究，优化变电站选址布局。完成新一轮政企合作框架协议签订，完善区电办协调会商机制，推动电网规划、建设、迁改等。建成投产110千伏渌渚变、大唐光伏配套送出工程和220千伏荷花变110千伏间隔扩建工程，完成110千伏灵桥变迁建，220千伏湘主变取得项目核准，110千伏巨利变具备开工条件，服务常安抽蓄建设。推动智能组塔等基建新技术研究推广，全面应用“e基建2.0”，做好省公司消防试点课题。

2022年9月30日，中策橡胶光伏电站并网投运
（区供电公司　供稿）

【电网建设】 聚焦“清洁能源高占比、电网运行高弹性、智慧调度高感知、用户接入高时效，低碳共富高效率”目标，打造“五高”县域新型能源系统。加快世界首个柔性低频输电示范工程后续建设，力争2023年6月整体投运。加强未来形态配电网发展模式研究，探索微电网与公共电网联合运行机制，打造东洲光储协同微网群示范场景和富春湾新城生态开放型配电网。分层分区分步提升网架、设备水平，加速新建变电站出线的规划建设，推动城区重过载线路双环网、山区线路“手拉手”互联和跨区域生命联络线建设。加快推进35千伏胥口临时变落地，缩短区域供电半径。启动可靠性争先创优三年攻坚行动，打造“城区1分钟、农村5分钟”故障恢复自愈圈，实现全域供电可靠性99.9968%，主城区四个核心网格建成“五个九”卓越示范区。建立“1+1+5”工作模式，打造“全区域、全类型”带电作业样板间。推广核心城区电缆全自动和山区架空线“合闸速断＋三遥”模式，实现城区自动化100%全覆盖。深化配网“4+3+2”核心能力建设，优化总指挥长模式，

2022年全社会用电量及用电性质构成一览表

表10

| 用电分类 | 2022年用电量（万千瓦时） | 构成比例（%） | 2021年用电量（万千瓦时） | 增长率（%） |
|---|---|---|---|---|
| 全社会用电 | 732536.319 | 100 | 714609.1953 | 2.51 |
| 全行业用电量 | 593776.3093 | 81.06 | 603016.1947 | -1.53 |
| 其中，农、林、牧渔业 | 4866.8736 | 0.66 | 4121.2368 | 18.09 |
| 工业 | 420351.705 | 57.38 | 445115.3458 | -5.56 |
| 建筑业 | 24954.2159 | 3.41 | 26688.2255 | -6.5 |
| 交通运输、仓储、邮政业 | 12652.5522 | 1.73 | 13461.0984 | -6.01 |
| 信息传输、计算机服务和软件业 | 32009.8995 | 4.37 | 25466.5782 | 25.69 |
| 批发和零售业 | 23933.9218 | 3.27 | 22259.5585 | 7.52 |
| 住宿和餐饮业 | 7189.9809 | 0.98 | 6666.4646 | 7.85 |
| 金融业 | 1224.7632 | 0.17 | 1187.0602 | 3.18 |
| 房地产业 | 20025.4608 | 2.73 | 16245.192 | 23.27 |
| 租赁和商务服务业 | 4346.2787 | 0.59 | 3964.762 | 9.62 |
| 公共服务及管理组织 | 42220.6577 | 5.76 | 37840.6727 | 11.57 |
| 城乡居民生活用电量 | 138760.0097 | 18.94 | 111593.0006 | 24.34 |
| 其中，城镇 | 46745.64 | 6.38 | 42574.5466 | 9.8 |
| 乡村 | 92014.3697 | 12.56 | 69018.454 | 33.32 |

提升抢修处置效率。

【营商环境】 聚焦“五最”标准，打造“杭州最优、全省领先”示范标杆，深化“三大一重”项目服务，开展电力助企“大走访”，服务政府“抢先机、拼经济”实现开门红。加速国务院办公厅129号文关于推动出台区级电力接入工程费用分担机制全面实质落地，优化“三办一中心”职能，畅通各环节卡点，完善政府项目“智慧电力”服务平台，助力“拿地即开工”。深化推广“三免”接电、“永临统筹”，调整优化低压业扩快响装表接电业务模式，提高办电效率、降低办电成本。狠抓业扩报装、小区居配等合规管理，杜绝“体外循环”“三指定”。

【供电服务】 深化“零投诉”专项活动，加强工单数字化多维分析，以问题导向溯源业务规范，提升服务质量。全面优化服务渠道建设，打造“大后台、强前端”“线上+线下”多元服务网络，精简撤并低效C级营业厅，下放属地对外服务电话。应用客户标签挖掘潜在需求，探索实施差异化分类分级服务。打造“一件事一次办”系列服务，推广水电气讯联动过户，拓展深化“建房一件事”。注重适应新时期客户诉求和社会关注，优化对外信息公告内容方式。融入全区共富图景，以服务助力共富示范，实施政企联动全域推广“三创三共”九大创富举措，打造助力产业强区标志性成果。推进“村网共建·光明驿站”服务体系乡村全覆盖。主动融入城市更新和美丽乡村建设，深入实施农网提升和老旧小区改造。

（周桀鹏）

【编辑　刘　亮】

# 17 商贸流通

Commerce and Circulation

打造现代版富春山居图

## 商　务

【概况】　2022年，全区招引产业项目123个，总投资505亿元。其中，亿元以上产业项目46个，5亿—10亿元产业项目5个，10亿—20亿元产业项目10个，20亿—50亿元产业项目2个，50亿—100亿元产业项目2个，100亿元以上产业项目1个。全区实到外资35169万美元，完成杭州市下达指标任务35000亿美元的100.48%，实现增速3.75%。实现社会消费品零售总额438.3亿元，同比增长5%。完成货物贸易进出口额455.85亿元，同比增长12.5%，其中：出口总额205.89亿元，同比增长19.3%；进口总额249.96亿元，同比增长7.5%。完成服务贸易出口总额5.57亿美元，同比增长8.2%。

【政策扶持】　修编招商引资工作实施意见和2022年工作方案，出台《杭州市富阳区先进制造业招商引资若干政策意见》《关于促进总部经济、楼宇经济和现代服务业高质量发展的若干意见》《杭州市富阳区实施产业强区主战略加快制造业高质量发展若干政策》等政策，在项目投入、企业贡献、项目质量等方面给予扶持。

## 招商引资

【机制优化】　区招商委办（区商务局）负责统筹全区招商、项目评价和决策。富阳经济技术开发区、杭州富春湾新城负责主导产业项目招商引资，加快形成标志性产业群落。成立北京、上海、深圳、杭州驻外招商组负责拓展信息，并在此基础上，优化提升为“京津冀”及“长三角”、“珠三角”、西部等四大“战区”。鼓励区级机关、乡镇（街道）利用自身行业主管、地域资源优势，收集有效招商信息。至年底，各乡镇（街道）完成有效信息39条，区级机关完成有效信息19条。

【招商项目】　全区全年跟进重大产业项目79个（总投资993亿元），包括在建42个（总投资502亿元）、签约27个（总投资339亿元）、盯引10个（总投资152亿元）。牢固树立“大招商、招大商、招好商”理念，围绕光电通信、生物医药、智能装备等主导产业链，主攻产业链布局重点区域，梳理确定重点靶向企业。发挥驻外招商作用，引进一批带动能力强、产业链高端的大项目和好项目，引进一批科技前沿、引领未来科技发展方向的高端人才和尖端技术。

【富阳区招商引资双百攻坚行动】　5月，制定全区招商引资双百攻坚行动方案，明确“百日走百企”攻坚目标，围绕重点产业链，全面推进驻外招商工作。攻坚行动期间，区领导带队外出招商20余次，区驻外招商组人均驻点68天，累计对接走访企业130家，研判项目87个，带客商到富阳考察47批次。

【招商引资全流程管理】　4月，富阳区招商项目管理平台上线，进一步提升招商信息化管理水平，建立招商引资全生命周期管理机制。该系统实现招商信息多渠道跨部门搜集，提升项目收集、研判、流转效率，初步形成信息获取、审核、评估、决策、签约、落地等招商项目全流程管理。按照签约、注册、供地等重要节点，设置“亮灯”管理，强化平台、部门、乡镇（街道）过程管理。

【外资利用与服务】　全区全年新设外资企业33家，增资企业5家，新增合同外资6.97亿美元。组织参加年报外资企业198家，全区外资企业2021年合计实现销售（营业）收入177.08亿元，纳税总额10.63亿元，利润总额3.08亿元；进口额8100.57万美元，出口额42924.7万美元；研发投入1.77亿元；带动就业8375人，其中外籍职工218人。

## 商贸流通

【商贸政策】　为促进消费，按照政府搭台、企业唱戏原则，全区全年组织开展多次数字消费券活动。6月，开展“乐购富阳”商贸行业数字消费券；7—8月，开展京东线上零售消费券活动；6—11月，派发预付卡场景专项消费券，共计4轮

1600万元。同时贯彻落实各级促消费政策，落实区级购车专项资金补贴，2—4月，参与第一轮2000万元购车补贴的25家限上车企实现销售额11亿余元，兑付市级新能源购车补贴5批次699.8万元。修订完善商贸服务业政策，兑付补助资金953.57万元，实施家政服务信用体系建设，奖励家政经营者20家。

【再生资源回收体系建设】 完善全区再生资源回收体系，规范提升网点及分拣中心，培育杭州富伦生态科技有限公司、杭州富阳惠众环保科技有限公司、杭州欣旧驿站环保科技有限公司等龙头企业，打造“创新模式、智能运营”回收模式。全年共完成回收量21.26万吨，完成年度任务的130%。

【商贸项目】 2022年，成功引进龙湖天街富春湾项目，位于杭州富春湾新城核心区，商业面积超10万平方米，是杭州富春湾新城首座落户的大型商业综合体项目，也是杭州的第12座天街，预计2025年底开业。新登古城商业街区开街运营，力争培育为富阳第二条市级高品质步行街。

【行业管理】 全区全年商贸管理稳定有序，落实安全生产、疫情防控责任制，建立防疫科室包干、日常检查结合特殊节点检查、本级检查结合联合检查等机制，较好落实商贸领域安全生产、疫情防控、文明创建、平安创建等工作，营造安全稳定有序的消费环境。落实商贸行业安全生产隐患排查整改闭环工作机制，加强重点商贸企业安全生产检查，检查商贸企业456家次，排查及整改安全隐患589条，全年无发生安全事故。

## 对外贸易

【概况】 全区共有省市出口名牌企业35家，其中省级12家，杭州市级23家。省重点进口平台1家。省外贸综合服务示范企业1家。经杭州认定服务贸易示范园区1家，示范企业13家和成长型企业9家。

【“数智通关”应用系统】 3月，上线“数智通关”应用系统。联合钱江海关富阳办事处，试点建设企业保税仓，打通企业内部关务系统、上下游供应链管理系统、海关报关系统和监管系统，集成企业进口物料自动赋码、自动出入库、自动报关等功能，帮助企业提质增效。4月，区商务局“数智通关”改革经验获省改革办《数字化改革·工作动态》全省推介。

【对外贸易企业服务】 落实企业参展、出口信保、名牌培育等措施，兑现各级外贸帮扶资金5332万元，惠及企业496家。出台新一轮外贸政策，加大企业拓市场、促增量等方面扶持力度。开通富阳外贸企业出境商务活动绿色通道，支持企业积极参展拓展市场抢抓订单；与宁波港和杭州港务集团建立专业服务小组上门宣传“东洲—乍浦—宁波”海河联运外贸线路，帮助企业降低物流风险和综合成本，保障企业进出口通道；宣传汇率避险政策，加强外贸企业出口收汇风险防范意识。

## 电子商务

【电商直播式共富工坊建设】 联合乡镇（街道）开展“共富工坊”培育创建工作，坚持党建引领建设电商直播式共富工坊，富春街道、东洲街道、银湖街道的3家共富工坊获省商务厅短视频大赛优胜奖，银湖街道共富工坊入选省《首批百家电商直播式“共富工坊”典型案例》，并在12月12日“首届全球数字贸易博览会”之“世界电商直播大会”上发布，东洲街道共富工坊在共富直播间进行农特产品销售。

【第九届中国（杭州）国际电子商务博览会富阳馆】 完成第九届中国（杭州）国际电子商务博览会富阳馆展示展览项目。富阳馆以“打造数字新零售集聚发展新高地”为主题，全力展示电商发展特色亮点。开幕式上，富阳数字新零售招商项目上台签约，东洲街道作为省首批数字生活新服务特色镇街之一，上台接受省商务厅领导授牌。

【数字生活新服务标杆创建】 结合省委、省政府数字化改革部署要求，参与省市商务部门开展数字生活新服务标杆创建，指导湖源乡、万市镇（数字政务）申报省市第二批数字生活新服务特色镇街创建项目，其中万市镇被认定为省第二批数字生活新服务特色镇，湖源乡被认定为市第二批数字生活新服务特色镇街培育项目。

2022年12月，富阳区组织外贸企业赴海外拓市场抢订单
（区商务局 供稿）

【电子商务企业服务】 针对企业集中关注的招人难问题，依托人才双选会、企业入校宣讲等活动，助推校企实训合作、提供专业化人才。组织全区数字新零售产业链企业参加杭州长征技术学院“商贸学院2023届毕业生岗位实习招聘会”，收到简历百余份。全年举办线上线下相结合的电商培训、平台对接活动20余场，开设“商务大讲堂”系列线上公益培训，帮助企业掌握数字营销底层逻辑，抢占电商市场，引导企业合规合法经营。

## 粮油供应

【储备管理】 推动保粮手段科学化，应用富氮气调、空调控温等绿色储粮措施，中心粮库绿色储粮比例达82.7%以上。优化储备结构，提升储备与本地消费的匹配度，储备粮中早稻占比18.1%，小麦占比14.8%，晚稻占比67.1%，储备油全部为小包装食用油。建立储备粮轮换绩效管理激励机制，轮出储备粮全部通过省内粮网拍卖销售。推动粮食行业数字化改革，中心粮库成为首批与“浙江粮仓”实行对接的库点。继续保持省“四星级”粮库和市规范化管理优秀单位荣誉称号。区收储公司在杭州市粮油仓储工作年度考核中获地区第四名。

【流通安全】 加强粮食市场信息监测预警，建立健全粮食流通监管联动机制，建立“双随机”抽查事项清单和名录库，开展粮食市场联合执法检查，检查企业17家（次）。推进放心粮油工程，新增市级示范店5家。推进“五优联动”工作，引导种植优质粮食2333公顷。修订印发《杭州市富阳区粮食安全应急预案》，落实粮食应急供应点36个，大米应急加工企业2家，日加工能力250吨，应急运输企业1家，日运输能力300吨，组织开展应急管理培训，提高应对粮食安全风险能力。开展粮食科技周、粮食安全周等宣传活动，开展全区机关、学校、医院、规上企业食堂储粮情况调查，总调查单位261家，用餐人数29万人。

2022年10月，杭州市数字粮库建设现场经验交流会在富阳召开
（区商务局　供稿）

【粮食仓储设施建设】 完成第二粮库一期工程建设并投入压仓试运行，第二粮库一期用地面积3.35公顷，总建筑面积15298.8平方米，区内有效储备仓容增加78%。

【产销合作】 开展“订单粮食”工作，与本地种粮单位签订粮食订单2.97万吨，比上年增长37.5%；实际收购粮食2.66万吨，比上年增长22.6%。抓好粮食收购收储。落实省外粮源基地4个，面积2667公顷，落实早稻粮源2080吨。

（胡　冰）

## 经济合作

【对口支援德格县】 2022年，富阳区对口帮扶四川甘孜州德格县，助力德格县巩固脱贫攻坚成果。加强组织领导，全年区领导带队考察2次，召开区委常委会专题研究部署会1次，完成参与结对帮扶医院3家，学校5所，企业20家，社会组织3家。加强资金支持，落实援建资金4394万元。加强产业合作，积极引导企业到四川省投资兴业，实际到位投资4.89亿元。加强消费帮扶，印发《关于组织做好2022年度对口地区“帮扶礼包”采购工作的通知》，大力推动全区行政事业单位、社会团体组织、乡镇街道、金融机构等购买德格县“帮扶礼包”，销售额631万元，完成四川消费帮扶销售额5176万元。加强劳务协作，积极开展人才培训及人才选派活动，培训乡村振兴人才482人次，选派专业技术人才14人。

【山海协作】 2022年，富阳区强化与缙云县定期互访、对接交流工作机制，全年组织区常委会专题研究工作1次，互访交流2次。加强产业项目合作，组织多家本地企业赴缙云县开展调研和产业项目洽谈，完成产业合作项目12个，到位资金22亿元。落实山海协作援建资金660万元，其中缙云县330万元，淳安县330万元。深入开展人力资源合作，全年开展培训3次，培训劳动力428人。加快“消薄飞地”建设，12月正式投入运营，并引入路特斯能源总部、“园宇宙·银湖医智谷”大健康产业园、文创产业等多个项目。持续推动消费帮扶，全年实现消费帮扶销售额2545万元。积极推进“产业飞地”建设，两地成立合资公司，成功招引落地星帅尔高效光伏组件项目。深化社会领域合作，富阳与缙云6所学校师徒结对27人，集体教研81次，开展示范课87节，线上拓展课程70门，设立名师工作室8个，开展教师支教活动12人次，区中医院与缙云县中医院建立内镜教学培训基地。

2022年5月，富阳区名师送教德格活动开展
（区发改局　供稿）

【其他对口工作】　2022年，通过资金支持、交流互访、贸易合作等方式，持续推进长春市九台区等其他地区对口工作，合计援建新疆阿克苏、西藏那曲、重庆涪陵区敦仁街道等对口地区资金2798.8万元。
（钟雷刚）

## 供销合作商业

【概况】　2022年，富阳区供销合作社系统实现总经营收入75.03亿，同比增长22.67%；商品销售总额67.39亿，同比增长25.2%；营业总收入2.07亿元，同比增长3.37%；所有者权益3.05亿元，同比增长8.47%。获省、市供销社系统综合业绩考核优秀，获评“全省20强县级供销社”，下属青云、新登、大源等3家基层供销社获评“2022年浙江省供销社百强基层社”。推进“农合金扁担 共富先行军”机关党建品牌培育，形成供销集市、农资下乡、快递进村、助农采摘日、助农直播间、社区志愿行等特色供销服务品牌。领办项目5个，举办供销集市、农产品进杭城、助农直播活动10余场，提供担保2724万元，助销农产品超4亿元。“农合金扁担 共富先行军”获评富阳区2022年度“十佳机关党建品牌”。

【快递进村】　《推广“1个乡镇物流分拨中心+N个村快递收速点”供销“快速进村”模式，开展乡村两级物流体系建设试点》项目，为富阳区唯一成功入选省直机关系统联动“破百难、助共富”活动的难题事项。通过强化党建引领和省直联动，在灵桥镇光明村建成全区第2家农村二级物流共配中心。建立“党建+产业基地+新媒体推介+线下展销+线上直播+快递配送”的全矩阵供销模式，精准解决快递进村“最后一公里”和农产品上行“最初100米”问题。

【农合联换届】　完成区、片区两级农合联换届，新增区农合联会员46个，累计发展区农合联会员245个。聚合涉农要素资源，强化生产能保障、科技能支撑、资金能借贷、产品能畅销的“四能”服务，进一步推进农合联改革。成立民宿产业农合联，通过开展业务培训、规范管理、品牌建设等服务，推动民宿产业走向品牌化、特色化。与农商银行签订党建合作协议，每年提供不少于10亿元的专项信贷资金用于农合联会员单位生产、经营和销售。

【助农纾困】　全年出台助农纾困政策9条，减免租金、专业社分红、担保保费等费用870余万元，打通农产品进大自然农批市场、进政采云平台、进助农直播间“最后一公里”。完成农资应急储备化肥1100吨、农药5吨、统防统治212.4公顷。实施“绿色农资”行动，开展平衡肥替换配方肥行动，推广政府补贴主要农作物配方肥5100吨，实行“进—销—用—回”全周期闭环管理，完成农药废弃包装物回收处置，保障全区粮食生产用肥、用药需求。开展三夏“五送下乡”活动，赠送农资61万元，组织开展茶、粮油等培训推广活动10次，1200余人次参加。通过杭州富阳杭富罐头食品有限公司、杭州公望酒业有限公司以订单托底收购竹笋7867吨、葡萄650吨。加大四川省、缙云县等对口帮扶地区农产品统购统销服务，实现四川粑粑柑、脐橙等水果销售697万元，收购四川竹笋近1000万元，销售缙云茭白650万元。

【基层组织】　新建村综合服务社5家，提档升级村级综合服务社15家，增加农产品、物流代收发及农产品信息采集等服务内容。通过规范内部管理、组建经营公司、参与项目建设等方式，提振薄弱基层社（常绿供销社）。大源供销社组建杭州乐农田品公司，通过整村升级改造和分步运营将西湖区外桐坞村打造为“国际儿童艺术村”，并在上官乡深里村通过土地流转、项目建设等手段打造“未来田园综合体”，开展毛豆产业种植托管。新登供销

2022年6月6日，富阳区供销总社“五送”下乡活动启动
（区供销社　供稿）

社联合新登上山村及杭州富阳小六石旅游开发有限公司开发旅游、民宿餐饮、乡村音乐节等消费新产业新业态。青云片区农合联成功创建省级示范性乡镇农合联，青云供销社完成省级县基一体化发展创建，杭州市富阳区农合联农事服务中心获评“浙江省级农事服务中心”。

【粮油精深加工】 投资1000万元组建杭州富阳优农粮油加工有限公司，改造新桐供销社老旧资产，引进富阳首条粮油标准化生产线，建设粮油产加销一体化加工中心，通过粮油产业化精深加工统一收购、加工、销售。每日可烘干稻谷75吨，生产精制30吨大米、精炼菜籽油2吨，补齐粮油烘干、加工减损增收问题短板，打造集粮食菜籽烘干、稻谷加工、菜籽山茶油精炼、农产品营销及体验旅游观光于一体的粮油文化产业园，实现一、二、三产深度融合。

【农产品直采直供直配】 投资122万元成立杭州优农农产品配送有限公司，以“专业合作社＋基地＋市场＋公司”的运作模式，打造区级农产品配送、销售综合服务平台，构建连接田间与餐桌、全程标准化、可溯源的放心农产品直采直供配送网络，联通“政采云”平台，畅通农产品供销渠道。

【富阳供销1号良仓开业】 10月，富阳供销1号良仓开业，项目位于回春路1号，占地面积820平方米，为老旧资产改造提升，投资100余万元，设置食之鲜、食之器、食之味、食尚活动等主题功能区，集有机食品、两岸茶食、艺术展览、香道花艺、居家美学等内容，构建可互动体验的新型消费生态市场，将文化创意创新融入农业，激活城乡融合共富。

（董银玲）

## 富阳烟草

【概况】 2022年，卷烟销量共4.29万箱，同比增长2.86%；含税销售额22.96亿元，同比增长3.97%，单箱销售额5.35万元；产生毛利6.58亿元，同比增长4.04%。

【市场监管】 强化情报信息建设，加强情报导侦、线索收集，提升专卖人员线索经营能力，全年查获各类涉烟案件1023起，案件数同比增长114%，查处案件首次破千件，其中，查获私假烟案件210起，同比增长29.6%，查获各类违法卷烟35833.8条，其中省外流入真烟12472条，同比增长56.5%，破获二级国标网络案1起，追刑6人。开展涉毒电子烟收网行动，抓捕犯罪嫌疑人13人。加大物流寄递环节涉烟违法活动打击力度，对京东物流场站开展专项检查15轮次，查获非法物流寄递卷烟1.6万余条。

【行政执法】 推进许可证减证控证，深化异常许可证治理，全年许可证总量净减少41本。推进辖区电子烟“四个动态清零”专项治理，依法办理电子烟许可证22本。政务服务中心窗口持续做好行政许可“最多跑一次”工作，窗口人员羊敏获评“服务明星”。

【队伍建设】 优化干部人才“选育管用”机制，选拔年轻基层干部5人。加快数字化转型，挂牌成立“王关锋工匠工作室”、融媒体工作室，其中王关锋参与的《智能化标签应用模式的探索》和数据产品课题在全省获奖，孙文捷参与的《许可证合理容量研究》获全市创新奖一等奖。立足富阳优势资源，确定以“智绘山居·生态画卷”为主题的富阳烟草企业文化。

（陈羽茜）

【编辑 刘 亮】

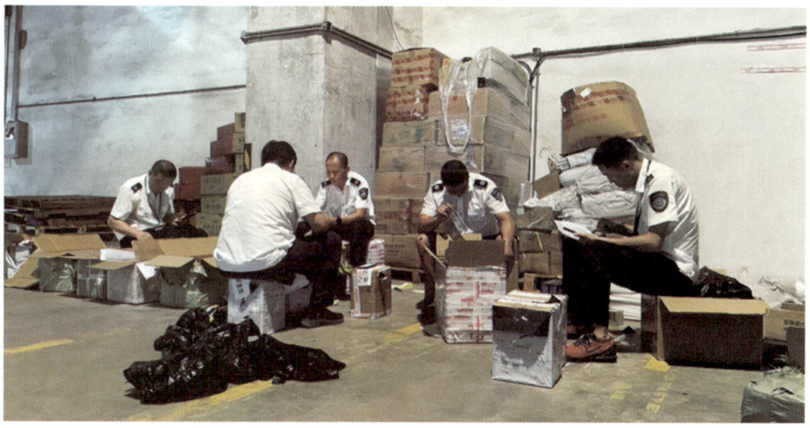

2022年7月18日，富阳区烟草专卖局在京东物流基地开展异流卷烟专项检查

（区烟草局 供稿）

# 18 金 融

Finance

## 综 述

【概况】 全区有银行类金融机构32家，营业网点163家，从业人员2681人。全年全区金融机构本外币各项存款余额2143.22亿元，增加401.4亿元，同比增加228.7亿元，增长23.05%；各项贷款余额2729.38亿元，增加486.89亿元，同比增加56.52亿元，增长21.71%。表外融资余额535.06亿元，增加178.34亿元，其中银行承兑汇票余额275.02亿元，增加113.88亿元；发行债务融资工具21亿元；小额贷款公司贷款余额18.68亿元。

【金融助企纾困】 推进金融机构助企纾困专项行动，推动央行低息资金落地惠企，2家法人金融机构充分运用普惠小微贷款支持工具资金9559万元、支小再贷款资金40.4亿元、支农再贷款资金1.14亿元；强化受疫情影响较大行业支持，支持相关市场主体362户、金额7.57亿元。扩大普惠小微信贷投放，新增普惠小微贷款户数5179户、金额104.6亿元，分别同比增长12.81%、25.28%。对受疫情影响偿还贷款困难企业，给予科学合理

2022年富阳区银行类金融机构人员情况表

表11

| 项目 \ 名称 | | 人行 | 工行 | 农行 | 中行 | 建行 | 交行 | 农发行 | 中信银行 | 杭州银行 | 农村商业银行 | 邮储银行 | 招商银行 | 兴业银行 | 民泰银行 | 泰隆银行 | 浦发银行 | 浙商银行 | 民生银行 | 南浔银行 | 恒丰银行 | 北京银行 | 平安银行 | 稠州银行 | 恒通村镇银行 | 光大银行 | 华夏银行 | 宁波银行 | 江苏银行 | 台州银行 | 南京银行 | 宁波通商银行 | 海银行 | 合计 |
|---|---|---|---|---|---|---|---|---|---|---|---|---|---|---|---|---|---|---|---|---|---|---|---|---|---|---|---|---|---|---|---|---|---|---|
| 金融机构数（家） | | 1 | 8 | 10 | 6 | 9 | 3 | 1 | 3 | 3 | 74 | 3 | 1 | 4 | 3 | 4 | 2 | 1 | 3 | 2 | 1 | 1 | 2 | 1 | 6 | 1 | 1 | 2 | 1 | 3 | 1 | 1 | 1 | 163 |
| 其中 | 市级机构 | 1 | 1 | 1 | 1 | 1 | 1 | 1 | 1 | 1 | 1 | 1 | 1 | 1 | 1 | 1 | 1 | 1 | 1 | 1 | 1 | 1 | 1 | 1 | 1 | 1 | 1 | 1 | 1 | 1 | 1 | 1 | 1 | 32 |
| | 二级支行 | | 7 | 9 | 5 | 8 | 2 | | 1 | 2 | 21 | 2 | | | 2 | 3 | | | | | | | | | 5 | | | 1 | | 2 | | | | 70 |
| | 分理处 | | | | | | | | | | 52 | | | | | | | | | 1 | | | | | | | | | | | | | | 53 |
| | 储蓄所 | | | | | | | | | | | | | | | | | | | | | | | | | | | | | | | | | |
| | 社区支行 | | | | | | | | 1 | | | | | 3 | | | 1 | | 2 | | | | 1 | | | | | | | | | | | 8 |
| 从业人数（人） | | 27 | 162 | 188 | 131 | 150 | 44 | 14 | 86 | 94 | 927 | 67 | 26 | 50 | 76 | 98 | 37 | 34 | 27 | 36 | 20 | 28 | 18 | 26 | 88 | 21 | 25 | 60 | 18 | 41 | 34 | 14 | 14 | 2681 |

2022年富阳区金融机构本外币存贷款余额一览表

表12　　单位：亿元

| 机构名称 \ 栏目 | 年末余额 | 比年初增减 | | 机构名称 \ 栏目 | 年末余额 | 比年初增减 | |
|---|---|---|---|---|---|---|---|
| | | 2022年 | 上年 | | | 2022年 | 上年 |
| 金融机构存款合计 | 2143.22 | 401.40 | 172.70 | 金融机构贷款合计 | 2729.38 | 486.89 | 430.37 |
| 人民银行存款 | 55.98 | 19.68 | 11.11 | 人民银行贷款 | - | - | - |
| 工商银行存款 | 123.28 | 26.01 | -6.34 | 工商银行贷款 | 200.11 | 52.72 | 52.75 |
| 农业银行存款 | 166.44 | 35.40 | 8.74 | 农业银行贷款 | 219.73 | 43.20 | 55.41 |
| 中国银行存款 | 72.84 | 12.59 | 13.27 | 中国银行贷款 | 119.43 | 5.98 | 31.62 |
| 建设银行存款 | 171.55 | 68.39 | 10.41 | 建设银行贷款 | 169.41 | 22.60 | 34.98 |
| 交通银行存款 | 45.75 | 2.71 | 8.43 | 交通银行贷款 | 51.86 | -1.08 | 17.02 |
| 农业发展银行存款 | 10.44 | 5.54 | 3.22 | 农业发展银行贷款 | 49.01 | 18.26 | 9.37 |
| 中信银行存款 | 178.03 | 33.88 | 14.66 | 中信银行贷款 | 239.61 | 53.84 | 54.05 |
| 杭州银行存款 | 87.50 | 22.82 | 12.43 | 杭州银行贷款 | 97.34 | 20.75 | 3.68 |
| 农村商业银行存款 | 678.95 | 129.12 | 35.41 | 农村商业银行贷款 | 506.58 | 97.68 | 70.01 |
| 邮政储蓄银行存款 | 71.33 | 12.61 | 13.39 | 邮政储蓄银行贷款 | 78.29 | 15.88 | 14.26 |
| 招商银行存款 | 39.69 | 8.71 | 3.63 | 招商银行贷款 | 109.74 | -5.27 | 7.80 |
| 兴业银行存款 | 68.75 | 10.92 | 6.66 | 兴业银行贷款 | 123.92 | 14.89 | 20.99 |
| 民泰银行存款 | 18.42 | -0.94 | 3.58 | 民泰银行贷款 | 15.95 | -0.64 | 2.43 |
| 泰隆银行存款 | 15.88 | 1.97 | 2.51 | 泰隆银行贷款 | 29.46 | 5.71 | 3.92 |
| 浦发银行存款 | 51.81 | 15.80 | 5.83 | 浦发银行贷款 | 128.62 | 52.69 | 3.17 |
| 浙商银行存款 | 29.33 | -5.53 | 8.68 | 浙商银行贷款 | 86.34 | 15.95 | 0.72 |
| 民生银行存款 | 19.18 | 0.09 | -10.42 | 民生银行贷款 | 63.49 | 0.93 | 13.61 |
| 南浔银行存款 | 6.81 | 1.75 | 1.06 | 南浔银行贷款 | 18.55 | 2.48 | 3.09 |
| 恒丰银行存款 | 10.17 | -8.56 | 7.02 | 恒丰银行贷款 | 41.47 | 17.55 | -1.75 |
| 北京银行存款 | 24.48 | 7.51 | 2.74 | 北京银行贷款 | 47.06 | 4.54 | -3.00 |
| 平安银行存款 | 14.96 | 5.62 | -2.41 | 平安银行贷款 | 1.95 | -0.90 | 1.08 |
| 稠州银行存款 | 9.08 | 3.25 | 0.78 | 稠州银行贷款 | 6.14 | -0.11 | 0.14 |
| 恒通村镇银行存款 | 19.17 | 1.25 | 2.08 | 恒通村镇银行贷款 | 22.24 | 1.68 | 3.05 |
| 光大银行存款 | 16.54 | 0.22 | -13.70 | 光大银行贷款 | 50.26 | -2.19 | 2.44 |
| 华夏银行存款 | 17.45 | 0.07 | 0.22 | 华夏银行贷款 | 28.39 | -0.53 | 2.89 |
| 宁波银行存款 | 34.45 | 0.19 | -2.43 | 宁波银行贷款 | 71.37 | 5.74 | 6.61 |
| 台州银行存款 | 6.43 | 1.23 | 1.44 | 台州银行贷款 | 8.82 | 1.16 | 1.90 |
| 江苏银行存款 | 17.71 | -6.27 | 5.00 | 江苏银行贷款 | 59.17 | 13.78 | 23.15 |
| 南京银行存款 | 46.17 | -17.60 | 25.47 | 南京银行贷款 | 64.58 | 9.10 | -5.02 |
| 宁波通商银行存款 | 11.23 | 11.23 | 0.00 | 宁波通商银行贷款 | 20.46 | 20.46 | 0.00 |
| 渤海银行存款 | 2.12 | 2.12 | 0.00 | 渤海银行贷款 | 0.03 | 0.03 | 0.00 |

贷款展期和续贷安排，为3077户受疫情影响较大的服务业企业办理无还本续贷45.88亿元。推动企业融资成本稳步下降，落实降准、降息、普惠小微贷款阶段性减息等政策，四季度全区企业贷款利率（4.52%）、小微企业贷款利率（5.13%）分别下降11个和10个基点。落实支付手续费降费政策，2家法人金融机构向实体经济让利280.93万元，惠及市场主体8527家。

【信贷投放】 实施融资畅通工程，推进小微企业和个体工商户信用融资破难、首贷户拓展等活动，大力推广应用“贷款码”。全年新拓展小微首贷户4090户，获得贷款66.17亿元；2.01万户市场主体通过“贷款码”获得融资108.44亿元。民营、制造业企业表内外融资余额分别为1270.24亿元、677.62亿元，新增307.73亿元、163.39亿元，同比增长31.97%、30.73%；小微企业贷款余额1013.41亿元，新增189.89亿元，同比增长23.06%。支持重点领域金融，支持名单内科创企业371家，支持率68.2%，新增贷款17.06亿元；推动发放设备购置与更新改造贷款2.23亿元；绿色贷款新增93.1亿元，同比增长115.03%。

【金融风险防范化解】 落实金融风险防控要求，加强风险监测、防范和处置，有效维护富阳金融业生态。全年全区金融机构不良贷款余额7.32亿元，增加0.97亿元；不良贷款率0.27%，下降0.01个百分点，为历史最低水平；新发生不良贷款

17.28亿元，处置不良贷款16.31亿元；关注类贷款余额19.31亿元，减少0.81亿元，占全部贷款比重为0.71%，下降0.19个百分点。加大“保交楼”金融支持力度，落实差异化住房信贷政策，满足房地产领域合理融资需求，至年底，房地产贷款余额669.35亿元，新增65.95亿元，同比增长10.93%；房地产开发贷款新增64.59亿元，同比多增加20.71亿元；个人住房贷款新增3.75亿元，同比增长0.85%，有力维护房地产市场平稳有序。

**【金融管理与服务】** 完成综合评价、央行金融机构评级，落实支付结算、现金保障、国库资金收付、征信管理、金融统计、金融消保等工作。推进亚运会支付服务环境建设，基本实现辖内全部相关商户和ATM机具外卡受理改造。落地数字人民币试点“1+2+N”创建体系，推动6个应用场景实现全省首次创建，开立数字人民币对公钱包11542个、个人钱包24.75万个，支持受理商户门店6578家。开展“征信修复”乱象专项治理，推广应用“两平台一系统”，办理应收账款质押融资18.28亿元、动产和权利担保融资264.4亿元。开展电信网络诈骗和跨境赌博“资金链”治理，利用“开户码”等信息化手段精准识别账户风险，开展警银联合专项打击行动，拒绝异常开户47人次，排查存量账户330万余户，处置风险账户41.7万户，落实受害人银行账户保护性止付机制。做好金融消费者权益保护，妥善处理消费者投诉和咨询，开展金融消费者教育活动，推进金融纠纷多元化解机制建设，调解金融纠纷案件378起，成功率达63%，金额2.52亿元，为当事人减少诉讼等各项费用663万元。

**【本外币协同支持涉外经济】** 推进“外汇联络员暖心帮企”专项行动，开展专项活动536次，走访企业258家，解决问题困难330余个；支持企业通过外债和内保外贷融入资金4.83亿美元，通过跨国公司跨境资金池放款2234.3万美元；推动外汇便利化政策，支持32家企业纳入经常项目便利化试点，办理货物贸易外汇收支便利化业务8.99亿美元；落实汇率避险三年行动提升工程，汇率避险产品签约5.08亿美元，其中运用政府性担保签约370万美元，拓展“首办户”65家、签约金额1.2亿美元；加快推广跨境人民币业务，开展“跨境人民币首办户”拓展专项行动，跨境人民币业务结算量50.61亿元，占本外币跨境收支的9.47%；首办户112户、金额15.79亿元。

**【中国人民银行富阳支行】** 2022年，中国人民银行富阳支行发挥金融管理部门责任担当，金融服务保障工作获区委、区政府主要领导批示13次，获富阳区招商引资优秀服务奖、平安创建考核优秀单位等荣誉。

贯彻落实稳健的货币政策，印发金融、信贷等工作指导意见，组织开展“助企开门红”金融“三服务”、“贷动富阳 兴商助企”等专项行动，引导全区金融机构加大信贷投放，有效保障金融总量稳定增长；有效实施“融资畅通工程”升级版，组织金融机构落实央行创新性货币政策工具，及时梳理符合科技创新再贷款、普惠养老专项再贷款和交通物流专项再贷款条件的企业名单，推动落实支持基础设施建设两项专项政策，加大高质量发展重点领域信贷支持力度；强化重点领域金融风险防控，落实风险监测预警机制，跟踪监测出险企业、逃废债、理财业务、上市公司股权质押、私募机构等风险，组织法人金融机构开展应急演练，处理苗头性问题；强化房地产金融审慎管理，做好问题楼盘风险监测，协助地方政府处置问题楼盘风险12个，督促指导金融机构加大“保交楼”金融支持力度，落实差异化住房信贷政策，满足房地产领域合理融资需求；开展法人金融机构宏观审慎评估和定价行为评估、资产质量现场评估、流动性风险及偿付能力敏感性压力测试等，加强存款准备金管理，全区金融风险整体可控；落实存款保险制度，做好央行金融机构评级等工作，健全存款保险“网格化”宣传长效机制；规范开展综合评价，指导2家银行一级支行加入人民银行金融管理与服务体系；加强利率管理，督促指导金融机构严格落实利率定价自律管理要求，指导法人金融机构下调定期存款、大额存单利率，完成活期存款创新产品“清零”；加强金融市场管理，做好富阳农商银行二级资本债、存续期金融债管理，发行同业存单39.9亿元、大额存单43.34亿元；强化反洗钱有效性监管，持续打击洗钱及上游犯罪，主动挖掘已审判案件线索，成功推动洗钱罪判决1起；加强义务机构监管，探索建立非法人银行机构反洗

2022年6月1日，富阳区金融机构负责人会议暨外汇管理工作会议召开
（人民银行富阳支行　供稿）

钱履职评价机制。

优化基层央行金融与服务，深化“移动支付之省”建设，推动重点商圈银行业移动支付“扩面增量”，稳步推进综合助农服务点建设。开展电信网络诈骗和跨境赌博“资金链”治理，联合开展警银联合专项打击行动。优化小微企业、流动就业群体银行账户服务。协助区政府推进单用途预付资金监管、校外培训机构预收费资金监管。提升国库经理服务效能，深化非税收入电子化改革，实现财政电子票据全覆盖，做好增值税留抵退税工作。推动数字人民币试点政策落地，实施“1+2+N”创建体系，成功推动6个应用场景实现全省首次创建，得到省数币试点联合办高度肯定，被浙江电视台等主流媒体宣传报道。加强现金清分管理，持续整治拒收现金、非法使用人民币图样等违法行为。加强征信安全管理，开展法人金融机构征信合规和信息安全考核评估，开展“征信修复”乱象专项治理，联合市场监管、发改等部门建立协同监管合作机制，协同整治辖内14家涉“征信”企业，推广应用“两平台一系统”，加大征信知识宣传、维权处理力度。全面推动金融消保工作提质增效，统筹谋划“金融消保基础提升年”活动，开展金融宣教活动，指导富阳农商银行“银色家园”创建浙江省金融教育示范基地，牵头推进富阳区金融纠纷多元化解机制建设。

指导企业合理运用跨境投融资渠道引入境外低成本资金，全年办理外债登记3笔、金额4619.62万美元，外债展期6笔、金额8870.2万美元，内保外贷2笔、金额3.48亿美元。推广海外人才便利化政策，办理相关业务44笔、金额47.58万美元。全区全年跨境收支金额78.75亿美元，同比增长1.74%；收支逆差4.7亿美元。督促指导金融机构推广汇率避险业务，举办“助企汇避险”培训4场，推动汇率避险业务较快增长。加强国际收支申报管理，组织开展现场核查、数据国别专项核查及各类调查与风险排查，提升国际收支申报数据质量，全年办理国际收支业务4.32万笔、金额78.75亿美元，差错率低于0.01%。做好服务贸易系统预警和非现场核查，开展个人经常项下外汇业务暗访抽查，推动个人外汇服务不断优化。强化跨境人民币业务政策宣传推广，组织金融机构开展“跨境人民币首办户”行动，指导银行做好“一企一策”个性化服务。

【中国农业发展银行富阳支行】 本外币各项存款余额10.44亿元，增加5.54亿元，增长113.06%；各项贷款余额49.01亿元，增加18.26亿元，增长59.38%；发放县级粮油收储相关贷款19120万元、农村土地流转和土地规模经营贷款80000万元、改善农村人居环境贷款55600万元、水利建设贷款3540万元、农业小企业贷款950万元、城乡一体化贷款62450万元；不良贷款率为零；全年实现净利润0.2亿元。

【中国工商银行富阳支行】 本外币各项存款余额123.28亿元，增加26.01亿元，增长26.74%；各项贷款余额200.11亿元，增加52.72亿元，增长35.77%；不良贷款率0.01%；实现中间业务收入1.03亿元；全年实现净利润5.12亿元。

【中国农业银行富阳支行】 本外币各项存款余额166.44亿元，增加35.40亿元，增长21.27%；各项贷款余额219.73亿元，增加43.20亿元，增长24.47%；不良贷款率0.08%；实现中间业务收入0.6亿元；全年实现净利润3.37亿元。

【中国银行富阳支行】 本外币各项存款余额72.84亿元，增加12.59亿元，增长20.9%；各项贷款余额119.43亿元，增加5.98亿元，增长5.27%；不良贷款率0.12%；实现中间业务收入3946万元；票据直贴量9712万元；国际结算业务量11.84亿美元；全年实现净利润1.13亿元。

【中国建设银行富阳支行】 本外币各项存款余额171.55亿元，增加68.39亿元，增长66.3%；各项贷款余额169.41亿元，增加22.60亿元，增长15.39%；不良贷款率0.07%；全年实现净利润2.16亿元。

【中国交通银行富阳支行】 本外币各项存款余额45.75亿元，增加2.71亿元，增长6.3%；各项贷款余额51.86亿元，减少1.08亿元；不良贷款率0.06%；全年实现净利润1.4亿元。

【中信银行杭州富阳支行】 本外币各项存款余额178.03亿元，增加33.88亿元，增长23.36%；各项贷款余额239.61亿元，增加53.84亿元，增长28.98%；票据直贴量55亿元；不良贷款率0.01%；国际结算业务量7.82亿美元；全年实现净利润5.42亿元。

【杭州银行富阳支行】 本外币各项存款余额87.5亿元，增加22.82亿元，增长35.38%；各项贷款余额97.34亿元，增加20.75亿元，增长27.09%；不良贷款率0.09%；全年实现净利润1.91亿元。

【富阳农村商业银行】 本外币各项存款余额678.95亿元，增加129.12亿元，增长23.48%，存款市场份额31.68%；各项贷款余额506.58亿元，增加97.68亿元，增长23.89%，贷款市场份额18.56%；不良贷款率0.89%；全年实现净利润6.03亿元，同比增长13.2%；上缴税收4.65亿元。

【邮政储蓄银行富阳支行】 本外币各项存款余额71.33亿元，增加12.61亿元，增长21.47%；各项贷款余额78.29亿元，增加15.88亿元，增长25.45%；不良贷款率0.10%；全年实现净利润1.61亿元。

【招商银行杭州富阳支行】 本外币各项存款余额39.69亿元，增加8.71亿元，增长28.11%；各项贷款余额109.74亿元，减少5.27亿元；不良贷款率0.11%；全年实现净利润-8.3亿元。

【兴业银行杭州富阳支行】 本外币各项存款余额68.75亿元，增加

10.92 亿元，增长 18.89%；各项贷款余额 123.92 亿元，增加 14.89 亿元，增长 13.66%；不良贷款率为零；全年实现净利润 3.77 亿元。

**【浙江民泰商业银行杭州富阳支行】** 本外币各项存款余额 18.42 亿元，减少 0.94 亿元；各项贷款余额 15.95 亿元，减少 0.64 亿元；不良贷款率 1.35%；全年实现净利润 0.10 亿元。

**【浙江泰隆商业银行杭州富阳支行】** 本外币各项存款余额 15.88 亿元，增加 1.97 亿元，增长 14.16%；各项贷款余额 29.46 亿元，增加 5.71 亿元，增长 24.04%；不良贷款率 1.64%；全年实现净利润 0.80 亿元。

**【上海浦东发展银行杭州富阳支行】** 本外币各项存款余额 51.81 亿元，增加 15.80 亿元，增长 43.88%；各项贷款余额 128.62 亿元，增加 52.69 亿元，增长 69.38%；不良贷款率 0.04%，下降 0.13 个百分点；全年实现净利润 2.07 亿元。

**【浙商银行杭州富阳支行】** 本外币各项存款余额 29.33 亿元，减少 5.53 亿元；各项贷款余额 86.34 亿元，增加 15.95 亿元，增长 22.66%；不良贷款率 0.11%；全年实现净利润 2.21 亿元。

**【中国民生银行杭州富阳支行】** 本外币各项存款余额 19.18 亿元；各项贷款余额 63.49 亿元，增加 0.93 亿元，增长 1.5%；不良贷款率 0.04%；全年实现净利润 1.52 亿元。

**【南浔银行富阳支行】** 本外币各项存款余额 6.81 亿元，增加 1.75 亿元，增长 34.58%；各项贷款余额 18.55 亿元，增加 2.48 亿元，增长 15.43%；不良贷款率 0.99%；全年实现净利润 0.67 亿元。

**【恒丰银行杭州富阳支行】** 本外币各项存款余额 10.17 亿元，减少 8.56 亿元；各项贷款余额 41.47 亿元，增加 17.55 亿元，增长 73.37%；不良贷款率 0.04%；全年实现净利润 1.47 亿元。

**【北京银行杭州富阳支行】** 本外币各项存款余额 24.48 亿元，增加 7.51 亿元，增长 44.28%；各项贷款余额 47.06 亿元，增加 4.54 亿元，增长 10.68%；不良贷款率为 0.02%；全年实现净利润 0.53 亿元。

**【平安银行杭州富阳支行】** 本外币各项存款余额 14.96 亿元，增加 5.62 亿元，增长 60.11%；各项贷款余额 1.95 亿元，减少 0.90 亿元；不良贷款率为零；全年实现净利润 654.59 万元。

**【稠州银行杭州富阳支行】** 本外币各项存款余额 9.08 亿元，增加 3.25 亿元，增长 55.56%；各项贷款余额 6.14 亿元，减少 0.11 亿元；不良贷款率 0.40%，下降 0.56 个百分点；全年实现净利润 0.11 亿元。

**【富阳恒通村镇银行】** 本外币各项存款余额 19.17 亿元，增加 1.25 亿元，增长 6.98%；各项贷款余额 22.24 亿元，增加 1.68 亿元，增长 8.17%；不良贷款率 1.03%，下降 0.14 个百分点；全年实现净利润 0.28 亿元。

**【光大银行杭州富阳支行】** 本外币各项存款余额 16.54 亿元，增加 0.22 亿元；各项贷款余额 50.26 亿元，减少 2.19 亿元；不良贷款率为零；全年实现净利润 0.78 亿元。

**【华夏银行杭州富阳支行】** 本外币各项存款余额 17.45 亿元，增加 0.07 亿元；各项贷款余额 28.39 亿元，减少 0.53 亿元；不良贷款率 0.41%；全年实现净利润 0.62 亿元。

**【宁波银行杭州富阳支行】** 本外币各项存款余额 34.45 亿元，增加 0.19 亿元；各项贷款余额 71.37 亿元，增加 5.74 亿元，增长 8.75%；不良贷款率 0.10%；全年实现净利润 2.65 亿元。

**【台州银行杭州富阳支行】** 本外币各项存款余额 6.43 亿元，增加 1.23 亿元，增长 23.65%；各项贷款余额 8.82 亿元，增加 1.16 亿元，增长 15.16%；不良贷款率 0.62%；全年实现净利润 4595.42 万元。

**【江苏银行杭州富阳支行】** 本外币各项存款余额 17.71 亿元，减少 6.27 亿元；各项贷款余额 59.17 亿元，增加 13.78 亿元，增长 30.36%；不良贷款率 0.05%；国际结算业务量 3.02 亿美元；全年实现净利润 0.27 亿元。

**【南京银行杭州富阳支行】** 本外币各项存款余额 46.17 亿元，减少 17.6 亿元；各项贷款余额 64.58 亿元，增加 9.1 亿元，增长 16.40%；不良贷款率 0.01%，下降 0.45 个百分点；全年实现净利润 2.5 亿元。

**【宁波通商银行杭州富阳支行】** 2 月 25 日，宁波通商银行杭州富阳支行开业，营业地址为鹿山街道依江路 428 号。该行全年本外币各项存款余额 11.23 亿元；各项贷款余额 20.46 亿元；不良贷款率为零；全年实现净利润 4421.94 万元。

**【渤海银行杭州富阳支行】** 8 月 8 日，渤海银行杭州富阳支行开业，营业地址为富春街道文教路 92-4 至 92-11 号。该行本外币各项存款余额 2.12 亿元；各项贷款余额 0.03 亿元；不良贷款率为零。

（章森松）

## 小额贷款 · 融资担保

**【小额贷款】** 全区有小额贷款公司 4 家，分别是杭州富阳浙丰小额贷款有限公司、杭州富阳永通小额贷款有限公司、杭州荣泰小额贷款有限公司、杭州富阳富仑小额贷款有限公司，合计注册资本 5.75 亿元。全年发放贷款 381 笔，贷款金额 125369 万元，年末贷款余额 100856 万元，实现营业收入 6542 万元。

**【融资担保】** 全区有融资担保机构 5 家，其中 2 家主要为区内中小微企业和"三农"提供融资担保，另外 3 家主要提供汽车消费贷款担

富阳 2022 年小额贷款公司基本情况表

表 13　　单位：万元

| 公司名称 | 注册资本 | 贷款笔数 | 贷款余额 |
|---|---|---|---|
| 浙丰小额贷款公司 | 10000 | 92 | 14278 |
| 永通小额贷款公司 | 12500 | 40 | 25495 |
| 荣泰小额贷款公司 | 25000 | 153 | 46080 |
| 富仑小额贷款公司 | 10000 | 96 | 15003 |
| 合　计 | 57500 | 381 | 100856 |

2022 年 8 月 19 日，区金融办现场检查浙江金磁银信融资担保有限公司

（区金融办　供稿）

保或者非融资性担保。全年融资担保机构提供融资担保 28968.55 万元，提供非融资担保金额 137670.97 万元，年末融资担保业务在保余额 53344.28 万元，非融资担保业务在保余额 29483 万元。其中，提供中小微企业和“三农”融资担保金额 11955 万元，年末在保企业担保余额 12895 万元，比年初增加 3806.00 万元；提供消费融资担保（含中小微企业、工程车、运输车、个人小汽车）金额 17013.55 万元，比上年减少 17680.38 万元，年末在保余额 41113.31 万元，比年初增加 5887.46 万元；提供工程履约和诉讼保全非融资担保金额 20415.07 万元，年末在保余额 29483.00 万元。全区融资担保机构融资性担保费收入 324.72 万元，同比减少 203.48 万元，计提担保赔偿准备金 533.39 万元，计提未到期责任准备金 154.44 万元，合计计提两项准备金 687.83 万元，同比减少 225.51 万元。

全区融资担保机构发生代偿 600 笔，累计代偿 693.94 万元；回收当年及以前年度应收到代偿款 1567.65 万元，年末应收代偿款余额 6328.34 万元，比年初减少 828.67 万元。

全区融资担保机构总资产 41002 万元，其中流动资产 40317.75 万元，占总资产的 98.3%（其中货币资金 16238.71 万元，应收款 18446.92 万元，存出保证金 5139.31 万元）；固定资产 634.41 万元，占总资产的 1.54%。融资担保机构总负债 5253.17 万元（其中应付款 1195.87 万元，存入保证金 2483.96 万元，担保赔偿准备金 788.69 万元，未到期责任准备金 154.44 万元），负债率为 12.8%。融资担保机构所有者权益 35749.7 万元，其中实收资本 53118 万元。

（陈忠健）

**【编辑　赵雪红】**

# 19 交通运输

Transportation

## 综　述

【概况】　全年全区完成交通投资23.3亿元。1月15日，彩虹快速路全面通车；4月7日，杭淳开高速上跨湖杭铁路节点完工；6月30日，北支江（亚运）旅游集散中心项目完工；9月22日，湖杭高铁通车运营，大盘山隧道建成通车；10月26日，春永线综合整治全面完工；完成两路两侧“三化一平”整治中涉及杭黄高铁、湖杭高铁、杭新景高速、绕城西复线213个问题及湖杭高铁208个外部安全环境问题整改；完成富阳入城口综合整治。

2022年9月22日，湖杭高铁通车运营，图为富阳西站

（区交通运输局　供稿）

完成杭州“中环”（都市区中环快速路320国道余杭华坞至富阳高桥段工程）北段项目建议书批复，具备工程可行性研究批复条件，南段完成工程可行性研究报告审查，完成项目建议书批复；开展杭淳开高速、合温（温义宣）高速工程可行性研究报告预审查，明确线位走廊，计划“十四五”期间开工建设；14省道改建、23省道外移被纳入省“十四五”综合交通规划，完成“三区三线”划定用地调整；完成东望路接西湖区科海路初步方案；富春江航道“四改三”整治经区四套班子专题研究论证，成立领导小组与工作专班。

2022年9月22日，大盘山隧道建成通车

（区交通运输局　供稿）

打通断头路4条，新改建农村公路15千米，道路大中修70千米，新增和优化公交线路8条，完成交通治理堵点7个，完成“四好农村路”省级示范县评审。4月28日，富阳区获评“四好农村路”省级示范县（浙江省交通运输厅《关于深化“四好农村路”示范创建工作的意见》（浙交〔2021〕88号））。

建立“63755”运行保障体系，

出台6个3举措，即项目管理"三化"、数字赋能"三破"、清廉交通"三态"、规范执法"三专"、治理超限"三治"、行业管理"三关"，编制《清廉交通建设鱼骨图》，下发《富阳区交通运输局深化清廉交通单元建设推进专项整治行动任务清单》，明确7个方面55项任务，实施项目化、清单化管理，推进清廉交通单元建设。开展交通运输领域7项突出问题专项整治，自查问题155个，整改142个，建立修订制度6个；发现问题线索2条，罚款3万元，通报批评1人；围绕审计发现问题，整改问题22个，追回资金152.51万元，出台完善制度12个。强化行业治理与执法，启动"护航二十大"治理超限百日攻坚专项行动，办理案件825件，罚款862.65万元；完成313件非现场治超"清零"，有效威慑超限违法运输行为。检查企业1624家次，整改368处；提前完成1处省级、2处市级事故多发点段治理、验收；完成62处公路人行横道线隐患治理、国省道13处平交口的治理和平安大道创建241个隐患点治理。

【交通运输发展】 全年完成各类审批（备案）事项144个，其中：施工许可1个，公路工程施工图设计文件审批35个，公路水运工程招标文件备案10个，交通建设工程质量、安全生产监督30个，公路水运工程交（竣）工质量评定备案44个，公路工程竣（交）工验收备案26个。组织全区参建单位业务培训1次。完成公开招标10个，累计项目中标价1.93亿元。完成交通项目总投资（统计口径）23.31亿元，完成市局下达的2022年投资任务。完成首个浙江省交通领域、杭州市全建设领域PPP项目建设期和运维期考核。建立集中图审、招标文件清单复核和农村公路工程量复核制度。创新招投标管理模式，完成市级断头路万牧线改建工程试点施工招标评定，新增小额招标项目本地企业主体库，规范交通工程变更事项，出台《富阳区交通建设项目工程变更实施意见》。

完成交通项目"三区三线"划定26个，涉及永久基本农田244.87公顷。320国道余杭华坞至富阳高桥段（北段）获省自然资源厅规划选址与用地预审批复，基本完成工程可行性研究报告方案编制；329国道富阳渔山至高桥段（南段）获省自然资源厅用地预审批复，工程可行性研究报告方案继续深化；320国道大青互通至西复线鹿山互通改建工程获得省发改委项目赋码，同步推进工程可行性研究报告编制工作；新登至渌渚段外移工程（原23省道）获项目建议书批复，开展工程可行性研究报告招标；临安界至新登段改建工程（原14省道）、S309鄞州至开化公路富阳龙门段改建工程（原19省道）、S310奉化至桐庐公路富阳场口至金沙段公路改建工程（三期）获项目建议书批复；东望路接科海路通道项目（市政）由富阳区、西湖区达成实施共识；西复线银湖互通连接线延伸工程（市政）获项目建议书批复。

## 公路运输

【概况】 全区公路里程2001.57千米。按行政等级分：高速2条85.62千米，普通国道2条62.99千米，普通省道4条88.25千米，县道46条460.96千米，乡道98条327.41千米，村道845条979.35千米。按技术等级分：高速公路85.62千米，一级公路120.6千米，二级公路185.65千米，三级公路217.53千米，四级公路1392.18千米。全区有桥梁646座，长度25157.74米。其中，国道桥梁31座4136.16米，省道桥梁44座1580.84米，县道桥梁216座11521.1米，乡道桥梁113座2277.14米，村道桥梁242座5642.5米。

【公路养护】 开展45轮两路两侧环境整治行动，巡查发现问题1223个，涉及道路问题464个，均完成整改。完成富阳区普通国省道桥隧管理规范化台账资料检查评估，富阳区2022年度国省道公路路况检测，G320沪瑞线道冠山隧道、S307中樟线石板岭隧道监控提升改造项目，排查公路桥梁、隧道、涵洞净空高度情况。全年下派水毁修复任务单33批次，涉及点位60处（其中国道2处、省道18处、县道39处、乡道1处），修复长度1.55千米，总方量4250立方米，修复资金320万元，完成修复水毁点位58处，完成率96.7%。交安设施项目下派任务单2批次，涉及320国道和横桐线，修复资金约60万元。完成农村公路路况检测、桥梁定期检查工作，涉及24个乡镇街道251条线路，检测桥梁349座，其中大桥7座、中桥69座、小桥273座，共计7988.19米，通过路况检测、桥梁定期检查报告评审，并出具报告。开展公路隧道提质升级行动，补齐隧道交通工程与附属设施短板，推进在役公路隧道土建结构改造。开展浙江省公路桥梁管理系统（CBMS系统）基础数据完善工作。

2022年12月，灵桥互通改建工程完成

（区交通运输局　供稿）

【四好农村路建设】　完成全年建设任务，打通断头路9.01千米，改造提升低等级公路7.12千米，改建农村公路21.83千米，改扩建通往乡镇、景区等公路5.7千米，完成农村公路路面维修121千米，改造病危桥2座。打通徐西线（接萧山段）、胥井上台门至下唐改建工程、蒋大线延伸工程、坑筱线改建工程等线路4条7.57千米，完成投资1.17亿元。推动万牧线、徐西线（接诸暨段）项目进程。开展文明公路建设，做好“美丽公路+”文章，完成方贝线—巧下线—横桐线—油横线—孙油线、桐洲岛、峭山、渔葛线及高泰线等5条迎亚运美丽公路主体工程。

【道路运输企业】　全区有客运企业4家，等级客运站3家，客运班线6条。客运车辆103辆，其中班车车辆34辆、包车车辆69辆。有公交企业1家，公交线路204条，公共汽车1297车辆。巡游出租车公司10家，车辆294辆，从业人员450人；租赁企业备案35家，车辆1333辆。普货企业716家（其中有车企业500家），车辆4154辆（动力车3272辆）；危货企业11家，车辆389辆（动力车218辆）。

【春运工作】　春运期间，出租车载客车次90216次，道路客运量10015人次，同比上升83.93%。其中班车客运量1718人次，同比下降4.82%；包车客运量8297人次，同比上升128.01%。富阳公交完成主车公里536.5万千米，为上年同期的114.8%；完成运输旅客256.8万人次，为上年同期的97.44%；完成票收349.52万元，为上年同期的97.83%。

【行业管理】　对富阳城区公交站、危货企业、出租车企业开展安全督导，重点检查消防设施设备、安全生产以及疫情防控工作情况。组织两客一危及规上普货企业、出租车企业负责人及管理人员观摩消防演练和反恐救援活动。

【新能源出租车更新】　全区有294辆巡游出租车，全年完成新能源出租车更新32辆，建成换电站1座，位于富阳区富春街道恩波大道1026号。

【交通信息化建设】　6月14日，省交通运输厅下发《2022年交通数字化改革基层与社会试点项目清单》（浙交办〔2022〕40号），明确富阳区交通运输局负责建设“桥安码”应用。建设内容主要有构建“一桥一码”二维码赋码规则，开发具备多层级用户交互功能的桥梁二维码，建立桥梁管养全生命周期档案库等。

【工程质量执法监督】　全年检查项目267个次，组织执法人员监督检查600人次，发出《责令限期整改指令书》126份，落实整改各类问题与隐患894条，整改完成率100%。以信用评价体系为抓手，推进监理、检测管理、驻地（工地试验室）标化建设，做好标化“监理办”和“工地试验室”。组织开展“法制扎根工地”“五个一”专项普法深化年活动，发布普法宣传微信动态20余次，信息报道7件。办理行政处罚案件3起，处罚金额26.1万元，下发施工及监理单位轻微违法告知2份。

【工程安全执法监督】　推进安全监管体系建设，开展常态化在建项目监督抽检，规范监督抽检方式。聘请第三方安全咨询专家对各个在建项目进行多轮安全专项检查，对检查过程中发现的安全隐患，以下发责令限期整改通知书形式，督促施工单位进行整改形成闭环，逐一销号。组织开展2022年度安全教育培训会，聘请第三方安全专家解读《杭州市生产经营单位安全生产主体责任规定》，分析如何加强起重吊装作业的安全管理与事故防范。

## 水路运输

【概况】　富阳境内有航道7条、干线航道1条和支流航道6条76.86千米，其中，四级航道1条，48.6千米；5级航道1条，4.51千米；6级航道3条，8.15千米（新江线5.23千米、赵东线2.92千米、周东线9.4千米）；7级航道2条，6.2千米（壶源江3.8千米、大源江2.4千米）。有港口企业16家，共使用岸线长2958米，泊位49个，其中港口危货企业1家。有客运码头3座，使用岸线长229米，泊位4个，已停用。至年底，集装箱吞吐量10.4万标箱，富阳港区吞吐量1641万吨。有货运船舶259艘，载重208900吨，其中集装箱多用途船30艘，1048标箱。有水运企业11家，其中客运企业1家，客船1艘，180客位；货运企业10家，所属船舶60艘，载重62803吨。有渡口5个，渡船12艘，车位80个，客位1634个，约占杭州航区的三分之一，年渡运量约45万人次、20万车次。有船舶常用锚地5个（五丰、渔山、东洲、新桐、春江），锚泊服务区1个（双浦）。

【水路疫情防控】　派驻干部进驻区防疫指挥部，及时掌握区域整体防疫动态，利用大数据、智慧海事平台、界面管理等系统，全面掌握船舶船员的动态轨迹。与属地沿江乡镇街道建立水陆防疫联动机制，实行船员信息、管控政策、核酸检测等防疫联动；落实辖区锚地、码头、渡口等疫情防控，重点做好信息核实报告、船岸界面监管、港区人车管理等工作。开展船舶防疫监管，联合卫健部门对管控船员登船核酸检测，协调保障船员生活需求。

【水上安全】　全年全区水上安全形势总体平稳，航区发生水上交通事故12起，同比下降55.5%，直接经济损失48.7万元，同比下降73.4%，死亡1人。开展各类安全检查237次，发现并落实整改各类安全隐患（缺陷）701个，关停历史遗留无证作业点7个、未经审批水上运动基地1个，解决无桥陆岛居民在“三防”期间安全出行问题2个、涉水工程安全施工问题3个、重点企业码头装卸问题2家以及辖区锚地船舶安全停泊问题6个。建立安全风险分级分类跟踪管控、重大安全隐患整改的挂图作战、锚地船舶精细化管理、网格化管理等机制。

完善辖区“三防”应急预案和事故应急预案。完成应急物资仓库升级改造，提升应急物资管理、检测、保养、调度。

**【绿色港航】** 以长江经济带环保督察和省环保督察为契机，围绕绿色港航建设总体要求，落实绿色港工作措施，促进生态航运健康发展。完善防污基础设施，辖区有生活垃圾回收点19处（其中码头17处，站所2处），生活污水回收点14处（其中公共点1处、社会码头12处、接收趸船1艘）合计容量78吨，船舶油污水接收点2处，容量10吨，第三方接收单位有综合回收船4艘，生活污水接收容量120吨，油污水接收容量66吨。辖区6家设置堆场散货码头或渣土码头全部安装扬尘在线监测系统。开展船舶与港口常态化污染防治，坚持防污检查一日一报机制。重点开展船舶燃油质量专项整治，船舶生活污水铅封直排专项整治，码头防污染专项整治，并依法从速处理油污水泄露事件2起，实施行政处罚5.5万元，对涉案“三无”船舶予以拆解。全年辖区生活垃圾回收24252艘次54.6吨，油污水回收4032艘次924.9吨，生活污水回收6498艘次3552.1吨。

**【水上执法】** 深化执法领域问题整治，开展执法记录仪规范使用培训、考核及抽查。开展辖区问题隐患排查，整改排查隐患267处。重组指挥分中心，推进数字化管理体系建设，强化“线上巡查+线下处置”模式，实现辖区监管全覆盖。全年录入非现场违章720起，检查船舶10868艘次，检查码头9113家次，发送信息223次，信息接收船舶131278艘次，接处警107起，处置率达到100%。规范执法办案流程，建立“一天一自查，一周一总结，一月一抽查”案卷审查机制，完成各类案件1671起，案件数量同比增加63.6%，其中非现场案件比例达到64.6%，罚没款100.42万元，同比增加14.5%。

（汪　军）

【编辑　赵雪红】

# 20 邮政通信

## Postal Communication

### 富阳区邮政分公司

【概况】 全区全年邮政业务总收入12511万元，同比增长23%，其中，金融业务收入6495万元，同比增长34%；寄递类收入4807万元，同比增长61%；协同富春山居农产品品牌馆运营。富阳区邮政分公司有员工433人（人力系统内），下设职能部室2个，专业化经营单位5个，邮政网点26个。

【邮务类业务】 推进快包准加盟制，新设春江、新登特快经营部。开展特快销售化转型，各营业部客户数及散户开户数明显增加，超额完成特快业务收入目标任务，物流业务收入突破100万元。极速鲜茶叶市场项目完成业务收入90余万元，开展美院寄递项目，实现收入66万元。

【金融类业务】 金融业务地区联动、均衡发展，建立网点重点单项业务督导管控机制，下发金融网点月责任清单、网点周工作管控清单、片区经理反馈表，督导进度落后网点。全年新增收集客户信息4382条，实现邮政储蓄卡开卡368张，支付绑定279户，新增金融资产1790万元。开展信用卡“满100减50”和“满100减20”等活动，完成全年信用卡目标的144.31%。

【电商业务】 开展富春山居农产品品牌馆、社区团购、内部员工接龙等销售活动，富春山居农产品品牌馆与本地合作社合作，推出永昌早笋、新登鲜桃、新沙岛玉米等富阳特色农品。入驻政府“政采云”平台，获政府农产品采购数量的30%需从富春山居农产品品牌馆采购的政策支持。开展文旅优惠券、省农博会优惠券，助力农产品销售。全年农产品交易额1081万元，日均活跃邮乐小店126户，分享完成率113.85%，日均成单活跃邮乐小店数13.47，完成率134.7%，邮乐优鲜建团数327个，优鲜销售额109.14万元。

【邮政服务】 建立三级物流体系，在供销E家丰收驿站村级综合服务站点建设和胥口快递共配中心全面启用的基础上，对接区供销总社落实大源片区二级供配中心的建设运营，辐射大源镇、灵桥镇、里山镇、渔山乡、常绿镇、春江街道49个行政村，灵桥共配中心投入试运营，补齐农村邮政快递物流服务短板，促进农产品进城、消费品进村。制定任务清单，完善河长制，建立机关领导结对相对薄弱网点制度，每月开展现场履职检查、业务指导和

富阳区2022年度邮政实绩情况表

表14

| 项　目 | 实　绩 | 单　位 | 项　目 | 实　绩 | 单　位 |
|---|---|---|---|---|---|
| 业务总量 | 12477 | 万元 | 农村投递线路单程长度 | 4241 | 千米 |
| 业务收入 | 12511 | 万元 | 邮运车辆 | 79 | 辆 |
| 收支差额 | 0 | 万元 | 计算机总数 | 135 | 台 |
| 固定资产原值 | 10513 | 万元 | 函件 | 73 | 万 |
| 本年新增固定资产 | 569 | 万元 | 包件 | 1122 | 万件 |
| 期末员工总人数 | 433 | 人 | 报刊收入 | 877 | 万元 |
| 邮政(电)所总数 | 26 | 处 | 集邮业务 | 197 | 万元 |
| 自有房屋建筑面积 | 38066.15 | 平方米 | 邮政储蓄余额 | 43 | 亿元 |
| 邮路单程长度 | 1148 | 千米 | | | |

2022年12月12日，灵桥共配中心投入试运营

（富阳区邮政分公司 供稿）

考核通报。加强机要通信管理，严格制度执行，加强管理人员和检查人员的履职检查。

【邮政安全】 按照上级和地方政府的工作要求，落实企业安全生产责任，建立健全安全管理体系和事故防控机制。重点开展“安全生产月”和“安康杯”安全知识竞赛活动，组织开展单位负责人和管理人员参加安全知识学习和考试。通过悬挂横幅、图版、标语宣传、专项检查、应急预案演练和网点LED显示屏宣传等开展邮政安全宣传。

（王安娜）

## 中国电信股份有限公司富阳分公司

【概况】 2022年，中国电信富阳分公司下设部门4个，经营单元13个，实现富阳区行政区域服务全覆盖。下辖中心厅1家，支局厅11家，社区厅16家，厂专店10家，专营店11家，加盟快递大店46家。拥有全网5G室外基站743个，室分物理点位139个，基本实现富阳全境的5G网络全覆盖。

【客户服务】 2022年，中国电信富阳分公司获富阳区公众综合满意度同业第一，获中国电信浙江省公司“十佳服务满意单位”先进集体称号。确定“诚信经营，客户视角”为企业文化，通过员工出彩平台，全年推出优秀人物访谈4期，向中国电信杭州市公司输送正面案例62件，郎跃峰获“集团标兵”称号。

【云网融合】 持续视频监控发展，完成智能交通项目升级部署；高效支撑银湖36号地块、2022年智慧道路、桂花西路综合改造工程、智能交通（城投）、富阳城区交通整治等智能交通项目；助力区智慧园区、智慧小镇转型及美丽乡村建设，为富阳区金融小镇、硅谷小镇、药谷小镇特色小镇提供万兆光缆接入、Wi-Fi、监控等通信基础设施。

【网络建设】 全年开通5G室外站点119个，替换或新建室分5G站点72个。继续推进4G网络建设，全年开通4G基站58个、工地临时站5个、室内分布系统24个。开通富芯半导体等5G定制网3个，完成核心热点区域的LTE1.8G网络升级，实现富阳全域LTE1.8G网络共享。配合新羽行动，启动CDMA 2G网络退频。通过叠加800M，增加城区及密集村镇网络覆盖。

【精品光网建设】 全年完成5个公安监控项目光缆布放，管线建设投资454万元。完成区亚运场馆144芯主干光缆和相关中继光缆14条布放，专项投资191.68万元。完成综合接入服务区建设改造规划17个，专项投资116.5万元。富阳城域网出口带宽达到640G，富阳主城区XGPON（万兆无缘光网络）全覆盖。

【亚运保障】 完成富阳水上运动中心和富阳体育中心体育馆有线机房、4G/5G室分系统、场馆亚运赛事专网AGIS和亚运视频会议系统的设备安装开通，以及场馆信息系统、综合布线系统的测试验收和场馆互联网（Wi-Fi）的验收接管工作；组建亚运通信保障分指挥中心和保障组4个，启动亚运通信保障工作，完成场馆亚运测试赛通信保障。

【疫情防控】 组建电信抗疫先锋队，出动装维人员，发送防控定向公益短信，完成高铁站、银湖人才公寓、东洲公寓等方舱医院酒店宽带电视安装。下沉富春街道恩波社区疫情防控志愿服务，参与疫情排查扫街、全员核酸检测、社区卡口执勤等疫情防控工作。

（马红霞）

## 中国移动富阳分公司

【概况】 2022年，中国移动通信集团有限公司富阳分公司（简称“中国移动富阳分公司”）有正式员工135人，下设职能部门4个、属地网格7个；拥有营业厅21家，代办移动业务营业网点203家；服务企事业单位16000余家，涵盖党委政府、金融、教育、医疗、工业能源、农商、互联网等行业；拥有4G基站1523个、5G基站1500余个；通话用户规模70余万户，市场占有份额超过70%。获得全国巾帼文明岗、浙江公司“明星县”、省直机关“最强党支部”等荣誉。

【5G网络建设】 打好5G领先攻坚战，新建移动5G基站611个，全区共有移动5G基站1500多个，全面提升乡村5G覆盖效果，5G基站流量分流效果明显，持续4G网络补强补漏，提升用户上网体验。

【数智创新发展】 研读数改政策、聚合优势生态，聚焦一网统管、基层智治推进ToG市场拓展。深耕未

2022年11月2日，中国移动富阳分公司开展银龄活动进社区活动
（中国移动富阳分公司　供稿）

来乡村市场，打造未来乡村示范标杆；紧跟政府疫情防控部署，承建包括富春湾新城防疫临时集中隔离点在内的多个防疫项目；全力护航亚运场馆建设，中标亚运射击射箭现代五项馆智能化建设项目，承担区内3个亚运场馆项目的智能化建设；紧跟国家教育新基建、双减等行业政策，推进典型场景规模化复制推广。积极响应智慧城市建设号召，成功中标智慧新登项目，打造富阳智慧镇街标杆。

（程　峰）

## 中国联通富阳区分公司

【概况】　中国联通富阳区分公司有职员工90人，党员10人，平均年龄35岁，大专及以上学历占全员的90.5%，前端占比为59.5%。全年完成主营收入12160万元，预算完成率102.4%，同比提升22.9%，杭州分公司小组排名第一。

【基础业务】　强化重点区域增量存量协同发展，精确确定存量用户信息，提升用户融合率，聚焦高价值用户发展，通过融合捆绑，提升用户贡献值。聚焦人流密集型场景（学校沙村、紫铜村、民联村、秋丰村、东山村、三桥村等）、中小企业集聚区域，通过集中力量攻坚，加大新增用户的营销。通过重点区域攻坚及高价值发展，富阳攻坚区域用户占比平均提升5%以上。做深做细家庭互联网业务，通过重点小区攻坚、商街攻坚、双新融合、智家业务，以千兆政策为切入点，打造两支装维专业队伍，实现宽带产能大幅提升，月均装宽带发展同比提升37%。

【政府数字化改革项目】　加大政府数字化改革支持力度，成功中标开发区园区三期、阳陂湖景区安防提升、纪委数智巡察、新桐乡智慧农业、春南安置房三网、道路智能交通等项目18个，中标金额3492万元。完成公安2021治安监控、智慧园区二期、高桥公租房、智慧人大、智慧机关等项目。完成19家“防疫消杀”监控企业网络接入，占比40%以上；完成30家工地及2家消纳场“渣土在线”网络接入，占比70%以上；完成70户“阳光厨房”网络接入，占比20%；完成全区首批30家企业环保“固危废”监控链路接入。

【网络建设】　全年安装开通4G/5G站点99个，完成率95.2%，新增电信4G共享基站796个。新建室分项目19个，竞合电信室分项目88个。完成小区建设总量144个，楼宇接入33个，覆盖住宅楼5552栋、住户81783户，建设端口16656个，完成32个机房32套5800千兆网络设备的建设，新增10G口880个。完成老鹰画室、理想画室、新央美画室等11个画室4000多名考生线上艺考保障任务。

（孙　莹）

## 杭州富阳华数数字电视有限公司

【概况】　2022年，杭州富阳华数数字电视有限公司下设本部部门8个、中心服务部4个（下辖24个乡镇街道广电服务站），是富阳区广播电视网络建设、运营管理、安全播出的责任单位。全区有数字电视用户24.9万户，有线电视数字化率达100%；华数宽带用户近8.6万户，平均每3—4户家庭就有1户使用华数宽带。

2023年2月5日，中国联通富阳区分公司与后周社区联合开展防范电信诈骗活动
（中国联通富阳区分公司　供稿）

【家庭医生项目二期】 在数字电视端引入富阳家庭医生功能，不断适应老年人使用习惯，开通在线找家医、健康宣教、约家医、健康档案查询等服务。结合家医平台的家庭医生资源优势，引入居民家中健康管理外设特色服务功能，采集健康数据推送家医平台，形成家庭医生对居民日常健康数据进行在线管理的闭环模式。项目打通卫生系统痛点难点，打造5G+数智家医区域样板；聚焦社会重点关注“两慢病”问题，基于家医平台的数据资源优势，为华数电视及其他智能穿戴设备的引入与推广形成助力。项目荣获省经济和信息化厅、省通信管理局联合组织开展第五届“绽放杯”5G应用征集大赛浙江区域赛优胜奖。

【富春风尚汇项目】 为富阳区委宣传部建设“富春风尚汇”应用场景，以“最美人物”为小切口，正向激励为原则，打造全社会“浙江有礼·富春风尚”的“精神共富”大场景。至年底，“富春风尚汇”应用注册用户超13.8万人，占富阳常住人口近20%。入选省数字文化系统优秀应用，一本账S2“最美浙江人”试点、“最美浙江人”省级试点和杭州市共同富裕建设第二批试点、杭州市数字文化优秀应用、2022年杭州市宣传思想文化工作创新奖；入选杭州城市大脑运营指挥中心2050展厅陈展。

【未来乡村项目】 结合新桐乡江洲村特色旅游资源，建设数字化景区导览系统，发展线上数字化体验产品，发展沉浸式体验、虚拟展厅等新型文旅服务，建设内容主要包括桐洲虚拟全景制作、烟雨桐洲、四季新桐特色景点数字、虚拟化还原、景区AR互动、景区智管平台、驿站智能化建设等；整合场口镇东梓关现有治理资源，建设东梓关村未来乡村数字综合治理平台、巡检司特色VR文化体验、东梓管家小程序、智慧灯杆、智慧健康站智能设备等。定制胥口镇开发里坞村未来旅游、未来数字、未来治理等特色应用模块，包含里坞村未来乡村智慧管理平台、葛洪丹谷产业数字沙盘、里坞旅游小程序和打卡游、智慧灯杆等数智化旅游服务。

（杨　媛）

【编辑　刘　亮】

# 21 旅 游 业

Tourism

## 综 述

【概况】 全年全区接待国内旅游者422万人次，同比增长4.5%；实现国内旅游收入81亿元，同比增长6.6%，其中接待境外游客2779人天，同比下降40.9%，实现旅游外汇收入49.3万美元，同比下降41.7%。景区景点接待游客224万人次，同比增长29.67%，收费景点实现门票收入1.32亿元，同比增长44.82%。

【旅游资源】 全区有国家A级景区8家，其中，AAAA级景区4家，分别是黄公望隐居地、杭州野生动物世界、富春桃源景区、龙门古镇景区；AAA级景区4家，分别是鹳山景区、贤德状元里景区、药谷小镇景区、硅谷小镇景区。星级宾馆酒店6家，其中，五星级2家，三星级3家，二星级1家。三星级以上品质旅行社16家，其中，四星级2家，三星级14家。富春江被命名为浙江省大花园耀眼明珠。

## 旅游开发

【规划编制】 完成富阳区文化旅游体育公共设施建设布点专项规划编制，推进富阳大龙门区域旅游联动发展规划、大安顶区域美丽经济联动发展规划的编制。

【重点项目】 推进在建项目3个，为富春小叠空梦想田园综合体、天钟山景区提升改造项目、坑西村西岩温泉文化旅游度假区；推进省全域旅游示范区创建，并完成省级验收评定；推进“微改造、精提升”项目建设144个。

2022年12月12日，富阳区文旅产业复苏工作座谈会召开

（区文广旅体局 供稿）

【品牌创建】 成功创建拔山村、五丰村等省A级景区村庄68个，其中AAA级11个，AA级35个，A级22个；成功创建场口镇、万市镇、新桐乡为省AAAA级景区镇（乡），常安镇、里山镇、环山乡、渌渚镇、永昌镇、春建乡为省AAA级景区镇（乡）。爱丽芬城堡完成浙江省工业旅游示范基地创建，实施省AAAAA级景区城和全域旅游示范区创建。

【景区提升】 指导黄公望隐居地景区完成无障碍景区创建；指导鹳山景区完成年度复核并顺利通过。龙门古镇旅游驿站入选省一级旅游驿站，湖源乡新一廊桥旅游驿站、富春桃源旅游驿站入选省二级旅游驿站。

## 产业促进

【旅游扶持政策】 出台“引客留富”专项政策，申报奖励旅行社85家次，输送游览景区32997人次，住宿26272人次，兑现奖励资金63.1万元。派发文旅消费券，7—10月，投放3轮富阳文旅消费券共计500万元，覆盖景区景点、宾馆饭店、

2022年6月，富阳举行宋韵富阳富春山居之夜2022富阳文旅推介会
（区文广旅体局 供稿）

精品民宿、研学基地、农夫乐园、电影院、农产品品牌馆等单位148家，核销168.11万元，带动消费877万元。

【产业融合】 加快旅游产业数字化改革，建设富春山居文化保障卡场景项目，并入选浙江省文化保障卡建设试点和省文化和旅游数字化改革试点。完成智能亚运一站通平台富阳专区板块建设，实现乐游富阳小程序与智能亚运一站互通。积极申报文旅领域设备购置更新改造贷款财政贴息，杭州富阳天钟山旅游有限公司获批中央财政贷款贴息政策，杭州梦想田园农业开发有限公司进入项目储备库。加快旅游产业发展，“黄公望隐居地”成功入选浙江省创建级文化和旅游IP。杭州梦想田园农业开发有限公司获2022年浙江省中医药文化养生旅游示范基地认定。书香门第礼盒等7款产品获“韵味杭州·游礼相伴”2022旅游纪念品创意设计大赛奖项，其中银奖2个，铜奖4个，健康生活伴手礼1项，获奖总数位列区县第一。开展“百县千碗·富春味道”走进杭州市政府机关食堂及省行政中心活动，全面展示推介富春味道美食和富春山居农产品。天鸿浙里等2家获评杭州市“诗画浙江·百县千碗”特色美食示范店，花果山等3家获评杭州市“诗画浙江·百县千碗”特色美食体验店。

（夏 晨）

【编辑 刘 亮】

# 22 富阳经济技术开发区

Fuyang Economic and Technological Development Zone

## 综　述

【概况】　2022年，富阳经济技术开发区（以下简称开发区）“四上企业”（规模以上工业企业、资质等级建筑业企业、限额以上批零住餐企业、规模以上服务业企业）实现营业收入2184亿元，比上年增长7.7%。实现规模以上工业总产值1102.4亿元，占全区74.6%；规模以上工业增加值211.9亿元，增长2.6%，占全区74.2%；高新产业增加值160.4亿元，增长3.3%，占全区84.2%。制造业投资额39.4亿元，占全区39.9%；高新产业投资额32.8亿元，占全区34.9%。实现税收56.5亿元，同比下降3.6%。

【开发区项目招引】　实际利用外资0.58亿美元，其中制造业外资695万美元。招引产业项目69个、总投资186亿元，其中，高新产业项目51个，总投资170亿元，招引10亿元以上项目6个。推进产业项目103个，完成投资32.17亿元，其中，新建项目24个、续建项目79个，新竣工项目34个，申报“152”项目1个。新开工项目24个，其中，制造业项目18个、服务业项目6个。制造业项目平均开工时间为4.72个月，土地成交后3个月内开工项目6个；商办项目平均开工时间10.17个月。竣工项目34个，其中，制造业项目26个、服务业项目8个，提前竣工项目15个，平均提前5.74个月。

【开发区土地利用】　完成集体土地征用51.97公顷，农户拆迁244户，主体企业签约32家，承租企业搬迁331家，政策处理土地面积63.69公顷，腾出可开发利用产业用地空间184.93公顷。完成供地项目47宗，出让面积91公顷。其中，完成工业用地36宗，面积64公顷；完成住宅用地4宗，面积20.75公顷；完成商业商务用地6宗，面积5.93公顷；完成公建配套用地1宗，面积0.31公顷；完成平台外工业用地8宗，面积9.55公顷。

【开发区企业经营】　开发区实际经营企业8405家，其中工业企业1618家。有规模以上工业企业376家，占全区的53%，其中，年产值100亿元以上企业2家、10亿元以上企业11家、亿元以上企业134家；制造业企业500强3家，上市企业6家，重点上市后备企业16家，国家专精特新“小巨人”企业18家，省级专精特新企业37家，省智能工厂5家，省绿色低碳企业2家。有科技孵化器8家，其中国家级1家、省级1家、市级6家；有众创空间15家，其中国家级2家、省级3家。

7月13日，富通集团有限公司和浙江富春江通信集团有限公司获全省数字经济高质量发展大会推动数字经济发展表彰；10月25日，杭州公布市级文化产业园区、文化创意街区重点文化企业（数字文化

2022年12月，富阳开发区获评省级绿色低碳工业园区，图为和鼎铜业园区

（富阳经济技术开发区　供稿）

示范企业）及成长型文化企业入选名单，爱丽芬两岸文创园入选杭州市文化产业园区，杭州老鹰教育科技股份有限公司、杭州环宇集团有限公司、浙江永翌网络科技有限公司入选杭州市重点文化企业（含数字文化示范企业），杭州君岭教育科技股份有限公司、杭州之艺文化艺术有限公司入选杭州市成长型文化企业；11月11日，杭州市发布2022年市级绿色低碳工业园区工厂名单，浙江利安特新型墙材有限公司、杭州富阳中恒电气有限公司、杭州富生电器有限公司、光大环境能源（杭州富阳）有限公司、杭州鹏成新能源科技有限公司、杭州环宇玩具有限公司、杭州东南吉通网络有限公司、杭州广安汽车电器有限公司、浙江九本环保技术有限公司、杭州金固环保设备科技有限公司、杭州图南电子股份有限公司等入选市级低碳工厂名单。

2022年6月16日，富阳举行首届体外诊断产业发展峰会
（富阳经济技术开发区　供稿）

## 规划建设

**【吉利控股集团路特斯能源总部项目签约】** 11月8日，吉利控股集团与富阳区人民政府签署合作协议，双方将在新能源汽车领域开展全面合作，其中路特斯能源总部项目是代表性合作项目。路特斯能源总部项目将在富阳经济技术开发区落地能源总部运营项目、充电场站运营项目和产业化制造项目三个子项目，总投资超50亿元，预计2025年建成投产。该项目选址开发区金桥园区阳陂湖南侧地块，金桥北路附近，紧邻地铁6号线，总用地面积约7.6公顷。能源总部运营项目将集中路特斯与吉利优势资源，打造集品牌展览展示、市场营销、采购、财务结算、人力资源管理、行政管理等运营职能于一体的能源管理总部。同时，该项目还将打造成熟的软硬一体充电系统解决方案，向电动车充电终端市场提供硬件、软件和运维管理服务。充电场站运营项目则规划运营管理约1000个充电场站，实现全球充电网络布局。此外，路特斯已与中国汽车技术研究中心达成合作意向，将与该中心合资建设新能源和能源相关实验验证平台，作为国内新能源汽车综合验证中心。产业化制造项目主要研发和制造大功率充电堆及自动充电终端、中高功率手动终端、小功率交流桩、智慧能源系列等产品。

**【杭州航天电子技术有限公司、浙江一亿中流富星科技有限公司签约】** 3月17日，开发区与杭州航天电子技术有限公司、浙江一亿中流富星科技有限公司分别举行项目签约仪式，两个10亿元以上产业项目正式落地。其中，杭州航天电子技术有限公司项目总投资约13亿元，占地约6公顷，选址在开发区高尔夫路智能装备产业带，将打造以连接器、电缆网、检验测试、智能制造为四大核心业务的电子产业园。杭州航天电子技术有限公司隶属于中国航天科技集团第九研究院，为航天时代电子技术股份有限公司的全资子公司。浙江一亿中流富星科技有限公司“富春星球”数字产业基地项目总投资约10亿元，占地约3公顷，选址在开发区银湖科技城，将聚焦数字信息产业，承接和引入一批技术新、产品硬的亿元级企业，打造标杆级数字经济创新高地。浙江一亿中流富星科技有限公司由浙江清华长三角研究院杭州分院与和梓创实集团共同发起成立，是国内一流的拟上市企业孵化平台，为大批高成长性企业提供全要素赋能，助力企业成功上市。

**【首届体外诊断产业发展峰会】** 6月16日，首届体外诊断产业发展峰会在开发区举行。此次峰会以“创新活力 才聚富春”为主题，由浙江省医学科技教育发展中心、富阳经济技术开发区管委会、富阳区委人才工作领导小组办公室、浙江省药品监督管理与产业发展研究会、浙江求是应急科技研究院、浙江省医疗器械行业协会联合举办，旨在加强政府部门、科研机构、社会资本、骨干企业以及高端人才之间的交流与合作，加快推动体外诊断产业高质量发展。峰会现场，浙江（富阳）医学检验检测研发与转化中心举行揭牌仪式，浙江省医学科技教育发展中心主任顾华与开发区党工委书记、管委会主任赵骊中共同揭牌。

**【浙江海正生物有限公司新上抗体药物生产线项目签约】** 7月17日，富阳经济技术开发区与浙江海正生物制药有限公司举行项目签约仪式。浙江海正生物制药有限公司拟投资10亿元新上抗体药物生产线项目，其中固定资产投资约5亿元，利用胥口园区的存量工业用地建设高标准生产车间，用于公司现有研发创新型抗体药物的产业化以及未来可能开发项目的产业化，新产线投用后预计至2030年海正生物总产值可达50亿元。副市长胡伟，区领导吴玉凤、马利阳、何献忠、王龙华、赵骊中及海正药业董事长、博锐生物副董事长蒋国平，太盟投资集团合伙人、博锐生物董事许湛等出席签约仪式。浙江海正生物制药有限公司是富阳区重点生物制药企业，主要研发生产治疗自身免疫疾病及肿瘤的生物药。

## 产业发展

**【杭州天铭科技股份有限公司在北京证券交易所上市】** 9月2日，杭州天铭科技股份有限公司在北京证券交易所正式挂牌上市，为富阳首家登陆北交所企业，也是富阳第七家上市企业。据天铭科技招股书披露，公司拟公开发行不超过1000万股新股，拟用公开发行股票募集资金18960万元，用于高端越野改装部件生产项目、研发中心建设项目。杭州天铭科技股份有限公司位于开发区东洲新区，是国内知名的汽车越野改装件生产企业。企业成立于2000年，主要从事绞盘、电动踏板等汽车越野救援及改装件的设计、研发、生产和销售，是浙江省隐形冠军企业、浙江省“专精特新”中小企业。

2022年12月，岩土科技股份有限公司总部大楼启用
（富阳经济技术开发区　供稿）

**【杭州润歌网络有限公司在香港证券交易所上市】** 10月17日，杭州润歌互动有限公司在香港联合交易所主板正式挂牌上市，为富阳首家港股上市企业。公司主要经营业务分为两部分：一是营销及推广服务，包含推广及广告服务和虚拟商品采购及交付服务，主要是将企业广告商、营销渠道提供商、媒体出版商和移动App运营商联系对接，并提供增值服务；二是为客户提供IT解决方案服务，主要提供手机游戏及软件开发及维护服务、彩票相关软件系统及设备解决方案。

2022年10月17日，杭州润歌网络有限公司在香港证券交易所上市
（富阳经济技术开发区　供稿）

**【硅谷小镇特色产业风貌区入选省城乡风貌样板区试点建设名单】** 9月15日，省建设厅、省城乡风貌整治提升工作专班办公室印发《关于公布浙江省2023年度城乡风貌样板区试点建设名单的通知》，富阳硅谷小镇特色产业风貌区入选省级试点名单。硅谷小镇位于富阳经济技术开发区银湖科技城核心区域，其特色产业城市风貌区规划范围东至九龙大道，西至上林南路和富闲路，北至九龙大道和银湖路，南至320国道，规模约115公顷。硅谷小镇将围绕“数字领航，创新高地”“产城共融，宜居宜创”“生态示范，山水智谷”三大风貌特色，打造“未来数字城、双创共富区”。

**【富阳开发区获得省级荣誉】** 11月24日，省发展和改革委员会公布2022年省级循环经济示范试点验收结果，富阳经济技术开发区通过验收，成为全省四个验收等次为优秀的园区之一。浙江省经济和信息化厅公布2022年浙江省级绿色低碳工业园区、工厂名单，其中富阳经济技术开发区获省级绿色低碳工业园区，开发区企业和鼎铜业、中策清泉入选省级绿色低碳工厂。

**【岩土科技股份有限公司总部大楼启用】** 12月14日，银湖科技城岩土科技股份有限公司总部大楼（科创中心）正式启用。岩土科技股份有限公司总部大楼（科创中心）坐落于银湖科技城向阳产业园，大楼占地面积为0.7公顷，建设规模达24525平方米，大楼建筑包含主楼13层，裙房4层。岩土科技股份有限公司成立于1999年，由杭州实业投资集团和潘金龙、吴世明等行内专业人士共同组建，是国内较大的建筑物加固改造的民营企业。公司拥有工程勘察甲级、建筑设计乙级、地基与基础工程壹级、特种专业工程专业承包资质、地质灾害治理甲级等众多建筑资质，是集勘察、咨询、设计、施工、服务于一体的国家高新技术企业，全国积累1000余个工程项目案例，业务足迹遍及全国20余个省市自治区。其中，岩土科技总部大楼、图南电子总部大楼所在的银湖科技城向阳产业园，已落地项目13个，已竣工投用3个、已结顶8个，预计2023年亚运会前全部完工。全面建成后可实现营收37亿元，税收约3亿元，入驻人员约1.3万人。

（沈丽洁）

【编辑　刘　亮】

# 23 杭州富春湾新城

Fuchunwan New Town，Hangzhou

## 综 述

【概况】 杭州富春湾新城位于富春江南岸，杭州市西南，辖“一街三镇一乡”（春江街道、大源镇、灵桥镇、里山镇、渔山乡），规划总面积约196.86平方千米，其中核心区约56.96平方千米，户籍人口3.11万人，外来人口2.36万人，规划总人口约38万人。

【土地利用】 杭州富春湾新城土地总面积4559.7公顷，其中建设用地面积2471.8公顷、农用地和未利用土地面积2088.0公顷。其中规划工业用地527.8公顷，已落地136.8公顷；规划商业用地205.9公顷，已落地10.3公顷；规划住宅用地597.4公顷，已落地46.7公顷；规划公建配套用地242.6公顷，已落地40.1公顷；规划安置房用地215.6公顷，已落地100公顷。

## 招商引资

【概况】 2022年，杭州富春湾新城成功获批省级高新技术产业园区、杭州市首批低碳试点园区。引入搭建杭州光机所、西湖大学光电研究院等重大研究平台，引育富芯半导体、芯海半导体、飞旋科技、特富能源等高新产业项目111个，项目用地面积282.33公顷，项目总投资780亿元，昌华齿轮、华神消防等5个项目竣工投产。芯海半导体、特富能源等12个项目纳入“152”省市县长工程。

【企业培育】 2022年，富春湾新城围绕光电激光（集成电路）、机电装备、智能专用设备等产业群落，结合新城省级高新区创建，实现光电激光产业集群在省内具有一定知名度。转型以来累计培育高新技术企业71家、科技型中小企业125家。为充分释放过渡企业生产潜力，新城通过旧厂房改造实施专业化小微企业园建设，入驻科强电子等企业30余家，过渡空间利用面积达11万平方米，整体营收达15亿元，税收8000万元。

【经济发展】 2022年1—12月富春湾新城累计实现了规上工业总产值169亿元、规上工业增加值26.9亿元，新引育企业完成规上工业产值24.5亿元，同比增长18%。成立杭州富春湾新城服务企业“专班+组团”服务小组，出台《杭州富春湾新城服务企业“专班+组团”服务小组经济工作方案》，“拿地即开工”用时缩短至平均约80天。

【人才培育】 全年新增申报市级以上海外引才计划14人（国家级2人、省级6人、市级6人），实际入选3人（省级1人、市级2人）；柔性引进市级以上海外引才计划数5人；完成领军型团队申报1个，累计引进高层次人才团队46个；累计招引大专及以上学历超3300人，本科及以上学历超2300人，硕士及以上学历超500人，博士及以上学历超100人。

## 政府投资项目建设

【概况】 杭州富春湾新城全年承担政府投资项目62个，总投资512.26亿元，其中，市政基础设施项目35个，总投资201.1亿元，计划总投资45亿元；房建项目24个，总投资298.3亿元，计划总投资49.4亿元；电力及迁改项目3个，总投资12.9亿元，计划总投资0.79亿元。

【市政基础设施项目】 全年实施市政基础设施项目35个，总投资201.1亿元。

杭新景灵桥互通迁改项目，该项目位于灵桥镇，杭新景灵桥互通向北改移1.9千米至现状春永线（富春湾大道）处，新建匝道G25长深（杭新景）高速公路相接（双向六车道），并在富春湾大道两侧设置收费站，形成三岔T形互通式立体交叉（梨形），主线全长1.87千米，互通匝道全长4.35千米。项目总投资7.5亿元。

富春湾大道（一期）项目，该项目起点位于富春湾大道与学院路交叉口，终点位于江南大道与经纬路交叉口，一期工程实施总长2.98千米；项目建设形式为地下快速路（双向六车道）+地面主干路（双向六车道）形式，道路总宽55米；建设内容包括隧道工程、管廊工程、桥涵工程、河道工程、雨污水工程、交通工程及景观绿化工程等，总投资53.24亿元。

富春湾大道（二期）项目，该项目起点位于富阳大桥连接线，终点至灵桥镇杭新景高速桥以东约700米，与在建春永线衔接，二期全线总长约6.98千米，以一期工程为分界线，分东西两段：西段工程总长约0.97千米，东段工程总长约6.01千米；项目建设形式为地下快速路（双向六车道）+地面主干路（双向六车道）形式，道路总宽55米；建设内容包括隧道工程、管廊工程、道路工程、桥涵工程、河道工程、管线工程、隧道附属工程（机电及管理用房等）、管廊附属工程（机电及管理用房等）、交通工程及景观绿化工程等，总投资89.28亿元。

王家宕路（滨富路）项目，该项目位于灵桥镇，总体呈南北向，北起南大道以南320米，向南经富春湾大道、规划道路、同登路后至亭山路以北240米，道路全长约1681.5米，道路标准段红线宽为55米和45米。建设内容为道路工程，排水工程，综合管线工程，总投资约1.63亿元。

亭山路二期（赤亭纸路至科甲路）项目，该项目西起赤亭路，东至科甲路，道路全长1.73千米。道路等级为城市主干路，涉及速度为60千米/时，标准段红线宽45米，双向6车道。总投资2.9亿元。

同登路（竹筒路以西段）项目，该项目西起赤亭纸路，东至竹筒路道路全长约 2.49千米，道路等级为城市主干路，设计速度60千米/时，标准段红线宽45米，双向6车道。道路工程全长2.49千米，总投资2.5亿元。

董家桥路（杭千连接线至朝阳路）项目，该项目南起朝阳路，北至杭千连接线，全长约1.09千米，道路等级为城市次干路，规划红线宽40米宽，设计车速50千米/时，采用三块板的断面形式，总投资0.68亿元。

光明产业园配套道路项目，该项目位于灵桥镇光明产业园区，其中园区道路暂定为一号至七号路及观坞路，其中一号路全长183.29米，二号路全长260米，三号路全长502.71米，四号路全长206.92米，五号路修复路段全长220.94米，六号路全长200米，七号路全长121.51米，观坞路修复段全长1040米。该道路工程等级为园区道路，设计速度20千米/时，标准段红线宽度分布为9米、8米、7米，双向二车道。项目总投资约0.26亿元。

大源产业区块配套道路项目，该项目长度约1160米，北侧东西向道路宽度20米，南侧东西向道路宽度40米，南北向道路宽度30米，总投资1.5亿元。

春南产业区块配套道路项目，该项目北起富春湾大道，南至亭山路，全长1107.97米，设计速度50千米，道路红线宽30米，道路等级为城市次干路。支路一：本次工程道路设计支路一，北起富春湾大道，南至亭山路，道路标准段宽度30米，长度约1194米，设计为城市支路，设计速度40千米/时。支路二：本次工程道路设计支路二，北起同登路，南至亭山路，道路标准段宽度20米，长度约360米，设计为城市支路，设计速度40千米/时。支路三：本次工程道路设计支路三，西起学院路，东至科甲路，道路标准段宽度20米，长度约1032米，设计为城市支路，设计速度40千米/时。项目总投资3.49亿元。

灵桥区块配套道路项目，该项目含道路3条，分别为胜利路（富春湾大道至江滨南大道）工程南起富春湾大道，北至江滨南大道，道路全长约350.02米，宽30米；工业路（王家宕路至规划二十二路）工程位于富春湾新城灵桥片区，道路西起王家宕路，东至规划二十二路，道路全长约998.7米；灵礼路（江滨南大道至富春湾大道）工程位于富春湾新城灵桥片区，道路北起江滨南大道，南至富春湾大道，道路全长538.22米，宽26米。项目总投资1.04亿元。

双语学校配套道路项目，该项目含道路4条，春建路道路东起大桥南路，西至竹筒路，长度303.43米，宽40米；竹筒路北起洋浦河，南至永济路，长度731.03米，宽30米；规划一路北起春建路，南至永济路，长度402.28米，宽20米；规划二路东起大桥南路，西至竹筒路，长度293.5米，宽14米，项目总投资0.78亿元。

富春湾新城20号地块配套道路，该项目东起经纬路交叉口，道路为东西走向，道路全长约619.25米，终点为建设区块配套道路东侧，规划用地红线宽30米，双向4车道，设计速度30千米/时，道路标准为城市支路。

大源污水厂改造提升工程，该项目分两个阶段实施。第一阶段为新建一座高效沉淀池并完成设备调试及通水。第二阶段为新建细格栅及旋流沉砂池，加氯消毒池、除臭系统、活性炭投加系统、地磅等。改造原有进水泵房、生物池、曝气池、鼓风机房等，将原10万立方米/天的污水处理厂改造完成。

洋浦江综合提升工程（富春江至学院路段），该项目总面积71.79公顷，洋浦江河道长度4千米，

2022年9月，上海外国语大学附属杭州学校开学

（杭州富春湾新城　供稿）

工程内容主要包括河道护岸治理、引水泵站新建、景观绿化、景观节点打造、服务建筑新建、绿道贯通、田相提升、面源污染治理、植被缓冲带打造、滨水植被恢复、生境构建。工程总投资 1.24 亿元。

灵桥大小浦迁改工程，该项目位于灵桥镇，设计红线面积约 73873 平方米，主要包括大浦、小浦、合流段、衔接段河道整治，河道总长约 2.1 千米，河道常水位 6 米。其中大浦河道规划长度为 914 米，宽度为 14.5 米；小浦河道规划长度为 636 米，宽度为 14.5 米；合流段河道规划长度为 234 米，宽度为 24.5 米，衔接段河道规划长度为 334 米，宽度为 4 米。

富春湾大道三期（富阳大桥以西段），该项目西起太平村天钟山口（与在建新中线衔接），东至富阳大桥连接线交叉口（与富春湾大道二期实施范围衔接）。道路全长约 3155.15 米，道路标准横断面宽 44.5—47.5 米，外侧绿化宽 0—20 米，设计速度 60 千米／时，为城市主干路。主要内容为道路工程、排水工程、桥梁工程、景观工程、排水渠工程及其他附属工程。

环西路新建工程，该项目位于富春湾新城灵桥片区，道路北起工业路，南至富春湾大道，道路全长约 486.14 米，宽 24 米，双向 4 车道，设计速度 30 千米／时，城市支路。

秦望南路一期（洋浦江至富春湾大道），该项目洋浦江南侧一富春湾大道，全长 1953.82 米，道路标准断面宽度为 27—52 米，其中洋浦江—春江南路为保通路段，断面宽度 27 米，长度 1096.55 米，春江南路—富春湾大道为规划路段，断面宽度 52 米，长度 857.27 米。项目工程还包括春建路，春建路实施范围为竹筒路—富春湾大道，道路标准断面宽度40米，全长413.19米。工程主要内容包括道路工程、桥梁工程、雨水工程、污水工程、交通工程及景观绿化工程等相关内容。

秦望南路二期（富春湾大道至亭山路），该项目位于富春湾新城范围内，道路整体呈南北走向，是富春湾新城的城市主干道。北起富春湾大道，南至亭山路全长约 1.28 千米，道路宽度 52 米，两侧绿化带宽度各 20 米，整体工程总宽度 92 米，按照城市主干路标准进行设计。主要建设内容包括道路、管线、交安、绿化、照明等相关内容。

灵礼路新建工程（同登路至亭山路），该项目位于富春湾新城灵桥片区，道路北起同登路，南至亭山路，道路全长约 540.6 米，宽 26 米，双向 4 车道，设计速度 30 千米／时，城市支路。

蔡伦路（王家宕路至灵礼路），该项目位于富春湾新城灵桥片区，道路西起王家宕路，东至灵礼路，道路全长约 237.86 米，宽 30 米，双向 4 车道，设计速度 20 千米／时，城市支路。

春南安置房西侧道路，该项目北起春南路（现状），南至富春湾大道交叉口北侧桥梁（已建），道路全长约 371.53 米。道路等级为城市支路，设计速度 20 千米／时，标准段红线宽 30 米，双向 4 车道。

春北片区建设区块配套道路，该项目包含三条道路：春建路，谊桥陇路和南岸沙路三路。春建路东起经纬路至五号路路段长约 681.53 米，道路宽度 30 米，双向 4 车道，设计速度 40 千米／时，城市次干路。谊桥陇路北起江滨南大道，南至高阳路路段长约 1024.07 米，道路红线宽度 20 米，设计时速 30 千米／时，城市支路。南岸沙路南起高阳路北至江滨南大道，路段长约 892.2 米。道路红线宽度 20 米，设计时速 30 千米／时，城市支路。

董家桥路一期（朝阳南路至杭千高速），该项目北起朝阳南路，南至杭千高速，道路全长 719.41 米，亭山西路以北道路宽 40 米，亭山西路以南道路宽 24 米，双向 4 车道，设计速度 40 千米／时，城市次干路。

大源安置房二期 A 区块南侧道路，该项目为大源安置房区块内东西向城市支路，西起大源安置房二期 A 区块东侧配套路，东至规划董家桥路，长度为 339 米，红线宽度 16 米，设计车速 30 千米／时，是区块南侧一条服务性道路。建设内容包括道路工程、排水工程和绿化工程等。

春南产业区块配套道路（二期），该项目共包含 3 条道路，分别为涌金路、沈家垄路、山建路，主要内容包括道路工程、桥涵工程、雨水工程、污水工程、交通工程及景观绿化工程等相关内容。

大源污水厂尾水管工程，该项目包括尾水泵站及泵站内进出水管线。尾水提升泵站设计规模为 6.0 万立方米／天，位于富阳区现状大源污水处理厂尾水排放口东侧，占地面积约 236.5 平方米。泵站内建筑包括泵站、阀门井。泵站进水管从现状尾水排放口附近引入采用重力流，管径为 DN1000，管内底标高为 5.85 米。尾水经泵站提升后，通过 DN800 尾水压力管道，输送至永济路与经纬路交叉口处现状 DN800 江心排放管中，全线新建管线共计 1714 米。

亭山渠生态治理工程，该项

2022年10月1日，春江街道春南安置房分房完成
（杭州富春湾新城管委会　供稿）

目通过富春湾大道与竹简路处已建DN1000生态配水管引一路DN400管至亭山渠，新建DN400压力管约1400米，管道埋设于现状亭山渠底。

春南规划渠道新建工程，该项目南起亭山路，北到富春湾大道，西邻沈家垄路，东面紧邻规划地块，项目东西向宽度32.5米（包含西侧沈家垄路人行道范围，结合绿道一并设计实施），渠道宽约10米，深度1.5—2.8米，长度约1100米。总面积约35900平方米(主要设计内容:慢道、城市舞台、感光景墙、栈道、亭廊和开阔的供人休憩放松的绿色堤岸，不包含相关道路桥涵），其中水域面积约11750平方米，绿化面积约15575平方米，硬质面积约8450平方米，建筑占地125平方米）

灵桥安置小区二期A区块配套道路，该项目共含两条支路，分别为规划支路1、规划支路2。规划支路1起点接安吴川路，路线为东西走向，终点接滨富大道，道路长度约373.62米，道路红线宽16米，双向2车道;规划支路2为南北走向，起点与规划支路1相交，终点与富春湾大道相接，道路长度285.7米，道路红线宽16米，双向2车道。两条道路均为城市支路，设计速度30千米/时。

元书街（蔡伦路）与大桥南路交叉口周边环境整治工程，该项目为城市绿地，为大桥南路与元书街（蔡伦路）交叉口道路两侧区块，环境整治、绿化提升、街道办事处入口区块优化等，红线面积5.5公顷，项目总投资0.1亿元。

竹简路(富春湾大道至同登路)，该项目北起富春湾大道，南至同登路，其中含过庭街，涌金路上跨亭山渠桥梁2座以及新建污水泵站1座，道路全长835米。标准横断面宽度为30米，双向4车道，设计速度30千米/时，为城市支路，主要建设内容包括道路、排水、桥梁、综合管线、绿化景观等工程。

**【房建项目】** 全年实施房建项目24个，总投资298.3亿元。

杭州富春湾第三中学（灵桥中学），该项目总建筑面积75052.95平方米，其中地上建筑面积为51952.05平方米（含架空层等不计容面积为3037.23平方米），地下建筑面积23100.9平方米。容积率1.02，绿地率35%。工程估算总投资3.99亿元。

省人民医院富阳院区项目，该项目位于蔡伦路以南，竹简路以东，大桥南路以西。总用地面积12.27公顷，容积率1.80，绿地率35%，建筑密度不大于35%，建筑高度80米，总投资32亿元。本项目分期实施，一期总建筑面积211990平方米，其中地上139920平方米，地下72070平方米，总投资26.19亿元(含征迁费10.70亿元）。

富春湾智能安防制造项目（一期），该项目位于杭州富春湾新城大源镇亭山村五圣堂区块，东临汽贬线。项目总规划用地面积7.2公顷。项目分两期建设，总投资12亿元，其中一期用地面积4.84公顷，总投资5.4亿元，建安费用4.4亿元。总建筑面积为13.11万平方米，其中地上建筑面积11.11万平方米，地下一层建筑面积2万平方米，地块容积率2.29，建筑密度31.2%，绿地率15%。项目由7栋普通厂房（五层）以及3栋科研厂房高层（12—15层）以及1栋后勤中心（12层），局部一层地下室。

杭黄高铁片区一平方公里综合开发项目，该项目位于杭州富春湾新城城市核心轴南部，北至规划同登路、南至杭黄高铁富阳站、西至竹简路、东至规划支路，总用地面积约104.36公顷。由中交城投作为中标合作方，负责项目整体开发策划、投融资、建设、土地开发等，合作期5年，其中建设期3年。为富春湾新城首个采用“片区综合开发模式”项目。

大源亭山安置房改造工程，该项目主要建设内容为大源亭山安置房小区的奇妙堡托育点商铺土建提升改造、社区配套设施装修提升、景观改造提升以及数字化建设等。奇妙堡托育点商铺土建提升改造主要为将现状商铺改造奇妙堡托育点，改造面积约400平方米；社区配套设施装修提升面积约5150.42平方米，主要包含奇妙堡托育点、幸福学堂、富春书屋、社区文体活动室、社区服务用房、住宅小区居家养老服务中心、物业办公用房等装修提升;数字化改造主要包含居家养老、智慧交通以及邻里、教育、健康、交通、服务、治理、低碳场景的数字化建设。

灵桥产业区块人才公寓（一期）项目，该项目位于灵桥镇同登路南，王家宕路东，灵礼路西，灵羊线北，项目规划用地面积41878平方米，总建筑面积181633平方米，其中地上计容建筑面积104695平方米，地下建筑面积76938平方米。包含高层住宅楼13栋，多层以及其他配套设施2栋。其中地上20层高层住宅楼11栋；地上18层高层住宅楼2栋；多层建筑为地上1—2层，最大建筑高度为58.80米。设置地下车库2层，地下二层为人防地下室工程，设计人防总建筑面积为23421平方米。一期住宅1458户，其中90平方米大户型152套，70平方米中户型638套，55平方米小户型668套;机动车泊位1571个，其中地上车位28个，地下1543个;容积率2.5，绿地率35%。总投资约4.45亿元。

滨富合作区综合服务中心，该项目功能以办公为主，由电信、移动、邮政、水务、华数、灵桥市场监管局六家单位共同使用，总建筑面积34075平方米，其中地上面积24100平方米，建设内容有综合楼、供电服务站、抢修仓库、运维管理中心、安保中心等。项目总投资1.8亿元。

富春湾医械健康产业制造项目（一期），该项目总建设用地面积为38583平方米，建设内容包括孵化器、行政配套、生产厂房、地下停车库及其他相关配套设施等，总建筑面积145659平方米，计容建筑面积115749平方米（不含地下室29910平方米）。项目估算总投资为6.4亿元。

杭州富春湾科创中心及产业化基地项目，该项目地块位于杭州富春湾新城春江街道，北侧为富春湾大道，西、南侧为规划道路，东侧为其他产业用地。用地面积为14932平方米，方案经济技术指标为容积率5.0，建筑密度40%，绿地率15%，建筑高度72.6—92.1米，总建筑面积为100514.2平方米，其中地上建筑面积74660平方米，地下建筑面积25854.2平方米，地下两层。项目总投资4.1亿元。

富春湾临时防疫集中隔离点，该项目分二期实施。一期由隔离区、办公区两部分组成，总用地面积约2.28公顷。二期由隔离区、办公区两部分组成，总用地面积约0.24公顷。项目总投资1.26亿元。

春江二小（杭州富春湾春南小学），该项目总建筑面积约46167平方米，其中地上建筑面积约28453平方米（计容建筑面积26866平方米，不计容建筑面积1587平方米），地下建筑面积17714平方米。建设内容包括校舍建筑（教学及教学辅助用房、办公用房、生活服务用房）、地下建筑、体育活动场地、绿化、道路广场及其他配套设施等。

富春湾新城生活垃圾减量综合体，该项目总建筑面积12065平方米，道路广场面积4820平方米：绿化面积2667平方米，容积率0.42，绿地率20%，生活垃圾压缩转运规模500吨/天，本期规模250吨/天。工程估算总投资1.4亿元。

【安置房项目】 全年实施安置房项目12个，其中在建项目12个：大源亭山安置小区、大源东升1号安置小区（二期）、春南安置小区、灵桥永丰安置小区（4个PPP项目）；春北安置小区A、B、C区块，灵桥安置小区二期A、B、C区块，大源安置小区二期A、B区块均已完成主体施工阶段并进入装饰装修阶段。

春南安置小区建设工程项目，该项目用地面积为16.67公顷，总建筑面积64.92万平方米，其中地上建筑面积41.36万平方米，住宅总套数2884套，配建18班幼儿园1所，总投资25.09亿元。总承包单位为中电建建筑集团有限公司。项目于2019年4月开工建设，2022年8月16日完工。

大源镇东升1号安置小区建设工程二期项目，该项目用地面积为2.58公顷，总建筑面积8.56万平方米，其中地上建筑面积5.98万平方米，住宅总套数395套，总投资3.6亿元。总承包单位为龙元建设集团股份有限公司。项目于2019年3月开工建设，2022年11月3日完工。

大源镇亭山安置小区建设工程项目，该项目用地面积为6.87公顷，总建筑面积22.84万平方米，其中地上建筑面积16.22万平方米，住宅总套数1180套，总投资9.18亿元。总承包单位为龙元建设集团股份有限公司。项目于2019年3月开工建设，2022年11月3日完工。

灵桥镇永丰安置小区建设工程项目，该项目用地面积为7.87公顷，总建筑面积27.5万平方米，其中地上建筑面积20.22万平方米，住宅总套数1370套，配建12班幼儿园1所，总投资10.82亿元。总承包单位为龙元建设集团股份有限公司。项目于2019年3月开工建设，2022年11月3日完工。

春北安置小区A区块项目，该项目用地面积为6.87公顷，总建筑面积21.41万平方米，其中地上建筑面积12.96万平方米，住宅总套数890套，项目总投资9.07亿元。总承包单位为中铁建设集团有限公司。项目于2019年12月开工建设，至2022年底，完成工程量90%。

春北安置小区B区块项目，该项目用地面积为11.4公顷，总建筑面积42.2万平方米，其中地上建筑面积27.9万平方米，住宅总套数1938套，总投资16.11亿元。总承包单位为中铁建设集团有限公司。项目于2019年12月开工建设，至2022年底，完成工程量90%。

春北安置小区C区块项目，该项目用地面积为4.09公顷，总建筑面积11万平方米，其中地上建筑面积6.59万平方米，住宅总套数476套，总投资8亿元。总承包单位为中铁建设集团有限公司。项目于2020年10月开工建设，至2022年底，完成工程量80%。

大源安置小区二期A区块项目，该项目用地面积为6.6公顷，总建筑面积22.26万平方米，其中地上建筑面积14.1万平方米，住宅总套数920套，总投资7.17亿元。总承包单位为中铁十八局集团有限公司。项目于2020年1月开工建设，至2022年底，完成工程量90%。

大源安置小区二期B区块项目，该项目用地面积为3.74公顷，总建筑面积13.22万平方米，其中地上建筑面积7.77万平方米，住宅总套数606套，总投资4.41亿元。总承包单位为中铁十八局集团有限公司。项目于2020年1月开工建设，至2022年底，完成工程量90%。

灵桥安置小区A区块项目，该项目用地面积为11.27公顷，总建筑面积42.90万平方米，其中地上建筑面积28.12万平方米，住宅总套数2142套，总投资17.15亿元。总承包单位为中交一公局集团有限公司。项目于2020年1月开工建设，至2022年底，完成工程量90%。

灵桥安置小区B区块项目，该项目用地面积为8.4公顷，总建筑面积32.72万平方米，其中地上建筑面积21.08万平方米，住宅总套数2142套，总投资10.95亿元。总承包单位为浙江奔腾市政园林建设工程有限公司。项目于2020年1月开工建设，至2022年底，完成工程量90%。

灵桥安置小区C区块项目，该项目用地面积为5.33公顷，总建筑面积19.40万平方米，其中地上建筑面积11.37万平方米，住宅总套数916套，总投资7.91亿元。总承包单位为浙江奔腾市政园林建设工程有限公司。项目于2020年1月开工建设，至2022年底，完成工程量90%。

大源安置小区三期项目，该项目用地面积为6.83公顷，总建筑面积29.89万平方米，其中地上建筑面积19.30万平方米，住宅总套数1860套，总投资12.22亿元。总承包单位为中交一公局集团有限公司。项目于2020年12月开工建设，至2022年底，完成工程量64%。

【电力配套项目】 全年实施电力配套内容3个，总投资12.9亿元，均为2022年新增项目。

富春湾新城电力线路迁改（建设变220千伏迁改），该项目内容为建设变220千伏线路迁改工作，项目总投资0.8亿元。

富春湾新城变电站迁改（灵桥变、华共变、亭山变），该项目包括灵桥变、华共变、亭山变迁改工程。亭山华共变迁建工程，新的220千伏新亭山变位于富阳东部富春湾新城中部，规划同登路与规划支路交叉口北侧，站区总征地面积3.37公顷，总建筑面积19228.5平方米，新建主变4×24万千伏安，总投资7.5亿元；灵桥变迁建工程，灵桥变本期主变规模2×5万千伏安，远景规模3×5万千伏安，110千伏接入方案保持不变，总投资2亿元。

富春湾新城安置房接电工程，该项目为富春湾新城在建安置房人才公寓等房建项目接电，含线路、配套、管道等，项目总投资1.66亿元。

## 产业项目建设

【概况】 2022年，杭州富阳富春湾新城完成德联科技、旭民生物、东鑫医药等12个项目开工建设。完成富芯半导体、安旭生物、荣生机电、拓凡自动化等15个项目供地或挂牌公告，供地面积40.91公顷。竣工投产飞旋科技、新亚低温等项目5个。新开工或供地小微产业园4个（智能安防、医械健康、科创中心、瞰澜），总投资32亿元、总用地面积18.8公顷。

【富春湾智能安防产业基地项目】 位于杭州富春湾新城大源镇，由富春湾集团开发建设。项目总投资12.5亿元，固定投资10.5亿元，用地面积7.2公顷，其中，一期总投资8亿元，固定投资6.5亿元，用地面积4.87公顷，投资8亿元。项目将重点发展防火系列、智能门窗、智能监控等智能安防设备产品，建设集总部研发、设计制造、销售展示于一体的产业基地。项目投产后可实现年产值7亿元，税收4500万元，其中一期投产后预计可实现年产值4.7亿元，税收3000万元。项目于2021年12月开工，预计2024年12月竣工。

【富春湾医械健康产业基地项目】 位于杭州富春湾新城春江街道，由富春湾集团开发建设。项目总投资13亿元，固定投资10.2亿元，用地面积7.13公顷。其中一期投资7亿元，固定投资5.5亿元，用地面积3.87公顷。项目将以医疗器械为主、生物医药为辅，打造医疗器械产业集群，重点发展医疗器械研发总部、新型医疗器械生产制造、医疗器械企业孵化成长、医疗器械支撑服务等四大产业功能。项目投产后可实现年产值11亿元，税收7000万元，其中一期投产后预计可实现年产值6亿元，税收3500万元。项目计划于2022年6月开工，预计2025年6月竣工。

【杭州富春湾光电产业平台项目】 位于杭州富春湾新城大源镇，由中国科学院上海光机所与富阳区政府合作建设。项目总投资15.5亿元，其中固定投资8.15亿元，用地面积9公顷。其中一期项目用地2.17公顷，计划总建筑面积93495平方米，容积率2.66。项目将重点引进光电功能材料、激光智能制造与智能传感、光电材料加工与检测技术，建设科研孵化大楼和光电激光特色产业园。5—10年后形成一个从材料、光纤到激光器及激光应用的产业集群，年产值10亿元以上。项目于2020年6月开工，2022年6月竣工。

2022年12月，杭州富芯半导体项目竣工

（杭州富春湾新城管委会　供稿）

【浙江特富清洁能源装备制造有限公司智能制造项目】 位于杭州富春湾新城灵桥镇，项目总投资11.35亿元，其中固定投资10.35亿元，用地面积80.13公顷。项目拟新建智能制造中心，主要产品包括燃气、燃油锅炉、电锅炉、余热、固废循环利用锅炉核心部件、储能设备、民用锅炉、传感执行系统等。项目全面达产预计可实现年销售收入30亿元，年税收2亿元。项目计划于2022年11月开工，预计2025年11月竣工。

【浙江东翼时代新材料有限公司智能制造及研发中心项目】 位于杭州富春湾新城春江街道，由浙江东翼时代新材料有限公司开发建设。项目总投资10亿元，固定投资4.5亿元，用地面积3.8公顷。其中，一期投资6亿元，固定投资2.5亿元，用地面积2.27公顷。项目拟在杭州富春湾新城建设纳米级特殊导体和锂电池导体产业链核心部件研发和智能制造中心，主要产品为特殊导体、锂电池导体（极耳）后端加工产品，运用于智能终端设备。整个项目全面达产预计可实现年销售收入20亿元，年税收1.2亿元。项目计划于2022年3月开工，预计2026年3月竣工。

【杭州安旭生物科技股份有限公司体外检测用品生产项目】 位于杭州富春湾新城，总投资5亿元，固定投资4亿元，用地面积5.33公顷。其中一期总投资2.5亿元，固定投资2亿元，用地面积2.91公顷。项目拟投资建设体外诊断试剂以及诊断仪器研发、生产项目，为集体外诊断试剂、potc仪器及生物原材料于一体的生物医药综合项目。项目投产后预计实现年营业收入5.6亿元，年缴纳税金4000万元，其中一期2.8亿元，年缴纳税金1600万元。

（祝　晓）

【编辑　刘　亮】

# 24 投融资平台
## Investment and Financing Platform

### 杭州富春山居集团有限公司

【概况】 2022年，杭州富春山居集团有限公司（以下简称富春山居集团）实现利润总额1.3亿元，营业收入6.3亿元。至年底，富春山居集团总资产302亿元，净资产141亿元。

【资产经营投资管理】 富春山居集团有房产面积约71.48万平方米，土地面积约478.49万平方米。富春山居集团本级全年房租收入约11316.08万元。对外投资企业29家，其中：全资企业14家（含阳陂湖研究院），实缴出资额3.03亿元（按注册资本算3.13亿）；控股企业1家，出资额5132万元；参股企业14家，实缴出资额1.4亿元（按应出资额4.55亿）。

【融资管理】 富春山居集团获联合资信认定的AA+级主体长期信用等级资质。全年融资57.88亿元（其中发行PPN债券15亿元），归还到期贷款11.86亿元，融资余额103.37亿元，对外担保余额3.37亿元。

【直属子公司】 2022年，杭州富阳清风实业发展有限公司营业总收入1260万元，其中资产租赁收入970万元；杭州富阳食品有限责任公司屠宰生猪125791头、肉牛45321头；杭州富阳国有农林资产经营有限公司实现营业收入884.24万元，盈利225.33万元；杭州黄公望隐居地旅游发展有限公司实现旅游151885人次，营业收入324.9万元；杭州富阳文化旅游发展有限公司整合鹳山“红”“廉”资源，升级鹳山的“红色记忆·清正廉洁”文旅产品，培养红色讲解员队伍，自主研发鹳山红色清廉剧本游戏《倭寇的踪迹》，并推向市场，鹳山景区接待红色研学团队30余批，接待研学游客近4000人次，创收3150元；杭州龙门古镇旅游发展有限公司累计接待游客（含杭州市民免票）16.36万人次，实现门票营收268.8万元；杭州阳陂湖旅游开发有限公司于12月26日更名为杭州富春山居生态发展有限公司，接待游客约191.8万人次，其中政务接待134场，商务接待117场；杭州富阳三国圆旅游发展有限公司打造“富春山居号”游船，并于国庆节正式投入运营，共计开航68次，接待游客4500余人次，实现营收20.56万元，运营“乐游富阳”文旅产品一体化销售平台，实现营收21.40万元，承接区内8家企事业单位722名职工疗休养活动，营收161.45万元，助力富阳文旅企业恢复发展，推出富阳文旅消费券，区内9家机关单位参与活动，营收36.28万元；杭州公望国有资产经营有限公司积极盘活闲置资产1322.5平方米，同时承接9个区级疫情集中隔离点运营，并获得亚运场馆及北支江综合整治工程PPP项目20年运维权，成立专业的物业管理、人才资源团队等开展服务工作，全年实际完成营收8745.58万元，净利润1140.52万元。

【项目建设管理】 富春山居集团负责建设政府投资项目11个，投资2.5亿元，其中续建项目7个，新建项目3个，新建预备项目1个。续建项目：公安业务技术用房项目设备智能化及装修工程、鹿山便民服务中心、大鹳山景区提升改造工程、龙门镇古镇南路拓宽改造工程已完工；杭州富阳阳陂湖生态项目配套工程完成9%的工程量；龙门古镇提升改造工程完成65%的工程量；富阳区殡仪馆提升改造工程一期已完工交付，已完成50%的工程量。阳陂湖配套工程中，新劳动教育基地完成土地证、工规证及施工许可证办理，已完成全部结构施工，进行二次结构施工；星级酒店经过多轮方案论证和讨论，已确定建筑设计方案，正在进行园林景观及室内装修的方案设计；外立面改造项目调整方案基本已确定，需与设计单位明确设计时序；安置房项目正在根据水稻所户型要求，调整设计和平面布局；景观提升项目调整了设计规模，将以四季花海为主题进行设计。新建项目：鹳山运营装修布展施工基本完成，收尾整改中；中华汉字体验园设计招标完成；黄公仙居精品绿道1项目完成设计及安装工作。新建预备类：富春69地块安置房方案设计，选址论证，勘察招标中。

2022年国庆假期，富阳首艘自主打造的“富春山居号”游船对外运营
（富春山居集团　供稿）

【文旅产业发展】“富春山居号”游船竣工，于国庆节假日期间正式投入运营；“乐游富阳”完成区内智慧亚运部分内容，打通线上平台与亚组委“亚运智能一站通”小程序互通；黄公望隐居地景区公望两岸圆缘园一期项目正式竣工运营，成功引进5家台湾名人授权产业入驻，打造的“目回·富春茶空间”成为新网红打卡点，完成景区内标识标牌改造、配套设施提升项目（零星工程）、富春山居·诗路文化体验馆二期项目；龙门古镇景区完成景区综合提升改造工程（包括标识标牌改造）、智慧景区建设，收回景区停车场运营权，顺利通过AAAA级旅游景区的复核，先后被评为“浙江省一级旅游驿站”“浙江省运动休闲精品旅游线路”“清廉杭州廉政文化教育基地”“杭州市法治宣传教育基地”，根据富文广旅体〔2022〕25号文件，黄公望隐居地与龙门古镇景区向援富阳的医护、公安、交通转运人群及七地市市民实行免门票政策；富春山居·城市书房引入喜马拉雅团队开展运营，并引入西子猫猫等各类文创新业态；大鹳山景区完成提升改造，引进书咖、奶茶店等新业态，助力打造高品质文化休闲环境；富春江湾省AAAA级景区城通过验收；杭州东梓关旅游开发有限公司根据富国资办〔2022〕146号完成注销工作；阳陂湖新增望峰台游乐园、和院、圈咖啡、后备箱市集、一岭花帐篷营地、研学教育等业态，并推出梅花岛烧烤租赁、户外婚礼、阳陂湖鱼市、大黄鸭自驾游船等系列产品，组织开展三八女神节汉服体验活动、风筝节、“掠美阳陂湖”摄影大赛、“5·22”国际生物多样性日、浙江生态日主题宣传、阳陂湖草坪音乐会等活动共计10余场；常绿“红绿篮”项目引进杭州常绿旅游发展有限公司开展运营工作；三国圆旅行社通过三星资质评定；新登古城特色街区取得特许经营权，与浙江省文投集团合作成立合资公司，5月起正式启动招商工作。此外，集团完成所属景区景点中英文讲解词编订工作，结合礼仪、英语、文化等主题完成景区一线服务人员迎亚运系列培训活动，以及完成讲解员年度考核工作；初步完成常安镇抽水蓄能项目文旅规划；停止运营胥口药谷小镇项目；盘活壶源溪流域闲置资产，完成6座水电站资产过户和陈家埠水电站招租工作，加强对外宣传招商，助力壶源溪流域区域联动发展；联合区文广旅体局完成全区讲解员大赛颁奖典礼；在杭黄高铁站、地铁六号线、湖杭高铁车厢等公共区域及《汇众》杂志投放平面广告和宣传视频；根据区政府第93次常务会议精神，与《富春山居》剧组开展投资合作；联合区委宣传部文创中心，完成“富春山居·城市游礼”系列文创视觉形象系统设计及10款产品打样；完成6款“小而精”文创产品的设计并量产销售。

（高　丹）

## 杭州富阳城市建设投资集团有限公司

【概况】2022年，杭州富阳城市建设投资集团有限公司总资产1283亿元，总负债744亿元，净资产539亿元，资产负债率为57.99%；全年实现收入80.5亿元，利润10.7亿元。

【筹融资】全年融资241.83亿元。借助主体信用等级AA+，在资本市场拓展业务，不断扩大直接融资比例，全年发行私募公司债3单，其中17亿元短期公司债（票面利率2.45%）和20亿元纯5年期公司债（票面利率3.57%），两次打破有史以来全国同评级同期限债券最低利率；通过中信银行获批40亿元的资本市场股权收益性融资项目，成为中信银行最大一单市政交工类股权收益性融资项目。

## 杭州富阳交通发展投资集团有限公司

【筹融资】创新拓宽投资融资渠道，建立高效投资融资模式，成功落地富阳区首单资本市场股权收益性融资10亿元。全年实现固定资产投资21.75亿元，全年新增融资84亿元。

【富阳320国道至富阳大桥连接线鹿山（大盘山）隧道工程】9月，富阳320国道至富阳大桥连接线鹿山（大盘山）隧道工程全面通车。该项目北起公望街，与富阳区内环快速路西线工程北段顺接，沿西环北路往南至大盘山后分左右线设隧道穿越大盘山，出洞后沿望波街布线，最终与已建成的富阳大桥北侧桥头相接。全长6.34千米，其中高架桥3.03千米，隧道2.32千米。项目于2020年1月开工，极大便捷富春、鹿山、江南片区交通联系，有效完善城市道路路网布局，缓解鹿山大道交通压力，补齐区域交通基础设施发展短板，加快构建“一主两副七片区”的城市空间格局，对杭州市富阳区贯彻、落实“拥江发展”战略，加快融合杭州主城区、

2022年，大盘山隧道夜景

（区交通集团 供稿）

建设杭州西部区域中心及现代化大都市新型城区意义重大。

【新中线（太平至中埠大桥）工程】 8月，新中线（太平至中埠大桥）工程基本完工，并于2023年1月正式通车，全长2.19千米，道路设计等级为一级公路，兼顾城市道路标准设计，双向6车道，设计速度60千米/小时。该项目起于太平南峰村，路线沿原有老路逆江而上，设置长290米隧道穿越石塘岗山，终于中埠大桥桥头汤马线形成T字平交口。同时实施的绿道工程，全长3.14千米，起点与太平堤相连，终点与中柏堤相连，沿现状新中线布置。项目总投资3.84亿元，于2020年4月开工建设。

【奉化至江山公路富阳场口至金沙段工程（环金线整治工程二期）】 该项目路线全长3.9千米，共有隧道3个，长度分别为943米、725米、760米。桥梁2座，长度分别为20米、40米。设计速度40千米/小时，路基宽度为12米，按二级公路标准进行建设，总投资3.02亿元。项目于2020年11月正式开工，2022年8月基本完工，2023年1月正式通车。该工程对实施城镇总体规划和城乡一体化建设起着推动作用，同时还可以改善沿线居民出行条件，促进当地旅游事业发展。

【汽瓩线新关至瓩口段改建工程】 该项目起点位于富阳区大源镇新关造纸厂东侧，顺接G25富阳至G60诸暨高速联络线富阳大源互通至杭新景高速灵桥互通接线工程，路线向西南方向前进，全长2.67千米。项目按二级公路标准建设，设计时速60千米/小时，路基宽17米。全线共设置桥梁2座，隧道1座。其中中桥1座长73米，小桥1座长38米，隧道1座长365米。项目于2020年12月正式开工，总投资2.8亿元，2022年8月主体已完成。该项目建设有利于完善区域公路网，发挥网络化整体效益，改善沿线村民出行条件，同时满足西复线和大源连接线间建成后的交通流量。

【北支江（亚运）旅游综合集散中心】 12月，北支江（亚运）旅游综合集散中心项目完工，项目包括富中渡埠迁建，新沙渡、小沙渡改造，小沙旅游码头、游客中心以及岛头配套道路，景观绿化等内容。其中，富中渡埠迁建：拟选址于原址下游，主要功能为客渡；小沙渡埠：对东洲岛岛头的小沙渡埠进行改造，主要功能为车渡，采用斜坡码头型式；新沙渡埠：现状新沙渡按美丽渡口标准提升改造；在新沙渡下游新建渡埠与小沙渡设置车渡航线，新建渡埠采用斜坡码头型式；旅游码头设置四个泊位，游客中心拟占地1340平方米（暂定），配置售票大厅、候船厅、办公房、厕所等功能；配套道路由环岛路与疏解路1、疏解路2组成；郁达夫旅游码头、新沙岛旅游专用码头、岛头码头提升改造；新建东梓关、新桐旅游集散中心。

【东洲岛头景观工程】 6月，东洲岛头景观工程完工，该工程位于东洲岛最西端，总面积约66400平方米，主要建设内容为沿江驳岸整治、码头配套停车场、景观绿化、标识标牌、建筑工程等，采用EPC模式。其中，游客中心采用“白鹭奋飞”建筑设计方案，建筑整体形态灵动飘逸，呼应富阳山水特质，建筑共三层，建筑立面采用超白中空玻璃幕墙，屋顶采用钛锌复合板屋面，建筑高度15.35米。项目总投资约7897.41万元，于2021年9月开工建设。

【富阳区境内高速互通入城口景观改造工程】 12月，富阳区境内高速互通入城口景观改造工程完工。该项目为杭州绕城西复线及杭千高速在富阳境内7个高速互通和1个枢纽的周边绿地景观工程。包括富阳北银湖互通，富阳西富春互通、鹿山互通、中埠枢纽、富阳南大源互通、富阳互通、龙门古镇互通、场口互通，主要改造内容为互通绿地提升，路侧绿地提升，路基边坡美化、照明及其他配套设施。绿化总面积为190699平方米，工程总投资4574万元，工期150天。

【湖杭高铁西郎村拆迁安置房工程】 该项目位于杭州市富阳区富春街道西郎村，总建筑面积124790.62平方米，其中地上建筑面积86153.9平方米，地下建筑面积38636.72平方米；工程内容包括新建安置房18幢和一层礼堂1幢，其中12层楼5幢、11层楼13幢及室外附属景观工程等。项目总投资5.6亿元，2021年4月进场施工，计划2023年7月完工，至2022年底，项目完成总工程量的76.9%。

【公共交通运输】 全年客运、公

交安全行驶6365.7万千米，公共自行车服务202.6万人次。完成候车亭、公交首末站各1处，新辟线路6条、地铁接驳线1条、医疗专线3条，优化调整线路7条，延长服务时间80余条；校车接送学生46435趟次，全年接送学生共176.4万人次，运营80.88万千米；建设四好农村路15余千米，服务覆盖湖源乡、大源镇等10余个乡镇村社。

## 开发区集团

【概况】 2022年，开发区集团总资产819亿元，总负债534亿元，所有者权益285亿元，资产负债率65.2%。实现收入18.45亿元，净利润2.47亿元。大计划政府投资项目126个，其中，续建项目79个，新建实施类项目32个，新建预备类项目15个，应急工程1个。全年固定资产投资77亿元。

【资产】 开发区集团持有各类资产96.02万平方米（其中，公寓住宅9.57万平方米、安置房住宅6.28万平方米、办公用房19.58万平方米、营业用房14.18万平方米、教育类房产14.51万平方米、标准厂房5万平方米、其他房产26.9万平方米），全年在租物业45.54万平方米，经营性物业租金收入9466万元。

【筹融资】 开发区集团全年融资160.1亿元，其中直接融资52.5亿元，间接融资107.6亿元。至年底，集团贷款余额为415.29亿元，其中，直接融资150.20亿元，间接融资265.09亿元。

【土地经营】 全年出让54宗土地（包括经营性土地10宗、工业土地43宗和文化设施1宗），主要为出让经营性用地和工业用地3.53公顷，实现土地出让金35.36亿元。

【环形路向西延伸工程】 该项目位于科创西路以西，受降镇小以东，全长1787米，宽32—38米，总投资16000万元，道路工程、排水工程、绿化工程、综合管线及配套工程。项目于2021年11月开工，2022年12月完成初验。

【阳陂湖小学（高桥二小）】 该项目位于银湖街道高桥村，项目主体为杭州富阳开发区基础设施有限公司，概算总投资21931.62万元，用地面积3.67公顷，总建筑面积44469.54平方米。项目于2021年7月开工，至年底项目装饰装修、室外景观施工，完成总工程量的97%。

【东洲三小（江丰小学）】 该项目位于东洲新区，项目主体为杭州富阳开发区基础设施建设有限公司，概算总投资15074.62万元，用地面积1.2公顷，总建筑面积17841.77平方米，其中地上建筑面积7621.92平方米，地下建筑面积8160.87平方米。项目于2021年4月开工，至年底项目装饰装修、室外配套施工，完成总工程量的82%。

【场口公租房】 该项目位于场口镇场口新区，项目主体为杭州富阳场口小城镇投资建设有限公司，概算总投资29418.81万元，用地面积1.33公顷，总建筑面积48374.52平方米，其中地上计容建筑面积29331.61平方米，地下建筑面积18967.13平方米。项目于2021年11月开工，至年底项目主体结构施工，完成总工程量的65%。

【新登公租房】 该项目位于新登镇新区北侧，项目主体为杭州富阳新登小城镇投资建设有限公司，概算总投资31083.21万元，用地面积13333公顷，总建筑面积51700.77平方米，其中地上计容面积29332.6平方米，地下建筑面积21400平方米。项目于2021年11月开工，至2022年底项目主体结构施工，完成总工程量的47%。

【浙江省中医院新院区项目（一期）】 该项目位于银湖街道高桥村，项目主体为杭州富阳开发区基础设施建设有限公司，工程概算总投资321904.76万元，用地面积12.75公顷，总建筑面积34.96万平方米，其中地上建筑面积25.7万平方米，地下建筑面积9.26万平方米。项目于2021年4月开工，至2022年底项目主体结构及二次结构施工，完成总工程量的40%。

【东洲新区安置房一期】 该项目位于东洲新区，项目主体为杭州富阳富春江房地产开发有限公司，用地面积5.34公顷，工程概算总投资67617.19万元，资金来源方式为自筹。总建筑面积157786.93平方米，地上计容建筑面积104904.23平方米，其中住宅建筑面积94234.95平方米，配套公建面积10269.28平方米；地下建筑面积55882.7平方米。容积率1.96，建筑密度24.91%，绿地率30%。工程于2019年12月开工，2022年6月完成主体初验。

【新登镇共和花园公寓安置区（一期）工程、新登镇惠来花园公寓安置区（一期）工程、新登镇塔山花园公寓安置区】 三个项目位于新登镇，项目主体为杭州富阳新登小

2022年12月，新登镇台诚塔山府（塔山花园）安置房交付
（开发区集团 供稿）

城市建设有限公司工程，概算总投资147598.72万元，资金采用PPP模式筹措。建设用地面积为10.22公顷，总建筑面积为34.88万平方米，建设套数2042套。共和安置房于2019年6月开工，至2022年底项目主体五方主体验收完成；惠来安置房于2019年12月开工，2022年10月完成主体竣工初验；塔山安置房于2020年5月开工，2022年10月完成主体竣工初验。

【新登双溪花园拆迁安置小区工程】 该项目位于新登镇双溪村，项目主体为杭州富阳新登小城市建设有限公司，工程用地总面积为3.72公顷，总建筑面积为10.41万平方米，其中地上7.03万平方米（其中住宅6.26万平方米），地下建筑面积3.1万平方米，建成套数568套，计划总投资约4.19亿元。工程于2020年6月开工，至2022年底项目装饰装修、室外配套施工，完成总工程量的90%。

【场口“微镇”项目——叶盛村安置房（A区块）、（B区块）项目】 该项目位于场口镇叶盛村，项目主体杭州富阳场口小城镇投资建设有限公司，总投资约9.6亿元，用地总面积为8.29公顷，总建筑面积为24.7万平方米，地上建筑面积16.15万平方米，地下建筑面积8.47万平方米。建成套数1216套。工程于2020年7月开工，2022年11月完成竣工验收。

【场口公寓房八期项目】 该项目位于场口镇，项目主体杭州富阳场口小城镇投资建设有限公司。总投资约8.01亿元，用地总面积为6.01公顷，总建筑面积为18.39万平方米，地上建筑面积12.01万平方米，地下建筑面积6.38万平方米。可建设套数1044套。工程于2020年11月开工，至2022年底项目装饰装修、室外配套施工，完成总工程量的80%。

【银湖区块安置房建设项目（1#—12#安置地块）】 项目位于银湖街道，其中1#、3#—7#地块项目主体为杭州富阳富春江房地产开发有限公司，2#、8#—12#地块项目主体为杭州富阳开发区基础设施建设有限公司。12个地块工程总投资约108.61亿元，用地面积68.28公顷，总建筑面积215.49万平方米，可建设套数11785套。1#安置地块于2020年8月开工，至年底项目装饰装修、室外配套施工，完成总工程量的94%；2#安置地块于2020年9月开工，至2022年底项目装饰装修施工，完成总工程量的71%；3#安置地块于2020年8月开工，至2022年底装饰装修、室外配套施工，完成总工程量的91%；4#安置地块于2019年9月开工，2022年10月完成竣工验收；5#安置地块于2019年12月开工，至2022年底项目五方主体验收完成；6#安置地块于2019年12月开工，2022年9月完成竣工验收；7#安置地块于2020年6月开工，至2022年底项目装饰装修、室外景观施工，完成总工程量的91%；8#安置地块于2020年9月开工，至2022年底项目装饰装修施工，完成总工程量的70%；9#安置地块于2020年10月开工，至2022年底项目装饰装修施工，完成总工程量的70%；10#安置地块于2020年10月开工，至2022年底项目主体结构施工，完成总工程量的21%；11#安置地块于2021年12月开工，至2022年底项目主体结构施工，完成总工程量的50%；12#安置地块于2021年12月开工，至2022年底主体结构施工，完成总工程量的55%。

（俞佳晨）

## 杭州富春湾新城建设投资集团有限公司

【概况】 杭州富春湾新城建设投资集团有限公司（简称富春湾集团）内设办公室、人力资源部（党群工作部）、财务部、纪检审计部、资产经营管理部、总师室、项目建设部等职能部室7个；下设杭州富春湾新城基础设施建设有限公司、杭州富春湾新城资产运营管理有限公司、杭州富春湾新城产业投资有限公司、杭州富春湾新城房地产开发有限公司等全资及控股子公司17家，共有从业人员120人。至年底，集团总资产976.87亿元，总负债618.74亿元，净资产358.13亿元。富春湾集团及下属子公司公开招聘员工10人，其中硕士研究生1人、本科9人。

【获得荣誉】 杭光所一期项目获杭州市富阳区建设工程质量安全监督站授予的杭州市建设工程文明施工样板工地“参选牌”；富春湾大道（一期）工程EPC项目荣获杭州市富阳区人民政府授予的迎展行动第三批奔跑奖；灵桥互通改建工程荣获杭州市富阳区人民政府授予的迎展行动2021年四季度大比武一等奖；灵桥安置小区B区块项目荣获杭州市城乡建设委员会授予的建设工地环境秩序治理工作情况通报（第十八期）环境整治成效显著项目；富春湾大道（一期）工程EPC项目、灵桥安置小区C区块项目、杭州富春湾新城杭黄高铁片区一平方公里综合开发项目小学项目、省人民医院富阳院区（一期）项目荣获杭州市富阳区人民政府授予的杭州市富阳区人民政府关于公布2021年度富阳区建筑业综合优胜企业、开拓市场优胜企业、开拓市场能手和样板工地称号；经纬路一期工程EPC项目、春南安置小区建设工程东区项目、大源亭山安置小区建设工程项目荣获杭州市建设工程质量安全监督总站授予的2021年下半年度杭州市建设工程结构优质奖获奖工程称号；被授予杭州市2021年度扩大有效投资推进重点项目建设突出贡献集体称号；灵桥区块配套道路荣获中国铁道工程建设协会授予的2022年度铁路工程建设优秀QC小组—QC成果一等奖；杭州富春湾新城范围内管辖道路、公园绿地、重点节点绿化养护年度项目获“杭州市风景园林学会优秀园林工程奖（养护类）”金奖；江滨南大道东延至大源溪工程——景观绿化工程荣获杭州市园林绿化行业协会授予的2021年度“杭州市优秀园林绿化工程（公园及滨水绿地类）”金奖；杭黄站前广场项目荣获浙江省住房和城乡建设厅授予

2022年，富春湾大道夜景

（杭州富春湾集团　供稿）

的2022年度“浙江省建设工程钱江杯（优质工程）”称号；浙江省人民医院富阳院区一期项目施工阶段BIM技术综合应用荣获中国施工企业管理协会授予的第三届工程建设行业BIM大赛建筑工程综合应用类三等奖；富春湾大道（一期）工程EPC项目、灵桥安置小区C区块项目荣获杭州市建设工程质量安全监督总站授予的2022年上半年度杭州市建设工程结构优质奖；浙江省人民医院富阳院区一期项目施工阶段BIM技术综合应用荣获中国图学学会授予的2022年第十一届“龙图杯”全国BIM大赛设计组二等奖；富春湾经纬路小学（未来小学）项目荣获TAC（The Architecture Community）建筑社区授予的2022年世界设计奖（World Design Awards）；浙江省人民医院富阳院区一期项目施工阶段BIM技术综合应用荣获中国建筑材料流通协会、全国总工会中国机械冶金建材工会全国委员会、中国建筑材料流通协会重大工程委员会授予的新基建杯第二届在·中国职能建造BIM应用大赛一等奖。基础公司项目建设部分别荣获浙江省总工会授予的2020—2021年度忠实践行“八八战略”奋力打造“重要窗口”立功竞赛浙江省工人先锋号称号，中共杭州市委、杭州市人民政府授予的2022年杭州市模范集体称号，中共杭州市富阳区委、杭州市富阳区人民政府授予的2022年杭州市富阳区模范集体称号及中共杭州市富阳区财政局委员会授予的2022年度“最美国资人”单位称号；亭山安置房项目获市长姚高员批示肯定；工作专报《“三个用心”加速新城“美丽碟变”杭州富春湾集团多措并举推进“美丽杭州”创建》获副市长缪承潮批示肯定；建材公司获得一项由国家知识产权局颁发的实用新型专利——《一种粉料罐进料口的加锁装置》；洋浦江生态修复以及农业生态公园获得园冶杯国家竞赛市政园林奖铜奖。

【筹融资】　拓宽融资渠道、创新融资方式，通过整合富春湾新城区域内项目，获浦发银行授信65亿元，期限15年，综合年利率5.05%，全年放款37.5亿元，成为浦发银行浙江省内区县级平台公司最大单笔授信；获得富阳区首单私募供应链ABS；获批兴业银行首单充电桩项目绿色贷款；紧抓市场机遇，获批区内首单保债项目，总授信12.5亿元，期限3+3+3；获批专项债16.1亿元，区内排行第一。

【城市运维】　拓展城市运维版图，将富春湾大道、大桥南路等重要路段纳入运维管理，道路、绿化保洁面积均超百万平方米，道路养护面积达80万平方米，绿化养护面积达76万平方米，新增隧道养护业务，道路养护与泵站运维管理正式投入市场化运作，城市运维工作形成专业化、多领域、全方位的布局。城市运维人员力量同比增长37%，大型专业化设备数量同比增长40%，攻坚道路两侧、企业环境、“五水共治”等环境问题1964个。完成富春湾新城水系疏通和年度防汛防台工作；完成道路修复5.11万平方米，做好各类交通安全设施维护更换工作。

【资产管理】　完成产业用地收储19.98公顷，完成经营性地块出让2宗6.04公顷，完成工业土地出让14宗25.82公顷。完成春江街道、大源镇、灵桥镇拆迁收购资产残值处置34项；为44家企事业单位、项目提供临时过渡场所；出租营业房132间，闲置率降低至2.54%；投入运营区级隔离点4处，可供1390余人入住。

【市场化运营】　4月，杭州富春湾新型建材有限公司水泥稳定碎石料正式投产，全年实现经营收入1.97亿，净利润1040.12万元。其中，商品混凝土产量29.21万立方米，实现产值1.6亿元，净利润508.76万元；水泥稳定碎石料产量26.09万吨，实现产值0.37亿元，净利润92.68万元。创新“产业基金+资本招商”新模式，至年底，杭州富春湾新城发展基金通过直投模式和子基金模式投资富春湾新城企业14家。

【安全生产】　坚决贯彻“党政同责、一岗双责、紧抓红线意识”的方针，不断强化组织领导，压实工作责任，完善规章制度规范现场管理，强化教育培训，加大安全投入，加强监督检查安全生产局面总体平稳有序。全年开展安全巡查547次，签发整改通知单547张，其中工程现场发现安全问题3340个，整改问题3340个，整改率达100%，罚款205.62万元，开展各类应急救援演练、活动60余次。

（何峻节）

【编辑　吕　克】

# 25 城乡建设与管理

Urban–Rural Develepmend and Management

## 城乡规划

【概况】 根据打造现代版富阳山居图“四大图景”目标，紧盯“精品规划”原则，努力构建以国土空间规划为基础、专项规划为支撑、城市设计为指引、详细规划为管控依据的规划体系，全力提升规划引领力，强化刚性执行力。全年开展规划编制项目21个，88个选址论证报告审查工作。结合国土空间规划、单元划分方案以及城市设计内容，聚焦重点核心板块，加快推进单元详规编制进度，重点围绕地铁沿线、大城北、富春湾新城等重点城镇单元，开展城镇单元详细规划编制工作。开展杭州地铁14号线站位规划研究，编制杭州市历史建筑保护图则、富阳区龙门历史文化名镇保护规划修编等专项规划；配合市级部门开展钱塘江流域国土空间、公共交通、公园、养老设施等各类专项规划编制工作；通过专项专题研究，传导落实法定详规，完善公共服务配套。结合新一轮国土空间规划和在编相关规划，动态更新富阳区总体城市设计、姚家畈区块城市设计，启动富春湾新城城市心、富春老城核心区块城市设计并形成规划方案，完成恩波大道沿线城市设计、环阳陂湖区域城市设计。通过城市设计，对沿江、沿山、重要沿线、核心节点的开发地块提出风貌管控要求。富阳区规划展示馆全年接待省市领导、各级党政代表、企事业单位、外地考察团、社会群体等各类团队53余个，参观者达1020余人。

【城镇单元详细规划】 为承接好新一轮国土空间规划精神与要求，传导落实现有规划成果，全力保障重大项目落地，为土地报批、地块出让提供法定依据，围绕“加快推进规划编制进程，两年内详细规划全覆盖”工作目标，全力推进“详细规划全覆盖”编制工作。根据市规划资源局“坚持一张底图，不留盲区空白”工作要求，完成全区详细规划的单元划定工作。以尊重行政治理边界、考虑地理格局、兼顾特殊功能需求等为划分原则，“以城带乡”“以乡带城”等不同城乡发展模式为分类依据，全区划定13个详细规划城镇单元（另划定22个乡村单元）。依据“应编尽编，急用先编，重点发展地区优先编制”原则，逐步推进详规编制。开展详规编制城镇单元7个、功能单元1个工作，分别为富春东单元、受降南单元、受降北单元，黄公望单元、东洲岛东单元、富春湾西单元、滨富合作单元（功能单元），规划总用地面积约229平方千米。启动高桥、鹿山、新登、富春西、场口等5个城镇单元，保质保量完成详规编制及报批工作。

2022年6月，富阳召开富春老城核心区城市设计部门专家评审会

（市规划资源局富阳分局 供稿）

【杭州市富春湾新城城市心城市设计】 杭州市富春湾新城是富阳融入杭州大都市圈主城区、拥江发展格局的战略节点与桥头堡，中轴线“城市心”是杭州富春湾新城城市建设的“重头戏”。为绘就富春湾新城的美好发展蓝图，科学指导推进新城中轴线城市心规划建设，富阳组织编制《杭州市富春湾新城城

市心城市设计》。规划范围为北临富春江，南至元书街，东至山居大道，西至规划春亭路，总规划面积约577公顷。规划旨在将新城城市心打造为“现代版富春山居特色”的“山水客厅与诗画城心”。基于山水意境的特色韵味城区，规划形成“一带（滨江共享带）、一轴（综合活力轴）、一链（山水田园链）、一坊（春湾生活坊）、一心（未来智慧心）”的空间结构。通过优化用地布局、衔接岛头公建馆群方案、明确中央绿廊宽度与江南塔高度等，形成多元混合、紧凑集约的功能布局。整合天际线、重要视廊，塑造透山透水、透天透绿的空间形态，从区域视角提出锚固显山露水、蓝绿交织自然生态格局的策略，营造诗画意境、水岸都市的宜居家园。

**【杭州市地铁14号线富阳段规划研究】** 为进一步稳定地铁14号线富阳段线位及站点，保障地铁14号线富阳段沿线未来建设空间，并有效推进沿线地块开发，富阳组织编制《杭州市地铁14号线富阳段规划研究》。该规划在市政府已批复的《杭州市综合交通专项规划（2021—2035）》的基础上，结合富阳城市规划、交通出行需求、沿线建设现状情况，以“面向未来、人跟线走、服务重点板块、兼顾老城”的规划理念，围绕14号线富阳段线位功能定位，从多角度、多维度对线路的走向、站点的布置、停车场的选址方案进行了综合比选研究。14号线富阳段起于杭州野生动物园区块，终至富阳西站高铁枢纽，沿线串联西站高铁小镇、金桥园区、高教园区、凤凰山文旅小镇、富阳客运中心片区等重要板块，是加强富阳与城西科创大走廊及杭州主城联系的大运量、快速化骨干交通，是杭富联动发展、融合发展的重要支撑，规划通过“轨道+土地”综合开发模式，有效推动功能布局优化，带动人口和产业发展，双向促进轨道客流和沿线发展。

**【杭州市历史建筑保护图则】** 为推进杭州市历史文化名城保护工作，完善名城保护体系，进一步加强对富阳区历史建筑的保护与管理，根据浙江省历史建筑保护工作计划安排和杭州名城保护工作的总体要求，富阳组织编制《杭州市历史建筑保护图则（富阳区第二批）》。结合杭州市历史文化资源普查结果及杭州市富阳区第三次文物普查登录点，开展富阳区第二批历史建筑调查，推荐历史建筑名录，通过各级层面专家论证等工作确定名录，并上报批复最终确定将富阳区31处历史建筑（构筑物）列为杭州市历史建筑，同步开展历史建筑图则编制工作，明确历史建筑编号、地址和辖区、建成年代、保护类别、建筑类别、保护建议、禁止使用功能以要素等信息，为历史建筑保护管理和后续修缮利用提供法定依据。

**【富阳区龙门历史文化名镇保护规划修编】** 因《富阳龙门历史文化名镇保护规划（2009—2020）》到期，为顺应新的法律法规政策以及省市相关工作部署，同时衔接好新一轮国土空间规划，更好地保护龙门历史文化名镇独特的文化遗产，传承并彰显名镇核心价值和风貌特色，富阳编制完成《富阳区龙门历史文化名镇保护规划修编》。该规划研究范围为龙门镇镇域行政辖区范围，面积27.18平方千米；重点规划范围为龙门名镇保护范围，面积约0.36平方千米。规划旨在优化名镇保护区划，分级分类梳理各类历史要素，对格局肌理、名镇风貌、建（构）筑物、历史环境、宗族文化等要素提出详细保护传承要求。在此基础上，围绕“山乡古镇维护、宗族文化复兴、活态人居传承”三个方面谋划实现龙门古镇的永续传承。

**【杭州市公园近期建设规划】** 为推进公园城市建设，落实《杭州市区加快公园城市建设三年行动计划（2022—2024年）》，富阳区配合杭州市规划和自然资源局编制《杭州市公园近期建设规划》。该规划将公园分级分类，在做好用地保障的前提下，系统谋划分期实施计划。至2025年底，富阳区将规划建成26座公园，类型涵盖城市公园、郊野公园、田园公园。其中城市公园以“好用、实用”为目标，提升公园服务功能、公园服务半径覆盖水平，破解公园空间供给不平衡的问题。郊野公园以“特色资源、交通可达、国空衔接”为三大导向总体布局目标，在城镇集中建设区之外，通过实施生态修复、环境整治，打造具有观赏游览、休闲游憩、体育健身、科普教育、文化体验等功能的开放型生态空间。田园公园以减少抛荒土地、激活土地价值、拓宽供给空间为出发点，梳理城区内无法农转用的零星耕地，以农耕文化为魂，田园变公园，耕地变课堂，打造城市里的“田间课堂”。

**【土地码编制】** 根据杭州市规划和自然资源局数字化改革要求，为全面提升“土地码”赋能实效，实现全类型土地赋码，市规划和自然资源局富阳分局积极开展“土地码编制”工作。以“一地一码”协同服务平台为载体，对全区已有控规以及在编修编控规地块按照要求统一赋码，将土地“码”作为唯一身份识别，贯穿从项目生成、审批、验收、登记到监管的全生命周期，通过数据共享与实时更新，实现一块地数据信息“一码归集”，审批服务“一码管理”，企业权益“一码证明”，宏观决策“一码辅助”，助推行政审批“零材料、零见面、零跑动”。

**【“三区三线”划定成果】** 9月30日，经自然资源部核定，浙江省完成“三区三线”划定工作，划定成果符合质检要求，正式启用。富阳按要求划定“三区三线”，划定城镇开发边界15866.67公顷，开发边界内新增建设用地空间2553.33公顷，占现状城镇建设用地面积的比例为0.37；划定永久基本农田面积13820公顷，其中稳定耕地13033.33公顷，占14966.67公顷核定稳定耕地的比例为87.08%；生态保护红线划定方案总面积25440公顷。通过将三条控制线落地落图，逐步构建形成保护有力、建设有效、管理有序的永久基本农田特殊保护格局。

**【国土空间规划编制】** 在前期国土空间规划编制基础上，结合“三区三线”划定成果，进一步落实国家战略，优化区域和城乡功能布局、用地结构和要素配置，全域全要素推进富阳国土空间规划。在全区国土空间规划编制基础上，分解为16个专篇对重大问题深入研究，形成“1+16”规划成果；统筹乡镇国土空间规划编制工作，按照分片区分流域联动发展要求，将19个乡镇分为4个联动发展区统筹编制，实现市级—区级—乡镇三级规划联动。至年底，《富阳区国土空间分区规划（2021—2035年）》和《富阳区中心城区国土空间总体规划（2021—2035年）》编制工作已形成中间成果稿，19个乡镇国土空间总体规划已基本形成初稿。

**【乡村单元详细规划编制】** 以上位国土空间总体规划为依据，以乡村单元为规划范围，重点深化落实上位规划对乡村地区的建设管控要求，着力改善村民人居环境，加强村域用地管控，推动全域土地综合整治和生态修复，促进现代农业及一、二、三产业融合发展，科学有效引导村庄高质量发展。为持续提高详细规划覆盖率，市规划资源局富阳分局有序开展详细规划编制，推进实用性村庄规划应编尽编。在区级和乡镇级国土空间规划编制基础上，结合现阶段重点规划方案和“三区三线”等工作成果，对行政区范围内的所有行政村开展村庄规划评估，并根据评估结果开展村庄规划编制工作。通过全面梳理各地村庄规划实施情况，通盘考虑农村土地利用、产业发展、居民点布局、人居环境整治、生态保护和历史文化传承等方面情况，落实乡村振兴战略，优化村庄布局，拟定工作计划，按照重新编制、通则管理、继续有效三种类型，有序部署推进编制实用性村庄规划。2022年富阳区在编“多规合一”村庄规划12个，并启动乡村单元详细规划编制，已委托在编6个乡村单元详细规划（东洲岛西、万市、常安、湖源、常绿、新桐），其中东洲岛西单元详细规划已形成阶段性成果。

**【富阳区乡村居住空间（含公共服务设施）专项规划】** 结合富阳区国土空间总体规划编制，市规划资源局富阳分局以共同富裕、乡村振兴为指引，以耕地保护为重点、以生态保护为优先，统筹农村生产、生态、生活空间，编制富阳区乡村居住空间（含公共服务设施）专项规划。依据“一村一梳理”调查成果，分析富阳区下辖乡村现状概况、乡村人口现状、宅基地现状、农村公共服务设施现状，统筹总体规划要求，指引乡村发展目标、预测乡村规模指标，保障民生和乡村振兴必要的建设用地规模，确定未来新增村庄建设用地规模和低效用地减量规模。立足富阳乡村地区自然地形条件、区域资源禀赋、城乡功能定位、产业发展方向及空间布局现状，形成“一带二线四区”的现代农业新格局。对村庄地区进行分区引导，明确村庄分类，优化乡村居住空间规划布局，保障宅基地用地指标、乡村公共服务设施指标、乡村地区重大设施（乡镇级及以上）、乡村基本公共服务设施指标，形成乡村公服配套标准建议。通过盘活农村闲置宅基地和农房，着力解决村闲置宅基地和农房问题与农村建设用地严重紧缺的矛盾。

**【富阳区平台外工业集中区布局专项规划】** 围绕“产业强区”主战略，市规划和自然资源局富阳分局会同经信局、环保局，从破解土地要素制约、“三线一单”、产业定位等限制性因素出发，在平台外现有工业基础上，统筹谋划平台外工业用地空间布局，明确各个区块的产业发展导向，形成富阳区平台外工业集中区布局专项规划成果。平台外工业集中区规划面积1715.07公顷，规划工业用地1300公顷，其中城镇开发边界内1206.67公顷（其中已开发工业用地面积771.87公顷，可开发工业用地434.8公顷，内含存量盘活空间98.13公顷）。构建形成富阳经济技术开发区和富春湾新城两大主平台、9个主平台拓展区、35个镇街工业集中区（包含75个工业集聚点）的富阳区新型工业化发展新格局。

**【富阳区产业用地空间梳理更新及三年行动计划】** 按杭州市富阳区委、区政府富督交〔2022〕80号通知单要求，充分结合国土空间规划和“三区三线”划定成果，对2017年以来富阳区主要产业平台的用地腾退情况进行现状与规划情况梳理，同时结合各平台、部门的建设项目计划，形成富阳区平台供地（公服用地、商服用地、住宅用地、工业用地）、交通、水利、文旅、农业产业园、平台外工业集中区等主要新增建设用地2022—2026年行动计划，梳理远期用地规划布局，做到底数明确、路径明晰，为后期产业用地供应提供重要参考依据。同时，将规划成果形成数据库，便于后期查询使用与动态管理。

**【富阳区里山镇渔山乡与新城一体化发展规划融合】** 根据富阳区对“渔山、里山板块发展定位、方向、引进的项目思考透彻”的新发展要求，市规划和自然资源局富阳分局指导编制了富阳区里山镇渔山乡与新城一体化发展规划融合项目。项目贯彻省市“八八战略”“重要窗口”“共同富裕”的目标，落实富阳“既具江城之秀又赋山城之美”的愿景，明确渔山里山板块的总体发展基调。同时，结合区域交通产业定位和空间资源条件，确定基地自身禀赋。项目以富春山居图为线索，从大安顶五乡镇视角，明确基地规划定位和主要发展策略。规划确定基地主题定位为“富春山居·田园小镇”，目标愿景为“江南禅茶地、田园宜居梦、共富示范区”，总体发展理念为围绕“兼田园之美、具城市之利”理念，打造新时代田园小镇示范区。

**【富阳区原永农中非稳定耕地区域开发利用规划】** 编制富阳区原永农中非稳定耕地区域开发利用规划，项目通过“多规衔接”摸清原永农中非稳定耕地开发利用限制条件，因地制宜按照“宜农则农、宜建则建、宜林则林”的原则，将研究区分为农田恢复区、生态修复区、发展潜力区。其中，农田恢复区面积6525.27公顷，占总面积的 72.25%；生态修复利用区面积 568.57 公顷，占总面积的 6.3%；发展潜力区面积 1937.68 公顷，占总面积的 21.45%。并根据各乡镇（街道）发展方向和研究区域资源分布情况，选取地形区位条件好、资源环境承载力强、文化景观资源丰富的 15 个地块作为重点开发区块，其中生态修复项目 1 个，农田修复项目 2 个，城镇建设项目 1 个，生态农业项目 2 个，工业项目 3 个，精品农旅项目 5 个。

2022 年，富阳开展海绵城市建设，图为阳陂湖

（区住建局　供稿）

## 城市更新

【征迁政策修订】 围绕工业企业、农村集体土地上房屋和城镇国有土地上房屋征迁政策，开展前期基层调研，多次召集相关单位开会讨论，听取意见建议，反复琢磨研讨。拟计划出台《富阳区工业企业拆除补偿操作指引》，并经政府常务会议讨论通过，待区政府公布实施。

【中介机构管理】 根据中介机构工作规程，做好动迁、房地产评估登记工作，登记动迁机构 15 家，房地产评估机构 20 家；对于新成立的房屋征迁中介机构，开展房屋征迁业务实际业务操作测试，参加动迁机构 4 家、评估机构 2 家，共 38 人参加考试。

【安置房建设和回迁安置管理】 全年计划竣工安置房项目 10 个，列入省市区回迁安置目标任务项目 7 个，其中列入省棚改计划项目 3 个，列入民生实事计划项目 6 个。完成春南安置小区回迁安置 640 户。完成分房准备工作 7 个，其中大源 2 个、灵桥 1 个、银湖 1 个、新登 3 个。完成货币化安置 46 户（新登镇 11 户、场口镇 35 户）。

【征迁数字化建设】 优化集体土地分房模块，为春江街道 924 户分房农户提供系统服务；完成信息系统与规资局宅基地确权系统信息数据对接，实现征迁安置、福利分房、宅基地确权信息一键查询。核查乡镇安置信息 8444 人次，为区委巡察组核查被巡察单位征迁安置信息 5 批次，19 家单位，930 人次。

【城市给排水设施】 新建给水管网 17 千米、改造供水管网 10 千米，新建污水管网 15 千米，改造污水管网 18 千米。完成新登污水厂三期和富阳污水厂清洁排放技术改造，完成富阳污水厂五期扩建工程总工程量的 70%。

【地下空间（管廊）】 全年完成地下空间竣工量 113 万立方米（全区累计开发量超 700 万立方米以上），超额完成 2022 年市级任务 15 万立方米。

【未来社区创建】 完成省级未来社区创建 2 个，其中蒋家桥社区、梓树花苑社区获省级第五批创建批复，登云社区完成省级第六批实施方案评审，待省专班创建批复中，完成市级未来社区创建 3 个，分别为登云社区、梓树花苑社区、金家桥社区。完成省级提请验收项目 3 个，分别为山水社区、江滨社区、梓树花苑社区，至 2022 年底，山水社区整改中，江滨社区、梓树花苑社区完成全部评审工作，等待省级复查。

【无障碍改造工作】 完成亚运相关无障碍设施改造点位 503 个，主要涉及亚运、千米范围内重点场所，包括公厕 8 个、公园 2 个、接待酒店 2 个、商场 3 个、道路 5 条等，对场所内无障碍厕所、盲道、缘石坡道等进行改造。

【海绵城市建设】 全域系统化海绵城市建设面积 12.33 平方千米，占建成区面积的 38.77%，海绵城市建设工作经验在全市会议上作经验交流。编制《杭州市富阳区系统化全域推进海绵城市建设实施方案》，谋划确定全区 2 个海绵城市创建示范区域和 2 片重点建设区域，分别为阳陂湖区块、杭黄高铁、平方千米区块和银湖科技城片区、滨富合作区片区。

【道路改造和绿化建设】 完成金桥南北路和彩虹快速路道路建设相

2022 年 4 月，金桥南北路综合提升工程完工

（区住建局　供稿）

关工作，统筹督查全区涉亚运重点工程17个。4月，金桥南北路改造工程获杭州市赛马活动优胜奖。完成亭山渠小公园、受降溪南侧小公园、万达东南侧小公园绿化建设和扩绿140万平方米的工作任务，提升公园服务覆盖率1个百分点。

## 建筑业

**【概况】** 全年全区实现建筑业总产值293.56亿元，同比增长17.9%，增幅全市排名第二；实现建筑业增加值60.29亿元，同比增长5.4%，增幅全市排名第三。实现连续四年提高，建筑业经济指标在全市占比和排名实现逐年上升。获富春杯优质工程12个、西湖杯优质工程9个、钱江杯优质工程7个、国优工程1个、文明施工工地样板74个。

**【建筑业安全生产】** 富阳以“消除事故隐患，筑牢安全防线”为目标，深入推进建设施工领域“除险保安”“大检查大整治”“平安护航党的二十大”等专项行动。全年全区建设工程领域安全生产事故管理获考核优秀等次。开展建设工程领域安全排查检查，组织开展各类专项检查11次，出动检查人员681人次，检查建筑工程项目1967个，下发责令限期整改通知书2236份，下发停工整改通知书142份，发现并整改各类安全生产隐患4751处。做好建设行业特种工继续教育培训，严格执行特种作业人员持证上岗制度，规范做好证书延期工作。根据杭州市建委及杭州市建筑行业协会工作部署，富阳区住建局、区建筑业协会分别于3月、9月开展建设行业特种工继续教育培训。

**【建筑业企业发展】** 初步形成头部企业为标杆、中坚企业为引领、新兴企业为活力的建筑企业规模形态，引进一级资质总承包企业1家，专业承包一级资质企业4家，全区注册建筑企业269家，其中总承包一级资质企业14家，专业承包资质一级企业23家；入统企业185家，其中年产值30亿元以上企业1家，20亿元以上企业2家，10亿元以上企业6家，5亿元以上企业15家，1亿元以上企业52家。落实助企政策，拨付春节不停工项目及留富人员补贴83.05万元，拨付建筑业奖励专项经费610万元。出台《杭州市富阳区促进建筑业高质量创新发展的实施意见》和《杭州市富阳区建筑产业现代化示范企业培育实施方案》。

**【绿色建筑和建筑工业化推进】** 完成市级绿色建筑与建筑工业化相关考核，其中高星级绿色建筑示范立项2个，超低能耗建筑示范立项3.11万平方米，近零能耗建筑示范立项1个，高替代率可再生能源应用示范立项5.85万平方米，既有公共建筑能效提升示范立项21.76万平方米，实现新建民用建筑绿色建筑标准全覆盖，完成新开工装配式建筑101万平方米，新开工装配式建筑102.8万平方米。

**【建筑行业信用积分制度施行】** 实行《浙江省建筑施工企业信用评价的实施意见》，招投标领域与省市接轨。区住建局将信用分制度运用到建筑工程现场管理中，对现场管理不到位的施工、监理单位扣除信用分，及时录入浙江省建筑市场监管公共服务平台，引导建筑行业良性发展，优化建筑市场环境。全年扣除信用分81分，涉及施工、监理企业58家。

## 房地产业

**【概况】** 全年全区房地产固定投资252.1亿元，占全区固定资产投资额比例为38.4%，同比增长5.9%，增幅位居杭州市第6。推出购房新政，营造富阳良好购房环境，尽快恢复市场购房信心，加大商品房促销力度。9月，出台《“聚力人才招引 助力产业强区”的若干意见》，通过契税补助、交通补贴等吸引外来人才和有购房需求的企业职工购房。加快保障房项目建设，保障房建设指数列入全市“开门红、开门稳”赛马激励活动，2—4月，在全市10个区的赛马激励活动中，富阳区保障房建设指数分别取得第三名、第二名、第三名。

**【新建商品房销售】** 全年批准商品房预售套数2699套，同比下降36.1%；预售建筑面积74.03万平方米，同比下降48.96%，其中，商品住房5344套，同比下降55.49%；预售面积67.22万平方米，同比下降49.97%。新建商品房销售套数5642套，同比下降64.3%；销售面积66万平方米，同比下降62.4%；销售金额149.9亿元，同比下降62.4%；销售均价22719元/平方米，同比增长1.6%。其中，新建商品住房销售套数4909套，同比下降66.3%；销售面积59.6万平方米，同比下降64.0%；销售金额139.6亿元，同比下降63.0%；销售均价23436元/平方米，同比增长2.6%。全区已取证未销售新建商品房可售库存11439套，面积130.1万平方米，去化周期为21.1个月；已开盘未申领预售证的住宅库存量约 91.8万平方米；已拍地未开盘项目住宅可售面积约106万平方米。

**【二手房销售】** 全年二手房成交3020套，同比下降28.9%；成交面积34.4万平方米，同比下降29.1%；二手房成交均价16708元/平方米，同比下降6.2%。其中，二手住房成交2739套，同比下降30.5%；成交面积32.1万平方米，同比下降30%；二手住房成交均价16982元/平方米，同比下降6.7%。

**【预售资金推动和落地】** 7月1日，杭州市住房保障和房地产管理局、中国人民银行杭州中心支行、中国银行保险监督管理委员会浙江监管局发布执行《关于进一步规范杭州市商品房预售资金监管的通知》，富阳区加大商品房预售资金监管，保障预售商品房工程建设，维护预售商品房交易双方的合法权益，促进房地产市场健康有序发展。富阳在签订三方监管协议、监管账户的设立变更解除、确定监管额度、预售资金收存、监管资金拨付等方面进一步规范商品房预售资金监管的工作。

【风险楼盘化解】 有效化解房地产行业风险，打好“一方案（一楼一方案）、两不停（不停工、不停贷款）、三压实（压实企业、总包、银行）、四防止（防异地查封、防企业躺平、防业主断供、防次生风险）、五协同（住建、政法、矛调、金融、属地协同）”风险楼盘处置组合拳，实现保交楼保民生保稳定。

【公租房补贴】 新增公租房货币补贴家庭1500户、实物配租50户。新增公租房货币补贴保障家庭1566户，完成目标任务的104.4%，完成73户实物配租工作，完成目标任务的146%。

【保障性租赁住房筹建】 全年全区保障性租赁住房筹集任务4500套（间）列入省级民生实事任务项目4个：人才公寓房（长租房）、杭州富春湾新城杭黄高铁片区一平方千米综合开发项目人才公寓、银湖人才房、CCB建融家园·普坤社区。3月，4个项目均已发放保障性租赁住房项目认定书，实际筹集完成4959套（间），超额完成目标任务，任务完成率全市排名第一。

【老旧小区加装电梯模式创新】 推行电梯制造厂家业务合作单位备案模式，固定合作主体，明晰权责义务，营造健康积极的加梯市场。设立监管账户制度，规范业主资金支付进度，保障业主权益，规避资金安全风险。加装电梯纳入物业管理，保障电梯维护。

（赵心露）

## 城市公用设施

【市政基础设施建设】 完成恩波大道、桂花西路、320国道及金桥南北路沿线立面、金桥南北路、北支江沉浸式灯光项目、北支江北岸综合整治、亚运场馆周边区域环境综合整治提升项目、沿江夜景灯光（富阳大桥—江枫路）、320国道（金家岭至高桦线）景观等工程。结顶城市有机更新安置房2幢，完成钢圈厂路拆迁安置房、北支江拆迁安置房主体工程，进入市政配套设施建设。打通富春山馆东侧道路、秋实路等断头路2条。交付使用东梓关中医院，完成施工并交付学校使用富春六小、场口镇中学综合楼及校园、富阳中学体艺馆、富阳江南中学（春江中学）二期改造等项目4个。完成老旧小区改造项目4个，分别为容大五环城市花园、狮子山花园、凤凰苑、凤浦新村，共计住宅62幢，居民1385户。

2022年12月，富阳检查燃气站点

（区综合执法局 供稿）

【燃气】 全年实现销气总量2.36亿立方米，同比增长0.2%，其中管道燃气2.09亿立方米，车用气1556万立方米，液化气8491吨。完成签约工商用户154家，新增居民用户2.69万户。新建燃气低压管线313.81千米、中压管线 171千米。实现东洲村、菖蒲村、济宸府、溪畔云璟府等25个行政村、28个房地产项目的地下燃气管线通气。

【供排水】 全区售水总量9669万吨，同比增长10.71%，自来水水质合格率为100%；污水处理量6863万吨，同比增长2.6%，污水处理排放合格率100%。铺设管网约12千米，改造旧管网约9千米，新建恩波大道给水工程、富春71号地块给水、庭山路二期供水工程等配套管网工程20个。改造中水花苑、百合景苑、泽苑东区、鹿山景苑等标准化泵房18个。建设云望璞园、碧桂园·铂玺湾、叶盛村安置房等二次供水标准化泵房12个，改造主城区零星积水点51处。

## 城市管理

【亚运保障】 围绕“办好一个会、提升一座城”总目标，聚焦统筹、保障、提升三个维度，全力推进“美丽杭州迎亚运”城市环境品质提升工作。建立健全“区级领导—专班统筹—行业牵头—小组负责—属地保障”的工作架构，成立1办19专项组。围绕亚运场馆、通勤线路、入城口等亚运重点任务，制定“美丽杭州迎亚运”富阳方案，围绕“五个标准、五个干净、五个一新、五个规范”迎亚运高标准、高要求，深入推进迎展行动，促进涉亚保障大类项目整体提升，形成亚运城市富阳特色。对标对表“四个五”细化制定《富阳专项工作标准》。抓实巡察检查、督查督办、问题通报，实践“综合查一次”，强化重点区域环境的检查督查和环境问题联合执法。梳理责任、时间、任务、问题“四张清单”，统筹统揽市级重点、区级拓展、各专项组自查三方面，确保无漏项。全面开展市级21条亚运通勤道路动态整治。完成道路平整18条，立面整治、标识改造、绿

2022年11月，富阳区政协十届三次常委会会议调研数字化行政执法应用平台
（区综合执法局　供稿）

化提升全部完成。

【垃圾分类】　坚持实行“两点法”和“点长制”，“定时定点”投放覆盖率达100%。针对区级机关、专业市场、农贸市场、公园、酒店、学校等多种主体开展专项督查19次，查改问题654个，通报20期。农村易腐垃圾收运市场化体系建设完成，城乡两级市场化分类清运实现全覆盖，建成城区学校牛奶盒清运专线，开展村镇中转车辆混装混运专项整治，提升分类清运质量。循环经济产业园项目正常运营，再生资源分拣中心、欢坞岭垃圾填埋场“一场一策”有序推进，中转站提标改造提前完成5个，东洲水上运动中心及银湖体育中心集置点完成建设。垃圾分类“后备厢集市”、“赴一场绿色夏日之约”微夜市等主题宣传活动持续展开。建立垃圾分类党建联盟，借助华数工程师开展垃圾分类入户宣传。聘任富春青雁志愿服务队志愿者担任富阳区垃圾分类民间监督员，定期组织“民间监督员”深入垃圾分类工作一线。总体工作排名全市靠前，多次获副省长高兴夫批示肯定。

【数字赋能】　围绕省委、省政府“152”框架体系，积极推进城市管理重要场景的数字化改革。全区采集交办数字城管案卷154189件，其中有奖举报26269件，共涉及64家网络单位（共74家），全年问题及时解决率99.99%。进一步健全城市管理综合指挥体系，提高城市问题发现及整改效率，切实提高指挥效能，新采购3架无人机，落实无人机驾驶培训12人次，5架无人机对接市局平台。将执法中队25辆执法车配备车载视频系统，采用升级版AI智能识别系统，在原有功能的基础之上，增加自动识别问题、自动截图框选、自动生成案卷的功能。

【管理品牌创建】　根据《富阳区城市国际化标识系统建设改造工作实施方案》工作职责和要求，有序开展保障工作。完成全区亚运重点区域市级任务（3个场馆周边、2家涉亚饭店、8个旅游景区、1个火车站、1个长途汽车站、21条涉亚道路）、其他区域区级任务（19条城市道路、4个公园）国际化标识系统提升改造，共计完成2908处。完成街道范围的路名牌改造。

【照明管理】　开展照明长效管理，自查发现问题429处（其中路灯276处，景观灯13处，户外广告灯光设施140处），已整改426处。路灯亮灯率98%，路灯设施完好率98%，景观灯亮灯率99%，景观灯设施完好率98%。以《杭州城市照明总体规划》为依据，重点对富阳主要商圈和商业特色街区、窗口地区等载体实施亮灯工程，批复“三同时”项目15个。积极对接各业主单位，不断探索建立区级照明控制平台，实现亚运会亮灯统一调度指挥。

【犬类管理】　开展文明养犬专项治理、常态化治理工作，每周设立文明养犬检查岗，每月轮流开展文明养犬进社区宣传活动，确保各个社区宣传覆盖率100%。开展文明养犬服务97次（其中进社区44次，文明养犬检查岗活动53次），办理养犬许可证500件、年审881件，收容无主犬、流浪犬等496只，立案查处携犬出户未束犬链、擅自养犬等案件21起、罚款6800元。做好对属地街道、社区的联系和指导，下发《关于做好各社区养犬情况摸排工作的提示单》（富城环专提〔2022〕21号）至各街道，要求属地牵头，对各社区开展养犬情况摸排工作，执法中队与属地街道社区联动开展养犬治理工作。

【环卫保洁】　深入推进环卫“一体化”，探索保洁作业监管新模式。优化城区道路等级划设，提高重点区域、道路保洁标准，确定城区环卫保洁定额为：一级、二级、三级道路分别为12.7元/平方米·年、11.2元/平方米·年、10.2元/平方米·年、里弄街巷7.6元/平方米·年。采取政企结算方式，调整保洁作业主体，深入推行环卫“管干分离”，并实施保洁与养护一体化试点，明确职责，统一管护，12月1日，完成保洁项目移交工作，建立完成标准精细化、监管专业化、统筹一体化的保洁管理体系，实施精细管理，强化行业监管。

【公厕服务】　根据富春江湾AAAA级景区、富阳AAAAA级景区城“联创”工作任务推进，完成鹿山大道公厕、江南大道洋浦沙公厕、江南大道中沙公厕、鹳山脚公厕等4座AAA旅游公厕提升改造，其中鹳山脚公厕配备智慧公厕设备。严格落实"统一标准、专人管理、精细保洁"作业模式，完成15座亚运重点公厕提升改造任务，新增小厨宝18个，除臭设备8套，日夜两用指示牌15块，更换抬启式水龙头123个，大功率烘手机15台，张贴亚运宣传口号592条，更换国际化标牌156张，免费提供卫生纸、洗手液、快干型干手器等。开展"抓典型，比技能"为主题的公厕管理"理论+实操"培训活动，不断提高公厕标准化、规范化、精细化作业水平。

【市政公用】 完成全区燃气场站安全评估和风险点辨识，落实风险点整改闭环管理。开展燃气领域"百日攻坚"，区级机关出动检查人员2408次，燃气安全执法检查次数830次，立案查处84起，处罚金额为28万余元；各乡镇街道排查发现隐患2060处，均已整改完毕，燃气安全入户宣传共计9万余人次；各燃气公司开展自查发现隐患1131处，均整改完毕。地下空间检测：全覆盖完成路、地下管线勘测，并常态化进行检测。完成江连街、江波街、迎春路、江枫路、川画路等102条道路约127.63千米的雷达检测工作，发现地下隐患点165处，其中空洞10处，脱空53处，土体疏松102处。

【市政养护】 开展平路专项整治，完成金秋大道、中桥路、西环路、文教路、龙江路、江波街、莵浦西路等道路的路面维修，铺设沥青222150平方米，翻修人行道4750平方米，坑洞修补907处，灌缝64290米。开展桥头跳车、检查井自查自纠，发现并解决"桥头跳车"问题30多处，调换、提升各类井盖2706处。桥梁隧道管养定期开展巡查工作，完成安全检测工作；定期对附属设施进行清理、更换；提升隧道安全设施。积极落实桥梁隧道日常保洁工作，对桥梁路面、伸缩缝、桥下以及隧道路面、紧急停车标志线等进行保洁清洗。完成桥梁机非分隔栏杆错位修复58处；护栏破损或松动修复426处；固定防眩板共132处；梳理桥下管线13处。检修道侧墙维修107米，隧道限高杆断裂维修8处，增设水位尺18处、路面维修17处，隧道侧板维修9处，监控屏幕维修6次。

【园林绿化】 根据"美丽杭州"创建要求，开展园林绿化专项整治工作，如抗旱保绿、行道树缺株、死株、扩容情况、公园消防、安全生产、草花布置等专项检查整治工作。落实城区250万平米绿化管养，重点对亚运场馆周边、通勤道路、城区主要出入口、节点绿化进行全覆盖巡查、管养、整治、提升，自查整改绿化问题3276处，受理完成市级抄告610余件，区综巡办抄告451件，下发街道问题整改单1272条，整改率100%。完成并长效养护管理金家岭、区政府南门、恩波公园、江滨西大道、郁达夫公园、东吴公园等立体花坛、环境小品。完成水上运动中心、银湖射击场馆周边"满城飘香"主题方案设计。在儿童公园春秋园增设海棠主题公园。

## 行政执法

【大综合一体化】 全面建成并实体化运行区级"1+8"执法队伍、24个镇街"一支队伍管执法"的行政执法体系，108项执法事项实现镇街全域赋权。对档案、发改、教育等9个部门管理领域587项事项公示划转完毕，细化梳理形成"1+3"全覆盖的执法事项体系，全区行政执法事项总数5406项，其中综合执法事项1933项、专业执法事项3473项，综合执法事项占比35.76%，超出省定20%的目标要求。省定61个主题场景已完成53个应用落地，位居全市前列，揭榜全省港口监管一件事场景编撰并推进实施。制定15件"综合查一次"本地清单，积极开发区级特色增量模块，"违法建筑查处'一件事'闭环治理应用"获评全省数字司法好应用。

【市容秩序】 贯彻落实"席地可坐""杯水不溢""水墨淡彩""满城飘香""宋韵钱塘"五大标准和五个干净、五个一新实勘要求系列要求。完成岗亭赋码150处，清洗整治城市家具2367处，重点区域共排查箱体878个，整治点位190个。整治建筑立面420幢，规范、拆除遮阳（雨）篷221处，规范、拆除晾衣架、空调架2747处，规范、拆除防盗栅栏2049处，清除空间飞线、铁丝网410处，立面清洗、粉刷、修复32.08万平方米。开展人行道违停、无照经营、地铁周边市容整治等专项执法保障整治行动，着力做到车辆停放规范，乱堆乱放清干净、乱贴乱画除干净、跨门设摊理干净。采取"中队日自查+科室周抽查+中队月互查"方式，坚决压实整改责任，加大整改力度。全年机动车人行道违停劝导2741辆、查处30951辆，非机动车规整20680辆，乱堆乱放劝导5886起、查处24件，占道经营、无证摊贩劝导15960件、查处1625起。

【环境管理】 深化"一巡多功能"综合巡察机制，在日常巡察、抄告、整改、督办的基础上，结合"美丽杭州"创建活动，巡察发现各类环境问题线索23320件，其中现场整改、自行处置到位16324件；抄告交办6996件，有效处置6506件，有效处置率93%，做到重点区域全覆盖、全部线索不放过、最细致督检、最精细督整；开展联合执法行动22次，打击查处各类工程违法行为512起，有效提升亚运通勤道路环境面貌。

【户外广告】 开展户外广告设施专项整治行动，重点整治违法违规设置的户外广告设施、存在安全隐患的户外广告设施。集中开展玻璃贴小广告整治、散发小广告整治等。整治各类户外广告（招牌）3348处，整治张贴小广告、散发小广告1362处。

【两违防控】 实施"即查即拆"200起，拆除面积10871.62平方米。中队组织拆违125次，出动418人次，拆除面积3913.14平方米；配合乡镇拆违11次，出动61人，拆除面积815平方米。完善小区违建登记报告制度工作，落实全区160个封闭式小区违建登记报告制度，开展常态化巡查，发现问题65个，系统交办后完成整改58个，正在整改7个，问题整改率100%。开展小区装修进出材料及大型施工设备源头监控，实现资源、信息共享。梳理大有清竹蓝庭、锦绣兰庭、万科公望等10个小区作为重点管控小区，辖区中队每周2次巡查并上报工作情况。有效减少新增违建信访投诉。

**【渣土管控】** 深入"区级统筹协调、国企标化运营"模式，优化"一站式"审批服务、"一盘棋"统筹消纳、"一体化"联合执法机制，完成消纳631.2万立方米。首创推进场地立项审批制。研究制定2022年至2025年渣土消纳场建设计划，涉及5个场地（环山黄金坞、胥口平畈、富春街道石塔坞、渌渚山子矿、渌渚连桥矿），总设计消纳量1770万立方米。石塔坞等3个新建场地均已通过发改局立项赋码，并建成胥口平畈东边坞区块渣土消纳场（1号区块），消纳容量达46万立方米。首创建筑垃圾处置规划布点制。印发全区建筑垃圾布点规划，完成富春片、江南片、银湖片、鹿山片、万市片的9家申报企业联合踏勘，确定处置点7个。推进就地循环利用和资源化利用，接收处置拆除垃圾116万吨、装修垃圾7.7万吨，综合利用率达91%。开展工程渣土执法专项整治行动，通过"三进三查"，落实"一案多查"工作机制，从严打击工程渣土违规运输、偷倒乱象，全年查处渣土案件1359起，罚款355万元。

**【法治工作】** 办结许可申请3895件，其中广告类2187件（店招934件、临时广告3件、大型户外广告12件、占道918件、活动320件）；渣土类1403件（准运证正本282件、1487车次，城市建筑垃圾处置核准1097件、 22153车次，建筑垃圾处理方案备案登记24件）；城市生活垃圾（含粪便）经营性清扫、收集、运输服务4件，城镇污水排入排水管网许可证核发262件，临时占用城市道路（需市政踏勘）11件，挖掘城市道路9件，砍伐城市树木1件，修剪树木5件，迁移树木（非古树名木）7件，占用城市绿地6件，案卷总量较上年减少了30%。办结一般程序案件3368件，罚款847.96万元。办结简易程序案件4719件，罚款51.21万元。人行道违停录入28257件，缴款结案9568件，罚款143.72万元。办理行政复议案件7件、行政诉讼案件2件、政协提案1件。

（潘阮鹏）

**【编辑　吕　克】**

# 26 环境保护

## Environmental Protection

### 环境质量

【概况】 全区水环境质量稳中向好，富春江干流水质稳定保持Ⅱ类，出境断面水质持续保持“优秀”。全区12个地表水监测断面、3个集中式饮用水水源地水质达标率100%；大气环境质量持续改善，环境空气优良率93.2%，细颗粒物（PM2.5）年均浓度30.6微克/立方米；可吸入颗粒物（PM10）年均浓度53.5微克/立方米，稳定达到《环境空气质量标准》（GB3095—2012）浓度限值，获省“五水共治”大禹鼎，连续四年获得生态文明建设“美丽浙江”考核优秀区称号。根据2022年浙江生态环境质量公众满意度调查，富阳得分为87.04分，在全市13个区（县、市）中排名第四。

【水环境】 全区12个监测断面均满足水环境功能水质目标要求（以下简称功能达标），达标比例为100%，其中北渠口、大浦闸为Ⅲ类，其余10个断面为Ⅱ类。从全区各主要河流看，富春江（富阳、渔山）、渌渚江（新登、窄溪上港、青何、岩石岭水库断面）、苋浦河、壶源溪、剡溪、大源溪、南渠水质优，属Ⅱ类水体。全区3个集中式饮用水水源地水质监测项目都达到Ⅱ类地表水环境质量标准，备用水源亭山水库监测项目达到地表水环境质量Ⅰ类标准，达标率为100%。富阳出境断面（渔山）水质达到Ⅱ类功能要求，考核优秀。

【大气环境】 根据《环境空气质量标准》（GB3095—2012），全区环境空气优良天数340天，轻度污染天数为22天，中度污染天数2天，重度污染天数1天，无严重污染天数，环境空气优良率为93.2%，同比上升0.9个百分点。空气清新天数337天，整体空气清新率92.6%，同比下降2.5个百分点。全区乡镇环境空气监测点位24个，乡镇空气优良率均值为90.2%，主要污染因子为细颗粒物（PM2.5）和臭氧（$O_3$）。24个乡镇（街道）细颗粒物全年均值为27.8微克/立方米。乡镇（街道）细颗粒物（PM2.5）浓度范围为23.5—33.7微克/立方米。最低是上官乡，为23.5微克/立方米，最高是富春街道，为33.7微克/立方米。

【声环境】 全区区域环境噪声昼间平均等效声级为53.5dB（A），各区域环境噪声监测点位监测值均达到相应标准，区域环境噪声较好。全区8个功能区昼间噪声均达到相

2022年，富阳阳陂湖景色

（市生态环境局富阳分局　供稿）

应的声功能区标准要求。全区道路交通噪声路长加权平均等效声级为66.6dB（A），质量等级为好。

## 环境综合整治

【水污染防治】 加强重点断面水环境管控。印发《省控断面水生态环境“一点一策”综合治理方案》，开展省控断面走航排查分析，完成富春江富阳饮用水水源地勘界定标，指定饮用水水源地保护区环山中埠区块工业企业等污染源关停方案，关停搬迁保护区内企业31家。持续深化“污水零直排区”提质增效行动，全面完成市定任务5个、区级任务6个，开展“污水零直排区”长效运维复查复核，累计发现、整改问题3161个。压实河湖长制履职责任。全面提档河湖长制，实行绿币积分组团绑捆及定期通报等机制，督促各级河长主动作为，开展巡河（湖）活动21557次，处置问题21737个，处理率达100%。高标准抓好涉水问题排查整改。召开全区“找寻查挖”专项行动部署会，制订“碧水亮剑”大比拼实施方案，开展市、区及乡镇三级交叉检查，出动2900余人次，发现化解问题3745个。持续提升“流域共治”管理水平。制订流域共治“一市一样板”实施方案，举办钱塘江流域共治共保工作协调会、“碧水迎亚运 共护壶源江”壶源江流域共治联合执法活动等系列活动，跨区共治协调机制，完成11条乡镇级以上交界河道互签“流域共治”合作协议，创新村与村之间“流域共治”协议全覆盖。

【大气污染防治】 开展工业废气治理专项行动，紧盯VOCs（挥发性有机物）等重点污染物，完成涉气工业源调查1180个、整治VOCs排放企业57家，高质量完成23家铸造业、3家水泥企业深度治理。持续深化移动源整治。完成非道路移动机械新能源替代36台、淘汰国三及以下营运柴油车25辆，大气污染防治年度任务完成率107%。落实“扬尘污染”整治。加大扬尘管控力度。开展洒水、雾炮等除尘措施，整治各类扬尘污染问题1605个，整治裸土3万余平方米。强化重点区域、重点领域问题排查整改，开展线上线下巡查8460次，落实大气污染预警措施38次。

【固废污染防治】 加大工业固废环境监管力度，督促全区1587家产废单位完成固废产生信息申报登记，开展固废、危废专项检查6次，检查企业482家次，发现、整改问题76个。深入推进“无废城市”建设，建成小微产废企业收运分拣项目，创建“无废细胞”157个，成为全市唯一一个通过省级评审验收的区县（市），捧回无废创建“清源杯”。

【土壤污染防治】 开展建设用地土壤污染状况调查、风险评估及治理修复，23个地块90.87公顷土地移出污染地块名录。强化耕地污染治理，编制全区受污染耕地控源断源及成效评估方案，并在全市率先完成受污染耕地“源解析”。持续开展矿山治理，完成综合治理矿山生态修复3家，废弃矿山治理项目5个，2个矿山被列入全省智能化绿色矿山试点建设并通过验收，现存4个尾矿库全面销库，环境风险隐患持续降低。

【碳达峰碳中和行动】 落实省、市各类绿色低碳试点工作要求，扎实推进试点示范建设，以点带面，多领域多层次推动“近零碳”“零碳”发展，完成海正药业、华达新材料等企业“双碳”试点申报。紧盯能源“双控”目标，深化用能管理，推进光伏安装及抽水储能电站建设，全年GDP能耗下降约2.3%，完成“十四五”总计划的80%，位列全市第一。

【“重大生态环保督察问题清单”整改】 将省市委“七张问题清单”整改作为提升生态环境工作的重要抓手，深挖问题根源、细化整改举措，5个生态环境问题全面销号。修订《富阳区突出生态环境问题发现、整改闭环机制》，建立问题发现、销号机制，组织乡镇（街道）、各区级部门强化联动执法、开展问题排查，二轮央督137件信访件全面整改销号，“七张问题清单”重大生态环保督察3个省级清单、16个市级清单问题，销号7个，剩余12个已整改完成并履行销号手续。重大生态环保督察问题清单指数排名省市前列，“毁林造地”问题入选省分清单示范榜，“尾矿库清理”“紫云山庄污水”等问题入选市总清单示范榜，进一步强化生态环境问题发现整改能力，夯实环境质量持续改善基础。

## 环境管理执法

【生态环境管控】 办理建设项目环评审批（备案）157个，其中审批报告表68个、报告书12个、零土地备案8个、区域环评改革项目69个；办理固定污染源排污许可事项366件，其中首次发放排污许可证33家，变更40家，延续11家，重新申请30家，遗失补办申请2家，注销排污许可证30家，排污登记219家。围绕生态环境保护中心任务，以生态环境质量监测为重点，以地表水常规监测、环境空气质量日常为基础，深入开展主要河湖地表水、饮用水水源地、乡镇小流域、河流交接断面、农村生活污水处理设施等水环境监测，城区及乡镇环境空气质量、降水、降尘、硫酸盐化速率、噪声等其他监测项目，完成各类监测报告919份，获得监测数据215万余个。严格落实噪声管理要求。全面加强噪声管理，重点落实区域环境噪声、功能区噪声、道路交通噪声治理工作，开展中高考期间“绿色护考”等专项行动；加强全区夜间施工管理，做好建筑施工夜间作业证明的核准，办理夜间施工许可299个。修订《富阳区突发辐射事故应急预案》，开展核与辐射安全隐患排查工作，检查重点辐射工作单位企业28家，完成辐射项目环评和许可证审批32件，指导、核查116家辐射工作单位完善、更新辐射安全管理系统信息，对9家放射源单位实施“三位一体”建设工作，完成1家停产企业废旧放射源收贮。围绕疫情防控中心工作，及时妥善收运处置涉疫废物，创新开发“疫废智管”数字化平台，清

2022年7月，富阳开展生态环境执法规范化建设

（市生态环境局富阳分局　供稿）

运涉疫垃圾1100余吨，实现涉疫垃圾处置“无害化”、转运“零差错”。建立多部门联合的环保治理设施安全联合监管机制，检查企业54家，整改重点环保设施安全问题27个，相关经验在全省生态环境“除险保安”百日攻坚大会上进行经验交流。按照“区级统筹协调、国企标化运营”模式持续优化渣土消纳治理，全年安全消纳渣土631.2万立方米，进一步消除渣土环境隐患。

【生态环境执法】　深入开展生态环境“执法赋能年”活动：聚焦“产业强区”主战略，持续推动严格执法、优化服务“双提升”。强化日常监管，优化专项执法，严厉查处大案要案，全年出动执法人员9257人次，检查企业4751家次，作出行政处罚119件，处以罚款1404万元。全年受理环境信访485件次，同比下降40.71%。实行“正面清单”机制，落实轻微违法免罚制度，争创机制完善、查处高效、管理人性的“最优执法区”，同时持续提升对企服务，用足用好“环保管家”服务机制，走访企业357家次，协调、帮助企业解决生态环境问题188个。

【生态文明建设】　深化生态文明示范创建，编制省级“绿水青山就是金山银山”实践创新基地创建方案，完成台账资料收集上报。推进省级山水林田湖草系统保护修复试点，投资17.26亿元，九大类工程15个项目全面完工。开展富春江（富阳段）及周边5千米区域生物多样性调查，记录鸟类111种、鱼类67种。加大植被保护力度，落细落实林长制，开展新增百万亩国土绿化行动，全区森林蓄积量达到560.2万立方米，森林覆盖率达到69.17%，全区重要生态空间保护水平不断提升。着力保护重要生态屏障。划定城镇开发边界、永久基本农田、生态保护红线等“三区三线”，生态保护红线总面积25440公顷，总体保持稳定。

【体制机制改革】　强化生态环境保护数字化监管。根据生态环境监管数字化改革要求，承担“土壤一件事”省级试点和“生态智卫”区县贯通市级试点工作，建成“浙里净土”“固废智治”“智慧治水”“生态智卫·富阳版”“环境应急指挥”等数字化平台，数字化改革工作获得省、市生态环境部门高度肯定，全市生态环境系统数字化改革现场会在富阳召开。生态环境行政执法规范化建设。贯彻落实关于生态环境保护行政执法队伍规范化建设要求，投入400余万元提高执法装备配备水平，率先在全市通过生态环境执法规范化建设验收，被生态环境部授予2022年度全国生态环境执法大练兵表现突出集体称号。

【生态环境文化】　围绕“5·22”生物多样性日、“6·5”世界环境日、“6·30”浙江生态日等生态环境主题节日，组织开展生态文明建设主题宣传，全面普及生态环境文化，举办各类活动13次，播发生态文明宣传节目、音频等47条，发放各类生态文明宣传手册3万余份，全区生态文明宣传受众达20余万人次。

（熊　蔚）

【编辑　吕　克】

2022年6月5日，富阳举办“6·5”世界环境日主题活动

（市生态环境局富阳分局　供稿）

# 27 科学技术

Science and Technology

## 科技进步

【概况】 全年全区新增国家高新技术企业134家，累计649家；省级科技型中小企业253家，累计1337家；市级企业研发中心25家，累计159家；省级企业研发中心7家，累计84家；省级研究院4家，累计30家；新增市级众创空间2家，累计拥有市级以上企业孵化器、众创空间15家。全社会研究与试验发展经费投入达到25.82亿元，同比增长10.5%，R&D经费支出占GDP比重达到2.96%，首次超过全省平均水平（2.94%）。全区规上高新技术产业企业实现高新技术产业增加值190.5亿元，同比增长2.6%，占规上工业增加值比重66.7%；完成高新技术产业投资93.9亿元，同比增长39.6%。以数字化改革为契机，上线富阳区科技创新平台，科技企业成长在线平台建设场景获省级试点建设。试点工作已获得省科技厅肯定，经省科技厅评估，具备在全省范围推广应用的基础，形成“一地创新，全省共享”标志性成果。

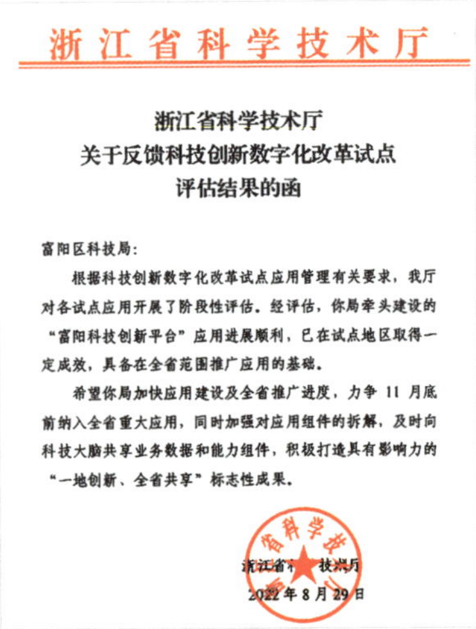
浙江省科学技术厅

浙江省科学技术厅
关于反馈科技创新数字化改革试点
评估结果的函

富阳区科技局：

根据科技创新数字化改革试点应用管理有关要求，我厅对各试点应用开展了阶段性评估。经评估，你局牵头建设的“富阳科技创新平台”应用进展顺利，已在试点地区取得一定成效，具备在全省范围推广应用的基础。

希望你局加快应用建设及全省推广进度，力争11月底前纳入全省重大应用，同时加强对应用组件的拆解，及时向科技大脑共享业务数据和能力组件，积极打造具有影响力的“一地创新、全省共享”标志性成果。

浙江省科学技术厅
2022年8月29日

数字化改革获评“一地创新，全省共享”标志性成果

（区科技局　供稿）

2022年1月25日，菲利普·罗素项目团队签约仪式

（区科技局　供稿）

【研发平台建设】 深入实施“两清零一提升”行动（营收5亿元以上企业研发机构清零、1亿元以上企业研发活动清零、全面提升企业自主创新能力），制定《富阳区规上工业企业“两清零一提升”工作推进方案》，启动对900余家规上/限上企业开展研发经费规范建账培训，分类精准指导企业开展研发活动。成功备案广安汽车、雄迈信息2家市级企业创新联合体，新增杭州市企业研发中心25家，省级研发中心7家，省研究院4家，市级研发中心新增数和省级以上企业研发机构认定数量均创历史新高。

【高能级创新平台建设】 杭州光机所建设提速，被认定为杭州市首批概念验证中心，引进德国马普所菲利普·罗素光子晶体光纤团队，初步建成罗素先进光波科学研究中心和半导体工艺共性平台。光机所创新工作先后获副省长卢山、市长刘忻批示肯定。西湖大学光电研究院落户富阳并开工建设。深化与浙江工业大学合作，推进浙江工业大学国际创新中心建设，打造先进传感与智能装备省重点实验室和省级两用技术创新中心等两大平台。

【农社创新发展】 加快推动农业企业科技转型，有机整合各类农业和社会发展科技资源，逐步建立农社科技项目储备库，积极申报杭州市生物医药产业高质量发展专项2个并获市级补助，杭州市农业和社会发展科技项目获立项补助8项。

【科技金融服务】 做活科技投资引导基金，吸引区内外资本参与富阳产业转型，破解科技型企业融资难。加快思泰迪半导体、天甘科技有限公司等子基金投资项目对接落地。初步达成思泰迪半导体供地协议。新引进岙华子基金1家，累计参股子基金6支，子基金规模合计9.9亿元（其中引导基金出资1.25亿元），通过子基金引进企业5家，合计投资4610万元。

【创新创业研究院管理】 严格绩效考核，从严抓实考核指标的审核认定。经考核，提前解除合作研究院2家，妥善安置入驻企业。完成创新创业研究院管理办法修订工作，实行目标考核与日常管理考核、定性考核与定量考核相结合的方式。通过明确考核标准和建立倒逼机制，提升研究院工作质量和绩效水平。不断谋求与高能级平台合作。先后与航天科技集团、人类遗传基因浙江创新中心、国科大杭高院、中建材智能自动化研究院、北斗时空研究院等开展合作洽谈，共建科创平台。

【省级高新技术产业园区建设】 3月，光机电省级高新技术产业园区获批挂牌。以硬科技创新示范区建设为目标，组织部门、科创平台、企业研究硬科技项目孵化、技术创新等情况，起草硬科技创新示范区建设规划。对照高新区创建目标和考核指标体系，不断完善区域产业发展规划和创新政策，编制三年行动计划，完成高新区规划并上报省科技厅。

【产业创新服务综合体建设】 深化以企业为主体的技术创新体系，浙江省5G智能物联公共实验室对外运营，向字节信息、国自机器人等5G企业提供研发测试、检测技术等服务。

【孵化器和众创空间建设】 组织科技企业孵化器、众创空间开展国家级、省级、市级绩效考核，工创谷获得省级绩效评价优秀，春江潮、厘米·慧创获市级年度绩效考核优秀。新增“亿企创新”“星辰产业生态园”市级备案众创空间。

【科技特派员管理】 组织省、市、区三级特派员召开科技特派员会议，交流工作经验和做法。结合各特派员专业领域及所在团队特长，跨乡镇开展培训活动，并加强对科技特派员项目的监管。组织亚林所专家赴缙云县开展山海协作科技交流活动，助推缙云林下经济科技合作。

（张姗妮）

## 中国林业科学研究院亚热带林业研究所

【概况】 中国林业科学研究院亚热带林业研究所（以下统称亚林所）有在职人员172人，离退休人员132人。在职人员中，正高级职称28人、副高级职称66人、博士学位99人、硕士学位31人、博士生导师13人、硕士生导师31人、专业硕导6人。获得国家优秀青年基金1人，国家和省部级有突出贡献中青年专家3人，百千万人才工程省部级人选4人，国家林草科技创新团队2个，国家林草科技创新领军人才2人，浙江省万人计划科技创新领军人才4人，全国生态建设突出贡献先进集体1个，先进个人2人，入选最美林草科技工作者1人，入选中国林科院杰出青年4人，享受国务院政府特殊津贴17人，获中华人民共和国成立70周年纪念章13人。全所在读研究生近200人。

【服务国家战略】 高质量完成国家林草局发改司“油茶产业科技支撑”和“林下经济科技支撑”两项任务，充分发挥智库作用，《向森林要食物：加快油茶产业高质量发展的建议》《践行大食物观——关于全面推进我国木本粮油产业发展的建议》等5个报告，分别发表在农科智库要报（2022年第三期）或被科技部和国家林草局等主管部门采纳，派出专家参加全国政协专家协商会，围绕践行“大食物观”交流发言。服务乡村振兴，在贵州独山，辐射带动发展乡村油桐种植产业基地1333.33公顷，帮扶企业获“全国乡村振兴青年先锋标兵”“全国向上向善好青年”等荣誉称号。在广西龙胜，推广油茶提质增效和竹林覆盖技术，提高油茶和竹林经营效益30%以上；在浙江松阳、常山、富阳，支撑建设以产业、生态、低碳等应用场景的未来乡村4个。探索并支撑钱江源百山祖国家公园地役权改革，推动国家公园地役权改革由量向质转变，建设生态油茶示范林10公顷，起草无公害茶油标准4项，对核心区蚧虫危害成果成功进行生态防治，完成《百山祖国家公园生态物种多样性循环系统建设详细规划》。与安庆市开启新一轮合作，组织专家完成油茶、薄壳、山核桃、甜柿、林下食用菌栽培等林长制示范基地建设13.33公顷，组建经济林和林下经济2个市级科技特派团，科技服务专家50人次。与岳西县签订全面战略合作协议，在油茶营造林、林下食用菌药栽培及彩色廊道建设方面项目化、清单化推进合作。完成长三角区域碳汇时空格局、各龄组和优势树种（组）碳储量分布状况的分析，对2030年和2060年碳储量进行了预测，提出长三角森林固碳增汇初步建议。参与浙江省碳储量、碳汇量监测研究和碳汇造林树种推广名录提出，完成首个零碳示范村建设规划。与浙江松阳、青田县开展“县域共富合作”，实施项目10余项，建立共富产业示范基地66.67公顷，“甜柿优质品种繁育及生态高效栽培”和“林下多花黄精复合经营”获评浙江省“一亩山万元钱”十大共同富裕典型案例。

【科研创新】 新增“十四五”国家重点研发项目1项、课题1项、子任务2项，国家基金4项（青年2项、面上2项），院基金立项3项，省重点研发项目2项、省基金4项，省院合作立项3项（重点1项、青年2项）；省林业推广项目2项，新立项项目合同经费4455.8万元。加强各类项目“里程碑”式管理。主要木本油料植物种质资源调查项目通过中期检查，2个项目完成年度会议、2个课题完成启动会。1项省重点研发项目完成绩效评价。发表论文149篇，编写著作6部，获授权专利26件，颁布标准13项；审认定良种2个，授权新品种13个；评价成果3项；获各类省部级科技奖励6项。

【学术交流与国际合作】　国际合作交流方面，在新冠疫情防控常态化和国际形势不断变化的背景下，强化云端交流促创新。8位专家在国际组织和国际期刊任职；获批高端外国专家引进团队项目1项；办理2位科研人员出访审批，1位科研人员赴澳大利亚执行公派留学任务；依托科技部高端外国专家引进计划团队项目，针对性邀请3位外方专家开展森林康养、微生物等方面的线上学术活动，共计200余人次参加。推荐国家外国专家项目评审专家1名。

【人才培养与团队建设】　总结提出《“十四五”创新体系精准引才计划》《关于加强青年人才培养的实施意见》《2022—2025年人才计划申报清单》，修订《亚林所创新人才引进办法》，起草《“青年英才工程”人才支持计划实施办法》。组织开展了2022年亚林所科研创新岗位、职能部门岗级调整工作。招聘高校毕业生9人。组织开展中国林科院首席科学家、中国林草先进青年、浙江省万人计划科技创新领军人才、院领军、院杰青等各类人才计划及荣誉申报，1人获留学基金资助，派出1名干部参与中组部博士服务团。招收研究生47人，同比增长27%，联合培养研究生29人，增长31.8%。加强对研究生关心关爱，投入自有资金80万元，改善住宿条件，全年共有20人次获得国家奖学金、梁希优秀学子奖等各类荣誉。

【条件平台建设】　科技创新平台稳定运行，承办国家林草局科技司油茶良法推广转化演示活动，完成浙江省林木育种技术研究重点实验室绩效评价，4个生态站参加局生态定位站评估，召开长三角协同创新中心年度工作研讨会，新品种测试站向新品办提交8件山茶属植物新品种DUS测试报告、39件现场实审报告。条件建设持续改善，质检中心设备购置项目完成19台（套）设备采购，林木培育与经营研究设备购置项目完成上级部门竣工验收备案，院区安全设施改建项目顺利通过上级部门验收。对所部办公区、实验区、生活区、研究生公寓等房屋及基础设施进行全面排查和维修。完成组织实施门球场提升改造，所部垃圾房已结项，正在进行装修和室外附属工程施工。

2022年7月26—28日，由科技部组织的“科技列车河池行”科技下乡服务活动走进广西壮族自治区河池市，亚林所专家江锡兵深入河池市板栗生产基地开展技术指导　（亚林所　供稿）

【党建和精神文明】　坚持举旗铸魂，强化政治统领，忠诚践行“两个维护”，第一时间贯彻落实党中央、上级的重大决策部署和习近平总书记重要讲话、指示批示精神，引导党员干部增强政治站位，以实际行动践行“两个维护”，确保在思想上政治上行动上与以习近平同志为核心的党中央保持高度一致；深化理论武装，坚持学习贯彻习近平新时代中国特色社会主义思想和党的二十大精神，跟进学习习近平总书记最新指示批示精神，召开理论学习中心组学习会（含扩大）11次、结合业务专题研讨5次，结合实际带着问题学，班子成员不定期参加线上网络学习，党员干部参加院视频党课全覆盖；党建引领促发展，所党委召开15次党委会，坚持重大关键性问题及时研究、集体决策、科学决策，涉及薪酬绩效改革、队伍建设、文明单位创建等“三重一大”事项60余项，发挥所党委把方向、管大局、促落实作用；筑牢意识形态主阵地，制定出台《亚林所意识形态领域突发事件应急处置预案》，落实意识形态工作责任；加强网站、微信、QQ群等主阵地信息发布的监督管理，及时掌握干部职工思想动态，分析干部职工的思想状况；传播正能量，开展“亚林之星——身边榜样”“十大科技进展”评选，以橱窗、所网专栏形式宣传先进事迹；强化组织功能，不断增强组织的战斗力。在全所范围内组织开展“七一”主题党日活动，重温入党誓词、集体过“政治生日”，用好“红色根脉强基系统”；参加院“十佳党群活动”“十佳党课”评选，荣获全院“十佳党群活动”总分第一，试验林场被评为中国林科院森林草原防火先进集体，陈益存研究员荣获中国林学会“最美林草科技工作者”称号；强化正风肃纪，扎实做好党风廉政建设。常态化开展警示案例通报，通过会议、简报、橱窗等形式开展典型案例通报，围绕公务接待、科研经费、微信泄密、招投标等主题汇编8期警示案例简报、

2022年亚林所编写著作一览表

表15

| 序号 | 著作名称 | 出版单位 |
|---|---|---|
| 1 | 马尾松抗松材线虫病遗传改良 | 中国林业出版社 |
| 2 | 杭州湾湿地磷的迁移转化特征研究 | 中国林业出版社 |
| 3 | 中国山苍子 | 科学出版社 |
| 4 | 森林色彩研究 | 中国林业出版社 |
| 5 | 油茶皂素 | 中国林业出版社 |
| 6 | 林木遗传育种中试验统计法新进展（续集） | 中国林业出版社 |

2022年亚林所获得专利授权情况一览表

表16

| 序号 | 类　别 | 名　称 | 状　态 |
|---|---|---|---|
| 1 | 国内发明专利 | 一种鉴定山茶花色芽变品种的方法 | 授权 |
| 2 | 国内发明专利 | 一种山茶花中多种花青苷的含量检测方法 | 授权 |
| 3 | 国内发明专利 | 一种用于黑色茶花杂种鉴定的SSR标记引物及应用 | 授权 |
| 4 | 国内发明专利 | 一种金花茶CnFLS+反义F3’H双基因载体构建促进植物黄酮醇合成的方法 | 授权 |
| 5 | 国内发明专利 | 一种金花茶CnFLS+CnUFGT14双基因载体构建促进植物黄酮醇合成的方法 | 授权 |
| 6 | 国内发明专利 | 一种提高本氏烟组培苗移栽成活率的方法 | 授权 |
| 7 | 国内发明专利 | 一种麻竹未成熟胚离体再生的方法 | 授权 |
| 8 | 国内发明专利 | 通过营建采穗圃培育扦插枝条的毛红椿扦插繁殖方法 | 授权 |
| 9 | 国内发明专利 | 一种厚朴繁殖技术 | 授权 |
| 10 | 国内发明专利 | 与油茶种子油中软脂酸含量相关的DNA片段、其紧密连锁的SNP分子标记及其应用 | 授权 |
| 11 | 国内发明专利 | 一种工厂化茯苓栽培基质及茯苓栽培方法 | 授权 |
| 12 | 国内发明专利 | 与油茶种子油中亚麻酸含量相关的DNA片段、其紧密连锁的SNP分子标记及其应用 | 授权 |
| 13 | 国内发明专利 | 一种索诺拉沙漠芽孢杆菌及其应用 | 授权 |
| 14 | 国内发明专利 | 一种用于面源污染防治的水源区生态防护林营建方法 | 授权 |
| 15 | 国内发明专利 | 一种用于铜矿废弃地植被恢复的方法 | 授权 |
| 16 | 国内发明专利 | 植物实时水势的测定方法 | 授权 |
| 17 | 国内发明专利 | 山鸡椒醇脱氢酶LcADH31在制备柠檬醛或以其为活性物质的产品中的应用 | 授权 |
| 18 | 国内发明专利 | 一种Sir2家族基因或蛋白在调控植物萜类物质产量中的应用 | 授权 |
| 19 | 国内发明专利 | 一种Sir2家族基因或蛋白在调控植物器官大小中的应用 | 授权 |
| 20 | 国内发明专利 | 一种竹笋液浸制标本的制备方法 | 授权 |
| 21 | 其他发达国际发明专利 | 一种亚热带次生林恢复的抚育方法 | 授权 |
| 22 | 其他国际发明专利 | 茯苓工厂化栽培用栽培基质及栽培方法 | 授权 |
| 23 | 授权实用新型 | 一种油橄榄渍水胁迫器具 | 授权 |
| 24 | 授权实用新型 | 一种置入液氮罐的冻存架 | 授权 |
| 25 | 其他国家发明专利——南非 | 一种板栗砧木育苗基质配方及容器育苗方法 | 授权 |
| 26 | 其他国家发明专利——南非 | 一种甜柿亲和性砧木第一代种子园种子的选育方法 | 授权 |

## 2022 年亚林所技术标准一览表

表 17

| 序号 | 类　别 | 名　称 |
|---|---|---|
| 1 | 国家标准 | 油茶皂素质量要求 |
| 2 | 标准综合体（行业） | 香榧 |
| 3 | 省级地方标准 | 重金属污染困难立地生态修复林营建技术规程 |
| 4 | 省级地方标准 | 弗吉尼亚栎育苗及造林技术规程 |
| 5 | 省级地方标准 | 茶梅培育技术规程 |
| 6 | 省级地方标准 | DB33T825.1—2022 珍贵彩色树种营林技术规程第 1 部分：楠木 |
| 7 | 省级地方标准 | 毛竹林扩张控制技术规程 |
| 8 | 省级地方标准 | 自然灾害受损竹林恢复技术规程 |
| 9 | 省级地方标准 | 乡村人居林建设技术规程 |
| 10 | 省级地方标准 | 滨海湿地水鸟栖息地恢复技术规程 |
| 11 | 省级地方标准 | 高杆山茶花栽培技术规程 |
| 12 | 省级地方标准 | 甜柿栽培技术规程 |
| 13 | 修订省级地方标准 | 油茶丰产栽培技术规程 |

## 2022 亚林所审认定品种权一览表

表 18

| 序号 | 类别 | 名称 | 审认定单位 |
|---|---|---|---|
| 1 | 国家级品种审定 | “黄秆”乌哺鸡竹 | 国家林木品种审定委员会 |
| 2 | 国家级品种审定 | “元宝”毛竹 | 国家林木品种审定委员会 |
| 3 | 授权新品种登录 | 石斛兰品种“黄金台” | 皇家园艺学会 |
| 4 | 授权新品种登录 | Grace pink | 皇家园艺学会 |
| 5 | 授权新品种登录 | Little star | 皇家园艺学会 |
| 6 | 授权新品种登录 | Spring green | 皇家园艺学会 |
| 7 | 授权新品种登录 | 登录茶花新品种——春江彤燕 | 中国茶花学会 |
| 8 | 授权新品种登录 | 登录茶花新品种——春江艳霞 | 中国茶花学会 |
| 9 | 授权新品种登录 | 登录茶花新品种——春江含香 | 中国茶花学会 |
| 10 | 授权新品种登录 | 登录茶花新品种——春江紫星 | 中国茶花学会 |
| 11 | 授权新品种登录 | 登录茶花新品种——春江虹蕊 | 中国茶花学会 |
| 12 | 授权新品种登录 | 登录茶花品种——春江田园 | 中国茶花学会 |
| 13 | 授权新品种登录 | 登录茶花品种——春江风光 | 中国茶花学会 |
| 14 | 授权新品种登录 | 登录茶花品种—春江丹珠 | 中国茶花学会 |
| 15 | 授权新品种、新产品 | “亚青”马尾松 | 国家林草局 |

## 2022 年亚林所鉴（认）定成果一览表

表 19

| 序号 | 成果名称 | 类别 | 鉴（认）定单位 |
|---|---|---|---|
| 1 | 食用人工林产品安全性评价关键技术及应用 | 评价 | 中国林学会 |
| 2 | 红豆树和楠木等珍贵树种种质发掘利用与高效培育技术 | 评价 | 浙江省林学会 |
| 3 | 薄壳山核桃 / 山核桃油脂加工与品质控制技术 | 评价 | 中国林学会 |

**2022 亚林所获奖一览表**

表 20

| 序号 | 成果名称 | 获奖类别等级 | 授奖单位 |
|---|---|---|---|
| 1 | 竹笋食味和安全品质提升关键技术及应用 | 省科技进步奖 | 浙江省人民政府 |
| 2 | 杉木人工林提质增效关键技术及应用 | 省科技进步奖 | 浙江省人民政府 |
| 3 | 竹林金针虫绿色防控技术创新与示范 | 省科技兴林奖 | 浙江省林业局 |
| 4 | 马尾松高生产力高抗良种选育和种子园矮化丰产技术 | 省科技兴林奖 | 浙江省林业局 |
| 5 | 基于 FvCB 模型的森林植被光合固碳效率评价技术 | 省科技兴林奖 | 浙江省林业局 |
| 6 | 樟科植物萜类化合物多样性形成机制 | 中国林科院重大科技奖 | 中国林科院 |

2批中纪委执纪执法的指导性案例，筑牢拒腐防变的思想防线；以元旦、春节、“五一”、端午、中秋、国庆等节假日为节点，发送廉政提醒短信和文件，并加强巡察和暗访，严防“四风”问题反弹；通过举办集中研讨、观看警示教育片、讲廉政党课、组织主题党日活动、开展廉政谈话、党章党规党纪知识测试、参观廉政教育基地等形式开展“五个一”纪法专题学习教育月和“拒腐防变守内心 清正廉洁做表率”警示教育月活动，营造风清气正氛围；落实党风廉政责任；强化院所文化，着力推动文明创建提升。通过召开动员部署会、所网开辟专栏、编印应知应会手册、征集宣传标语、制作宣传墙等浓厚文明创建氛围，以橱窗、道旗、电子屏等形式加强道德文化、廉洁文化及文明风尚宣传，编制 9 期创建简报；开展系列志愿服务活动，建立亚林所志愿服务队，先后开展环保随行、平安巡防、公益助捐、绿色出行、交通劝导、文明创建督查等志愿活动 10 余次；完善文明创建激励机制，修订《精神文明考核办法》。

（杨清平）

## 中国水稻研究所

**【概况】** 2022 年，中国水稻研究所以第一完成单位获浙江省科学技术进步奖三等奖 2 项、中国农业科学院杰出科技创新奖 1 项。新增国家自然科学基金 14 项、省重点研发项目 4 项；新增国家重点研发计划青年科学家项目 1 项。审定水稻品种 62 个，获植物新品种权保护 44 个，授权国家发明专利 55 项，行业标准 7 项、国家标准样品 2 件。建设战略科学家梯队，柔性引进院士、教授各 1 名，1 名专家入选为国家高层次人才特殊支持计划“青年拔尖”人才，1 名专家获农业农村部“粮食和生猪生产专项工作及时奖励”，1 名专家获浙江省“有突出贡献中青年专家”荣誉称号，3 名专家分别入选农科英才领军人才和青年英才，1 名专家入选拱墅区运河旗舰使者。

**【“水稻品种分子鉴定技术与应用”获浙江省科技进步三等奖】** 魏兴华研究员为第一完成人，该成果针对水稻品种多乱杂的突出问题，建立了以分子标记为技术支撑的品种快速鉴定方法，分别制定出基于 SSR 和 SNP 标记的水稻品种分子鉴定国家行业标准，填补了水稻品种 DNA 指纹鉴定、SNP 鉴定技术标准的空白，作为水稻品种管理唯一的行业规范管理文件应用，并构建 6126 份国家水稻审定品种 DNA 指纹数据库，为 6466 份水稻新品种审定和管理提供强有力的技术保障。国际上首次创建出水稻全基因组拷贝数变异（CNV）图谱，发现 2886 个适用于品种鉴别的 CNVs 标记，为品种特异性鉴定提供多样化技术方法。研发出 BB/CC 基因组、农艺性状、抗性等重要经济性状特异性分子标记，为水稻品种鉴定提供精准技术。该成果提升了我国水稻品种技术鉴定水平，促进水稻品种的原始创新。该成果发表论文 16 篇，其中 SCI 论文 15 篇，获授权发明专利 3 件，制定行业标准 2 件，技术培训 1200 余人次，技术支撑的审定品种累计推广 57182 万亩，间接经济效益 2.86 亿元，品种司法维权案例 26 件，挽回直接经济损失 2842.19 万元，社会经济效益显著。

**【“稻田生态服务功能与补偿机制构建”获浙江省科技进步三等奖】** 方福平研究员为第一完成人，

“水稻品种分子鉴定技术与应用”成果证书及团队

（中国水稻研究所 供稿）

“稻田生态服务功能与补偿机制构建”成果证书及第一完成人工作照

（中国水稻研究所　供稿）

该成果围绕水稻生态功能与可持续发展这一战略性问题，聚焦稻田生态系统对口粮安全、生态安全、绿色发展等国计民生领域的影响与对策，致力政策创新与方法创新，持续开展稻田生态功能与服务价值评估、历史变化与影响因素、补偿政策、绿色技术体系构建等系统性研究。

**【“水稻重要农艺性状调控基因的挖掘利用与分子解析”获 2022 年度中国农业科学院科学技术成果奖杰出科技创新奖】** 王跃星研究员为第一完成人，成果面向高产优质水稻新品种选育这一国家重大需求，利用图位克隆、基因组重测序、基因编辑等方法，持续开展了重要农艺性状关键调控基因的克隆和功能分析，从遗传资源与核心种质资源中挖掘出粒型、株型、品质关键调控基因 GL7、GS2、HTD1HZ、GSE5 和 MAPK 途径相关基因，并深入解析其作用机理，相关研究结果发表在 Nature Genetics、Molecular Plant、Nature Plants 和 Plant Journal 等国内外顶级期刊上，为高产优质水稻品种分子设计育种提供了重要的指导意义和基因资源。

**【水稻机插智能育供秧模式与技术、机插水稻无土基质育秧技术 2 项技术入选农业农村部 2022 年主推技术】** 针对水稻高效工厂化集中育秧发展的需求，以无土基质育秧、叠盘出苗为核心，通过研制机插水稻无土育秧基质产品、杂交稻智能精准播种器，研发自动供叠盘、基质提升等装备，集成码垛机器人及秧盘自动转运系统，大幅提高水稻智能化育秧水平及效率，在黑龙江建三江、江苏东海、浙江台州等地指导建设一批现代化智能高效育秧中心，对农业加快机器换人，促进数字化应用起到重要引领作用。“水稻机插智能育供秧模式与技术”“机插水稻无土基质育秧技术”入选农业农村部 2022 年农业主推技术。杂交稻精准播种机插技术、稻田土壤耕作层快速熟化技术等 4 项技术入选浙江省农业主推技术。

**【新品种培育有新突破】** 推进实施“强种”科技行动，创制优质食味镉低积累新种源，通过 EMS 化学诱变创制重金属镉低积累突变体 Lcd1，基于 Lcd1 选育出安两优 2 号、清莲丝苗、清莲香占等一批镉低积累品种，实现了中、高度镉污染土壤的水稻安全生产，万建民、陈温福等多位院士建议加快品种试验审定。育成华浙优 210、青香优 210 等优质杂交稻组合，品质达部颁 1 级，有香味，适宜长江上游、中下游和华南稻区种植。恒丰优 210、陵两优 737、中浙优 194、嘉禾优 5 号、泰丰优 8 号等 62 个品种通过国家或省级审定，内香优 8012、钰禾、华浙优 26 等 44 个品种获植物新品种权保护，中香 20A、华浙 3A 等 4 个不育系通过鉴定。827 个品种（品系）在萍乡早稻研究中心开展试验示范。创制适宜北方稻区种植的新种质 600 余份，选育 5 个寒地抗倒早熟高产粳稻品系参加区域试验。

**【强化乡村振兴科技支撑】** 发挥国家队支撑引领作用，先后派出 31 批次 150 余人次赴 6 省市开展稳粮保供、生产督导、抗灾保产等科技支撑保夏粮保丰收专项行动。全力打造乡村振兴科技支撑示范县，拓展整县制服务新机制，与 9 个地方政府签订服务协议，在贵州台江、黑龙江桦川、福建武夷山等建立一批科技成果示范应用基地，做好对口科技帮扶工作，大力推广“田间课堂”，指导培训农技人员及种粮大户 1500 余人次，不断强化服务地方水稻产业能力，持续提升中国水稻研究所的行业影响力、社会美誉度。

**【RICE SCIENCE 影响因子再创新高】** 2021 年 JCR 影响因子达 4.412，总被引频次达到 1794。中国科技期刊卓越行动计划项目成效显著，《中国水稻科学》2022 年影响因子达到 4.256。扎实做好文献资源保障、论文引证检索、数字

“水稻重要农艺性状调控基因的挖掘利用与分子解析”成果证书及完成人工作照

（中国水稻研究所　供稿）

水稻智能高效育秧工厂与研发的无土育秧基质

（中国水稻研究所　供稿）

文献建设与服务，文献资源保障率94.72%，位居中国农业科学院第一。

## 杭州光学精密机械研究所

【概况】　杭州光学精密机械研究所（简称“杭州光机所”），由中国科学院上海光机所与杭州市富阳区人民政府共建。杭州光机所聚焦激光光电领域，以市场化为导向，深刻挖掘创新价值，实现价值创新最大化，着力于打造“投孵一体化”的激光产业创新投资模式，通过专业化、规范化、生态化、共享化、个性化、人性化、增值化的系统孵化服务体系，为科技型创业企业提供高效的模块化、标准化服务，通过打造“根据地式”孵化器，推动企业成为创新主体的理念。构建科技成果“吸聚—孵化—投资—转化”生态空间，发展“中国特色”弗朗霍夫研究所。

【获得荣誉】　2022年杭州光机所获得杭州市优秀新型研发机构、杭州市首批概念验证中心建设单位等多项荣誉；并在科技成果转化方面取得重要进展，获得浙江省电视台、杭州电视台、杭州日报等多家媒体的报道。杭州光机所创新模式得到省、市级领导认可和关注。

【人才培养与团队建设】　杭州光机所已组建一支285人的科研团队，其中本科99人，硕士及以上129人。同时积极储备创业人才，与中国科技大学、华南师范大学、厦门大学等高校建立研究生联合培养机制，联合委培研究生近40名；与国科大联合成立富阳科教产业基地、工程专业学位研究生实践基地。2022年11月设立博士后工作站，面向全球范围吸引光电领域顶尖人才，布局完善人才蓄水池。同时携手东科创星开设“中科神光科创CEO特训班”，为发现、培育、赋能硬科技创业企业打造立体化、系统化、全生命周期的科技成果转化及创业加速服务平台，力争成为最懂科学家创业的特训体系。挖掘储备优质项目，导入高端创新创业人才，为打造“硬科技创新创业雨林生态”注入新动力。

【科技创新与项目引育】　围绕新材料、先进制造、特种芯片、光电装备引育研发技术团队28个，注册公司26家，已建立特种光纤及应用、激光与光电功能材料、激光光电装备、先进激光制造、光纤传感及应用等5个研发中心和2个公共服务平台。

【公共平台搭建】　杭州光机所激光及光学特性表征公共服务平台主要分为先进材料测试平台、飞秒激光加工平台、光学材料制备平台，现已采购设备34台（套），已完成安装调试27台（套），平台仪器设备、原材料原值总计约6000万元。2022年7月20日，杭州光机所与富阳区政府签订《半导体工艺共性平台运营委托协议》。平台各项建设工作持续推进中，计划在2023年5月前达到通线状态，6月具备验收审计条件并开始启动产线运营。

【科技宣传】　成功承办“第二届光学前沿高峰论坛暨2021年度中国光学十大进展颁奖典礼”、联想之星星友会等多次重大活动。

【编辑　吕　克】

2022年12月，杭州光机所获评杭州市优秀新型研发机构

（杭州光机所　供稿）

# 28 教　育
## Education

## 综　述

【概况】　2022年，全区有各级各类学校、幼儿园166所。其中：幼儿园73所，其中民办37所；小学51所，其中民办1所；初级中学16所，其中民办1所；九年一贯制民办学校2所；普通高级中学8所，其中民办3所；中等职业学校2所；技工学校2所，其中民办1所；特殊教育学校2所；独立建制区域性成校5所；教育指导服务中心3个。其中，省三级以上幼儿园创建率100%；通过省特色示范高中验收公办普通高中5所，省一级特色示范普通高中1所，省二级特色示范普通高中4所。国家级重点职高2所，国家中职改革发展示范学校1所，省中职改革发展示范学校1所。教育研究中心1个，新劳动教育研究院1个。

全区在校学生约11.82万人，其中：幼儿2.71万人，小学4.74万人，初中2.24万人，普高1.34万人，职高0.75万人，盲、听障等特殊教育类学生278人。学前三年净入园率为99.82%，九年义务教育入学率、巩固率均为100%，初升高比例99.9%，优质高中招生比例91.5%。普通高中与职业高中（含中专、技校）的招生保持基本平衡。高考报名4218名，录取4052人，录取率96.06%，普通高考本科录取2714人，录取率64.34%。全区双一流大学录取考生420人，录取率9.96%，其中清华大学、北京大学录取4人；空军招飞录取1人。高职单独考试报考1601人，录取1483人，录取率92.63%，其中本科录取171人。省盲人学校录取8人，其中本科录取7人。成人高考报名3405人。高中招生文化考试和信息技术、实验操作考试参加人数为7339人。

全区各级各类学校教职工11062人，其中，幼儿园教职工3615人，园长和专任教师2129人；小学教职工2857人，专任教师2719人；初中教职工2460人，专任教师1977人，普通高中教职工1371人（含民办高中），专任教师1238人（含民办高中）；中等职业学校教职工656人，专任教师615人；特殊教育学校教职工103人，专任教师102人。在编公办教职工编制0.68万人。

【教育系统思想政治建设】　开展习近平总书记关于教育的重要论述、党的二十大精神等专题学习活动。高质量落实意识形态工作，制定《杭州市富阳区中小学党组织意识形态工作责任制清单》，下发《关于进一步加强富阳区教育系统宣传工作的实施意见》等通知文件5个。健全和完善“大党建”考核制度，层层签订责任状，高标准完成党务工作清查整顿工作。探索民办党建规范+特色发展，理顺民办学校党组织运行管理模式。加大先进典型选树、宣传力度，加快“红心育人”打造品牌。打造清廉学校富阳范式，强化廉政责任落实，构建“六重保障、四大推动责任落实的机制以及本年度若干项重点举措”的“6+4+X”机制。10月26日，中共富阳永兴教育集团党委、纪委成立大会在永兴中学举行。会议宣布永兴教育集团党委、纪委成立，宣读集团党委、纪委及党委所属党组织成员任命文件。10月27日，首批浙江省清廉学校建设示范校名单与清廉杭州建设优秀实践案例名单发布，富阳区富春中学上榜。

【德育工作】　以主题活动为抓手，引导青少年学党史、听党史、讲党史。重点开展立生德育示范校创建活动，开展“学校大关工”试点。全年获省中小学生“百年潮涌·红星闪闪放光彩”爱国主义主题奖105人，获组织奖学校6所；获市第十八届美德少年荣誉称号学生2人、提名奖学生1人、入围学生8人，列区县市第1名；获市先进班集体29个、优秀学生138人；获区阳光成才优秀学子1101人。中国德育期刊刊登学校“立生德育”品牌9个；推进“德育信箱”栏目，新增音视频栏目，培养栏目智囊团成员130余人；杭州市班主任基本功大赛获奖率100%，一等奖人数位列全市第二。超额完成市“三万行动”［万堂专项体育课进校园、万场全民健身赛事活动和科学健身指导进社区（村）、万片全民健身场地地面开放行动］任务，全年送课进校630节；面向社会开放中小学体育场（馆）74个。

7所学校在浙江省第十五届中学生足球、篮球联赛中获奖，18人次打破富阳区第51届中小学生田径运动会15项比赛纪录。推进校园卫生工作，2所学校获评省健康促进金牌学校。开展青少年近视防控和宣传工作，全区学生近视率为54.35%，比2021年同期下降1.28个百分点。举行区第十四届青少年模型锦标赛等赛事。区教育局获评市中小学生文化艺术节优秀组织奖和市校园文化特色单位。全面成立校级家庭教育指导站，开展专题讲座48场次，富阳心理咨询工作室亮点工作在省级层面经验交流。《浙江省杭州市富阳区强化劳动教育为“双减”赋能》获教育部第四批学校落实“双减”典型案例，成果《从小热爱劳动：小学生新劳动教育的实践探索》获2021年省基础教育教学成果特等奖，《探索劳动清单制度》项目入选浙江省深化新时代教育评价改革试点项目。富春第七小学劳动教育案例入选省首批劳动教育优秀案例，新劳动教育实践入选2022年市重要改革试点清单，《富阳区打造新劳动教育全国样板地》入选2021年度市精神文明建设十件大事。上线新劳动应用系统，入驻实践体验基地18个，积累劳动成果数据551300条。亚林所劳动实践基地等3个基地入选省中小学劳动实践基地（第三批）暨学农基地。

**【教育质量提升】** 推进义务教育优质均衡发展，重点推进公办初中提质强校工程，推进名校集团化办学，出台《杭州市富阳区推进集团化办学实现“美好教育”共同富裕实施办法》“1+3”人事、经费、考核等配套实施办法，义务教育段学校100%创建“互联网+同步课堂”。实施省民生实事项目跨区域教共体工作，1所初中和5所小学与缙云县结对，师徒结对27人，集体教研81次，开展各类课程150余节，获评省级优秀区县和跨区域教共体实验区。做好“双减”和“五项管理”，全区99%以上义务教育学生参加基础性托管，60%小学学生参加拓展性托管。抓好普通高中“新教材和新课程”改革，推动普通高中优质特色发展，全年富阳区普通高考文化类（除艺体类外）省特控线上线960人，保持高位录取率。探索拔尖人才培养模式，全年五大学科竞赛中，富阳中学6名学生获全国决赛金牌，其中入选国家集训队4人，获北京大学、清华大学保送资格，金牌数位列全省第6。提升中职教育教学质量，富阳学院、富阳区职业教育中心在省中职“双高”建设中期绩效评价中获优秀等次。富阳学院为全国“职业院校服务全民终身学习”首批实验校和优质校培育学校。中职单独考试录取率为100%，其中本科167人，本科人数、录取率均创历史新高。新增与浙江机电职业技术学院中高职一体化办学，招生人数占招生总人数的27.3%。推进民办义务教育规范发展专项工作，按照标准完成各项规范任务，民办义务教育在校生比例为2.85%。完善特殊教育“1+1+X”布局发展模式，在东吴小学成立省首个融合教育名师工作室。推进民办义务教育规范发展专项工作，民办义务教育在校生比例为2.85%。推进社区成人教育工作，实施全民终身学习，全年社会培训286748人次，7个项目获全国农村职业教育和成人教育助力乡村振兴品牌项目等荣誉。推进教研中心改革，成立杭州师范大学富阳基础教育研究院，获浙江省教学成果奖特等奖2项、二等奖2项。

**【教育建设项目推进】** 全年列入政府投资建设项目计划42个，总投资52.78亿元，年计划投资13亿元。其中续建项目27个，新建项目12个，预备类项目3个。投用市级教育民生实事投用类项目7个，新增班级120个、学位4500个。投用富春第三中学等3所学校的宿舍热水淋浴改造工程。东吴九年一贯制及东吴幼儿园等新建类项目开工。杭二中富春学校完成前期工作并正式开工。加强预算审核和财务监管，建立重大政策和项目动态评价调整机制。配合做好全区教育系统“教育政策落实”审计工作，深入打造“阳光计财”工作品牌。加强人民教育基金会管理，全年捐资1252.08万元，用于阳光成才奖励基金、“未来基金”等163.47万元。

**【教育改革项目推进】** 申报“全国智慧教育平台试点区”和教育第一批“央馆虚拟实验”规模化应用试点区（含试点校），创建市第二批数字教育创新（标杆）创建学校2所，基本建成全区智慧安防集成平台。抓好“教育魔方”“安心服务”等特色应用建设，创新推进“成长宝”“浙里新劳动”“智慧人事”等特色场景建设，试点“智慧作业”“智慧课堂”系统应用，加快构建“教育大脑”和“学在富阳”体系。分两期完成中小学（含校区）校园“安澜”工程建设全覆盖。完成新一轮学校食堂大宗物品配送和品牌超市进校园采购工作，高中学校食堂纳入统一配送采购范围。试点培育学校健康营养食堂10所，开展学校营养师培养工程。数字赋能学生资助，全年资助学生11810人次，资助金898.64万元。

**【教师队伍建设】** 规范干部队伍管理，优化干部队伍结构，强化师德师风建设。推进教师城乡交流工作，30名教师、校长到农村支教；成立区级名师乡村工作室67个，对962名乡村教师学员进行师徒订单式培养。加强人才服务工作，引育优秀教育人才。新招引各类教师157名，新认定杭州市C类人才31人、D类人才47人、E类人才1117名；新增正高级教师3名、省特级教师6名，数量位居全市前列。加大关心关爱力度，发放医疗费用补助和困难救助款151.11万元。

**【示范创建工作推进】** 开展幼儿园办园行为督导评估，启用“富阳区教育督导平台”，做好新一届督学的换届工作。加快学前教育普及普惠区创建工作，研究创建标准，摸清创建短板，明确整改措施和具体任务。推进校外培训机构治理，开展预收费监管、隐形变异学科类培训行为排查等专项行动，对主城区、周边街道的282家培训机构开展检查300余次，妥善处置“英达锐”等校外培训机构“爆雷”事件。

【校园安全稳定工作】 成立区级校园与学生安全工作委员会，将教育系统安全纳入全区总体安全管理。对全区学校开展四轮全覆盖式校园安全大排查大整治行动，发现整改隐患896处，“除险保安”专项督查排查整改问题669个。组织开展防震救灾演练、防溺水、防火等安全教育活动，全面开展“无诈校园”系列创建活动。打造“三位一体”青少年普法乐园，建立“未成年人保护共享法庭”127个，打造普法教育基地10个。

【浙江省人工智能助推教师队伍建设试点工作专项研讨会】 1月6—7日，浙江省人工智能助推教师队伍建设试点工作专项研讨会在富阳区召开。杭州市富阳区教育局、浙江师范大学、杭州师范大学分别介绍人工智能助推教师队伍建设项目的实施情况，提出紧抓机遇乘势而上、用好资源组建人才库、深挖特色提炼品牌等意见。

【富阳区教育系统工作会议暨清廉学校建设推进大会】 3月5日，富阳区教育系统工作会议暨清廉学校建设推进大会举行。区教育局党委书记、局长费国民与学校代表分别签订党风廉政责任书、意识形态责任书、校园安全责任书、规范办学责任书。富阳区职业教育中心、大源镇中心幼儿园、富阳区教育研究中心、富阳区郁达夫中学围绕如何落实教育系统“九大行动”作交流发言。

【富阳区教育系统庆祝中国共产党成立101周年大会】 6月27日，富阳区教育系统庆祝中国共产党成立101周年大会举行。会议表彰区教育系统2021年度先进基层党组织、优秀基层党组织书记、优秀党务工作者、先锋党员和优秀党员；实验中学退休教师吕关丙、富阳学院退休教师胡大经、东洲中学退休教师詹益民和受降小学退休教师安关水作为“光荣在党50年”老党员代表接受纪念章。

## 幼儿教育

【概况】 全区有各类幼儿园73所，其中：教育部门办36所（下属园区45个），民办37所；省一级幼儿园16所，省二级幼儿园59所，省三级幼儿园43所。在园幼儿27189人，学前三年入园率99.82%。幼儿园教职工3615人，园长和专任教师2129人，其中硕士研究生学历5人、本科学历1519人、专科学历589人、高中学历16人；具有专业技术职称的园长和专任教师1591人，其中副高级教师9人、中级教师553人、助理级教师921人、园级教师108人。学前三年幼儿入园率99.82%，浙江省等级幼儿园在园人数比例100%，优质学前教育覆盖率82.24%，幼儿园公办率70%，普惠率90.96%，学前教育生均公用经费为500元/生•年。全年新创建省二级幼儿园7所，省现代化幼儿园1所。

【省二级幼儿园创建】 5月25日，2022年浙江省等级幼儿园创建情况公布，江丰幼儿园逸城园区等7所幼儿园评估为省二级幼儿园，富春第三幼儿园被评为现代化幼儿园。全区学前教育优质率提升至79.6%，与去年相比提高3.5%。

【乡村品牌课程项目】 9月8日，“乡村品牌课程”项目启动实施，乡村品牌课程项目由王芳特级教师团队牵头，成员单位为龙门镇中心幼儿园、环山乡中心幼儿园、场口镇中心幼儿园、永昌镇中心幼儿园、渔山乡中心幼儿园，旨在通过打造乡村幼儿园品牌课程，提升学前教育的内涵和品质，实现优质的办学。

【全区公办幼儿园第三方评估】 11月18日，全区36所公办园幼儿园的第三方评估工作完成，重点引导和激励幼儿园更新教育理念，创新教育方法，加快“富春江畔幼儿园”品牌创建，优化管理机制改革，推动学前教育高质量发展。

【富阳课程入选省幼儿园精品课程】 12月8日，省教育厅教研室公布第三届浙江省幼儿园精品课程征集活动结果，富阳区富春第一幼儿园《“探•趣”课程》和富春第二幼儿园《家在富春江畔》2项课程入围。

## 中小学教育

【概况】 全区有小学51所（含民办小学1所），九年一贯制学校2所（民办），班级1246个，学生47401人（含民办小学），教职工2902人（含民办小学），其中专任教师2719人、行政人员19人、教辅和工勤人员119人。专任教师队伍中，研究生学历127人、大学本科学历2398人、大学专科学历372人、高中学历5人，大学专科及以上学历占比99.82%。具有专业技术职称的专任教师2800人，其中副高级265人、中级1962人、助理级551人、员级22人。

全区初级中学18所（含民办初中1所），九年一贯制学校2所（民办），班级533个，学生22422人，教职工2460人（含民办初中），其中专任教师1977人（含民办初中），行政人员44人，教辅和工勤人员438人。专任教师队伍中，研究生学历127人、本科学历1654人、大学专科学历13人，大学专科及以上学历占比100%。专任教师中具有专业技术职称的1745人，其中正高级5人、副高级662人、中级685人、助理级392人、员级1人。

全区普通高中8所（含民办高中3所），班级304个，学生13397人。教职工1371人（含民办高中），其中专任教师1238人（含民办高中），行政人员19人，教辅和工勤人员114人。专任教师队伍中，博士研究生学历1人，硕士研究生学历197人，大学本科学历1040人，大学本科及以上学历为100%。专任教师中具有专业技术职称的1170人，其中正高级2人、副高级490人、中级443人、助理级234人。

【跨区域教共体富阳—缙云签约】 3月2日，跨区域教共同体富阳—缙云签约仪式在区教育局举行。区郁达夫中学教育集团、富阳区实验小学、富春第五小学、东吴小学、新登镇贤明小学、永昌镇中心小学与缙云县的6所学校将进行跨地区教共同体结对帮扶。

【新登中学80周年校庆】 5月1日，新登中学举行80周年校庆庆典。本次校庆以云校庆方式举行，超65万人次通过腾讯直播平台、新登中学视频号观看。

【富阳区第六届“富春情·教育梦”学术节】 11月4日，富阳区第六届“富春情·教育梦”学术节举行。学术节分学前、小学、初中、高中四个学段，组织区级展示活动12场次，活动以主题论坛、专题报告、名校考察、课例展示、微型报告等形式开展，参训教师6000人次。

【中小学荣誉】 6月18日，省青少年阳光体育（体育传统项目学校）啦啦操比赛举行，新登镇松溪小学代表队获“小学组花球啦啦操2级规定动作”项目冠军。11月5—6日，第七届浙江省学生“学宪法 讲宪法”活动省级决赛举行，郁达夫中学学生苏祉渊获省级决赛初中组一等奖，为富阳区该项赛事中取得的最好成绩。11月6日，第39届全国中学生物理竞赛举行，浙江省代表队入选国家集训队6人，21人获金牌，其中：富阳中学高三（1）班学生郎程超、孙鹏科入围全国五十强并获金牌，均进入国家集训队。

【中小学先进试点】 6月15日，省教育厅印发《关于公布第六批“双减”优秀实践案例的通知》，富阳区富春第五小学的案例《数智赋能·提质减负：基于数字化评价系统的作业设计与管理》入围；6月21日，国家智慧教育平台浙江试点工作领导小组公布浙江省智慧教育平台地方和学校试点名单，富阳区教育局入围；10月15日，全国第一批“央馆虚拟实验”规模化应用试点区（培育）名单公布，富阳入围，全省入围区（县、市）4个；10月25日，杭州市争当浙江高质量发展建设共同富裕示范区城市范例最佳实践（第一批）名单公布，富阳区《构建家校社一体化新劳动教育体系》入围社会主义先进文化先行示范最佳实践。

## 中等职业教育

【概况】 全区中等职业学校2所，学生7534人，教职工656人，其中专任教师615人，行政人员16人，教辅和工勤人员25人。在专任教师中，硕士研究生学历88人，大学本科学历527人，大学本科及以上学历为100%。具有专业技术职称的607人，其中正高级2人、副高级266人、中级267人、初级72人。技工学校2所（民办1所），学生1361人，教职工162人。专任教师74人，其中副高级9人，中级11人，初级6人。

国家级重点职高2所，分别为富阳学院和富阳区职业教育中心，两所学校均为国家中职改革发展示范学校，富阳区职业教育中心为浙江省中职改革发展示范学校。两校有名师、技能名师、名校长、品牌专业、现代学徒制试点单位、普职融通试点学校、示范性职教集团、示范性校企合作共同体、示范性教学实训车间、综合性品牌实训基地等杭州市立项建设项目30余个。全年举办职教活动周和职业能力大赛，参加各级各类赛事，师生获得国赛1金1银，省赛4金8银2铜，市赛30金61银70铜。

【富阳职业教育荣誉】 5月8日，全国中职文秘、速录、礼仪技能线上竞赛举行，富阳区职业教育中心代表队参赛并获文秘赛项团体一等奖、礼仪赛项团体一等奖、速录赛项团体二等奖，以及个人比赛一等奖6名、二等奖2名、三等奖2名、全国优秀指导教师奖4名；5月27日，第三届浙江省黄炎培职业教育奖颁奖典礼暨《浙江省职业教育蓝皮书（2020）》发布仪式举行，富阳区职业高级中学获省黄炎培职业教育奖优秀学校奖；8月27日，国家职业院校技能大赛（中职组）举办，富阳学院张欣怡（指导老师方寒寒）获“蔬菜嫁接”项目金牌，并连续三年蝉联该项金牌，俞博涵、吴蒲、柴凌晨、章筱菲（指导教师汪利章、鲁浙栋）获手工制茶项目银牌。

【浙江机电职业技术学院智能装备技术产业学院成立】 11月1日，富阳区职业高级中学与浙江机电职业技术学院共建的智能装备技术产业学院成立，为省教育厅确定的首批“区域中高职一体化人才培养改革”13所试点单位之一，标志着五年制中高职一体化落地富阳。该学院位于杭州市富阳区职业高级中学，开设数控和电子技术应用专业，预计每年向企业输送实用技能人才100余名。

【浙江开放大学富阳学院揭牌】 11月29日，浙江开放大学富阳学院举行揭牌仪式，浙江广播电视大学富阳学院正式更名为浙江开放大学富阳学院。浙江广播电视大学富阳学院成立于1979年，坚持“面向地方、面向基层、面向大众”的办学理念，打造“富阳人家门口的大学”。

## 成人教育

【概况】 2022年，富阳学院成人高等学历教育在读学员4917人，其中开放教育学员4058人（本科2143人、专科1915人）、网络教育369人（中国人民大学65人、大连理工大学和福建师范大学304人）、杭州师范大学函授教育136人、衢州职业技术学院函授教育65人、成人中专289人。富阳学院获得全省开大系统招生先进单位、办学体系业绩突出单位等荣誉，连续六年获全省开大系统年度业务工作考核A等单位。富阳区职业教育中心完成“双证制”成人高中招生393个，当年毕业382人；成人高中52人，当年毕业29人，当年合计毕业412人。

【成人教育试点荣誉】 富阳社区学院获评全国首批“职业院校服务全民终身学习”实验校、优质校培育对象；富阳社区学院2门课程、新登成校1个案例获评全国社区教育“能者为师”系列特色课程；富阳社区学院1门课程、富春成校1门课程和1个案例获评全国“智慧助老”优质课程资源；新登成校获全国农村职业教育和成人教育助力乡村振兴品牌项目1项；富阳社区学院被省教育厅认定为省社区教育示范基地，富春街道宵井村获评省学习型社区；新登成校培育的品牌被认定为省终身学习品牌项目和市终身学习品牌项目项；富春成校1门课程获评省社区（村）家庭教育优秀课程资源；万市成校和富春成校老年教育学员书画作品获评省老年教育书画教学成果比赛一等奖；区农民学校学员获省首届“绿领新导师”名师名课大赛一等奖；富阳社区学院获评杭州市数字治理示范社区学院；春江成校和场口成校学员获市百姓学习之星；新登成校、永昌成校、富春成校、鹿山成校、常绿成校、上官成校等学校培育的社团获评杭州市示范社区学习共同体，大源成校培育的社团成员获评最佳核心成员1人；富阳社区学院获市“智慧助老”优质课程资源评比一等奖和二等奖，富春成校获三等奖和工作案例二等奖；富春成校获市“智慧助老”好课堂评比一等奖，富阳社区学院二等奖，大源成校、富春成校三等奖；富阳社区学院、场口成校案例获评市社区（村）家庭教育典型工作案例，场口成校、富春成校课程获评市社区（村）家庭教育课程资源。

**【老年人教育培训】** 全年提供老年人教育培训学习服务56924人次，其中“智慧助老”15720人，开设老年人长学时班125个。新增常安镇老年学校、场口镇老年学校、大源镇老年学校和银湖街道老年学校，其中常安镇老年学校为市政府民生实事工程。在276个文化礼堂内举办各类学习活动次数2191次，服务184885人次。各级各类社会培训达286748人次，其中32学时及以上培训总人次为48664。实施成人“双证制”教育培训，招收社区低学历人群1480人。自建教材或读本140册、自建微课83节、自建微视频60个、自建课堂实录15节，建立“杭学通”活动1343个，培训2721项，参训人员达56542人，学分银行审核成果310276个。

## 特殊教育

**【概况】** 全区有特殊教育学校2所，即浙江省盲人学校（省教育厅委托富阳区教育局代管）和富阳区特殊教育学校。两校共设班级27个，其中视力残疾班级18个、智力残疾班级9个；在校学生278人，其中视力残疾210人、智力残疾68人；教职工103人，其中专任教师102人；在专任教师中，硕士研究生学历2人，本科学历92人，专科学历7人；具有专业技术职称100人，其中副高级38人、中级44人、助理级18人。全区持证残障儿童少年入学率位居全省前列，其中，学前教育入园率91.7%、义务教育入学率100%、高中教育段入学率85.6%。在全区普通中小学（幼儿园）中新增市合格资源教室2个，其中市示范性资源教室2个。

**【省盲人学校发布《天使的眼睛》公益MV】** 5月15日，在第32个全国助残日，由浙江省盲人学校海燕广播电视台制作的《天使的眼睛》公益MV正式发布。在5月13日举行的“最美人生路 共赴亚残运”杭州市庆祝第32次全国助残日主题活动中，浙江省盲人学校学生何陈奕坷受邀演出。

**【省盲人学校学生获富阳区职业技能大赛奖项】** 11月10日，富阳区职业教育技能大赛启动，省盲人学校共有的10名学生和4名教师参加中医推拿赛项比赛。该项目为颈肩部推拿手法操作，竞赛总时间为20分钟，以熟练程度和流畅度作为评分标准。最终，该校教师张华东获教师组中医推拿比赛一等奖，游艳梅获二等奖，董霖、孙娟娟获三等奖；该校学生吴奎宝获中医推拿比赛一等奖，吴锦其、张珍妮获二等奖，郑瑞树、蒋宏建获三等奖。

## 师资队伍

**【概况】** 深化学校领导班子民主评议，组织校级班子巡查“回头看”，增强民主评议与监督工作实效。全年调整校级干部94人，综合考核评价全区校级干部349人，其中获“优秀”等次74人。实施师德师风建设长效机制，组织专项巡察与会同看，引导广大教师增强纪律规矩意识。加大违纪违规教职工惩处，全年查处并通报处分27人。组织教师代表参加“迎接党的二十大，培根铸魂育新人”第38个教师节座谈会暨优秀教师表彰活动，分别获浙江省教书育人楷模称号、浙江省特级教师和浙江省“春蚕奖”11人，获评杭州市优秀校长、杭州市优秀教育工作者等43人，获富阳区优秀教师、富阳区优秀教育工作者等162人，获区首届“最美教师”10人。推进教师城乡交流，赴农村支教教师、校长30人；成立富阳区级名师乡村工作室67个，师徒订单式培养乡村教师学员962人。加大对口支教帮扶，选派赴四川、新疆、迪拜等地区支教队伍5支，教师25人。加强优秀教育人才引育，招引各类教师157人，认定市C类人才31人、D类人才47人、E类人才1117人。新增正高级教师3人、浙江省特级教师6人，数量位居全市前列。全区现有正高级教师10人，浙江省特级教师有16人，富春名师60人，学科带头人255人。举办“五彩迎亚运·women向未来”三八妇女节主题活动、“迎亚运·展风采”教师毛笔书法作品展等活动，发放医疗费用补助和困难救助款151.11万元。获评杭州市教师培训绩效考核优秀等次。

**【教师荣誉】** 1月10日，教育部关心下一代工作委员会通报表扬“全国教育系统关心下一代工作先进工作者”，富阳区退休教师盛志军入围；4月6日，省教育厅、省人力资源和社会保障厅公布正高级职称获评名单，银湖实验中学裘志平、富阳学院汪利章、职教中心高志伟入围，获省特级教师称号教师6人，位居全市前列；8月8日，浙江省人民教育基金会发布《关于2022年浙江省春蚕奖和绿叶奖拟确定人选的公示》，区第二中学周玉明、区春江中学章建春、区万市镇中心小学陈伟、区场口镇中心小学李燕入围；8月，全国教书育人楷模推选活动启动，富阳区教育局党委委员、富春第七小学校长章振乐入围，并获评浙江省首批教书育人楷模；11月10日，浙江省中小学班主任基本功大赛举行，富阳区江南中学李志升、杭州银湖实验小学王雅菲、杭州银湖科技城硅谷小学丁婉青分别获高中组一等奖、小学组二等奖和三等奖，并在单项评比中获得一等奖3个、二等奖2个；11月27日，杭州市第二十六届青年教师基本技能竞赛暨“青年岗位能手”评选活动启动，富阳区参赛老师4人，共获一等奖3个、二等奖3个、三等奖5个，位居全市前列。

**【章振乐名师名校长工作室成立】** 4月21日，浙江省章振乐名师网络工作室、浙江省章振乐劳动实践教育工作室、杭州市富阳区章振乐名师名校长工作室成立，工作室领衔人章振乐提出从专家引领、理论学习、课堂探究三个维度开展工作的培养计划。

**【富阳区教育系统第二十三轮暑期师德培训动员会】** 8月23日，富阳区教育系统第二十三轮暑期师德培训启动。区教育局党委书记、局长费国民以“桃李不言 下自成蹊”为题，作暑期师德培训动员报告。全区教育系统校长、书记，教育局中层以上干部等150余人现场参加会议，全区全体教师分会场参会。会后，各校（单位）分别组织开展为期1个月的“学标兵强师德 共建美好教育”师德师风专题培训。

**【富阳区庆祝第38个教师节表彰大会】** 9月8日，富阳召开第38个教师节庆祝表彰大会，区委书记吴玉凤，区委副书记、区长马利阳，区领导邵伟斌、万重丰、张鹏、孙洁、詹艳青、邱云参加。区领导为第十三批省特级教师、2022年度省“春蚕奖”和“绿叶奖”获得者，市、区“四优一突出”教师代表，区“最美教师”和区“绿叶奖”获得者颁奖，获奖代表作交流发言。在座谈会上，区领导们与教师代表面对面交流，倾听一线教师心声，共话富阳教育发展。

**【富阳区第七届青年教师基本技能竞赛】** 10月27日，富阳区第七届青年教师基本技能竞赛举行，42位优秀青年教师代表参加。比赛设置写作、硬笔书法测试、计算机应用、教育教学案例分析、学科专业技能展示等项目。

**【富阳区第六届“富春情·教育梦”学术节】** 11月4日，富阳区第六届“富春情·教育梦”学术节举行，学术节分学前、小学、初中、高中四个学段，组织区级层面展示活动12场次，以主题论坛、专题报告、名校考察、课例展示、微型报告等形式展开，参训教师6000人次。

## 学校管理

**【概况】** 严格落实学前教育、中小学布点专项规划（2020—2035）及《杭州市富阳区“十四五”教育改革发展规划》《富阳区学校建设三年行动计划》规范，出台《杭州市富阳区推进集团化办学实现“美好教育”共同富裕实施办法》，增设名校集团化办学专项奖励经费、专项绩效经费和专项工作经费，首期实施三年，每年500万元，义务教育段学校实现创建“互联网＋同步课堂”全覆盖。

**【教育系统党建】** 实施“6+2+X”教育培训机制，常态化推进党史学习教育，开展“党的二十大精神”相关学习、培训、宣讲活动2000余次，参与党员突破10万人次。制定《杭州市富阳区中小学党组织意识形态工作责任制清单》，培育市级意识形态工作试点学校2所。全年在国家级、省市级媒体发布信息800余篇，在学习强国各级平台发布信息316篇；“富阳教育”微信公众号关注量达12万人，推送信息1200余篇。按在编人数15%建强教育瞭望哨，队伍规模达1200余人。建强“红心育人”主品牌，培育教育系统“一校一品”党建品牌。做好后进整转工作，对近三年党建工作整体薄弱、违法违纪受处理人数多的8个党组织开展整顿转化。聚焦全面从严治党，“深一度”打造清廉学校富阳范式，成立监察联络员队伍，全年开展全覆盖督查3次，各类抽查28次，发现并整改问题390个。持续深化“昼访夜谈”“走亲连心”“民呼必应”等工作，开展志愿服务3000多次，服务群众20万余人。

**【校园环境优化】** 全年列入政府投资建设项目计划项目42个，总投

2022年，富阳劳动教育案例《正心立德 劳动树人——区域推进新时代劳动教育的“富阳实践”》入选全国中小学劳动教育典型案例，图为富春第七小学开学典礼
（区教育局 供稿）

资 52.78 亿元，年计划投资 13 亿元，其中续建项目 27 个、新建项目 12 个、预备类项目 3 个。开展重点教育项目“9+12”比武竞速活动，银湖幼儿园等学校投入使用。列入省教育民生实事投用类项目 4 个，均在 6 月竣工并投用，新增班级 48 个、学位 1800 个。列入市政府教育民生实事投用类项目 7 个，均已竣工并投用，新增班级 120 个、学位 4500 个。富春三中等 3 所学校的宿舍热水淋浴改造工程完工并投用。东吴九年一贯制及东吴幼儿园等新建类项目均已开工。推进杭二中富春学校（暂名）建设，该项目为杭州“教育共富”重点项目、富阳区引进杭州主城区优质高中教育资源合作共建高中学校项目，完成前期工作并正式开工。加强公建配套教育设施审查，联合相关部门共同保障配套幼儿园与住宅小区首期同步规划、同步立项、同步建设和同步移交。投入资金 3480 万元，分两期完成覆盖所有中小学（含校区）的校园“安澜”工程建设。全年教育现代化专项资金 9600 万元，重点提升校舍安全、维修体育场地。完成全区学校的无障碍设施改造，其中东吴小学创建杭州市无障碍示范学校。推进公办学校闲置校产处置工作，完成湖源中小等 38 处闲置校产处置。数字赋能学生资助，相关经验全省推广，全年资助学生 11810 人次，资助金额达 898.64 万元。

【学校创建】　全年创建省现代化学校 4 所。富阳区龙门镇中心小学、杭州银湖实验小学、新桐乡中心幼儿园入围杭州市生态环境局、杭州市教育局公布的“杭州市第十二批市级绿色学校”名单。加快推进学前教育普及普惠区创建，对照创建标准，摸清富阳存在短板，制定学前教育普及普惠区创建目标工作方案，明确整改措施和具体任务。完成新一届督学换届，共有督学 64 人，实现全区 73 所中小学（含民办）督导全覆盖。启用“富阳区教育督导平台”，形成督导工作闭环。开展幼儿园办园行为督导评估，规范公民幼儿园办园行为。牵头做好杭州对富阳区政府教育履职督查，高质量做好省教育质量监测工作，在省“教育满意度测评”中，获杭州市第二名。教育业绩年度考核列杭州市第五位，并送浙江省教育厅参评。

【数字教育改革】　创新推进教育改革项目，建立重点项目专班和中小学首席信息官（CIO）制度，推进学校学科教室、创新实验室等建设，打造智慧校园。申报“全国智慧教育平台试点区”和教育第一批“央馆虚拟实验”规模化应用试点区（含试点校），创建市第二批数字教育创新（标杆）创建学校 2 所，基本建成全区智慧安防集成平台。持续抓好“教育魔方”“安心服务”等特色应用建设，创新推进“成长宝”“浙里新劳动”“智慧人事”等特色场景建设，试点“智慧作业”“智慧课堂”系统应用，加快构建“教育大脑”和“学在富阳”体系，加快推进人工智能助推教师队伍建设。

【校园安全】　成立富阳区级校园与学生安全工作委员会，将教育系统安全纳入全区总体安全管理格局。打击校园周边各类违法违规行为，实现问题隐患“滚动排查、动态清零”。对全区学校开展四轮全覆盖式校园安全大排查大整治行动发现整改隐患 896 处，“除险保安”专项督查排查整改问题 669 个。完善区级引领、中心协同、校级配合的三级首席安全官机制，隐患精准闭环。在浙江省平安暗访检查中，2 所学校均为零扣分。组织开展防震救灾演练 314 次，利用安全教育平台开展防溺水、防火等安全教育活动 30 余次，发放各类宣传教育资料 100 余万份。发布反诈小课堂 20 期、防溺水提醒 8 期。全面开展“无诈校园”系列创建活动，全年学校教职工发案 0 起，学生发案 9 起，同比上一年减少 90.2%。精准打造“校内情境普法、校外力量普法、教育基地普法”相结合的“三位一体”青少年普法乐园，专业法律工作者进校园开展活动 35 次，法治副校长进校园活动 168 次。开展“学宪法、讲宪法”活动，学生参与率达 101.05%，创下新高。建立“未成年人保护共享法庭”127 个，打造普法教育基地 10 个。完成新一轮学校食堂大宗物品配送和品牌超市进校园采购，高中学校食堂纳入统一配送采购范围。试点培育 10 所学校健康营养食堂，开展学校营养师培养工程。推进学校节能工作，创建浙江省级节水型标杆校园 1 所，浙江省级节水型单位 3 所，富阳区级节水型单位 14 所。有效承办提案建议工作，承办人大建议、政协提案共 32 件，区教育局重点提案承办工作名列全区第一。承办“12345”“网上信访”等信访件 1842 件，及时响应率 100%，及时处理率 100%，按时反馈率 100%。

【富阳区学校“美好教育”建设大比武活动】　1 月 21—23 日，富阳区教育局举行全区学校“美好教育”建设大比武活动。全区各学校（单位）负责人重点围绕师德师风年、质量提升年、特色建树年“三个年”建设成效，介绍学校（单位）2021 年度建设成果、亮点工作及 2022 年工作思路。

【富阳区教育系统“护航亚运会 献礼二十大”动员大会暨 2022 年平安校园创建工作专题部署会】　4 月 27 日，富阳区教育系统“护航亚运会、献礼二十大”动员大会暨 2022 年平安校园创建工作专题部署会举行，富春第三幼儿园、富春第四小学、新登镇第一幼儿园和富阳区职业教育中心分别从食品安全、交通安全、反诈宣教和隐患排查机制作经验分享。

【富阳区教育安全委员会 2022 年度全体成员会议】　6 月 22 日，富阳区教育安全委员会开展安全生产联合检查并召开全体成员会议。会议总结全区教育系统安全工作情况，部署工作计划；各成员单位对教育领域安全工作进行交流发言。

【富阳入选全国第一批“央馆虚拟实验”规模化应用试点区（培育）名单】　10 月 15 日，教育部教育技术与资源发展中心（中央电化教育馆）公布全国第一批“央馆虚拟实验”规模化应用试点区（培育）名单，浙江省仅 4 个区（县、市）

入选，富阳区名列其中。

【富阳获省市中小学生文化艺术节荣誉】 11月20日，杭州市中小学生文化艺术节获奖名单公布，富阳获一等奖19个、二等奖22个、三等奖45个、优秀奖16个，最佳特色奖1个、最美歌声奖2个、最佳表演奖2个、最具风采奖2个，获优秀指导教师奖14人；富阳区教育局获评优秀组织奖。12月14日，浙江省中小学生艺术节获奖名单公布，富阳获一等奖1个、二等奖4个、三等奖6个、优秀指导教师奖2人。

【富阳区义务教育段（含高中）学科类校外培训机构“清零”】 12月22日，3家学科类机构向区文广旅体局递交转型艺术类的申请表并得到受理，富阳实现义务教育（高中）段学科类校外培训机构“清零”。富阳原有义务教育、高中段学科类机构160家。

【劳动教育】 4月10日，教育部第四批学校落实“双减”典型案例名单公布，《浙江省杭州市富阳区强化劳动教育为“双减”赋能》入围；9月21日，中共浙江省委教育工作领导小组发布浙江省深化新时代教育评价改革试点项目名单，富阳区教育局申报的“探索劳动清单制度”项目入围；10月25日，杭州市争当浙江高质量发展建设共同富裕示范区城市范例最佳实践（第一批）名单公布，富阳区教育局报送的《构建家校社一体化新劳动教育体系》，入围社会主义先进文化先行示范最佳实践；10月27日，国家发展和改革委员会就业司司长应雄调研富阳富春七小新劳动教育工作。

2022年11月，杭州师范大学富阳基础教育研究院签约揭牌
（区教育局　供稿）

## 教学与教育科研

【概况】 推进教研中心改革，成立杭州师范大学富阳基础教育研究院，开展新生代立项课题负责人培训，全年教研中心教研员进学校听课4987节，讲座221次，示范课686节；完成教师培训项目146个，其中90学分项目29个，培训教师1506人次；短期项目112个，培训教师9532人次，举办中小学骨干教师培训班3个，培养骨干教师119人；名师培养人选高级研修班2个，培养教师60人。在省、市课题立项154项，省、市课题成果获奖82项，省、市论文获奖162项。获评省教研课题5个、市级教研课题79个、省教学成果奖特等奖2项、二等奖2项。

【富阳获省教学成果奖】 2月18日，浙江省教育厅公布2021年浙江省教学成果获奖名单，该奖项4年评审1次，富阳获特等奖2项、二等奖2项，获奖数量和质量在全市名列前茅。

【杭州师范大学富阳基础教育研究院签约揭牌】 11月18日，富阳区政府与杭州师范大学合作共建杭州师范大学富阳基础教育研究院签约揭牌。合作共建内容主要包括助力富阳构建新时代基础教育顶层设计、助力富阳基础教育改革走向深化、助力富阳“三名”培育工程、助力富阳教育科学研究、助力打造校地研训共同体、助力推动合作办学等六个方面。

## 经费设施

【概况】 2022年，富阳一般公共预算教育经费投入24.99亿元，安排全区学校（幼儿园）装备、维修总资金1亿元，拨付资金1.03亿元；安排民办教育专项资金0.62亿元，拨付资金0.71亿元，专项扶持富阳区民办中小学、幼儿园发展；加强人民教育基金会管理，捐资总额1252.08万元，用于阳光成才奖励

2022年，富春第十二小学等12所学校开工建设，图为富春第十二小学效果图
（区教育局　供稿）

基金、“未来基金”等共计163.47万元。加强预算审核和财务监管，建立重大政策和项目动态评价调整机制。助推“数字财务”，推行“浙里报”等改革，配合做好全区教育系统“教育政策落实”审计，进行“教育乱收费专项工作检查”，组织开展各类现场督导、监督检查17次，发现并整改问题7个，打造“阳光计财”工作品牌。

**【富阳区政府投资教育项目“双抢双保”大比武现场成果展示活动】** 1月13日，富阳举行2021年度区政府投资教育项目“双抢双保”大比武现场成果展示活动，参赛教育项目25个，以“抢开工、抢工期，保质量、保安全”为宗旨，推进项目建设。

**【杭州第二中学富春学校项目开工】** 11月9日，杭州第二中学富春学校（暂名）项目正式开工。杭州第二中学富春学校（暂名）项目是富阳区引进杭州主城区优质高中教育资源合作共建高中学校项目，属于杭州“教育共富”重点项目。学校选址于富阳高教园区区块，用地面积约9公顷，总投资61638万元。

**【教育项目建设】** 全区教育系统列入政府投资建设计划项目42个，总投资52.78亿元，年计划投资13亿元。其中，续建项目27个，新建项目12个，预备类项目3个。富春第十一小学、富春第十二小学、东吴九年一贯制学校等12所学校开工建设，胥口镇中心小学、上外附属杭州学校等12所学校竣工投用。

（程　琳）

**【编辑　刘　亮】**

# 29 文化·传媒

## Culture and Media

### 公共文化服务

【概况】 杭州市富阳区文化和广电旅游体育局（以下简称区文广旅体局）直属事业单位7个，局机关科室10个，在职人员140人，其中有艺术、群文、图博等高级专业技术职称30人，中级专业技术职称21人。全年组织举办各类文化活动4510场。富阳区文化基因解码工作获评省级优秀等次，《龙门古镇》《黄公望与〈富春山居图〉》《富阳竹纸》《郁达夫故居》获评省级优秀解码项目。

区文化馆全年举办线上线下各类文化活动407场次，参加人员164.5万余人次。馆内接待排练、训练等活动人员2000余人次。举办文艺公益培训班402场，参加人员12060人次。全馆获区级以上集体个人奖项87个，其中省级19个、市级55个、区级13个。入选国家级立项课题1个，发表国家级核心期刊论文2篇、国家级刊物文艺作品2篇、省级刊物文艺作品5篇。

区图书馆全年接待读者56.6万人次，书刊外借130.2万册次。专项购书经费200万元，新购图书8.7万余册，订购报刊587种，收集地方文献145种、365册。藏书73.8万余册。举办线上线下各类读者活动580次，参加人员264万余人次。

【文化标识建设】 按照省文旅厅《建设文化标识 推进文旅融合行动计划（2021—2025年）（试行）》要求，有序推进富阳区文化标识建设工作。“富春山居”“新登古城”文化标识入选浙江省首批100个文化标识培育名单。“富春山居”文化标识入选全省首批10个文化标识创新项目。

【15分钟品质文化生活圈建设】 建成“15分钟品质文化生活圈”90个，遍及全区24个乡镇、街道，惠及村社106个、群众27万人，覆盖各类文体设施411个（处），组建文化圈志愿服务队90支，吸纳文旅志愿者2334名，归集各类文体社团700支。

【文化队伍建设】 组织开展区级文化能人、文化示范户推选，4月，选派方凯、赵青等4人参加全省文化示范户和乡村文化能人培训班。组织开展村级宣传文化员、部分三团三社带头人、文化下派员等基层文化队伍人员培训。7月，召开乡镇文化工作会议，24个乡镇街道文化站站长参加；8月，分三批次组织召开文化圈圈长培训会议，参与培训人员百余人；9月，开展村级宣传文化员线上培训，参与培训人员350余人。

【文化阵地建设】 新增富阳少儿图书馆、渔山城市书房等城市书房8家，其中龙门书屋和银湖街道合之舍城市书房获评“杭州书房”。新增富春街道两浙公所文化驿站和鹿山街道文化驿站。龙门镇龙门五村获浙江省首批美育村称号。湖源乡村播学院获评浙江省最美公共文化空间（乡村文化空间）。新登镇综合文化站入选公共文化场馆服务功能拓展先行先试省级试点优秀单位。

【文艺作品创作】 围绕抗疫主题，创作音乐《最美的光》《世间最美》，舞蹈《不放弃》《一起向未来》，戏曲《唱虎年》及快板、三句半、书法美术摄影等文艺作品59件。围绕宣传十九届六中全会精神、迎亚运、迎接党的二十大、反诈、清廉等主题创作文艺作品50余件，其中歌曲《亚运等你来》入选迎杭州亚运主题活动歌曲，选送节目《我心中的亚运梦》参加杭州市迎亚运倒计时200天主题活动。越剧小戏《秘笈》参加浙江省第十一届群众小戏大赛并获金奖，舞蹈《富春纸韵》参加第十一届杭州市“风雅颂”民间舞蹈展演并获银奖，戏剧小品《话落谁家》参加2022年“杭州有戏”戏剧大赛并获创作银奖和表演银奖。挖掘富阳地方历史文化，创作本土故事45篇，编辑故事作品集《故事里的富阳》。

【“启航新征程 文化进万家”2022年富阳区文化惠民活动】 1月，由富阳区文广旅体局主办、富阳区文化馆承办的“启航新征程 文化进万家”2022年富阳区送福送春联文化惠民活动举行。文艺小分队赴24个镇（街道）文化礼堂为基层群众送福送春联，送出春联2000余副，

“福”字3000余个。

【“喜迎二十大 同走共富路”浙江省第十一届群众戏曲小戏大赛】 8月24—27日，由浙江省文化和旅游厅主办，浙江省文化馆、杭州市文化广电旅游局、杭州市富阳区人民政府承办，杭州市文化馆（杭州市非物质文化遗产保护中心）、杭州市富阳区文化和广电旅游体育局执行承办的“喜迎二十大 同走共富路”浙江省第十一届群众戏曲小戏大赛在富阳举行。大赛从2021年8月开始征集作品，2022年1月以线上视频形式举行作品加工会，2022年6月对全省24件参赛作品进行复赛评审，评选进入总决赛作品22件。其中富阳区文化馆创编选送的越剧小戏作品《秘笈》获得金奖。

【第五届“少年非遗说”浙江省传说故事讲述大赛钱塘江诗路赛区半决赛】 7月15日，由浙江省文化和旅游厅主办、富阳区文化和广电旅游体育局承办、富阳区文化馆执行承办的第五届“少年非遗说”浙江省传说故事讲述大赛钱塘江诗路赛区半决赛在富阳区融媒体中心二楼演播厅举行。来自杭州、衢州、嘉兴、金华等地区的30位选手争夺10个进入总决赛名额。富阳区文化馆选送的参赛选手俞承瑄、李景橙晋级十强，并且在总决赛中分别获得特等奖、一等奖，富阳区文化和广电旅游体育局获优秀组织奖。

【“喜迎亚运 共富共美”2022年富阳区全民艺术普及专场文艺演出】 4月22日至7月1日，由区文广旅体局主办、富阳区文化馆承办的“喜迎亚运 共富共美”2022年富阳区全民艺术普及专场文艺演出举行。该次活动采用线上直播的方式，举办戏曲、舞蹈、声乐、综合、少儿五个门类10场专场演出。

【“我来秀一秀 喜迎二十大”2022年富阳区“玉兰杯”戏迷擂台赛】 6—11月，富阳区文化馆举办“我来秀一秀 喜迎二十大”2022年富阳区“玉兰杯”戏迷擂台赛18场，积极传承和弘扬越剧文化，深入推进全民艺术普及，受到区内外戏迷朋友欢迎。

【“讲述共富共美 弘扬宋韵文化”富阳区第二届传说故事（清廉故事）讲述大赛】 4—6月，由区文广旅体局、区教育局联合主办，区文化馆承办的“讲述共富共美 弘扬宋韵文化”富阳区第二届传说故事（清廉故事）讲述大赛举行。活动分初赛、决赛，全区共有300多名选手参加，70名选手晋级决赛。最后评选出一等奖5名，二等奖10名，三等奖15名，优秀辅导员8名，优秀组织奖6个。

【“魅力亚运·展望未来”2022杭州市少儿书画摄影大赛】 4—5月，“魅力亚运·展望未来”2022杭州市少儿书画摄影大赛举行，比赛由杭州市文化广电旅游局、共青团杭州市委主办。区文化馆选送参赛书画作品381件，获金奖2枚、银奖1枚、铜奖5枚、优秀奖36个，区文化馆获优秀组织奖。

【第三届杭州市青少年艺术大赛（音乐专场）暨2022浙江省青少年艺术大赛（音乐专场）】 7月，由杭州市文化广电旅游局主办的第三届杭州市青少年艺术大赛（音乐专场）暨2022浙江省青少年艺术大赛（音乐专场）——“追梦之声”浙江省青少年声乐和器乐选拔赛举行。富阳区文化馆从全区各中小学、文化艺术类培训机构等报送作品中推选优秀作品5个参加，并全部获奖。

【线上文化活动】 全年发布微信公众号39期，发布信息208条，微信视频号36期，内容涉及优秀节目展示、主题展览、培训讲座、艺术欣赏等。其中，推出红色故事绘——“四史”上的今天线上专题活动24期，故事168篇；举办春节民俗展览、劳动者的艺术——中国民间艺术展、扬“五四精神”燃热血青春——纪念中国共产主义青年团成立100周年暨“五四”青年节励志歌曲展、端午戏曲文化主题展、“体育生活化 生活体育化”——全民健身科普展、伟大贡献——中国人民抗日战争暨世界反法西斯战争胜利纪念展、“中国制造 筑梦未来”——大国重器背后的创新科技展等线上主题展览30个。

【文化交流】 5月13日至6月1日，区文化馆在微信公众号上开展“同心迎亚运 文化促共富”2022年富阳与台州、温州地区线上文化走亲活动4场，展出书法和美术作品约130件，线上线下参与1500人次。9月19日，赴桐庐县开展“诗画富阳·潇洒桐庐”钱塘江诗路（富春山水）文化传承生态保护区创建文化走亲文艺演出。11月9—11日，组织部分书画艺术者赴舟山市岱山县、定海区、普陀区开展“文化走亲”书画交流活动。12月22—24日，组织部分书画艺术者创作精品佳作，赴临安区、西湖区、滨江区开展文化走亲书画作品展活动。西藏自治区那曲市色尼区、杭州市西湖区、滨江区、临安区、湖州市吴兴区、丽水市缙云县、衢州市龙游县等地到富阳开展文化走亲活动9场。

【富阳区第十二届富春江读书节】 举

2022年，富阳区、桐庐县、建德市三地联合创建的“钱塘江诗路（富春山水）文化传承生态保护区”被认定为浙江省文化传承生态保护区

（区文广旅体局 供稿）

2022年8月，折子戏《昭君出塞》在第五届中国越剧艺术节系列活动暨第二十届越剧大展演开幕式演出　　（区文广旅体局　供稿）

办富阳区第十二届富春江读书节，全年开展各类主题活动580场，参与人次264余万人。其中，举办各类主题图版展览110期，讲座152场，培训70期，阅读推广活动248期。内容包括“喜迎亚运·精神共富”2022富阳区第三届全民朗读者风采大赛、“童眼看亚运，文明展风采”——“我的亚运故事”富阳区少儿主题征文、全民阅读月启动仪式暨世界读书日主题活动、“走读富阳”系列文化沙龙讲座、“我在党旗下成长”喜迎党的二十大图版巡展、富阳区图书馆阅读推广活动进乡镇（街道）图书分馆、未成年人暑期古诗词阅读推广进乡村等。

【公共图书馆服务体系建设】 建设完成少儿图书馆、龙门书屋等城市书房8个，新建未来社区富春街道江滨社区、银湖街道梓树社区智慧书屋，增设新登人大、富阳区融媒体中心公司等馆外流通点18个。至年底，全区有城市书房15个、主题分馆6个、乡镇分馆24个、农家书屋276个、企事业单位流通点118余个。配送乡镇分馆图书2.4万册，配送城市书房和流通点图书1.85万册。区图书馆维修项目完成设计方案、预算审核，并于12月完成招投标，进场施工。

【读者活动】 全年举办富阳图书馆服务宣传周活动，开展“2022文旅惠民过大年——送福送春联”惠民活动、“解字说文”公益课堂、亲子悦读故事会、“妙笔生花-3D绘画”公益课堂、“浙里康养·书香敬老”等阅读推广活动。

【杭州富阳越剧艺术传习院】 杭州富阳越剧艺术传习院开展“家在富春江上”周末剧场惠民演出12场。赴桐庐、诸暨、临平剧院开展文化惠民交流演出6场，赴象山沙帽绿村下乡演出10场。复排经典越剧《红丝错》。7月，赴杭州大剧院演出越剧《红楼梦》，传承（徐派）艺术经典；8月，越剧折子戏《昭君出塞》参加第五届中国越剧艺术节系列活动暨第二十届越剧大展演；10月，历史传奇越剧《苍生》、越剧现代戏《生命之光》入选第一批浙江省公共文化国际交流项目，越剧折子戏《情探》在“经典折子戏专场”中荣获金奖。原创剧目《金殿拒婚》入选浙江省第二批经典保留剧目，越剧现代戏《生命之光》入选杭州市第十五届精神文明建设“五个一工程”奖，清廉小戏《就差一点点》剧目入围“李渔杯”首届全国清廉戏曲优秀作品展演活动。

## 文化遗产保护

【概况】 全区有各级文物保护单位（点）169处，其中，全国重点文物保护单位1处，省级文物保护单位7处，杭州市文物保护单位93处、文物保护点68处。全年财政投入文物事业经费769.9万元，实施7处文保单位保养维护和修缮工程。完成全区821处“三普点”全面复核工作。完成15处市级文保单位“四有”档案编制。富阳博物馆、抗日战争胜利浙江受降纪念馆、泗洲造纸作坊遗址全年接待参观16万余人次。富阳博物馆获2021年长三角及全国部分城市最美公共文化空间大赛“最美公共文化空间奖”和“文博艺术空间奖”。抗日战争胜利浙江受降纪念馆获评中国民主同盟传统教育基地。环山乡胡震纪念馆、湖源乡富阳元书纸文化陈列馆、常绿镇新四军两渡富春江红色研学中心被省文物局认定为省级乡村博物馆。

全区有国家级非物质文化代表性项目3项，省级15项，市级36项，区级133项，镇级175项；国家级非物质文化遗产代表性项目代表性传承人3名，省级17名，市级34名，区级154名。富阳区、桐庐县、建德市三地联合创建的“钱塘江诗路（富春山水）文化传承生态保护区”被认定为浙江省文化传承生态保护区。

【杭州市考古所富阳站挂牌】 5月，

2022年5月，杭州市文物考古研究所富阳工作站挂牌成立　　（区文广旅体局　供稿）

杭州市考古所富阳工作站挂牌成立，成为继主城区、萧山、临安、建德、桐庐、余杭6个工作站之后建立的第七个工作站。全年完成63宗地的考古前置和多处考古勘探工作。

**【泗洲造纸考古遗址公园建设】** 配合做好泗洲造纸考古遗址公园、中国造纸博物馆建设前期工作，完成泗洲造纸遗址66公顷区域范围考古勘探工作；完成《泗洲造纸作坊遗址保护规划》《泗洲造纸考古遗址公园专项规划》《泗洲·中国造纸博物馆藏品展品征集方案》初稿编制工作。

**【农村乡土建筑修缮】** 完成常绿大庙桥、八字桥、新登圣园碑林、龙门胡岭下祠堂、常安横槎老大房厅、常绿章氏宗祠、上官四堡新厅7处农村乡土建筑修缮，并通过杭州市级民生实事考核。

**【考古前置工作】** 全年推进考古前置地块205宗。完成杭二中项目地块的考古勘探、滨富合作区正泰项目地块的考古发掘工作，持续推进新登古城、新登中学、富春49-1、富春58号、富春湾新城16-F和泗洲造纸作坊遗址等项目地块的考古发掘工作。

**【省市两级文保单位评定】** 中共江南县工委县政府成立旧址、中共窈口区委区政府旧址、杜公井、彭家井、姚公墓（祠）、新登邮局旧址、新登城隍庙、罗隐读书处旧址、罗隐纪念堂（城北罗家祠堂）、双联袁家厅、新登变电所旧址、周廷冲故居12处文保单位被评定为杭州市级文保单位。新登古城墙、庄泽桥、新四军塔山烈士陵园3处文保单位申报省级文保单位。

**【博物馆展览】** 在原“家在富春江上”基本陈列展基础上增设“如此家山——郁华书画专题展”“石刻碑刻展”两个单元。举办临时展览6个：1月，“富春山居 宋韵迹忆”——富阳宋韵文化展；5月，宋纸新韵——纸文化特展与“宋韵迹忆”图版展全市联展；8月，苏东坡和他的朋友们——两宋文人书迹拓本展；9月，“杭州这十年·富阳”图版展；10月，“兰亭的故事”全国巡展富阳站。运用数字化手段，利用馆藏宋代文物资源，同步制作云展览，吸引现场参观6万余人次，线上参观20万余人次。

**【宣教活动】** 全年开展社科和博物馆研学等各类宣教活动40余场次，参加人员2万余人次。4—8月，组织举办第六期小小讲解员训练营活动。富阳博物馆微信公众号推出“说宋”“寻宋”“品宋”“传宋”线上宣传栏目4个及“纸上富春 宋韵迹忆”“富博带你‘趣’宋朝”“廉宋清风”子专栏3个，发布宋韵主题推文200余篇，点击量近10万人次。

**【“富春山居 宋韵迹忆”系列活动】** 以“富春山居 宋韵迹忆”为主题开展宋韵文化系列活动。2月，举办“遇见富博，遇见宋韵”主题征文活动，收到优秀投稿作品300余篇。3月，开展“穿古装，追宋‘潮’”活动。5月，在“国际博物馆日”开展“宋纸研学趣富阳”主题宣传周活动，包括“品宋·纸文化沙龙”活动、“主播带你看展览”视频直播活动、“宋纸新韵”展览进校园活动、宋韵知识竞答活动。

**【研学线路与文创产品开发】** 5月，富阳区文物保护中心图文作品《富春宋韵——新城道中》和《东坞山古道》分获“宋韵迹忆”宋韵精品研学线路征集活动图文组二等奖、三等奖，短视频《东坡古道》获“宋韵迹忆”宋韵精品研学线路征集活动视频组三等奖，“东坡古道”与“东坞山古道”两条宋韵研学线路入选杭州宋韵精品研学线路；6月，富阳博物馆文创产品插屏走马灯、“宋韵迹忆”倒流香荣获2022年度杭州“宋韵迹忆”文创设计大赛优胜奖；12月，富阳博物馆“笔墨丹青”系列文创获2022年浙江省博物馆文创产品大赛铜奖。

**【文物保护】** 做好文物库房日常消防设备月检、病虫害消杀、恒温恒湿系统维保等工作。开展全区2022年度文物保护单位（点）文物状况评估，实现“排查一点一评估，整改一点一方案，提升一点一交办”的工作目标。1月，完成泗洲造纸作坊遗址监控设备提升改造，环遗址大棚及大棚内部各角度均安装监控探头和入侵报警设备，确保监控无死角，配备24小时值守安保人员，工作人员定期安全巡查，发现问题及时整改。9月，完成消防水源改造施工。

**【博物馆藏品管理】** 全年接受热心市民捐赠各类文物藏品、老物件等159件。完成全省宋代文物资源专项调查及富阳馆藏宋代文物调查。开展馆藏文物对外宣传和交流，配合举办新昌博物馆“魏晋风度展”、金华博物馆“无穷·镜——古代铜镜中的微观世界”、浙江省博物馆“宋韵——士大夫的精神世界”、杭州博物馆“行在山水间——南宋视野下的杭州：临安城”和公望美术馆“不废江河万古流——郁达夫史料展”展览，开展馆藏文物展品借展工作。

**【考古发掘】** 配合杭州市考古所完成区域内考古发掘，完成新登古城北城门考古发掘，考古发掘出唐代、宋代、明清三个时期的城门、排水设施等遗迹。新登古城北门城门结构保存完整，是研究浙江地区唐、宋、明清造城技术不可多得的实物资料。7月，完成新登古城西城门的补充考古发掘，通过补充考古发掘，对新登古城西城门的结构和建造方式有了更加全面的认识。7—8月，完成天鹰食品地块的考古清理工作，发掘明清时期的窑址1座。8—9月，完成鹿山19-A、19-B、19-C地块的考古发掘工作，发掘六朝及宋代墓葬7座，窑址4座。完成灵桥镇亭山路道路延伸（山体段）地块的考古发掘工作，主要清理土墩墓1座、砖室墓21座、竖穴土坑墓6座、窑址5座，年代涉及春秋战国、汉、六朝、宋、明清等多个时期。10月，完成东洲街道鸡笼山村两座宋代墓葬的清理，清理出土青瓷碗、青白瓷碗、料簪、陶质灯盏等宋代时期遗物。6—12月，发掘新登新区土石方工程——江丰出让地块，清理宋代至明清时期砖室墓及土坑墓72座。12月，考古发掘银湖14-C地块，发掘明清时期墓葬3座、窑址3座，出土清代遗物5件（组）。同时，做好重大文物犯罪案件相关收缴赃物鉴定、被盗墓葬评估等工作。

**【非遗保护体系建设】** 确定20项市级非遗项目的保护单位，高桥湖笔制作技艺被列入第七批杭州市级非物质文化遗产代表性项目名录。开展15项非遗代表性项目短视频制作。完成省级项目和传承人评估，继续实施非物质文化遗产代表性传承人“三必访五必访”工作制度，启动国家级传承人庄富泉记录工作，推荐朱中华申报第六批国家级传承人，余银川、叶小龙、徐国洪等29人被评为第六批富阳区非物质文化遗产代表性传承人。

**【非遗保护载体建设】** 完成富阳区非遗馆布展工作并通过验收。与杭州科技职业技术学院、富春山居集团联合创建“富春山居·省级传统工艺工作站”，并被列入省级传统工艺工作站创建名单。开展非遗工坊建设，公布富阳区第一批非遗工坊16家，其中大竹元竹纸和东坞山豆腐皮被列入省级非遗工坊创建名单。新二元书纸体验基地被评为第二批杭州市非物质文化遗产体验点，溪湘记·宿被评为首批杭州市级非遗特色民宿。

**【非遗展示展演与交流】** 10月，举办2022首届富阳区非遗衍生品创意设计大赛，依托富阳非遗元素打造具有地方特色的文化创意产品，评选获奖设计作品14个。全年推荐竹纸、纸伞、竹藤等项目参加全国文房四宝博览会、中国进出口商品交易会、中国（上海）国际家具博览会等展示展销。

（夏　晨）

## 文化创意产业

**【概况】** 2022年，富阳文化创意产业抢抓之江文化产业带、钱塘江诗路文化带建设机遇，以省、市、区委文化工作会议精神为引领，以数字化改革为牵引，加大项目招引，推进项目落地，推动富阳文化产业高质量发展。新认定省级成长型文化企业2家，复评通过市级文创园区、文创街区各1家，新认定市级重点文化企业2家、市级数字文化示范企业1家、市级成长型文化企业2家。完成电视剧《富春山居》拍摄，该剧以乡村振兴和共同富裕为主题，并入选2022年杭州市文艺精品工程重点扶持项目和浙江省文化艺术基金扶持（资助类）项目。举办2022杭州富阳艺术乡建设计共创活动，发布系列成果8个。推动“富春山居·城市游礼”设计共创活动，项目被列入《杭州市打造亚运“城市体验”标志性成果及特色亮点项目工作方案》中。充实“文创新势力”群体力量，新增协会单位10家。指导文创新力量群体开展理论教学、沙龙交流、现场活动、总结分享等各类活动13次。组织区内6家文创企业参加2022首届浙西（千岛湖）创意生活周、第十八届中国国际动漫节、第十六届杭州文博会等会展活动。制定《富阳区文化创意人才认定规则》，积极推介文创人才。

2022年9月9—11日，“富春山居·宋韵市集”暨鹿山奇妙夜活动举办
（区委宣传部　供稿）

**【公望两岸文创园一期项目】** 6月1日，公望两岸文创园一期项目（公望两岸圆缘园）开园。首期项目含傅陆学艺馆、蔡美月婚纱馆、高意静珍爱时刻咖啡甜品馆、两岸元宇宙艺术体验室、方文山茶文化体验馆、蔡志忠台湾啤酒屋，导入婚纱设计馆、花艺咖啡厅、艺术体验室、茶文化体验馆、湾湾漫画吧等业态。

（皮莉琴）

## 富阳日报

**【报纸发行】** 2022年，《富阳日报》发行继续实现区域党员家庭全覆盖，征订量4.5万份，全年出版255期。

**【党的二十大宣传】** 围绕迎接党的二十大、学习宣传贯彻党的二十大精神主线，结合富阳实际，开设《奋进新征程、建功新时代》栏目，推出“杭州这十年·富阳”“我在‘这里’看变化”“喜迎二十大·十字金轴新故事”“你好！二十大”“一把手系列访谈”“富有理响”等专栏专题和融媒体报道。

**【主题报道】** 组织策划高质量发展建设共同富裕示范区一周年宣传报道、宣传贯彻区第二次党代会精神、全国省市区两会、年度汉字评选、产业强区、迎亚运展风采、数字化改革、疫情防控、“一条江、一幅画、一张纸、一批人、一座城”

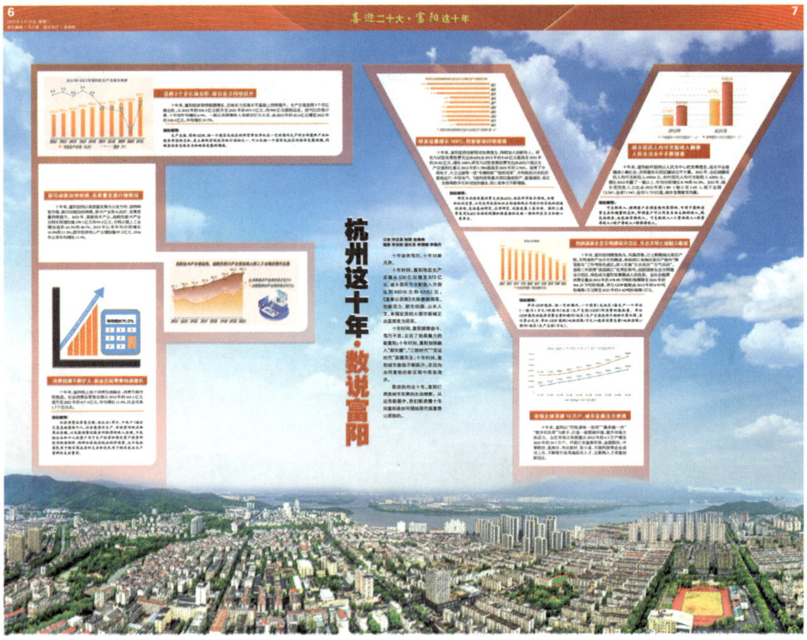


2022年9月20日，《富阳日报》“喜迎二十大　富阳这十年”版面

（富阳日报社　供稿）

富春山居文化基因解码、重大交通项目、文明城市创建、“最美现象”、“四史”教育宣传、纪念抗战胜利、防汛防台等主题报道。

【舆论引导】　做好《民生议事厅》《聚焦一线》《帮办100》等栏目，关注“桂花西路改造后非机动车停车难”“老旧房屋遇狂风暴雨，瓦片频频‘从天而降’”等民生热点。

【公益活动】　举办第十七届富阳十大百姓新闻人物评选活动、第十七届为困难儿童圆过年心愿活动。推出“高温下的民生·爱心敲门行动”“西部助学·圆梦礼包”等活动。

【队伍建设】　深入开展“走转改”活动，持续推出“我在社区当助理”，开展“新春走基层”“走进高温下的一线工程”“总编走一线”“昼访夜谈”等活动。

【媒体融合】　完成采编组织机构调整，以“产品”为导向，实施内容生产“稳进提质”工程，推进“富阳新闻”App系列新产品开发与运营，进行纸媒模块化、App频道化改造，推出“求证辟谣”“富春窗”“产经整交点”等新栏目10余个。

【报业经营】　全年策划承办活动40余项，其中包括2022杭州（富阳）艺术乡建设计共创暨成果发布活动、万市银杏节、电视剧《富春山居》开机仪式、杭州浙十年富阳专场新闻发布会等。

（施　海）

## 区融媒体中心

【概况】　2022年，区融媒体中心采制播发电视新闻5000余条、广播新闻4000余条、电视栏目200余期、广播栏目3000余期、摄制各类专题片46个、承办各类活动37场、活动直录播42场。广播电视采制播出公益广告100余条。

【舆论引导】　围绕区委、区政府中心工作，做好主题宣传，实现每天有动态、每周有策划、每月有主题，切实做好媒体政治责任。重点聚焦党的二十大、产业强区、城市建设、社会治理、共同富裕、改革攻坚、党的建设、疫情防控等领域，精心策划主题，创新表达方式，《富阳新闻》每月推出自主策划重大主题报道5组，全年推出《无疫创建　我们在行动》《共同富裕新征程》《迎亚运展风采》《数智富春山居图》《产业强区　加速奔跑》等大型策划报道和系列报道500余条。创新推出《@融媒》《小骆看文明》等栏目，开展“一杯水”公益行动，实现观众与新闻节目双向互动。

【社会服务】　完成区委、区政府及行业主管部门大型专题片、短视频摄制任务，摄制《致奋斗者》《凡人亦英雄》《交通先行筑宏图》《画中之城的抗疫答卷》等专题片；围绕“一座城、一条江、一幅画、一张纸、一批人”主题，制作系列短视频《富春山居文化基因解码》13个，全面展示富阳文化和经济社会发展背后的文脉故事，网络点击量突破110万次；推出《蝶变十年》《幸福的颜色》《我们都是追梦人》等短视频。承办首届“爷爷的水稻田”音乐节特别节目暨“我在富春山居图里等你”系列活动、喜迎“国际茶日”暨2022杭州全民饮茶活动、2022富春江开渔节暨第五届江鲜大会开幕式等活动。办好《聚焦一线》《乡村振兴》《健康121》《马路小灵通》等舆论监督节目和广播电视栏目，推出网络直播带货等活动。

【对外宣传】　立足富阳、面向全国，创新新闻报道，讲好富阳故事。全年电视新闻外宣在央视发稿13条，在浙江卫视发稿231条；广播新闻外宣在中央人民广播电台发稿8条，在浙江人民广播电台发稿142条。获全省广播电视新闻协作电视新闻一等奖、广播新闻二等奖；参与中央电视台《征程》《山水间的家》《跟着书本去旅行》及浙江卫视《还有诗和远方》等节目拍摄，传播富阳美景美食。

【节目创优】　全年富阳区融媒体中心在省、市广播电视节目奖、新闻奖等评比获奖作品35件次，其中，对农节目《做好“非粮化”整治后半篇文章》、广播文艺《纪念越剧宗师徐玉兰诞辰100周年特别专题——玉兰泉涌》获省二等奖；广播新闻访谈《医学检查检验结果互认共享落地富阳》、电视消息《为了14名乡亲的安危》、广播播音《七夕，致敬革命中的红色爱情》获省三等

2022年，《富阳新闻》录制现场

（区融媒体中心　供稿）

奖。富阳广播电视台获全省对农节目服务工程建设考核优秀等次（全省仅有16家）。获省级扶持奖励电视公益广告1件、纪录片作品1件。获市广播电视节目奖或市新闻奖获一等奖作品5件、二等奖作品10件、三等奖作品8件。

## 新媒体宣传

【概况】　按照上级“媒体深度融合发展”部署要求，坚持移动优先、融媒传播，做大做强新媒体矩阵，不断提升影响力和传播力。全年推出微信公众号“富阳发布”推文3231条、客户端“爱尚富阳”推文27258条、各类短视频1662个（包括抖音）、网络直播89场。融媒指数考核稳定保持在全省前30位、全市前3位，其中“微信指数”考核排名稳居全省前十、全市前三。获评天目新闻客户端2022年度“浙江省县级融媒体中心优秀合作伙伴”称号和浙江日报报业集团2022年度“浙报集团融媒共享联盟·合作奖”。

【新媒体传播】　全年完成“爱尚富阳”客户端改版，举办各类提升考核指数活动，积极拓展粉丝量、日活量，实现粉丝量大幅提升，至年底，拥有粉丝20.4万人次。深耕“富阳发布”微信公众号和“富阳发布”抖音号内容，进一步扩升影响力，粉丝量分别增至41.5万人次、11万人次。承担“学习强国”“韵味杭州”“蓝媒联盟”“浙报联盟”等10余个平台供稿运维，其中“学习强国”全国平台录用稿件306条次，省平台录用稿件550条次。

（陈晓丽）

【编辑　刘　亮】

# 30 医疗卫生
Health

## 综　述

**【概况】** 2022年，全区有区属公立医院6家，其中三级甲等医院1家，三级乙等医院2家，二级甲等医院2家，二级乙等医院1家；社区卫生服务中心25家。卫生健康系统在编职工4753人。全区财政卫生事业费投入120118.23万元，占财政总支出8.85%，人均卫生事业费1443.7元。全区共出生4261人，较2021年减少411人，减幅8.8%；出生率为6.12‰。居民死因顺位的前五位依次是恶性肿瘤、脑血管疾病、心脏病、损伤和中毒、呼吸系统疾病，五种疾病占总死亡人数的83.61%。

**【政务服务数字化改革】** 推进政务服务"一网通办"平台应用，窗口审批事项"一网通办"收件率100%。强化政务服务"好差评"全流程闭环管理，全年未发生有责差评和投诉。深化"一件事"改革，推行"医疗机构开办"一件事改革，将医疗机构开办"多部门""多流程"整合为"一件事""一次办"。卫健局窗口被区审管办评为政务服务数字化改革年度示范窗口。

全年共办理公共场所卫生行政许可686件；放射诊疗建设项目卫生审查35件，放射诊疗许可40件；医疗卫生机构执业许可215件，校验510件；医护人员执业许可1650件；母婴保健专项技术服务机构许可2件、人员许可6件；精麻类药品许可5件；医疗广告审查77件；托育机构备案55件；生育登记4139件；职业病危害项目申报209件。

**【法治卫健】** 印发《杭州市富阳区卫生健康局重大行政决策事项标准》《杭州市富阳区卫生健康局关于建立公平竞争审查内部工作机制的通知》《法治工作部门设立文件规范》。全年研究法治卫健工作10次，讨论法治重大事项58项，完成第一责任人述法。全年制定规范性文件2件，重大行政合同2个，开展规范性文件清理3次，实施行政处罚510起，其中简易程序110起，一般程序400起，开展行政执法案卷评查1次，自查案卷400件，发出稽查意见书12份，重大事项均经过法制审核，局领导集体讨论决定。

全系统开展《中华人民共和国传染病防治法》《中华人民共和国宪法》《中华人民共和国献血法》等宣传活动12部次，行政执法人员参加上级培训22次37人次，线上课程学习10次370人次，开展以案释法25次，印发各种宣传图板等500余张，发放《浙江省人口与计

2022年区属各医院业务情况表

表21

| 单　位 | 平均开放床位(张) | 卫技人员(人) | 门急诊人次(万人次) | 出院病人(万人次) | 实际占用总床日数(万床日) | 出院者平均住院床日 | 病床使用率(%) | 业务总收入(亿元) |
|---|---|---|---|---|---|---|---|---|
| 区第一人民医院 | 800 | 1245 | 143.16 | 4.52 | 25.75 | 5.66 | 88.17 | 8.02 |
| 区第二人民医院 | 354 | 482 | 43.92 | 1.38 | 10.77 | 7.89 | 83.28 | 2.17 |
| 区中医院 | 450 | 713 | 93.12 | 1.64 | 10.17 | 6.16 | 60.03 | 3.62 |
| 中医骨伤医院 | 550 | 560 | 33.46 | 1.50 | 15.18 | 10.12 | 75.63 | 4.12 |
| 区妇幼保健院 | 300 | 593 | 59.22 | 1.65 | 6.44 | 3.91 | 58.85 | 2.22 |
| 区第三人民医院 | 260 | 184 | 6.17 | 0.23 | 11.29 | 49.43 | 118.92 | 0.46 |

划生育条例》宣传折页等1万余份，进社区（村）、进学校宣传20余次。

【卫生项目建设】 至年底，2个省重点项目（省人民医院富阳院区、省中医院新院区）均完成结构封顶，各项目均完成总工程量的40%。推进区属医院和2家社区卫生服务中心项目建设，其中，东梓关中医骨伤康养医院已完工；区妇保院门急诊医技及儿科病房综合大楼完成总工程量的78%；区三院整体迁建项目完成总工程量的79%；中医骨伤医院康复楼项目完成总工程量的75%，各项目均进入安装及装修阶段；中医骨伤医院制剂研发大楼进场施工。富春街道社区卫生服务中心完成总工程量的73%；上官乡社区卫生服务中心迁建工程完成总工程量的70%。2个预备类项目（场口社区卫生服务中心病房扩建工程和灵桥镇社区卫生服务中心迁建工程）进入方案设计阶段，受降社区卫生服务中心迁建工程完成设计单位招标。完成富春街道恩波社区卫生服务站、大源镇骆村社区卫生服务站、新桐乡大桐洲社区卫生服务站、高桥镇杜墓社区卫生服务站4个省市民生实事项目的建设并投入使用。

【区属医院业务】 全年区属医院门急诊379.06万人次，同比下降0.68%，其中，区第一人民医院门急诊143.16万人次，同比下降1.32%。出院10.93万人次，同比增长2.37%。全年完成业务总收入20.62亿元，其中，医疗收入19.73亿元，医疗收入同比下降0.44%。（见表21）

【社区卫生业务】 全年25家社区卫生服务中心收入总计79916.41万元，支出总计76088.36万元，收支盈余3828.05万元，门（急）诊306.82万人次，同比减少2.03%，门（急）诊均费140.26元，同比增长1.8%。

【基本公共卫生】 2022年，按标准足额落实原12项基本公共卫生服务项目经费，累计拨付7841.8万元，常住人口人均94.25元，新划

2022年9月14日，区卫生健康局实施城乡居民“三免三惠三提升”健康行动，图为渔山社区卫生服务中心 （区卫健局 供稿）

入的基本公共卫生服务项目合计补助2985.3万元，人均35.88元，均高于国家和省、杭州市标准。全年全区基本公共卫生服务项目补助资金8719.68万元，常住人口人均补助经费117.2元。全区建立电子健康档案75万份，建档率90.14%，居民规范化电子健康档案覆盖率67.51%，电子健康档案开放率79.43%。管理高血压患者96614人，高血压基层规范管理率71.20%，控制率68.62%；管理糖尿病24024人，糖尿病基层规范管理率70.91%，控制率62.87%，老年人城乡社区规范健康管理服务率78.61%。全区实施城乡居民“三免三惠三提升”健康行动，制定出台《关于做好杭州市富阳区参保城乡居民和中小学生健康体检工作的通知》，突出“一老一小”重点人群体检经费补助，65岁及以上参保城乡居民增加“颈动脉B超”，经费补助标准从原来的70元/人调整为150元/人，中小学生体检增加“脊柱侧弯筛查”项目，经费补助标准从原来的15元/人调整为42元/人。全年完成城乡参保居民健康体检4.25万人，较上一年增长108.4%，补助经费增加400余万元，中小学生健康体检8.85万人，较上一年增长37.22%，补助经费增加261.8万元。

【家庭医生签约】 全年全区组建家庭医生签约服务团队179个，团队成员850余人，其中签约医生252人。市民卡插卡签约27.2万人，续签率92.27%；共完成65岁以上老年人、高血压、糖尿病患者等10类重点人群签约30.4万人，重点人群覆盖率93.17%，同比上升1.1%；签约居民基层就诊率80.98%，同比上升15%；建立家庭病床844张，同比下降3.6%；开具慢性病长处方58.07万张，同比增长21.18%。

【对口支援】 富阳区卫生健康局选派1名干部赴西藏那曲色尼区卫健委挂职锻炼。选派7名卫生专业技术人员赴甘孜州医疗卫生单位开展对口支援工作，其中赴德格县挂职6人、得荣县挂职1人。对口支援期间，援派医疗队开展坐诊、帮教、培训、巡回医疗、技术指导等。至年底，开展门急诊1280人次、各类手术79例、业务技术培训36次。德格县组织5名卫生健康专业技术人才到区第一人民医院、区妇幼保健院进修学习、挂职锻炼，时间6个月。

【干部人事档案】 将干部人事档案管理纳入医疗卫生单位“大党建”考核，推进干部人事档案专项审核

和数字化工作。至年底，完成专项审核794人，其中局管干部143人、副高职称以上专技人员440人、其他干部职工211人。

**【清廉医院】** 2022年，打造清廉医院“1661治智体系”，即围绕迭代一个“智廉平台”，构筑智廉医院“六大维度”数字化监督体系，实施清廉底色“六大深绘行动”，描绘一幅现代版富春山居图“清廉医院图景”。实施“围猎行为”“不正之风”“作风纪律”等三大整治行动，完成作风纪律督查56次，核查问题线索17件，自办案件7件，党政纪问责处理8人。迭代“智廉医院3.0”,形成医疗监管、智慧监督、亲清院企、清廉指数、满意度评价、医院公权力监督等“六大维度”数字化监督体系，实现问题线索“一屏掌握”。平台自动抓取“问题药品”271个，获评杭州医保DRGs奖励1.13亿元（占全市1/3）。工作经验被中纪委官方网站等9次报道，多次在省市卫健系统清廉医院推进会作经验交流，获评“清廉杭州建设优秀实践案例”“杭州市卫生健康数字化改革典型案例”“杭州市卫生健康2022年度十大影响力事件”“富阳区共同富裕最佳实践案例”等，受市纪委书记陈一行批示肯定。

## 健康富阳

**【体制机制】** 落实考核督查、部门联动两大机制，将健康杭州行动推进情况纳入健康富阳考核。联合区委宣传部、区教育局、区文广旅体局、区总工会等部门，推进健康知识普及、中小学健康促进、全民健身等各项跨部门健康行动。全市首推医院建设工程健康影响评价，完成区第三人民医院易地迁建工程建设期初评。继续落实《富阳区公共政策健康审查制度》《富阳区行政规范性文件健康审查制度》，共审查行政规范性文件10余个，形成部门自评、专家终评的评价模式。

**【宣传阵地】** 继续与富阳区媒体合办《健康富阳》《健康121》《健康加油站》等栏目，其中《健康121》栏目已连续播出10周年。通过楼宇电视、车身广告、户外大屏及墙绘等多种载体开展健康科普宣传。推进健康素养、家庭医生进农村文化礼堂活动，组织健康教育专家库成员和医疗专家到农村开展健康教育、健康义诊等活动。全区居民健康素养水平37.37%。深入推进健康素养进农村文化礼堂工作，四部门联合印发《关于印发杭州市富阳区健康素养进农村文化礼堂提升计划的通知》(富卫发〔2022〕83号)，进一步发挥农村文化礼堂的阵地作用，普及健康知识、传播健康理念、培育健康文明的生活方式。全年全区文化礼堂开展疫情防控、健康讲座、健康服务、中医药等进礼堂活动2500余场次，受众231700人。全年培育申报省健康促进金牌学校4家、银牌学校16家、铜牌学校15家，市级健康单位57家，健康家庭3000余个。健康细胞创建工作指导覆盖率100%。健康浙江考核成绩连续四年优秀，获省委省政府表彰。

2022年11月8日，富阳区荣获健康浙江建设先进县(市区)称号

（区卫健局　供稿）

**【跨部门健康行动】** 联合区经信局、区文广旅体局、区教育局等开展富阳区第一届“健康达人”和“职业健康达人”评选活动，确定10名“健康达人”和3名“职业健康达人”。以家庭医生为基础、基层人口家庭协会工作人员和志愿者为补充，采取“1+1+N”模式组建成立家庭健康指导员队伍。

## 预防保健

**【孕产妇系统管理】** 区妇幼保健院每周一至周五，区第二人民医院每周一开设高危筛查门诊，每月定期到受降、东洲下基层高危筛查。全年富阳户籍孕24周以上区级高危筛查4060人，筛查率达99.68%；外来流动人口孕24周以上区级高危筛查1169人，筛查率达98.90%。共筛查出黄色高危孕产妇2237例，橙色及以上高危孕产妇1745例，其中红色高危孕产妇92例。全年分娩产妇数4073人（富阳户籍），活产数4140人，住院分娩活产4140人，新法接生率100%，高危孕产妇住院分娩率100%。建母子健康手册4071，建卡率99.91%。其中孕13周前建册4028例，早孕建册率达98.90%；系统管理数4053例，系管率97.90%；产后访视数4071例，产后访视率98.33%。血清产前筛查孕妇4023例，筛查率98.77%。

**【妇女保健】** 全年完成国家级和省级农村妇女宫颈癌检查3837例，乳腺癌检查3948例；区级宫颈癌检查9006例，乳腺癌检查16460例，确诊乳腺癌20例，宫颈癌4例，宫颈高级别病变29例。婚检4562人，婚检率89.21%。检出对婚育有影响疾病162例，疾病检出率3.55%。全年各助产单位分娩产妇数4500人，活产数4553人，2022年未发生孕产妇死亡。

**【儿童保健】** 全年全区7岁以下儿

童应检43527人，建档管理43285人，管理率99.44%；0—2岁儿童系统管理14445人，系统管理率98.97%。全年活产婴儿4140人。围产儿死亡15例，围产儿死亡率3.61‰；全年5岁以下儿童死亡10例，5岁以下儿童死亡率2.42‰；婴儿死亡9例，婴儿死亡率2.17‰，新生儿死亡5人，死亡率1.21‰。全区0—3岁疑似残疾儿童监测21377人，监测率99.59%，发现疑似残疾儿童38人，0—3岁儿童疑似残疾发生率17.78%万。新生儿遗传代谢病筛查4546例，筛查率99.85%；新生儿听力筛查4545例，筛查率99.82%。新生儿先天性心脏病筛查4549人，筛查率99.91%。

【干部保健】 全年为全区各级保健对象提供区属医院就诊及陪诊服务2162人次，上海、杭州等上级医院预约挂号及就诊陪诊服务306人次，胃肠镜陪诊120人次，帮助协调区属医院手术、住院等诊疗服务34人次，微信短信推送个性化宣教内容共计1119条。2022年，机关、事业单位在职及退休人员体检完成27918人，为离退休干部提供上门服务1600人次。富阳骨伤医院共接诊各级保健对象19人次。保健站为保健对象及区政府工作人员提供测血压3478人次，巡诊3234人次，配药3194人次，咨询3194人次。

【免疫规划工作】 全年对全区社区卫生服务中心预防接种门诊疫苗管理和预防接种工作开展2次全覆盖检查督导工作。通过6月和11月分批次对全区社区卫生服务中心预防接种门诊完成基本公共卫生服务考核。全年已接种常规免规疫苗109137剂次，常规报告接种率均达到99%以上（要求接种率90%以上），已接种非免规疫苗194936剂次。自2022年6月开始通过浙里办App摇号方式，累计放号5440个九价HPV号源，2890个四价HPV号源。开展70岁以上老年人免费流感接种的民生实事项目，共接种30199针次。2021年12月首先在区一院产科开展接种系统saas化升级，2022年1月全区3家出生医院均完成实现

2022年6月29日，中共杭州市富阳区卫生健康局委员会举行“‘医心’永向党 为民‘白大褂’”抗疫先进工作者、党建“三大创建”表彰仪式

（区卫健局 供稿）

saas化扫码接种工作，基本实现接种疫苗全部扫码。2022年9月中旬通过区卫健局组织召开区属医院犬伤门诊saas化升级改造，于9月底逐步开始使用saas接种系统，其他依托于社卫中心的犬伤门诊或者后续狂苗接种门诊均开始使用saas接种狂犬病疫苗，实现各接种门诊均能使用saas扫码接种狂犬病疫苗。

【传染病疫情】 全区未发生甲类传染病报告。报告乙类传染病14种，报告病例1596例，发病率191.82/10万。乙类传染病发病数居前5位的依次是：梅毒、肺结核、新型冠状病毒感染、淋病和百日咳，占总报告发病数的84.09%。处理各类突发公共卫生事件550起，比上年上升29.41%。

【H7N9流感防治】 全年从全区家禽规模养殖场（户）和家禽散养户集中的地区外环境中共采集各类人感染H7N9禽流感外环境标本60份，未发现检测阳性标本。

【艾滋病防治】 深化艾滋病高危行为干预的“富阳模式”，全年完成暗娼人群检测1111人次，外来务工人员检测3161人次，外来婚嫁女501人次，外出返乡302人次，中老年人群2118人次，羁押人员621人次。完善疾控中心—定点医院—社区卫生服务中心—社会组织“四位一体”的管理模式，实现病人从阳性告知、转介治疗、个案随访“一站式”管理。全年新报告发现HIV抗体阳性24例，治疗率92.38%，病毒检测率97.38%，病毒抑制率98.21%，随访及CD4检测率为94.06%，单阳家庭配偶HIV抗体检测率为92.31%。

【结核病防治】 全年处理结核病疫情17例，肺结核学校疫情及时处置率100%，对密切接触者筛查率100%。对13例肺结核疫情密接人员873人（15岁以上692人）均已做筛查，其中PPD检查861人，胸部X光片707人；PPD试验结果强阳性77人，开展预防性服药2人，已按《学校结核病防控工作规范》（2017版）要求规范处置。共登记结核病352例；活动性肺结核病人325例（其中病原学阳性病人204例，病原学阴性病人95例、结核性胸膜炎26例），非结核2例，肺外结核25例。肺结核病人转诊率100%（51/51），管理率97.21%（314/323），规则服药率98.36%（299/304）。

对寄宿制的初中新生和高中新生开展结核菌素皮肤试验（PPD试验），参与筛查的共计12家乡镇（街道）社区卫生服务中心，合计应筛查12130人，实际筛查11258人，筛查率92.81%，PPD试验结果强阳性134人，确诊活动性肺结核1例。

【慢性病防治】 2022年全区居民报告死亡4278人，报告总死亡率6.14‰。死因顺位的前五位依次是恶性肿瘤（1163例）、脑血管疾病（697例）、心脏病（674例）、损伤和中毒（559例）、呼

吸系统疾病（484例），五种疾病占总死亡人数的83.61%。全年全区共报告糖尿病个案3739例，报告发病率536.90/10万，报告冠心病急性事件386例，报告发病率55.43/10万，报告脑卒中2229例，报告发病率320.07/10万，报告恶性肿瘤3854例，报告发病率553.42/10万，报告伤害卡15429例。医疗机构内科门诊35岁及以上首诊测压工作覆盖率为100%，35岁及以上首诊测压率为99.67%。推进慢性病示范区建设，发布2021年富阳区健康白皮书，制定下发全区慢性病综合防控示范区成员单位目标管理责任书，对全区疾控中心及6家社卫中心开展第六次全国慢性病预防控制能力调查，对11所初中、普高、非普高中的884名学生开展省级青少年健康危险因素调查，对灵桥镇、春建乡、洞桥镇、新登镇、常绿镇共11个村监测点7208户居民开展死亡、慢性病漏报调查和成人行为危险因素监测。开展全区脑卒中高危人群筛查、重点人群直结肠癌筛查、慢性阻塞性肺部疾病筛查等重大慢性病筛查项目，完成脑卒中高危人群筛查18303人，完成结直肠癌筛查40018人，完成慢阻肺人群问卷筛查4848人，完成慢阻肺高危人群肺通气功能检查2190人。开展渌渚镇、里山镇“两慢病”改革基线调查，完成基线调查和体检623份。开展场口镇慢性病患病率与知晓率调查，完成问卷调查425份。

【地方病防治】 血吸虫病防治　开展春季查螺工作，完成查螺面积13.3万平方米，未查到钉螺。对来自湖南、湖北、江西、安徽、江苏、四川、云南等省份尚未控制血吸虫病流行县和疫情回升县当地或外地居民开展血吸虫病监测工作，全区24个乡镇共查病446人，均为阴性。

疟疾防治　开展第十五个“4•26”全国疟疾日主题宣传活动，全年完成“四热”病人血检1160人，无疫情。5月举办了全区疟疾诊断检验技术培训班，各医疗机构分管院长、检验科主任、门诊部主任、感染科（发热门诊）主任、医务科科长、防保科（公卫科）科长参加了会议，全年无疫情，4月26日区第一人民医院报告1例三日疟，为辖区隔离点入境人员。

碘缺乏病防治　全年共对食用盐批发场所检测盐样36份，合格36份，合格率100%。对东洲、富春、灵桥、受降、鹿山5个乡镇街道小学生开展碘缺乏病病情监测，共采集8—10周岁学生盐碘210份，学生合格碘盐覆盖率为91.43%；孕妇碘缺乏病病情监测共采集孕早、中、晚期妇女碘盐各35份，共计105份，孕妇合格碘盐覆盖率为90.48%。开展“5•15”碘缺乏病日宣传活动，发放防治碘缺乏病宣传资料200余份，接受群众咨询200余人，发放碘盐200袋。

地氟病防治　5月对湖源厅基、塔坞2个自然村开展水源氟化物监测，共采集水样4份进行氟含量检测，氟含量均在正常范围内。对湖源乡厅基、塔坞2个自然村8—12岁6名儿童进行尿氟监测及氟斑牙检查，尿氟含量均在正常范围内。

布鲁氏菌病防治　对杭州富阳九鲜牛肉定点屠宰场的114名工作人员进行重点职业人群布鲁氏菌病筛查，发现1名病例及2名感染者。对现住址在富阳区的5名布病病例进行流行病学调查，指导相应社区卫生服务中心对疫点进行消杀，并对病例进行随访，病例均已痊愈。

【生活饮用水监测】 全年对40份市政供水和104份农村饮用水进行网络直报工作。其中，市政供水全部合格，农村饮用水合格率97.12%，主要不合格项目为总大肠菌群、pH值、肉眼可见物、大肠埃希氏菌、游离余氯等指标。

【精神卫生】 开展精神障碍患者网格化排查，复核疑似患者19例，部门联动处置70例，对2019年以来危险性评估3级（含）以上的154名严重精神障碍患者，着重与公安进行了信息对接，确保不漏管1例；二级以上医疗机构严重精神障碍患者共发病报告147例；线上线下开展心理健康讲座16场、基层督导199次；全年救助资金408万元，实行严重精神障碍患者监护补助和看护补贴，发放监护补助资金113.3万元、看护补贴36.48万元，落实严重精神障碍患者监护人责任保险附加精神障碍患者责任险；340余名精神障碍患者由乡镇残疾人之家托管照料。富阳区精神（心理）卫生工作领导小组办公室荣获2022年度杭州市严重精神障碍管理治疗工作先进集体称号、杭州市精神卫生防治技能竞赛团体三等奖。

## 计划生育

【帮扶服务模式】 全年“暖心家园”新增服务点2个，帮扶失独家庭489人，周末陪伴150余次，困难帮扶30户，组织圆梦微心愿、母亲节送鲜花、暖心健康讲座、端午送温暖、暖心春秋游、戏曲大联欢、

2022年12月13日，浙江省青春健康教育示范基地授牌
（区卫健局　供稿）

销售农产品等暖心活动80余次，开展节日慰问1500余人次，落实慰问资金85.4万元。失独家庭帮扶相关工作以及计生系列保险工作在省计生协会刊物《工作通讯》上发表。

**【青春健康教育】** 与富阳电视台《健康121》合作开展青春健康教育“沟通之道”专栏3期，“青春·沟通教育智慧故事”共29期通过学习强国、微信、电视等平台推送。暑期组织45场青春健康进村（社）、进学校、进家庭“三进”活动，开展20期沟通之道进学校活动。创新性打造“一师一优课”青春健康线上精品课程。新增国家级师资1名，东洲中学青春健康教育基地创建为省级示范基地。

**【“优生优育优教”促进】** 7月，启动省级“暖心助孕行动”试点项目，推进“浙有善育”金名片打造。全年建成2个集婴幼儿照护、儿童之家、健康讲堂、健康指导、老年中心于一体的全生命周期的家庭健康服务中心，得到省市计生协会高度肯定。

**【宣传落实三孩政策】** 大力宣传中央《中共中央 国务院关于优化生育政策 促进人口长期均衡发展的决定》和三孩生育政策，在《富阳日报》和“健康富阳”微信公众号全文刊载新修订的《浙江省人口与计划生育条例》和有关知识问答，印制《省条例》宣传折页10万张，餐巾纸盒、宣传环保袋1.7万份。在“5·15”国际家庭日前制作下发宣传资料共计12个品种，共计6.9万（份），支持乡镇（街道）做好三孩生育政策和优生知识宣传。联合区住建局，出台富阳区《关于完善三孩家庭公租房保障工作的通告》。

**【营造生育友好社会氛围】** 全年承接2022年浙江省关爱女童主题活动。组织参加杭州市短视频征集、评选活动，上报作品131件，数量位列各区（县市）第一，占全市的1/4，被授予优秀组织奖，富阳区选送的作品在3个奖项上均有斩获，另有7个作品获入围奖。

**【提升全员数据质量】** 2022年以身份证号码修正为重点，不断完善身份证号码录入、去重和修正工作，继续提升全员人口库质量。对2021年5月31日以来生育三孩的家庭信息进行梳理和规范，开展杭州市生育信息核验平台操作培训，指导、督促乡镇（街道）做好三孩信息的核验工作。

**【推进母婴设施建设】** 对照省级标准，开展提升母婴室改造，实现母婴室三星级达标100%，标准化母婴室累计建成102个。

**【提升计生手术并发症治疗】** 印发《关于进一步规范部分计划生育技术服务事项的通知》，建立计划生育手术并发症治疗专家组，在确保育龄群众依法享受各项免费计划生育技术服务的前提下，对部分计划生育技术服务的报销进行了明确，加强、提高了计划生育手术并发症治疗能力，减少了资金使用和管理的风险。

**【3岁以下婴幼儿照护】** 全年创树“托起小太阳”品牌，新增3岁以下婴幼儿成长驿站建设15家，其中13家示范型、2家基础型；全区3岁以下婴幼儿20071人，托育机构26家，托幼一体化43家，共计托位2971个，每千人口拥有3岁以下婴幼儿托位数3.54个。

**【落实计生利导政策】** 全年承接奖扶、特扶、农保补贴3项惠民政策审核和发放职能，准确率和及时率均为100%，通过杭州市奖扶特扶信息核查。做好计生奖扶制度的扩面工作，将“双女户”纳入奖扶对象。2022年全区符合奖扶7572人，特扶812人，农保补贴6572人，发放资金2088.37万元。全年共发放区级计划生育公益金87.5万元，代发杭州市级公益金10.5万元，共惠及192户计生特殊家庭。

**【建立保险理赔直付系统】** 依托智慧医疗云平台，建立计生保险“理赔直付系统”和镇村二级代办制，实现计生保险领域的“最多跑一次”。2022年，共理赔63起，理赔金额51.74万元，赔付率70.01%。

## 卫生监督

**【公共场所卫生监督】** 全区有各类持卫生许可（登记备案）的管理单位5121家。其中公共场所1387家，医疗机构498家（民营医疗机构215家），学校98家（不含托幼机构），职业病危害用人单位2965家，职业病健康检查机构3家，放射诊疗单位101家，集中式供水单位4家，二次供水单位6家，涉水产品企业19家，消毒产品生产企业29家，餐饮具集中消毒单位4家，病媒生物预防控制服务备案单位7家。全年实施行政处罚510起，罚没金额203.9万元，申请法院强制执行6起，复议、诉讼案件1件。开展公共场所卫生监督监测工作，检查住宿、美容美发、商场超市等公共场所1258家次，实施行政处罚321起，罚没金额34.14万元。

**【饮用水和涉水产品卫生监督】** 全年开展饮用水监督检查，检查单位16家次、采样16份，未实施行政处罚。开展4家市政供水单位卫生监督检测，采水源水4份、出厂水4份，水样均为合格。开展龙头水检测和公示，对市政供水范围的30个龙头水开展检测，采样30份，水样均为合格并进行社会公示。开展二次供水监督和检测，检查单位16家次，采样16份，水样均为合格。全年开展涉水产品卫生监督，检查生产、经营单位26家，检查产品42件，对产品检查不合格的2家单位实施行政处罚，罚没金额0.5万元。

**【学校卫生监督】** 全年检查学校455家次，实施行政处罚8起，罚没金额0.12万元。联合第三方检测机构对全区国家双随机抽取单位和重点单位（饮用水安全）开展传染病防控、常见病管理以及饮用水、教学环境监测等工作，对存在问题的学校联合区教育局进行通报。

**【医疗机构监督】** 全年检查医疗机构995家次，督导医学观察点（隔离点）2180 家次，实施行政处罚 76 家次（其中公立医疗机构 4 家次、民营医疗机构 72 家次），处罚医务人员违法违规行为 2 人。完成医疗机构自查自评 508 家，开展医疗机构现场校验 189 家，医疗机构控烟检查 264 家次。通过日常检查、专项检查、投诉举报、主动回访相结合开展全区医疗乱象专项治理行动，共处罚各类无证行医 17 起，罚没款金额 74.04 万元，没收药品器械 10 箱（件），折合人民币 12 万元。开展 87 家医疗机构消毒隔离监测采样，采样 1113 件，合格 1025 件，实施行政处罚 15 起，罚款金额 24000 元。开展消毒产品生产企业抽检检查 22 家次，实施行政处罚 2 起，罚款金额 0.2 万元；消毒产品经营单位监督检查 335 家次，抽查抗抑菌制剂等消毒产品数量 321 件，发现问题产品 9 种，实施行政处罚 4 起，罚款金额 0.5 万元。餐饮具集中消毒服务单位监督、监测 20 家次，抽检样品 182 件，不合格样品 3 份，实施行政处罚 5 起。

【职业健康监管】 结合建材化工行业、尘毒重点单位、非医放射、上市（拟上市）企业等专项整治（服务提升）行动，开展职业健康监管工作，全年检查职业病危害用人单位 144 家次，实施行政处罚 46 起，罚没金额 53 万元。

## 中医中药

【概况】 全区有省、市、区级中医药类重点学科（专科）24 个，全区共建设市级名老中医专家传承工作室 8 个，县级名老中医专家传承工作室 4 个。25 家社区卫生服务中心中医药适宜技术覆盖率 100%；65 周岁以上老年人中医药健康管理率 80.86%、0—36 个月儿童中医药健康管理率达 86.9%。入选杭州市中医药综合改革先行区创建名单。推进全国基层中医药工作示范县创建工作，完成 7 个中医阁建设。推进中医药抗疫工作，做到应服尽服，对全区隔离点位进行重要预防方的全覆盖，下发预防方 103270 包。组织培训并完成 2021 年度《国家中医药综合统计制度》相关数据的报送。

2022 年 11 月 8 日，“百年非遗 苍生大医”——张绍富先生百年诞辰纪念大会举行
（区卫健局 供稿）

【区中医院】 2022 年，针灸科、内分泌科通过杭州市首批基层医疗机构中医特色专科（专病）项目验收。新增 4 个名医工作室，与 11 位省市名中医结对，建立师承关系。完成医共体首届暨总院第三届中医学术经验继承工作，培养出师中医骨干 21 名。评选院级名中医 5 名，首届青年名中医 4 名。2022 年科研课题立项共 18 项，发表论文 21 篇，举办省市级继教班 19 项。开展新技术新项目 15 次。互联网医院接入医院 HIS，实现实时医保在线结算，中西药在线开方，完成线上和线下信息一体化，医疗质量安全同质化。全院共实施 29 个病种的中医护理方案，开展中医护理技术 33 项，全年中医护理服务 137871 人次。通过基层常见病多发病中医适宜技术基地三年建设验收，全年开展中医药适宜技术培训班 8 次。加强“区老年康复指导中心”建设，开展“中医四进”工作，全年开展义诊 32 次，讲座 14 次，服务群众 3000 余人次。举办第七届中医药文化周暨建院 70 周年主题活动。

【中医骨伤医院】 2022 年，医院获评浙江省卫生健康系统“院科两优 德医双强”公立医院。全年总收入 5.11 亿元，诊疗 346416 人次，出院 15030 人次。11 月，举办“百年非遗 苍生大医——张绍富先生百年诞辰纪念大会全国中医骨伤流派学术会议”，弘扬“张氏骨伤疗法”。成立富阳骨伤专科联盟阿克苏市联盟单位，“张玉柱全国名老中医药传承工作室阿克苏工作站”累计接待患者 4 万人次，开展手法整复 5100 余例。牵头成立杭州市中医骨伤专科联盟。与浙江中医药大学签约合作共建中药制剂研究中心，在浙江中医药大学开设“张氏骨伤疗法”选修课。重点学科——中西医结合骨伤科学通过验收，杭州市首批基层医疗机构中医特色专科（中医骨伤护理学、康复）项目通过验收。举办继续教育班 5 项，新立项课题 16 项，获得国家实用新型专利 23 项。新建博士工作站 2 个，成立张绍富中医骨伤学术研究所。新认定杭州市高层次人才 D 类 4 人、E 类 16 人，申报杭州市医坛新秀培养对象 1 人，新入选富阳区 135 人才 10 人、卫健系统百人计划 21 人。

## 医院管理

【医共体建设】 2022 年，医共体总门诊 587.51 万人次，同比下降 2.81%，出院 8.47 万人次，同比增长 3.19%。牵头医院向下转诊 3.2 万人次，同比增长 3.37%，成员单位上转 11 万人次，同比下降 3.36%。基层就诊率 67.42%。建立全专科门诊 79 个，牵头医院下派专家 254 人，开展模块化培训 36 场，培训 3000 余人次。医共体专项资金投入 277.05 万元，基础建设、信息化建设、人员统筹、疫情防控使用等投入共计 46716.84 万元。

【院前医疗急救】 全区救护车总数29辆，其中负压型救护车12辆(包括1辆新生儿负压转运车)，实现常住人口每3万人1辆救护车的配置水平。当年公共场所投放AED设备新增200台。杭州市年度院前质控考核富阳区排名第三。参加杭州市急救中心组织的院前救治转运洗消技能比武，获得个人三等奖、团体三等奖；参加杭州亚运医疗保障青年医护创伤现场救治技能比武，获得团体二等奖。

【医疗保障和体检任务】 全年完成2022年高校招生体检5774人次。参与新冠病例转运、防洪抗汛、流感和新冠疫苗接种等医疗保障任务2940余次。

【智慧医疗和数字化改革】 推进医疗健康领域“数字化改革”，加快全民健康信息平台、数字化医共体、“等级医院”信息标准化、“智慧医院”和“互联网+医疗健康”服务项目建设。富阳医学检查检验结果互认共享改革上升为“浙医互认”重大应用，受到国务院总理李克强、副总理孙春兰等国家领导批示肯定，并获中央改革办向全国推介，荣获2021中国改革年度案例称号、2021年浙江省改革突破奖铜奖、2021年度杭州市改革创新最佳实践案例特等奖，区卫健局被浙江省委省政府评为2021年度改革创新成绩突出先进集体。迭代升级数智家医、智慧医院、智廉医院等重点场景，创新开展医共体信息一体化，“5G+基层妇幼智慧健康管理”、2+3慢性病全周期健康管理等特色应用。

【无偿献血】 全年全区团队与街头合计10325人次献血3164.9升，献血总量比上年下降7%。开展团队无偿献血活动56次（不含在富高校），共计6429人次献血1794.72升。大润发、商业城、新登3个固定献血点3896人献血1370.18升。5家公立医院、3家民营医院临床用血7362个单位。全区医疗机构临床用血量占无偿献血量的46.5%，同比增长4%。临床用血保持100%自来无偿献血。经各医疗机构信息系

2022年9月，富阳承办浙江省除四害村建设现场推进会并作现场发言

（区卫健局　供稿）

统改造，在所有非营利性医疗机构落实凭“浙江省无偿献血荣誉证”直免门诊诊查费功能。富阳区获浙江省2019—2021年无偿献血先进县(市区)称号(浙政发〔2022〕28号)。

## 爱国卫生

【城乡爱国卫生】 开展纪念爱国卫生运动70周年活动，广泛开展爱国卫生主题宣传和全域环境整治。充分发挥“最清洁乡村”“美丽杭州”“两代表一委员”督查力量，开展国家卫生城市和卫生乡镇常态化督查。全年开展督查13次，对督查发现的问题实行闭环管理。主城区(5个街道)接受杭州市“巩固国卫、喜迎亚运”专项督导检查2次，结果均达良好。11个国卫乡镇顺利通过了市级抽查、区级全覆盖两级量化分级评定，8个省卫乡镇坚持常态化管理。

【病媒生物防制】 制订并实施亚运会病媒生物防制工作方案和技术方案，编制场馆及周边防制经费预算，完成消杀服务和技防设施采购工作，因亚运会延期合同顺延履行。围绕场馆及其周边，区爱卫办组织开展多部门联合督导，下发《工作联系单》200余份，大力消除四害滋生地，有效提升环境面貌。以灭蚊灭蝇为重点的除四害村（镇）建设工作走在省、市前列。在2021年成功创建省级除四害样板村5个的基础上，年度申请省级除四害村30个（其中省级除四害样板村6个）。2022年9月，浙江省除四害村建设现场推进会在富阳举行，富阳区卫健局和永昌镇在会上作典型交流发言，春江街道八一村、永昌镇唐昌村作为推进会现场观摩点。7月下旬和9月下旬，杭州市除四害村建设标准培训班和杭州市省级除四害样板村评估标准培训班（现场会）在富阳举办。

【农村改水改厕】 全区完成173431户农村户厕改造管理信息系统（新版）的数据比对、录入和维护工作，按照省数据平台自动统计，全区农村卫生户厕和无害化户厕率均达100%。实施杭州市改水项目4个，分别是常安镇东村坞村管网改造工程、渌渚镇莲桥村饮用水安全工程、环山乡诸佳坞村管网改造工程、里山镇民强村管网改造工程，年内全部竣工并投入使用。

【公共场所控烟】 结合“无烟亚运”和“5·31”世界无烟日，区爱卫办组织相关部门开展控烟联合督查，全年共对4570家公共场所进行现场督查或执法检查，责令整改724家，立案2家，实施处罚个人1人，共处罚金4050元。以“无烟亚运·健康富阳”为主题，全区开展控烟宣传活动1100余次，公共场所增设禁烟标识7500余张，积极营造亚运期间“全面无烟”健康氛围。2022年，15岁以上居民现在吸烟率达21.93%。2022年浙江省控烟暗访

得分 90.88 分，在全省 90 个区、县（市）中排名第 24，杭州市内排名第二。

## 医教科研

**【概况】** 全年新招引医卫人才 163 人，其中研究生 42 人，副高职称及以上 4 人。出台《杭州市富阳区“十四五”期间卫生健康人才培养计划》，启动高层次人才“百人计划”、优秀青年卫技人才“强基计划”、名医“师带徒计划”三大培养行动，评选出培养人选 188 人。成功申报市级人才 12 人、区“135”人才 45 人，新晋高级职称 113 人。组织评选 2021 年度富阳区卫健系统“三十佳”，评选出“十佳医生”“十佳护士”“十佳家庭医生（团队）”。实施“136”卫生人才培育百人工程和卫生基础人才能力提升工程，新认定杭州市 D 类人才 8 名，新增 40 名副高职称及以上医疗专家。实施富春乡贤名医“师带徒”工作机制，举办第二届富春乡贤名医师带徒“拜师学技”仪式，累计与 31 位乡贤名医签订拜师学技术三年计划，新增基层名中医 2 人。

**【学科建设】** 2022 年，新增市级重点学科 10 个，区级重点学科 39 个，名医工作室（博士工作站）27 个。申报立项省卫生科技和中医药科技项目 34 项，市卫生科技计划项目 37 项，申报并确认举办国家级继续教育班 2 项、省级 15 项、市级 46 项。

（黄淑琴）

【编辑 陈炜祥】

# 31 体 育

Sports

## 体　育

【概况】　2022年，全区有全国体育先进社区1个、省级体育强镇19个、省级体育先进街道5个、省级体育先进社区26个。区文广旅体局获评2018—2021年度浙江省群众体育工作成绩突出集体、2021年度杭州市体育协会建设突出贡献单位。《“美景+运动+休闲”打造全民健身“最后一公里”》获评2021年浙江省群众体育事业发展典型优秀案例。12月，杭州市体育局通报表扬富阳区文广旅体局在2022年度杭州市体育社会指导员激活和上岗履职、体育类民生实事工作上为突出贡献单位。

## 群众体育

【群众体育赛事活动】　2022年，举办“韵味杭州”2022浙江省水上大比武赛艇邀请赛、2022年全国射击锦标赛飞碟项目等亚运测试赛。全区举办第十届老年人体育健身运动会、富阳区乒乓球等级赛、职工篮球赛、羽毛球比赛、2022年全国射击锦标赛飞碟项目等各类赛事活动1950余场，参与人数超过10万人。区文广旅体局获得“喜迎二十大·2022杭州市全民健身日主题活动”特等奖。

【全民健身电子地图】　2022年，新建体育场地项目全部录入浙江省民生地图管理系统，3个亚运场馆及部分体育场地均在浙里办上线，群众在家就能实现“一屏掌控、一键预约、一点直达”功能。同时，通过浙里办浙里健身平台，还能实现体质测试、寻找赛事活动等功能。

2022年6月25—27日，富阳举办“迎亚运 展风采 享健康”富阳区乒乓球等级赛
（区文广旅体局　供稿）

【体育社会组织建设】　至2022年底，全区有独立法人体育社团24家，其中AAAAA社团1家、AAAA社团2家、AAA社团15家，健身气功站点9个，民办非企体育俱乐部7家。2022年，富阳区跑步协会获评杭州市社会组织AAAA等级，富阳区网球协会、棋类协会、户外运动协会获评杭州市社会组织AAA等级。区老年体育协会获“2017—2021年全省老年体育工作先进单位”称号，区体育总会获2021年度杭州市体育协会建设突出贡献单位称号。

【国民体质监测】　2022年，根据健康浙江考核要求，在杭州市体质监测中心指导下，完成年度国民体质监测任务（样本）2600余名，全区国民体质监测合格率超过94.3%，经常性参加体育锻炼的人数（含学生）超过46.01%。

【社会体育指导员培训】　建立“线下指导、线上履职”的社会体育指导员履职机制。2022年新增社会体育指导员1223名，至年底，全区共有社会体育指导员2000余人，全年履职超过40次的社会体育指导员超过50%。

2022年8月，富阳获“喜迎二十大·2022杭州市全民健身日主题活动”特等奖

（区文广旅体局　供稿）

## 亚运会筹办

【组织架构】　建立由区主要领导亲自挂帅、相关区领导分条线牵头抓总的区级和场馆两个层面的指挥体系，建成两办十组组织架构，合力推进赛事筹办和城市运行保障各项工作。根据场馆实际需求，分三个时间段共抽调P类人员288名，预录用赛会志愿者1284余名，招募城市志愿者11万余名。

【场馆惠民开放】　富阳区3个亚运场馆、3个社会场馆、22个学校场馆全部接入浙里办亚运场馆在线模块，有序推进场馆惠民开放。积极探索“场馆+学校+运行商”合作模式，举办“亚运之旅、箭在弦上”青少年射箭夏令营等活动。3个亚运场馆全年共接待团队700余批、健身人数258800余人、订单总数13742单。

【测试赛筹办】　全年举办“韵味杭州”2022浙江省水上大比武赛艇邀请赛和全国射击锦标赛（飞碟项目）。通过全流程、全要素实战演练，全方位测试场馆赛事运行能力。

【日常亚运保障工作】　全年召开指挥部例会6次、联席会议25次、办公室例会46次。根据亚运延期前后的不同要求，制定《杭州亚运会（亚残运会）富阳区任务书》1.0版和2.0版。根据杭州亚运专项考核工作细则，制定富阳区亚运专项及“兜底”考核工作方案。共梳理“智能亚运”等标志性成果暨特色亮点培育项目44个，其中包括区级“绿色亚运”标志性成果案例12个，“城市行动”标志性成果项目7个。

## 竞技体育

【队伍建设】　2022年，富阳区在库运动员500余名，主体分布在田径、篮球、足球、乒乓球、羽毛球、武术（套路）、射击、射箭、摔跤、柔道、跆拳道、散打、拳击、举重、击剑、艺术体操、蹦床、水上项目、轮滑、自行车、街舞等20余个项目。其中在省体育专业队试训的富阳籍运动员10人，在杭州市级体育训练单位参加试训19人。

【竞技体育运动员成绩】　2022年，富阳运动员出征浙江省第十七届运动会，取得了10金4银5铜；出征杭州市第二十届青少年运动会，取得了2金3银2铜。

【参加市级体育赛事】　2022年，参加浙江省、杭州市田径、轮滑、篮球、乒乓球、拳击、跆拳道、摔跤、柔道、街舞、啦啦操等项目青少年阳光体育比赛，共获得金牌22枚（包括省市级折算）、银牌37枚、铜牌32枚。

## 学校体育

【区级学校体育】　与教育部门一起科学落实“阳光体育进校园”及学校体育工作，组织开展富阳区青少年篮球、田径、校园足球、航天航模、轮滑、乒乓球等项目的体育赛事，在教育部门和乡镇街道的支持下加强针对体育苗子的选拔、训练培养和输送工作，配合上级专业队参加选材集训20余人次，合力构建各级体育业训平台和项目基地。

【体育传校建设】　2022年，富阳区布点在全区中小学校的各级各类体育传统项目学校23所，其中：省级阳光体育后备人才传统项目学校3所，分别为实验小学（篮球）、郁达夫中学（田径）、春江中心小学（足球），杭州市级9所，区队联办单位3家，常年开展篮球、足球、乒乓球、举重、摔跤、击剑、射击、武术、田径、跆拳道、网球、羽毛球等项目的业余训练，承担着向杭州及以上各级体育学校输送苗子的任务。

## 体育设施

【体育场地设施建设】　2022年，全区新建体育场地设施35个，其中省市区三级体育公园、全民健身广场18个，农村百姓健身房10个，改造提升市级小康体育村7个。至2022年底，全区共建有体育小康村95个、健身苑点602个、社区多功能运动场24个、体育公园62个、全民健身广场121个、室内体育馆28个、百姓健身房60个，其中含篮球场479片、社会足球场14片、羽毛球场111片、门球场15片、排球场19片、网球场20片，人均体育场地面积2.75平方米。

【嵌入式体育场地建设】　2022年，成立由区委、区政府分管领导任组长、相关部门任成员的嵌入式体育场地设施建设领导小组，形成“区级统筹抓总、专班牵头推进、主体具体落实”联动推进格局。并根据杭州市“1+2”政策体系，推出《富阳区嵌入式体育场地设施建设实施方案（2022—2024年）》。全年新建嵌入式体育场地设施148处，建成面积6.7万余平方米，其中篮球场55片、羽毛球场36片、足球场5片、排球场6片、网球场16片、乒乓球台24张。

【体育中心服务提升工程】 2022年7月1日起，区体育中心实行“惠民开放”，开放项目为篮球、足球、青少年篮球培训、免费跑道、广场舞等，所有项目均可通过浙里办“亚运场馆在线”进行线上预约。12月5日，经浙江省体育局核查评价，富阳区体育中心公共体育场馆服务大提升工作在全省119家公共体育场馆中排名第七，达优秀等次。

## 体育产业

【体育产业发展资金项目库项目申报】 2022年，浙江华鹰控股集团有限公司、杭州富阳名仕体育发展有限公司、杭州笃行体育文化有限公司申报省扶持体育发展专项资金（疫情纾困）项目。杭州诚兴体育用品有限公司高性能快速羽毛球拍的研发与绿色制造项目、杭州飞鹰船艇有限公司亚运会赛艇皮划艇及残疾人艇的研发与制造项目申报省体育产业发展资金项目库项目，均通过评审并获得资金补助。

【运动休闲旅游项目】 全年完成“环浙步道”杭州段（富阳区）项目采集251千米步道信息数据，通过省体育局复核后已纳入全省“环浙步道”建设规划。桐洲岛（皮划艇）—永安山（滑翔伞）—龙门古镇（定向）线路获评2022年度省运动休闲旅游精品线路，永昌庄园滑草项目获评2022年度浙江省运动休闲旅游优秀项目。

【体育彩票】 2022年，体育彩票销售3.56288亿元。富阳区获得浙江省体育局颁发的2021年度浙江省体育彩票销售量突破2亿元县（市、区）荣誉称号。

（夏　晨）

【编辑　陈炜祥】

# 32 社会生活

Social Life

## 人民生活

【城镇居民生活】 2022年，据城乡住户一体化调查资料显示，城镇常住居民人均可支配收入为71742元，同比增加2426元，增长3.5%。城镇居民人均工资性收入40174元，增长3.5%。人均经营净收入17289元，增长1.5%。人均财产净收入7964元，增长5.1%。人均转移净收入6316元，增长7.1%。城镇常住居民人均生活消费支出44218元，同比增加1658元，增长3.9%。

【农村居民生活】 2022年，据城乡住户一体化调查资料显示，农村常住居民人均可支配收入44661元，同比增加2610元，增长6.2%。农村居民人均工资性收入24807元，增长5.4%；人均经营净收入1675元，增长3.3%；人均财产净收入799元，增长10.1%；人均转移净收入8380元，增长12.6%。农村常住居民人均生活消费支出31784元，同比增加1884元，增长6.3%。

【居民住房】 2022年末，城镇居民人均住房建筑面积63.2平方米，农村居民人均住房建筑面积93.1平方米。

（赵玉松）

## 人力资源

【新增就业】 全年全区城镇新增就业人数30926人，引导和帮助9671名城镇失业人员和2519名就业困难人员实现再就业，就业形势总体稳定。

2022年2月28日，“乐业富阳 职等你来”2022年富阳区夏季招聘夜市活动（玉长城站）举办 （区人社局 供稿）

【就业公共服务】 全年举办和参与76场招聘会，组织1759家次单位参会，提供7947个岗位，招聘需求53199人次。运行完善富阳就业网（富阳就业超市）平台，登记发布用工信息1272家次单位、招聘需求38142人次。全年发放创业担保贷款4649万元。

【就业困难群体帮扶】 全年公益性岗位安置就业118人，发放岗位综合补贴408.4万元，惠及1378人次。发放失业保险金12322万元，惠及72570人次；发放临时价格补贴183万元，惠及28497人次。新增认定就业困难人员2032人，帮助就业困难人员就业2519人，完成1618名离校未就业高校毕业生就业调查。

【异地对口就业扶贫】 与贵州省锦屏县、威宁县，河南省许昌市、南阳市，安徽省阜阳市，四川省广元市、德格县，湖南省湘西州，湖北省襄州区，省内丽水市缙云县等地建立劳务协作关系。与德格县人社局合作，通过岗位定期宣传等方式，7名德格县务工人员到富阳就业。

【职业技能培训】 全年完成技能培训21677人次，新增技能人才8538人，其中新增高技能人才3123人，新增企业等级认定29家，开展企业认定78场，2825人参加考试。新认定杭州市级大师工作室2家、区级10家，新入选浙江工匠5人，浙江青年工匠20人，入选西湖明珠高技能人才2人。重点围绕光电通信、智能装备等主导产业重点行业集群培育，首次公布了半导体芯片制造工、药物制剂工、养老护理员等30个紧缺职业（工种）。参加富阳区紧缺职业（工种）技能培训并获得职业技能等级的人员，补贴标准上浮20%。

【根治欠薪工作】 推进在建工程项目源头治理，检查在建工程项目1459个，整改隐患项目25个，推广"护薪保"应用小程序注册项目329个，培训项目负责人和劳资管理员370余人次，对全区150个重点在建工程项目进行用工体检，落实杭州市六项制度"飞行检查"，自查整改提升项目267个，推进368个在建工程项目在浙江省企业工资支付监管系统在线发薪。全年共受理各类举报投诉案件12448件，办理区长公开电话及信访件2000件，其中处置欠薪案件数11806件，累计追发23356名劳动者工资26874.08万元。快速处置110联动欠薪事件570起。对4家存在违法行为的用人单位实施行政处罚，罚款金额7.80万元；对39家存在严重欠薪的用人单位实施行政处理，涉及2307名劳动者劳动报酬6241.33万元。向公安部门移送涉嫌拒不支付劳动报酬犯罪案件2件，对3家拖欠工资黑名单用人单位实施失信联合惩戒，联合区住建局对4家存在重大欠薪隐患及17家"六项制度"未落实的建设单位和施工单位予以信用扣分惩戒。在杭州市"赛马激励"劳动纠纷处置考核中两次位列全市第二，一次位列全市第一。

【劳动人事争议仲裁】 持续发挥"1+X"劳动纠纷多元化解平台的作用，专职调解员覆盖全区24个乡镇（街道）。推广当事人使用"浙里办"平台劳动人事争议申请调解功能模块，通过电话引导、线上指导、线下扫码等方式，实现申请人在线申请仲裁处理、提交仲裁证据、参与仲裁调解。落实"建标准院、开标准庭、办标准案"三标准办案工作模式。全年受理案件1579件，结案率95.5%，调解率91.0%，为1571名劳动者挽回损失5190.66万元。

（杨 广）

## 社会保险

【企业职工基本养老保险】 2022年，全区参加企业职工基本养老保险295685人，享受职工基本养老保险待遇191547人，全年净增职工养老保险参保8447人。2022年度企业基本养老保险、失业保险、工伤保险和生育保险等社会保险费缴费基数为7437元/月。

【机关事业单位养老保险】 2022年，全区参加机关事业单位养老保险29677人，其中享受待遇10420人。全年基金收入10.21亿元，支付9.43亿元，累计积余基金1.39亿元。

【城乡居民社会养老保险】 2022年，全区参加城乡居民社会养老保险13780人，领取城乡居民社会养老待遇25816人。城乡居民基础养老金上调至330元/人•月，城乡居民各类养老保险综合参保率99.04%。

【工伤、失业保险】 2022年，全区参加工伤保险376177人（含建筑工伤参保124333人），参加失业保险250900人。全年累计发放工伤保险金1.41亿元、失业保险金2.02亿元。

【企业社会保险降费减负】 2022年，完成国家和省市有关减免、缓交、返还社保费任务，阶段性降低失业保险、工伤保险费率政策继续执行，全年减免金额12890万元，惠及27400家企业。

【社会保险业务经办】 按照省市统一布置，富阳成立工作专班，强化部门协同和舆情应对，加强新系统业务培训，停机期间保持线下受理业务，系统上线后及时录入，确保无漏登缺件，确保新系统平稳运行，完成企业养老保险国家统筹系统切换上线。

【退休人员社会化管理】 全年共拨付退管专项资金4168万元，为企业退休人员累计发放春节、端午、中秋节日慰问费5.21亿元。完成18.3万名企退人员和2.5万余名城乡居民养老保险待遇领取人员资格认证工作。组织开展富阳区首届企业退休人员钓鱼比赛和富阳区第四届企退人员文艺汇演。杭州退休干部职工大学富阳富春、新登教学点成立。

（杨 广）

## 医疗保障

【基本医疗保险概况】 2022年，全区参加基本医疗保险716035人，综合参保率99.83%。其中，431269人参加职工基本医疗保险，284766人参加城乡居民基本医疗保险。职工医保统筹基金收入13.21亿元，支出11.22亿元，累计结余17.5亿元，按2022年支出水平测算，支付能力为18.71个月。定点医药机构617家，其中定点医疗机构369家，定点零售药店248家。杭州市医疗保障局富阳分局连续3年在杭州市系统内考核第一位。

【西湖益联保】 2022年度全区"西湖益联保"参保37.97万人，参保率53.41%，全市排名第二，超杭州市平均水平，累计赔付8169人次，赔付金额5112.16万元，人均赔付金额6258元，最高赔付58.31万元。完成2023年度全区"西湖益联保"参保36.83万人，参保率51.87%。

【医疗保障改革】 组织完成国家、浙江省集中带量采购药品采购，各批次药品采购量完成率达到220%以上，平均降幅75.18%，节约药品支出约5000万元。完成国家组织人工关节类、心脏介入电生理类等集中采购医用耗材落地实施，其中人工关节平均降幅82%，全年节约支出约970万元。落实谈判药品"双通道"（指患者可以通过国谈药定点医疗机构和国谈药定点零售药店两种渠道购买到国家医保谈判药品）管理机制，区内4家定点零售药店纳入全市首批"双通道"管理机构。

【医疗保障监管】 全年开展系列定点医药机构侵害群众利益行为专项治理，累计检查全区定点医药机构395家次，累计行政处罚14家，罚款21.24万元，追回322.78万元；移送公安机关2起；协议处理20家，暂停5家次，计分处理15家次，取消定点17家次，约谈提醒143家次。外伤核查校验18944人次，核实不符合报销范围的异常件3343件，涉及医保基金4670余万元。杭州市富阳中医骨伤医院、杭州市富阳区第一人民医院分别接受省、杭州市医保飞行检查。

【医疗保障创新】 2022年成为国家医保基金举报投诉线索处理试点。"安心医保"项目全省试点，大数据分析、全程智审、线上订药等具体应用纳入全省医保系统"一地创新、全省共享"项目库。出台全省首个区县级医保防贫共富方案《杭州市富阳区"富裕阳光暖心无忧"医保防贫共富实施方案》（富政办〔2022〕21号），建立医保暖心无忧基金。

【医疗保障服务】 2月15日，全省统一的"智慧医保"平台上线。创建成为全市唯一一家省级医疗保障服务示范点，6月，全市医疗保障服务示范点建设现场推进会在富阳召开。深化医保业务政务2.0服务，网上办、掌上办率维持在99%以上。推进医保电子凭证应用，全区参保人员激活率86.15%，结算使用率45.60%以上。

（张月虹）

## 民政事务

【社会救助】 2022年10月1日起，最低生活保障标准由1102元/人·月调整为1216元/人·月，提前超额完成全省"十四五"14000元/人·年的目标任务。全省首个发布《社会救助家庭居室改善服务规范》市级团体标准，聚焦"一老一小一困"，以实现救助家庭改善"安全、宜居、宜养"的居住条件为目标，统筹适老化改造、残疾辅助设施改造、农村危房改造、救助服务等工作。出台2022—2025年善居工程实施方案，为不少于450户困难家庭提供居室改善服务，已完成首批160户改造。出台《社会救助等领域综合治理实施细则》，召开全区性专题会议部署十项重点任务，聚焦社会救助工作中存在的政策不落实、制度不健全、管理不规范、服务不到位等问题，进一步完善政策制度、健全工作机制、强化管理服务，促进相关政策全面落实。开展"寒冬送温暖"和"夏季送清凉"专项救助行动，全年救助各类流浪乞讨人员88人次。高质量完成"添翼计划延续项目"。

2022年6月7日，杭州市富阳区医疗保障事务受理中心为参保人提供一站式"暖心医保"服务
（市医疗保障局富阳分局　供稿）

【养老服务】 全年完成1家智慧养老院、4家康养联合体、5个认知力障碍专区142张床位建设，实现25家乡镇（街道）居家养老服务中心无感智能终端配置全覆盖，新增持证养老护理员150人。加强城市社区居家养老用房配建工作，基本补齐城市社区居家养老用房缺口。实施养老服务电子津贴，覆盖全区2.2万老年人，完成兑付479.73万元，服务11.7万人次。至2022年底，全区已备案养老机构30家，其中公办养老机构5家，公建民营养老机构10家，民办养老机构15家。全区建有乡镇街道居家养老服务中心25家，村社居家养老服务照料中心298家，老年食堂120家，老年人助餐服务覆盖率达80%。

【殡葬改革】 2022年8月，殡仪馆改扩建一期项目正式启用。推进乡镇街道级公墓、纳骨堂和树葬区建设，完成渌渚镇生态公墓一期、东洲街道红旗村纳骨堂建设，投用状元坞陵园、春江街道树葬区。开展"两路两侧'青山白化'"专项整治。区殡仪馆全年完成遗体接运火化业务4330例，共减免殡葬基本服务费用294万元。

【行政审批】 收养一件事被省民政厅确定为"浙里育苗"子场景的试点项目，并纳入全省重大改革（重大应用）"一本账S2"，11月底上线运行并推广至全省使用。推进"一网通办"向基层延伸，认领"一网通办"事项113个，其中向基层延伸事项22个，"一网通办"办件率为100%。持续推进"双减"工作，根据"双减"工作三年行动计划，持续推进校外培训机构压减工作，引导机构做好转登以及退市工作，

杭州市富阳区2022年住宅区和建筑物命名一览表

表22

| 标准名称 | 地名类型 | 所在跨行政区域 | 地名含义 | 地理实体描述 |
|---|---|---|---|---|
| 文缦滨汇府 | 城镇居民点 | 富春街道 | 文缦滨汇府，滨江金汇双强携手，缔造富阳名品之作，力求为城市铸造众望所归的高端巨作 | 东至兴达路，西至春秋北路，南至振兴路，北至文居街 |
| 樾青里 | 城镇居民点 | 富春街道 | 青云之上，得荫为樾，里为故乡。同时樾音同悦，心悦妩媚青山，青云驻处为乡，同时标定项目所在位置——青云桥 | 东起大青小学，南起305省道，西至横山下道路，北至青云桥村农居点 |
| 晴萃府 | 城镇居民点 | 春江街道 | “晴翠”取谐音为“晴萃”，出自唐朝一代贤相、诗人权德舆的《富阳陆路》。“晴”寓意着阳光、积极向上的生活理念，契合富阳建设阳光积极的大都市新型城区、打造现代富春山居图的发展理念；“萃”寓意着项目聚集了城市江景、湿地公园、地铁、名校等优越城市资源及优秀人才资源 | 东至城市绿化带，西至规划道路，南至规划道路，北至永济路 |
| 云川未来城 | 城镇居民点 | 春江街道 | “云”是科技与未来的形态，代表着产业新城，“川”代表项目“高铁、地铁、公交”的三核交通新城。云川，一方面呼应富阳在地风情、富春山水，另一方面与未来社区的社区空间形态相照应。“未来”则对应杭黄未来社区。故名云川未来城 | 东至大桥南路，南至亭山路(暂名)，西至竹简路，北至塘子畈街(暂名) |
| 春珑华裕府 | 城镇居民点 | 春江街道 | 项目结合开发定位及地名命名规范，项目拟命名标准地名“春珑华裕府”。释义如下：<br>春，表明位置，小区位于春南路；珑，古时候人们祈福求雨之时所用的刻有龙纹的玉器，现有光明辉煌之意；华裕府：华，美丽而有光彩，繁盛、精英；裕，富裕、富饶之意，富阳乃“富裕阳光”之城；府，古时指显贵或富豪的住宅，现在作为有机更新高品质小区。同时，作为安置原华共村和裕丰村两村民的小区，“华裕府”更有意义。春南安置小区作为政府重要的民生工程，将为推动城市转型、提升人民群众生活品质作出贡献 | 东起春亭路，西至规划道路，南起富春湾大道，北至春南路 |
| 洹清府 | 城镇居民点 | 银湖街道 | 原拆迁自然村地名而得名 | 东至高桥二小，西至悦才苑，南至新桥路，北至新桥新路 |
| 郜悦观府 | 城镇居民点 | 银湖街道 | 项目经安置的观前村和郜村及银湖街道同意小区地名，拟命名为“郜悦观府” | 东起规划道路，南起规划道路，西至金桥北路，北至320国道。(不包括中间的市政道路) |
| 惠来樾府 | 城镇居民点 | 新登镇 | “惠来”取自新登镇惠来社区；“樾府”取意为福佑子孙后代的府邸。两者结合，故取名为“惠来樾府”。 | 东至台城路，西至惠来路，南至台诚塔山府，北至方廉路。 |
| 台诚塔山府 | 城镇居民点 | 新登镇 | “台诚”取自台城路，因“城”字属于通名而改取“台诚”；因本小区住户为塔山村回迁居民而取名“塔山”；“府”为府邸。结合以上原因，故取名为“台城塔山府” | 东至台城路，西至惠来路，南至规划道路，北至惠来樾府 |
| 登和樾府 | 城镇居民点 | 新登镇 | “登和”取自新登镇共和经济合作社；“樾府”取意为福佑子孙后代的府邸。两者结合，故取名为“登和樾府” | 东起共和北路，西至九墩路，南起方廉路，北至规划路 |
| 亭山万和府 | 城镇居民点 | 大源镇 | 作为杭州富春湾新城的安置房建设项目，亭山安置小区建设工程项目位于大源镇亭山路上。万和府：万和，万民和谐、万家和美之意；府，古时指显贵或富豪的住宅，现在作为有机更新高品质小区 | 东起四季路(规划道路)，南起亭山西路，西至经纬路，北至瓦窑里街(规划道路) |
| 翎才公寓 | 城镇居民点 | 灵桥镇 | 名称来自古诗词中，寓意这是人才汇聚之地 | 东至灵礼路，西至滨富大道，南至规划用地，北至同登街 |
| 江洺府 | 城镇居民点 | 灵桥镇 | 项目结合开发定位及地名命名规范，拟命名标准地名“江洺府”。释义如下：江，乃富春江；洺，本意是水名，水的特性刚柔兼备、虚怀若谷，招财纳福，内敛而不张扬；府，古时指显贵或富豪的住宅，现在作为有机更新高品质小区。江洺府，既有自强不息，又有招财纳福之意 | 东起灵礼路，西至滨富大道，南起富春湾大道，北至王家宕街 |

续表22

| 标准名称 | 地名类型 | 所在跨行政区域 | 地名含义 | 地理实体描述 |
|---|---|---|---|---|
| 叶盛铭苑 | 城镇居民点 | 场口镇 | 场口“微镇”项目——叶盛村安置房(分A区块、B区块)为场口镇叶盛村拆迁安置房(叶盛村已拆除),为保留原地名,因此申请标准地名为“叶盛铭苑” | 东起规划道路,南至规划道路,西至壶源溪,北至320国道 |
| 富春里 | 房屋 | 富春街道 | 本项目地块为富春江村村级留用地,位于富春街道,经村支两委商讨,一致要求项目取名沿用“富春江村”村名和“富春街道”街道名中的富春二字,项目命名为“富春里” | 东至文教北路,南至文居街,西至金桥北路,北至文新路 |
| 江色星座 | 房屋 | 东洲街道 | 项目位于美丽的富春江畔,江上景色优美,故取名江色星座 | 位于东洲街道民联村,地块东北至东洲钱塘家园,西北至东洲钱塘家园,东南至六号路,西南至东桥路 |
| 同辉鑫隆大厦 | 房屋 | 鹿山街道 | 本楼宇南邻同辉路,寓意集团欣荣昌盛 | 东至裕阳路,西至通力机械制造有限公司,南至同辉路,北至金鑫集团 |
| 滨汇名望云筑 | 房屋 | 鹿山街道 | 滨汇名望云筑,滨江金汇双强携手,缔造富阳名品之作,力求为城市铸造众望所归的高端巨作 | 东至龙江路,西至鹿山大道,南至江枫路,北至规划道路 |
| 青琨大厦 | 房屋 | 银湖街道 | “青”:以“青”开篇,透露着青春洋溢的风格;“琨”:阳光属性,彰显本案朝气蓬勃的性质 | 东至富闲路,西至规划用地,南至九龙变电站,北至银湖路 |
| 建东大厦 | 房屋 | 银湖街道 | 名称取自公司名“浙江建东医药投资管理有限公司”的“建东”的名义,并且落户银湖后“建东”有一定知名度,寓意公司会像东方冉冉升起的太阳一样,越来越好 | 东起规划道路,南起银湖路,西至规划道路,北至规划道路 |

杭州市富阳区2022年道路、桥梁、隧道、公园命名一览表

表23

| 标准名称 | 地名类型 | 所在跨行政区域 | 地名含义 | 地理实体描述 |
|---|---|---|---|---|
| 西环快速路 | 快速路 | 富春街道、鹿山街道 | 以所在道路命名,该快速路为西环北路上新建高架快速路 | 南起富阳大桥,北至公望街881号,上跨西环北路 |
| 秦望南路 | 主干路 | 春江街道 | 以道路方位命名,道路北端经过江隧道与江北秦望路相连,沿用北岸秦望名称,该路作为富春湾新城中轴线 | 南起西陇路,北至秦望过江隧道 |
| 春亭路 | 主干路 | 春江街道 | 以道路起止点命名,道路北连富春江之“春”,南接亭山之“亭” | 南起西陇路,北至江滨南大道 |
| 滨富大道 | 主干路 | 灵桥镇 | 以道路所在区域命名,道路为滨(江)富(阳)合作区主要通道,合作区致力打造“合作发展示范区、自主创新拓展区、新制造业先行区” | 南起亭山大道(规划),北至江滨南大道 |
| 同登街 | 主干路 | 春江街道、大源镇、灵桥镇 | 以所在原地名命名,道路原春江街道段因位于同登畈得名,起止点调整后规范通名沿用原专名,故名 | 东起规划亭山大道,西至规划田富路 |
| 元书街 | 主干路 | 春江街道、大源镇、灵桥镇 | 以所在地特产命名,富阳有悠久的造纸工艺,古时三大名纸之一元书纸,有“京都状元富阳纸,十件元书考进士”一说 | 东起规划安吴川路,西至规划田富路 |
| 山建路 | 次干路 | 春江街道 | 以道路所在行政村命名,道路位于春江街道山建村范围 | 南起亭山大道(规划名),北至富春湾大道3419号(预编) |
| 渡船埠街 | 次干路 | 春江街道 | 以古地名命名,道路范围原有“渡船埠” | 东起江滨南大道,西至竹筒路590号(预编) |
| 田富路 | 次干路 | 春江街道 | 以所在地古地名及美好寓意命名,道路范围原有古地名“田垄里”,同时寓意新城人民生活富裕、兴旺发达 | 南起规划亭山大道,北至江滨南大道 |
| 洋浦沙街 | 次干路 | 春江街道 | 以古地名命名,道路所在范围原有古地名“洋浦沙” | 东起规划经纬路,西至江滨南大道 |
| 凉亭畈路 | 次干路 | 东洲街道 | 以所在地小地名命名,道路所在地当地村民称为“凉亭畈” | 南起江滨东大道819号,北至东桥北路(规划名) |

续表23

| 标准名称 | 地名类型 | 所在跨行政区域 | 地名含义 | 地理实体描述 |
|---|---|---|---|---|
| 争渡路 | 次干路 | 东洲街道 | 取“争渡，争渡，惊起一滩鸥鹭”（出《如梦令·常记溪亭日暮》，李清照），同时亚运赛艇项目举办于此 | 位于亚运场馆北支江水上运动中心周边；南起东望路，北至北支江 |
| 轻舸路 | 次干路 | 东洲街道 | 取“岂是村翁恋秋色，故将轻舸下横塘”（出《题王维〈秋林晚岫图〉二首并序》，黄公望），同时亚运赛艇项目举办于此 | 位于亚运场馆北支江水上运动中心周边；南起东望路，北至北支江 |
| 争流路 | 次干路 | 东洲街道 | 取“看万山红遍，层林尽染；漫江碧透，百舸争流”（出《沁园春·长沙》，毛泽东），同时亚运赛艇项目举办于此 | 位于亚运场馆北支江水上运动中心周边；南起东望路，北至北支江 |
| 烟舟街 | 次干路 | 东洲街道 | 取“烟舟忽自阻，风帆不相乘”（出《寒江吟》，孟郊），同时亚运赛艇项目举办于此 | 位于北支江南侧；东起中桥路（暂定），西至富阳公望大桥 |
| 虔礼街 | 次干路 | 灵桥镇 | 以纪念古代人物命名，孙过庭（646—691），名虔礼，以字行。杭州富阳（今属浙江）人，唐代书法家、书法理论家 | 东起亭山大道（规划名），西至滨富大道120号（预编） |
| 王家宕街 | 次干路 | 灵桥镇 | 以所在地原农居点命名，道路范围原有“王家宕”农居点 | 东起黄泥沙路（规划名），西至安吴川路（规划名）200号（预编） |
| 过庭街 | 次干路 | 春江街道、大源镇、灵桥镇 | 以纪念古代人物命名，孙过庭（646-691），名虔礼，以字行。杭州富阳（今属浙江）人，唐代书法家、书法理论家 | 东起阳平山路，西至石朱坞路（规划名）260号（预编） |
| 稻蓬山路 | 次干路 | 大源镇、春江街道 | 以所在原地名命名，道路在原大源镇范围内部分原为稻蓬山弄，因新城建设道路规划起止点、长度调整，沿用原地名 | 南起大源街，北至富春湾大道2089号（预编） |
| 阳平山路 | 次干路 | 大源镇、灵桥镇 | 以自然实体命名，道路为原“阳平路”调整而来，因沿途有阳平山得名。相传为孙权祖父孙钟故宅与墓葬地 | 南起大源镇塔堰村，北至规划江滨南大道 |
| 高渠路 | 次干路 | 银湖街道 | 因连接高桥西路至北渠，取高桥西路的“高”和北渠的“渠” | 南起高桥西路，北至北渠（规划） |
| 高丰路 | 次干路 | 银湖街道 | 因道路所处地段为高桥村合丰自然村 | 位于新视界公寓西侧；南起高桥西路，北至 320国道（暂定） |
| 儒风街 | 次干路 | 鹿山街道 | 取“今若不大弘儒风，则无所立学”（出《南齐书·陆澄传》），寓教育崇儒家的传统、风尚 | 位于场口中学南侧；东起江滨西大道，西至鹿山大道 |
| 剡科路 | 次干路 | 环山乡 | 剡溪为环山乡境内主要河流，源于上官乡石板岭经龙门石塔山入境，向北至剡浦口注入富春江，境内流长5千米；道路为园区内主要道路，园区定位以科技创新为主 | 位于申能固废环保再生公司西侧；南起规划园区三号路，北至下穿长深高速箱涵 |
| 龙船嘴街 | 支路 | 富春街道 | 以道路所在地附近小地名命名，因道路所在居民点范围内原有“龙船嘴”小地名 | 东起春秋北路（规划名），西至金桥北路580号（预编） |
| 柿树墩街 | 支路 | 富春街道 | 以道路所在地附近小地名命名，因道路所在居民点范围内原有“柿树墩”小地名 | 东起春秋北路（规划名），西至金桥北路540号（预编） |
| 择水街 | 支路 | 富春街道 | 取“临水而居，择水而憩”之意 | 位于三号渠南侧；东起金桥北路，西至西环北路（暂定） |
| 苔花街 | 支路 | 富春街道 | 取“苔花如米小，也学牡丹开”（出《苔》，袁枚），寓意学校孩子也能闪耀自己的人生 | 位于区特殊教育学校北侧；东起新桥江，西至文教北路北延伸段（暂定） |
| 开蒙巷 | 支路 | 富春街道 | “蒙童”指知识未开的儿童，取其学前儿童在此学习之意 | 位于新建天河幼儿园西侧；南起北环路，北至二号渠（暂定） |
| 赵家埠弄 | 支路 | 富春街道 | 取该范围内原有居民点名“赵家埠” | 东起恩波大道，西至春秋北路（暂定） |
| 秦忆弄 | 支路 | 富春街道 | 因位于秦忆荣府南区和北区之间的道路，取“秦忆”而得名 | 东起香槟路，西至金秋大道（暂定） |
| 泰定路 | 支路 | 富春街道 | 因道路北部有区消防救援大队，取其安定、镇定，太平之意 | 南起文豪路，北至民康街 |

续表23

| 标准名称 | 地名类型 | 所在跨行政区域 | 地名含义 | 地理实体描述 |
|---|---|---|---|---|
| 驿汀路 | 支路 | 富春街道 | “驿”古为驿站，为换马休憩之意，延伸公交停保中心车辆交通属性 | 北起S305省道，南至（暂）富阳公交停保中心 |
| 富恒街 | 支路 | 鹿山街道 | 取富春江之“富”，“恒”寓绵延、延续之意 | 位于富冶大厦北侧；东起江滨西大道，西至依江路 |
| 惠泽街 | 支路 | 鹿山街道 | 取为民办事，惠泽百姓之意 | 位于区审管办南侧；东起江滨西大道，西至依江路 |
| 鹿呦巷 | 支路 | 鹿山街道 | 因位于鹿山新区范围，取“呦呦鹿鸣，食野之苹”（出《诗经·小雅·鹿鸣》）鹿儿欢鸣悠然自得之意 | 位于东吴小学南侧；东起依江路，西至龙江路（暂定） |
| 怀浣弄 | 支路 | 东洲街道 | 为周边住宅区名“怀石雅苑”派生得名 | 东起凉亭畈路217号（预编），西至株林坞路（规划名），位于春上雅庐住宅区北侧 |
| 下马墩巷 | 支路 | 大源镇 | 以道路所在地小地名命名，道路范围内原有“下马墩”小地名 | 南起大源街160号（预编），北至亭山西路 |
| 大源街 | 支路 | 大源镇 | 以原大源水陆码头命名 | 东起规划阳平山路，西至亭山村池家里 |
| 过岸畈弄 | 支路 | 灵桥镇 | 以道路所在小地名命名，道路范围内原有“过岸畈”小地名 | 南起富春湾大道920号（预编），北至乌池头巷 |
| 乌池头巷 | 支路 | 灵桥镇 | 以道路所在小地名命名，道路范围内原有“乌池头”小地名 | 东起滨富大道311号（预编），西至安吴川路（规划名） |
| 灵礼北路 | 支路 | 灵桥镇 | 以方位命名，因道路为灵礼路北延伸段，沿用灵礼路名 | 南起富春湾大道，北至江滨南大道 |
| 剡高路 | 支路 | 环山乡 | 以邻近环境命名，剡溪为环山乡境内主要河流取“剡”，道路邻近杭黄高铁取“高” | 南起园区三号路（规划名）26号（预编），北至中西线 |
| 东坑坞隧道 | 隧道 | 常安镇 | 以所在地自然实体名命名，隧道入口为东坑坞 | 南起常安镇横槎村东坑坞，北至常安镇横槎村树石自然村 |
| 养麦岭隧道 | 隧道 | 常安镇 | 以穿越山体养麦岭得名 | 南起常安镇横槎村，穿越养麦岭，北至常安镇安禾村古城自然村 |
| 状子岭隧道 | 隧道 | 常安镇、湖源乡 | 以隧道穿越状子岭而得名 | 南起湖源乡双喜村中溪，穿越状子岭，北至常安镇横槎村东坑坞 |
| 金家岭隧道 | 隧道 | 银湖街道 | 以隧道穿越金家岭而得名 | 为彩虹快速路地下隧道，东起金家岭二桥，西至银湖村四联金都网球中心 |
| 虎啸杏隧道 | 隧道 | 银湖街道 | 以隧道穿越虎啸杏而得名 | 为彩虹快速路地下隧道，东起银湖街道紫云山庄，西至新常村太婆桥 |
| 受降隧道 | 隧道 | 银湖街道 | 以隧道穿越受降村而得名 | 为彩虹快速路地下隧道，东起银湖街道新常村大有·清竹蓝庭小区，西至受降村大树下 |
| 大盘山隧道 | 隧道 | 富春街道、鹿山街道 | 以隧道穿越山体大盘山命名 | 南起鹿山街道陆家村，穿越大盘山，北至富春街道秋丰村 |
| 民康桥 | 桥梁 | 富春街道 | 以所在道路命名，桥梁位于民康街横跨皇天畈5号渠 | 位于民康街599号，跨皇天畈5号渠 |
| 富阳公望大桥 | 桥梁 | 东洲街道 | 江滨东大道连接东洲岛，桥梁南面东洲岛，北面为黄公望区块，离黄公望村1.5公里，去黄公望隐居地游玩非常方便，桥建在《富春山居图》实景地中，故取名富阳公望大桥 | 位于江滨东大道68号附近，跨北支江 |
| 北支江南岸公园 | 公园 | 东洲街道 | 北支江北面公园为北支江公园，现公园位置位于北支江南岸 | 东至东桥路，南至环岛路，西至富春江村小沙，北至北支江 |

（袁明武）

2家学科类机构已转型为非学科类，4家注销。全年办结行政许可事项179件，办结社会组织其他服务事项137件，宅基地门牌一件事联办1500余件，发放门牌证600余本，收养登记一件事联办6件。

【慈善福利事业】 构建富小慈“善在身边”全民慈善系统并投入使用，关注人群达到3.3万余人，2.8万人次参与捐款，共筹善款2212万元。新设立志愿军老兵关爱基金等5单慈善信托，共计165.36万元，在区县率先完成改革第一单。推进“1+X”慈善基地实体化建设，启用富阳区综合慈善基地，推出慈善捐赠、慈善文化、慈善项目策划等7项体验，培育共富暖阳、养老反诈、善居工程等3个慈善项目。开展第七个“中华慈善日”活动。开展首届慈善项目巡展。区慈善总会累计接收捐款3476.6万元，累计支出3635.14万元，惠及群众超3.5万户次。

【社会事务】 完成36名乡镇（街道）民政经办服务人员招录工作。全年流浪乞讨人员进站救助88人次。推进数字门牌设置工作，完成上官乡试点整编设置数字门牌2769块，另完成洞桥大溪村、场口东梓关村、环山新建农居点、新建项目沿街门牌等2664块钱数字门牌的设置。富阳区入选首批地名文化服务及文化建设试点。全年共办理结婚登记4044对，离婚申请2343对，离婚登记1338对。推进补领婚姻登记证工作，补发婚姻登记证10423件。推动水库移民融合发展，安排各类水库移民扶持项目49个，投入项目资金3736万元。启动洞桥镇石羊村“碧山隐村”文旅村落省级共同富裕示范项目。

【智慧民政】 完善“智慧民政”二期系统平台建设，其中高龄津贴开设智慧民政查询通道，方便老年人及家属查询享受情况；富小慈系统功能试运行，首次实现春风行动线上捐赠，基本建立集数据驾驶舱、业务模块、OA管理模块等综合型应用平台。社会救助标准化省级试点线上线下齐推进，线上已建立困难群众“物质+服务”长效帮扶应用场景思维导图，线下完善“助联体”运营工作机制和项目评估机制，实现“助联体”乡镇（街道）服务站全覆盖。

（吴　凌）

## 老龄事业

【概况】 全区有60岁及以上老年人口175394人，占总人口数的25.13%，比上年增加9350人，增长5.63%；65周岁及以上老年人口128916人，占总人口数的18.47%，比上年增加8217人，增长6.80%；70周岁及以上老年人口79757人，占总人口数的11.42%，比上年净增6514人，增长8.89%；80周岁及以上老年人口23492人，比上年增长26人，占总人口数的3.37%，占老年人口总数的13.39%；90周岁及以上老年人口4211人，比上年净增406人，占老年人口总数的2.4%；100周岁及以上老年人71人，比上年增加22人，其中女性为47人，男性为24人。全区各乡镇（街道）老龄化均在21%以上，其中洞桥镇老年人口占总人口比例最高，为31.78%。

全区纯老年人家庭的老年人口数为9530人，占老年人口总数的5.33%。失能、半失能老年人口5564人，占老年人口总数的3.17%。其中失能老人2099人，半失能老人3465人。空巢老人9489人，独居老人3977人。全区有323个行政村、社区建立了老年协会。

2022年9月17日，富阳区综合慈善基地启用

（区民政局　供稿）

【老龄政策】 2022年，老龄工作荣获杭州市优秀单位。在全省“共同富裕与健康老龄化”研讨会作典型经验介绍。召开富阳区老龄工作暨“浙里康养”推进会，出台为老服务十件实事。富阳区荣获全国智慧健康养老示范基地称号，推进老年健康促进行动省级示范试点建设。持续推进基层老年人协会规范化建设三年行动，2022年老年协会规范化建设占比达70%。富春街道杨清庙村老年协会成为全国基层老年协会能力提升项目第一批试点。开展打击整治养老诈骗专项行动和“智慧助老”等活动，保障老年人合法权益。

【老年文教体育事业】 全区有老年电视大学分校1所，教学点228个，春秋两季参加老年电视大学学习的学员共18851人次。老年文艺团队220个，老年体育协会及各类老年体育团队172个，老年志愿者组织299个。全年组织开展老年健康周、阿尔兹海默病宣传日等宣传活动。

【老年人意外伤害保险】 2022年度保险期限从2022年7月1日0时起至2023年6月30日24时止。为全区166044名（2022年初统计，即上一年度老年人口总数）老年人投保老年人意外伤害保险，占老年人口的100%。政府统筹保险支出498.13万元。

【“敬老月”活动】 9月，在富阳区老龄工作暨“浙里康养”推进会上，对敬老爱老助老“最美”系

2022年9月28日，富阳区老龄工作暨“浙里康养”推进会召开

（区卫健局　供稿）

列开展表彰，区四套班子主要领导分别带队走访慰问百岁老人和困难老人，为全区114名百岁老人、978名高龄和困难老人送去慰问金和慰问品。选送160余幅作品参加杭州市老年书画摄影大赛，共计26幅作品获奖。联合区文广旅体局、区老干部局、区体育总会举办富阳区“第十届”老年人体育健身运动会。春江街道、张善国等8个单位（个人）荣获杭州市级“最美”称号，百合社区等40个单位（个人）荣获富阳区级“最美”称号。春江街道新建村创建为“全国示范性老年友好型社区”，富春街道杨清庙村、鹿山街道山水社区和新登镇登云社区荣获2022年杭州市老年友好型社区称号。杭州市富阳区老年大学等11家单位创建为第四届“敬老文明号”，富阳区妇幼保健院等16家医疗卫生机构创建为“老年友善医疗机构”。

【医养结合】　全区医养结合机构8家，核定医疗床位694张，较上年增加84张，养老床位1209张。持续推进区第一人民医院与5家医养结合机构开展紧密医养联合体试点工作。规范基层医疗卫生机构与养老机构、居家养老服务机构签约合作，实现25家社区卫生服务中心与13家养老机构、279居家养老服务照料中心的长效协作机制，有效签约率100%。完成74000余人次65岁及以上老年人医养结合服务项目。

（黄淑琴）

## 残疾人事业

【概况】　全区持有第三代中华人民共和国残疾人证的残疾人23562人，其中肢体残疾12735人、视力残疾2268人、听力残疾2867人、言语残疾147人、精神残疾2484人、智力残疾2428人、多重残疾633人。

【残联组织换届】　2022年11月10日，富阳区残疾人联合会第八次代表大会召开，会议选举产生新一届残联主席团和执行理事会领导班子。

【残疾人基本民生保障】　全年累计发放各类助残补贴2054万元。残疾人意外伤害和大病医疗保险全覆盖，完成理赔244人次，理赔金额121.3万元，赔付率66.4%。结合“春风行动”，完成600余户困难残疾人家庭慰问工作，发放慰问金48万元。对20名特殊困难残疾人开展临时救助，发放救助金3.9万元。

【残疾人康复服务】　全年完成29例白内障患者复明手术补助，配发轮椅、拐杖、助听器等辅具505件，全区残疾人辅助器具适配率100%。对103名贫困残疾人的人工关节置换手术进行补助。完成251名残疾儿童抢救性康复训练及评估。开展无障碍进家庭服务，制定“一户一案”改造方案，为100户残疾人家庭免费安装扶手、坡道等无障碍设施。新建康复之家1家，康复服务站12个，采取区镇两级全额补助、乡镇（街道）残联提供上门代办服务等措施，残疾人家庭医生签约服务率达到90%以上。脊髓损伤患者“希望之家”开班3期，免费为70余名患者提供康复、生活技能培训和心理疏导。继续落实精神病患者服药和住院补助政策，实现补助全覆盖。

【残疾人就业创业】　全年举办残疾人职业技能和实用技术培训班24期，培训残疾人351人。举办残疾人就业专场招聘会5场，促成112名残疾人与企业达成就业意向，同时指导企业开发残疾人就业岗位，新增公益性岗位26个，多渠道安置277名残疾人就业。

【省级无障碍社区创建】　完成鹿山街道山水社区省级无障碍社区创建，6月完成15个点位整改任务，通过考核验收。

2022年11月10日，杭州市富阳区残疾人联合会第八次代表大会召开

（区残联　供稿）

【残疾人文体活动】 组建富阳区无障碍观影志愿服务队，开展无障碍观影志愿服务10场次，参与活动500人次。开展“喜迎杭州亚残运会•浙江省千场残疾人文体活动进社区”活动29场次，参与群众1830余人次。

【残疾人合法权益维护】 开展进社区、进乡村、进协会、送法律、送援助、送服务的“三进三送”活动1次，惠及群众110余人次。接待处理残疾人来信来访47件次，办结率、按时反馈率、满意率均达100%；充分发挥残疾人法律救助站作用，帮助5名残疾人用法律武器维护自身合法权益。

（瞿忠烈）

## 红十字会

【困难救助】 2022年，人道筹资634.77万元，其中网络筹资158.9万元，位居全省县市区第一。困难救助慰问支出673.77万元，救助12114人。开展“博爱送万家”“云帆计划在富阳”“同在蓝天下”“红十字牵手红丝带”“小桔灯”“三级博爱救助金”“困难会员、志愿者慰问”等专项救助活动。

【生命关爱】 2022年，动员造血干细胞志愿捐献登记入库408人，全区累计登记入库5429人，全年成功捐献造血干细胞5例，累计35人36例，居全省首位。器官（遗体、组织）成功捐献72例，登记入库累计3050人。

【救护培训】 2022年，完成杭州市民生实事工程红十字救护员培训183场、9505人，普及培训93场、63272人。各项业务指标均超额完成，位居省市先列。新（改）建应急救护实训基地5个，新增应急救护考点4个，应急救护实操体验点7个。举办全区健康家庭评选救护技能大赛和全区红十字救护员技能大赛、青少年应急救护大赛。

【志愿服务】 2022年，造干登记入库志愿服务队动员宣传社会效益明显，水上救援宣传服务队常年坚持在雷锋角服务，心理救援队累计完成电话咨询4649人次，面对面咨询干预1575人次，其中有效干预有自杀意念者121人。红十字狼群应急救援队在急难险重任务和抗灾救灾工作中作用发挥明显。红十字狼群救援队“救在身边”专项行动荣获工作成绩突出红十字志愿服务项目，红十字狼群救援队党支部获评杭州市先进基层党组织，支部书记陈剑明被评为“杭州市担当作为好书记”，副队长陈锋被评为全国红十字优秀志愿者；红十字心理救援队荣获省级工作成绩突出红十字志愿服务团队称号。

【红十字狼群应急救援队赴沪抗疫】 2022年4月，上海发生疫情。接红十字总会的指令，红十字狼群应急救援队第一时间组织队员奔赴上海支援抗疫。面对复杂的环境、艰苦的条件，队员们身先士卒冲锋在一线，圆满完成红十字总会下达的任务，获得杭州市市委书记刘捷批示肯定。这是富阳区红十字会首次受红十字总会指令。

【精神传播】 利用“5•8”世界红十字日“世界急救日”、学雷锋日等节点，开展广场志愿服务、应急救援演练等活动，宣传红十字精神和红十字工作。通过报刊、电台、电视、网络新媒体等传递红十字好故事、先进事迹等正能量。区红十字会工作被“中国红十字报”、省红十字会刊登23篇；富阳区“一报两台”发布红会信息58篇；联合富阳发布，策划发布红十字信息8条。应急救护培训工作被《中国交通导报》、浙江电视台经视频道、钱江频道等多家媒体报道。摄影作品《紧急出动》入选《中国红十字报》优秀新闻作品。

【数字红会建设】 2022年，会员、志愿者管理、应急救护培训、救助申请、资金筹集实现一网通办，“红十字救在身边”四位一体的数字化管理系统上线，并实现区域性运作。“心灵港湾”数字化改革项目列入省级试点，12月初，完成入驻浙里办、浙政钉，实现“一地创建、全省共享”。该项目获得省委副书记黄建发肯定。

【红十字阵地建设】 2022年，区

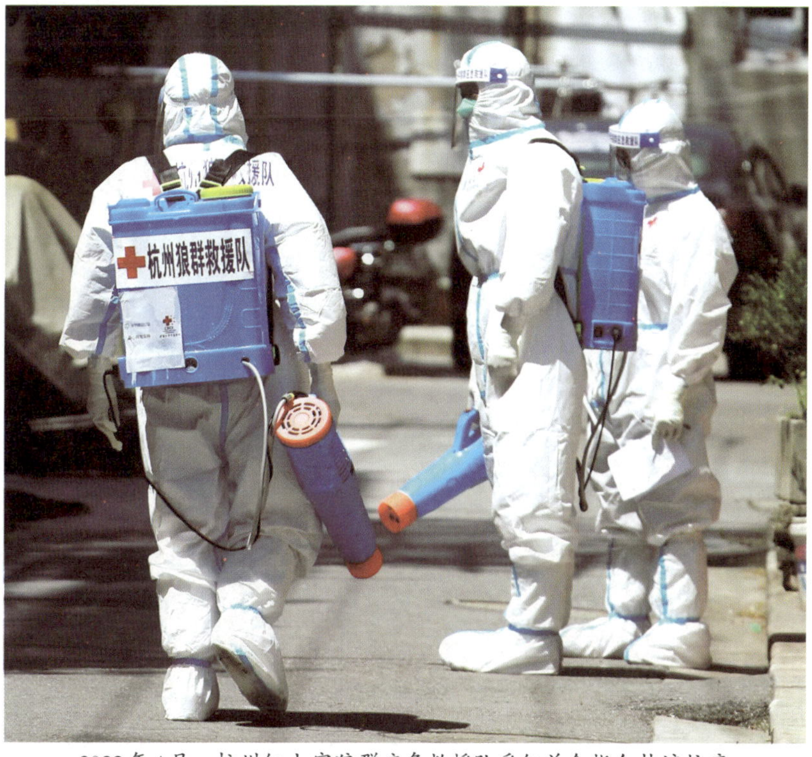


2022年4月，杭州红十字狼群应急救援队受红总会指令赴沪抗疫

（区红十字会 供稿）

红十字文化中心（区新时代文明实践中心、生命健康教育体验馆）入围全国生命教育示范基地。全年接待参观 18000 余人次。全年开展应急救护技能培训 23 场次，完成救护员培训 1233 人，其中亚运场馆工作人员和志愿者 400 余人，普及培训 16665 人。为消防、公安等部门开展应急救援培训 15 场次。

（屠丽敏）

## 社区（村）建设

【社区创建】 会同区委组织部和 9 个乡镇（街道）街开展进一步加强社区建设工作调研，召开各类座谈会 6 次，研究制定工作方案，新增 15 个社区，共有社区 74 个。选定恩波社区、百合社区、黄公望村、银湖村和六渚村作为区级试点，召开“五社联动”（社区、社会组织、社工、社会资源及社区自治组织的联动）试点工作推进会，建立工作专班，明确试点任务，推进“五社联动”机制建设。东洲街道黄公望村申报杭州市“五社联动”试点单位。深化春江街道“小队会”议事制度，八一村入选全国村级议事协商创新实验试点。

【社会工作站建设】 加快推进乡镇(街道)社会工作站建设提档升级。6 月，根据省、杭州市关于推进乡镇（街道）社会工作站全覆盖有关要求，召开工作推进会，明确具体要求和完成时限。对大源镇、场口镇、灵桥镇等 13 个乡镇（街道）开展实地检查，压实属地工作责任，指导乡镇(街道)结合实际推进工作进度，提升建设标准。全区所有乡镇(街道)社会工作站进入省级系统名录库。

【社工人才建设】 围绕每万名城镇常住人口拥有专职社区工作者数不少于 18 人目标，研究制定 2022 年专职社区工作者招聘工作计划，经过网上报名、笔试、面试、体检、考察等环节，完成 350 名新社工招录工作。全面落实社会工作水平提升补贴政策，开发“智慧名字”人才补贴应用场景，组织乡镇(街道)开展社会工作职称水平提升一次性补贴申领。指导乡镇（街道）发动工作人员参加全国社会工作者职业水平考试，开通网络辅导课程，考试合格人数 430 人。

（吴　凌）

## 社会组织

【社会组织管理】 督促指导社会组织做好党建入章程工作。投入资金 70 万元，完善区社会组织服务中心，建成区级社会组织孵化园。组织开展“新时代、新征程、新发展”主题沙龙活动，开展乡镇（街道）级社会组织服务中心培育座谈会，邀请浙江工商大学教授成立专项课题，召开拓展“社区文体团队服务能力”调研会。严格落实社会组织日常管理，开展社会组织年检，加强部门间协作配合，对社会组织遵章守法、业务开展、财务情况、工作人员等重点内容开展年度检查。持续开展打击整治非法社会组织、行业协会和商会收费整治、“僵尸型”社会组织清理整治等专项工作，对发现问题的社会组织及时开展整改督查和约谈处理。开展社会组织评级评优，27 家社会组织参（复）评成功，2022 年度新增 25 家。至 2022 年底，乡镇（街道）AAA 级以上社会组织服务中心 16 家，占比 67%。富阳区雨点儿康复中心理事长洪女被评为 2022 年浙江省社会组织领军人物。

【公益创投】 着眼聚焦共富目标、关注需求群体、服务村社居民等内容，开展 2022 年区级公益创投活动，经过项目征集、专家评审、综合评定等环节，明确 2022 年公益创投资助项目 35 个，总资助金额 250 万元。

（吴　凌）

## 民族　宗教

【民族概况】 全区少数民族 41 个，其中常驻人口数 8116 人，流动人口数 35992 人，呈现大散居、小聚居的分布格局。民族村 1 个：新登镇双江村；民族聚居村 3 个：富春街道拔山村、万市镇槎源坞村、白石村。

【宗教概况】 全区有宗教团体 3 处，分别是佛教协会、天主教爱国会、基督教两会，经政府登记的寺观教堂及固定处所 93 处，其中佛教 32 处，天主教 2 处，基督教 59 处。共有已登记的教职人员 146 人，其中佛教 72 人、基督教 74 人。

【获得荣誉】 新登镇双江村乌米饭、畲乡十大碗获评浙江省“好畲味”，新登镇双江村村民苏晨作为畲族传统美食加工传统手工艺人获评浙江省“好畲匠”，新疆杭州疗养院、杭州市富阳区职业教育中心被列入第五批省级民族团结进步创建重点培育单位，新登镇双江村被

2022 年 11 月 11 日，富阳举办第三届“三生有幸”集体婚典

（区民政局　供稿）

2022年6月1日，新登镇双江村组织志愿者、畲族村民一起开展“畲汉一家亲”包粽子送温暖活动　　（区委统战部　供稿）

列入省级民族乡村振兴试点，富春街道蒋家桥社区、鹿山街道日月电器股份有限公司分别获评杭州市之江同心石榴红引领单位。富春街道延寿禅寺获评杭州市宗教中国化示范场所、浙江省宗教中国化示范场所，鹿山街道基督教谢家溪堂获评浙江省宗教活动场所消防安全标准化管理“百优争创”活动优秀单位、浙江省2021年度省级平安宗教活动场所，渌渚镇基督教岘口堂获评“十百千万”普法工程浙江省普法示范点，春江街道基督教周家弄堂获评杭州市宗教中国化示范场所。

【重要活动】 2022年，开展首届杭州市富阳区新时代周雄评选活动，评选出9名个人和1个团体。大源镇育才学校成立“石榴籽”民族团结共建联盟，新疆温宿县和杭州富阳区永昌镇打造“富疆石榴籽”民族团结共富场景。

2022年，在杭州市民间信仰事务管理工作现场会上作先进经验交流发言。落实宗教活动场所管理151指标体系，每月完成场所自查、网格巡查、部门审核。落实大综合执法一体化工作要求，查办1起非法宗教活动。选送2人参加2022年杭州市宗教界中青年骨干培训。疫情期间宗教界落实场所“双暂停”政策，通过各种方式累计组织捐款21.18万元，实物价值5万余元。11月19日举办周雄孝文化节。举办“之江问道——杭州佛教教职人员区级轮训·2022年富阳第一期培训班”。

（许　军）

【编辑　陈炜祥】

# 33 乡镇·街道

Township and Streets

打造现代版富春山居图

## 富春街道

【概况】 2022年，富春街道总面积105.45平方千米，其中城镇建成区面积18.4平方千米、绿地面积7.1平方千米，辖行政村12个，社区42个，居委会37个，股份经济合作社9个，党员7797人，党委36个、党总支26个、党支部467个，村民小组209个。总户数50553户，总人口138776人。全年实现工农业总产值171.74亿元，按可比价格计算，比上年下降8.29%。实现财政总收入8.69亿元，其中一般公共预算收入4.38亿元。农村经济总收入2.93亿元，农村经济净收入1.28亿元。农民人均收入5.69万元。

全年农业总产值3.91亿元，耕地面积1479.48公顷，其中水田面积988.92公顷，高标准农田面积920.45公顷，农作物播种面积2344公顷，其中，粮食作物播种面积769.07公顷。粮食总产量1.43万千克。农机总动力6万千瓦。水利工程投资1248万元。完成环境污染治理项目4个，投资额33128万元。存栏生猪3732头，出栏肉猪6631头，存栏家禽3.29万羽，出栏家禽9.17万羽。水产品养殖面积60.1公顷，水产品产量120万千克。绿化造林97.3公顷，封山育林4086.7公顷。水果种植面积596.47公顷，水果产量1678.65万千克。茶园面积963公顷，茶叶产量176.35万千克。农业技术服务机构3个，从业人员22人。农民专业合作社39个，成员451户。种植大户10户，家庭农场100个。工业总产值167.82亿元，工业企业总数375家，从业人员7363人，其中规模以上工业企业54家，实现产值167亿元、销售167.5亿元、利润总额4.5亿元。资质以上建筑业企业77家，总产值79.54亿元。限上住宿餐饮业企业23家，营业总收入2.55亿元。商品交易市场22个，交易额21.58亿元。

中学4所，在校中学生8797人，教职工1100人；小学13所，在校小学生21220人，教职工1176人；幼儿园35所，在园幼儿12955人，教职工1722人。社区卫生服务中心1家，社区卫生服务站23个，卫生室16个，执业（助理）医师88人，兽医（防疫）技术人员7人。全年出生818人。固定电话用户44576户，移动电话用户56791户，因特网用户137842户。社会福利收养性单位1个，床位60张。参加城乡居民养老保险547人。参加城乡居民基本医疗保险37735人。最低生活保障救助人数656人。金融机构31家，公园及休闲健身广场8个，村社公共体育健身设施950余处。

【"1·26"疫情阻击战】 1月28日—2月3日，富春街道发现新型冠状病毒确诊阳性病例。其间，富春街道围绕"防外溢、早清零"要求，落实防控责任，实施网格化管理，发动党员干部、村社工作者实现"1小时迅速反应、6天动态清零"。相关工作获国务院群防群控督查组和省委书记袁家军、省长王浩肯定。4月，富春街道获评省疫情防控执

2022年4月，富春街道获评省疫情防控执行力指数优秀乡镇（街道），图为拆除"1·26"疫情阻击战封控点位
（富春街道 供稿）

行力指数优秀乡镇（街道）。

【侨家大院入围省“五星级侨胞之家”】 3月8日，经省侨联党组会议审定，富春侨家大院入围浙江省“五星级侨胞之家”名单。侨家大院位于富春街道桂花路，原为富阳两浙公所，占地面积846平方米。2018年，经上级文保部门同意，将富阳两浙公所打造成侨界人士联络联谊、侨情侨史展示、海外侨团侨领接待等侨文化宣传、海外交流中心。2019年7月，富春侨家大院正式投入使用。

【富春街道“抗疫情 保春茶”专项行动】 3月7日，富春街道成立富春街道“抗疫情、保春茶”生产服务工作专班，组建村级服务专员队伍，落实专人对采茶工信息进行登记，上门发放疫情防控联系卡670张，茶农及茶叶经营主体签订疫情防控承诺书670份。制定下发《富春街道春茶生产新冠肺炎疫情防控方案》，采取全员闭环管理、全域强化管控、全面压实责任举措，落实采茶工“两头核酸检测”。11月1日，农业农村部公布第十二批全国“一村一品”示范村镇名单并予以公示，富春街道拔山村被初步确定为第十二批全国“一村一品”示范村镇。

【富春街道“争星晋位·全域领跑”推进大会】 6月30日，富春街道召开“争星晋位·全域领跑”推进大会暨“七一”表彰誓师大会，表彰过去一年在各条战线上作出突出贡献的先进集体和个人以及“1·26”疫情最美逆行者代表、“光荣在党50年”党员代表，全面推进“争星晋位 全域领跑”行动，启动“争先领先 全能富春”机关党建品牌创建。

【富春街道社工梯队比武演讲比赛】 8月3—4日，富春街道开展社工梯队比武演讲比赛，106位社工分四个场次依次上台演说，通过讲社工故事、赛治理思路、表岗位决心，展现新时代社工良好面貌。富春街道引入社区工作者梯队培养竞争机制，搭擂台、建梯队、育人才，通过基层推荐、业绩比拼、演讲比赛、测评评议、奖惩得分等环节，把政治素质好、服务意识强、公道正派、有担当、有情怀、具有开拓创新意识的社工选拔到梯队培养岗位，全面适应现代社区建设及精细化社会治理的需要。

【富春街道抗击台风“梅花”】 9月14日，富春街道召开防御台风“梅花”工作会议，成立以党工委书记、办事处主任为组长的抗台防汛工作领导小组，领导班子成员分组包片、街道党员干部组团包干，深入联系村社，全面巡防排查辖内危旧房、在建工程、低洼地带、易滑坡地段等重点隐患区域，提前做好危险区群众避险转移工作。转移危房或疑似危房人员251人次，其他人员24人次。参与防台检查达1256人次，涉及点位455处，处置问题20余条，短信发布防台预警35万条。

【富春街道护航二十大“除险保安”大巡防活动】 9月27日，富春街道举行护航党的二十大“除险保安”大巡防活动，启动“护航二十大”稳控一级预案，发挥“1+3+N”党建统领网格智治体系作用，组团力量、大综合执法力量下沉一线，为党的二十大胜利召开营造安全稳定的良好环境。开展安全生产、消防安全、森林防火、道路交通、建筑施工等领域专项整治，整治安全隐患1217个。

【秋丰村通过全市城郊接合部专项整治验收】 12月7日，市委平安办公布第一轮全市城郊接合部专项整治合格村社（区块）复评复核结果，富春街道秋丰村通过验收。秋丰村围绕现代社区建设，坚持党建统领、网格智治，发展具有秋丰特色的“村+社”“常住+流动”“治理+发展”多元化融合型道路，打造集体经济和社会治理互促共赢的城郊接合部秋丰样板。

【江滨社区创建省级未来社区】 12月20日，省城乡风貌整治提升工作专班公布浙江省2022年度第二批未来社区名单，富春街道江滨未来社区入选。12月29日，江滨未来社区入选“浙里未来社区在线”应用贯通第一批优秀案例，全省仅10家未来社区入选。

（陈沛青）

## 春江街道

【概况】 2022年，春江街道总面积41.47平方千米，辖行政村9个，社区2个，居委会1个，股份经济合作社9个，党员1673人，党委10个、党总支1个、党支部65个，村民小组134个。总户数7924户，总人口31388人。全年实现财政总

2022年12月，江滨社区创建省级未来社区

（富春街道　供稿）

收入1.01亿元，其中一般公共预算收入0.55亿元。农村经济总收入54.62亿元，农村经济净收入18.57亿元，农民人均收入61815元。

全年农业总产值1.13亿元，耕地面积355.03公顷，其中水田面积220.5公顷，高标准农田面积103.5公顷，农作物播种面积485.3公顷，其中粮食作物播种面积319.3公顷。粮食总产量132.57万千克，农机总动力3.15万千瓦，水利投资1518万元。完成环境污染治理项目1个，投资额670万元。存栏生猪343头，出栏肉猪930头，存栏家禽0.68万羽，出栏家禽2.9万羽。水产品养殖面积20.1公顷，水产品产量9.1万千克。绿化造林14.1公顷，封山育林1415公顷。水果种植面积56.1公顷，水果产量202.2万千克。茶园面积8公顷，茶叶产量1.5万千克。农业技术服务机构个数1个，从业人员6人。农民专业合作社数量5个，成员21户。种植大户7户，家庭农场1个。工业企业总数44家，从业人员1456人，其中规模以上工业企业12家，实现产值14.56亿元、销售14.06亿元、利润总额0.47亿元。建筑业企业9个。

中学1所，在校中学生857人，教职工86人；小学1所，在校小学生2254人，教职工187人；幼儿园5所，在园幼儿1693人，教职工192人。社区卫生服务中心1家，卫生室4个，执业（助理）医师21人。全年出生218人，计划生育率97.7%。固定电话用户1585户。参加城乡居民养老保险23860人。参加城乡居民基本医疗保险11001人。最低生活保障救助人数125人。农户新建房屋1户，建筑面积120平方米。金融机构网点8个。

**【秦望南路春江村区块搬迁】** 4月12日，春江街道召开春江村房屋搬迁（一期）工作动员会，春江街道全体班子成员，街村两级相关工作人员，动迁、评估、测绘工作人员等参加。本次搬迁范围为涉及秦望南路等工程建设项目规划范围内所有房屋及附属物，采取平等协商、集中公示、集中签约，统一标准进行补偿安置。5月，完成搬迁农居285户，确保秦望南路、秦望隧道等重大工程项目推进。

2022年9月1日，上海外国语大学附属杭州学校启用
（春江街道　供稿）

**【市委书记刘捷调研八一村】** 7月6日，省委常委、市委书记刘捷到春江街道八一村调研并宣讲省第十五次党代会精神。在村文化礼堂，刘捷与村干部、村民、创业者代表以及市委办公厅第二党支部部分党员围坐一起，宣讲省第十五次党代会精神。

**【上海外国语大学附属杭州学校启用】** 9月1日，上海外国语大学附属杭州学校启用，该学校位于春江街道建设村，占地面积14.13公顷，由英国著名设计事务所Broadway Malyan（宝麦蓝）规划设计。校园总建筑面积14万平方米，总投资超12亿元。2021年5月，由富阳区政府与上海外国语大学战略合作引入，是一所十五年制、小班化、寄宿制、双轨制的外国语学校，涵盖幼儿园、小学、初中、高中4个学段，可同时容纳学生3000名。

**【春江乡贤教育基金颁发】** 9月8日，春江街道2022年教师节表彰暨乡贤教育基金首次颁发典礼在春江中心幼儿园建设园区举行，首次颁发乡贤教育基金120余万元，获奖优秀教师和高考学生50余名。该乡贤教育基金成立于2021年，由春江乡贤、企业家共同捐资设立，已募集善款约1400万元。

**【富春湾大道一期启用】** 9月22日，富春湾大道（一期）开通试运行。富春湾大道位于富春湾新城范围内，项目总投资142.53亿元，起于富阳大桥连接线，终点为灵桥镇

2022年9月，富春湾大道（一期）启用
（春江街道　供稿）

杭新景高速桥，与新建的春永线衔接。富春湾大道与春永线、中埠大桥、320国道、大盘山隧道及未来的杭州中环组成富阳城区内环快速通道，是富春湾新城对外联系的主要门户通道。

【春南安置小区选房】 9月19日至10月1日，春江街道组织开展春南安置房选房，此次安置涉及行政村4个搬迁户924户。本次选房由搬迁人根据前期抽签选房顺序号依次进行选房，每次每户选择一套安置房，待选房完毕后，再按选房顺序号选择车位及储藏室。该安置小区为2017年江南区块整体转型以来，杭州富春湾新城首个交付的安置房小区。3月，该安置小区改名为“春珑华裕府”。

【春江街道“二十大精神·我来讲”百场宣讲活动】 11月10日，春江街道“追随足迹”现场学暨“二十大精神·我来讲”百场宣讲启动仪式在新建村文化礼堂广场举行，街道主要领导、各村（社）年轻干部参加。启动仪式上，市委党校教授邓念国解读党的二十大报告，永泰纸业污水处理技术员徐静静、江南医院院长杨力、富春湾新城管委会青年干部祝晓结合岗位作了发言。至年底，共举行宣讲活动52场。

【西湖大学光电研究院奠基】 12月31日，西湖大学光电研究院项目在春江街道开工奠基。该项目是西湖大学和富阳区人民政府共建的校政企合作项目，用地面积约3.89公顷，主要建有光电技术中心、微纳光电智造厂房及生产线，建设工期24个月。

（徐 听）

## 东洲街道

【概况】 2022年，东洲街道总面积79.3平方千米，辖行政村15个，社区5个，居委会3个，股份经济合作社15个，党员2635人，党委10个、党总支8个、党支部130个，村民小组214个。总户数11799户，总人口47334人。全年实现财政总收入15.3亿元，其中一般公共预算收入1.45亿元。农村经济总收入469.6亿元，农村经济净收入50.08亿元，农民人均收入53101元。

全年农业总产值8.31亿元，耕地面积1275公顷，其中，水田面积262.8公顷，高标准农田面积1152.63公顷；农作物播种面积2902公顷，其中，粮食作物播种面积906公顷。粮食总产量950万千克。农机总动力15047万千瓦。水利投工1.8万工，投资3600万元。完成环境污染治理项目3个，投资额1380万元。存栏生猪320头，出栏肉猪889头，存栏家禽1.21万羽，出栏家禽3.81万羽。水产品养殖面积189.3公顷，水产品产量1718万千克。绿化造林6.5公顷，封山育林1100公顷。水果种植面积296公顷，水果产量520.6万千克。茶园面积58.6公顷，茶叶产量15.8万千克。农业技术服务机构1个，从业人员13人。农民专业合作社64个，成员320户。种植大户33户，家庭农场22个。工业企业总数733家，从业人员35477人，其中规模以上工业企业131家，实现产值213.61亿元、销售207.1亿元、利润总额11.6亿元。

中学1所，在校中学生1315人，教职工143人；小学2所，在校小学生3013人，教职工188人；幼儿园2所，在园幼儿1644人，教职工228人。社区卫生服务中心1家，卫生室10个，医疗床位70张，执业（助理）医师90人，兽医（防疫）技术人员1人。全年出生305人。固定电话用户7451户，移动电话用户49800户，因特网用户23541户。参加城乡居民养老保险694人。参加城乡居民基本医疗保险19676人。最低生活保障救助人数709人。农户新建房屋310户，建筑面积111600平方米。金融机构网点3个，公园及休闲健身广场76个。

【东洲街道助力企业复工复产】 2月9日，东洲街道选派党员干部组成“工贸企业疫情防控专班”，将两个园区内及区外规限上企业划分成网格，开展疫情防控和复工复产的日常指导、督促和服务工作，大力宣传“杭十条”，用好援企稳岗政策，加快企业复工复产。

【东洲街道2022年度“攻坚亚运年”工作任务清单】 2月26日，东洲街道召开2021年度总结表彰暨2022年度“护航亚运”工作动员大会。会议总结街道2021年“党建提优、产业提质、项目提速、环境提标、治理提效”五张报表，发布2022年常规工作、亚运保障、创新创优、村社建设等方面182项年度任务清单。

【东洲街道海归青年发出“亚运邀约”】 4月10日，东洲街道公望亚运海外社到富阳水上运动中心开展“统一战线为亚运，花young青春结伴行”主题邀约活动。现场海

2022年11月12日，东洲街道开展“点亮童心 筑梦未来”政协委员履职小组“双结对”活动

（东洲街道 供稿）

2022年9月28日，东洲街道“护航二十大·平安卫东洲”平安大巡防活动启动 （东洲街道 供稿）

外青年们参观富阳水上运动中心、了解亚运文化知识，并在镜头前用外语发出“亚运邀约”。公望亚运海外青年社是东洲街道创新成立的统战工作品牌队伍，队员有近50人。公望亚运海外社成员加入东洲街道亚运城市志愿服务队伍，利用语言优势、海外社交经验等，为东洲街道“护航亚运”工作提供志愿服务。

**【东洲街道乡贤联谊会“我为家乡添光彩”活动】** 5月14日，东洲街道乡贤联谊会开展“我为家乡添光彩”活动，参会乡贤参观北支江整治工程和东洲乡情教育基金捐赠碑。开展座谈交流，征集北支江公园命名意见建议，提交意向命名征集表格。

**【东洲街道“春泥计划”暑期红色研学活动】** 7月7日，东洲街道开展“春泥计划”“喜迎二十大红色心记忆”研学活动，组织学生参观东洲街道红色资源场馆、爱国主义教育基地，扎实推进“双减”工作，构建以研学实践为主要内容的“第三课堂”，带领学生走出校园，在研学中陶冶情操、增长见识、体验不同的自然和人文环境。

**【东洲街道“优化流动人口服务管理”民生议事堂专题活动】** 7月22日，东洲街道开展“优化流动人口服务管理”民生议事堂专题活动。会上，东洲街道属地政协委员、协商议事员、辖区企业代表、相关办公室（中心）负责人、相关村（社）书记、网格员作了交流发言，会议现场共收集到关于交通疏导、出租房安全、完善流动人口服务管理架构、停车问题等意见建议14条，为推动“优化流动人口服务管理”上给予提供充足建议。

**【东洲街道“护航二十大·平安卫东洲”活动启动】** 9月28日，东洲街道“护航二十大·平安卫东洲”平安大巡防活动启动仪式在民联村广场举行。启动仪式动员全街干群积极投身平安大巡防，按照“全覆盖、无死角、地毯式”的标准对重点时段、部位和场所进行布控巡查，全力维护全街社会治安和谐稳定，以决战决胜的姿态，坚决打赢党的二十大安保维稳硬仗。

（许 倩）

## 鹿山街道

**【概况】** 2022年，鹿山街道总面积63.31平方千米，辖行政村9个，社区2个，居委会2个，党员1944人，党委9个、党总支5个、党支部81个，村民小组121个。总户数8493户，总人口26519人。全年实现财政总收入6.37亿元，其中一般公共预算收入1.82亿元。农民人均收入57552元。

全年实现农业总产值1.86亿元。耕地面积752公顷，其中水田面积624公顷，农作物播种面积1317公顷，其中，粮食作物播种面积201公顷。粮食总产量3580吨。存栏生猪461头，出栏肉猪1643头，存栏家禽3.91万羽，出栏家禽8.8万羽。封山育林3066公顷，水果种植面积156.67公顷，水果产量476.3万千克。茶园面积68.8公顷，茶叶产量8.2万千克。农业技术服务机构1个，从业人员10人。农民专业合作社18个，成员132户。种植大户19户，家庭农场28个。工业企业总数607家，从业人员2.8万人，其中规模以上工业企业60家，实现产值156亿元、销售149亿元。建筑业企业444个。住宿餐饮业企业500个。商品交易市场4个。

中学2所，在校中学生3131人，教职工313人；小学1所，在校小学生2696人，教职工159人；幼儿园1所，在园幼儿1499人，教职工179人。社区卫生服务中心1家，卫生服务站3个，卫生室2个，医疗床位5张，执业（助理）医师22人。全年出生224人，计划生育率99%。社会福利收养性单位1个，床位42张。参加城乡居民养老保险176人。参加城乡居民基本医疗保险11002人。最低生活保障救助人数358人。农户新建房屋97户，建筑面积34920平方米。

**【鹿山街道“稻蛙共养”项目】** 4月10日，鹿山街道“稻蛙共养”项目签约投产，项目位于鹿山现代农业产业园，投资200万元，占地20公顷，由杭州富阳敏睿农业有限公司省级稻渔综合种养示范基地遵循《稻渔综合种养技术规范》(SC/T 1135.1—2017)标准，从事稻渔(黑斑蛙）综合种养示范推广。养殖全程不施农药化肥，实现水稻种植与黑斑蛙养殖的良性循环。至年底，产值240万元。

**【鹿山街道山水未来社区省级验收】** 4月18日，省城乡风貌整治提升工作专班办公室组织专家团队考核验收鹿山街道山水未来社区创建工作。验收组通过查阅台账、现场走访等形式对山水社区创建未来社区工作进行了解。山水社区位于鹿山新城核心区，总面积255公顷，其中未来社区规划单元132.1公顷，

2022年9月9日，“富春山居·宋韵市集暨鹿山奇妙夜”在鹿山时代举行
（鹿山街道　供稿）

实施单元40公顷，辖小区5个，常住人口5627人。近年来，通过空间再拓展——“一老”场景改造，新增亲子公园；功能再完善——党群服务中心升级为邻里中心；服务再提升——开展“夕阳甚好　山水同乐”老乐乐系列服务等举措，打造宜居场景，取得阶段性成效。通过未来社区建设，社区直接受益居民6001户，建设成效辐射鹿山街道全域，受益居民数超4万人，发挥创建“以一撬十”带动作用，形成可持续、可复制、可推广的未来社区样本。座谈会上，考核组专家指出山水未来社区在硬件微改造方面具有很强的代表性，能够通过小投入、微改造实现空间融合发展和商社联动，场景内容丰富、数字化体系完整。

**【鹿山街道学习宣讲习近平总书记考察新疆重要讲话精神暨阿克苏员工代表座谈会】** 8月1日，鹿山街道学习宣讲习近平总书记考察新疆重要讲话精神暨阿克苏员工代表座谈会在杭州日月电器股份有限公司举行，阿克苏籍员工围绕个人工作生活情况及相关意见建议进行交流。

**【富春山居·宋韵市集暨鹿山奇妙夜活动】** 9月9日，“富春山居·宋韵市集暨鹿山奇妙夜”开幕式在鹿山时代举行，区领导张鹏、孙洁参加。活动由富阳区文创办、区文广旅体局和鹿山街道主办，区文创新力量产业联盟、鹿山时代商业综合体承办，共持续3天。活动以“遵循生活之美、追慕宋时之韵”为定位，集逛、展、赏、玩、品于一体。

**【鹿山街道蒋家村富甲大厦竣工】** 9月30日，蒋家村富甲大厦基本竣工。2019年，蒋家村通过自留地开发，与杭州建冠实业有限公司达成协议，以蒋家村出地，合作方承担建设成本的方式在村口建成商贸一体的“富甲商业大厦”。项目于2020年4月开工，总投资1.2亿元，建成后主要为农贸市场、超市、酒店、写字楼一体化的综合楼。预计2023年4月开业经营，将有效促进村里集体经济增收。

**【鹿山街道汽车零部件行业党建联建和产业联盟论坛】** 12月16日，鹿山街道举办汽车零部件行业党建联建和产业联盟论坛，区经信局、区科技局、开发区管委会、中国联通富阳分公司及13家辖区汽车零部件企业代表及零跑汽车公司专家参加。论坛主题为充分发挥党建联建和行业联盟合力，助力鹿山汽车零部件产业高质量发展，打造富阳区汽车零部件产业链制造基地。

**【东吴九年一贯制学校及东吴幼儿园开工】** 12月31日，东吴九年一贯制学校及东吴幼儿园新建工程正式开工。东吴九年一贯制学校及东吴幼儿园新建工程项目位于富阳大桥西侧，东临江滨西大道，用地面积7.27公顷，概算总投资6亿元。项目设计规模中学18个班、小学36个班、幼儿园24个班，可提供3150个学位，为区政府民生实事“美好教育”工程新建类项目，预计2025年12月完工，2026年9月投用。学校建筑采用山水书院设计风格，以“书山叠趣，乐活校园”为设计思路，融入共享理念，地下车位对外开放，沿江大平台建有城市书屋和托管活动区域。

2022年12月16日，鹿山街道举办汽车零部件行业党建联建和产业联盟论坛
（鹿山街道　供稿）

【鹿山街道省级荣誉】 1月11日，省生活垃圾分类工作领导小组办公室公布2022年度浙江省高标准生活垃圾分类示范小区、示范片区名单，鹿山街道水印林语、山水国际小区入围；4月18日，省人力资源和社会保障厅公布关于表扬2021年全省劳动人事争议案件处理工作成绩突出集体和个人的通报，鹿山街道劳动人事争议调解中心获评2021年度全省劳动人事争议案件处理工作成绩突出基层调解组织，杭州共有5家组织获此荣誉，鹿山街道调解中心为富阳区唯一的获奖组织；9月15日，省卫生健康委公布全省第一批、第二批星级智慧化社区卫生服务站（村卫生室）（简称"智慧健康站"）名单，鹿山街道山水社区卫生服务站获评第二批"四星级智慧健康站"，为全区首家。

（余晓丽）

## 银湖街道

【概况】 2022年，银湖街道总面积158.24平方千米，其中城镇建成区面积37.5平方千米、绿地面积112.41平方千米，辖行政村22个，社区12个，居委会8个，股份经济合作社22个，党员3815人，党委15个、党总支13个、党支部187个，村民小组397个。总户数18121户，总人口60582人。全年实现财政总收入12.53亿元，其中一般公共预算收入0.96亿元。

全年农业增加值7.44亿元。耕地面积1646公顷，其中水田面积1235公顷，高标准农田面积553公顷，农作物播种面积2164公顷，其中粮食作物播种面积784公顷。粮食总产量471万千克。农机总动力2.1万千瓦。水利投工7.2万工，投资1000万元。完成环境污染治理项目2个，投资额120万元。存栏生猪4448头，出栏肉猪7827头，存栏家禽3.8万羽，出栏家禽7.5万羽。水产品养殖面积66.7公顷，水产品产量100万千克。绿化造林13公顷，封山育林7584公顷。水果种植面积71.4公顷，水果产量204.1万千克。茶园面积968公顷，茶叶产量117.05万千克。农业技术服务机构个数1个，从业人员15人。农民专业合作社数量27个，成员192户。种植大户15户，家庭农场49个。工业企业总数707家，从业人员9350人，其中规模以上工业企业85家，实现产值127.12亿元、销售129.7亿元、利润总额11.66亿元。建筑业企业33个，总产值47.77亿元。住宿餐饮业企业39个，营业总收入4070万元。商品交易市场3个，交易额5610万元。

中学2所，在校中学生3304人，教职工457人；小学6所，在校小学生5083人，教职工579人；幼儿园10所，在园幼儿2493人，教职工389人。社区卫生服务中心2家，卫生室12个，医疗床位30张，执业（助理）医师68人，兽医（防疫）技术人员3人。全年出生460人，计划生育率100%。固定电话用户6292户，移动电话用户65900户，因特网用户9700户。社会福利收养性单位1个，床位55张。参加城乡居民养老保险10157人。参加城乡居民基本医疗保险23150人。最低生活保障救助人数575人。农户新建房屋127户，建筑面积45720平方米。金融机构网点5个，公园及休闲健身广场4个。

【银湖街道43号地块搬迁动员】 2月27日，银湖街道43号地块搬迁工作动员大会召开，富阳经济技术开发区，银湖街道全体工作组成员，高桥村村支两委干部、部分党员、村民代表，各村（社）书记，各动迁小组、动迁公司、评估机构、测绘公司以及四个平台负责人等工作人员参加。经历一个月的时间，银湖街道完成43号地块163户农户、9家主体企业的动迁、评估和签约工作。

【银湖街道2021年度总结表彰暨2022年"五大行动"誓师动员大会】 3月1日，银湖街道召开2021年度总结表彰暨2022年"五大行动"誓师动员大会。区委党建和乡村振兴指导组、街道全体干部、各行政村社党组织书记、受表彰的先进工作者、派驻街道"四个平台"负责人参加。会上表彰2021年度先进集体和个人，党工委书记徐雪峰为五大战队授战旗。

【银湖街道第四次归侨侨眷代表大会】 9月1日，银湖街道第四次归侨侨眷代表大会在银湖街道召开，来自全街道侨眷、侨属、留学生等35名正式代表参加，各村（社）统战委员列席会议。王福顺作银湖街道侨联第三届委员会工作报告，选举产生银湖街道侨联第四届委员会，周颖新当选银湖街道侨联主席。

【银湖幼儿园开园】 9月7日，银湖街道举办银湖幼儿园开园活动，银湖街道、区教育局、富阳开发区集团、浙江云森集团等负责人，银湖街道各校园长、各村（社）书记和优秀教师代表等参加。银湖幼儿园拥有本部和云栖分园两个园区，其中银湖幼儿园本部位于银湖街道高桥村，总建筑面积11462平方米，

2022年9月7日，银湖街道举办银湖幼儿园开园活动

（银湖街道 供稿）

2022年11月，银湖街道梓树村作为共富单元格试点，成功创建省级未来社区
（银湖街道　供稿）

规模为18个班级，于2020年11月18日开工建设；云栖园区位于银湖街道云水路168号，总建筑面积3100平方米，规模为9个班级。两园区均按照省一级幼儿园标准建造，共招收新生400多名。

**【银湖街道商会第二届一次会员大会】** 9月28日，银湖街道商会第二届一次会员大会召开，区工商联、银湖街道等负责人及57名商会成员参加会议。会议听取并审议银湖商会第一届理事会工作报告，通过商会章程、会费收取和使用管理办法，选举产生银湖商会新一届理事会成员24人，独立监事1人，刘金贤当选银湖商会第二届理事会会长。

**【银湖街道东坞山豆腐皮产业协会成立】** 10月28日，银湖街道东坞山豆腐皮产业协会成立大会暨第一次会员大会会议在东坞山村委召开，49名协会单位及个人会员参加会议。会议听取并审议通过协会章程、财务管理办法及会员会费收取标准，投票选举产生第一届理事会成员7人。刘益平当选为协会理事会会长，周玉良、邵仁泉当选为协会理事会副会长，吴铭当选为协会理事会秘书长。

**【银湖街道村集体收入】** 全年，银湖街道实现村集体收入100万元以上行政村全覆盖，其中68%的行政村实现村集体收入200万元以上；实现村自主经营性收入达50万元以上行政村全覆盖，其中50%的行政村自主经营性收入达150万元以上。

**【银湖街道梓树村成功创建省级未来社区】** 11月，银湖街道梓树村作为共富单元格试点，成功创建省级未来社区。梓树花苑未来社区创建类型为旧改类，项目位于富阳区上林北路与九龙大道交叉路口，周边路网密集，交通便利。东邻阳光城悦景湾，北邻硅谷小学，实施单元总面积约25.9公顷。梓树花苑有居民1526户，总人口4541人，其中户籍人口（原乡人）2507人，流动人口（归乡人、新乡人）2034人，60岁以上老年占比15.7%，0—3岁婴幼儿占比2%。创建过程中，梓树村提炼“质朴满足，善意温情，活力健康”文化基底，提出“未来之梓·温情万家”的创建主题。

**【银狐星辰共富工坊入围省首批百家电商直播式“共富工坊”典型案例】** 12月，银狐星辰直播共富工坊入围浙江省首批百家电商直播式共富工坊典型案例。该共富工坊位于银湖创新中心1号楼7楼，建筑面积约1100平方米，由银狐星辰负责团队培育和管理，于2021年11月启用。通过组建专业团队，为春建乡春茶滞销提供技术解决方案，扶持东坞山豆腐皮、杭富罐头厂、永昌菜、九月生活、富春山房等富阳本土企业，提升品牌溢价能力；对富阳湖源溪漂流、富春桃源、小六石、山居荣府等文旅业务进行抖音点对点培训和短视频专业指导。同时，助力乡村振兴新业态人才培育，开展“家乡好物推荐官”公益实训活动，为银湖街道、永昌镇、鹿山街道等镇街村民开展抖音直播公益培训，向社会面招募组织活动完成直播培训610余次，直播带货销售额超过3100万元。

（郑国英）

## 春建乡

**【概况】** 2022年，春建乡总面积48.19平方千米，其中城镇建成区面积0.43平方千米、绿地面积0.01平方千米，辖行政村6个，党员573人，党委3个、党总支5个、党支部23个，村民小组107个。总户数2952户，总人口9111人。全年实现财政总收入0.68亿元，农民人均收入44385元。

全年农业增加值1.76亿元。耕地面积503.3公顷，其中水田面积413.6公顷，高标准农田面积390.6公顷，农作物播种面积729公顷，其中粮食作物播种面积314公顷。粮食总产量282.3万千克。农机总动力1.98万千瓦。水利投工1.02万工，投资750万元。存栏生猪3292头，出栏肉猪2851头，存栏家禽1.67万羽，出栏家禽1.92万羽。水产品养殖面积10公顷，水产品产量2万千克。绿化造林13.67公顷，封山育林676.2公顷。水果种植面积142.67公顷，水果产量980.5吨。茶园面积589.27公顷，茶叶产量1012吨。农业技术服务机构个数1个，从业人员5人。农民专业合作社数量10个，成员76户。种植大户4户，家庭农场28个。工业总产值10.7亿元，工业企业总数51家，从业人员1842人，其中规模以上工业企业15家，实现产值8.2亿元、销售8.7亿元。

小学1所，在校小学生484人，教职工42人；幼儿园1所，在园幼儿169人，教职工23人。社区卫生服务中心1家，卫生室2个，医疗床位5张，执业（助理）医师11人，全年出生45人，计划生育率100%。参加城乡居民养老保险259人。最低生活保障救助人数181人。农户新建房屋31户，建筑面积11160平方米。金融机构网点2个，公园及休闲健身广场23个。

**【春建乡春茶采摘】** 3—4月，春建乡全体干部以组团联村为单位下

2022年4月29日，春建乡举办第一期茶乡夜话活动

（春建乡　供稿）

沉一线，开展春茶抢收服务。开展外来采茶工日清日报制度，做好外来人员信息登记、摸排工作，严格落实疫情防控要求，开辟核酸检测“绿色通道”，为茶农开展核酸检测等服务。打造“春芽直播间”，春茶生产期间实现线上销售额500万元。

**【春建乡“茶乡夜话”活动】** 4月，春建乡在组团联村周二例会制的基础上，创新推出“茶乡夜话”活动。通过“家门口唠家常”形式，搭起干群连心桥，全年共开展活动28场，参与干部320余人次、群众800余人次，及时化解矛盾纠纷12件，收集村庄建设发展建议56条。做好精准帮扶走访，做好“一户一策一干部”，乡村两级干部共开展走访1500余人次，及时解决群众困难。

**【春建乡茶艺空间开馆】** 5月6日，富阳区首个茶主题馆“茶艺空间”正式开馆。茶艺空间是一个茶文化综合体验馆，坐落于春建集镇，是春建乡入乡门户的第一站，建筑面积约800平方米。由初见春建、茶于春健、茶人茶事、乐活春建四部分组成，设有茶文化体验、茶知识科普、茶阅书房、茶艺会客厅等功能分区，推出“VR飞跃茶海”“AR虚拟骑行”等互动项目，是集品、喝、玩、乐、购于一体的茶空间。有书籍2000余册，茶文化珍贵藏品十余件，是展示春建茶文化的窗口驿站。

**【富阳区新联会茶乡艺海春建分会成立】** 5月6日，富阳区新联会茶乡艺海春建分会授牌成立。区新联会茶乡艺海分会是由春建乡新的社会阶层组成的社会团体，有理事26人，分布在茶产业、中介、新媒体、律师等各行业。分会依托“新联茶园”“律茗工作室”两个阵地，打造“茶乡艺海·同心荟”品牌，推出“茶香艺栈”雷锋角，激活党群服务中心、文化礼堂等阵地，常态化开展文体活动60余场次。

**【春建乡微融媒体中心入选杭州市级优秀案例】** 6月，富阳区春建乡选送的案例《不负茶情，融媒融心——富阳区春建乡微融媒体中心》在由杭州市委宣传部举办的杭州微融媒体优秀案例评选暨展演活动中荣获第三名，获评全区唯一一个杭州市优秀案例。成功打造“茶香春建”微融媒体中心，连续举办中华茶艺大赛、第三届评茶大会等茶主题活动23场次。

**【春建乡“茶阅春建”阅读品牌发布活动】** 8月4日，富阳区图书馆·茶文化主题分馆在春建乡茶艺空间正式揭牌。活动综合运用VCR、情景剧、舞蹈等形式呈现春建茶楼、奉品香茗、竹林探访、阅书茶藏四个环节，沉浸式体验“一杯香茗一卷书”的雅艺春建。春建乡通过打造茶文化主题图书分馆、短视频创作中心等线上线下阅读阵地，开展“书香家庭”和“书香茶人”评选活动，发动4000余人参与居民综合阅读率调查，不断擦亮“茶阅春建”全民阅读品牌。

2022年，春建乡茶山风情道

（春建乡　供稿）

【杭州市第四届茶馆文化节暨春建茶文化推广会】 11月9日，杭州市第四届茶馆文化节暨春建茶文化推广会开幕式在春建乡举行，活动由中国国际茶文化研究会茶馆专委会和杭州市茶文化研究会指导，杭州市商务局举办，杭州市茶楼业协会和春建乡人民政府承办。杭州市茶楼业协会与春建乡签订1000千克茶叶采购意向书，杭州市茶文化研究会与杭州市商务局代表为春建乡茶艺空间授牌“茶人之家”，方便茶产业人才交流。

【春建乡获评美丽城镇省级样板】 12月，浙江省城乡环境整治工作领导小组确定春建乡为美丽城镇建设省级样板。春建乡努力打造以都市茶海花园为基础，以三高两路一溪为通道，以碧水蓝天青山为肌底，以人文生态记忆为血脉的综合性茶文化旅游康养生态乡镇。按照“功能便民服务美、共享乐民生活美、兴业富民产业美、魅力亲民人文美、善治为民治理美”的奋斗目标，努力推进“五美”建设，结合全乡产业特色，将茶元素深度融入美丽城镇建设，加快茶产业链建设，打响春建茶品牌，“最清洁”乡村环境成效显著。

【春建乡获评省AAA级景区乡】 12月，春建乡聚焦打造高质量共同富裕示范区要求，坚持以景区的理念规划全乡，以景点的要求建设乡，邀请省城乡规划设计研究院、GAD设计院等单位专家深入研究，高起点编制全乡规划，完成《春建乡“茶艺之乡”规划（初稿）》，启动各行政村村庄规划修编，形成全乡统一风貌，提升全域景区视觉审美，推动春建乡旅游业态良好发展，获评省AAA级景区乡。

（蒋辰雁）

## 新桐乡

【概况】 2022年，新桐乡总面积49.82平方千米，其中城镇建成区面积2.3平方千米，辖行政村7个，股份经济合作社7个，党员663人，党委3个、党总支6个、党支部30个，村民小组79个。总户数4630户，总人口14058人。全年实现财政总收入2.51亿元，其中一般公共预算收入1.4亿元。农民人均收入39639元。

全年实现农业总产值1.11亿元。耕地面积636.41公顷，其中水田面积447.09公顷，高标准农田面积598.67公顷，农作物播种面积1094公顷，其中，粮食作物播种面积686公顷。粮食总产量394万千克。农机总动力6237万千瓦。完成环境污染治理项目1个，投资额200万元。存栏生猪395头，出栏肉猪635头，存栏家禽0.85万羽，出栏家禽0.79万羽，水产品产量2.1万千克。绿化造林3.41公顷，封山育林14001公顷。水果种植面积453.87公顷，水果产量405万千克。茶园面积41.80公顷，茶叶产量2.95万千克。农民专业合作社5个，成员171户。种植大户18户，家庭农场17个。工业总产值11.19亿元，工业企业总数13家，从业人员523人，其中规模以上工业企业6家，实现产值10.65亿元、销售9.25亿元、利润总额2.02亿元。

小学1所，在校小学生195人，教职工27人；幼儿园1所，在园幼儿117人，教职工23人。社区卫生服务中心1家，卫生室3个，执业（助理）医师14人，兽医（防疫）技术人员2人。全年出生98人，计划生育率100%。参加城乡居民养老保险485人。参加城乡居民基本医疗保险6883人。最低生活保障救助人数380人。农户新建房屋76户，建筑面积27360平方米。金融机构网点1个，公园及休闲健身广场21个。

【新桐乡获评省美丽城镇达标乡镇】 10月20日，新桐乡获评2022年度杭州市第二批美丽城镇市级样板，浙江省美丽城镇达标乡镇。建成江滨公园，占地面积25000平方米；提升改造村庄内部休闲广场2处，占地面积1000平方米以上，人均公园绿地面积超过6平方米；建成长川绿道、黄金畈绿道、环岛绿道等绿道3条，总长超过12千米，每万人拥有绿道长度超过8千米；摸排各类问题点位累计612个，面积27358平方米，完成整治392个、拆除面积7900平方米。

【新桐乡中心幼儿园开园】 7月，新桐乡中心幼儿园开园，该项目位于新桐乡新桐村，占地4000平方米，建筑面积2394平方米，开设班级6个，计划投资1800万元。园区设计从“油菜花”中汲取灵感、提取造型元素，整体建筑由四片“花瓣”组成，花瓣三小一大，围绕一个中心庭院呈向心形布置，极具新桐本土特色。新园共有两层，设置6个班的教学用房。西北面为后勤用房与办公行政用房，包含厨房、教工

2022年8月11日，新桐乡举办“烟雨桐洲”阅读社第二季活动“烟雨桐洲，诗词寻宝”青少年沉浸式诗词阅读活动 （新桐乡 供稿）

餐厅、档案室等辅助用房；南面为幼儿活动用房，每层3个班级。该项目于2021年3月开工，获建设工程获富阳政府投资教育项目“双抢双保”竞赛活动第一名。

【新桐村《淇谈贤话》编印】 1月15日，新桐村《淇谈贤话》编印，该书由新桐村首届乡贤联谊会，分“乡贤风采”“血脉乡情”“独特文脉”“合力前行”四个章节，汇集乡贤事迹，反映乡贤心声，弘扬乡贤精神，展示新桐村各领域的优秀人才、乡贤的乡村印象以及村内别具地方气息的乡村故事。

【新桐乡获评区实施乡村振兴战略先进乡】 3月17日，区委办公室、区政府办公室发布《关于评定2021年富阳区实施乡村振兴战略先进单位、新时代美丽乡村建设（最清洁乡村环境）先进单位、绿色发展（林水工作）先进单位、农业稳产保供先进单位、村级集体经济发展先进单位的决定》，新桐乡获评2021年富阳区实施乡村振兴战略先进乡镇、美丽乡村建设（最清洁乡村环境）先进单位，新桐乡新桐村获评2021年富阳区村级集体经济发展先进单位称号。至年底，全乡拥有基本农田636.41公顷，其中高标准农田598.67公顷，以稻油轮作为主。清理非粮化面积140公顷，新增流转耕地173.33公顷，累计流转373.33公顷。全乡粮食播种面积643.33公顷，粮食总产量达到3600余吨。

【新桐乡通过垃圾分类省级高标准分类示范片区验收】 12月，新桐乡垃圾分类省级高标准分类示范片区通过验收。全乡完善生活垃圾分类统筹管理、强化宣传引导及氛围营造、收运配套及设施设备建设等，加大生活垃圾分类工作力度，提高垃圾减量化、资源化和无害化处理能力和水平，改善人民群众生活环境。在小桐洲村、程浦村生活垃圾智能化管理试点的基础上，投入资金60余万元，完成全乡7个行政村生活垃圾分类智能化管理平台建设；投入资金70万元，新建程浦村、江洲村集置点、改造提升新中村及春渚村集置点；投入资金15万元，编排垃圾分类宣传小品，组织志愿者、网格员宣传垃圾分类知识，增加全乡群众提高生活垃圾分类的意识，掌握正确投放方法。

【新桐乡“喜迎党的二十大 争做学习弄潮儿”知识竞赛】 8月19日，新桐乡举办“喜迎党的二十大 争做学习弄潮儿”知识竞赛，新桐乡部分机关干部、村干部代表参加。此次知识竞赛分为内容涵盖“学习强国”平台知识、党的十九届六中全会、省市党代会精神、区委二届二次全会精神、党史知识等。12名队员抽签分为4组，分“小试牛刀”“并肩作战”“手眼并用”“最后一搏”4个环节竞赛。根据各组得分评选出“学习强国”知识竞赛的一、二、三等奖和“最强学习小队”“最强学习达人”。

（陈　琴）

2022年，新桐乡社卫中心医护人员冒雪上门核酸检测

（新桐乡　供稿）

## 新登镇

【概况】 2022年，新登镇总面积179.37平方千米，其中城镇建成区面积11.1平方千米、绿地面积3.27平方千米，辖行政村28个，社区7个，股份经济合作社3个，党员3737人，党委16个、党总支22个、党支部179个，微网格826个。总户数23930户，总人口67839人。实现财政总收入10.7亿元，其中一般公共预算收入5.4亿元。农民人均可支配收入44961元。

全年农业总产值7亿元，农业增加值5.09亿元。耕地面积2447.33公顷，其中水田面积1486.2公顷。农作物播种面积2321.2公顷，其中粮食作物播种面积2251.06公顷。粮食总产量1450万千克。水利投资2180万元。存栏生猪45922头，出栏肉猪91844头，存栏家禽13.36万羽，出栏家禽52.9万羽。水果种植面积882.06公顷，农民专业合作社81个。种植大户35户，家庭农场169个。工业总产值410亿元，工业企业总数545家，从业人员31034人，其中规模以上工业企业92家，实现产值392亿元。建筑业企业140个，住宿餐饮业企业43个，商品交易市场3个。

高中1所，在校高中生2121人，教职工203人；中学2所，在校中学生2698人，教职工237人；小学3所，在校小学生4264人，教职工232人；幼儿园2所，在园幼儿1733人，教职工57人；成校1所，教职工11人；研究院1所，教职工3人。社区卫生服务中心1家，村社区卫生服务站16个，村卫生室9个，医疗床位540张，执业（助理）医师380人。全年出生375人。社会福利收养性单位1个，床位138张。参加城乡居民养老保险1540人。参加城乡居民基本医疗保险26350人。最低生活保障救助人数1252人。农户新建房屋94户，建筑面积33599.6平方米。金融机构网点13个。

【新登镇获省 AAAA 级景区镇】 1月3日，新登镇获评杭州市2021年度浙江省AAAA级景区镇。自2021年3月启动省AAAA级景区镇创建工作以来，新登镇立足自身资源，深挖历史文化资源，完善旅游基础和配套设施，优化景观质量，提升景区镇吸引力，增强游客满意度。通过古城微更新，城墙—城河综合保护工程，实现城墙、城河全面贯通、古城风貌全面显现。做好文化与旅游消费融合文章，推出遗址展示、文创集市、水上风情、时代复兴等主题旅游线路，筹划举办“古城文化周”系列活动，把新登古城打造成长三角地区短途休闲旅游热门目的地。

【新登千年古城入选“浙江文化标识”培育项目】 1月4日，新登千年古城入选首批100项“浙江文化标识”培育项目。新登旧名新城，古称东安，于三国吴黄武五年（226年）置县，有近1800年的置县历史，现存古城为明嘉靖三十五年（1556年）所筑。新登古城墙选址和布局是围山筑城、单面城墙，是省内保存最完整的古城墙之一，也是中国明清城墙中保存较为完好的县城代表。自2017年以来，新登镇全面推动古城复兴，实施古城墙、古城河和老街三大综合整治项目；着力做好文物保护、文化传承和文旅融合三篇文章；持续推进城门考古、城墙联合申遗工作，推动文旅资源转化为现实生产力。

【《古城人家》出版发行】 1月，《古城人家》正式出版发行。该书为《新登文丛》第三辑，由富阳区政协文史委、新登镇人民政府联合编纂，于2021年3月开始启动 ，至2021年9月底完成初稿并交由中国文史出版社审核、编辑、出版。该书共收录了古城新登20个有代表性的姓氏家族的变迁发展、主要人物及传家立业的故事，以弘扬先人耕读传家、乐善好施、尚义重情、热血报国、勤俭治家、书香育人的传统美德，从而提炼出新时代的新登精神。

【新登镇获评疫情防控执行力指数评价优秀乡镇】 4月25日，新登镇被省委组织部评为“疫情防控执行力指数评价优秀乡镇”。新登镇成立镇疫情防控指挥部。在“无疫单元”创建中，创新开展“护家行动”，全镇217个基层党组织充分发挥战斗堡垒作用，组织区镇两级人大代表和党员3000余名、志愿者2万余名参与疫情防控。

【新登镇获“越剧小镇”称号】 6月2日，杭州市文联、杭州市戏剧家协会授予新登镇“越剧小镇”称号，同时授予塔山村“越剧之村”称号。新登镇是知名越剧表演艺术家徐玉兰的故乡，拥有大批戏曲爱好者。新登镇第一、第二幼儿园成立越剧社团，新登镇中心小学建有玉兰花国学社，新登镇中、新登中学相继成立越剧社团，越剧文化在校园得以传承和延续。徐玉兰故居、徐玉兰艺术馆、玉兰亭、东安舞台等场所均已建成并投入使用。

【浙江首个数币应用示范村落地湘溪村】 8月12日，数字人民币应用示范村授牌仪暨乡村振兴战略合作签约仪式在新登镇湘溪村举行，本次活动由中国人民银行富阳支行、区农业农村局和中国农业银行富阳支行等主办。活动围绕村内主要支付场景及特色产业，以湘溪村经济合作社、卫生院、新农学校、民宿、农家乐、商超为载体，搭建数字人民币支付场景22个，实现支付场景全覆盖。农行富阳支行对全村村民发放30元数字人民币红包，并通过周六周日上门辅导村民使用，提升村民进行数币交易的参与度。至年底，开立村民数字人民币账户1600余户，全村数币适用人群覆盖率95%。

【新登镇获千年古城复兴试点优秀单位】 11月5日，新登镇在第一批千年古城复兴试点2021年度评估中名列首位。全年贯通城河2.4千米，基本修复城墙2100余米，完成城墙城河遗址公园。建成元始门、昭阳门，国庆期间揭牌嘉会门，基本完成利遂门、贞成门施工。投入使用秉贤街、新城街两条特色街及徐玉兰艺术馆、越剧文化研究中心等建设工程。

【新登镇获省级小城市培育试点考核第三名】 11月6日，新登镇在省级小城市培育试点单位2021年度考核中，获得全省第一类第三名的历史最佳成绩。新登镇全年新增规上工业企业13家、国家高新技术企业19家、省科技型中小企业28家，实现高新技术产业增加值20.4亿

2022年，新登古城俯瞰图

（新登镇 供稿）

2022年，潘堰村农业观光园

（新登镇　供稿）

元，规上工业总产值392亿元，全镇税收收入突破10亿元，实现开发区新登新区设立时提出的“千亿平台、百亿产业、十亿税收”目标。

【新登镇获浙江省美丽乡村示范乡镇】　12月11日，新登镇获评2022年度浙江省美丽乡村示范乡镇。新登镇构建“拆整—设计—建设—管理”闭环工作体系，通过“建美丽乡村，项目来辅助”机制，拆整点位3875个、拆整面积约23.98万平方米，建设标准厂房，出台《新登镇“阳光工程”建设规范化管理办法》和《新登镇美丽乡村长效管理实施方案》。

【新登葛江景观堰坝工程EPC项目通过竣工验收】　10月31日，新登镇贤明湖公园（一期）——葛江景观堰坝工程EPC项目通过竣工验收。该工程位于新登镇双江口，主要建设内容包含新建景观堰坝1座，总净宽146.8米；新建结合生态护坡的景观叠石河道护岸等。工程防洪标准为20年一遇，设地下控制室，是一项集防洪、排涝、灌溉、景观、水环境治理等功能于一体的综合水利枢纽工程。

【第四届新登上山荷塘音乐节】　7月22日，2022年第四届新登镇上山荷塘音乐节在上山村荷塘景区开幕。活动主题为“荷美新登，莲动共富”，持续时间为一个月，以上山荷塘为主会场，以“小松家的菜”草地和杭州小六石欢乐园为分会场，集文创产品、美食集市、特色趣味互动于一体，呈现一场异彩纷呈的视听盛宴。

（何贤坤　姚燕儿）

## 渌渚镇

【概况】　2022年，渌渚镇总面积79.24平方千米，其中城镇建成区面积15.4平方千米、绿地面积5.32平方千米，辖行政村13个，股份经济合作社13个，党员893人，党委2个、党总支6个、党支部14个，村民小组168个。总户数5894户，总人口16918人。全年实现财政总收入3亿元，其中一般公共预算收入0.73亿元。农村经济总收入5.37亿元，农村经济净收入3.33亿元。农村居民人均可支配收入46405元。

全年农业增加值2.11亿元，耕地面积838.32公顷，其中水田面积856公顷，高标准农田面积341.38公顷，农作物播种面积760.2公顷，其中粮食作物播种面积616.2公顷。粮食总产量514.68万千克。农机总动力1.1万千瓦。水利投工0.23万工，投资650万元。完成环境污染治理项目5个，投资额340万元。存栏生猪4049头，出栏肉猪11184头，存栏家禽1.94万羽，出栏家禽4.21万羽。水产品养殖面积86.73公顷，水产品产量85.66万千克。绿化造林18.13公顷，封山育林1945.93公顷。水果种植面积110.73公顷，水果产量293.6万千克。茶园面积58.33公顷，茶叶产量4.9万千克。农业技术服务机构1个，从业人员28人。农民专业合作社12个，成员170户。种植大户4户，家庭农场30个。全年实现工业总产值32.39亿元，工业企业总数153家，从业人员1672人，其中规模以上工业企业18家，实现产值31.96亿元、销售31.37亿元、利润总额6.45亿元。住宿餐饮业企业2个，营业总收入379万元。商品交易市场9个，交易额14270万元。

小学2所，在校小学生242人，教职工46人；幼儿园1所，在园幼儿190人，教职工35人。社区卫生服务中心1家，卫生室5个，医疗床位5张，执业（助理）医师20人。全年出生113人，计划生育率99.1%。固定电话用户867户，移动电话用户9186户，因特网用户2856户。社会福利收养性单位1个，床位62张。参加城乡居民养老保险419人。参加城乡居民基本医疗保险7680人。最低生活保障救助人数526人。农户新建房屋57户，建筑面积19380平方米。金融机构网点2个，公园及休闲健身广场38个。

【渌渚镇获评2021“孝道富阳”示范领航乡镇】　1月19日，“迎亚运•展风采”（富阳）孝善品牌建设成果展示暨“富春风尚汇”全域启用仪式在富春山馆报告厅举行。渌渚镇党委委员陈一婷作《弘扬孝道文化 升级孝善指数，探索数智治理渌渚新模式》主题汇报，通过以孝善为引领展现美丽人文、以数字为翅膀探索善治乡村、以成果为驱动擦亮品牌底色，介绍渌渚镇“孝道文化”应用成果。展示渌渚镇紧扣浙江共同富裕示范区建设目标，打造现代版富春山居图孝善文化高地，探索新时代别具“渌渚”印记的基层治理新模式，。

【渌渚镇“新时代周雄·暖青”帮扶机制】　3月5日，渌渚镇团委以“团青社”联盟为载体，链接N个资源（“1+3+N”的葛江助联）的长效帮扶机制，儿童主任联系走访、团支部书记认领微心愿职责，为儿童链接五老团、本土社会组织、红十字会、学校等资源，以儿童成长画像为展现形式，为儿童提供生活关心关爱、课后“双减”等精准帮扶，让儿童帮扶关爱形成闭环。全年共帮扶儿童18名。

2022年9月22日，渌渚镇举行平安护航党的二十大誓师大会暨“新时代周雄义警队”成立仪式

（渌渚镇　供稿）

【新登镇中心小学名师乡村工作室】 4月29日，新登镇中心小学名师乡村工作室成立仪式在渌渚镇中心小学举行。区教育局党委委员、副局长周喜军，新登镇教育指导服务中心主任殷忠为工作室授牌。新登镇中心小学副校长周立军作基本情况介绍并宣读工作室实施方案，五位导师表态发言。名师乡村工作室旨在通过发挥名师效应，促进乡村教师成长和提升乡村学校教育质量，实现乡村教育振兴。

【渌渚镇孝善青年班】 4月29日，渌渚镇孝善青年班在镇机关会议室举行开班仪式，镇党委书记楼树良、青年干部17人参加。孝善青年班以“青春心向党，奋进新征程”主题，结合工作开展座谈交流，培养青年干部掌握能说、会写、善干，镇党委书记楼树良以“信仰、能力、方法、自信、孝善”五个词寄语全体学员。

【杭州建材数字化产业港项目】 5月8日，杭州建材数字化产业港打石山矿山开采与生态治理工程开工仪式在渌渚镇举行，区委副书记、政法委书记邵伟斌、杭州交投集团公司党委委员、副总经理苏清和镇主要领导参加。项目位于渌渚镇岘口村，占地面积29公顷、总投资6.9亿元，以交通基础设计原材料生产开发为主业，依托港口资源，探索矿地综合利用，力争成为可持续发展的新型建筑数字化产业基地。渌渚镇将以此为起点，结合发展规划，打造集约化、专业化、长期性的产业链，形成平台效应，带动区域经济发展，助力实现城乡“共同富裕”目标。

【首届杭州富阳·将台山诗会】 6月3日，首届“杭州富阳·将台山诗会”在渌渚镇将台山举行，各界诗友80余人参加。省诗词与楹联学会副会长、市诗词楹联学会会长章剑清授予渌渚镇人民政府“杭州市诗词创作基地”称号。大会以“周雄故里·宋韵渌渚”为主题，展示宋韵文化在渌渚的传承。

【渌渚镇“鼍江共富”党建联盟】 7月1日，渌渚镇举行庆祝七一建党节暨“鼍江共富”党建联盟启动仪式。大会表彰渌渚镇新时代好党员22人、担当作为好支书5人、新时代优秀党务工作者5人、先进基层党组织5个；并为7名党龄50年以上的老党员颁发“光荣在党50年”纪念章。围绕“全域景区、全域园区、孝善闻名的都市和美乡镇”建设要求，渌渚镇以产业、片区为基础，组建“鼍江共富”党建联盟，包括直路片党建联盟、四联片党建联盟、新浦片党建联盟，立足“鼍江共富”党建品牌，渌渚镇13个村、3家企业、1家机关党组织，发布品牌宣言，点亮“鼍江共富”党建地图。

2022年4月29日，渌渚镇孝善青年班开班仪式举行

（渌渚镇　供稿）

【渌渚镇新时代周雄义警队】 9月22日，渌渚镇举行平安护航党的二十大誓师大会暨“新时代周雄义警队”成立仪式，镇党委书记楼树良、镇班子成员、公安富阳分局新登派出所所长以及由镇机关代表、村干部代表、基层站所代表、巡防队员代表、网格员、义警队成员组成的6支代表方队180余人参加。“新时代周雄义警队”队员15人，以奉献、友爱、互助和社会责任为己任，全年开展社会服务、警务志愿和公益活动10场。

【桐庐县钟山乡渌渚镇结对交流】 11

月3日，桐庐县农业农村局副局长、区县协作第三协联络组组长竺燕根、桐庐县钟山乡一行到富阳区渌渚镇开展区县协作镇街结对工作交流。钟山乡各村与渌渚镇各村开展结对认亲，计划开展资源对接、合作开发等互利共赢活动。

【2022“民间民俗·多彩浙江”周雄孝文化节】 11月19日，2022“民间民俗·多彩浙江”周雄孝文化节在渌渚镇举办。本次活动以“孝善行天下，同奔共富路”为主题，通过宋韵、孝善和共富三大篇章，以歌舞、情景剧、采访和朗诵等形式，展现渌渚镇浓郁的孝善氛围和独特的精神文化标识。

（楼　晓）

## 胥口镇

【概况】 2022年，胥口镇总面积68.82平方千米，其中城镇建成区面积6.54平方千米、绿地面积58.6平方千米，辖行政村13个，股份经济合作社13个，党员1180人，党委3个、党总支14个、党支部53个，村民小组213个。总户数6483户，总人口18028人。农民人均收入38457元。

全年农业增加值1.92亿元。耕地面积881.1公顷。存栏生猪7183头，出栏肉猪15591头，存栏家禽5.71万羽，出栏家禽17.76万羽。绿化造林3.2公顷，封山育林1504公顷。水果种植面积123.9公顷，水果产量4133万千克。茶园面积84.73公顷，茶叶产量106.21万千克。农业技术服务机构3个，从业人员14人。农民专业合作社21个，成员139户。种植大户23户，家庭农场53个。工业企业总数98家，从业人员3886人，其中规模以上工业企业17家，实现产值57.38亿元、销售61.18亿元、利润总额12.64亿元。建筑业企业4个，总产值5438万元。商品交易市场1个，交易额700万元。

小学1所，在校小学生454人，教职工49人；幼儿园1所，在园幼儿338人，教职工45人。社区卫生服务中心1家，卫生室5个，医疗床位9张，执业（助理）医师21人，兽医（防疫）技术人员3人。全年出生95人。固定电话用户965户，移动电话用户9376户，因特网用户1025户。社会福利收养性单位1个，床位197张。参加城乡居民养老保险641人。参加城乡居民基本医疗保险8793人。最低生活保障救助人数381人。农户新建房屋46户，建筑面积5520平方米。金融机构网点2个，公园及休闲健身广场35个。

【古东安县域风貌样板区创建迎接省级考核验收】 9月21日，浙江省城乡风貌验收组对富阳古东安县域风貌样板区创建进行考核验收。该风貌区跨越新登镇、胥口镇两大镇区，核心区域规划面积约7.73平方千米。验收组前往胥口镇、新登镇，实地踏看峭山小叠空、胥高线及葛溪绿道、生物医药产业园、潘堰村、上山村、新登古城等点位，考察葛洪丹谷文化、美丽河湖创建、特色产业发展、未来乡村建设、千年古城复兴等城乡风貌建设成果。

【胥口镇实现公交通行全覆盖】 9月21日，胥口镇高联村实现公交通车，胥口镇实现辖区13个行政村公交车全覆盖。2211C路公交车始发站为新登西站，途经20站，终点至徐家。根据村民出行需求，每3个小时一个班次。新登西站首班车为早上5点30分，末班车为下午5点30分；徐家站首班车为早上6点，末班车为下午5点05分。

【胥口镇中心小学启用】 9月10日，胥口镇中心小学完成易地新建，正式启动。该校位于胥口镇胥口村，原胥口中学旧址，以24班规模进行设计，用地面积2.62公顷，总建筑面积19465.43平方米。学校为新中式风格的江南书院建筑，采用坡屋顶、飞檐、牌楼等元素，同时在围合空间中设置江南庭院，以融合梅、兰、竹、菊等传统文化元素，营造学校静逸灵动的教学活动空间，总投资7500万元。

【虞大明名师乡村工作室揭牌】 9月10日，虞大明名师乡村工作室正式揭牌，该工作室位于胥口镇中心小学，由胥口镇乡贤虞大明（杭州新世纪外国语学校校长，全国优秀教师，浙江省特级教师）建立，将进一步发挥主城区办学师资优势，为胥口镇教师发展搭建平台，实现城乡师资互通。

【胥口镇省级特色小镇验收命名考核】 8月26日，省级特色小镇验收组对富阳药谷小镇开展升级特色小镇实地验收命名考核。验收组对药谷小镇创建工作取得的成效给予肯定，希望小镇全力打造大健康产业示范区、文旅康养型旅游度假区和“三生融合”高质量发展共同富裕实践区。

【第二届香囊设计制作大赛】 6月2日，浙江省“葛洪丹谷”杯药膳烹饪邀请赛暨第二届香囊设计制作大赛颁奖典礼在胥口镇药谷客厅

2022年9月10日，胥口镇中心小学启用

（胥口镇　供稿）

2022年6月2日，胥口镇举办浙江省药谷小镇中医药养生文化节
（胥口镇　供稿）

举行。香囊设计制作大赛获奖者、药膳烹饪邀请赛获奖者获表彰，磐安江南药镇、富阳“葛洪丹谷”、千岛湖临岐润养小镇共同签署“共建共享中医药资源促共同富裕示范区建设”发展战略合作协议。

【胥口荣誉】　12月，浙江省城乡环境整治工作领导小组公布2022年度全省美丽城镇建设工作考核结果，胥口镇入围美丽城镇建设省级样板名单；2023年2月，浙江省住房和城乡建设厅公布2022年度浙江省园林城镇评审结果，胥口镇获评“浙江省园林城镇”；6月，浙江省摄影家协会公布首批“浙江省摄影之乡”名单，胥口镇入围；12月9日，浙江省残疾人联合会办公室公布2022年度五星级残疾人之家评定结果，胥口镇九如城残疾人之家入围。
（俞铖涛）

## 永昌镇

【概况】　2022年，永昌镇总面积49.59平方千米，其中城镇建成区面积1.08平方千米，辖行政村5个，股份经济合作社5个，党员591人，党委3个、党总支4个、党支部35个，村民小组123个。总户数3403户，户籍人口10960人。全年实现财政总收入1.25亿元，其中一般公共预算收入0.35亿元，农民人均收入47798元。

全年农业增加值1.46亿元，耕地面积641公顷，其中水田面积392公顷，高标准农田面积287公顷，农作物播种面积856公顷，其中粮食作物播种面积611公顷。粮食总产量395万千克。农机总动力0.3万千瓦。存栏生猪6528头，出栏肉猪13485头，存栏家禽1.49万羽，出栏家禽4.5万羽。水果种植面积98.67公顷，水果产量1753吨。茶园面积52公顷，茶叶产量450吨。农业技术服务机构个数1个，从业人员25人。农民专业合作社数量5个，成员410户。种植大户6户，家庭农场32个。工业企业总数111家，从业人员1956人，其中规模以上工业企业26家，实现规上工业总产值14.17亿元、货物进出口总额5.03亿元、社会销售品零售额0.73亿元。

技工学校1所，在校中学生894人，教职工120人；小学1所，在校小学生436人，教职工46人；幼儿园1所，在园幼儿230人，教职工7人。社区卫生服务中心1家，卫生室2个，医疗床位4张，执业（助理）医师13人，兽医（防疫）技术人员2人。全年出生62人。参加城乡居民养老保险97人。参加城乡居民基本医疗保险4354人。最低生活保障救助人数135人。完成宅基地审批29户，其中在建农户20户，轻钢结构农户1户，面积共6800平方米。金融机构网点2个，公园及休闲健身广场7个。

【东弘智能装备核心零部件产业园】　9月6日，富阳经济技术开发区管理委员会与慧空东弘（杭州）产业园发展有限公司签订东弘智能装备核心零部件产业园项目合作协议书。项目位于永昌镇永昌村，一期投资2.5亿元，占地约4.53公顷，建筑面积8万余平方米，产业园以工业厂房租赁经营模式进行招商引资，引进具有浙江大学创新园区招商管理背景的慧空（杭州）科技服务有限公司，共同组建管理团队负责园区的招商、运行和维护管理，主要面向装备制造、新材料、信息经济领域高精特新项目进行招商。10月15日，举行“慧空东弘产业园”首批企业入园签约仪式，杭州高复新材料有限公司、环保催化剂项目、浙江灵心信息科技有限公司、浙江国井环保科技有限公司、浙大海伦（浙江新澜教育科技有限公司）五家企业（项目）与慧空东弘（杭州）科技服务有限公司签订入园服务协议。

2022年9月6日，东弘智能装备核心零部件产业园项目落户永昌镇，图为一期效果图
（永昌镇　供稿）

2022年，永昌镇2号路开通

（永昌镇　供稿）

【漫永昌特色产业联盟迭代升级】 漫永昌特色产业联盟迭代升级，成员扩容至47人，销售收入首次突破500万元，形成“党建引领＋联盟供货＋公司运营＋公益基金＋乡村振兴”共富模式，提升永昌高菜、臭豆腐、凤爪等销量。

【永昌镇“产业强镇”奖励扶持办法】 5月，制定出台《永昌镇实施“产业强镇和人才强镇”助力乡村振兴共同富裕奖励扶持实施办法》，镇财政每年安排产业转型升级专项扶持资金30万元，用于企业产业发展和人才引进。至年底，兑现资金21万元，完成小升规企业2家，新增省科技型中小企业2家，推动胶鞋、特种纸、食品等产业转型升级，亦正水处理、钧瑞机械、杭州千雅实业有限公司等项目投产，总投资超1.1亿元。

【“永昌风尚红”党建品牌】 6月30日，永昌镇“庆七一·忆初心”暨“永昌风尚红”启动仪式在永昌村文化礼堂举行。“永昌风尚红”是永昌镇2022年创立的党建品牌，包含“思想红、岗位红、公益红、先锋红、联盟红”五个方面，旨在守好红色根脉、担好岗位职责、做好公益志愿、抓好先锋模范、办好联盟事业，进一步激发敢拼敢干的锐气、唯实惟先的风气、走在前列的志气，为打造“五宜五园”，建设恬漫永昌贡献力量。

【永昌镇教育品牌建设】 8月，举办首届永昌风尚教育基金颁奖活动；永昌镇中心小学打造小班化金名片，创建省小班化实验学校和健康促进学校，获省现代化学校、市教育学会会员单位、区劳动教育示范学校等荣誉；11月，永昌镇中心幼儿园成功创建省一级幼儿园；杭州润匠科技技工学校新增中药、美术设计与制作等专业学科2门。

【永昌镇非粮化整治】 全年种粮面积453.33公顷，培育种粮承包大户7个，其中千亩以上种粮大户1个，连片承包农田224.27公顷，完成粮功区“非粮化”复耕29.33公顷。投资300余万元完善农田水利配套设施，提升农业产业化、经营规模化基础条件。

【永昌镇美丽乡村建设】 9月，省“除四害村”建设现场推进会在永昌镇唐昌村召开，永昌镇作为全市唯一代表就“除四害村”建设做法及成效在大会上作典型发言。永昌镇投资2300余万元，全面推进新时代美丽乡村建设，全年拆整点位470个，拆整面积3.4万平方米，新增停车场100余个。永昌镇全域创建“除四害”样板镇，永昌村成功创建浙江省AAA级景区村，青何村获省级美丽宜居示范村、第六批中国传统村落称号等荣誉。

（洪　焱）

## 大源镇

【概况】 2022年，大源镇总面积105.23平方千米，其中城镇建成区面积5.47平方千米、绿地面积0.02平方千米，辖行政村15个，社区2个，股份经济合作社15个，党员1981人，党委10个、党总支7个、党支部83个，村民小组199个。总户数10255户，总人口35934人。全年实现财政总收入4.09亿元，其中一般公共预算收入1.07亿元。农村集体经济总收入0.56亿元。农民人均收入63002元。

耕地面积483公顷，其中水田面积220公顷，高标准农田面积42公顷，农作物播种面积1121公顷，其中：粮食作物播种面积495公顷。粮食总产量389万千克。农机总动力0.33万千瓦。水利投工2.29万工，投资864万元。完成环境污染治理项目1个，投资额100万元。存栏生猪540头，出栏肉猪750头，存栏家禽2.5万羽，出栏家禽4.2万羽。绿化造林3.5公顷，封山育林2950公顷。水果种植面积4公顷，水果产量12万千克。茶园面积55公顷，茶叶产量8.3万千克。农业技术服务机构1个，从业人员8人。农民专业合作社9个，成员120户。种植大户9户，家庭农场6个。工业总产值133.8亿元，工业企业总数425家，从业人员4918人，其中规模以上工业企业28家，实现产值106.8亿元、销售104.8亿元、利润总额2.9亿元。

中学1所，在校中学生1149人，教职工140人；小学4所，在校小学生1667人，教职工187人；幼儿园1所，在园幼儿722人，教职工89人。社区卫生服务中心1家，卫生服务站5个，卫生服务室6个，医疗床位34张，执业（助理）医师42人。全年出生277人，计划生育率97.47%。参加城乡居民养老保险10777人。参加城乡居民基本医疗保险16039人。最低生活保障救助人数691人。农户新建房屋166户，建筑面积5.78万平方米。金融机构网点

2022年6月7日，大源镇“活力源”党群志愿服务联盟启动

（大源镇　供稿）

23个，公园及休闲健身广场33个。

【大源镇复工复产专项招聘会】 2月24日，大源镇举行2022年度企业复工复产专项招聘会，到场招聘企业20余家，提供岗位110个，岗位需求845人次。现场完成应聘登记工头223人，达成初步就业意向103人。

【大源镇科学技术协会第九次代表大会】 4月28日，大源镇科学技术协会第九次代表大会召开，科协代表39人参加。大会听取和审议镇科协第八届委员会工作报告，选举产生第九届委员会和主席、副主席、秘书长。

【蒋家村新时代美丽乡村标杆点】 5月，蒋家村新时代美丽乡村标杆点项目完工。项目以“江南台门·耕读传家”为特色，投入近3000万元，充分挖掘利用现有老台门资源，打造以麦家影视文学、红色报刊史料研学中心、蒋氏耕读文化为特色的三大区块，建设内容包括节点建设、立面整治、环境提升、数字化场景、未来乡村、亮灯工程等，再现蒋家村江南乡村独特魅力，开启共同富裕新步伐。

【大源镇“活力源”党群志愿服务联盟启动】 6月7日，大源镇举办“活力源”党群志愿服务联盟启动仪式，“活力源”“星火”“桑榆”“后浪”“women”“铁脚板”“连心”7支志愿服务队110余名志愿者参与活动。通过党建引领进一步凝聚合力，推动志愿服务从“单打独斗”走向“协同作战”，增强志愿服务的凝聚力和战斗力。

【大源镇“石榴籽”民族团结进步共建联盟成立】 6月10日，大源镇“石榴籽”民族团结进步共建联盟成立，区委常委、统战部部长祝燕青，副部长、民宗局局长李迪华，部务会成员项开鹏等领导出席活动。活动现场，祝燕青部长为“石榴籽”民族团结进步共建联盟揭牌。共建联盟由大源镇商会、侨联、知联分会、党外代表人士等组成，联盟自成立以来，投资30余万元为育才学校提升校园文化建设，改版“石榴籽”民族校本教材，添置民族服装、民族特色大课间体育用品，以及民族馆内课桌椅等。育才学校于12月被评为浙江省第四批民族团结进步创建重点培育单位。

【富阳区“人大代表联络站共享法庭”揭牌】 10月21日，杭州市富阳区“人大代表联络站共享法庭”揭牌活动在大源镇人大代表联络中心站举行，区人民法院、区人大、部分乡镇（街道）人大及区人大代表约30人参加。大源镇人大代表联络站共享法庭自成立以来，协同富阳区人民法院城南法庭、民一法庭、富阳区司法局大源司法所、公安富阳分局大源派出所等基层单位，办理案件20余起，化解矛盾纠纷70余件，开展普法教育培训3场。“共享法庭”与人大代表联络站相融合，为人民群众化解矛盾、搭建新平台，为人大代表听取群众意见提供新途径，为人民法院主动接受人大监督开辟新窗口，有效整合人大与法院的平台资源优势，助推基层治理体系和治理能力现代化。

【共青团大源镇第二十三次代表大会】 10月28日，共青团大源镇第二十三次代表大会召开，基层团代表40余名参加。会议听取并审议共青团大源镇第二十二届委员会工作报告，选举产生第二十三届委员会。共青团大源镇第二十三届委员会第一次会议选举产生书记1名、专职副书记1名、挂职副书记1名、兼职副书记1名。

【杭黄站场综合体区块回迁安置】 11月26日至11月30日，大源镇启动亭山安置房选房工作。选房对象为2017年杭黄铁路站场综合体区块房屋搬迁项目涉及的302户搬迁户。此次分房的安置小区是亭山万和府和旭阳佳苑（二期），亭山万和府小区共有住宅1180套，旭阳佳苑（二

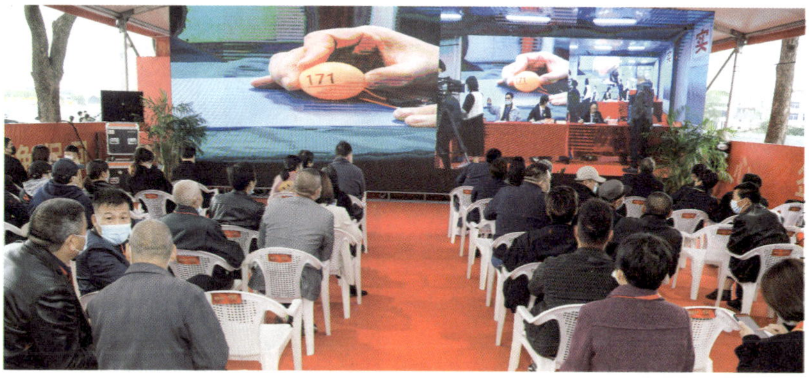
2022年11月26日至11月30日，大源镇启动亭山安置房选房工作

（大源镇　供稿）

期）有住宅395套，每个小区都有90平方米、120平方米、150平方米、180平方米四种户型，均为高层房屋。

【大源镇入选省美丽乡村示范乡镇】 12月，经浙江省“千村示范、万村整治”工作协调小组核定，大源镇入选2022年度浙江省美丽乡村示范乡镇。大源镇依托新时代美丽乡村和标杆点建设、“纸乡竹韵”精品线路等项目，不断深化美丽建设、共富行动和治理体系，全力推进宜居宜业宜游和美乡村建设。

（方舒杨）

## 灵桥镇

【概况】 2022年，灵桥镇总面积54.84平方千米，辖行政村13个，股份经济合作社13个，党员1608人，党委9个、党总支6个、党支部58个，村民小组151个。年末总户数6294户，总人口27115人。全年实现财政总收入2.54亿元，其中一般公共预算收入1.22亿元。农村经济总收入206.63亿元，农村经济净收入20.45亿元，农民人均收入49036元。

全年农业总产值1亿元，耕地面积435.6公顷，其中水田面积207.2公顷，高标准农田面积119.69公顷，农作物播种面积446.66公顷，其中，粮食作物播种面积380公顷。粮食总产量210.6万千克。农机总动力4404千瓦。存栏生猪495头，出栏肉890头。水产品养殖面积38.4公顷，水产品产量49.3万千克。绿化造林70公顷，封山育林3733公顷。水果种植面积32.46公顷，水果产量155万千克。茶园面积200公顷，茶叶产量82万千克。农业技术服务机构1个，从业人员10人。农民专业合作社10个，成员250户。种植大户52户，家庭农场17个。工业企业总数184家，其中规模以上工业企业31家，实现产值21.2亿元、销售20.9亿元。建筑业企业1个，总产值25840万元。固定资产投资总额45.3亿元，其中工业投资44.8亿元。限上批发零售单位6家，全年销售额24.2亿元，规上工业研发投入8426万元。

2022年1月9日，灵桥镇举行“情暖新春 爱汇富阳”感恩城市建设者志愿服务暨统一战线同心专家医疗团成立仪式 （灵桥镇 供稿）

中学2所，在校中学生532人，教师58人；小学4所，在校小学生904人，教师92人；幼儿园2所，在园幼儿427人，教师44人。灵桥社区卫生服务中心1家，核定床位5张，执业（助理）医师23人，灵桥辖区内卫生室9家，全年出生228人。社会福利收养性单位1个，床位154张。参加城乡居民养老保险329人。参加城乡居民基本医疗保险9026人。最低生活保障救助人数543人。农户新建房屋66户，建筑面积约24000平方米。金融机构网点1个，体育健身公园2个，老百姓健身房2个。

【灵桥镇冬季无偿献血活动】 1月7日，灵桥镇举行2022年冬季无偿献血活动，来自镇机关、各村、学校、企事业单位的299人成功献血，献血总量达82300毫升，其中献血量300毫升103人，400毫升61人。

【感恩城市建设者志愿服务暨统一战线同心专家医疗团成立】 1月9日，“情暖新春 爱汇富阳”感恩城市建设者志愿服务暨统一战线同心专家医疗团成立仪式在滨富特别合作区“杭州富芯”项目建设现场举行，富阳区委统战部、灵桥镇政府、区同心公益服务中心、区第一人民医院等单位的统战力量参加。专家医疗团现场为城市建设者提供义诊和健康咨询服务，慰问节日期间坚守岗位的一线建设者，并向“新富阳人”发出留富过年的倡议。

【滨富合作区“共享法庭”揭牌】 3月30日，滨富合作区“共享法庭”在灵桥镇政府揭牌。滨富合作区“共享法庭”依托“共享法庭”法治驿站，为镇村干部、企业主、党员、村民代表等提供法治培训，为园区企业和群众提供智能司法、业务指导、多元解纷、法治宣传、代表联络、党建教育等一站式服务。至年底，滨富合作区“共享法庭”组织

2022年5月19日，“亲清直通车·政企恳谈会”暨滨富特别合作区重点企业座谈会召开 （灵桥镇 供稿）

法治培训15场次，调解各类案件纠纷600余起，就先进经验在杭州市共享法庭推进会上作交流发言。

【滨富合作区“亲清直通车·政企恳谈会”】 5月19日，“亲清直通车·政企恳谈会”暨滨富特别合作区重点企业座谈会在灵桥镇召开，12位企业家代表与区工商联、区服务企业办、富春湾新城管委会、滨富特别合作区管委会等有关部门参加。会议针对企业供应链畅通、用工成本上升、“留心留根”政策兑现、减税降费政策及人才房安置、产业链配套、园区市政配套等问题进行沟通交流。

【灵桥安置小区A区块项目封顶】 5月20日，灵桥安置小区A区块项目封顶，项目位于灵桥镇，总用地面积11.27公顷，东至王家宕路，南至富春湾大道，西至环西路，北至工业路，总投资约14.28亿元，总建筑面积42.96万平方米，主要建设内容包括高层28幢、多层2幢，总住户2142户，配有机动车位3266个。

【灵桥党史馆开馆】 6月30日，富阳灵桥党史馆开馆，灵桥镇全体班子成员、中层干部、各村书记参加。灵桥党史馆位于灵桥镇兴华红色历史展览馆内，布展面积200余平方米，分组织沿革、革命征途、大事摘录、党史人物、红色故事等板块9个。展览内容为1926年底至1931年上半年，中共党组织在灵桥的发展壮大和对敌斗争历程。

【灵桥镇永丰安置区选房】 11月25日至12月15日，灵桥镇永丰区块安置房选房工作完成，本次选房由公证处全程主持参与并现场直播。搬迁人员按选房顺序通知书规定的时间到场后，根据选房顺序号依次选房，共完成416户1216套房选房。

【中共灵桥镇第十六届代表大会第二次会议】 12月27日，中共灵桥镇第十六届代表大会第二次会议举行，正式代表64人参加。镇党委书记章绘作题为“聚焦产业建设，推进统筹发展，为接续打造区域合作共赢，共建共富共享的美丽新灵桥而努力奋斗”的工作报告，大会回顾总结中国共产党灵桥镇第十六届代表大会第一次会议以来的工作，团结带领全镇广大党员群众，围绕区委《聚力产业强区，推进两个先行，高水平描绘现代版富春山居图》的要求，聚焦产业建设，推进统筹发展，以特别合作开新局，全域提升谱新篇，为接续打造区域合作共赢、共建共富共享的美丽新灵桥而努力奋斗。

【灵桥镇第十八届人民代表大会第三次会议】 12月29日，灵桥镇第十八届人民代表大会第三次会议召开，来自全镇各行各业、各条战线的镇人大代表、列席人员共61人参加。大会书面审查《灵桥镇人民政府财政报告》《灵桥镇2022年度法治政府建设情况的报告》《灵桥镇2022年度环境状况和环境保护目标完成情况的报告》，听取并审议《灵桥镇人民政府2022年民生实事项目完成情况及2023年民生实事项目说明的报告》，选举周广为灵桥镇人民政府镇长，杨荣为灵桥镇人大主席，项志强为灵桥镇人民政府副镇长。

（袁　源）

## 里山镇

【概况】 2022年，里山镇总面积25.43平方千米，其中城镇建成区面积0.52平方千米、绿地面积0.06平方千米，辖行政村5个，股份经济合作社5个，党员624人，党委4个、党总支2个、党支部6个，村民小组71个。总户数3050户，总人口10302人。全年实现财政总收入4018万元，其中一般公共预算收入1012万元。农村经济总收入46.07亿元，农村经济净收入3.85亿元。

耕地面积354.2公顷，其中水田面积8.2公顷，农作物播种面积346公顷，其中，粮食作物播种面积117.8公顷。粮食总产量257万千克。存栏生猪420头，出栏肉猪1191头，存栏家禽0.76万羽，出栏家禽1.4万羽。绿化造林1公顷，封山育林6.8公顷。水果种植面积33.53公顷，水果产量88.95万千克。茶园面积416.53公顷，茶叶产量55.1万千克。农业技术服务机构个数1个，从业人员3人。农民专业合作社数量7个，成员205户。种植大户9户，家庭农场9个。工业企业总数45家，从业人员1405人，其中规模以上工业企业15家，实现产值23.55亿元、销售23.27亿元。

小学1所，在校小学生215人，教职工28人；幼儿园1所，在园幼儿157人，教职工25人。社区卫生服务中心1家，社区卫生服务站2个，核定床位5张，执业（助理）医师11人，乡村医生2名。全年出生63人，计划生育率100%。固定电话用户669户，移动电话用户2749户，因特网用户1720户。参加城乡居民养老保险378人。参加城乡居民基本医疗保险4187人。最低生活保障救助人数164人。农户新建房屋41户，建筑面积14760平方米。金融机构网点1个，公园及休闲健身广场20个。

【“渔”你奔共富·幸福在这“里”云村晚】 1月，里山镇、渔山乡在渔山村文化礼堂共同举办“‘渔’你奔共富·幸福在这‘里’”云村晚，并以网络直播的方式呈现，通过“始终‘渔’你在一起”“幸福乡村数这‘里’”“齐心奔向共富路”三个篇章，营造共庆新春、共迎亚运、共享幸福的浓厚氛围。

【富阳区工商联与里山镇签约仪式】 3月，里山镇联合区工商联启动安顶云雾茶共富渠道预售，区工商联主席、浙江金固股份有限公司董事长孙锋峰与里山镇镇长詹永杰代表双方签订《“党建引领带共富 民企力量助振兴”战略合作框架协议》，双方在区委统战部指导下，发挥党建联盟优势，加大招商引资、项目争取、产业助销力度，助力云雾茶镇产业培育、乡村振兴、共富发展。

【里山安顶云上茶文化节】 4月，云上茶飘香·浙“里”共富裕——2022富阳安顶云雾茶文化节举办，活动通过央视频、中国蓝新闻同步

2022年6月，里山镇创建“红心绿叶·五彩共富”村域党建品牌
（里山镇　供稿）

直播，以一系列场景类体验式、沉浸式直播链接里山镇山水之约、人文之约、发展之约。全方位展现里山云雾茶镇的山水禀赋和厚重人文，为里山镇打造独具特色现代版富春山居图上的“共同富裕示范区”“未来村镇示范区”“全域景区示范区”增添风采。

【里山镇富春标杆点项目建设】 5月，里山镇完成富春标杆点项目建设，总投资2880万元。挖掘安顶山高山云雾、日出日落、明月星空等资源，打造星空露营、云雾茶吧、天空之镜等新业态，拓展茶园风光、松香茶径、数字茶园等功能板块，引进市场主体，推出“新安顶八景”，完善基础设施、延伸产业触点、引入数字管理、丰富文旅业态，提升安顶山休闲观光旅游品质。全年新业态助力村集体增收120余万元。

【里山镇与浙江大学校地合作】 5月，里山镇开展“迎国际茶日·品茶香茶韵”系列活动，与浙江大学茶学系签订合作协议，设浙江大学茶学系教学实习基地。充分发挥“双一流”高校技术优势、人才优势、资源优势，与浙江大学的党建联盟取得产业人才驻点、产业渠道共享、产业品牌推广等实质性成果，打造校地合作“浙里”模式。

【里山镇茶产业数字化项目】 5月，里山镇实施富阳区首个以茶产业为主体的数字化项目，探索安顶山区域产业发展、旅游服务、景区管理的“数智”闭环。该项目以安顶山核心区块23.33公顷茶园现代农业发展需求为导向，以加快茶园农业与大数据、物联网等信息技术融合应用为基础，建设集生态茶园管理、茶叶质量追溯、技术研发、茶园产业带动安顶山旅游发展为重点的智慧茶园平台，“茶香安顶”小程序最高在线人数2000余人。

【里山镇“红心绿叶·五彩共富”村域党建品牌】 6月，里山镇各行政村依托自身特色，创建“红心绿叶·五彩共富”村域党建品牌，以“一村一品”精准帮扶群众，探索出基层治理发展新模式。其中：里山村打造“善治有为·奋进里山”党建品牌，灵峰村打造“睦邻连心·上善灵峰”党建品牌，民强村打造“古朴润心·洁美民强”党建品牌，马鞍山村打造“云水长流地·匠心马鞍山”党建品牌，安顶村打造“云上飘香·富美安顶”党建品牌。

【里山镇民宿农家乐联盟】 10月，里山镇民宿农家乐联盟成立大会在安顶游客接待中心召开，全镇16家民宿农家乐经营业主参加。联盟成立标志着里山镇民宿农家乐行业发展由零散个体式升级向组织行业式转变，为规范民宿农家乐经营行为，搭建民宿农家乐业主与政府沟通桥梁，也为民宿农家乐产业特色化、品牌化发展增添动力。
（金路华）

## 渔山乡

【概况】 2022年，渔山乡总面积36.76平方千米，其中城镇建成区面积11.5平方千米、绿地面积0.02平方千米，辖行政村4个，党员559人，党委4个、党总支2个、党支部20个，村民小组80个。总户数3708户，总人口13036人。全年实现财政总收入8813.75万元，其中一般公共预算收入2896.75万元。农民人均收入45454元。

耕地面积276.3公顷，其中水田面积204.02公顷，高标准农田面积133.73公顷，农作物播种面积370公顷，其中：粮食作物播种面积280公顷。粮食总产量168万千克。农机总动力0.84万千瓦。水利投工0.45万工，投资300万元。完成环境污染治理项目1个，投资额100万元。存栏生猪2567头，出栏

2022年10月，里山镇民宿农家乐联盟成立大会举行
（里山镇　供稿）

2022年8月5日，杭州文澜阁《四库全书》抗战西迁首站研学中心开馆

（渔山乡　供稿）

肉猪2823头，存栏家禽0.5万羽，出栏家禽1.8万羽。绿化造林16.7公顷，封山育林1640公顷。茶园面积259.1公顷，茶叶产量31.8万千克。农业技术服务机构1个，从业人员5人。农民专业合作社4个，成员276户。种植大户7户，家庭农场7个。工业企业总数33家，从业人员783人，其中规模以上工业企业4家，实现产值3.27亿元、销售3.34亿元、利润总额0.1亿元。住宿餐饮业企业1个，营业总收入130万元。商品交易市场1个。

小学1所，在校小学生216人，教职工30人；幼儿园1所，在园幼儿147人，教职工26人。社区卫生服务中心1家，卫生室4个，医疗床位6张，执业（助理）医师12人，全年出生70人，计划生育率100%。参加城乡居民基本医疗保险12989人。最低生活保障救助人数223人。农户新建房屋45户，建筑面积16200平方米。金融机构网点1个，公园及休闲健身广场18个。

**【渔山乡“非粮化”整治】** 5月，渔山乡全面完成土地“非粮化”整治工作，通过党员带头签约，包干推进等形式，用时一个月完成66.67余公顷苗木田及零星土地的政策处理和统一流转，累计投入300余万元对基础设施进行改造提升，为保障粮食生产、提升农田效益奠定基础。

**【芒种节气活动举办】** 6月6日，2022年杭州富阳·渔山稻香文化节在渔山乡省级粮食生产功能区举行。此次芒种节气活动共包含“智趣梦想稻田”认养、农旅项目签约、生态文旅线路发布等项目。

**【杭州文澜阁《四库全书》抗战西迁首站研学中心开馆】** 8月5日，杭州文澜阁《四库全书》抗战西迁首站研学中心正式开馆。该研学中心位于渔山乡五岭村，场馆面积600余平方米，研学中心以“展板+实物”的形式丰富展陈内容，深度还原文澜阁《四库全书》6次迁移及最后完璧归“杭”的艰辛历程。同时，借助声、光、电技术，给民众带来全方位的沉浸式学习新体验。

**【“喜迎二十大”渔浦诗会举办】** 9月9日，富阳区统一战线“喜迎二十大”渔浦中秋诗会在渔山乡渔浦潭举行。该次渔浦诗会分“渔浦江山天下稀”“百年征程写奇迹”“共同富裕奔小康”三个篇章，巧妙地将传统文化与红色元素相融合。用一首首激情洋溢的诗篇和充满力量与温暖的诵读，演绎出一代代中国共产党人接续奋斗的豪情，表达出对党的热爱以及对未来发展的畅想。

**【第十一届稻香节举办】** 11月5日，“共富稻乡，诗画丰景”2022杭州富阳·渔山稻香文化节在渔山乡省级粮食生产功能区举办。此次稻香节活动通过稻田艺术、稻田农耕、稻田歌唱、稻田音乐、稻田美食、稻田集市、稻田展览等活动，充分展示以稻作为主的农耕文化，让游客深度感受粮食生态传统和绿色生态资源的“零距离”体验。

**【大葛村陈村坞—女娲殿林道浇筑工程】** 11月，大葛村陈村坞——女娲殿林道浇筑工程全面完工，该林道总长度3千米，投资430万元。林道建成后，进一步方便了群众出行，同时也将带动高山茶叶、西瓜、

2022年11月5日，“共富稻乡，诗画丰景”2022杭州富阳·渔山稻香文化节举办

（渔山乡　供稿）

休闲旅游等产业进一步发展。

【渔山乡入选省级美丽城镇】 12月，经浙江省城乡环境整治工作领导小组核定，渔山乡入选2022年度美丽城镇建设基本达标城镇。近年来，渔山乡依托新时代美丽乡村建设，不断加大乡村环境整治力度，全力打造有颜值有品质的乡村面貌。

（李　铭）

## 上官乡

【概况】 2022年，上官乡总面积27.06平方千米，其中城镇建成区面积0.1平方千米、绿地面积15.3平方千米，辖行政村5个，股份经济合作社5个，党员518人，党委3个、党总支4个、党支部26个，村民小组72个。总户数2717户，总人口8821人。全年实现财政总收入0.46亿元，其中一般公共预算收入0.23亿元。农民人均收入49130元。

全年实现农业总产值1.52亿元。耕地面积212公顷，其中水田面积110.83公顷，高标准农田面积13.3公顷，农作物播种面积240公顷，其中粮食作物播种面积134公顷。粮食总产量811万千克。水利投工0.5万工，投资1000万元。存栏生猪1323头，出栏肉猪1962头，存栏家禽2.5万羽，出栏家禽5.6万羽。水产品养殖面积0.47公顷，水产品产量1.2万千克。绿化造林3.3公顷，封山育林467公顷。水果种植面积8.67公顷，水果产量6.43万千克。茶园面积47.4公顷，茶叶产量5.2万千克。农业技术服务机构个数1个，从业人员4人。农民专业合作社数量7个，成员50户。种植大户3户，家庭农场3个。工业企业总数103家，从业人员7520人，其中规模以上工业企业8家，实现产值2.32亿元、销售2.28亿元、建筑业企业16个，住宿餐饮业企业31个，商品交易市场1个。

小学1所，在校小学生451人，教职工45人；幼儿园1所，在园幼儿180人，教职工26人。社区卫生服务中心1家，卫生室2个，医疗床位4张，执业（助理）医师13人，兽医（防疫）技术人员1人。全年出生44人，计划生育率100%。固定电话用户412户，移动电话用户5203户，华数网络用户658户。参加城乡居民养老保险2491人。参加城乡居民基本医疗保险7751人。最低生活保障救助人数294人。农户新建房屋42户，建筑面积4820平方米。金融机构网点2个，公园及休闲健身广场11个。

【上官山乡兰花大会暨富阳区第五届精品国兰展】 4月1日，上官山乡兰花大会暨富阳区第五届精品国兰展正式启幕。本次兰花大会积极发挥微融媒站作用，创新兰展内容，拓宽兰展形式，实现线上直播云展和义卖，包括直播赏兰、斗兰评兰、兰花义卖、最佳主播评选、最美兰庭展示、乡商会志愿者直播云展等环节。

【上官乡社区卫生服务中心新建项目启动】 5月29日，上官乡社区卫生服务中心新建项目开工仪式在上官乡剡溪村举行。上官乡社区卫生服务中心是富阳区作为全省首批高质量发展建设共同富裕示范区试点——“公共服务优质共享领域”的生动实践。上官乡社区卫生服务中心集医疗、康养于一体，是一个医疗保健相长、科研教学配套、生活设施齐全的现代化社卫中心。

【《清官盛鸿》首发】 6月29日，《清官盛鸿》新书正式首发。全书分为“盛鸿其人、少年盛鸿、直隶为官、归隐故里、盛鸿文采、盛鸿后人略记、缅怀盛鸿、附录”八个篇章，共14.5万字，书中记录的许多故事颇有现实意义，反映盛鸿勤政为民的精神、为官一方造福一方的品德。

【上官乡剡溪村旅游综合办公楼建设工程项目开工】 9月16日，上官乡剡溪乡村旅游综合办公楼建设工程开工仪式举行。该项目位于上官乡剡溪村，地块东侧现状为剡溪村篮球场和宗祠，南侧现状为村道，西侧现状为空地，北侧现状为农居。项目用地543平方米。建筑占地面积345.7平方米，总建筑面积1022.1平方米，容积率1.88，建筑密度63.7%。剡溪村乡村旅游综合办公楼是为游客提供导游服务及休憩场所，设计体现剡溪村深厚文化底蕴和特色，强调江南建筑独特性。

【富阳区新联会上官分会成立】 11月25日，富阳区新的社会阶层人士联谊会上官分会成立仪式在中国（上官）球拍产业园党群服务中心开展，市委统战部部务会议成员、二级巡视员胡德斌，区委统战部常务副部长程建荣，区委统战部副部长汪拥军，乡党委书记金本忠，乡党委副书记、乡长袁媛，乡党委委员陈丽

2022年6月29日，《清官盛鸿》新书正式首发

（上官乡　供稿）

2022年12月29日，中国共产党上官乡第十六届代表大会第二次会议召开

（上官乡　供稿）

霞以及富阳区新联会代表、富阳区新联会上官分会全体成员参加。新联会上官分会成员25人，主要由球拍产业、金融服务业、零部件制造业等产业高素质人才组成，发挥技术、知识、资金等优势，共同助力上官共富、乡村振兴、社会治理等中心工作。

【中国共产党上官乡第十六次代表大会第二次会议】　12月29日，中国共产党上官乡第十六届代表大会第二次会议召开。乡党委书记金本忠代表中共上官乡第十六届委员会向大会作题为《深学笃行　踔厉奋发——学习贯彻二十大精神　奋力开启上官新时代高质量可持续发展新征程》的工作报告。通过中共上官乡纪律检查委员会工作报告的决议；通过上官乡党委党费收缴、使用和管理情况汇报的决议；通报上次党代会代表提案、提议办理情况和本次党代会代表提案收交情况；书面审议乡党委领导班子成员述德、述责、述廉等内容；书面审议富阳区党代表年度履职情况报告。

【上官乡第十八届人民代表大会第三次会议】　12月30日，上官乡第十八届人民代表大会第三次会议召开，来自全乡各领域的39名人大代表出席会议。大会听取和审议《上官乡2022年人民政府工作报告》《上官乡2022年人大主席团工作报告》《上官乡2023年候选政府民生实事项目说明的报告》。书面审议《上官乡2022年财政预算执行情况和2023年财政预算安排的报告》《上官乡2022年度法治政府建设情况的报告》《上官乡2022年民生实事项目完成情况的报告》《上官乡第十八届人民代表大会第一次会议代表建议办理情况的报告》和《上官乡2022年度环境状况和环境保护目标完成情况的报告》。

（许翡晨）

## 常绿镇

【概况】　2022年，常绿镇总面积49.08平方千米，其中城镇建成区面积1.3平方千米、绿地面积0.3平方千米，辖行政村8个，股份经济合作社8个，党员650个，党委4个、党总支5个、党支部31个，村民小组33个。总户数4683户，总人口15413人。全年实现财政总收入1288万元，其中一般公共预算收入3277万元。农民人均收入42305元。

耕地面积195.1公顷，其中水田面积111.37公顷，高标准农田面积172公顷，农作物播种面积223.15公顷，其中，粮食作物播种面积100.52公顷。粮食总产量135万千克。农机总动力0.99万千瓦。存栏生猪2534头，出栏肉猪4060头，存栏家禽1.15万羽，出栏家禽1.05万羽。绿化造林8.5公顷，封山育林758公顷。水果种植面积7.3公顷，水果产量0.13万千克。茶园面积10.8公顷，茶叶产量2.4万千克。农民专业合作社数量3个，成员15户。种植大户1户，家庭农场3个。工业企业总数29家，从业人员330人，其中规模以上工业企业1家，实现产值0.68亿元、销售0.64亿元。建筑业企业4个，总产值0.93亿元。住宿餐饮业企业20个，营业总收入800万元。

小学1所，在校小学生240人，教职工32人；幼儿园1所，在园幼儿108人，教职工24人。社区卫生服务中心1家，卫生室1个，医疗床位15张，执业（助理）医师16人，兽医（防疫）技术人员1人。全年出生75人，计划生育率100%。固定电话用户2016户，移动电话用户4512户，因特网用户5201户。参加城乡居民养老保险1179人。参加城乡居民基本医疗保险6264人。最低生活保障救助人数374人。农户新建房屋58户，建筑面积18894平方米。金融机构网点2个，公园及休闲健身广场18个。

【大章村省级历史文化名村验收】　1月11日，浙江省农业农村厅到常绿镇大章村开展省级历史文化村落保护利用重点村项目验收。验收组听取常绿镇关于大章村省历史文化村落保护利用重点村建设情况汇报，并实地查看大章村老街。常绿镇“大章村省级历史文化名村”验收获杭州地区第一名。

【中共江南县工委史料陈列馆开馆】　4月28日，中共江南县工委史料陈列馆开馆暨“红色研学”合作意向书签订仪式举行，区财政局、区委组织部、区委党史研究室、区团委、区文广旅体局相关领导及科室负责人、杭州市科技职业技术学院马克思主义学院院长吴太胜、常绿镇党委书记盛海杭、党委副书记余俊伟等出席开馆仪式。该陈列馆位于双溪村，展陈面积150平方米，分主力北撤后坚持斗争，中共江南县工委、县政府的建立发展，迎接解放、会师富阳三个板块。

2022年1月，常绿镇大章村通过省级历史文化名村验收

（常绿镇　供稿）

**【新四军两渡富春江研学中心入围市乡村博物馆】** 5月，新四军两渡富春江红色研学中心入选第一批杭州市乡村（社区）博物馆，根据杭州市园文局开展结对共建乡村（社区）博物馆工作部署，富阳博物馆结对常绿镇新四军两渡富春江红色研学中心，在制度建设、运营管理、活动策划等方面开展深入交流合作，全面推进乡村博物馆提升工作。

**【常绿镇第十八届人民代表大会第二次会议】** 7月16日，常绿镇第十八届人民代表大会第二次会议召开，正式代表48人、列席人员28人参加。镇党委副书记、镇长陈剑辉作《常绿镇人民政府2022年上半年度政府工作报告》，大会听取和审议《常绿镇2022年上半年度民生实事办理进展情况的报告》《常绿镇2022年上半年度环境状况和环境保护目标进展情况的报告》《常绿镇2022年上半年度行政主要负责人履行推进法治建设第一责任人职责情况的报告》，书面审查《常绿镇2022年上半年度财政预算执行情况的报告》。会后邀请富阳区委党校讲师胡洪明专题宣讲省第十五次党代会精神，提升人大代表履职能力。

2022年4月28日，中共江南县工委史料陈列馆开馆

（常绿镇　供稿）

**【杭州市团干部实训基地揭牌】** 11月23日，杭州市团干部教育培训现场教学基地、杭州市团校红色联盟教学点揭牌仪式暨杭州市风景名胜区团干部培训班开班仪式，在常绿镇新四军两渡富春江红色研学中心举行，团市委副书记周妙荣，区委常委、宣传部部长张鹏等参加。市团校、团区委、常绿镇负责人根据“优势互补、资源共享、共担使命、共同育人”原则，签订红色研学合作协议，推动红色教育、调研实践、党建、团建等工作。

**【中共常绿镇第十六届代表大会第二次会议】** 12月29日，中共常绿镇第十六届代表大会第二次会议召开，党代表正式代表54人、列席代表6人参加。镇党委书记盛海杭作题为《赓续红色血脉 擘画红绿蓝图 奋力建设幸福美丽共同富裕红色新常绿》的工作报告，回顾总结2022年工作和提出2023年工作的指导思想和主要任务。会议通过《中共常绿镇第十六届委员会2022年度工作报告的决议》《中共常绿镇纪律检查委员会2022年度工作报告的决议》《常绿镇党委2022年度党费收缴、使用和管理情况报告的决议》等各项决议。

【常绿镇红色研学】 成立杭州常绿旅游发展有限公司，以政府服务采购和资产拍租结合模式，实现新四军两渡富春江红色研学中心、常绿篮球馆、红绿蓝研学营地第三方整体运营，配备专职讲解员，结合沉浸式廉政主题剧本，打造完整的体验式、沉浸式、游学式的常绿特色研学课程框架体系。以杭州市纪委“小莲清风廉运”共富之旅线路落地常绿镇为契机，串联红色阵地18处，开发“红馆+红村”“红馆+红路”红旅精品线路，提升“章妈妈的菜”餐饮和“常绿味道”土特产营收。打造“红研常绿”，推进富阳区委党校常绿校区、杭州市铁军精神教育基地、杭州市团干部教育培训现场教学基地挂牌，承办浙江省纪委固定主题党日活动、杭州市军休系统书法交流活动、富阳区中青年干部培训班、富阳区党员培训等活动。

【常绿镇新时代美丽乡村项目建设】 推进双溪村、长春村、长佳村新时代美丽乡村项目建设，投资5000万元。加快“四好农村路”建设，完成交通道路修缮建设数5.1千米，完成徐西线文昌阁—青龙桥、青龙—普恩岭脚路面沥青铺设工程，启动徐西线公路改扩建工程。高标准完成美丽城镇项目建设，获评市级样板并成功申报省级样板。

【常绿镇就业帮扶】 加强就业帮扶工作，全镇全年网签电子合同完成632人，完成89家用人单位劳动保障书面审查工作，办理失业登记和失业保险金核准支付共84人，办理就业困难人员认定105人，办理用人单位吸纳就业社保补贴申领30家，新增城镇就业43人。

（张　科）

## 场口镇

【概况】 2022年，场口镇总面积58.05平方千米，其中城镇建成区面积3.5平方千米，辖行政村24个，社区2个，居委会1个，股份经济合作社24个，党员1863人，其中党委6个、党总支16个、党支部104个（包含1个流动党员支部），村民小组333个。总户数13543户，总人口43358人。全年实现财政总收入3.56亿元，农民人均收入37976元。

全年农业总产值3.27亿元，耕地面积1598公顷，其中水田面积1098公顷，高标准农田面积210公顷，农作物播种面积1598公顷，其中粮食作物播种面积1530公顷。粮食总产量1110万千克。存栏生猪363头，出栏肉猪836头，存栏家禽2.55万羽，出栏家禽2.62万羽。水产品养殖面积50公顷，水产品产量45万千克。绿化造林1.5公顷。水果种植面积48.3公顷，水果产量102.8万千克。茶园面积26.3公顷，茶叶产量2.51万千克。农业技术服务机构1个，从业人员6人。农民专业合作社26个，成员85户。种植大户20户，家庭农场28个。全年工业总产值110.4亿元，工业企业总数461家，从业人员1.2万人，其中规模以上工业企业94家，实现总产值95.6亿元、销售产值93.58亿元、利润总额5.8亿元。住宿餐饮业企业700个，营业总收入1.4亿元。商品交易市场1个，交易额1亿元。

初级中学1所，在校中学生1044人；高级中学1所，在校中学生957人；小学1所，在校小学生1182人；幼儿园1所，在园幼儿630人。社区卫生服务中心1家，下辖卫生服务站7个、村卫生室1个、医疗巡回点2个，医疗床位30张，执业（助理）医师50人。全年出生254人，计划生育率99%。固定电话用户1400户，移动电话用户3.5万户，因特网用户1.3万户。社会福利收养性单位1个，床位128张。参加城乡居民养老保险3760人，参加职工养老保险21291人；领取城乡居民养老待遇2078人，领取企业职工养老待遇10491人。参加城乡居民医疗保险19924人，职工医疗保险18800人。最低生活保障救助712户1029人；最低边缘保障救助98户214人；特困救助62人。农户新建房屋102户。金融机构网点7个，公园及休闲健身广场43个。

【场口镇获评省级小城市考核优秀】 11月6日，省中心镇发展改革和小城市培育试点领导小组办公室发布《关于省级小城市培育试点单位2021年度考核结果的通报》（浙镇办〔2022〕4号），通报2021年全省小城市培育试点单位的考核情况，场口镇获评考核优秀单位。开展“招大引强”“腾笼换鸟”“凤凰涅槃”专项行动，引进企业48家，腾退、提升企业38家，盘活厂房7.5万平方米。培育规上工业企业94家，国高企业57家，国家“专精特新”小巨人企业2家，省“隐形冠军”企业4家。基本完成拥江发展“微镇”子项目25个，投资14.27亿元。建成规划展示馆、便民服务中心、市民广场、城市隧道、社会治理中心、消防中心、安置房等项目35个。推进人才公寓和中心幼儿园、中心小学扩建工程。引进老鹰画室、老鹰高中、公望艺高、三替教培中心等教培项目，建成维也纳酒店、振和科技大厦、金南大厦等城市高楼，推进云泽赋、江南和院地产项目，推进供销大厦、振和二期供地。

【省委统战部副部长陈浩调研场口镇亲清政商数智平台】 3月17日，省委统战部副部长、省工商联党组书记陈浩调研场口镇调研亲清政商数智平台，区领导沈阳红、祝燕青陪同。陈浩肯定场口镇积极构建和践行亲清政商关系的好经验、好做法，并指出要立足自身实际，优化政务环境，坚持问题导向，积极为企业排忧解难，增强当地企业投资创业的热情和信心，营造良好的营商环境。

【电视剧《富春山居》在场口镇东梓关村拍摄】 5月12日，电视剧《富春山居》在场口镇东梓关开机，省委宣传部副部长、省电影局局长葛学斌宣布开机，市委常委、宣传部部长黄海峰，区委书记吴玉凤参加仪式并致辞。《富春山居》是首部以富阳为主题的电视剧，讲述了一群年轻人在探索新时代乡村发展中，向着乡村振兴、共同富裕不断努力奋进的故事。8月9日，电视剧组

2022年7月28日，富春江开渔节暨第五届江鲜大会在场口镇开幕
（场口镇　供稿）

在场口维也纳国际酒店举行杀青仪式和座谈会。

【场口镇综合行政执法队启用】 6月6日，场口镇举行综合行政执法队揭牌仪式。该执法队有执法队员45名，其中：镇本级派驻执法人员6名、编外人员8名、巡防队员19人。办公地点为场口镇社会治理中心大楼，实现综合执法队、信息指挥室、司法所、平安办、矛调中心等合署办公，至年底，完成执法检查132次，查处案件40余件，多次接受省市级考察调研，相关做法获得好评。

【富春江开渔节暨第五届江鲜大会】 7月28日，2022富春江开渔节暨第五届江鲜大会在场口镇东梓关村文化礼堂开幕，区领导张鹏、孙洁、俞小康、孙柏平、余文玲参加。本届江鲜大会系列活动包括前期推介晚会、开渔节、烹饪大赛、开幕式晚会、音乐啤酒节等活动，吸引央视、《浙江日报》、浙江卫视以及杭州、富阳等媒体报道，其间吸引游客10万人以上，旅游营业收入超1000万元。

【场口镇“美动杯”篮球联赛】 8月18日，2022年“美动杯”场口镇篮球联赛在上村村篮球场开幕。联赛共持续12天，有14支队伍参加，冠军、亚军、季军分别为上村村队、上图山村、徐家村队，吸引村民3万余人观看。

【朱东晨获评富阳区见义勇为积极分子】 9月1日，市公安局富阳区分局、区见义勇为工作领导小组办公室联合区见义勇为基金会在场口镇三楼会议室举行颁奖仪式，授予朱东晨“富阳区见义勇为积极分子”荣誉称号并给予一次性见义勇为慰问金5000元，盛胜平、何锋华、徐烽华获一次性见义勇为慰问金3000元。

【场口镇人大代表联络中心站启用】 10月11日，场口镇人大代表联络中心站启用，区人大常委会主任徐林亮与场口镇辖区人大代表、群众围绕“共同富裕示范区建设”等工作开展面对面交流，倾听民声民意。该中心位于场口镇规划展示馆，面积200余平方米。19—21日，场口镇人大组织辖区人大代表按代表小组进站开展活动。

【场口镇东梓关村登上央视一套《山水间的家》栏目】 12月10日，由中央广播电视总台与文化和旅游部联合摄制的大型文旅探访节目《山水间的家》于CCTV-1综合频道播出第九期，场口镇东梓关村登上全国舞台。

【场口镇村级荣誉】 2月，市乡村振兴工作领导小组公布全市第一批共富村、共富带、共富联合体名单，场口镇场口村入围。10月，省双碳办公布全省第二批低（零）碳乡镇（街道）、村（社区）及减污降碳协同试点创建单位名单，场口镇东梓关村入围。12月，省农业农村厅、省财政厅和省风貌办联合公布2022年浙江省未来乡村创建成效评价结果，场口镇东梓关村入围省第二批未来乡村名单。

（盛久阳）

2022年12月10日，场口镇东梓关村在央视一套《山水间的家》节目中亮相
（场口镇　供稿）

## 常安镇

【概况】 2022年，常安镇总面积63.84平方千米，其中城镇建成区面积0.63平方千米，辖行政村16个，股份经济合作社16个，党员1281人，党委6个、党总支10个、党支部59个，村民小组206个。总户数7683户，总人口24709人。全年实现财政总收入0.87亿元，其中一般公共预算收入0.46亿元。农民人均收入33422元。

全年农业总产值23.78亿元。耕地面积1123公顷，其中水田面积640公顷，高标准农田面积245.01公顷，农作物播种面积800公顷，其中粮食作物播种面积710顷。粮食总产量1166万千克。农机总动力0.92万千瓦。水利投工1.08万工，投资500万元。存栏生猪3964头，出栏肉猪5516头，存栏家禽4.49万羽，出栏家禽2.44万羽。封山育林2430.86公顷。水果种植面积247.9公顷，水果产量201.72万千克。茶园面积118.6公顷，茶叶产量11.8万千克。农业技术服务机构个数1个，从业人员13人。农民专业合作社数量39个，成员3118户。种植大户8户，家庭农场36个。工业企业总数64家，从业人员1300人，其中规模以上工业企业10家，实现产值18.55亿元、销售18.32亿元、利润总额0.58亿元。资质类的建筑业企业4家。住宿餐饮业企业7家，营业总收入364万元。商品交易市场1个，交易额2654万元。

小学1所，在校小学生337人，教职工41人；幼儿园1所，在园幼儿160人，教职工54人。社区卫生服务中心1家，卫生室7个，医疗床位12张，执业（助理）医师18人，兽医（防疫）技术人员2人。全年出生151人，计划生育率98.01%。固定电话用户260户，移动电话用户16984户，因特网用户15499户。社会福利收养性单位1个，床位150张。参加城乡居民养老保险794人。参加城乡居民基本医疗保险11606人。最低生活保障救助人数414人。农户新建房屋203户，建筑面积67140平方米。金融机构网点1个，公园及休闲健身广场28个。

2022年7月20日，常安镇第十八届人民代表大会第二次会议召开

（常安镇　供稿）

【常安镇区委第一巡察组巡察动员会】 1月18日，区委第一巡察组巡察常安镇党委工作，区委常委、区纪委书记、监委代主任、区委巡察工作领导小组组长沈阳红，区委第一巡察组全体成员、常安镇全体干部职工、近两年退休人员，各行政村党组织书记、副书记，区级两代表一委员、派驻四个平台负责人以及规上企业负责人等参加会议，会上镇党委书记徐华作常安镇上轮巡察以来工作情况报告并表态发言。

【常安镇第十八届人民代表大会第二次会议】 7月20日，常安镇第十八届人民代表大会第二次会议在镇政府五楼会议室召开，全镇59名人大代表参加。大会听取并审议通过《常安镇人民政府2022年上半年工作报告》《常安镇2022年上半年政府民生实事项目办理进展情况的报告》《常安镇2022年上半年环境状况和环境保护目标完成情况的报告》《常安镇2021年度行政主要负责人履行推进法治建设第一责任人职责情况的报告》，书面审议《常安镇2022年上半年预算执行情况的报告》。

2022年9月28日，常安镇“古仓读书会”阅读品牌发布

（常安镇　供稿）

【常安镇“古仓读书会”阅读品牌发布仪式】 9月28日，常安镇通过“面对面分享”“线上宣讲”“朗诵比赛”等线上线下形式开展活动，在活动现场，区委常委、宣传部部长张鹏和常安镇党委副书记、镇长裘钢明为“古仓读书会”阅读品牌

揭牌，常安镇与杭州科技职业技术学院成立电商联盟，政校合作助力共同富裕，助推乡村振兴。

【常安镇中心幼儿园开园】 10月3日，常安镇中心幼儿园举行新园开园典礼。常安镇中心幼儿园改扩建工程位于永安山脚下，占地面积0.23公顷，建筑面积4236平方米，规模9个班级，能容纳270名幼儿入学就读。在传承常安优秀文化基础上，常安镇幼将办园特色与幼儿教育的时代需求结合。

【常安镇请你来协商专题活动】 11月4日，常安镇召开探索“特色产业+村集体+农户”共富发展模式民生议事堂专题活动，围绕快消品生产基地产业链优势，开展村、企、农户三方共富合作。通过企业实地调研、走访行业专家、召开座谈会等形式共收集各方意见建议3大类21条，主要包括共富模式机制探索5条、共富产业供应链对接8条、共富村级集体经济创收和村民致富8条。

【常安镇中心小学入选富阳区第二批劳动教育示范学校】 12月22日，富阳区教育局公布第二批富阳区劳动教育示范学校名单，常安镇中心小学入选。常安镇中心小学结合永安山滑翔基地，提出了以“飞天梦”为主题的校园文化建设研究课题，把劳动教育落实到学生生活的各个方面。开辟空地，打造梦想菜园，种植特色太空蔬菜，制作环保酵素；学校德育处制定各年级家务劳动每周安排表，学生进行每周劳动打卡。

【常安镇第十六届代表大会第二次会议】 12月26日，中国共产党常安镇第十六届代表大会第二次会议召开，53名党代表及部分列席人员参加。常安镇党委书记徐华代表中共常安镇第十六届委员会以《锚定目标，守正创新，砥砺前行，描绘“三地融合”常安样板的新画卷》为题作工作报告，全面回顾总结了2022年常安镇取得工作成绩，谋划部署2023年的工作思路。

【常安荣誉】 1月4日，杭州市下发《关于表彰2021年度全市“扫黄打非”工作成绩突出集体和先进基层单位、先进个人的通报》，常安镇成为富阳区唯一获评杭州市“扫黄打非”工作先进基层单位的乡镇街道。1月4日，杭州市妇联对优秀组织进行表彰，常安镇横槎村张阿姨工作室妇女微家获评杭州市“示范妇女微家”、常安镇党群服务中心儿童之家获评杭州市示范儿童之家。11月30日，杭州市城乡环境治理协调小组办公室公布2022年杭州市美丽城镇市级综合评价结果，常安镇入选美丽城镇市级样板。

（李萍萍）

## 龙门镇

【概况】 2022年，龙门镇总面积27.3平方千米，辖行政村4个，股份经济合作社4个，党员487人，党委5个、党总支2个、党支部23个，村民小组56个。总户数2534户，总人口7212人。全年实现财政总收入0.77亿元，其中一般公共预算收入0.29亿元。农民人均收入40274元。

全年农业增加值0.54亿元，耕地面积220.47公顷，其中水田面积197公顷，高标准农田面积60公顷，农作物播种面积450公顷，其中：粮食作物播种面积344公顷。粮食总产量188.4万千克。农机总动力0.36万千瓦。水利投工0.12万工，投资1200万元。存栏生猪246头，全年出栏肉猪660头，存栏家禽0.75万羽，出栏家禽0.67万羽。水产品养殖面积7.2公顷，水产品产量108万千克。绿化造林5公顷，封山育林1317公顷。水果种植面积70公顷，水果产量117万千克。茶园面积58.33公顷，茶叶产量15.95万千克。农业技术服务机构个数2个，从业人员3人。农民专业合作社数量4个，成员30户。种植大户7户，家庭农场6个。工业企业总数11家，从业人员290人，其中规模以上工业企业2家，实现产值1亿元、销售1亿元、利润总额0.15亿元。住宿餐饮业企业4个，营业总收入1787万元。商品交易市场1个，交易额264万元。

小学1所，在校小学生165人，教职工19人；幼儿园1所，在园幼儿135人，教职工22人。社区卫生服务中心1家，医疗床位3张，执业（助理）医师11人。全年出生49人，计划外2人。固定电话用户264户，移动电话用户4588户，因特网用户1493户。参加城乡居民养老保险5859人。参加城乡居民基本医疗保险3291人。最低生活保障救助人数181人。农户新建房屋26户，建筑面积9360平方米。金融机构网点1个，公园及休闲健身广场6个。

【龙门镇“开年大会战”战前总动员】 1月5日，龙门镇2022“开年大会战”战前总动员在龙门七村会议室召开，龙门镇领导班子成员、镇机关干部职工、各行政村两委成员、古镇景区和四个平台负责人参加。会议部署疫情防控阻击战、环境提升持久战、平安护航保卫战、拔钉清零歼灭战、项目推进攻坚战等。

【省高校联盟调研龙门研创基地】 2月25—27日，浙江省“10+1”高校联盟200余人分批次实地调研龙门研创基地。本次联合课程设计以响应国家战略、培养优秀人才、服务地方经济为目的，采取“基地化、竞赛化、协同化”的课程组织模式，融合理论教学与龙门实践，使理论课程走进龙门基地，将龙门案例带进课堂，推进课程思政、研创内容、教学组织与龙门古镇复兴、基地发展建设充分结合。

【《中国古镇（四）》特种邮票首发式】 5月19日，结合第12个中国旅游日，《中国古镇（四）》特种邮票首发式暨喜迎二十大集邮展活动在龙门古镇景区举行。以此为契机，富春山居集团继续挖掘“文邮结合、文旅融合”内涵，丰富景区产业业态，为游客提供多样性、高层次、深内涵的产品，带来更好的精神享受和审美体验。义门景点旁的“龙门古镇主题邮局”同步开张营业，提供寄送明信片、快递，售卖邮票等业务。

2022年1月7日，富阳区"在'浙'过个文艺年"文化文艺惠民服务活动启动
（龙门镇　供稿）

统领网格智推进大会暨走亲连心除险保安专项行动大会。镇党委书记陆锡明表示，党建统领、网格智治是一场以数字化为引领的基层治理体系集成改革，是推动龙门高质量发展的动力源，是解决龙门问题、争当共富范例、建设美好生活、打造富春画眼的金钥匙。会后，龙门镇通过实际行动打通断层隔层问题、理顺条块边界关系、加强统领调度指挥、实战检验改革成效。

**【龙门镇荣誉】** 1月19日，迎亚运·展风采富阳孝善品牌建设成果展示大比武活动举行，龙门镇创新提出"客道指数"，获评2021年度孝道富阳示范奋进乡镇；3月，杭州市文化广电旅游局公布"市级文化示范户和乡村文化能人名单"，龙门镇孙红娟、孙文喜家庭入围；3月17日，浙江省民政厅官网发布《浙江省民政厅关于认定杭州市余杭区鸬鸟镇等515个乡镇（街道）为革命老区乡镇（街道）的通知》，龙门镇入围；4月13日，龙门古镇旅游驿站获评浙江省第一批一级旅游驿站（试点）；5月30日，2021年度杭州市"五水共治"（河长制）"二十佳"镇街公布，龙门镇入围；6月30日，由浙江省文化和旅游厅、浙江省旅游协会、浙江日报报业集团指导，浙江日报、钱江晚报等共同主办的2021浙江文化和旅游总评榜经公众投票和专家评审公布"2021浙江古镇文旅创新十佳实践案例"，全省11个市367个项目参评，龙门镇"百花大会"和"跨界联动重塑

**【"谁不说咱家乡好"大型全媒体行动在富阳龙门启动】** 5月20日，由杭州文化广播电视集团主办、杭州电视台生活频道承办的《谁不说咱家乡好》电视栏目在龙门镇启动。活动现场用多视角、小切口来体现共富之路上，龙门人用自己的点点滴滴描绘现代版富春山居图，政府为共富营造凝心聚力的氛围，创业者充满希望地探索，在全国观众面前呈现出年轻态、文艺风、运动型、科技感、乡村味、国际范的龙门。

**【全国自然教育网络入驻龙门古镇】** 6月3日，全国自然教育网络入驻龙门，其孵化的项目"向阳花开自然生活社区"落地龙门书屋。该项目以龙门书屋运营为切入点，突出和展现自然教育的产品、书籍，同时面向当地社区进行自然和人文内容的挖掘和创造，开展自然教育人才培养和自然社区运营实践，探索全国自然教育网络基地建设路径。

**【龙门镇"富春山居·富阳游礼"文旅伴手礼创意设计大赛获奖】** 7月，"富春山居·富阳游礼"2021年文旅伴手礼创意设计大赛举行，龙门镇有关作品获奖。其中：龙门面筋包装礼盒（方凯）获创意设计类金奖；牛八碗便携装获实物类银奖；富春山居图墨（龙门墨庄）获实物类铜奖。该大赛自2021年8月启动，征集作品近200件，经7位专家的专业评审、严格筛选。

**【龙门七村渔公塘公寓房项目开工】** 8月2日，龙门七村渔公塘公寓房建设项目正式开工。龙门七村渔公塘公寓房建设项目位于龙门七村东南处，其东、南为农田，西侧为龙胡线，北侧为307省道，区位优势明显。该项目完成后将有效解决龙门七村农户的住房困难问题，提升农户居住环境。

**【龙门镇党建统领网格智治推进大会暨走亲连心除险保安专项行动大会】** 9月1日，龙门镇开展党建

2022年9月1日，龙门镇党建统领网格智治推进大会暨走亲连心除险保安专项行动大会启动
（龙门镇　供稿）

古镇 IP 价值”入围。12 月，“耕读·阅龙门”阅读品牌入选 2022 年富阳区“十佳阅读品牌”；8 月，浙江省版权协会公布 2020—2021 年度“浙江省优秀版权作品”评选结果，龙门乡贤孙文喜作品《龙门古镇传说》故事集获二等奖；11 月 3 日，杭州市民宿行业协会组织开展 2022 年杭州市民宿业服务等级评定认定，龙门镇开元曼居·墨庄获评五花民宿、非遗传承民宿奖。

（孙润璐）

## 湖源乡

【概况】 2022 年，湖源乡总面积 125.87 平方千米，其中城镇建成区面积 21.83 平方千米、绿地面积 121.36 平方千米，辖行政村 10 个，股份经济合作社 10 个，党员 652 人，党委 2 个、党总支 8 个、党支部 38 个，村民小组 117 个。总户数 4560 户，总人口 15391 人。全年实现财政总收入 1868 万元，其中一般公共预算收入 4092 万元。农民人均收入 34452 元。农业增加值 1.02 亿元。

全年农业总产值 2.58 亿元，耕地面积 298.05 公顷，其中水田面积 220 公顷，农作物播种面积 556.46 公顷，其中粮食作物播种面积 473.46 公顷。水利投资 1500 万元。存栏生猪 1139 头，出栏肉猪 1703 头，存栏家禽 2.98 万羽，出栏家禽 10.3 万羽。水果种植面积 96.93 公顷，水果产量 75 万千克。茶园面积 30 公顷，茶叶产量 4.5 万千克。农业技术服务机构个数 1 个，从业人员 4 人。农民专业合作社数量 14 个，成员 86 户。种植大户 15 户，家庭农场 11 个。住宿餐饮业企业 4 个，营业总收入 610 万元。工业企业总数 10 家，从业人员 645 人，其中规模以上工业企业 4 家，实现产值 2.06 亿元。

小学 1 所，在校小学生 79 人，教职工 21 人；幼儿园 1 所，在园幼儿 43 人，教职工 15 人。社区卫生服务中心 1 家，卫生室 4 个，卫生服务站 3 个，执业（助理）医师 16 人。全年出生 63 人，计划生育率 98.41%。固定电话用户 2021 户，移动电话用户 3852 户，因特网用户 312 户。社会福利收养性单位 1 个，床位 118 张。参加城乡居民养老保险 4749 人。参加城乡居民基本医疗保险 6474 人。最低生活保障救助人数 908 人。农户新建房屋 100 余户，建筑面积 3 万平方米。金融机构网点 2 个，公园及休闲健身广场 10 个。

【湖源乡“干好 135，打造龙鳞 +，描绘‘乐水湖源’新画卷”誓师大会】 2 月 22 日，湖源乡“干好 135，打造龙鳞 +，描绘‘乐水湖源’新画卷”誓师大会召开，乡党委副书记、乡长章伟良主持。乡党委书记唐伟回顾总结 2021 年工作成绩，通报 2021 年各线考核情况，提出 2022 年工作要求。区政协副主席孙柏平、区委党建和乡村振兴第一指导组组长申屠裕仁、两代表一委员、乡班子成员、全体乡村两级干部参加。

【新一廊桥旅游驿站获评省二级旅游驿站】 4 月 12 日，浙江省文化和旅游厅公布了全省第一批旅游驿站（试点）名单，湖源乡新一廊桥旅游驿站获评省二级旅游驿站（试点）。新一廊桥旅游驿站于 2020 年 6 月建成投用，建筑共 2 层，总建筑面积 739 平方米，室外配套面积为 320 平方米，位于湖源乡新一村，主要为游客提供旅游导览、咨询服务、休憩阅读、购买特产、运动休闲、特色体验等基础服务。

【湖源乡龙鳞坝登上《新闻联播》栏目】 6 月 3 日，中国中央电视台《新闻联播》播出《【沿着总书记的足迹】勇担新使命 大潮起之江》栏目，湖源乡龙鳞坝作为生动呈现中共中央总书记、国家主席、中央军委主席习近平“绿水青山就是金山银山”理念的案例画面出现。龙鳞坝位于湖源乡新一村和新绿村交界处，全长 170 多米，共有台阶 13 层，横跨整条壶源溪，坝体上的每块“龙鳞”都是一个个小的蓄水池，整体造型如同天使的翅膀。

【湖源乡首届端午文化节】 6 月 3 日，湖源乡举办“龙舟竞渡 共富源乡”首届端午文化节，活动以线上直播和线下体验为主。央视新闻客户端、央视新闻视频号、央视新闻微博等全媒体矩阵同步直播，通过 6 次慢直播 +1 次记者体验直播全景式展现富阳湖源“一张纸”“一包粽”“一脉水”的端午特色民俗文化活动。直播时长达 30 分钟，观看超 2000 万人次。

【湖源乡大竹元竹纸亮相“宋韵富阳·富春山居之夜”】 6 月 15—19 日，由富阳区文化和广电旅游体育局主办的“宋韵富阳·富春山居之夜”2022 富阳文旅（杭州）推广活动在杭州举行。湖源乡大竹元竹纸作为“宋韵竹纸研学”产品亮相“富春山居实景游”文旅体验展现场。

【湖源乡“一村一脉”大比武暨青年宣讲活动】 6 月 23 日，湖源乡

2022年6月3日，湖源乡首届端午文化节举办

（湖源乡 供稿）

2022年9月，元书纸文化展示馆获评省级乡村博物馆

（湖源乡　供稿）

"一村一品"系列擂台赛第一期"一村一脉"大比武暨青年宣讲活动在新一村村播学院举办。区委党建和乡村振兴第一指导组、区委宣传部、区委老干部局、区委党史研究室、团区委、区文广旅体局、区图书馆及乡领导班子成员、全体组团联村干部、各村村两委全体成员、部分两代表一委员、老干部代表和青年代表参加。乡党委书记唐伟为乐水湖山宣讲团"金萧红"宣讲小分队授旗并点评各村"一村一脉"节目。本次比武决出一等奖1名、二等奖2名、三等奖3名。

【乐水湖源教育基金成立】 9月6日，湖源乡在新一村村播学院召开"乐水湖源教育基金"成立仪式。区委常委、统战部部长祝燕青，副区长詹艳青，区委党建和乡村振兴指导组第一指导组组长申屠裕仁，区委统战部常务副部长程建荣，区教育局党委书记、局长费国民，区工商联党组成员、副主席蒋柱海，区教育局党委委员、副局长周喜军，湖源乡全体班子领导，湖源乡乡贤联谊会成员参加。乐水湖源教育基金首轮募集捐款184.5万元，用于保障和奖励优秀学子和老师、资助贫困学生。

【"村播学院"获评首届省最美乡村文化空间】 9月17日，由浙江省文化和旅游厅、浙江日报传媒有限公司联合举办的"首届浙江省最美公共文化空间"线下专家评审活动落幕。湖源乡"村播学院"获评最美乡村文化空间。4月，由新一村文化礼堂改造而成的"村播学院"落成，场馆室内面积976平方米，室外园林面积180平方米。一楼设置"湖源山礼"农特产品展示区和乡村大剧院，二楼设置国家级非遗项目元书纸和石头花开特色文化体验区、农产品直播间、轻食饮品休憩小站、阅读空间。"村播学院"以公司拓展销路、村集体牵线搭桥、农户提供产品或服务的形式，探索"村播学院+村集体+农户"道路。

【元书纸文化展示馆获评省级乡村博物馆】 9月，省文物局公布省第二批乡村博物馆名单，富阳元书纸文化展示馆入围。元书纸文化展示馆位于湖源乡新二村元书纸制作园区，基地占地1公顷，是集文化陈列、雅集体验、影音宣传于一体的多功能展示馆。馆内分为展示区、体验区、宣教区、画展区四大板块，共梳理了元书纸生产的32道大项工艺流程、近72道工序，实景还原宋代纸农削竹办料、制浆造纸的工艺流程。展示馆后方是做纸工坊，展示与生产一体化的设计让游客更近距离地观摩古法造纸技艺。

【富阳书法大赛展览开幕暨2023年迎新春送福送春联启动】 12月15日，湖源乡在窈口村开展"学习贯彻党的二十大精神——翰墨丹青润初心，两山理论在湖源"富阳书法大赛展览开幕暨2023年迎新春送福送春联启动仪式，乡党委副书记、乡长章伟良主持。省书协副秘书长、市书协副主席王自力，市书协秘书长黄勇，区文联、区文广旅体、湖源乡主要领导及区书协、众多书法爱好者参加。会上，窈口村被授予"浙江书法村"称号。

【中共湖源乡第十六届代表大会第二次会议】 12月26日，中国共产党湖源乡第十六届代表大会第二次会议召开，全体党代表和列席人员参加。湖源乡党委书记唐伟代表中共湖源乡第十六届委员会向大会作题为《立足新起点 展现新作为 建功新时代 奋力谱写"乐水湖源"跨越式高质量发展新篇章》的工作报告，总结回顾过去一年发展历程，展望2023年工作目标和任务。

【湖源乡第十八届人民代表大会第三次会议】 12月30日，湖源乡第十八届人民代表大会第三次会议召开，来自全乡各领域的人大代表出席。乡党委副书记、乡长章伟良作政府工作报告。会议听取和审查湖源乡人民政府工作报告、湖源乡人大主席团工作报告、2022年政府民生实事项目完成情况及2023年候选政府民生实事项目说明的报告；书面审议湖源乡2022年度法治政府建设情况报告、湖源乡2022年财政预算执行情况和2023年财政预算安排报告、湖源乡第十八届人大一次会议代表建议办理情况报告、湖源乡2022年度环境状况和环境保护目标完成情况报告。

（詹文胜）

## 环山乡

【概况】 2022年，环山乡总面积38.52平方千米，其中城镇建成区面积0.85平方千米、绿地面积0.01平方千米，辖行政村7个，股份经济合作社7个，党员754人，党委4个、党总支5个、党支部30个，村民小组113个。总户数3911户，总人口12880人。财政总收入0.92亿元，其中一般公共预算收入0.38亿元。

农民人均收入 44139 元。

全年实现农业增加值 4001 万元，耕地面积 360 公顷，其中水田面积 344 公顷，高标准农田面积 25.2 公顷，农作物播种面积 871 公顷，其中：粮食作物播种面积 652 公顷。粮食总产量 448 万千克。农机总动力 1.11 万千瓦。水利投资 750 万元。存栏生猪 1348 头，出栏肉猪 3155 头，存栏家禽 1.91 万羽，出栏家禽 10.98 万羽。水产品养殖面积 35 公顷，水产品产量 48 万千克。绿化造林 107 公顷，封山育林 1940 公顷。水果种植面积 25.3 公顷，水果产量 80.8 万千克。茶园面积 34.4 公顷，茶叶产量 0.38 万千克。农业技术服务机构个数 1 个，从业人员 6 人。农民专业合作社数量 7 个，成员 52 户。种植大户 6 户，家庭农场 13 个。工业企业总数 21 家，从业人员 1027 人，其中规模以上工业企业 7 家，实现产值 24.16 亿元、销售 24.45 亿元、利润总额 4.88 亿元。建筑业企业 1 家，总产值 4.92 亿元。营利性服务业 2 家，营业总收入 9331 万元。

中学 1 所，在校中学生 803 人，教职工 108 人；小学 1 所，在校小学生 417 人，教职工 34 人；幼儿园 1 所，在园幼儿 242 人，教职工 36 人。社区卫生服务中心 1 家，社区卫生服务站 3 个，执业（助理）医师 13 人，兽医（防疫）技术人员 1 人。全年出生 79 人。固定电话用户 217 户，移动电话用户 9704 户，因特网用户 1700 户。最低生活保障救助人数 175 人。新建房屋 80 户，建筑面积 28680 平方米。金融机构网点 2 个，公园及休闲健身广场 4 个。

**【中国共产党环山乡第十五届代表大会第二次会议】** 12 月 26 日，中国共产党环山乡第十五届代表大会第二次会议召开，30 名正式代表参加。乡党委书记汪如新代表中共环山乡第十五届委员会作《提振信心 勇毅前行为全面建设“富强高美”新环山而接续奋斗》工作报告，总结回顾环山乡 2022 年工作成效，谋划部署 2023 年工作任务。

**【环山乡第十八届人民代表大会第二次会议】** 7 月 11 日，环山乡第十八届人民代表大会第二次会议召开，54 名正式代表参加，区人大常委会副主任郎卫国到会指导。大会审议《环山乡 2022 年上半年政府工作报告》《环山乡 2022 年上半财政预算执行情况》《环山乡 2022 年政府民生实事办理进展情况》《环山乡 2022 年上半年环境状况与环境保护目标任务进展情况》《环山乡 2022 年上半年法治建设第一责任人述职情况》等报告。开展法治富阳建设社会满意度调查问卷和环境状况与环境保护目标完成情况满意度测评。

**【环山乡“学习强国”知识竞赛】** 8 月 9 日，环山乡“喜迎党的二十大 争做学习弄潮儿”知识竞赛举办，由乡机关干部、村干部等组成的队伍 7 支，共 21 名队员参赛。比赛分“勇往直前”“眼疾手快”“加时竞技”等形式，内容涵盖“学习强国”学习平台答题、党的十九届六中全会、省市党代会、区二届二次全委会、中共党史等，最终评出一、二、三等奖各一名。

**【环山综合市场启用】** 11 月 18 日，环山乡综合市场启用仪式举行。该综合市场位于环一村，总占地面积 0.73 公顷，建筑面积 17000 多平方米，投资额 5000 余万元。共有 3 层，其中，地下一层为地下车库，有车位 55 个；一楼为菜场，有室内摊位 82 个，室外商铺 11 个；二楼为超市，入驻企业为杭州富阳王毅贸易有限公司；三楼以上为公寓化安置房，共有 56 套。市场内设品牌连锁超市、乡村直播间及邻里中心等设施。

**【环山乡侨联成立】** 7 月 12 日，环山乡侨联成立大会暨第一次会员代表大会召开，来自全乡侨眷、留

2022 年，环山乡俯瞰图

（环山乡 供稿）

2022年6月25日，缘来环山《裘式宗戏》首演

（环山乡　供稿）

学生等17名正式代表参加，区侨联主席陈水英、侨联专职副主席楼宗熠，区人才管理服务中心张旻锴到会指导。会议听取并审议通过侨联工作细则、选举办法、第一届委员会名单，选举产生陈飞为侨联主席，袁骏豪为侨联副主席，潘海燕为侨联秘书长，张海峰、周爱兰、胡玉莲、裘苏娟为委员会委员。

【新乡村堂戏富阳环山首演】 6月25日，新乡村堂戏《缘来环山》在环山乡环二村文化礼堂首演，该演出由15名草根文艺爱好者自编自排自演，通过说、唱、念、舞等形式，反映近年来环山乡通过抓环境整治，促进产业转型、提高生活品质的进程。

【环山乡诸佳坞村枫树湾自然村通车】 8月29日，诸佳坞枫树湾自然村正式通车。诸佳坞村枫树湾自然村距307省道3千米，通过拓宽村道，改造村道弯角，修缮道路。同时在枫树湾、诸佳坞村委、袁家各增设公交站点1个，新建公交车候车亭3个，配公交车1辆，每天2班次，极大改善村民出行条件。

【环山乡创建省AAA级景区镇】 12月9日，杭州市文广旅游局发布《2022年浙江省3A级景区镇名单公示》，环山乡入围。自AAA级景区乡创建以来，环山乡围绕创建标准，以建设“孙权故里”县域风貌样板区与文旅型美丽城镇样板乡镇为抓手，投入资金5.24亿元，实施建设项目30个，创新管理机制6项。

【环山乡获评市级美丽城镇样板】 10月20日，杭州市城乡环境治理协调小组办公室发布《关于公布2022年杭州市第二批美丽城镇（样板城镇）市级综合评价结果的通知》（杭城乡环治办〔2022〕9号），环山乡获评文旅特色型美丽城镇市级样板。环山乡立足“两心五美八景”发展格局，即打造环山邻里中心和环山游客中心，紧扣环境美、生活美、产业美、人文美、治理美等目标，策划火柴集市、古道老街、裘氏宗戏、剡溪花道、海绵稻田、山坞牧心、孝印传家、溪江钓乐等八景，创立集旅游集散、山水度假、研学游乐、乡居生活休闲于一体的“周末环山”品牌。

（吴秀青）

## 万市镇

【概况】 2022年，万市镇总面积155.37平方千米，其中城镇建成区面积0.95平方千米、绿地面积0.12平方千米，辖行政村15个，居委会（社区）1个，股份经济合作社15个，村民小组293个。党员1282人，党委6个、党总支10个、党支部56个。总户数7212户，总人口21846人。全年实现财政总收入0.53亿元，同比增长20.99%；农村经济总收入92.86亿元，农村经济净收入7.47亿元，农民人均收入42139元。

全年农业总产值4.28亿元，年底耕地面积1150.46公顷，其中水田面积832公顷，高标准农田31.33公顷。农作物播种面积3333.3公顷，其中粮食作物1600公顷。粮食总产量3155万千克。水利投工5.5万工，投资1850万元。完成环境污染治理项目5个，投资额680万元。存栏生猪3053头，出栏肉猪1589头，存栏家禽4.07万羽，出栏家禽0.86万羽，水产品养殖面积80.27公顷，水产品产量19.7万千克。新增百万亩国土绿化346.2公顷，封山育林243.13公顷，新增千万亩森林质量精准提升30.13公顷。水果种植面积166.67公顷，水果产量250万千克。茶园面积36.67公顷，茶叶产量6.05万千克。农业技术服务机构个数1个，从业人员17人。农业专业合作社数量26个，成员362户，种植大户26户，家庭农场36个。工业企业总数131家，从业人员1780人，其中规模以上工业企业15家，实现产值5.6亿元、销售5.5亿元。建筑业企业1家，总产值7500万元。住宿餐饮业企业137个，营业总收入434万元（不包括餐饮收入）。商品交易市场1个，交易额1920万元。

中学1所，在校中学生453人，教职工55人；小学3所，在校小学生578人，教职工53人；幼儿园1所，在园幼儿290人，教职工31人。社区卫生服务中心1家，卫生服务站8个，医疗床位30张，执业（助理）医师31人，兽医（防疫）技术人员3人。全年出生78人，计划生育率100%。固定电话用户1159户，移动电话19031户，因特网用户4634户。社会福利收养性单位1个，床位50张。参加城乡居民养老保险1239人。参加城乡居民基本医疗保险11266人。最低生活保障救助人数758人。农户新建房屋57户，建筑面积6840平方米。金融网点5个，公园及休闲健身广场27个。

【万市镇开展葛溪流域共治】 4月27日，万市镇举行“清洁葛溪，护航亚运”流域共治行动暨镇、村协议签订活动，开展葛溪流域共治。

通过水环境治理“流域共治”模式，促进绿色发展，提升水环境质量，打造优质水环境。

2022年11月9日，万市举行文化丛书发布暨赠书仪式
（万市镇　供稿）

**【万市镇“和气桥修缮改造”会议】** 5月，万市镇政协工委在镇民生协商议事堂开展万市镇和气桥修缮改造请你来协商专题会议，镇党委政府领导，所在村领导、部分乡贤和当地历史文化爱好者参加。老桥主体修缮，基础结构加固；对残损、位移、变形的构件采用原材料原工艺进行维修、替换。拆除原有破旧的小房子，建造和气亭，放置展示和气桥历史石碑。建设种植乡土树种的绿化景观，配套绿道骑行驿站。

**【万市镇“东安盆景产业园”一期开园】** 7月，万市镇“东安盆景产业园”一期在万市村开园，项目投资600万元，产业园内有生产经营树桩盆景的农户200多户，面积66.66公顷，年制作各类大小盆景10万盆。主要有映山红、红花继木、红枫、三角枫、罗汉松、五针松、刺柏、地柏、岩柏、榆树、雀梅、腊梅、红梅、紫薇、金弹子、沙朴、黄杨、石榴、水蜡、银杏等品种100余个。

**【万市镇中心幼儿园新园投入使用】** 9月1日，万市镇中心幼儿园新园投入使用，项目位于万市镇客运站北侧，西靠阜源溪，占地面积0.67公顷，建筑面积5676平方米，按省一级幼儿园标准设计，规模为12个班级，可容纳360名幼儿入学。教学楼以白墙黛瓦为主色，总投资2973万元。

**【第十四届万市银杏节】** 11月9日，“宋韵万市　共富花开”2022浙江·富阳“银杏之秋”第十四届万市银杏节在万市镇杨家村举行，区委常委、宣传部部长张鹏，团区委书记赵海锋等参加。活动设银杏集市、“汉字画”展、特色晒秋等环节，现场签约大唐（杭州富阳）新能源有限公司、杭州枝己酒业有限公司、豪顺北欧科技有限公司等企业，签约投资额2.5亿元。

2022年10月12日，万市镇杨家古银杏村落入选全国乡村旅游精品线路
（万市镇　供稿）

**【万市文化丛书发行】** 11月9日，《万市古文选编》《万市诗词选编》《走进万市桥》系列丛书在万市镇杨家村举行发布暨赠书仪式。文化丛书挖掘整理历代文人墨客描写千年古镇万市的诗词、古文和地方特色，讲好万市故事。

**【杭州市乡村社会治理工作推进会】** 12月8日，杭州市乡村社会治理工作推进会在万市镇召开，市委副书记、政法委书记金志出席并讲话。富阳区、建德市、万市镇、天目山镇和凤川街道作交流发言，考察万市镇彭家村社会治理中心、万市镇综合信息指挥室和五色工作室。

**【万市荣誉】** 5月18日，杭州市20条“宋韵精品研学线路”发布，万市镇东坡古道入选。东坡古道线路是由苏东坡从新登到万市所经过区域沿途的历代人文景点组成，万市境内有槎源坞村姚兴祠、彭家村阴线刻坐佛、众缘村庵头山摩崖石刻等景点；10月12日，杨家古银杏村落入选全国乡村旅游精品线路。11月，万市镇通过AAAA级景区镇验收。12月，万市镇“千亩方”集中连片整治项目通过市级验收，整治面积86.67公顷，涉及杨家村、何务村等行政村。

（唐鹏宇　厉长林）

## 洞桥镇

【概况】 2022年，洞桥镇总面积143.29平方千米，其中城镇建成区面积1.25平方千米、绿地面积0.05平方千米，辖行政村 11 个，股份经济合作社11个，党员1177人，党委4个、党总支7个、党支部53个，村民小组254个。总户数5987户，总人口12594人。全年实现财政总收入0.93亿元，其中一般公共预算收入0.46亿元。农民人均收入41177元。

农业总产值2.93亿元，耕地面积1050公顷，其中水田面积390公顷、高标准农田面积875.93公顷。农作物播种面积766.67公顷，其中粮食作物播种面积386.67公顷。粮食总产量487.6万千克。农机总动力0.81万千瓦。水利投工3.5万工，投资700万元。存栏生猪5406头，出栏肉猪1761头，存栏家禽6万羽，出栏家禽5万羽。水产品养殖面积122公顷。绿化造林150公顷，封山育林6836公顷。水果种植面积102公顷，水果产量128万千克。茶园面积305公顷，茶叶产量25万千克。农业技术服务机构3个，从业人员3人。农民专业合作社25个，成员1300户。种植大户30户，家庭农场15个。工业总产值9.12亿元，工业企业总数188家，从业人员2958人，其中规模以上工业企业9家，实现产值5.8亿元、销售5.33亿元、利润总额1.45亿元。建筑业企业43个，总产值8030万元。住宿餐饮业企业42个，营业总收入915万元。

小学1所，在校小学生290人，教职工47人；幼儿园3所，在园幼儿190人，教职工43人。社区卫生服务中心1家，卫生室5个，医疗床位5张，执业（助理）医师12人，兽医（防疫）技术人员2人。全年出生142人。固定电话用户1580户，移动电话用户13120户，因特网用户3560户。社会福利收养性单位1个，床位120张。参加城乡居民养老保险970人。参加城乡居民基本医疗保险11024人。最低生活保障救助人数465人。农户新建房屋37户，建筑面积13320平方米。金融机构网点，公园及休闲健身广场20个。

2022年7月26日，洞桥镇召开“争星晋位，全域建强”暨“奋战一四五，建设示范镇”五大专项攻坚行动动员大会 （洞桥镇 供稿）

【洞桥镇2021年度村级党组织书记抓基层党建工作述职暨2022年度党风廉政建设工作部署会】 3月1日，洞桥镇召开2021年度村级党组织书记抓基层党建工作述职暨2022年度党风廉政建设工作部署会，全体镇干部、各村党组织书记参加会议。会议由镇党委副书记陈灵飞主持。各行政村党组织书记依次述职，签订党风廉政责任书。党委委员、纪委书记陆军作《奋进新时代 护航新征程，续写党风廉政建设高质量发展新篇章》工作报告。镇党委副书记、镇长蒋军华部署2022年全镇工作。镇党委书记何力挺就2022年如何抓好基层党建工作，加强作风纪律建设，提出统一思想、提高认识、肯定成绩、正视问题、提振精神、凝心聚力要求。

【洞桥镇青年干部座谈会】 3月16日，镇纪委组织全镇青年干部参加廉政座谈会，镇党委委员、纪委书记陆军主持会议。座谈会围绕习近平总书记在历届中青年培训班上的重要讲话精神，传达了作为一个青年干部要时刻筑牢理想信念根基，树立和践行正确政绩观，在新时代新征程上留下无悔的奋斗足迹。

【洞桥镇疫情防控工作】 4月23日，洞桥镇召开疫情防控工作布置会，全体班子成员、11个行政村组团联村指导员、村书记参加会议。会议通报杭州新冠疫情最新情况，部署镇疫情防控工作。

【洞桥镇“争星晋位，全域建强”暨“奋战一四五，建设示范镇”五大专项攻坚行动动员大会】 7月26日，洞桥镇召开“争星晋位，全域建强”暨“奋战一四五，建设示范镇”五大专项攻坚行动动员大会，约130人参加。会上通报镇村考核结果，宣读表彰文件，表彰2021年度先进单位、先进个人，授予奖状与奖牌。镇党委书记何力挺为洞桥镇“奋战一四五，建设示范镇”五大专项攻坚行动挂帅领导授旗。镇党委副书记、镇长蒋军华与党群服务中心（文旅办）、城建办等科室签订工作责任状。

【第一届“延丰公益·营地之乡杯”篮球赛】 8月22日，洞桥镇第一届“延丰公益·营地之乡杯”篮球赛开赛，机关干部和龙羊派出所民警以及来自各村的篮球运动选手们组成8支球队参加。本次篮球赛赛程8天，共15场比赛。

【洞桥镇“关于推进岩石岭生态养殖项目”民生议事活动】 11月17日，洞桥镇政协委员履职小组在碧岭湖渔业公司开展“关于推进岩石岭生态养殖项目”的民生议事活动。会议由洞桥镇党委副书记、镇政协委员履职小组负责人杨小华主持。课题组成员施梦佳汇报前期调研成果，

2022年8月22日，第一届“延丰公益·营地之乡杯”篮球赛举行
（洞桥镇 供稿）

属地政协委员、协商议事员代表11人对调研课题进行解释补充、细化说明，项目代表们表示前期总投入约100万元，已完成初步基础设施建设，并提出了项目的意见建议，党委委员孙彬对提出的意见建议给予高度重视，及时回应，区政协基层协商质效评估团对本次活动进行点评。

【洞桥镇第十五届代表大会第二次会议】 12月29日，中国共产党洞桥镇第十五届代表大会第二次会议召开，洞桥镇的党代表们参加本次会议。会议回顾2022年的工作重点和难点，坚定守牢红色根脉，锚定“花开洞桥，营地之乡”定位不动摇，坚持党建引领高质量、跨越式发展，抓住后疫情时代新形势新特点，盯重点、补短板、强弱项，着力强化基层党建、优化工作机制、丰富发展载体、推动改革创新，努力打造产业强、旅游旺、生态美、百姓富的全省一流乡村振兴、共同富裕示范镇工作目标。

（施梦佳）

【编辑 刘 亮】

# 34 名 录

Directory of Officers

## ·先进集体·

### 【国家级和国家属部门级先进集体】

2022年度富阳区国家级和国家属部门级先进集体一览表

表24

| 序号 | 先进集体单位 | 先进集体称号 | 颁奖单位 |
|---|---|---|---|
| 1 | 富阳区 | 中国竹业特色之乡 | 中国林学会竹子分会 |
| 2 | 富阳区 | 农民合作社质量提升整县推进试点重点县 | 农业农村部农村合作经济指导司 |
| 3 | 富阳区 | 第三次全国土壤普查试点 | 国务院第三次全国土壤普查领导小组办公室 |
| 4 | 富阳区 | 智慧健康养老示范基地 | 工业和信息化部 |
| 5 | 富阳区 | 智慧健康养老应用试点示范 | 工业和信息化部 |
| 6 | 富阳区 | “教育部第四批学校落实“双减”典型案例” | 教育部 |
| 7 | 富阳区台办 | 2022年度中央台办“两刊”宣传工作先进单位 | 中央台办宣传局 |
| 8 | 富阳区工商联 | 2022年度民营企业调查点工作先进基层单位 | 中华全国工商联合会 |
| 9 | 浙江富春江通信集团有限公司 | 全国和谐劳动关系创建示范企业 | 人力资源和社会保障部、中华全国总工会、中国企业联合会、中国企业家协会、中华全国工商业联合会 |
| 10 | 富阳区工人文化宫爱心驿家 | 2022年“最美工会户外劳动者服务站点” | 中华全国总工会办公厅 |
| 11 | 富阳区科协 | 2022年表现突出的科普中国信息员组织单位 | 中国科协办公厅 |
| 12 | 杭州市公安局富阳分局法制大队 | 全国公安机关建设应用成效突出执法办案管理中心 | 公安部 |
| 13 | 富阳区人民检察院 | 2022年度全国检察宣传先进单位 | 检察日报社 |
| 14 | 富阳区人民检察院第一检察部 | 办理电信网络诈骗及其关联犯罪案件贯彻少捕慎诉慎押刑事司法政策典型案例 | 最高人民检察院 |
| 15 | 富阳区人民检察院第六检察部 | 未成年人个人信息保护检查监督典型案事例 | 最高人民检察院 |
| 16 | 富阳区人民检察院第五检察部 | 公益诉讼检察工作情况案例专栏 | 最高人民检察院 |
| 17 | 富阳区人民法院 | 2021年度全国法院百优新媒体账号 | 最高人民法院 |
| 18 | 富阳区司法局 | 全国司法行政系统先进集体 | 人力资源和社会保障部、司法部 |
| 19 | 国家税务总局杭州市富阳区税务局第一税务所(办税服务厅) | 一星级全国青年文明号 | 共青团中央 |
| 20 | 国家税务总局杭州市富阳区税务局 | 节约型机关 | 中共中央直属机关事务管理局、国家机关事务管理局、国家发展改革委、财政部 |

续表24

| 序号 | 先进集体单位 | 先进集体称号 | 颁奖单位 |
|---|---|---|---|
| 21 | 抗日战争胜利浙江受降纪念馆 | 中国民主同盟传统教育基地 | 中国民主同盟 |
| 22 | 杭州富阳越剧艺术传习院 | 越剧折子戏《昭君出塞》参加第五届中国越剧艺术节系列活动暨第二十届越剧大展演 | 文化和旅游部、浙江省人民政府 |
| 23 | 杭州富阳越剧艺术传习院 | 清廉小戏《就差一点点》剧目入围"李渔杯"首届全国清廉戏曲优秀作品展演活动 | 中国戏剧家协会、浙江省纪委省监委、浙江省文化和旅游厅 |
| 24 | 开发区集团 | 亚运射击射箭现代五项馆夜景照明工程设计奖一等奖(2022年度) | 中国照明学会 |
| 25 | 杭州富春湾集团 | 灵桥区块配套道路2022年度铁路工程建设优秀QC小组-QC成果一等奖 | 中国铁道工程建设协会 |
| 26 | 杭州富春湾集团 | 杭州富春湾新型建材有限公司获得"一种粉料罐进料口加锁装置"的实用新型专利 | 国家知识产权局 |
| 27 | 杭州富春湾集团 | 富春湾经纬路小学(未来小学)荣获2022年世界设计奖(World Design Awards) | TAC (The Architecture Community) 建筑社区 |
| 28 | 杭州富春湾集团 | 浙江省人民医院富阳院区一期项目施工阶段BIM技术综合应用新基建杯第二届在·中国职能建造BIM应用大赛一等奖 | 中国建筑材料流通协会 |
| 29 | 城建集团 | 北支江过江通道工程获评第十五届"中国钢结构金奖" | 中国建筑金属结构协会 |
| 30 | 城建集团 | 北支江水上运动中心获评国家优质工程奖 | 中国施工企业管理协会 |
| 31 | 富阳老年大学艺术团 | 2022年"舞动中国排舞联赛"总决赛暨全国排舞冠军赛社会部常青组小集体平滑类自选项目特等奖 | 国家体育总局体操运动管理中心 |
| 32 | 富春街道 | 2021年度智慧健康养老示范街道 | 工业和信息化部、民政部、国家卫生健康委员会 |
| 33 | 富春街道拔山村 | 第十二批全国"一村一品"示范村 | 农业农村部 |
| 34 | 春江街道新建村 | 2022年全国示范性老年友好型社区 | 国家卫生健康委员会、全国老龄办公室 |
| 35 | 富阳区职业高级中学 | 全国职业院校服务全民终身学习项目实验校 | 中国成人教育协会 |
| 36 | 富阳社区学院 | 全国"智慧助老"优质课程资源、典型案例 | 教育部职成教司 |
| 37 | 区富春街道成人文化技术学校 | 全国"智慧助老"优质课程资源、典型案例 | 教育部职成教司 |
| 38 | 富阳社区学院 | 全国社区教育"能者为师"系列特色课程、工作案例 | 教育部职成教司 |
| 39 | 新登镇成人文化技术学校 | 全国社区教育"能者为师"系列特色课程、工作案例 | 教育部职成教司 |
| 40 | 富阳区郁达夫中学 | 全国足球特色学校 | 教育部 |
| 41 | 富阳区万市镇中心幼儿园 | 全国足球特色学校 | 教育部 |
| 42 | 富阳区财政局 | 全国政府采购百强区(市、县) | 政府采购信息报、政府采购信息网 |
| 43 | 东洲街道黄公望村 | 全国民主法治示范村 | 民政部、司法部 |

## 【省级和省属部门级先进集体】

2022年度富阳区省级和省属部门级先进集体一览表

表25

| 序号 | 先进集体单位 | 先进集体称号 | 颁奖单位 |
|---|---|---|---|
| 1 | 富阳区 | 全省档案工作服务农村基层社会治理整体试点地区 | 浙江省档案局、浙江省民政厅、浙江省农业农村厅 |
| 2 | 富阳区 | 2021年度法治浙江(法治政府)建设优秀单位 | 中共浙江省委全面依法治省委员会 |

续表25

| 序号 | 先进集体单位 | 先进集体称号 | 颁奖单位 |
|---|---|---|---|
| 3 | 富阳区 | 2021年度结对帮扶考评优秀单位 | 浙江省乡村振兴局 |
| 4 | 富阳区 | 2021年度高质量森林浙江建设目标责任制考核优秀单位 | 浙江省林业局 |
| 5 | 富阳区 | 省级县域节水型社会 | 浙江省水利厅 |
| 6 | 富阳区 | 全省化肥减量增效“三新”试点县(区、市) | 浙江省农业农村厅 |
| 7 | 富阳区 | 全省农业面源污染物产生和排放调查核算试点 | 浙江省农业农村厅、浙江省生态环境厅 |
| 8 | 富阳区 | 全省整县秸秆全量化利用试点县 | 浙江省农业农村厅、浙江省财政厅 |
| 9 | 富阳区 | 全省私屠滥宰监管执法“一件事”试点地区 | 浙江省农业农村厅 |
| 10 | 富阳区 | 2022年度“肥药两制”改革综合试点县 | 浙江省农业农村厅 |
| 11 | 富阳区 | 2022年“三农”统计监测等数字化应用试点县(市、区) | 浙江省农业农村厅办公室 |
| 12 | 富阳区 | 2022年度数字经济系统最佳应用 | 浙江省数字经济系统建设专班办公室 |
| 13 | 富阳区 | 钱塘江诗路(富春山水)文化传承生态保护区入选“浙江省文化传承生态保护区” | 浙江省文化和旅游厅 |
| 14 | 富阳区 | 浙江2022年文化保障卡建设试点地区 | 浙江省文化和旅游厅 |
| 15 | 富阳区 | 浙江省2019—2021年无偿献血先进县(市区)称号 | 浙江省人民政府 |
| 16 | 富阳区 | 健康浙江建设(2018—2020年)先进集体 | 中共浙江省委 浙江省人民政府 |
| 17 | 富阳区 | 荣获2022年度浙江省心理健康促进先进集体 | 浙江省精神卫生工作办公室 |
| 18 | 富阳区信访局 | 无信访积案区 | 浙江省信访局 |
| 19 | 中共杭州市富阳区委党校 | 全省党校系统(行政学院)系统第一批三星级绿色学校 | 浙江省机关事务管理局、中共浙江省委党校(浙江行政学院) |
| 20 | 富阳区档案馆 | 全省档案技术保护试点工作单位 | 浙江省档案馆 |
| 21 | 富阳区工商联 | 全省工商联系统先进集体 | 浙江省工商联、浙江省人社厅 |
| 22 | 富阳区工商联 | 服务“两个健康”最佳工作实践创新成果 | 浙江省工商联 |
| 23 | 富阳区工商联 | 服务“两个健康”最佳实践案例 | 浙江省工商联 |
| 24 | 富阳区工商联 | 服务“两个健康”工作成绩突出集体 | 浙江省工商联 |
| 25 | 富阳区工商联 | 全省工商联系统优秀调研成果二等奖 | 浙江省工商联 |
| 26 | 浙江金火科技实业有限公司 | 省级示范职工书屋 | 浙江省总工会 |
| 27 | 共青团杭州市富阳区委 | 浙江省青少年校外教育工作改革试点 | 共青团浙江省委 |
| 28 | 共青团杭州市富阳区委 | 在县域共青团基层组织改革试点工作评估验收中被评为良好 | 共青团浙江省委 |
| 29 | 中共杭州市富阳区委政法委 | 全省政法宣传舆论工作成绩突出集体 | 浙江省委政法委 |
| 30 | 杭州市公安局富阳区分局 | 2022年度全省公安机关执法质量优秀单位 | 浙江省公安厅 |
| 31 | 杭州市公安局富阳区分局 | 平安护航建党100周年成绩突出集体 | 中共浙江省委、浙江省人民政府 |
| 32 | “122浙007”案专案组 | 二等功 | 浙江省公安厅 |
| 33 | 杭州市公安局富阳区分局城东派出所 | 全省优秀公安基层单位 | 中共浙江省委、浙江省人民政府 |
| 34 | “富春智呼96110中心” | 2022年度“三能榜样·最美警队” | 浙江省公安厅 |
| 35 | 富阳区人民检察院第二检察部 | 全省“护航2021”打击侵害企业利益经济犯罪专项行动成绩突出集体 | 浙江省人民检察院、浙江省公安厅 |
| 36 | 富阳区人民检察院 | 全省检察文化品牌建设优秀品牌(金奖) | 浙江省人民检察院 |

续表25

| 序号 | 先进集体单位 | 先进集体称号 | 颁奖单位 |
|---|---|---|---|
| 37 | 富阳区人民检察院 | 2022年度全省检察精品微课 | 浙江省人民检察院 |
| 38 | 富阳区人民检察院 | 浙江省检察机关生物多样性保护典型案例 | 浙江省人民检察院 |
| 39 | 富阳区人民检察院 | 2022年度全省检察机关行政检察精品案例 | 浙江省人民检察院 |
| 40 | 富阳区人民检察院第五检察部 | 2022年浙江数字检察“一本账S2” | 浙江省人民检察院 |
| 41 | 富阳区人民检察院第二检察部 | “护航2022”助企惠期企提升企业风险防范能力专项行动10大典型案例 | 浙江省人民检察院 |
| 42 | 富阳区人民法院共享法庭（富春家事服务站） | 全省首批示范“共享法庭” | 浙江省高级人民法院 |
| 43 | 富阳区司法局 | 全省司法行政系统法治建设工作成绩突出集体（民主法治村（社区）创建工作） | 浙江省司法厅 |
| 44 | 富阳区司法局 | 首创三级述法工作机制浙江省2021年度县乡法治政府建设“最佳实践”项目 | 浙江省人民政府办公厅 |
| 45 | 富阳区司法局 | 借力专项巡察创新行政执法监督模式浙江省2021年度县乡法治政府建设“最佳实践”项目 | 浙江省人民政府办公厅 |
| 46 | 富阳区司法局 | 富阳区司法局东洲司法所获评浙江省枫桥式司法所 | 浙江省司法厅 |
| 47 | 富阳区发展和改革局 | 2022年度浙江省推进山海协作工程成绩突出集体 | 浙江省山海协作领导小组办公室 |
| 48 | 富阳区发展和改革局对口支援和区域合作科 | 2021年度浙江省扩大有效投资工作先进集体 | 浙江省发展和改革委员会 |
| 49 | 国家税务总局杭州市富阳区税务局老干部科 | 全省税务系统老干部工作表现突出的集体 | 国家税务总局浙江省税务局 |
| 50 | 国家税务总局杭州市富阳区税务局新登税务所办税服务厅 | 浙江省青年文明号 | 浙江省“青年文明号、青年岗位能手”活动组委会 |
| 51 | 杭州市规划资源局富阳分局 | 2022年浙江省测绘科学技术奖二等奖 | 浙江省测绘学会 |
| 52 | 杭州市规划资源局富阳分局 | 2022年度全省自然资源系统改革创新优秀案例 | 浙江省自然资源厅 |
| 53 | 富阳区规划展示馆 | 浙江省自然资源普法阵地（第二批） | 浙江省自然资源厅 |
| 54 | 富阳区农业农村局 | 全省农村土地承包经营权确权登记颁证成绩突出集体 | 中共浙江省委农村工作领导小组办公室、浙江省农业农村厅 |
| 55 | 富阳区林业水利局 | 全省湿地保护修复工作成绩突出集体 | 浙江省林业局 |
| 56 | 富阳区林业水利局 | 全省林业科技工作成绩突出集体 | 浙江省林业局 |
| 57 | 富阳区水利水电工程质量安全服务保障中心 | 2022年度浙江省水利建设工程质量监督先进集体 | 浙江省水利水电工程质量与安全管理中心 |
| 58 | 富阳区畜牧农机发展中心 | 全省渔业安全生产工作成绩突出集体 | 浙江省农业农村厅 |
| 59 | 富阳区农业农村局 | 全省动物疫病防控工作成绩突出集体 | 浙江省农业农村厅 |
| 60 | 富阳区经信局 | 2022年度全省“亩均论英雄”改革工作先进集体 | 浙江省深化“亩均论英雄”改革工作领导小组 |
| 61 | 富阳区经信局 | 2022年度中小微企业培育工作成绩突出集体 | 浙江省促进中小企业和民营企业发展工作领导小组办公室 |
| 62 | 富阳区经信局 | 全省经信系统攻坚标兵单位 | 浙江省经济和信息化厅 |
| 63 | 富阳区经信局 | 2022年度数字经济系统优秀制度成果 | 浙江省数字经济系统建设专班办公室 |
| 64 | 富阳区供销合作总社 | 2022年度浙江省供销系统综合业绩考评优秀单位 | 浙江省供销合作社联合社 |
| 65 | 富阳区供销合作总社 | 2022年度浙江省供销系统基层组织建设优秀单位 | 浙江省供销合作社联合社 |
| 66 | 富阳区供销合作总社 | 2022年度浙江省供销系统信息宣传先进单位 | 浙江省供销合作社联合社 |
| 67 | 富阳区文广旅体局 | 2018—2021年度浙江省群众体育工作成绩突出单位 | 浙江省文化和旅游厅 |

续表25

| 序号 | 先进集体单位 | 先进集体称号 | 颁奖单位 |
|---|---|---|---|
| 68 | 富阳区文广旅体局 | 富春山居文化标识获浙江省文化标识创新项目 | 浙江省文化和旅游厅 |
| 69 | 富阳区文广旅体局 | 文化保障卡——富春山居文有惠数字化场景入选浙江省文化和旅游数字化改革第二批试点应用名单 | 浙江省文化和旅游厅 |
| 70 | 富阳区文广旅体局 | 2022年全省群体(体总)工作会议上,《"美景+运动+休闲"打通全民健身"最后一公里"》工作经验入选优秀案例 | 浙江省体育局 |
| 71 | 富阳区文广旅体局 | 第五届"少年非遗说"浙江传说故事讲述大赛优秀组织奖 | 浙江省文化和旅游厅 |
| 72 | 富阳区文化馆 | 作品《秘笈》获浙江省第十一届群众戏曲小戏大赛金奖 | 浙江省文化和旅游厅 |
| 73 | 富阳区博物馆 | "笔墨丹青"系列文创获2022年浙江省博物馆文创产品大赛铜奖 | 浙江省文物局 |
| 74 | 富阳区博物馆 | 2021年长三角及全国部分城市最美公共文化空间大赛最美公共文化空间奖 | 上海市文化和旅游局、上海市浦东新区人民政府 |
| 75 | 杭州富阳越剧艺术传习院 | 历史传奇越剧《苍生》、越剧现代戏《生命之光》入选第一批浙江省公共文化国际交流项目 | 浙江省文化和旅游厅 |
| 76 | 杭州富阳越剧艺术传习院 | 原创越剧《金殿拒婚》入选浙江省第二批经典保留剧目 | 浙江省文化和旅游厅 |
| 77 | 富阳区文化馆 | 浙江省第十六届新故事作品征文大赛优秀组织奖 | 浙江省文化和旅游厅 |
| 78 | 富阳区文化馆 | 浙江省第十三届"中国梦·故乡情"乡村诗歌大赛优秀组织奖 | 浙江省文化和旅游厅 |
| 79 | 富阳区图书馆 | 2022魅力声音·"运动少年说"浙江省少年儿童音频征集大赛优秀组织奖 | 浙江省图书馆学会 |
| 80 | 富阳经济技术开发区管委会 | 省级绿色低碳工业园区 | 浙江省经济和信息化厅 |
| 81 | 富阳经济技术开发区管委会 | 省级循环经济示范试点验收优秀 | 浙江省发展和改革委员会 |
| 82 | 开发区集团 | 银湖小学工程浙江省建筑施工安全生产标准化管理优良工地(2022年度) | 浙江省住房和城乡建设厅 |
| 83 | 开发区集团 | 场口综合便民服务大楼及执法中心浙江省建筑施工安全生产标准化管理优良工地(2022年度) | 浙江省住房和城乡建设厅 |
| 84 | 杭州富春湾集团 | 杭州富春湾基础设施建设有限公司项目建设部2020—2021年度忠实践行"八八战略"奋力打造"重要窗口"立功竞赛浙江省工人先锋号 | 浙江省总工会 |
| 85 | 杭州富春湾集团 | 杭黄站前广场2022年度浙江省建设工程钱江杯(优质工程) | 浙江省住房和城乡建设厅 |
| 86 | 富春山居集团 | 龙门古镇旅游驿站浙江省第一批旅游驿站(试点)名单 | 浙江省文化和旅游厅 |
| 87 | 富春山居集团 | 杭州龙门古镇景区获评2022年国家AAAA级旅游景区 | 浙江省旅游区(点)质量等级评定委员会 |
| 88 | 富春山居集团 | 杭州富阳阳陂湖生态修复治理项目(一期)获评2022年度浙江省风景园林学会优秀园林工程奖(施工类)金奖 | 浙江省风景园林学会 |
| 89 | 富春山居集团 | "富春山居"入选首批"浙江文化标识"培育项目 | 浙江省文化和旅游厅 |
| 90 | 城建集团 | 富阳区银湖水厂一期工程获2022年度浙江省建设工程钱江杯(优质工程)奖 | 浙江省住房和城乡建设厅 |
| 91 | 城建集团 | 杭州至富阳城际铁路工程(受降站)获2022年度浙江省建设工程钱江杯(优质工程)奖 | 浙江省住房和城乡建设厅 |
| 92 | 城建集团 | 北支江水上运动中心项目获2022年度浙江省建设工程钱江杯(优质工程)奖 | 浙江省住房和城乡建设厅 |
| 93 | 城建集团 | 北支江公园获评2022年度浙江省优质综合公园 | 浙江省住房和城乡建设厅 |
| 94 | 城建集团 | 桂花西路获评2022年度浙江省绿化美化路项目 | 浙江省住房和城乡建设厅 |
| 95 | 城建集团 | 《杭州富阳城市照明工程有限公司2018—2020年度企业运营管理专项审计》获得浙江省优秀审计项目 | 浙江省内部审计协会 |

续表25

| 序号 | 先进集体单位 | 先进集体称号 | 颁奖单位 |
|---|---|---|---|
| 96 | 交通集团 | 2022年浙江省城市公交春运先进工作单位 | 浙江省公交协会 |
| 97 | 富阳区综合行政执法局 | 2022年度浙江省生活垃圾分类工作成绩突出集体 | 浙江省生活垃圾工作领导小组办公室 |
| 98 | 富阳区老年大学新登分校 | 浙江省优质老年大学分校 | 中共浙江省委老干部局 |
| 99 | 富阳区融媒体中心 | 广播新闻访谈《医学检查检验结果互认共享落地富阳》获省三等奖、市一等奖 | 浙江省广播电视局 |
| 100 | 富阳区融媒体中心 | 电视消息《为了14名乡亲的安危》获省三等奖、市一等奖 | 浙江省广播电视局 |
| 101 | 富阳区融媒体中心 | 电视对农节目《尴尬的农创客小镇》获省二等奖、市一等奖 | 浙江省广播电视局 |
| 102 | 富阳区融媒体中心 | 广播文艺戏曲曲艺节目《纪念越剧宗师徐玉兰诞辰100周年特别专题—玉兰泉涌》获省二等奖、市一等奖 | 浙江省广播电视局 |
| 103 | 富阳区融媒体中心 | 广播播音《七夕，致敬革命中的红色爱情》获省三等奖、市二等奖 | 浙江省广播电视局 |
| 104 | 富阳区融媒体中心 | 省广播电视节目技术质量金鼎奖电视播出类获省三等奖 | 浙江省广播电视局 |
| 105 | 富阳区融媒体中心 | 浙江省县级融媒体中心优秀合作伙伴 | 天目新闻客户端 |
| 106 | 富阳区融媒体中心 | 浙报集团融媒共享联盟·合作奖 | 浙江日报报业集团 |
| 107 | 富阳区融媒体中心 | 2022年度全省广播电视新闻协作电视新闻一等奖；2022年度全省广播电视新闻协作广播新闻二等奖 | 浙江广播电视集团 |
| 108 | 富阳区民政局 | 全省先进县（市、区）民政局 | 浙江省民政厅 |
| 109 | 富阳区水库移民服务中心 | 全省优秀县（市、区） | 浙江省水库移民安置办公室 |
| 110 | 富春街道 | 疫情防控执行力指数评价优秀乡镇（街道） | 中共浙江省委组织部 |
| 111 | 富春街道 | 2021年度全省无邪教创建示范工作成绩突出集体 | 浙江省平安领导小组 |
| 112 | 富春街道江滨社区 | 2022年度江滨未来社区通过浙江省2022年度第二批未来社区名单 | 浙江省城乡风貌整治提升工作专班 |
| 113 | 富春街道江滨社区 | 2022年度江滨未来社区“浙里未来社区在线”应用贯通第一批案例 | 浙江省城乡风貌整治提升工作专班 |
| 114 | 富春街道恩波社区 | 2022年度恩波社区通过浙江省首批共同富裕现代化基本单元“一老一小”服务场景名单 | 浙江省住房和城乡建设厅 |
| 115 | 富春街道 | 2022年度山水美庐山水物业、富春江滨府天意物业、容大五环城市花园广厦物业成功创建2022年度省级“红色物业” | 浙江省住房和城乡建设厅 |
| 116 | 富春街道春晖社区 | 2022年度春晖社区创建为省级民主法治社区 | 浙江省普法办 |
| 117 | 春江街道新建村 | 浙江省民主法治村 | 浙江省司法厅、浙江省民政厅、浙江省普法办 |
| 118 | 春江街道新建村 | 浙江省第五批省级引领型农村社区 | 浙江省民政厅 |
| 119 | 春江街道八一村儿童之家 | 2022 年度“浙江省示范型儿童之家” | 浙江省妇女联合会、浙江省民政厅 |
| 120 | 春江街道八一村 | 2022年度浙江省第二批未来乡村 | 浙江省农村农业厅、浙江省财政厅和浙江省风貌办 |
| 121 | 春江街道春江村 | 2021年度浙江省善治示范村 | 浙江省乡村振兴领导小组办公室 |
| 122 | 春江街道民主村 | 2021年度浙江省民主法治村 | 浙江省司法厅、浙江省民政厅、浙江省普法办 |
| 123 | 春江街道建设村建设锦园 | 2021年度浙江省高标准垃圾分类示范小区 | 浙江省生活垃圾分类工作领导小组办公室 |
| 124 | 鹿山街道山水社区 | 2022年度浙江省无障碍社区 | 浙江省人民政府残疾人工作委员会 |

续表25

| 序号 | 先进集体单位 | 先进集体称号 | 颁奖单位 |
| --- | --- | --- | --- |
| 125 | 银湖街道梓树花苑未来社区 | 省级未来社区 | 浙江省城乡风貌整治提升工作专班 |
| 126 | 银湖街道 | 农村文化礼堂建设示范乡镇(街道) | 中共浙江省委宣传部 |
| 127 | 银湖街道 | 五星食安办 | 浙江省食品药品安全委员会办公室 |
| 128 | 银湖街道唐家坞村 | 浙江省清廉村居建设示范单位 | 浙江省农业农村厅 |
| 129 | 银湖街道彩虹社区 | 2022年度浙江省级“民主法治村(社区) | 浙江省司法厅、浙江省民政厅、浙江省普法办 |
| 130 | 银湖街道鸣翠蓝湾小区 | 浙江省高标准生活垃圾分类示范小区、示范片区名单 | 浙江省生活垃圾分类工作领导小组办公室 |
| 131 | 春建乡 | 2022年全省美丽城镇建设样板 | 浙江省城乡环境整治工作领导小组美丽城镇建设办公室 |
| 132 | 渌渚镇新港村 | 2022年度浙江省级“民主法治村(社区) | 浙江省普法办 |
| 133 | 胥口镇 | 2022年度浙江省园林城镇 | 浙江省住房和城乡建设厅 |
| 134 | 胥口镇 | 2022年度美丽城镇建设省级样板 | 浙江省城乡环境整治工作领导小组 |
| 135 | 胥口镇 | 富阳古东安县域风貌样板区 | 浙江省城乡风貌整治提升工作专班 |
| 136 | 胥口镇 | 浙江省AAAA级景区镇 | 浙江省文化和旅游厅 |
| 137 | 胥口镇 | 首批“浙江省摄影之乡” | 浙江省摄影家协会 |
| 138 | 大源镇 | 2022年度浙江省美丽乡村示范乡镇 | 浙江省“千村示范、万村整治”工作协调小组办公室 |
| 139 | 大源镇 | 2022年度全省新时代乡村集成改革工作成绩突出集体 | 浙江省农业农村厅 |
| 140 | 大源镇勤功村 | 浙江省2022年度省级“民主法治村” | 浙江省司法厅、浙江省民政厅 |
| 141 | 灵桥镇 | 浙江省“三强六好”示范党支部 | 中共浙江省委老干部局 |
| 142 | 上官商会 | 二季度服务“两个健康”最佳实践案例 | 中共浙江省委老干部局 |
| 143 | 场口镇 | 省级小城市培育试点2021年度考核优秀单位 | 浙江省中心镇发展改革和小城市培育试点领导小组办公室 |
| 144 | 场口镇 | 浙江省AAAA级景区镇 | 浙江省文化和旅游厅 |
| 145 | 场口镇东梓关村 | 2022年乡村振兴示范村 | 浙江省农业农村厅、浙江省乡村振兴局 |
| 146 | 场口镇东梓关村 | 浙江省第二批未来乡村 | 浙江省农业农村厅、浙江省财政厅、浙江省风貌办 |
| 147 | 场口镇新元村 | 浙江省2022年度省级“民主法治村(社区)” | 浙江省司法厅、浙江省民政厅、浙江省普法办公室 |
| 148 | 场口镇红星村 | 2022年度浙江省善治示范村 | 浙江省委农村工作领导小组办公室 |
| 149 | 场口镇洋沙村 | 2022年度浙江省善治村 | 浙江省委农村工作领导小组办公室 |
| 150 | 场口镇东梓关村 | 2022年度浙江省善治村 | 浙江省委农村工作领导小组办公室 |
| 151 | 常安镇 | 美丽城镇建设基本达标城镇 | 浙江省城乡环境整治工作领导小组 |
| 152 | 常安镇横溪村 | 2021年度浙江省善治示范村 | 浙江省乡村振兴领导小组办公室 |
| 153 | 常安镇礼门村 | 2021年度浙江省善治村 | 浙江省乡村振兴领导小组办公室 |

续表 25

| 序号 | 先进集体单位 | 先进集体称号 | 颁奖单位 |
|---|---|---|---|
| 154 | 常安镇杏梅坞村 | 省级"一村万树"示范村 | 浙江省林业局 |
| 155 | 龙门镇 | 浙江省"文化基因解码工程"优秀解码项目 | 浙江省文化和旅游厅 |
| 156 | 龙门镇五村 | 浙江省美育村【首批】 | 浙江省文化和旅游厅 |
| 157 | 龙门古镇孙氏文化村 | 浙江省廉洁文化教育基地 | 中共浙江省纪委、中共浙江省委宣传部 |
| 158 | 龙门镇三村 | 2022年度省级民主法治村 | 浙江省普法办 |
| 159 | 湖源乡 | 全省"五水共治"工作考核优秀乡镇(街道) | 浙江省治水办 |
| 160 | 湖源乡 | 浙江省革命老区乡镇(街道) | 浙江省民政厅 |
| 161 | 湖源乡 | 浙江省关注森林活动15周年成绩突出集体 | 浙江省关注森林组织委员会 |
| 162 | 湖源乡 | 富阳元书纸文化展示馆被评为浙江省级乡村博物馆、杭州市乡村博物馆、宋韵杭式生活体验点 | 浙江省文物局 |
| 163 | 湖源乡 | "村播学院"获评首届浙江省最美乡村文化空间 | 浙江省文化和旅游厅 |
| 164 | 湖源乡 | 浙江省"五水共治"实践窗口 | 浙江省治水办 |
| 165 | 湖源乡新一村 | 2022年浙江省"美丽庭院"特色村、杭州市"美丽庭院"示范村 | 浙江省妇联、浙江省农业农村厅 |
| 166 | 湖源乡新一村 | 新一村廊桥旅游驿站获评浙江省第一批旅游驿站二级旅游驿站(试点) | 浙江省文化和旅游厅 |
| 167 | 湖源乡双喜村 | 省级森林人家 | 浙江省林业局 |
| 168 | 湖源乡新三村 | 浙江省AA级景区村庄 | 浙江省文化和旅游厅 |
| 169 | 湖源乡双喜村 | 浙江省AA级景区村庄 | 浙江省文化和旅游厅 |
| 170 | 湖源乡新三村 | 省级"一村万树"示范村 | 浙江省林业局 |
| 171 | 湖源乡新一村 | 浙江省民主法治村 | 浙江省司法厅、浙江省民政厅、浙江省普法办公室 |
| 172 | 湖源乡窈口村 | 浙江省书法村 | 浙江省书法家协会、杭州市书法家协会 |
| 173 | 环山乡 | 浙江省AAA级景区镇 | 浙江省文化和旅游厅 |
| 174 | 万市镇槎源坞村 | 2022年度浙江省美丽乡村特色精品村 | 浙江省"千村示范、万村整治"工作协调小组办公室 |
| 175 | 万市镇 | AAAA级景区镇 | 浙江省文化和旅游厅 |
| 176 | 万市镇彭家村 | 浙江省2022年度省级"民主法治村(社区)" | 浙江省司法厅、浙江省民政厅、浙江省普法办 |
| 177 | 万市镇杨家村 | 2022年度省级高标准农村生活垃圾分类示范村 | 浙江省"千村示范、万村整治"工作协调小组办公室 |
| 178 | 万市镇杨家村 | 浙江省善治示范村 | 浙江省委农村工作领导小组办公室 |
| 179 | 洞桥镇三溪村 | 2021年度"浙江省善治村" | 浙江省乡村振兴领导小组办公室 |
| 180 | 洞桥镇 | 第三批浙江省文化和旅游促进共同富裕最佳实践案例 | 浙江省文化和旅游厅 |
| 181 | 洞桥镇 | 浙江省文化强镇 | 浙江省人民政府办公厅 |
| 182 | 富阳区春江街道中心幼儿园 | 浙江省现代化学校 | 浙江省教育厅、浙江省人民政府教育督导委员会办公室 |
| 183 | 富阳区永昌镇中心小学 | 浙江省现代化学校 | 浙江省教育厅、浙江省人民政府教育督导委员会办公室 |

续表25

| 序号 | 先进集体单位 | 先进集体称号 | 颁奖单位 |
| --- | --- | --- | --- |
| 184 | 富阳区富春中学 | 浙江省现代化学校 | 浙江省教育厅、浙江省人民政府教育督导委员会办公室 |
| 185 | 富阳区职业教育中心 | 浙江省现代化学校 | 浙江省教育厅、浙江省人民政府教育督导委员会办公室 |
| 186 | 银湖街道成人文化技术学校 | 浙江省现代化学校 | 浙江省教育厅、浙江省人民政府教育督导委员会办公室 |
| 187 | 杭州银湖科技城硅谷小学 | 浙江省义务教育标准化学校 | 浙江省教育厅 |
| 188 | 富阳区富春第九小学 | 浙江省义务教育标准化学校 | 浙江省教育厅 |
| 189 | 富阳区富春中学 | 首批浙江省清廉学校建设示范校 | 中共浙江省委教育工作委员会办公室 |
| 190 | 富阳区富春中学 | 浙江省清廉建设成绩突出单位 | 中共浙江省委办公厅 |
| 191 | 春江街道中心幼儿园（建设园区） | 浙江省一级幼儿园 | 浙江省人民政府督导委员会办公室 |
| 192 | 鹿山街道中心幼儿园（东吴园区） | 浙江省一级幼儿园 | 浙江省人民政府督导委员会办公室 |
| 193 | 富阳区富春第四幼儿园 | 浙江省一级幼儿园 | 浙江省人民政府督导委员会办公室 |
| 194 | 富阳区富春第三幼儿园（和园园区） | 浙江省一级幼儿园 | 浙江省人民政府督导委员会办公室 |
| 195 | 富阳区永昌镇中心幼儿园 | 浙江省一级幼儿园 | 浙江省人民政府督导委员会办公室 |
| 196 | 富阳区富春第一幼儿园探趣科学坊教研组 | 浙江省先进教研组 | 浙江省教育厅教研室 |
| 197 | 富阳区职业教育中心 | 第五批省级民族团结进步创建重点培育单位 | 浙江省民族宗教事务委员会 |
| 198 | 富阳社区学院 | 浙江省社区教育示范基地 | 浙江省教育厅办公室 |
| 199 | 富阳区富春街道成人文化技术学校 | 浙江省学习型社区 | 浙江省教育厅办公室 |
| 200 | 富阳区职业教育中心 | 浙江省中职学校名班主任工作室 | 浙江省教育厅办公室 |
| 201 | 富阳区职业高级中学 | 浙江省中小学智慧教育平台试点学校 | 国家智慧教育平台浙江试点工作领导小组、浙江省教育厅 |
| 202 | 富阳区富春第七小学 | 浙江省中小学智慧教育平台试点学校 | 国家智慧教育平台浙江试点工作领导小组、浙江省教育厅 |
| 203 | 富阳区东洲中心小学 | 浙江省中小学智慧教育平台试点学校 | 国家智慧教育平台浙江试点工作领导小组、浙江省教育厅 |
| 204 | 富阳区鹿山中学 | 浙江省足球特色学校 | 浙江省教育厅 |
| 205 | 富阳区富春第四幼儿园 | 浙江省足球特色学校 | 浙江省教育厅 |
| 206 | 富阳区新登镇小 | 浙江省健康促进学校（金牌） | 浙江省教育厅、浙江省卫生健康委员会、浙江省爱卫办 |
| 207 | 富阳区富春第三小学 | 浙江省健康促进学校（金牌） | 浙江省教育厅、浙江省卫生健康委员会、浙江省爱卫办 |
| 208 | 富阳区湖源乡中心小学（复评） | 浙江省健康促进学校（金牌） | 浙江省教育厅、浙江省卫生健康委员会、浙江省爱卫办 |
| 209 | 富阳区春建乡中心小学 | 浙江省近视防控特色学校 | 浙江省教育厅 |
| 210 | 富阳区富春第七小学 | 空间应用优秀学校 | 浙江教育技术中心 |
| 211 | 富阳区财政局 | 2022年度财政信息工作考核县（市、区）局组三等奖 | 浙江省财政厅 |
| 212 | 富阳区财政局 | 《浙江财政年鉴（2022卷）》组稿工作先进单位 | 浙江省财政厅 |
| 213 | 富阳区财政局 | 全省清廉财政建设十佳案例二等奖 | 浙江省财政厅 |
| 214 | 富阳区财政局 | 国有企业财务会计决算工作成绩突出单位 | 浙江省财政厅 |
| 215 | 富阳区财政局 | 全省财政系统高质量发展建设共同富裕示范区“小切口”改革优秀实践案例 | 浙江省财政厅 |

续表25

| 序号 | 先进集体单位 | 先进集体称号 | 颁奖单位 |
| --- | --- | --- | --- |
| 216 | 富阳区财政局 | 2022年度全省财政项目预算审核系统信息报送工作优秀单位 | 浙江省财政项目预算审核中心 |
| 217 | 富阳区财政局 | 全省财政系统变革型财政组织创建优秀试点单位 | 浙江省财政厅 |
| 218 | 富阳区财政局 | 全省清廉财政建设成效突出单位 | 浙江省财政厅 |
| 219 | 富阳区财政局 | 2022年度全省财政管理绩效考评优秀单位名单 | 浙江省财政厅 |
| 220 | 富阳区退役军人事务局 | 2022年省烈士褒扬工作成绩突出单位 | 浙江省退役军人事务厅 |
| 221 | 富阳区妇联 | 2022年度省平安家庭建设优秀单位 | 浙江省妇联、浙江省平安办 |
| 222 | 富阳区发展和改革局 | 2022年全省投资“赛马”激励 | 浙江省人民政府办公厅 |
| 223 | 东洲街道黄公望村 | 浙江省未来乡村 | 浙江省农业农村厅、浙江省财政厅和省风貌办 |
| 224 | 东洲街道黄公望村 | 浙江省城乡风貌样板区 | 浙江省城乡风貌整治提升工作专班 |
| 225 | 东洲街道黄公望村 | 浙江省乡村振兴示范村 | 浙江省农业农村厅、浙江省乡村振兴局 |
| 226 | 东洲街道黄公望村 | 浙江省金AAA景区村庄 | 浙江省文旅厅、浙江省农业农村厅 |
| 227 | 东洲街道东洲村 | 浙江省AAA景区村庄 | 浙江省旅游局 |
| 228 | 杭州市富阳区人民政府地方志办公室 | 浙江省地方志工作先进集体 | 浙江省人民政府地方志办公室 |

## 【市级先进集体】

2022年度富阳区市级先进集体一览表

表26

| 序号 | 先进集体单位 | 先进集体称号 | 颁奖单位 |
| --- | --- | --- | --- |
| 1 | 中共杭州市富阳区委组织部 | 2022年度农村工作成绩突出集体 | 中共杭州市委、杭州市人民政府 |
| 2 | 杭州富阳中荷电子有限公司 | 2022年杭州市模范集体 | 中共杭州市委、杭州市人民政府 |
| 3 | 浙江富春江通信集团有限公司 | 2022年杭州市模范集体 | 中共杭州市委、杭州市人民政府 |
| 4 | 浙江大华智联有限公司 | 2022年杭州市模范集体 | 中共杭州市委、杭州市人民政府 |
| 5 | 杭州盘古生态农业开发有限公司 | 2022年杭州市模范集体 | 中共杭州市委、杭州市人民政府 |
| 6 | 杭州富阳和顺生态农业开发有限公司 | 2022年杭州市模范集体 | 中共杭州市委、杭州市人民政府 |
| 7 | 浙江惠迪森药业有限公司质量部QC办 | 2022年杭州市模范集体 | 中共杭州市委、杭州市人民政府 |
| 8 | 杭州鸿世电器股份有限公司技术开发部 | 2022年杭州市模范集体 | 中共杭州市委、杭州市人民政府 |
| 9 | 杭州市公安局富阳区分局法制大队 | 2022年杭州市模范集体 | 中共杭州市委、杭州市人民政府 |
| 10 | 杭州富春湾基础设施建设有限公司 | 2022年杭州市模范集体 | 中共杭州市委、杭州市人民政府 |
| 11 | 富阳华润燃气有限公司—危化品(燃气)应急救援队 | 2022年杭州市模范集体 | 中共杭州市委、杭州市人民政府 |
| 12 | 中共杭州市富阳区委政法委 | 党的二十大维稳安保工作突出贡献集体三等功 | 中共杭州市委、杭州市人民政府 |
| 13 | 杭州市公安局富阳区分局 | 党的二十大维稳安保工作突出贡献集体嘉奖 | 中共杭州市委、杭州市人民政府 |
| 14 | 富阳区人民法院 | “平安杭州”创建先进集体 | 中共杭州市委、杭州市人民政府 |
| 15 | 富阳区农业农村局 | 杭州市农村工作成绩突出集体 | 中共杭州市委、杭州市人民政府 |

续表26

| 序号 | 先进集体单位 | 先进集体称号 | 颁奖单位 |
|---|---|---|---|
| 16 | 开发区集团 | 2022年度亚运场馆建设立功竞赛活动二等奖 | 亚运场馆建设立功竞赛活动领导小组办公室 |
| 17 | 开发区集团 | 富阳银湖体育中心杭州亚运会、亚残运会场馆文化底蕴奖（2022年度） | 杭州2022年第19届亚运会组委会场馆建设部 |
| 18 | 杭州富春湾集团 | 杭州市2021年度扩大有效投资推进重点项目建设突出贡献集体 | 杭州市人民政府 |
| 19 | 杭州富春湾集团 | 杭州富春湾基础设施建设有限公司项目建设部2022年杭州市模范集体 | 中共杭州市委、杭州市人民政府 |
| 20 | 城建集团 | 富阳区彩虹快速路西延（富阳区界－高尔夫路）获评2022年“迎亚运”城市基础设施建设百日攻坚行动样板示范道路 | 亚运市运保指挥部办公室 |
| 21 | 城建集团 | 富阳区金桥北路、金桥南路综合提升工程（高桥西路－秦望路）获评2022年“迎亚运”城市基础设施建设百日攻坚行动样板示范道路 | 亚运市运保指挥部办公室 |
| 22 | 城建集团 | 富阳华润燃气有限公司获评杭州市模范集体 | 中共杭州市委、杭州市人民政府 |
| 23 | 城建集团 | 2021年度扩大有效投资推进重点项目建设突出贡献集体 | 杭州市人民政府 |
| 24 | 春江街道 | 杭州警备区先进基层武装部 | 杭州市人民政府 |
| 25 | 春江街道 | 城乡环境大整治、城市面貌大提升专项行动集体三等功 | 杭州市人民政府 |
| 26 | 银湖街道 | 2022年度杭州市征兵工作成绩突出单位 | 杭州市人民政府 |
| 27 | 渌渚镇 | 2022年度杭州市征兵工作成绩突出单位 | 杭州市人民政府 |
| 28 | 场口镇 | 2022年度农村工作成绩突出集体 | 中共杭州市委、杭州市人民政府 |
| 29 | 场口镇 | 2022年度全市征兵工作成绩突出单位 | 杭州市人民政府、杭州市警备区 |
| 30 | 湖源乡 | 2022年度全市征兵工作成绩突出单位 | 杭州市人民政府、杭州市警备区 |
| 31 | 万市镇 | 2022年杭州市平安创建成绩突出集体 | 中共杭州市委、杭州市人民政府 |
| 32 | 富阳区财政局 | “平安杭州”创建先进集体 | 中共杭州市委、杭州市人民政府 |
| 33 | 富阳区发展和改革局 | 杭州市国际一流营商环境建设工作集体嘉奖 | 杭州市人民政府 |

## ·先进个人·

### 【国家级和国家属部门级先进个人】

2022年度富阳区国家级和国家属部门级先进个人一览表

表27

| 序号 | 姓名 | 单位 | 先进称号 | 颁奖单位 |
|---|---|---|---|---|
| 1 | 陈跃兵 | 富阳区工商联 | 全国工商联2022年度调查点先进个人 | 全国工商联 |
| 2 | 王　春 | 杭州市公安局富阳分局 | 全国公安机关疫情防控工作成绩突出个人 | 公安部 |
| 3 | 桑　涛 | 富阳区人民检察院 | 全国双百政法英模 | 中央政法委 |
| 4 | 沈　玲 | 富阳区人民检察院 | 全国检察宣传先进个人 | 检察日报社 |
| 5 | 任尔腾 | 富阳区人民检察院 | 全国检察宣传先进个人 | 检察日报社 |
| 6 | 周左步 | 富阳区司法局（退休老干部） | 全国青少年普法教育优秀辅导员 | 中国关心下一代工作委员会、中央政法委、司法部、共青团员、中国法学会 |
| 7 | 徐　炎 | 富阳区发展和改革局 | 2020—2021年度全国价格监测工作先进个人 | 国家发展和改革委员会价格监测中心 |
| 8 | 章飞杰 | 富阳区农业农村局 | 首届“最美农机推广员” | 农业农村部农业机械化总站 |
| 9 | 李先强 | 富阳区农业农村局 | 2022年全国农机安全法规知识竞赛个人奖 | 农业农村部农业机械化总站 |
| 10 | 陆春莲 | 富阳区农业农村局 | 2022年度科技志愿者先进个人 | 中国科协办公厅 |

续表27

| 序号 | 姓名 | 单位 | 先进称号 | 颁奖单位 |
|---|---|---|---|---|
| 11 | 裘君珍 | 富阳区文广旅体局 | 文化和旅游系统“七五”普法优秀个人 | 文化和旅游部 |
| 12 | 孙　群 | 富阳区卫生健康局 | 爱国卫生运动70周年先进个人 | 全国爱国卫生运动委员会 |
| 13 | 方菊芬 | 富阳区民政局 | 全国社会救助工作先进个人 | 民政部 |

## 【省级和省属部门级先进个人】

2022年度富阳区省级和省属部门级先进个人一览表

表28

| 序号 | 姓名 | 单位 | 先进称号 | 颁奖单位 |
|---|---|---|---|---|
| 1 | 楼烨华 | 富阳区信访局 | 全省信访系统先进个人 | 浙江省信访局、浙江省人社厅 |
| 2 | 徐海峰 | 中共杭州市富阳区委党校 | 2022年度全省党校(行政学院)系统成绩突出个人 | 中共浙江省委党校(浙江行政学院) |
| 3 | 钱　生 | 富阳区信访局 | 党的二十大信访安保工作成绩突出贡献个人 | 浙江省信访联席会议 |
| 4 | 洪　岸 | 富阳区档案馆 | 浙江省档案工作成绩突出个人 | 浙江省委办公厅、浙江省政府办公厅 |
| 5 | 叶小军 | 富阳通力机械制造有限公司 | 浙江工匠 | 浙江省人力社保厅、浙江省总工会 |
| 6 | 吴向荣 | 杭州富春江水电设备有限公司 | 浙江工匠 | 浙江省人力社保厅、浙江省总工会 |
| 7 | 王新桃 | 浙江金火科技实业有限公司 | 浙江工匠 | 浙江省人力社保厅、浙江省总工会 |
| 8 | 骆佳豪 | 杭州光明汽车有限公司 | 浙江工匠 | 浙江省人力社保厅、浙江省总工会 |
| 9 | 徐来来 | 富阳新裕纸箱厂 | 浙江工匠 | 浙江省人力社保厅、浙江省总工会 |
| 10 | 章　丽 | 中共杭州富阳区委政法委 | 平安护航党的二十大成绩突出个人 | 浙江省委政法委 |
| 11 | 羊晓伟 | 富阳区社会治理中心 | 平安护航党的二十大成绩突出个人 | 浙江省委政法委 |
| 12 | 陈轶丰 | 杭州市公安局富阳区分局 | 亚运安保备战阶段成绩突出个人 | 浙江省公安厅 |
| 13 | 朱明霞 | 杭州市公安局富阳区分局 | 2022年“三能榜样·最美辅警” | 浙江省公安厅 |
| 14 | 章若飞 | 杭州市公安局富阳区分局 | 除险保安百日攻坚、夏季治安打击整治“百日行动”成绩突出个人 | 浙江省公安厅 |
| 15 | 袁中原 | 杭州市公安局富阳区分局 | 全省公安机关创文明交通治秩序乱象“减量控大”系列行动成绩突出个人 | 浙江省公安厅 |
| 16 | 王　桢 | 杭州市公安局富阳区分局 | 党的二十大信访安保工作成绩突出个人 | 浙江省信访工作联席会议 |
| 17 | 周小龙 | 杭州市公安局富阳区分局 | 二等功 | 浙江省公安厅 |
| 18 | 章建江 | 杭州市公安局富阳区分局 | 全省优秀人民警察 | 中共浙江省委、浙江省人民政府 |
| 19 | 王建明（辅警） | 杭州市公安局富阳区分局 | 全省公安机关党的二十大安保维稳工作成绩突出个人 | 浙江省公安厅 |
| 20 | 王国栋 | 杭州市公安局富阳区分局 | 2022年度省级公安信访“三解”标兵 | 浙江省公安厅信访工作领导小组 |
| 21 | 桑　涛 | 富阳区人民检察院 | 省内全国检察理论研究人才、全省检察理论研究专家 | 浙江省人民检察院 |
| 22 | 桑　涛 | 富阳区人民检察院 | 全省检察机关专业人才库刑事检察专业人才 | 浙江省人民检察院 |

续表28

| 序号 | 姓名 | 单位 | 先进称号 | 颁奖单位 |
| --- | --- | --- | --- | --- |
| 23 | 俞　敏 | 富阳区人民检察院 | 全省检察机关专业人才库行政检察专业人才 | 浙江省人民检察院 |
| 24 | 方鹏程 | 富阳区人民检察院 | 2022年度全省检察机关新录用人员培训班优秀学员 | 国家检察官学院浙江分院 |
| 25 | 俞　敏 | 富阳区人民检察院 | 2022年度全省检察机关行政检察优秀法律文书 | 浙江省人民检察院 |
| 26 | 徐一中 | 杭州市富阳区人民法院 | 天平奖 | 浙江省高级人民法院 |
| 27 | 黄赛琼 | 杭州市富阳区人民法院 | 个人二等功 | 浙江省高级人民法院 |
| 28 | 邓　磊 | 富阳区司法局 | 全省社区矫正工作成绩突出个人 | 浙江省司法厅 |
| 29 | 王海峰 | 富阳区司法局 | 全省社区矫正工作成绩突出个人 | 浙江省司法厅 |
| 30 | 营　楠 | 富阳区司法局 | 浙江省司法行政系统数字化改革工作成绩突出个人 | 浙江省司法厅 |
| 31 | 营　楠 | 富阳区司法局 | 全省司法行政系统法治建设工作成绩突出个人（行政复议工作） | 浙江省司法厅 |
| 32 | 叶　暲 | 富阳区司法局 | 全省司法行政系统法治建设工作成绩突出个人（民主法治村（社区）创建工作） | 浙江省司法厅 |
| 33 | 方　灵 | 富阳区发展和改革局 | 省特色小镇规划建设成绩突出个人 | 浙江省特色小镇规划建设工作联席会议办公室 |
| 34 | 许杭锋 | 国家税务总局杭州市富阳区税务局 | 第九轮巡察优秀巡察干部 | 中共国家税务总局浙江省税务局委员会巡察工作领导小组 |
| 35 | 许　杰 | 富阳区农业农村局 | 全省农村土地承包经营权确权登记颁证成绩突出个人 | 中共浙江省委农村工作领导小组办公室浙江省农业农村厅 |
| 36 | 袁　杰 | 富阳区农业农村局 | 全省渔业高质量发展工作成绩突出个人 | 中共浙江省委农村工作领导小组办公室、浙江省农业农村厅 |
| 37 | 周　勇 | 富阳区农业农村局 | 全省新时代乡村集成改革工作成绩突出个人 | 中共浙江省委农村工作领导小组办公室、浙江省农业农村厅 |
| 38 | 缪　强 | 富阳区农业农村局 | 全省林业科技工作成绩突出个人 | 浙江省林业局 |
| 39 | 蔡晓郡 | 富阳区农业农村局 | 全省林业科技工作成绩突出个人 | 浙江省林业局 |
| 40 | 王灵玲 | 富阳区农业农村局 | 浙江省关注森林活动15周年成绩突出个人 | 浙江省关注森林组织委员 |
| 41 | 陆春莲 | 富阳区农业农村局 | 2022年度长三角优秀科技志愿者 | 长三角科技志愿服务联盟 |
| 42 | 赵陟恒 | 富阳区农业农村局 | 全省动物疫病防控工作成绩突出个人 | 浙江省农业农村厅 |
| 43 | 何燕敏 | 富阳区经信局 | 2022年度中小微企业培育工作成绩突出个人 | 浙江省促进中小企业和民营企业发展工作领导小组办公室 |
| 44 | 董银玲 | 富阳区供销合作总社 | 2022年度浙江省供销系统信息工作先进个人 | 浙江省供销合作社联合社 |
| 45 | 倪　斌 | 富阳区供销合作总社 | 2022年度浙江省供销系统信息工作先进个人 | 浙江省供销合作社联合社 |
| 46 | 夏红群 | 富阳区体育中心 | 2021年度杭州亚运会、亚残运会筹办工作突出贡献个人 | 2022年第19届亚运会组委会 |
| 47 | 李　虹 | 富阳区文广旅体局 | 2018—2021年度浙江省群众体育工作成绩突出个人 | 浙江省体育局 |
| 48 | 王　强 | 富阳区文化馆 | 浙江省第十三届“中国梦·故乡情”乡村诗歌大赛组织工作先进个人 | 浙江省文化和旅游厅 |
| 49 | 王　强 | 富阳区文化馆 | 浙江省2021年度协会工作先进个人 | 浙江省民间文艺家协会 |
| 50 | 邵艳云 | 富阳区文化馆 | 浙江省第十三届“中国梦·故乡情”乡村诗歌大赛组织工作先进个人 | 浙江省文化和旅游厅 |

续表28

| 序号 | 姓名 | 单位 | 先进称号 | 颁奖单位 |
|---|---|---|---|---|
| 51 | 邵艳云 | 富阳区文化馆 | 第五届“少年非遗说”浙江传说故事讲述大赛优秀辅导奖 | 浙江省文化和旅游厅 |
| 52 | 邢幼幼 | 富阳区文化馆 | 2021—2022年度全民艺术普及三星级文化使者 | 浙江省文化馆 |
| 53 | 陈双喜 | 富阳区图书馆 | 2022魅力声音·“运动少年说”浙江省少年儿童音频征集大赛先进个人 | 浙江省图书馆学会 |
| 54 | 王　强 | 富阳区文化馆 | 作品《话里有话》获浙江省第十六届新故事作品征文大赛二等奖 | 浙江省文化和旅游厅 |
| 55 | 王　强 | 富阳区文化馆 | 作品《让宋韵文化点燃广袤的乡村》获浙江省第十三届“中国梦·故乡情”乡村诗歌大赛二等奖 | 浙江省文化和旅游厅 |
| 56 | 邵艳云 | 富阳区文化馆 | 作品《剩女急嫁》获浙江省第十六届新故事作品征文大赛一等奖 | 浙江省文化和旅游厅 |
| 57 | 邵艳云 | 富阳区文化馆 | 作品《悠悠故乡情》获浙江省第十三届“中国梦·故乡情”乡村诗歌大赛二等奖 | 浙江省文化和旅游厅 |
| 58 | 邵艳云 | 富阳区文化馆 | 作品《真金也怕火炼》在献礼二十大“爱上科同”首届全国乡村故事会征文活动中被推荐为入围作品 | 浙江省民间艺术家协会 |
| 59 | 陈　晨 | 富阳区文化馆 | 作品《驭夫术》获浙江省第十六届新故事作品征文大赛一等奖 | 浙江省文化和旅游厅 |
| 60 | 陈　晨 | 富阳区文化馆 | 作品《春江悠　家风长》获浙江省第十三届“中国梦·故乡情”乡村诗歌大赛二等奖 | 浙江省文化和旅游厅 |
| 61 | 陈　晨 | 富阳区文化馆 | 论文《浅谈当前文化站免费开放存在的问题及对策》荣获浙江省第十四届公共文化论坛征文三等奖 | 浙江省文化馆、浙江省群众文化学会 |
| 62 | 王文栋 | 富春山居集团 | 第十七届杭州·浙西旅游合作峰会“2021杭州·浙西文旅推荐官”评选活动中，荣获“优秀推荐官”称号 | 浙西旅游合作组织 |
| 63 | 金　中 | 城建集团 | 浙江省新时代美丽城镇建设2021年度成绩突出个人 | 浙江省城乡环境整治工作领导小组美丽城镇建设办公室 |
| 64 | 陈　衡 | 交通集团 | “忠臣履职心向党、保安护航新征程”优秀个人 | 浙江省公安厅 |
| 65 | 叶承杰 | 交通集团 | 2021年度优秀保安员 | 浙江省保安协会 |
| 66 | 蒋柳锋 | 富春街道 | 2021年度浙江省农业技术推广贡献奖 | 浙江省农业农村厅 |
| 67 | 蒋柳锋 | 富春街道 | 2021年度浙江省农业丰收奖三等奖 | 浙江省农业农村厅 |
| 68 | 俞玉华 | 春江街道春江村 | 社区工作领军人才 | 浙江省民政厅 |
| 69 | 王丽敏 | 鹿山街道山水社区 | 2022年度浙江省“社区工作领军人才”（个人） | 浙江省民政厅 |
| 70 | 周小芳 | 鹿山街道东吴社区 | 浙江省第五届“悦林杯”社工好故事演讲比赛一等奖 | 浙江省社会工作师协会 |
| 71 | 孙文喜 | 龙门镇 | 浙江省优秀版权作品二等奖 | 浙江省版权协会 |
| 72 | 章振乐 | 富阳区富春第七小学 | 浙江省教书育人楷模 | 浙江省教育厅 |
| 73 | 章振乐 | 富阳区富春第七小学 | 浙江省特级教师 | 浙江省教育厅 |
| 74 | 项爱明 | 富阳区第二中学 | 浙江省特级教师 | 浙江省教育厅 |
| 75 | 应佳成 | 富阳区教育发展研究中心 | 浙江省特级教师 | 浙江省教育厅 |
| 76 | 高志伟 | 富阳区职业教育中心 | 浙江省特级教师 | 浙江省教育厅 |
| 77 | 汪利章 | 富阳学院 | 浙江省特级教师 | 浙江省教育厅 |
| 78 | 丁　健 | 富阳区富春第一幼儿园 | 浙江省特级教师 | 浙江省教育厅 |

续表28

| 序号 | 姓名 | 单位 | 先进称号 | 颁奖单位 |
|---|---|---|---|---|
| 79 | 周玉明 | 富阳区第二中学 | 浙江省春蚕奖 | 浙江省人民教育基金会 |
| 80 | 章建春 | 富阳区春江中学 | 浙江省春蚕奖 | 浙江省人民教育基金会 |
| 81 | 陈　伟 | 富阳区万市镇中心小学 | 浙江省春蚕奖 | 浙江省人民教育基金会 |
| 82 | 李　燕 | 富阳区场口镇中心小学 | 浙江省春蚕奖 | 浙江省人民教育基金会 |
| 83 | 郐婉燕 | 富阳区财政局 | 浙江省财政厅主题征文一等奖 | 浙江省财政厅 |
| 84 | 曹　理 | 富阳区退役军人事务局 | 2022年全省军休工作成绩突出个人 | 浙江省退役军人事务厅 |
| 85 | 汪校良 | 中共杭州市富阳区委党史研究室 | 浙江省党史和文献部门先进个人 | 中共浙江省委党史和文献研究室、浙江省人力和社会资源保障厅 |

## 【杭州市级先进个人】

2022年度富阳区杭州市先进个人一览表

表29

| 序号 | 姓名 | 单位或住址 | 先进称号 | 颁奖单位 |
|---|---|---|---|---|
| 1 | 徐国苗 | 富阳区信访局 | 党的二十大维稳安保工作先进个人(个人三等功) | 中共杭州市委、杭州市人民政府 |
| 2 | 周建花 | 富阳区殡仪馆 | 杭州市劳动模范 | 中共杭州市委、杭州市人民政府 |
| 3 | 孙　军 | 浙江金固股份有限公司 | 杭州市劳动模范 | 中共杭州市委、杭州市人民政府 |
| 4 | 陆少尉 | 富阳区环境卫生保障中心 | 杭州市劳动模范 | 中共杭州市委、杭州市人民政府 |
| 5 | 倪　萍 | 国网浙江省电力有限公司杭州市富阳区供电公司 | 杭州市劳动模范 | 中共杭州市委、杭州市人民政府 |
| 6 | 吴红彪 | 杭州星帅尔电器股份有限公司 | 杭州市劳动模范 | 中共杭州市委、杭州市人民政府 |
| 7 | 许保生 | 杭州春水镀膜玻璃有限公司 | 杭州市劳动模范 | 中共杭州市委、杭州市人民政府 |
| 8 | 顾成绪 | 杭州日月电器股份有限公司 | 杭州市劳动模范 | 中共杭州市委、杭州市人民政府 |
| 9 | 葛帮友 | 富阳公共交通有限公司 | 杭州市劳动模范 | 中共杭州市委、杭州市人民政府 |
| 10 | 章春平 | 杭州金竺机械有限公司 | 杭州市劳动模范 | 中共杭州市委、杭州市人民政府 |
| 11 | 徐增富 | 杭州宏大建材有限公司 | 杭州市劳动模范 | 中共杭州市委、杭州市人民政府 |
| 12 | 张玉良 | 富阳中医骨伤医院 | 杭州市劳动模范 | 中共杭州市委、杭州市人民政府 |
| 13 | 陈炳洪 | 鹿山街道办事处 | 杭州市劳动模范 | 中共杭州市委、杭州市人民政府 |
| 14 | 段　岚 | 富阳区融媒体中心 | 杭州市劳动模范 | 中共杭州市委、杭州市人民政府 |
| 15 | 高建波 | 富阳区第一人民医院 | 杭州市劳动模范 | 中共杭州市委、杭州市人民政府 |
| 16 | 徐建儿 | 富春街道蒋家桥社区 | 杭州市劳动模范 | 中共杭州市委、杭州市人民政府 |
| 17 | 祝　勇 | 银湖街道银湖村 | 杭州市劳动模范 | 中共杭州市委、杭州市人民政府 |
| 18 | 何建强 | 杭州富阳矮子鲜桃专业合作社 | 杭州市劳动模范 | 中共杭州市委、杭州市人民政府 |

续表29

| 序号 | 姓名 | 单位或住址 | 先进称号 | 颁奖单位 |
|---|---|---|---|---|
| 19 | 何关军 | 灵桥镇董家桥村 | 杭州市劳动模范 | 中共杭州市委、杭州市人民政府 |
| 20 | 陈坚强 | 中共杭州市富阳区委政法委 | 个人二等功 | 中共杭州市委、杭州市人民政府 |
| 21 | 章　睿 | 富阳区社会治理中心 | 全市平安创建成绩突出集体和个人 | 中共杭州市委杭州市人民政府 |
| 22 | 高倩琳 | 富阳区社会治理中心 | 全市平安创建成绩突出集体和个人 | 中共杭州市委杭州市人民政府 |
| 23 | 王桢君 | 富阳区社会治理中心 | 全市平安创建成绩突出集体和个人 | 中共杭州市委杭州市人民政府 |
| 24 | 袁洪龙 | 杭州市公安局富阳区分局 | 杭州市创建“文明城市”工作中作出突出贡献个人 | 中共杭州市委杭州市人民政府 |
| 25 | 郑振平 | 杭州市公安局富阳区分局 | 党的二十大维稳安保工作突出贡献个人嘉奖 | 中共杭州市委杭州市人民政府 |
| 26 | 董城涛 | 杭州市公安局富阳区分局 | 党的二十大维稳安保工作突出贡献个人嘉奖 | 中共杭州市委杭州市人民政府 |
| 27 | 沈欢芝 | 富阳区人民检察院 | 2021年嘉奖 | 中共杭州市委、杭州市人民政府 |
| 28 | 李伊红 | 富阳区人民检察院 | 党的二十大维稳安保工作突出贡献嘉奖 | 中共杭州市委、杭州市人民政府 |
| 29 | 倪慈丹 | 富阳区人民法院 | 全市法院宣传舆论引导工作先进个人 | 杭州市中级人民法院 |
| 30 | 马嶙侃 | 富阳区人民法院 | 个人嘉奖（政法队伍教育整顿专项工作） | 中共杭州市委、杭州市人民政府 |
| 31 | 童汉富 | 富阳区司法局 | 个人三等功 | 中共杭州市委 |
| 32 | 陆玉莲 | 富阳区司法局 | 杭州市十佳公务员 | 中共杭州市委 |
| 33 | 徐晓丽 | 富阳区司法局 | 个人嘉奖 | 中共杭州市委 |
| 34 | 潘劲东 | 富阳区发展和改革局 | 2021年度全面深化改革工作突出贡献个人 | 中共杭州市委、杭州市人民政府 |
| 35 | 蒋玉根 | 富阳区农业农村局 | 第六届杭州市“杰出人才” | 杭州市委市政府 |
| 36 | 裘雪龙 | 富阳区农业农村局 | 杭州市农村工作成绩突出个人 | 中共杭州市委、杭州市人民政府 |
| 37 | 余敏敏 | 富阳区农业农村局 | 杭州市农村工作成绩突出个人 | 中共杭州市委、杭州市人民政府 |
| 38 | 邹　梅 | 富阳区农业农村局 | 杭州市农村工作成绩突出个人 | 中共杭州市委、杭州市人民政府 |
| 39 | 刘　彬 | 富阳区供销合作总社 | 杭州市农村工作成绩突出个人 | 中共杭州市委、杭州市人民政府 |
| 40 | 何群华 | 城建集团 | 2021年杭州市美丽建设突出贡献个人 | 中共杭州市委、杭州市人民政府 |
| 41 | 王　兴 | 大源镇人民政府 | 2022年全市农村工作成绩突出个人 | 中共杭州市委、杭州市人民政府 |
| 42 | 张国永 | 场口镇人民政府 | 2022年度杭州市平安创建成绩突出个人 | 中共杭州市委、杭州市人民政府 |
| 43 | 温屹青 | 富阳区财政局 | 杭州市国际一流营商环境建设工作获杭州市人民政府个人嘉奖 | 杭州市人民政府 |
| 44 | 丁伟民 | 富阳区财政局 | 杭州市粮食生产和高标准农田建设工作个人嘉奖 | 杭州市人民政府 |

## 【富阳区荣立三等功以上军人名录】

### 2022 年度富阳区荣立三等功以上军人名录一览表

表 30

| 序号 | 姓　名 | 所属乡镇(街道) | 先进称号 | 颁奖单位 |
|---|---|---|---|---|
| 1 | 李银祥 | 大源镇 | 二等功 | 国防大学国家安全学院 |
| 2 | 陈志辉 | 灵桥镇 | 二等功 | 92713 部队 |
| 3 | 陈　郎 | 富春街道 | 三等功 | 杭州警备区 |
| 4 | 寿兴东 | 富春街道 | 三等功 | 武警吉安支队 |
| 5 | 杨　进 | 富春街道 | 三等功 | 92095 部队 |
| 6 | 王　琦 | 富春街道 | 三等功 | 94639 部队 |
| 7 | 谭　啸 | 富春街道 | 三等功 | 94686 部队 |
| 8 | 张赛一 | 富春街道 | 三等功 | 武警士官学校 |
| 9 | 胡林海 | 富春街道 | 三等功 | 中部战区陆军 |
| 10 | 张云帆 | 富春街道 | 三等功 | 国防科技大学 |
| 11 | 吕小龙 | 富春街道 | 三等功 | 69236 部队 |
| 12 | 陆雨奇 | 春江街道 | 三等功 | 武警安徽总队机动支队 |
| 13 | 王军伟 | 春江街道 | 三等功 | 94619 部队 |
| 14 | 马明慧 | 银湖街道 | 三等功 | 73021 部队 |
| 15 | 徐敏达 | 春建乡 | 三等功 | 73101 部队 |
| 16 | 潘　超 | 新桐乡 | 三等功 | 武警浙江总队杭州支队 |
| 17 | 赵韩杰 | 新桐乡 | 三等功 | 31648 部队 |
| 18 | 王比夫 | 新登镇 | 三等功 | 73156 部队 |
| 19 | 凌　楚 | 新登镇 | 三等功 | 91257 部队 |
| 20 | 卢旭航 | 渌渚镇 | 三等功 | 武警安徽总队机动支队 |
| 21 | 邵剑波 | 渌渚镇 | 三等功 | 94907 部队 |
| 22 | 柳永青 | 胥口镇 | 三等功 | 武警浙江总队参谋部 |
| 23 | 庄铭宇 | 大源镇 | 三等功 | 战略支援部队信息工程大学 |
| 24 | 蒋易宸 | 灵桥镇 | 三等功 | 94906 部队 |
| 25 | 蔡中华 | 灵桥镇 | 三等功 | 96715 部队 |
| 26 | 陈晓波 | 灵桥镇 | 三等功 | 武警中山支队 |
| 27 | 章绿森 | 常绿镇 | 三等功 | 武警安顺部队 |
| 28 | 章丹阳 | 常绿镇 | 三等功 | 68207 部队 |
| 29 | 张　涛 | 常安镇 | 三等功 | 77115 部队 |
| 30 | 盛　昊 | 龙门镇 | 三等功 | 武警士官学校 |
| 31 | 裘程超 | 环山乡 | 三等功 | 武警海警学院 |
| 32 | 叶云帆 | 环山乡 | 三等功 | 73051 部队 |
| 33 | 裘城杰 | 环山乡 | 三等功 | 武警海警学院 |
| 34 | 杨焱平 | 万市镇 | 三等功 | 武警台州支队 |
| 35 | 沈连委 | 洞桥镇 | 三等功 | 32160 部队 |

（区退役军人事务局　供稿）

## ·名优产品·

### 【省级以上含省级】

2022年度富阳区省级以上名优产品一览表

表31

| 序号 | 生产企业 | 产品名称 | 名牌级别 | 授予单位 |
|---|---|---|---|---|
| 1 | 杭州杭瑞家庭农场 | 陆孝珍大米 | 2022浙江农业博览会优质产品 | 浙江农业博览会 |
| 2 | 杭州和宇食品有限公司 | 西子和平柠檬凤爪 | 2022浙江农业博览会优质产品 | 浙江农业博览会 |
| 3 | 杭州仁义豆腐皮厂 | 东坞山豆腐皮 | 2022浙江农业博览会省农博会金奖 | 浙江农业博览会 |
| 4 | 杭州富阳受降东坞山豆腐皮厂 | 玉蝉响之卷 | 2022浙江农业博览会省农博会金奖 | 浙江农业博览会 |
| 5 | 杭州富阳望月竹制品有限公司 | 富春山居图 | 第15届中国义乌国际森林产品博览会金奖 | 国际森林产品博览会 |
| 6 | 杭州富阳东舟环境工程有限公司 | 太秋甜柿优质种苗 | 第15届中国义乌国际森林产品博览会优质奖 | 国际森林产品博览会 |
| 7 | 杭州石砩坞农业科技有限公司 | 三叶青 | 第15届中国义乌国际森林产品博览会金奖 | 国际森林产品博览会 |
| 8 | 杭州富阳区新登月琴家庭农场 | 新川中岛 | 2022年浙江省金品桃评选金奖 | 浙江省金品桃 |
| 9 | 杭州富阳矮子鲜桃专业合作社 | 湖景蜜露 | 2022年浙江省金品桃评选金奖 | 浙江省金品桃 |
| 10 | 杭州富阳矮子鲜桃专业合作社 | 鲜桃 | 省级“品字标”公共品牌 | 2022年浙江省品牌建设品字标“浙江农产”品牌建设 |
| 11 | 杭州市富阳区胥口路恩家庭农场 | 湖景蜜露 | 2022年浙江省金品桃评选优质奖 | 浙江省金品桃 |
| 12 | 杭州云开生态农业开发有限公司 | 黑木佳香菇 | 2022浙江农业博览会优质产品 | 浙江农业博览会 |
| 13 | 杭州富阳区胥口镇金氏家庭农场 | 太秋甜柿 | 第15届中国义乌国际森林产品博览会金奖 | 国际森林产品博览会 |
| 14 | 杭州市富阳杰华生态农业开发有限公司 | 祥云(金弹子) | 第15届中国义乌国际森林产品博览会金奖 | 国际森林产品博览会 |
| 15 | 杭州富阳千禧笋厂 | 玉兰笋 | 第15届中国义乌国际森林产品博览会金奖 | 国际森林产品博览会 |
| 16 | 杭州富冈食品有限公司 | 调味笋 | 第15届中国义乌国际森林产品博览会金奖 | 国际森林产品博览会 |
| 17 | 杭州凯艺家居有限公司 | 橡木实木单人沙发 | 第15届中国义乌国际森林产品博览会金奖 | 国际森林产品博览会 |
| 18 | 杭州垄盛生态农业开发有限公司 | 龙羊纯猕猴桃 | 2022浙江农业博览会优质产品 | 浙江农业博览会 |
| 19 | 杭州富阳龙羊盆景苗木专业合作社 | 祥云观海(真柏老桩)树桩盆景 | 第15届中国义乌国际森林产品博览会金奖 | 国际森林产品博览会 |
| 20 | 杭州富阳茂华竹笋专业合作社 | 龙羊笋干 | 2022浙江农业博览会省农博会金奖 | 浙江农业博览会 |
| 21 | 杭州富阳洞桥好味道炒货厂 | 贤德香榧 | 第15届中国义乌国际森林产品博览会优质奖 | 国际森林产品博览会 |
| 22 | 杭州富阳茂迪生态农业开发有限公司 | 石笋干 | 第15届中国义乌国际森林产品博览会金奖 | 国际森林产品博览会 |
| 23 | 杭州富阳尚津承家庭农场有限公司 | 香榧 | 第15届中国义乌国际森林产品博览会金奖 | 国际森林产品博览会 |
| 24 | 杭州富阳春莲家居有限公司 | 清莲(柏木老料)根艺家具 | 第15届中国义乌国际森林产品博览会金奖 | 国际森林产品博览会 |
| 25 | 浙江厚德生态农业有限公司 | 垄里安顶云雾茶 | 第15届中国义乌国际森林产品博览会金奖 | 国际森林产品博览会 |
| 26 | 富阳凤英兔业专业合作社 | 富鹿山肉兔 | 浙江名牌产品 | 浙江省质量技术监督局 |

## ·科研获奖项目·

### 【省级部门及以上】

2022年度富阳区省级以上科研获奖项目一览表

表32

| 序号 | 课题名称 | 获奖名称等级 | 第一完成单位 | 主要完成人 | 颁奖单位 |
|---|---|---|---|---|---|
| 1 | 数字平台赋能乡村振兴的运行逻辑与路径选择——基于“富春智联”的分析 | 2022年度全省党校系统学术年会暨“共同富裕先行和省域现代化先行”理论研讨会一等奖 | 中共杭州市富阳区委党校 | 董蓉英 | 浙江省委党校 |
| 2 | 协同共治理念下的未来社区跨域治理：价值、限度与进路——以F区S未来社区为例 | 2022年度全省党校系统学术年会暨“共同富裕先行和省域现代化先行”理论研讨会一等奖 | 中共杭州市富阳区委党校 | 俞苏平 | 浙江省委党校 |
| 3 | “共享法庭”赋能基层治理的运行机制及优化 对策研究——以杭州市F区为例 | 2022年度全省党校系统学术年会暨“共同富裕先行和省域现代化先行”理论研讨会一等奖 | 中共杭州市富阳区委党校 | 吴彩虹 | 浙江省委党校 |
| 4 | 数字化改革视角下卫生治理体系：实践反思与制度重构——以杭州市医检结果互认共享为例 | 2022年度全省党校系统学术年会暨“共同富裕先行和省域现代化先行”理论研讨会一等奖 | 中共杭州市富阳区委党校 | 楼海波 | 浙江省委党校 |
| 5 | 韧性基层治理共同体：运行机制与优化路径——基于F区“民呼必应”的实践分析 | 2022年度全省党校系统学术年会暨“共同富裕先行和省域现代化先行”理论研讨会一等奖 | 中共杭州市富阳区委党校 | 鲁华君 | 浙江省委党校 |
| 6 | 数字赋能县级巡察及其限度——以杭州市B区“数智巡察”应用为分析对象 | 2022年度全省党校系统学术年会暨“共同富裕先行和省域现代化先行”理论研讨会一等奖 | 中共杭州市富阳区委党校 | 王萌萌 | 浙江省委党校 |
| 7 | 共富背景下农村集体经营性建设用地入市的发展历程与经验启示——基于浙江的实践探索 | 2022年度全省党校系统学术年会暨“共同富裕先行和省域现代化先行”理论研讨会二等奖 | 中共杭州市富阳区委党校 | 徐梦怡 | 浙江省委党校 |
| 8 | 文化重构推动古城复兴的逻辑与机制研究——以F区X古城复兴项目为例 | 2022年度全省党校系统学术年会暨“共同富裕先行和省域现代化先行”理论研讨会二等奖 | 中共杭州市富阳区委党校 | 娄　军 | 浙江省委党校 |
| 9 | 协同理论视角下数字乡村高质量建设路径研究 | 2022年度全省党校系统学术年会暨“共同富裕先行和省域现代化先行”理论研讨会二等奖 | 中共杭州市富阳区委党校 | 徐海峰 | 浙江省委党校 |
| 10 | 共同富裕背景下社会组织参与公共文化服务治理的调适机制和效能提升研究——基于“嵌入性”理论的分析视角 | 2022年度全省党校系统学术年会暨“共同富裕先行和省域现代化先行”理论研讨会二等奖 | 中共杭州市富阳区委党校 | 张琦迪 | 浙江省委党校 |
| 11 | 未来社区公共文化空间的构建路径和运行机制的实证研究 | 2022年度全省党校系统学术年会暨“共同富裕先行和省域现代化先行”理论研讨会二等奖 | 中共杭州市富阳区委党校 | 章丽华 | 浙江省委党校 |
| 12 | 乡村振兴联合体共富模式路径解析——基于富阳的实践及探索 | 2022年度全省党校系统学术年会暨“共同富裕先行和省域现代化先行”理论研讨会三等奖 | 中共杭州市富阳区委党校 | 张宇峰 | 浙江省委党校 |
| 13 | 数字化与乡村性：数字乡村发展的价值选择与创新路径 | 2022年度全省党校系统学术年会暨“共同富裕先行和省域现代化先行”理论研讨会三等奖 | 中共杭州市富阳区委党校 | 程　成 | 浙江省委党校 |
| 14 | 从《习近平用典》看中华优秀传统文化中共同富裕思想的价值意蕴和启示意义 | 2022年度全省党校系统学术年会暨“共同富裕先行和省域现代化先行”理论研讨会三等奖 | 中共杭州市富阳区委党校 | 胡　琪 | 浙江省委党校 |

续表32

| 序号 | 课题名称 | 获奖名称等级 | 第一完成单位 | 主要完成人 | 颁奖单位 |
| --- | --- | --- | --- | --- | --- |
| 15 | 浙江新登土地产权研究(1914—1947) | 2021年度全省优秀档案编研成果二等奖 | 富阳区档案馆 | 唐人元<br>洪　岸 | 浙江省档案学会 |
| 16 | 《迈向回应型的刑事司法—数字时间少捕慎诉慎押举措评介与完善》 | 浙江省法学会诉讼法学研究会一等奖 | 富阳区人民检察院 | 桑　涛<br>梁鹏程 | 浙江省法学会诉讼法学研究会 |
| 17 | 《构建严密法治监督体系路径探析—以司法人员职务犯罪“三查”融合为视角》 | 2022年度全省检察理论研究会二等奖 | 富阳区人民检察院 | 桑　涛<br>朱笛琴<br>吴永生 | 2022年度全省检察理论研究会 |
| 18 | 《安全生产领域公益诉讼探索研究》 | 2022年度全省检察机关优秀专题调研二等奖 | 富阳区人民检察院 | 桑　涛<br>何艳波<br>蔡旭栋 | 浙江省人民检察院 |
| 19 | 未成年刑事被害人权益保护研究 | 全国法院第七次少年法庭工作会议三等奖 | 富阳区人民法院 | 刘颖清 | 最高人民法院 |
| 20 | 试论破产强制体系的构建——兼论〈企业破产法〉法律责任的完善 | 第一届南方破产法论坛征文二等奖 | 富阳区人民法院 | 方新平<br>马嶙侃<br>黄赛琼<br>俞添景 | 广东省破产法管理人协会 |
| 21 | 司法确认程序风险防范及制度完善研究——以杭州法院司法确认程序适用实践为视角 | 2021年《浙江审判》“南湖杯”征文活动三等奖 | 富阳区人民法院 | 熊永义 | 浙江省高级人民法院 |
| 22 | 制胜未来：以数字化厚植破产审判能力现代化——以富阳区试点的破产府院联动智慧应用为分析对象 | 浙江省法学会破产法研究会第二届主体征文三等奖 | 富阳区人民法院 | 余文玲<br>黄赛琼<br>金叶群 | 浙江省法学会破产法学研究会 |
| 23 | 《共同富裕底层制度建设：个人债务集中清理工作相关问题探析》 | 第十三届中国破产法论坛优秀论文三等奖 | 富阳区人民法院 | 俞添景<br>张鸿达 | 中国破产法协会 |
| 24 | 《破产程序中生态权益保障向度实证研究》 | 第十三届中国破产法论坛优秀论文三等奖 | 富阳区人民法院 | 吴建峰<br>黄赛琼 | 中国破产法协会 |
| 25 | 《重整程序中逾期申报债权人权利约束问题研究》 | 第十三届中国破产法论坛优秀论文三等奖 | 富阳区人民法院 | 方新平<br>黄赛琼 | 中国破产法协会 |
| 26 | 基于综合防控的用药减量技术在水产养殖中的应用推广 | 2021年度浙江省农业丰收奖二等奖 | 富阳区农业技术推广中心 | 胡少军 | 浙江省农业农村厅 |
| 27 | 受污染耕地水稻安全生产技术模式集成与推广 | 2021年度浙江省农业丰收奖三等奖 | 富阳昌平粮油专业合作社 | 邵赛男<br>胡敏骏 | 浙江省农业农村厅 |
| 28 | 富阳区梨新品种与设施栽培示范推广 | 2021年度浙江省农业丰收奖三等奖 | 富阳区农业技术推广中心 | 刘健伟<br>王勤红<br>倪小明<br>许　杰 | 浙江省农业农村厅 |
| 29 | 指向联结力的小学数学结构化学习设计与实施 | 浙江省2022年教研课题成果二等奖 | 富阳区教育发展研究中心 | 葛素儿<br>王敏军<br>夏萍华<br>夏杭英<br>刘　霞<br>傅鑫星 | 浙江省教育厅教研室 |
| 30 | 四联驱动：基于教研支撑的区域推进地理实践力培养的实践研究 | 浙江省2022年教研课题成果三等奖 | 富阳区教育发展研究中心 | 周仁富<br>项爱明(执笔)、<br>陈　琦<br>方金平<br>胡雪明<br>袁利国 | 浙江省教育厅教研室 |
| 31 | 视障学生劳动教育的范式优化与实践 | 浙江省2022年教研课题成果三等奖 | 浙江省盲人学校 | 高　震<br>金萍萍(执笔)、<br>张玉华<br>陈晓英<br>孙利群 | 浙江省教育厅教研室 |

续表32

| 序号 | 课题名称 | 获奖名称等级 | 第一完成单位 | 主要完成人 | 颁奖单位 |
|---|---|---|---|---|---|
| 32 | 固本强基：数字化评价系统支持下小学常态作业新管理 | 2021年度浙江省教育科学研究优秀成果二等奖 | 富阳区富春第五小学 | 葛素儿（执笔）、陈常根<br>华清波<br>金燕飞<br>吴哲恒 | 浙江省教科规划办 |
| 33 | 基于创造性表现的幼儿园课程创生范式构建与实践 | 浙江省2022年教师教育课题成果一等奖 | 富阳区富春第二幼儿园 | 孙琴燕<br>陈怡颖<br>徐　婷<br>孔　蓓<br>许秋萍 | 浙江省中小学教师培训中心、浙江省教育行政干部培训中心 |
| 34 | 任务驱动·卷入推进：小学数学项目式研修的策划与推进 | 浙江省2022年教师教育课题成果一等奖 | 富阳区教育发展研究中心 | 葛素儿<br>王敏军 | 浙江省中小学教师培训中心、浙江省教育行政干部培训中心 |
| 35 | 梯度·选项·特色·评价：基于校本研修的体育教育改革研究 | 浙江省2022年教师教育课题成果二等奖 | 富阳区教育发展研究中心 | 徐献银<br>张吕莉（执笔）、洪健平<br>刘婵娟<br>羊正根 | 浙江省中小学教师培训中心、浙江省教育行政干部培训中心 |
| 36 | 融合研修：基于“双名”工作室的教师专业发展研究 | 浙江省2022年教师教育课题成果三等奖 | 富阳区教育发展研究中心 | 刘金虎<br>李小红（执笔）<br>徐　恩<br>罗　英<br>冯　丽 | 浙江省中小学教师培训中心、浙江省教育行政干部培训中心 |
| 37 | 区域校本研修协同式管理的实践研究 | 浙江省2022年教师教育课题成果三等奖 | 富阳区教育发展研究中心 | 邵燕芬<br>郑彩国<br>李小红 | 浙江省中小学教师培训中心、浙江省教育行政干部培训中心 |
| 38 | 基于教学诊改的中职英语校本研修范式构建与实践 | 浙江省2022年教师教育课题成果三等奖 | 富阳区职业教育中心 | 马利娟<br>刘金虎<br>裘明惠<br>潘　丹 | 浙江省中小学教师培训中心、浙江省教育行政干部培训中心 |
| 39 | 基于儿童思维发展的单元整组教学校本研修 | 浙江省2022年教师教育课题成果三等奖 | 富阳区富春第二小学 | 倪达昌<br>任洁妍（执笔）、倪达昌 | 浙江省中小学教师培训中心、浙江省教育行政干部培训中心 |
| 40 | 幼儿园“公望居”坊式师训项目的设计与实施路径研究 | 浙江省2022年教师教育课题成果三等奖 | 富阳区渔山乡中心幼儿园 | 钱水兰<br>唐燕芬<br>臧栩虹<br>陈　微<br>吕丹飞 | 浙江省中小学教师培训中心、浙江省教育行政干部培训中心 |
| 41 | 新时代中小学教师综合素养提升的实践研究 | 浙江省2022年教师教育课题成果三等奖 | 富阳区教育发展研究中心 | 郑彩国<br>李小红<br>高浩军 | 浙江省中小学教师培训中心、浙江省教育行政干部培训中心 |
| 42 | 从固态走向灵动：幼儿园运动区课程的“三审三议”实践 | 浙江省2022年教师教育课题成果三等奖 | 富阳区永昌镇中心幼儿园 | 詹国芬<br>陶文兰<br>泮一姗<br>姜　燕<br>鲍彧婷 | 浙江省中小学教师培训中心、浙江省教育行政干部培训中心 |

# 35 附 录
## Appendices

### ·新任区领导简历·

**谢渐升** 男，汉族，1979年3月出生，湖南衡山人。2002年7月参加工作，2000年6月加入中国共产党，在职博士研究生学历。曾任中央文献研究室办公厅干部，中央台办、国台办副处长、处长，杭州市萧山区委常委、副区长、杭州市台办副主任(挂职)，杭州市滨江区委常委、副区长，杭州市高新开发区（滨江）党工委委员、管委会副主任，杭州市滨江区委常委、统战部部长，杭州市高新开发区（滨江）党工委委员，杭州市下城区委常委、副区长（常务），杭州市临平区委副书记、政法委书记。现任中共杭州市富阳区委副书记，区人民政府党组书记、区长。

**俞小康** 男，汉族，1982年11月出生，浙江杭州人。2004年9月参加工作，2007年7月加入中国共产党，大学学历。曾任富阳市人民政府办公室党组成员，共青团杭州市富阳区委书记、党组书记，区青联主席，杭州市富阳区万市镇党委副书记、镇长，贵州省黔东南州锦屏县委常委、副县长（挂职），杭州市富阳区统计局局长；现任杭州市富阳区人民政府党组成员、副区长。

**黄泽** 男，壮族，1980年10月出生，广西贵港人。2003年7月参加工作，2003年6月加入中国共产党，硕士研究生。曾任河池学院团委副书记，广西河池市团委副书记、党组成员，广西河池市非公有制经济组织和社会组织工作委员会专职副书记，广西河池市金城江区委常委，广西河池市金城江区委常委、组织部部长，广西河池市委组织部副部长、市非公有制经济组织和社会组织工作委员会书记，广西河池市文化广电体育和旅游局党组书记、局长，广西河池市发展和改革委员会党组书记、主任。现任杭州市富阳区人民政府党组成员、副区长。

**李军** 男，汉族，1971年6月出生，浙江杭州人。1993年8月参加工作，无党派人士，大学学历。曾任杭州市规划局用地管理处副处长、杭州市规划局（杭州市测绘与地理信息局）测绘管理处处长、杭州市规划局（杭州市测绘与地理信息局）用地管理处处长、杭州市规划局（杭州市测绘与地理信息局）详细规划与城市设计处处长、杭州市规划和自然资源局详细规划处处长，现任杭州市富阳区政协副主席。

### ·重要文件目录·

**【中共富阳区委文件】**

2022年度中共杭州市富阳区委文件一览表

表33

| 序号 | 文号 | 文件标题 |
|---|---|---|
| 1 | 富委〔2022〕1号 | 关于印发吴玉凤同志在中国共产党杭州市富阳区第二次代表大会上的报告的通知 |
| 2 | 富委〔2022〕2号 | 关于中国共产党杭州市富阳区第二次代表大会工作报告的决议 |
| 3 | 富委〔2022〕3号 | 关于2021年度粮食安全区长责任制落实情况的总结报告 |

续表33

| 序号 | 文号 | 文件标题 |
| --- | --- | --- |
| 4 | 富委〔2022〕5号 | 关于杭州市富阳区2021年法治政府建设工作情况的报告 |
| 5 | 富委〔2022〕6号 | 关于2021年度杭州市富阳区实施乡村振兴战略情况的报告 |
| 6 | 富委〔2022〕7号 | 关于区委常委会2021年度民主生活会的情况报告 |
| 7 | 富委〔2022〕8号 | 关于明确区委常委会工作分工的通知 |
| 8 | 富委〔2022〕9号 | 关于印发《杭州市富阳区实施产业强区“六大工程”行动方案(2022-2024年)》的通知 |
| 9 | 富委〔2022〕10号 | 关于表彰2021年杭州市富阳区劳动模范和模范集体的决定 |
| 10 | 富委〔2022〕11号 | 关于王浩省长来富调研讲话精神贯彻落实情况的报告 |
| 11 | 富委〔2022〕12号 | 关于进一步加强杭州市富阳区招商引资工作的实施意见 |
| 12 | 富委〔2022〕15号 | 关于印发《2022年度富阳区“三比三争”综合考评办法》的通知 |
| 13 | 富委〔2022〕17号 | 关于印发《中国共产党杭州市富阳区第二届委员会巡察工作规划》的通知 |
| 14 | 富委〔2022〕18号 | 关于杭州市富阳区2022年度上半年政治生态建设状况的自评自查报告 |
| 15 | 富委〔2022〕19号 | 关于深入学习贯彻省第十五次党代会精神在高水平描绘现代版富春山居图中当好“两个先行”示范者的决议 |
| 16 | 富委〔2022〕21号 | 关于学习宣传贯彻党的二十大精神的通知 |
| 17 | 富委〔2022〕23号 | 关于同意召开杭州市富阳区第十七届人民代表大会第二次会议的批复 |
| 18 | 富委〔2022〕24号 | 关于同意召开政协第十届杭州市富阳区委员会第二次会议的批复 |
| 19 | 富委〔2022〕25号 | 关于高质量建设新时代文化强区高水平描绘现代版富春山居图的实施意见 |
| 20 | 富委〔2022〕26号 | 关于进一步厉行节约坚持过紧日子的通知 |
| 21 | 富委〔2022〕28号 | 关于富阳区学习宣传贯彻党的二十大精神有关情况的报告 |
| 22 | 富委〔2022〕29号 | 关于2022年度落实全面从严治党主体责任情况的报告 |
| 23 | 富委〔2022〕30号 | 关于杭州市富阳区2022年度政治生态建设状况的自评自查报告 |
| 24 | 富委〔2022〕31号 | 关于印发《富阳区关于打造数字经济“一号工程”升级版的行动计划(2022—2027年》的通知 |

## 【富阳区人大常委会文件】

2022年度富阳区人大常委会文件一览表

表34

| 序号 | 文号 | 文件标题 |
| --- | --- | --- |
| 1 | 富人大〔2022〕1号 | 关于推进富阳经济技术开发区人大工作的实施方案 |
| 2 | 富人大〔2022〕4号 | 杭州市富阳区第十六届人大常委会第五十次会议纪要 |
| 3 | 富人大〔2022〕5号 | 关于出席杭州市富阳区第十七届人民代表大会第一次会议的通知 |
| 4 | 富人大〔2022〕6号 | 杭州市富阳区第十六届人大常委会第五十一次会议纪要 |
| 5 | 富人大〔2022〕7号 | 关于调整区人大常委会主任会议成员工作分工的通知 |
| 6 | 富人大〔2022〕8号 | 富阳区选举杭州市第十四届人民代表大会代表选举结果的报告 |
| 7 | 富人大〔2022〕9号 | 杭州市富阳区人大常委会任命名单(区人大常委会人大理论研究委员会和各工作委员会组成人员) |
| 8 | 富人大〔2022〕10号 | 杭州市富阳区组织实施宪法宣誓制度办法 |
| 9 | 富人大〔2022〕11号 | 杭州市富阳区人大常委会2022年工作要点 |
| 10 | 富人大〔2022〕14号 | 杭州市富阳区第十七届人大常委会第一次会议纪要 |

续表34

| 序号 | 文号 | 文件标题 |
| --- | --- | --- |
| 11 | 富人大〔2022〕15号 | 关于推进杭州富春湾新城人大工作的实施方案 |
| 12 | 富人大〔2022〕16号 | 关于《中华人民共和国环境保护法》贯彻执行情况的审议意见 |
| 13 | 富人大〔2022〕17号 | 关于对乡村振兴"一法一条例"贯彻执行情况报告的审议意见 |
| 14 | 富人大〔2022〕18号 | 杭州市富阳区人大常委会关于设立富阳经济技术开发区工作委员会和杭州富春湾新城工作委员会的决定 |
| 15 | 富人大〔2022〕23号 | 杭州市富阳区第十七届人大常委会第二次会议纪要 |
| 16 | 富人大〔2022〕24号 | 关于印发《杭州市富阳区人大常委会关于全面开展全过程人民民主实践行动的意见》的通知 |
| 17 | 富人大〔2022〕25号 | 关于印发《杭州市富阳区人大常委会关于迭代升级人大代表联络站打造全过程人民民主基层单元的实施方案》的通知 |
| 18 | 富人大〔2022〕26号 | 杭州市富阳区人大常委会关于杭州市富阳区2022年上半年国民经济和社会发展计划执行情况与投资项目计划调整草案的审议意见 |
| 19 | 富人大〔2022〕27号 | 杭州市富阳区人大常委会关于对区政府《关于杭州市富阳区2021年财政决算（草案）和2022年上半年财政预算执行情况的报告》和《关于2021年度富阳区预算执行和其他财政收支情况的审计工作报告》的审议意见 |
| 20 | 富人大〔2022〕28号 | 杭州市富阳区人大常委会关于批准杭州市富阳区2021年财政决算的决议 |
| 21 | 富人大〔2022〕29号 | 杭州市富阳区人大常委会关于批准杭州市富阳区地方政府债务限额调整的决议 |
| 22 | 富人大〔2022〕30号 | 杭州市富阳区人大常委会关于设立代表资格审查委员会的决定 |
| 23 | 富人大〔2022〕33号 | 杭州市富阳区第十七届人大常委会第三次会议纪要 |
| 24 | 富人大〔2022〕41号 | 杭州市富阳区第十七届人大常委会第四次会议纪要 |
| 25 | 富人大〔2022〕43号 | 杭州市富阳区人大常委会关于《杭州市富阳区人民政府关于2021年度全区国有资产管理情况的综合报告》和《杭州市富阳区人民政府关于2021年度全区行政事业性国有资产管理情况的专项报告》的审议意见 |
| 26 | 富人大〔2022〕44号 | 杭州市富阳区人大常委会关于区监察委员会整治群众身边不正之风和腐败问题工作情况报告的审议意见 |
| 27 | 富人大〔2022〕45号 | 杭州市富阳区人大常委会关于我区共同富裕示范区建设——公共服务优质共享工作情况报告的审议意见 |
| 28 | 富人大〔2022〕46号 | 杭州市富阳区人大常委会关于全区打击治理电信网络违法犯罪工作情况报告的审议意见 |
| 29 | 富人大〔2022〕47号 | 印发《杭州市富阳区人民代表大会代表议案处理办法》（修改稿）的通知 |
| 30 | 富人大〔2022〕48号 | 印发《杭州市富阳区人民代表大会代表建议、批评和意见处理办法》（修改稿）的通知 |
| 31 | 富人大〔2022〕50号 | 杭州市富阳区人大常委会关于补选杭州市富阳区第十七届人民代表大会代表的决定 |
| 32 | 富人大〔2022〕51号 | 杭州市富阳区人大常委会任命名单（区人大常委会人大理论研究委员会和各工作委员会组成人员） |
| 33 | 富人大〔2022〕53号 | 杭州市富阳区第十七届人大常委会第五次会议纪要 |
| 34 | 富人大〔2022〕54号 | 关于印发《杭州市富阳区人大常委会关于推行乡镇民生实事项目人大决策工作的指导意见（试行）》的通知 |
| 35 | 富人大〔2022〕55号 | 杭州市富阳区人民代表大会常务委员会关于召开杭州市富阳区第十七届人民代表大会第二次会议的决定 |
| 36 | 富人大〔2022〕56号 | 杭州市富阳区人大常委会关于批准2022年财政收支预算调整方案的决议 |
| 37 | 富人大〔2022〕59号 | 杭州市富阳区人大常委会关于对人大经济技术开发区、富春湾新城和各街道工作委员会工作报告的决议 |
| 38 | 富人大〔2022〕60号 | 杭州市富阳区第十七届人大常委会第六次会议纪要 |
| 39 | 富人大〔2022〕61号 | 关于印发《杭州市富阳区人大常委会关于规范国家机关工作人员和人大代表"进站会商一件事"指导意见（试行）》的通知 |
| 40 | 富人大〔2022〕62号 | 关于印发《杭州市富阳区人大常委会关于全面推行新时代"小队会"基层议事制工作的指导意见（试行）》的通知 |

## 【富阳区人民政府文件】

2022年度富阳区人民政府文件一览表

表35

| 序号 | 文号 | 文件标题 |
|---|---|---|
| 1 | 富政〔2022〕1号 | 杭州市富阳区人民政府关于印发杭州市富阳区人民政府工作规则(试行)的通知 |
| 2 | 富政〔2022〕2号 | 杭州市富阳区人民政府关于进一步加快农业产业高质量发展的实施意见 |
| 3 | 富政〔2022〕3号 | 杭州市富阳区人民政府关于印发《杭州市富阳区重大行政决策事项标准的规定(试行)》的通知 |
| 4 | 富政〔2022〕5号 | 杭州市富阳区人民政府关于印发杭州市富阳区实施产业强区主战略加快制造业高质量发展的若干政策的通知 |

## 【中共富阳区委办公室文件】

2022年度中共杭州市富阳区委办公室文件一览表

表36

| 序号 | 文号 | 文件标题 |
|---|---|---|
| 1 | 富委办〔2022〕1号 | 关于深入开展第22次"春风行动"暨"慈善一日捐"的通知 |
| 2 | 富委办〔2022〕2号 | 关于成立杭州市富阳区亚运会、亚残运会综合保障指挥部的通知 |
| 3 | 富委办〔2022〕3号 | 关于成立杭州市富阳区排查整顿农村发展党员违规违纪问题工作领导小组的通知 |
| 4 | 富委办〔2022〕4号 | 关于印发《中共杭州市富阳区委常委会2022年工作要点》的通知 |
| 5 | 富委办〔2022〕5号 | 关于印发《2022年督查检查考核年度计划》的通知 |
| 6 | 富委办〔2022〕6号 | 关于调整中共杭州市富阳区人才工作领导小组成员的通知 |
| 7 | 富委办〔2022〕7号 | 关于高质量推进中共杭州市富阳区委党校(行政学校)分类建设的实施方案 |
| 8 | 富委办〔2022〕8号 | 关于印发《2022年杭州市富阳区重点工作任务分解》的通知 |
| 9 | 富委办〔2022〕9号 | 关于进一步完善2022年度城乡组团竞赛活动联系制度的通知 |
| 10 | 富委办〔2022〕12号 | 关于印发《中共杭州市富阳区委2022年度政党专题协商计划》的通知 |
| 11 | 富委办〔2022〕13号 | 关于2021年度乡镇(街道)和区级机关综合考评结果的通报 |
| 12 | 富委办〔2022〕14号 | 关于印发《杭州市富阳区推进"大综合一体化"行政执法改革实施方案》的通知 |
| 13 | 富委办〔2022〕15号 | 关于印发《2022年度全面从严治党责任清单》的通知 |
| 14 | 富委办〔2022〕16号 | 关于印发《杭州市富阳区政协2022年度协商计划》《杭州市富阳区政协2022年度民主监督计划》的通知 |
| 15 | 富委办〔2022〕17号 | 关于调整区数字化改革工作推进领导小组等21个领导小组组成人员成员名单的通知 |
| 16 | 富委办〔2022〕18号 | 关于印发《2022年杭州市富阳区招商引资考核办法》的通知 |
| 17 | 富委办〔2022〕19号 | 关于印发《杭州市富阳区领导班子和领导干部政治素质考察办法(试行)》的通知 |
| 18 | 富委办〔2022〕20号 | 关于印发杭州市富阳区推进集团化办学实现"美好教育"共同富裕实施意见的通知 |
| 19 | 富委办〔2022〕21号 | 关于印发《富阳区规范民办义务教育发展专项工作实施方案》的通知 |
| 20 | 富委办〔2022〕22号 | 关于印发《区领导督办巡察整改工作实施办法(试行)》的通知 |
| 21 | 富委办〔2022〕23号 | 关于调整杭州市富阳区招商引资与产业发展委员会成员单位和下设机构的通知 |
| 22 | 富委办〔2022〕26号 | 关于印发吴玉凤同志在区委二届二次全体(扩大)会议上的报告的通知 |
| 23 | 富委办〔2022〕27号 | 关于印发《杭州市富阳区贯彻落实2021年省委生态环境保护专项督察报告整改方案》的通知 |
| 24 | 富委办〔2022〕29号 | 关于聘任第二届区委区政府法律顾问的通知 |
| 25 | 富委办〔2022〕30号 | 关于调整区现代社区建设领导小组组成人员的通知 |

【富阳区人民政府办公室文件】

富阳区人民政府办公室文件

表37

| 序号 | 文号 | 文件标题 |
|---|---|---|
| 1 | 富政办〔2022〕1号 | 杭州市富阳区人民政府办公室关于印发《杭州市富阳区新一轮制造业“腾笼换鸟凤凰涅槃”攻坚行动方案》的通知 |
| 2 | 富政办〔2022〕2号 | 杭州市富阳区人民政府办公室关于印发《杭州市富阳区人民政府行政复议员任命办法》的通知 |
| 3 | 富政办〔2022〕4号 | 杭州市富阳区人民政府办公室关于印发杭州市富阳区突发公共卫生事件应急预案突发急性呼吸道传染病事件应急预案的通知 |
| 4 | 富政办〔2022〕5号 | 杭州市富阳区人民政府办公室关于印发杭州市富阳区中小学幼儿园校园突发公共事件应急预案的通知 |
| 5 | 富政办〔2022〕6号 | 杭州市富阳区人民政府办公室关于公布区政府及区政府办公室行政规范性文件清理结果的通知 |
| 6 | 富政办〔2022〕7号 | 杭州市富阳区人民政府关于将部分行政处罚权交由富春街道等24个乡镇(街道)行使的通告 |
| 7 | 富政办〔2022〕8号 | 杭州市富阳区人民政府办公室关于印发杭州市富阳区城镇未来社区创建工作行动方案(2021-2023年)的通知 |
| 8 | 富政办〔2022〕9号 | 杭州市富阳区人民政府办公室关于印发杭州市富阳区水利工程建设管理办法的通知 |
| 9 | 富政办〔2022〕10号 | 杭州市富阳区人民政府办公室关于印发杭州市富阳区政府产业引导基金管理实施意见的通知 |
| 10 | 富政办〔2022〕11号 | 杭州市富阳区人民政府办公室关于印发杭州市富阳区政府性投资项目无价材料、设备区级信息库和询价管理办法的通知 |
| 11 | 富政办〔2022〕12号 | 杭州市富阳区人民政府办公室关于印发富阳区重构行政事业单位财会管理新格局实施方案的通知 |
| 12 | 富政办〔2022〕13号 | 杭州市富阳区人民政府办公室关于印发杭州市富阳区突发公共事件财政应急保障专项预案的通知 |
| 13 | 富政办〔2022〕14号 | 杭州市富阳区人民政府办公室关于印发《杭州市富阳区气象灾害应急预案》的通知 |
| 14 | 富政办〔2022〕15号 | 杭州市富阳区人民政府办公室关于建立办理破产府院联动数字化工作机制的实施意见(试行) |
| 15 | 富政办〔2022〕16号 | 杭州市富阳区人民政府办公室关于印发《关于落实最严格的耕地保护制度全面推行田长制的实施方案》的通知 |
| 16 | 富政办〔2022〕17号 | 杭州市富阳区人民政府办公室关于印发加强政府投资项目工程总承包管理的通知 |
| 17 | 富政办〔2022〕18号 | 杭州市富阳区人民政府办公室关于印发关于调整乡镇(街道)财政体制进一步加强财权事权管理的实施意见的通知 |
| 18 | 富政办〔2022〕19号 | 杭州市富阳区人民政府办公室关于印发杭州市富阳区防汛防台抗旱应急预案等12个预案的通知 |
| 19 | 富政办〔2022〕20号 | 杭州市富阳区人民政府关于印发杭州市富阳区突发事件总体应急预案的通知 |

# 36 索 引 Indices

**说　明：**

一、本类目设主题索引、照片索引和图表索引 3 个分目。

二、主题索引中文标目按汉语拼音顺序排列，同音字按笔画数从少到多排列。第一字相同，按第二字音序排列，依次类推。数字开头的标目则按数字 0—9 顺序排列。

标目后的阿拉伯数字表示内容所在页码。数字后的英文字母 a、b、c 分别表示从左到右第一、二、三栏。标目后有多个页码的，则表示相关信息在这些页码中均出现。

本年鉴的“特载”“年度聚焦”“大事记”均未做主题索引。

三、照片索引排序规则与主题索引相同，图表索引按序号排列。照片索引、图表索引仅标注所在页码，不标注分栏。

## 主题索引

D

## E



## F

G

H



J

K



L

M



N



P



Q

R



S

X



Y

## 照片索引

## 图表索引